LE NOUVEAU bettane + desseauve

IMAGINÉE PAR *Yayoi Kusama*

1er Grand Cru Classé "A"
Château Pavie
SAINT-ÉMILION GRAND
2016
1er Grand Cru Classé "A"
Château Pavie
SAINT-ÉMILION GRAND CRU
2016
C & G PERSE - VITICULTEURS
1er Grand Cru Classé "A"
Château Pavie
SAINT-ÉMILION GRAND CRU
2016
C & G PERSE - VITICULTEURS

Au-delà des
RECRÉER L'AN
97/100
JAMESSUCKLING.COM
19,5/20
bettane + desseauve
18,5/20
JancisRobinson.com
CHAMPAGNE
Grand Siècle
Laurent-Perrier
GRANDE CUVÉE
N°24
Grand Siècle N°24 en bouteille.
www.laurent-perrier.com – #grandsiecle

Millésimes rares
NÉE PARFAITE
N°22
CHAMPAGNE
Grand Siècle
Laurent-Perrier
MAISON FONDÉE
1812
GRANDE CUVÉE
98/100
JAMESSUCKLING.COM
18,5/20
JancisRobinson.com
96/100
THE CHAMPAGNE CLUB
by Richard Juhlin
Grand Siècle N°22 en magnum. En allocation.
www.laurent-perrier.com – #grandsiecle
Photographe Iris Velghe - Conception LUMA

Direction d'ouvrage: Louis-Victor Charvet
Conception graphique: Hicham Abou Raad
Expertise : Hélène Durand, Michel Bettane, Frédéric Blanc, Alain Chameyrat, Louis-Victor Charvet, Thierry Desseauve, Denis Hervier, Philippe Jamesse et Guillaume Puzo.
Ont participé à cet ouvrage : Claire Auray, Sarah Benane, Amélie Couture, Angélique de Lencquesaing, Maéva Espi, Nadia Fakri, Nisrine Moussaoui, Anaïs Terrien, Camille Vindolet, Andrée Virlouvet, Pierre-Yves Chupin, Tristan de Crisnay, Nicolas de Rouyn, Gilles Durand-Daguin, Laurent Gotti, Vincent Guilbert, Antoine Pétrus, Pierre-Alain Robert, Gabriel Rouillier et Jean-Paul Viau.
Photographes : Mathieu Garçon et Fabrice Leseigneur.

Conceptiongraphique de la couverture: Audrey Sednaoui
Édition : Clélia Ozier-Lafontaine
Fabrication: Louisa Hanifi-Morard et Titouan Roland
Photograveur: IGS-CP, L'Isle-d'Espagnac

ISBN : 978-2-0802-5862-5
N° d'édition : L.01EPMN001265.N001
Dépôt légal : octobre 2021
editions.flammarion.fr

LES MEILLEURS VINS

LE NOUVEAU bettane + desseauve

2022

Flammarion

Sommaire

UN MONDE NOUVEAU

NOUS VIVONS DEPUIS DEUX ANS une situation sanitaire, économique et simplement humaine à la fois pénible et inédite. Il en est ainsi pour tout un chacun et, évidemment, les vignerons ne sont pas épargnés par les conséquences de la pandémie. Simultanément, les effets du réchauffement climatique, prédits par certains depuis plusieurs décennies, se font sentir aujourd'hui avec une acuité bien réelle. Ouragans, inondations, incendies, sécheresses et, désormais, « dômes de chaleur » sont devenus des épisodes courants dans des régions que l'on qualifiait jusqu'à présent de tempérées. Pour le vignoble, ces bouleversements climatiques ont des effets très significatifs. Les gelées de printemps n'ont, par exemple, jamais été rares. Autrefois, elles intervenaient la plupart du temps dans une période où le débourrement[1] de la vigne ne s'était pas encore produit. Aujourd'hui, hivers doux et printemps prématurés provoquent une sortie précoce des bourgeons qui grillent littéralement au cours d'une nuit ou d'une aurore glaciale. De la même manière, les épisodes de chaleur suivis de pluies orageuses, entraînant des attaques de mildiou ou de pourriture, les sécheresses provoquant un stress hydrique de la vigne, les étés et arrière-saisons avec des températures élevées, qui font monter le degré des vins et baisser leurs acidités naturelles, sont autant de phénomènes devenus courants auxquels nos vignerons d'avant (pour qui le problème majeur était plutôt le manque de maturité du raisin) n'étaient pas habitués.

Ce tableau pas folichon de la situation actuelle ne saurait pourtant faire oublier un autre constat, tout aussi solide et sacrément paradoxal : on n'a jamais fait dans l'histoire contemporaine autant de bons vins qu'aujourd'hui. Et on n'a jamais fait aussi bien, partout et à tous les prix. Depuis 2015, nous avons droit à une succession de millésimes souvent mémorables et toujours intéressants. La progression technique du vignoble est partagée par tous les types de producteurs, grands et petits, vignerons, négociants, caves coopératives et la prise en compte des impératifs environnementaux, du respect du terroir et de la plante n'est plus un vain mot, c'est une évolution significative et globale. Au final, ce qui fait la différence aujourd'hui entre un vin qu'on oublie et un dont on se souvient, c'est la sensibilité de celui qui l'a créé, sa prise de risques ou tout simplement la poursuite obstinée d'une vision idéale et personnelle du vin. Qu'il s'agisse d'un cru de garde issu d'un terroir prestigieux ou d'une bouteille de pur plaisir réinterprétant sans y toucher les codes de sa catégorie importe peu. Ce qui compte, c'est l'émotion, et celle-ci est provoquée par le créateur du vin.

Le monde change, le monde du vin aussi. Le Nouveau Bettane+Desseauve, créé l'an dernier, éclaire cette nouvelle donne. Moins encyclopédique, plus sélectif ; mettant en avant ces « génies » du vin qui apportent une vision nouvelle et régénérée de notre passion commune ; consacrant ceux qui demeurent des références absolues du vignoble ; dénichant sans relâche les nouveaux talents et les émotions inédites. Un palmarès d'une année pas comme les autres, qu'on peut dévorer depuis cette page jusqu'à la dernière ou picorer à loisir au gré de ses envies et de ses interrogations. Bonne lecture.

Michel Bettane et Thierry Desseauve

1. Le débourrement marque la fin de la période de dormance hivernale : les bourgeons se développent et s'ouvrent.

FABRICE LESEIGNEUR

Choisir, c'est se réjouir

Déjà deux ans que ce *Nouveau Bettane+Desseauve* a pris la place de l'historique *Guide des vins*. Comme l'an dernier, les fondamentaux de ce livre-magazine n'ont pas changé. D'abord, proposer un bel objet, grand format, bon et beau, moins austère que son prédécesseur. Oublié le petit format de 900 pages, finie la somme encyclopédique, l'époque a changé. Place au Nouveau et à ses belles et grandes photos. La civilisation du vin, c'est avant tout des rencontres, des visages attachants et des paysages spectaculaires. Page après page, en commençant par le début ou par la fin, comme on veut, ça se lit, ça se regarde.

QU'EST-CE QU'IL Y A DEDANS ?

En quelques mots : du magazine, de la dégustation, des bonnes adresses. Des rencontres, des interviews, des reportages, des sélections, des terroirs de l'année, des producteurs que nous aimons et que nous recommandons, des découvertes, des nouveautés, des analyses, des échanges avec des gens qui ont des choses à dire, des bonnes pistes, des carnets de notes, et plus encore.

UN PALMARÈS INÉDIT

Plus simple pour être plus fort, nous avons complètement revu notre palmarès. Fini les personnalités, les domaines ou les vins de l'année. Nous récompensons désormais le génie du vin. Génie du style, génie de la compréhension du terroir, génie de la parole, du geste et tant d'autres, nos génies de l'année 2022 font rayonner cette civilisation que nous aimons tant. On n'oublie pas aussi les jeunes pousses du vignoble et les talents futurs. Nos génies de demain sont au rendez-vous. Tout comme nos équipes de France.

DES DÉGUSTATIONS

On en trouvera dans presque toutes les régions. Pour les retrouver, rien de plus simple, il suffit de se repérer aux bandeaux bleus situés sur les côtés des pages. Des terroirs expliqués de A à Z, accompagnés d'une grande dégustation, des sélections régionales mais aussi des verticales, tout y est. Même les prix des vins, donnés à titre indicatif. On a aussi pensé à ceux qui cherchent les meilleurs rapports prix-plaisir. Dans chaque vignoble, on découvrira les médailles d'or du Concours Prix-Plaisir 2021. Là aussi, un code couleur. Il suffit de chercher toutes les pages avec un bandeau or sur le côté.

NOS CARNETS D'ADRESSES

Le *Nouveau Bettane+Desseauve* recense moins de domaines. Un choix revendiqué. Le monde du vin est vaste. Mieux vaut regarder avec précision à un seul endroit plutôt que de ne rien voir en essayant de le contempler tout entier. Plus sélectif, il ne cherche pas l'exhaustivité. Nos bonnes adresses (bandeau rouge) font le tour de chaque vignoble et rassemblent ceux en qui nous croyons. Des grands, des incontournables, des découvertes, des valeurs sûres ou des domaines en progrès. Ils sont tous là. Ils sont aussi, beaucoup plus nombreux, sur notre application *Le Grand Tasting*.

AUSSI SUR VOTRE SMARTPHONE

L'appli Grand Tasting, c'est plus de 120 000 notés et commentés. Notre grand guide des vins de France, c'est ça. Tout au même endroit, simple, ergonomique, gratuit. C'est aussi du contenu, des centaines de vidéos disponibles, le catalogue de nos évènements, des articles, des sélections. Pour ceux qui préfèrent l'écran de l'ordinateur, pas de problème, le contenu de cette application est aussi disponible sur le site *mybettanedesseauve.fr*.

Louis-Victor Charvet

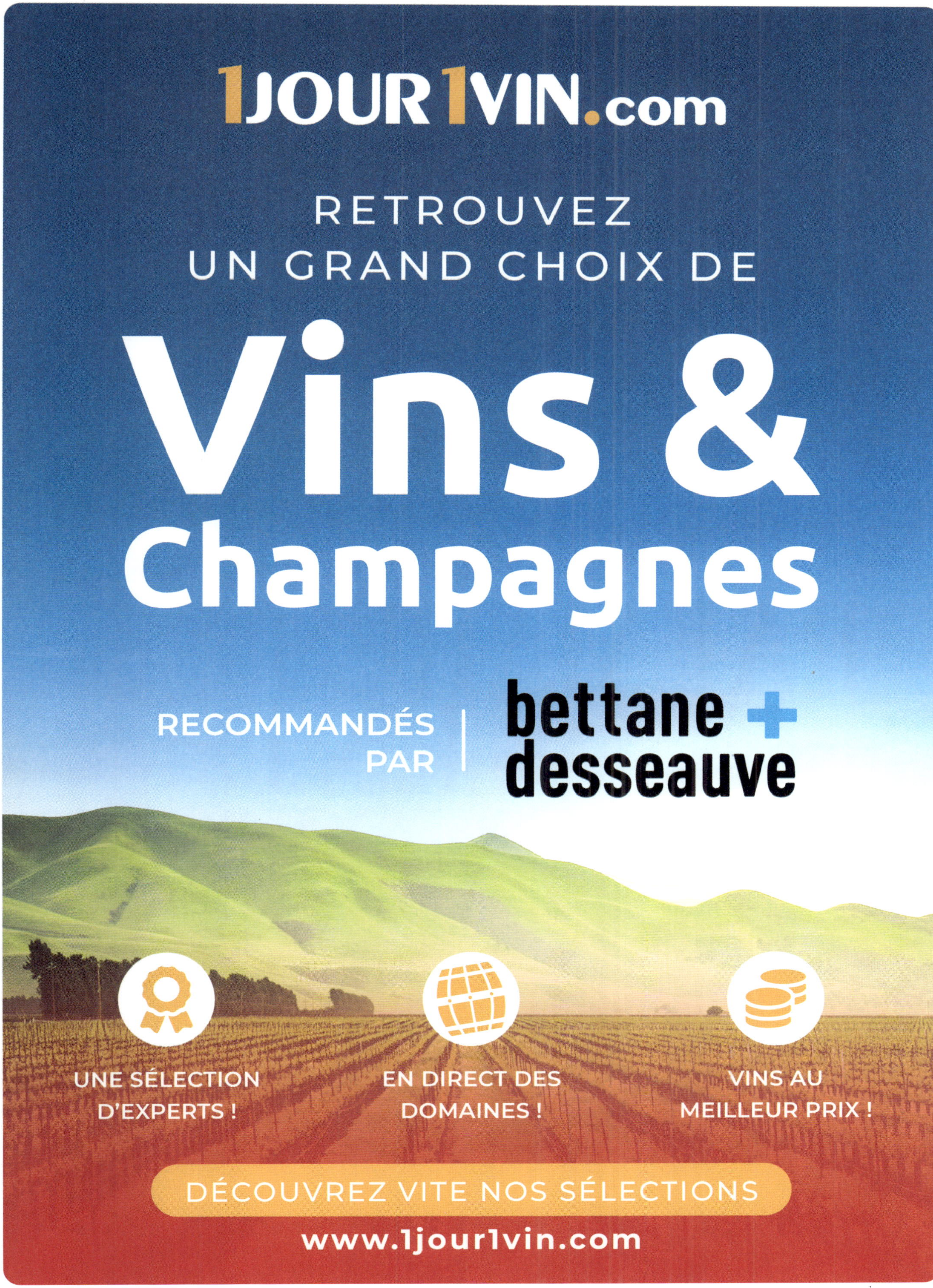

PALMARÈS LE TALENT ET L'ÉMOTION

CHAQUE JOUR, NOS GÉNIES DE L'ANNÉE CONTRIBUENT À FAIRE DE LA CIVILISATION DU VIN UNE CIVILISATION VIVANTE

PAR ***MICHEL BETTANE, ALAIN CHAMEYRAT, LOUIS-VICTOR CHARVET, THIERRY DESSEAUVE, DENIS HERVIER, GUILLAUME PUZO ET NICOLAS DE ROUYN***

MATHIEU GARÇON

GÉNIE DU VIN
PHILIPPE GUIGAL

PAR **LOUIS-VICTOR CHARVET**

LA CRISE SANITAIRE ET ÉCONOMIQUE que nous traversons a fait vaciller tant de structures et d'entreprises. Pire encore, elle a détruit des vocations, anéanti les espoirs des uns, brisé les rêves des autres. Constat alarmant, douloureux, d'autant que la page semble ne jamais vouloir se tourner. À l'heure de se choisir un génie de l'année, le *Nouveau Bettane+Desseauve* réfléchit, examine et délibère autant qu'il hésite, doute et tergiverse. Combien sont-ils, parmi les femmes et les hommes qui composent le peuple des vignes, à mériter cette récompense pour leur abnégation et leur résilience devant tant de difficultés ? Combien sont-ils, épuisés mentalement, à bout de force physiquement, harassés par un marché plombé et un mauvais temps cruel ? Déjà trop, sans doute, alors que la bataille ne fait que commencer. Comment les aider ? En leur donnant un capitaine, infatigable, inébranlable, incorruptible. De Marcel, son père, Philippe Guigal a hérité d'un talent rare. Savoir rassembler. Partout en France, auprès des amateurs et dans les vignobles que nous parcourons, ce nom de famille est cité en exemple, comme une référence, comme un point de repère. La maison d'Ampuis est un port d'attache, sûr et accueillant, où l'on vient déposer ses doutes pour repartir avec des certitudes. En matière de style d'abord et, depuis quelques années, également en matière de viticulture. Négociant de premier ordre (c'est peut-être la famille la plus connue en France pour cette activité), vigneron accompli (les cuvées parcellaires à Côte-Rôtie sont au sommet de l'appellation), homme d'affaires engagé à l'écoute des consommateurs, défenseur des terroirs du nord du Rhône et de l'aménagement de ces territoires, Philippe Guigal n'aura certainement pas le temps, en plus de ses activités innombrables, d'assumer ce statut de capitaine de notre vignoble français. Au fond, quelle importance. Son sens du devoir, son sang-froid, son exigence de tous les instants, sa politesse et sa disponibilité exemplaires en font naturellement une figure incontournable de notre viticulture. Le vignoble français est une force qui va, inarrêtable, inextinguible. Dans sa course folle, il lui fallait quelqu'un pour tenir fermement la barre et le conduire dans la bonne direction. C'est notre génie du vin.

Jean-Philippe Masclef.

GÉNIE DE LA PLANÈTE L'ALSACE

Dans un univers viticole parfois en manque de repères, entre les normes environnementales sans cesse en train d'évoluer, la météo qui sait se faire capricieuse (comme au début de cette année 2021), les taxes à l'importation sur certains marchés ou encore un virus à couronne qui désorganise toutes les entreprises commerciales, l'Alsace ne perd pas le nord, guidée par sa démarche vertueuse entamée depuis près de deux décennies. Un nombre toujours croissant de domaines cultivant en bio ou en biodynamie y sont certifiés ou en voie de l'être. Dans les vins, les restitutions salines sont de plus en plus perceptibles en bouche et les finales toujours plus pures et plus vibrantes. L'amateur a de quoi se réjouir. **G.P.**

GÉNIE DE L'AUTHENTICITÉ FRÉDÉRIC ENGERER

Dans le catalogue des idées reçues du vin, largement fourni, il y a ce refrain ressassé selon lequel les grandes fortunes investissant dans le vin uniformisent et standardisent le style des crus qu'ils achètent. Avec une constance qui mérite d'être soulignée, Frédéric Engerer, patron des domaines acquis par la famille Pinault, démontre exactement le contraire en interprétant chaque année avec une précision et une sensibilité accrues la définition des (grands) vins dont on lui a confié la responsabilité. Château Latour, où il officie depuis 25 ans, Domaine d'Eugénie (ex-Domaine Engel), qu'il a mené à un niveau de pureté et d'excellence impressionnant, Clos de Tart, qui dispose aujourd'hui de chais à la hauteur de son immense potentiel, Château Grillet, dont les derniers millésimes ont repoussé haut l'excellence que l'on pouvait attendre d'un tel cru et le brillant californien Eisele : chaque cru, cultivé en bio, s'appuie sur des équipes autonomes et cultive avec une folle exigence son intime personnalité. Respect. **T.D.**

Frédéric Engerer.

GÉNIE DU STYLE JEAN-PHILIPPE MASCLEF

Le grand public ne connaît pas son nom et pourtant Jean-Philippe Masclef, directeur technique des domaines Dillon (château Haut-Brion, château Mission-Haut-Brion, château Quintus), est le vinificateur le plus constant et le plus inspiré à notre sens du Bordelais. Certes, les terroirs dont il a la charge l'aident plus qu'un peu, mais encore faut-il savoir les comprendre et les magnifier. Son maître à penser, Jean-Bernard Delmas, était l'élève le plus doué d'Emile Peynaud et l'un des premiers à recevoir le diplôme d'œnologue de la toute nouvelle faculté d'œnologie de Talence. Sous son inspiration, et pour la première fois dans un cru aussi prestigieux, son équipe technique étudie le patrimoine de vignes propre au domaine et parvient à la conclusion qu'une grande partie de la personnalité du cru provient de ses différents clones minutieusement étudiés et conservés. Cette étude va révolutionner le travail agronomique de l'élite des crus bordelais et permettre aux journalistes et critiques du vin que nous sommes de franchir une étape décisive dans la compréhension de la force du terroir. Encore fallait-il savoir vinifier ce splendide matériel végétal. Dans les dix derniers millésimes, je ne connais aucune autre propriété qui a su s'adapter aussi intelligemment au changement du climat océanique. Et à Pessac, en pleine ville, le réchauffement est dramatique. C'est tout un art que d'obtenir une fusion du corps, de la texture et du tannin aussi homogène dès la naissance que celle des vinifications de Jean-Philippe Masclef, sous le regard attentif d'un autre Jean-Philippe, fils de Jean-Bernard, et évidemment du prince Robert Luxembourg, propriétaire amoureux de ses vignes et de son vin. Mais c'est avec les vins blancs, hélas si rares et pour nous si coûteux, que triomphent l'adresse et le savoir du vinificateur : qui d'autre en Bordelais peut donner au sauvignon et au sémillon la générosité, l'éclat et la longueur de bouche des plus grands chardonnays bourguignons ? **M.B.**

Ghislain Mahieu.

GÉNIE DE LA CONSTANCE
CHAMPAGNE PALMER & CO

En Champagne, le talent d'un chef de cave se mesure à l'excellence de son brut et le haut niveau d'ensemble de sa gamme, mais surtout à sa régularité sur le long terme. Et là, quoi de mieux qu'une verticale des millésimes de la maison ? À cet égard, une récente dégustation de la gamme Collection, comparaison des cuvées millésimées Vintage et Blanc de blancs, nous a rassurés sur le savoir-faire entretenu depuis plusieurs générations dans cette belle maison dont les principaux vignobles sont situés sur la face nord de la montagne de Reims. Nous retenons notamment un 1979 d'anthologie, absolument parfait après quarante années passées dans l'ombre des caves crayeuses. Et d'autres millésimes plus récents lui succéderont un jour. Ça, c'est de la constance. ▮ ***G.P.***

GÉNIE DU GESTE
GHISLAIN MAHIEU (LE LAURENT, PARIS 8e)

Discret, attentif, à l'écoute, de bon conseil, l'œil d'aigle de Ghislain Mahieu scanne la salle et les salons du Laurent, le célèbre restaurant des jardins des Champs-Élysées qui dispose aussi de la plus belle terrasse de Paris. Après des études de restauration en cuisine, c'est la rencontre avec le chef-sommelier de L'Huîtrière à Lille, sa ville d'origine, qui décidera de la vocation de notre lauréat 2022. Après un passage de plus de deux ans chez Ledoyen, Ghislain est recruté par Philippe Bourguignon, le patron du Laurent. Nous sommes en 1993 et vint-huit ans après, il est toujours là. Ce Breton d'adoption, adepte des plaisirs iodés des Côtes-d'Armor, toujours fidèle au poste, fait profiter ses clients de son expérience aujourd'hui immense. Nous sommes fiers de le nommer Sommelier de l'année du *Nouveau Bettane+Desseauve*. ▮ ***N.R.***

GÉNIE DU STYLE
MARIELLE CAZEAUX

Elle est arrivée en 2015 en voisine, du château Petit Village au château La Conseillante, perle de douze hectares à Pomerol appartenant depuis un siècle et demi à la même famille, les Nicolas. Aussitôt, avec une exigence de tous les instants, elle a repris toutes les étapes qui contribuent à la naissance d'un grand vin, non pas pour révolutionner le cru, mais pour en affiner le style et ciseler sa nature profonde. Cet impressionnant sens du détail, développé tant dans les vignes que dans les chais, a totalement remodelé la définition un peu vague de « vin fin et élégant » qu'a toujours revendiquée, à juste titre, La Conseillante. Le sens de l'équilibre, la chair et l'ampleur, la finesse du tannin, la persistance aromatique de chaque millésime depuis 2015 résonnent comme une démonstration quasi parfaite du grand bordeaux contemporain. ▮ ***T.D.***

GÉNIE DU LIEU
SAINT-ÉMILION

Oublions pour un temps les puériles querelles de clocher qui font la une de l'actualité de l'appellation (notre pays en raffole) et rappelons à quel point l'AOC saint-émilion peut remercier la nature pour l'avoir dotée de tant de qualités. L'argile et le calcaire des sols en premier lieu. L'argile a cette vertu de conserver l'humidité nécessaire à la pleine maturité des raisins, même en année de sécheresse estivale. Elle a aussi celle, liée à la précédente, de préserver un peu plus de fraîcheur aux nuits, ce qui n'est pas accessoire en nos temps de réchauffement climatique. Les hommes, en contrôlant mieux l'état sanitaire des raisins, ont ainsi pleinement mis en valeur le potentiel des magnifiques côtes qui relient les différentes « paroisses » de l'appellation à Castillon, en particulier les spectaculaires terrasses des secteurs Puy Blanquet, Pressac, Valandraud, Fleur Cardinale. Le calcaire, plus ou moins épais, apporte sa finesse étonnante et sa minéralité saline qui équilibrent remarquablement la richesse en sucre des raisins actuels. On retrouve aussi l'argile si propice à la maturité des merlots dans les zones plus sableuses et plus plates proches de Pomerol. Leur assemblage avec les sables moins argileux, plus sensibles à la sécheresse, associe souplesse et profondeur, dans un équilibre au charme unique. Dans les années 1990-2000, les meilleurs producteurs locaux ont fait faire à la viticulture girondine des progrès spectaculaires en revenant à la culture des sols et à des conduites de la vigne permettant enfin une maturité complète des raisins. Ils ont aussi adopté les principes d'une vinification parcellaire, facilitée par la taille des exploitations plus réduite qu'en Médoc. Les producteurs, plus impliqués dans le travail quotidien et déléguant moins à des entreprises de service ou à des conseillers le contrôle de la qualité, ont favorisé l'individualité des crus par la diversification des styles, parfois critiquée, mais toujours source de richesse et d'émulation. Cette émulation, renforcée par un classement démocratique et révisable tous les dix ans des meilleurs vins, pourrait servir d'exemple à toute la France si la politique locale s'en mêlait moins et si l'on acceptait avec plus de sportivité ses résultats. **M.B.**

GÉNIE DU VIVRE-ENSEMBLE
XAVIER VIGNON

On ne peut que regretter que ce garçon aussi brillant qu'attachant soit apparu sur nos radars si tardivement. Œnologue de formation, cet ex-globe-trotteur a bien fait de poser ses bagages dans la vallée du Rhône. En l'espace d'une vingtaine d'années, il y est devenu l'un des consultants les plus respectés. Surtout, il a fait sienne les valeurs du compagnonnage, de la fraternité et de la défense d'un savoir-faire français. En plus de ses activités de consultant, quand ses propres marques lui laissent un peu de champ libre, il a trouvé le temps de créer la fondation « L'Esprit français ». Un organisme citoyen reposant sur le mécénat pour œuvrer à la protection des pratiques vitivinicoles, aider à l'installation de jeunes vignerons et restaurer une partie du patrimoine français lié à la vigne. Le vivre-ensemble dans les actes, c'est ça. **L.V.C.**

GÉNIE DE L'ARCHITECTURE
MAISON DELAS

Cette maison historique, fondée à Tournon-sur-Rhône en 1835, est liée à la maison de Champagne Deutz depuis 1977 et au grand groupe Roederer depuis 1996, date du rachat par ce dernier des deux maisons. Aujourd'hui, Delas a traversé le Rhône pour installer chais et bureaux au pied de la colline de l'Hermitage. Ce faisant, de gros travaux ont été entrepris afin de doter la maison de l'outil de travail le plus moderne et, incidemment, de laisser une jolie trace architecturale dans un environnement qui le mérite. Le résultat est spectaculaire et tout ceci est achevé et fonctionne très bien pour le plus grand bonheur de ceux qui, sous la direction de Jacques Grange, font le vin et – c'est plus hédoniste – pour le plaisir du visiteur. **N.R.**

PRESSE

GÉNIE DU CHANGEMENT
MOUTON CADET

Il n'y a pas de grandes régions viticoles sans expression accessible du meilleur de leurs vins. Pour avoir oublié ce principe, Bordeaux s'est éloigné du cœur et du palais de nombre d'amateurs. Mouton Cadet, né du génie créateur de Philippe de Rothschild il y a près de neuf décennies, avait vu peu à peu son style s'affadir au gré de son imposant succès commercial. La famille Rothschild en a pris conscience et a engagé une profonde refonte de la marque, basée d'abord sur une traçabilité extrêmement précise des approvisionnements : 250 producteurs, suivis par une équipe d'œnologues maison, consacrent tout ou partie de leur vignoble à la composition des gammes Mouton Cadet. Tous sont aujourd'hui engagés dans la démarche environnementale HVE et certains sont certifiés bio (ou en voie de l'être). Au final, le style de Mouton Cadet Réserve a retrouvé de l'allant, de la fraîcheur et du fruit et la cuvée bio, réservée pour l'instant au seul marché français, séduit par son énergie. ▮ *T.D.*

Michel Janneau est ses trois fils.

GÉNIE DU RETOUR AUX RACINES
MICHEL JANNEAU

Même s'il a conservé la pétillance du regard et le sens de l'exceptionnel qui en firent des décennies durant le brillant directeur de la communication d'une fameuse maison de Champagne, Michel Janneau a effectué un étonnant retour aux racines familiales en créant Belloya, une maison d'Armagnac. Belloya, c'est le prénom de l'épouse basque du fondateur de la maison Janneau, que le père de Michel céda dans les années 1970. En créant sous ce label une belle gamme d'armagnacs, il redonne avec ses trois fils toute la légitimité familiale à ce spiritueux qui cherche aujourd'hui sa voie. Bien sûr, il n'était pas possible de distiller puis de faire vieillir des eaux-de-vie, c'est donc dans la collection personnelle d'un distillateur ami que Michel Janneau a sélectionné cinq trésors, d'un assemblage de six ans d'âge jusqu'à un quarante ans en passant par un flamboyant vingt-cinq ans d'âge. ▮ *T.D.*

GÉNIE DE LA PAROLE
LAURE GASPAROTTO

Bien sûr, notre consœur du Monde a quelques prédispositions pour obtenir ce titre. Diplômée d'histoire médiévale, notamment celle de la Bourgogne, cette Charentaise d'origine a fait ses premières classes en tant que journaliste du vin il y a plus de vingt ans. Une dizaine de livres plus tard, dont un *Atlas des vins de France* qui continue de faire référence, elle est aussi l'une des seules à avoir franchi la barrière pour tenter la vie de viticultrice. Une aventure humaine faite de hauts et de bas qu'elle raconte avec humour et tendresse dans son dernier ouvrage, *Vigneronne* (Grasset). Son expérience sincère ouvre la voie à une libération de la parole encore timide dans un monde où les angoisses, les doutes et les peines sont trop souvent tues. Avec humilité, Laure a réussi à parler pour lui. C'est suffisamment rare pour être souligné, et récompensé. ▮ *L.V.C*

GÉNIE DU CONCEPT
DOMAINE LA BOUCHE DU ROI

On a déjà souligné la réussite d'Adrien Pélissié, de Julien Bengué et de l'œnologue Julien Brustis, jeunes créateurs de la Winerie Parisienne. Tout en poursuivant cette aventure, les trois compères ont franchi une étape ambitieuse en créant leur propre domaine viticole dans le secteur de la plaine de Versailles. Vingt-six hectares sur le plateau de Davron accueillent une collection large de cépages capables de bien s'adapter aux conditions climatiques de la région parisienne. Chardonnay et chenin en blanc, merlot et bientôt cabernet franc en rouge séduisent par leur tonicité, leur éclat aromatique et surtout leur équilibre rafraîchissant : moins d'alcool, plus de fond. Loin d'être simplement un coup marketing, cette création récente – premier millésime produit en 2019, deuxième tentative réussie en 2020 – marque le grand renouveau de l'un des plus anciens vignobles de France et, de fait, celui de la viticulture septentrionale. En ces temps de réchauffement climatique global, l'idée devrait faire son chemin. ▮ ***T.D.***

Julien Bengué, Adrien Pélissié et Julien Brustis.

GÉNIE DE LA FAMILLE
FAMILLE DROUHIN

Ils s'appellent Véronique, Philippe, Laurent, Frédéric. L'une est en charge de la vinification ; l'autre, du vignoble tout en bio ; le troisième s'occupe de la filiale américaine de distribution des vins de la grande maison Joseph Drouhin et le dernier est le président de l'ensemble. Ils sont frères et sœur, s'entendent très bien, ont développé l'héritage familial avec infiniment de talent et de rigueur sous l'œil encore présent de Robert, leur père. Avec pas moins de 90 appellations, la maison beaunoise fait partie des poids lourds de la Bourgogne. Ceci, sans compter les deux propriétés d'Oregon, Domaine Drouhin Oregon depuis trente ans et, plus récent, Roserock, un splendide coteau de cent hectares qui regarde le volcan Mount Hood, paysage fantastique. Un beau travail en famille. La génération d'après est déjà dans la maison. ▮ ***N.R.***

GÉNIE DU MYTHE RÉSERVÉ
CHAMPAGNE POL ROGER

Quel vin peut se targuer de toujours appartenir aux descendants de son fondateur, 170 ans plus tard, d'avoir été le nectar favori de l'un plus grands hommes du XXe siècle et de produire années après années des vins superbes, au style inaltéré et dans une gamme sans faille ? Pol Roger, bien sûr ! Dans un monde champenois oscillant chaque jour un peu plus entre multinationales et vignerons, cette maison de taille moyenne, dont plus de la moitié des besoins sont couverts par un remarquable vignoble maison d'une centaine d'hectares, a su sans bruit se replacer dans le cercle restreint des grands mythes du monde viticole. Un mythe en pleine forme, qui vient d'accueillir en son sein le premier représentant de la sixième génération et surtout de réaliser d'impeccables cuvées brut (Réserve) et extra-brut (Pure) non millésimées, le délicieux rosé vintage 2012 et, évidemment, l'incomparable cuvée Winston Churchill 2012. Un tir groupé impressionnant. ▮ ***T.D.***

LES GÉNIES DE DEMAIN

THOMAS FRISSANT

Fort du savoir-faire acquis auprès de son père Xavier et de ses stages en Australie, Nouvelle-Zélande, Bourgogne ou vallée du Rhône, Thomas Frissant, 27 ans, s'est installé en 2019 sur 14 hectares dans la région d'Amboise. En conversion bio, ce néo-vigneron fait preuve d'une grande maîtrise culturale et technique. ▮ *D.H.*

JULIE ET GRAEME BOTT

Après une dizaine d'années passées chez Stéphane Ogier, c'est munis d'une expérience de premier plan que Graeme et Julie Bott ont voulu créer leur propre domaine. Ceux qu'on appelle les kiwis d'Ampuis ont su créer une dynamique bienveillante autour d'eux, de leur ambition, et, aujourd'hui, ils sont la révélation de leurs appellations. Très forts, les kiwis. ▮ *N.R.*

ROMUALD PÉRONNE

Il a fait en moins de quinze ans de son domaine (Clos Saint-Sébastien) la valeur montante de l'appellation collioure, en particulier pour ses blancs remarquablement harmonieux et intenses. Finement construits, sans aucune rusticité de définition, profonds et racés, ils définissent avec talent la vision contemporaine de ce grand terroir catalan. ▮ *T.D.*

PIERRE-HENRI GADAIS

Sur les quelque quinze hectares de son domaine de la Combe, ce jeune vigneron du Pays nantais a déjà pris conscience des défis qui attendent son vignoble. Sans rien renier du style familial, il a su construire une gamme de muscadets recommandables, entre cuvées de plaisir parfaites pour une consommation d'instant et grands blancs de gastronomie. ▮ *L.V.C.*

MAXIME ULLENS

Installé dans le nord de Reims, il cultive l'art de la discrétion avec beaucoup de détachement. Un peu plus que la plupart de ses collègues, il croit dans les qualités du meunier, ce cépage rouge qui s'efface souvent devant le pinot noir. Le jeune homme a du talent, il est concentré sur ce qu'il fait, ne prend jamais de vacances et commence à sentir le doux parfum de la réussite. ▮ *N.R.*

GRÉGOIRE HOPPENOT

Il lui tardait d'avoir ses propres vignes et d'y appliquer la viticulture capable d'exprimer pleinement le terroir. C'est chose faite avec la reprise d'un joli domaine de Fleurie. Immédiatement, des pratiques saines à la vigne, à commencer par des replantations repensées pour une vraie viticulture bio, et une discipline de travail encore plus rare à la cave, Grégoire s'affirme comme une des figures marquantes du « nouveau » beaujolais. ▮ *M.B.*

MARIE TOUSSAINT ET VIVIEN ROUSSIGNOL

En seulement trois millésimes, le couple a atteint le meilleur niveau de l'appellation fitou. Si la cuvée Les Jalouses 2018 est un vin de référence sur les terroirs de schistes, tout est bon ici, dès les entrées de gamme. Grand soleil à l'horizon, l'avenir s'annonce radieux. ▮ *A.C.*

ANTOINE VEIRY

Il prendra un jour la suite d'un personnage parmi les plus importants pour la viticulture de notre pays et la défense de nos terroirs. En attendant, il marche dans les pas d'Alain Brumont, aussi curieux, exigeant et pédagogue que son mentor. Nous voyons là un futur capitaine pour cette région viticole. Félicitons-le, lui et sa bande de jeunes. ▮ *L.V.C.*

TOMOKO KURIYAMA ET GUILLAUME BOTT

L'union de ces talents fait notre bonheur. Le style de leur vin, d'une droiture et d'une pureté magnifiques, devrait donner honte à ceux qui aujourd'hui, encore trop nombreux, gâchent leur patrimoine de premiers et grands crus. Chez Chanterêves, pas d'appellations prestigieuses, mais toujours des beaux terroirs et des vins qui les expriment avec précision. ▮ *M.B.*

SIMON BLANCHARD

Depuis 2004, Simon Blanchard est l'un des fers de lance de la dream team Derenoncourt. Fort d'un sixième sens vigneron, il a acheté un peu plus d'un hectare à Montagne-Saint-Émilion où il travaille dès 2015 en solo et en bio. Des vins taillés pour la garde et la grande gastronomie. ▮ *D.H.*

VANESSA CHERRUAU

Du haut de ses 32 ans, Vanessa Cherruau s'est associée à un investisseur pour reprendre en main le château de Plaisance. Poursuivant la biodynamie initiée ici dès 2008, cette fan de chenin possède une vraie vision remarquable. Dès le premier millésime, la pureté minérale des vins est déjà impressionnante, notamment sur les cuvées parcellaires Ronceray et La Grande pièce. Le meilleur reste à venir. ▮ *D.H.*

MATHIEU DEISS

Succéder à son père n'est jamais simple, surtout quand il s'appelle Jean-Michel Deiss. Mathieu ne s'en est pas laissé conter, lui qui en marge du domaine familial a développé une nouvelle gamme dans l'air du temps avec le Vignoble du Rêveur. Là où le talent ne ment pas, c'est lorsqu'on goûte l'évolution du style des vins rouges du domaine Marcel Deiss, plus en finesse de tannin et en délicatesse de toucher que par le passé. Cette patte-là, c'est la sienne. ▮ *G.P.*

PRESSE, FABRICE LESEIGNEUR

GÉRARD BERTRAND
clos d'ora
GÉRARD BERTRAND
clos d'ora
PAIX · AMOUR · HARMONIE
CLOS D'ORA RÉVÈLE NOTRE PHILOSOPHIE DÉDIÉE À L'EXCELLENCE ET À L'EXPRESSION DES TERROIRS DU SUD DE LA FRANCE. CE VIN, PORTEUR D'UN MESSAGE, SYMBOLISE LE LIEN ENTRE LA BIODYNAMIE ET L'ESPRIT QUANTIQUE.
L'ABUS D'ALCOOL EST DANGEREUX POUR LA SANTÉ. À CONSOMMER AVEC MODÉRATION.

ILS SONT NOTRE FIERTÉ NATIONALE. L'AMATEUR LES OBSERVE, SCRUTE LEURS NOUVEAUX MILLÉSIMES, NE LOUPE JAMAIS L'OCCASION DE PARLER D'EUX. VOICI NOS DEUX ÉQUIPES DE FRANCE. LE MONDE DES VINS EST AUSSI UN UNIVERS DE LA PERFORMANCE. DANS CETTE COMPÉTITION, NOUS SOMMES DERRIÈRE ELLES.

NOS ÉQUIPES DE FRANCE

PAR **LOUIS-VICTOR CHARVET**

XV DE FRANCE

Quinze producteurs qui font rêver le monde. Des grands noms, célèbres et désirés. Cette saison, notre XV de France continuent de maintenir notre vignoble au sommet de l'élite mondiale. De Bordeaux, de Bourgogne, de Champagne, des vallées du Rhône et de la Loire, ces domaines sont des références par leur style, leur technique et la place qu'ils accordent à l'intuition aussi bien à la vigne qu'en cave. Bref, cette équipe d'artistes et de techniciens, c'est du très haut niveau.

Château Haut-Brion
Château Figeac
Château Latour
Champagne Bollinger
E. Guigal (capitaine)
Domaine Jean-Louis Chave
Domaine Trimbach
Champagne Veuve-Clicquot
Château Rayas
Château Mouton-Rothschild
Domaine Alphonse Mellot
Krug
Petrus
Domaine Leroy
Domaine de la Romanée-Conti

XV DU *FRENCH FLAIR*

Comme au rugby, avec cette équipe, tout est affaire de style et tout est possible. Chacun de ces producteurs, à sa manière, avec ses moyens, transcendent le terroir, exprimant une vision singulière de l'art du vin C'est une équipe du beau jeu, épique et original, moins classique qu'on ne le pense et toujours capable de surprendre, d'émouvoir, d'innover. Dans tous les domaines, aussi bien dans sa manière de conduire son vignoble que de communiquer auprès des consommateurs, ces quinze-là ont ce quelque chose en plus qui rend leurs vins si spéciaux et terriblement excitants.

Château Trottevieille
Domaine du Vieux Télégraphe
Domaine Sant Armettu
Domaine de la Taille aux Loups
Champagne Laurent-Perrier
Domaines Gérard Bertrand
Champagne Taittinger (capitaine)
Château Montus
Petrus
Château Margaux
Domaine de la Solitude à Châteauneuf-du-Pape
Château Calon-Ségur
Château Pavie
Domaine Marcel Deiss
Domaine du Château de Meursault

ANGELUS
Premier Grand Cru Classé "A"
CHATEAU
ANGELUS
FAMILLE de BOÜARD de LAFOREST
SAINT-ÉMILION GRAND CRU
2015
ANGELUS
L'abus d'alcool est dangereux pour la santé. À consommer avec modération.

LA CARTE DES VINS DE L'ANNÉE

CHAQUE ANNÉE, LORS DE L'EXCELLENCE GASTRONOMIQUE, LEBEY ET BETTANE+DESSEAUVE DISTINGUENT LA MEILLEURE CARTE DES VINS. EN 2021, C'EST ***FLEUR DE PAVÉ*** QUI EST À L'HONNEUR

PAR ***PIERRE-YVES CHUPIN***

LA PÉRIODE RÉCENTE et les obligations de fermeture n'ont entamé en rien le moral de cette équipe située dans une petite rue du IIe arrondissement. Elle se réjouit de renouer enfin le contact avec une clientèle principalement française, exigeante et curieuse de tout ce qu'il y a dans l'assiette et dans le verre. Atout décisif dans le succès de l'adresse, la cave joue le registre du plaisir, en phase avec l'ambiance du lieu. Ici, les clients prennent leur temps, discutent avec la brigade depuis les sièges disposés autour du comptoir et les déjeuners se prolongent jusque tard dans l'après-midi.

On y vient pour deux menus quotidiens, toujours abordables vu le niveau de qualité, et pour profiter d'une cave exceptionnelle qui repose sur des achats entrepris à l'époque d'*Itinéraires*, l'ancien restaurant du chef Sylvain Sendra et de Sarah Michielsen (aux commandes de *Parcelles* dans le Marais depuis le printemps dernier). Un travail d'équipe qui témoigne d'un souci permanent de l'échange entre la cuisine du chef propriétaire du lieu et le service de Maxime Courvoisier, sommelier et directeur de salle. Originaire du Jura, diplômé d'un BTS hôtellerie-restauration et d'une mention en sommellerie à Bordeaux, le jeune Maxime Courvoisier n'a pas oublié ceux qui ont compté dans sa formation : Alain Guillou (restaurant *Jean-Paul Jeunet*), Antoine Pétrus (MOF en sommellerie 2011), rencontré chez Lasserre à *« la grande époque »* comme il aime le préciser, ou encore David Biraud au *Mandarin Oriental* (MOF en sommellerie 2004). Un parcours réfléchi et une expérience à l'étranger, notamment au Liban en compagnie du chef Sendra au moment de la fermeture d'*Itinéraires*. Avec *Fleur de Pavé*, le jeune sommelier tient sa grande aventure et l'opportunité de constituer une cave en phase avec une cuisine en permanente évolution, où chaque achat est discuté directement avec le chef.

ET ALORS CETTE CARTE ?

Toutes les régions viticoles y sont. Un très large choix de références comme autant de rencontres qui comptent avec les vignerons et de moments d'émotion. Maxime les raconte d'ailleurs volontiers. Une soirée partagée avec Emmanuel Lassaigne (Champagne), une relation privilégiée avec Romain Le Bars (Tavel) ou la découverte de Simon Gastrein (Condrieu).

C'est la Bourgogne, terre d'élection du chef, qui est très largement à l'honneur. Chardonnays et pinots noirs bourguignons font merveille avec la cuisine épurée et précise du restaurant. Bien sûr, des grands classiques (Comtes Lafon, Nicolas Rossignol), mais aussi les réussites de la nouvelle génération (Jean-Marc Millot, Marthe Henry Boillot ou Amélie Berthaut-Gerbet).

Cépage particulier pour Maxime, le chenin ligérien occupe aussi une place de choix. Sec, moelleux ou effervescent, on retrouve des stars du vignoble comme Thibaud Boudignon ou Romain Guiberteau en Anjou. Le Pays nantais n'est pas en reste avec la présence des vins de Jérôme Bretaudeau.

Chez ce jeune sommelier, Bordeaux a de l'importance. Il prévoit d'ailleurs de s'y installer, insistant sur *« le nouvel état d'esprit qui règne sur la ville et l'ouverture récente de bistrots ou restaurants bien en phase avec leur époque »*. On trouvera donc à la carte des vieux millésimes de Château Palmer (margaux), Château Ducru-Beaucaillou (saint-julien) et autre château Lynch-Bages (pauillac). Le manque de moyens au début de l'aventure les a poussé à s'intéresser aux nouveaux arrivants, regardant vers les appellations fronsac (Château Moulin) et castillon (Louis Mitjaville).

Concernant la vogue des vins nature, il ajoute : *« Plus on se rapproche du sol ou de la nature du cépage, plus je suis heureux. Mais ce n'est pas une raison pour accepter le côté déviant présent dans trop de vins nature »*. Des choix revendiqués et assumés, loin des diktats que s'impose une certaine restauration parisienne, et que nous récompensons cette année.

PRIX LEBEY BETTANE+DESSEAUVE DE LA MEILLEURE CARTE DES VINS

2020
Drouant (75002)
2019
Substance (75116)
2018
Les Climats (75007)
2017
Vantre (75011)
2016
Le Petit Sommelier (75014)
2015
Pirouette (75001)

FLEUR DE PAVÉ

5, rue Paul Lelong, 75002 Paris
Métro : Sentier - Bourse
01 40 26 38 87
fleurdepave.com

LES TABLES QUI AIMENT LE VIN

**Dans quel restaurant boire du vin à Paris ?
Le spécialiste de la bistronomie parisienne vous répond**

SÉLECTIONNÉES PAR LE ***GUIDE LEBEY***

PARIS Ier

Épi d'or

On y prend vite ses aises dans cet Épi d'or depuis sa reprise par Jean-François Piège. Plats réalisés avec un réel doigté (remarquable pâté en croûte), assaisonnements bien tranchés et souci de magnifier les recettes ménagères. Sélection de vins à la fois courte et pointue.

25, rue Jean-Jacques-Rousseau
01 42 36 38 12
Ⓜ Louvre-Rivoli

Juvéniles

Un bistrot à vins aussi frenchy que scottish, créé par Tim Johnston. L'homme a passé le tire-bouchon à sa fille et le piano à son beau-fils. À la clé, une cuisine qui gagne en subtilité. Et toujours l'éclectisme d'une sélection en cave, régulièrement renouvelée.

47, rue de Richelieu
01 42 97 46 49
Ⓜ Pyramides

Liquide

Carte misant sur des produits parfaitement sourcés et préparés avec une technique irréprochable dans une atmosphère au beau fixe. La cave privilégie les vignobles du Levant. Les meilleurs de l'Alsace ou Jura sont là. Tissot, Deiss, La Pinte, Fumey-Chatelain entre autres.

39, rue de l'Arbre Sec
01 42 36 50 05
Ⓜ Louvre-Rivoli

Pirouette

Élu meilleur bistrot de l›année 2013, ce beau lieu éclairé par de grandes verrières propose une carte-menu avec de vraies surprises et une cave mise en scène avec doigté et brio.

5, rue Mondétour
01 40 26 47 81
Ⓜ Étienne Marcel - Les Halles

Poule au pot

Jean-François Piège a pris possession du lieu pour préserver et revivifier cet emblème du patrimoine gastronomique français. Respect du charme désuet de l'antique décoration et carte fidèle aux classiques bourgeois de cette institution des Halles. Belle carte de vins, français bien sûr.

9, rue Vauvilliers
01 42 36 32 96
Ⓜ Les Halles

PARIS IIe

Frenchie

Les heureux élus qui décrochent ici une table vivront une expérience inoubliable. Dans l'assiette, les ingrédients qui ont fait la réputation de Grégory Marchand sont au rendez-vous. La sélection de vins, ample, ambitieuse et néanmoins démocratique, est tout aussi remarquable.

5, rue du Nil
01 40 39 96 19
Ⓜ Sentier

Marcore

Gastronomique à l'étage, bistronomique au rez-de-chaussée, l'adresse laisse le choix entre une cuisine de haute volée et un menu déjeuner façon bistrot que nous avons choisi et qui prouve que Marc Favier est un chef d'une rare maîtrise. Plus de 600 références en cave.

1, rue des Panoramas
01 45 08 00 08
Ⓜ Bourse

Oseille

Le chef, formateur reconnu, reprend les grands classiques bistrotiers avec une forte ascendance tripière tout en apportant légèreté et touche personnelle. Des plats que l'on accompagne avec plaisir des belles références présentes dans la carte des vins.

3, rue Saint-Augustin
01 45 08 13 76
Ⓜ Bourse - Quatre Septembre

PARIS IIIe

Elmer

Présent dans sa cuisine ouverte, Simon Horwitz trace sa route de chef, suivant son cap, à son rythme et dans son coin. Face aux clients, ses serveurs enthousiastes se chargent de jouer les apôtres d'une cuisine engagée et prometteuse. Sélection pointue de vins.

30, rue Notre-Dame-de-Nazareth
01 43 56 22 95
Ⓜ République - Strasbourg-Saint-Denis

Les Enfants rouges

Daï Shinozuka, ancien compagnon de Camdeborde, propose dans ses menus et cartes des plats particulièrement originaux mêlant produits de la mer et de la terre, soignant les légumes et leur cuisson. Belle carte des vins.

9, rue de Beauce
01 48 87 80 61
Ⓜ Arts-et-Métiers - Filles du Calvaire

Mazenay

Cette réjouissante et discrète adresse bistronomique propose une cuisine bourguignonne classique et bien troussée dans un cadre sobrement raffiné. Pas moins de 200 références en vins, dont une belle déclinaison au verre.

46, rue de Montmorency
06 42 83 79 52
Ⓜ Arts-et-Métiers - Rambuteau

Parcelles

À l›ardoise qui circule de table en table, les entrées (poissons, viandes ou volailles) changent en fonction du marché et, chaque jour, un plat végétarien. Belle maîtrise technique du chef et un bonheur évident à table. Sélection de vins pointue et revendiquée par un jeune sommelier bien en verve lors de notre passage.

13, rue Chapon
01 43 37 91 64
Ⓜ Arts-et-Métiers - Rambuteau

PARIS IVe

Capitaine

Capitaine tient le cap avec talent. Dans ce décor brut à l'élégance discrète, la formule du déjeuner attire quand la carte du soir est vite plébiscitée.

4, impasse Guéménée
01 44 61 11 76
Ⓜ Bastille - Saint-Paul (Le Marais)

Enoteca

Pas loin de trente ans d'existence, sous des poutres et solives du XVIIIe siècle, pour cette Enoteca dont l'enseigne se justifie par les quelques centaines de crus transalpins affichées à sa carte de vins.

25, rue Charles V
01 42 78 91 44
Ⓜ Saint-Paul (Le Marais) - Sully-Morland

Sergent recruteur

Après 18 années passées aux commandes de la cuisine de Laurent, Alain Pégouret promène son grand savoir-faire dans une île Saint-Louis plutôt morne. Du travail d'orfèvre tant sur le goût que sur le visuel et une cave bien pensée.

41, rue Saint-Louis en l'Île
01 43 54 75 42
Ⓜ Pont Marie (Cité des Arts) - Sully-Morland

PARIS Ve

Affinité

Dans ce bistrot élu meilleur de l'année 2019, la petite équipe conduite par Thibault Loubersanes envoie des assiettes signalées chacune par seulement trois produits, laissant toute sa place à l'imagination. Cuissons exemplaires et dressages esthétiques, sans chichis. Choix de vins avec des producteurs rares sur les cartes (Marc Tempé en Alsace).

52, boulevard Saint-Germain
01 42 02 41 71
Ⓜ Maubert-Mutualité

Kitchen Ter(re)

Des plats-de-résistance, essentiellement composés de pâtes produites à partir des blés endémiques de Rolland Feuillas, paysan, meunier et boulanger. Le chef Bruno Laporte, fidèle de William Ledeuil depuis plusieurs années, les cuisine à la manière d'un plat en sauce. Un pur bonheur, un service et une cave exemplaires.

26, boulevard Saint-Germain
01 42 39 47 48
Ⓜ Cardinal-Lemoine - Maubert-Mutualité

Louis Vins

Mélanie Serre, jusque-là cheffe exécutive à l'Atelier Étoile de Joël Robuchon, a redonné vie et envie à cette adresse historique du quartier. Recettes où l'équilibre des saveurs prime, un produit jamais dénaturé et des sauces, jus

ou liaisons qui font la différence. La cave choisie de main de maître par Bertrand Guillou-Valentin permet d'heureux accords dans un registre aussi rigoureux que gourmand.
9, rue de la Montagne Sainte-Geneviève
01 43 29 12 12
Ⓜ Maubert-Mutualité

Rôtisserie d'Argent
La Tour d'argent fait face à ses annexes de l'autre côté de la rue, la boulangerie et la rôtisserie d'argent qui joue dans la catégorie bistrot chic aux allures de bouchon lyonnais. Les visiteurs aiment y retrouver une cuisine bourgeoise, classique, servie en quantité bienveillante. Les pâtisseries de la boulangerie proposées sur un plateau sont classiques mais terriblement tentatrices.
19, quai de la Tournelle
01 43 54 17 47
Ⓜ Jussieu - Saint-Michel

Solstice
Vingt-cinq couverts pour délivrer une partition précise et méticuleuse, qui n'a d'ailleurs pas tardée à être récompensée. Si l'esprit de l'Asie flotte sur le lieu, la cuisine y est bien française, avec cette pointe de délicatesse en plus qu'on retrouve dans tous les détails. Cave courte, habile et régulièrement renouvelée.
45, rue Claude Bernard
09 88 09 63 52
Ⓜ Censier-Daubenton - Luxembourg (RER)

PARIS VIe

Anicia
François Gagnaire, à ne pas confondre avec Pierre, a fait de son Anicia l'un des bistrots les plus engagés de Paris. Dans ce souci du détail permanent et aussi dans la place accordée aux légumes et à ses origines auvergnates. Choix de vins personnel avec une quinzaine de vins du Centre.
97, rue du Cherche-Midi
01 43 35 41 50
Ⓜ Saint-Placide - Vaneau

Bon Saint-Pourçain
Mathieu Techer prépare des assiettes dans lesquelles le bonheur n'est jamais loin. Préparé avec infiniment de minutie, chaque plat étonne par sa précision et ses goûts francs. La carte des vins regorge de belles références.
10 bis, rue Servandoni
01 42 01 78 24
Ⓜ Saint-Sulpice - Mabillon

Comptoir du Relais
Un dîner chez Camdeborde se prévoit des mois à l'avance. Le jeu en vaut la chandelle. L'inventeur de la bistronomie garde de ses débuts une saine addiction à l'enchantement du client. Le menu-dégustation atteste d'une large connaissance du patrimoine agricole français et d'une maîtrise pointue des techniques culinaires. Cave variée, maligne et raisonnable.
5-9, carrefour de l'Odéon
01 44 27 07 97
Ⓜ Odéon

Emporio Armani Caffé
Voilà plusieurs années que Massimo Mori a trouvé la posture pour incarner la gastronomie italienne. Proposer uniquement ce qu'elle a de meilleur. Au restaurant, avec la carte sur mesure, mais aussi au Caffé, au rez-de-chaussée où l'on retrouve, dans un format plus accessible, les saveurs tout aussi magnifiées de la Botte. La cave est la plus belle des ambassades d'Italie à Paris.
149, boulevard Saint-Germain
01 45 48 62 15
Ⓜ Saint-Germain des Prés

Quinsou
La salle et son cadre brut se montrent à l'exact inverse de la cuisine d'Antonin Bonnet, disciple de Michel Bras, qui exprime un talent vivifiant dans la qualité d'assiettes aussi puissantes qu'épurées. En prise directe, on oublie l'alentour, frappé par la seule qualité des textures, l'explosion des arômes et le jeu des acidités. Jolie carte des vins d'Olivier Dopke qui ne pousse pas au crime, un vrai talent.
33, rue de l'Abbé Grégoire
01 42 22 66 09
Ⓜ Saint-Placide

PARIS VIIe

Affable
Une cuisine qui aime les beaux produits (poissons nobles, belles pièces de viande) et soigne ses présentations. Olivier Hélion, propriétaire et bon vivant, accueille des clients souvent devenus amis, et aime partager une cave fort judicieusement alimentée.
10, rue de Saint-Simon
01 42 22 01 60
Ⓜ Rue du Bac

Allénothèque
Dans un espace convivial à la décoration bien de son temps, on déguste une cuisine précise et sagement inventive pour faire la part belle aux flacons. Au sous-sol, une riche cave : 700 références de vins et une centaine de spiritueux qui peuvent être dégustés sur place ou emportés.
53 - 57, rue de Grenelle
01 84 74 21 21
Ⓜ Rue du Bac

Arnaud Nicolas
Les Parisiens savent gré à Arnaud Nicolas – M.O.F. en charcuterie – d'avoir redonné ses lettres de noblesse au pâté en croûte et d'accueillir avec énormément de professionnalisme dans cette calme avenue de l'arrondissement. Cave sérieuse.
46, avenue de la Bourdonnais
01 45 55 59 59
Ⓜ École Militaire

Bistrot de Paris
Après quelques mois de fermeture, ce bistrot historique a retrouvé son panache et ses envies. À la clé, un propos culinaire plus que convaincant, un service et des garçons de salle 100 % authentiques dans une ambiance parisienne, policée et enjouée. C'est la bonne nouvelle à Saint-Germain.
3, rue de Lille
01 42 61 16 83
Ⓜ Rue du Bac

Café des Ministères
Jean et Roxane Sévègnes, passés par les grandes maisons, revendiquent une même exigence et sont scrupuleux dans les moindres détails. Jean réussit dans un espace réduit à confectionner tout lui-même, pâte feuilletée, fonds, pâtisserie et même glaces ou sorbets.
83, rue de l'Université
01 47 05 43 62
Ⓜ Assemblée Nationale

Climats
Réputée pour son inégalable cave à vins bourguignonne, l'adresse n'a pas à rougir côté gastronomie. Emmanuel Kouri, ancien sous-chef d'Épicure, arrivé il y a quelques mois seulement, est un cuisinier inspiré, raffiné et technicien, qui laisse briller sa créativité au service d'une cuisine alliant audace et précision.
41, rue de Lille
01 58 62 10 08
Ⓜ Rue du Bac - Solférino - Saint-Germain des Prés

Escudella
Un cadre moderne et soigné avec tables espacées et banquettes confortables. Accueil discret et agréable d'Aurélien Faure. L'adresse soigne tout autant sa carte avec des plats souvent audacieux, un peu canaille, aussi convaincants que séduisants à la dégustation.
41, avenue de Ségur
09 82 28 70 70
Ⓜ Saint-Francois-Xavier - Ségur

Oui mon Général
Bistrot de quartier convivial et chaleureux où l'on vient pour boire comme pour manger. Endroit moderne et traditionnel, intemporel et habité par une équipe qui a déjà sévi à plusieurs reprises. La carte des vins se montre à la hauteur de l'ambition. Des grands noms (Dauvissat, Pinard, Minchin, Rayas) et des petits nouveaux, faisant part belle à la culture raisonnée ou à la biodynamie.
14, rue du Général Bertrand
01 47 83 76 66
Ⓜ Duroc

PARIS VIIIe

Arôme
En cuisine ouverte, le chef Thomas Bouillaut, passé par les maisons de renom (Royal Monceau, le V), exerce une vigilance de tous les instants sur son plan de travail comme sur les convives attablés. Abondante et impressionnante carte de vins.
3, rue Saint-Philippe du Roule
01 42 25 55 98
Ⓜ Saint-Philippe du Roule

Contraste
À la carte ou sur les menus, une cuisine contemporaine dans son esprit, construite sur des bases classiques maîtrisées avec des accords efficaces, organisés autour de jamais plus de trois produits. Pourquoi Contraste ? Un clin d'œil au champagne Jacques Sélosse, bien entendu à la carte. L'une des sélections les plus exclusives de Paris.
8, rue d'Anjou
01 42 65 08 36
Ⓜ Saint-Augustin - Madeleine

Helen
Dans cette adresse dédiée aux poissons, l'impeccable fraîcheur des produits, et leur juste cuisson, sont au rendez-vous, en particulier les belles pêches du jour à partager. Chariot de desserts de grande classe.
3, rue Berryer
01 40 76 01 40
Ⓜ Charles de Gaulle-Etoile - George V

Marloe
Dans ce bistrot chic et élégant, on cultive un savoir-vivre certain où vins choisis et cuisine canaille jouent les bons camarades. Systématiquement présenté, le magnifique plateau de fromages de la maison Dubois saura vous faire du charme en fin de repas.
2, rue du Commandant Rivière
01 53 76 44 44
Ⓜ Saint-Philippe du Roule

Monsieur
Tout près de la Madeleine, un bistrot chic, de la bonne cuisine française (escargots, blanquette, sole meunière, crêpe suzette, etc.) Last but not least, une belle carte des vins où l'on sent la pâte des pères fondateurs, Carole Colin et Denis Jamet, à présent à la tête du restaurant Les Climats, temple parisien des vins de Palmarès.
11, rue du Chevalier de Saint-George
01 42 60 14 36
Ⓜ Madeleine

Savy
Bientôt centenaire, cette institution fait mieux que résister. L'adresse cultive avec application une cuisine bourgeoise servie avec générosité dans une ambiance restée authentique. Carte des vins très soignée qui comblera les amateurs.
23, rue Bayard
01 47 23 46 98
Ⓜ Champs-Elysées-Clémenceau

PARIS IXe

Ascension
Ancien compagnon de route de Yannick Alleno, Amar Chalal a ensuite pris la route pour explorer le monde pendant quatorze mois, avant de s'installer à son compte. Belle cuisine et carte des vins présentée par prix ascendant (donc mélangeant les appellations) avec un choix classique et pertinent.
67, rue de Clichy
01 42 40 28 47
Ⓜ Place de Clichy

Beaucé
On salue la formule parfaite au déjeuner. Au dîner, on passe la démultipliée (choix, prix) permettant de voguer d'une terrine de campagne maison à un turbot beurre citronné ou à une pomme de ris de veau. Cave bien fournie.
43, rue Richer
01 72 60 97 72
Ⓜ Grands Boulevards

Belle Maison
Une cuisine plus axée sur les produits de la mer. Ici, les poissons, issus d'une pêche durable et responsable, s'accompagnent de produits de la terre tout aussi sérieusement « sourcés ». Carte des vins courte, diversifiée et bien pensée.
4, rue de Navarin
01 42 81 11 00
Ⓜ Pigalle - Saint-Georges

Bistrot Kinzo
Une cuisine revendiquée franco-japonaise, évitant les écueils des tarteries sushis-sashimis. En soirée, dans son bistrot lumineux, le chef se déchaîne dans son menu carte blanche. En cave, petit choix d'une vingtaine de références, bien choisies (palmarèss de Cruchandeau, rhônes de Daumen, etc.)
13, rue Rougemont
01 48 24 57 49
Ⓜ Grands Boulevards - Bonne Nouvelle

Bon Georges
En peu de temps, Benoît Duval-Arnould, venu sur le tard dans la restauration, a su réunir et satisfaire son amour des produits d'exception et celui des grands vins dans son bistrot chaleureux et élégant. Pas de place laissée à la médiocrité pour accompagner ces heureux plats. Les meilleurs flacons sont réunis dans une bible de folie digne des plus grandes tables.
45, rue Saint Georges
01 48 78 40 30
Ⓜ Saint-Georges

Pétrelle
Les assiettes de la cheffe venue des Caves Legrand ne manquent ni d'audace ni de caractère. Ce travail de composition autour de saveurs et textures trouve tout son élan et son intérêt avec la sélection de vins choisis par Luca Danti.
34, rue Pétrelle
01 42 82 11 02
Ⓜ Anvers

PARIS X[e]

Abri
Ici, le chef n'a plus à faire ses preuves. Bon technicien, il l'est, créatif aussi. Courte sélection de vin, uniquement nature, à des prix souvent élevés.
92, rue du Faubourg Poissonnière
01 83 97 00 00
Ⓜ Gare de l'Est (Verdun) - Gare du Nord - Poissonnière

Arlots
Succès mérité pour cette maison. On y trouve une vraie cuisine du marché et de saison (le menu du déjeuner est une aubaine), s'inscrivant sur ardoise et constamment renouvelée à chaque service. Le monument canaille de Arlots ? Une superbe saucisse maison. Cave insondable (plus d'une centaine de références) et sans carte de vins.
36, rue du Faubourg-Poissonnière
01 42 82 92 01
Ⓜ Barbès-Rochechouart - Gare du Nord

Bellanger
Une table qui illustre le grand retour des brasseries à Paris, un temps oubliées face à l'omniprésence des établissements bistronomiques. Fraîchement créée par un jeune duo d'entrepreneurs, sise à deux pas de la gare du Nord et de Barbès, elle remplit avec brio toutes les cases inhérentes au genre, qu'il s'agisse du cadre ou de l'assiette.
140, rue du Faubourg Poissonnière
09 54 00 99 65
Ⓜ Barbès-Rochechouart - Gare du Nord

Eels
Des assiettes joliment esthétiques et surtout surprenantes (aucun énoncé ne vous laissera indifférent), complexes, audacieuses et harmonieuses. Carte des vins fûtée, orientée bio et nature.
27, rue d'Hauteville
01 42 28 80 20
Ⓜ Bonne Nouvelle - Poissonnière

Michel
Le capitaine à bord est désormais nippon, Masahino Kawaï, reprenant sans toucher au décor, la totalité de la gamme Breizh qui fit la renommée de l'établissement. Le changement ? Des sauces denses, classiques ou non, et des jus réduits donnant davantage de force à ces recettes traditionnelles.
10, rue de Belzunce
01 44 53 06 20
Ⓜ Gare du Nord - Poissonnière

Mordant
Bravo pour le décor de Lucie Lepage-Depreux et bravo pour la cuisine du nouveau chef, Abdourahamane Cisse. Cuissons justes, recettes jouant le clin d'œil à l'Asie, préparations originales et produits rares. Enfin, standing ovation pour le tôlier, Lucas Blanchy, pour ses trouvailles de

fromage et son choix de vins très personnel.
61, rue de Chabrol
09 83 40 60 04
Ⓜ Gare de l'Est (Verdun) - Gare du Nord - Poissonnière

PARIS XIe

Auberge Pyrénées Cévennes

La carte est à classer entre L'Art de la Cuisine de Marie-Antoine Carême et le Grand Dictionnaire de Cuisine d'Alexandre Dumas. Foie, blanquette (peut-être la meilleure de Paris), rognon et ris de veau, pâté en croûte, pied de porc, paris-brest, clafoutis, sans oublier la Tatin renversante.
106, rue de la Folie-Méricourt
01 43 57 33 78
Ⓜ République

Botanique Bistrot

L'annexe bistrotière du restaurant situé à l'étage mérite tous les éloges. Cuisine campée sur des bases classiques et hautement gourmande. On recommande le pâté en croûte, le gratin de pommes de terre ou, en hiver, les langoustines façon « thermidor ». Service jeune et professionnel, carte des vins exigeante et (presque) abordable.
71, rue de la Folie-Méricourt
01 47 00 27 80
Ⓜ Oberkampf - Parmentier - République

Maison

Le chef travaille des produits de qualité en provenance de producteurs souvent amis et use d'ingéniosité pour ne rien jeter, dans un registre aussi enthousiasmant que précis. La carte des vins valorise des vignerons indépendants travaillant pour la plupart de manière raisonnée et propose aussi quelques bouteilles prestigieuses comme des corton-charlemagne.
3, rue Saint-Hubert
01 43 38 61 95
Ⓜ Rue Saint-Maur

Pianovins

Duo de choc constitué par deux anciens de Guy Savoy, l'un en cuisine et l'autre en salle et à la cave. Forts de leurs expériences et de leurs parcours exemplaires, ils ont décidé de recevoir selon leurs envies et leurs rythmes. Une gastronomie qui se savoure en toute tranquillité, jubilatoire dans l'échange qu'elle offre et la transmission qu'elle autorise.
46, rue Trousseau
01 48 06 95 85
Ⓜ Ledru-Rollin

Rigmarole

Un restaurant de petite jauge mené par un chef à deux têtes, le franco-américain Robert Compagnon et la pâtissière américano-taïwanaise Jessica Yang. Technique de cuisson nippone, produits saisonniers amoureusement sélectionnés, pâtes faites maison, assaisonnements inventifs et judicieux, audace de certains plats, c'est un voyage long et passionnant. Belle sélection de vins, essentiellement nature.
10, rue du Grand Prieuré
01 71 24 58 44
Ⓜ Oberkampf

Saint Sébastien

Une carte réduite, un décor aussi sobre que rétro et un établissement qui fait la différence dans l'assiette. Le chef Rob Mendoza envoie de délicieuses assiettes où le végétal joue les premiers rôles. Un bon point pour la cave œcuménique où se cachent quelque 300 références vineuses, et pas seulement natures.
42, rue Saint-Sébastien
06 49 75 27 90
Ⓜ Saint-Ambroise

Vantre

Dès son ouverture, le restaurant a attiré pour sa carte des vins a attiré les passionnés avec ses références nombreuses et prestigieuses (allocation du domaine de la Romanée Conti). Depuis un an, l'arrivée d'un nouveau chef, Masaki Nagao, a permis à l'assiette de faire un incontestable saut qualitatif. Une adresse idéale pour bien boire et aussi bien manger. Service d'un conseil toujours avisé et au niveau des plus grandes maisons parisiennes.
19, rue de la Fontaine au Roi
01 48 06 16 96
Ⓜ Goncourt (Hôpital Saint-Louis) - Parmentier

PARIS XIIe

Amarante

Une adresse qu'on entend peu mais qui fait des heureux. La grande timidité de son chef Christophe Philippe ne doit pas y être pour rien. Dans un cadre bistrotier épuré, ce talentueux cuisinier propose des plats généreux à son image. Côté vin, rien à dire. Elle est très bien fournie.
4, rue Biscornet
07 67 33 21 25
Ⓜ Bastille - Gare de Lyon - Ledru-Rollin - Quai de la Rapée

Cotte Rôti

Au déjeuner, l'expérience mérite le voyage. Le soir, les prix sont ceux d'une bonne table qui ne veut rogner ni sur la qualité, ni sur les quantités. Notre risotto était grandiose et les voisins se régalaient de chaque plat. La carte des vins, superbe, revendique une bonne sélection au verre.
1, rue de Cotte
01 43 45 06 37
Ⓜ Gare de Lyon - Ledru-Rollin

Jouvence

Superbe écrin pour ce bistrot dans une ancienne pharmacie. Plaisir des yeux et du palais, grâce à la précision des assiettes du chef, toujours séduisantes, jamais aventureuses. Sélection intéressante de vins, fortement nature et bios, favorisant les « déclassés » (vin de pays).
172 bis, rue du Faubourg Saint-Antoine
01 56 58 04 73
Ⓜ Faidherbe-Chaligny

Table

La cuisine répond ici à un seul objectif : sublimer le produit sans oublier la gourmandise qui fait la patte de l'artiste et du chef. Les repas se transforment en menus dégustation à mesure. Bruno Verjus a le souci de faire partager son enthousiasme. De très haut niveau, la carte des vins collectionne les lebeys de domaines prestigieux. Tout confine à l'exceptionnel. Les tarifs élevés sont justifiés.
3, rue de Prague
01 43 43 12 26
Ⓜ Faidherbe-Chaligny - Ledru-Rollin - Gare de Lyon

PARIS XIIIe

Marso & Co

On déguste ici des plats aux influences méditerranéennes marquées pour un repas façon croisière au soleil. Belle sélection de vins.
16, rue Vulpian
01 45 87 37 00
Ⓜ Glacière - Corvisart

Simone

Depuis sa reprise en 2016 par Mathia di Gino, ce bistrot joue de plats vifs et précis concoctés sous les yeux des clients grâce à la cuisine ouverte sur la salle d'une quinzaine de places. On prend plaisir à parcourir la carte des vins qui souligne malicieusement les quelques références présentes issues de l'agriculture conventionnelle.
33, boulevard Arago
01 43 37 82 70
Ⓜ Corvisart - Glacière - Les Gobelins - Place d'Italie

PARIS XIVe

A mi-chemin

Comment ne pas tomber sous le charme de ce bistrot tenu par des passionnés ? Les cuissons maîtrisées, les assaisonnements parfaits, le service charmant et le sourire du chef, véritable âme du lieu, font d'A Mi-Chemin un bistrot incontournable et de caractère.
31, rue Boulard
01 45 39 56 45
Ⓜ Mouton-Duvernet - Denfert-Rochereau

Assiette

Les habitués ont leur rond de serviette pour s'encanailler – parfois seul – dans une ambiance bistrotière d'antan et retrouver les classiques souvent disparus. Pâté en croûte, ris de veau meunière, quenelle sauce Nantua, etc. Tout respire la générosité et le sens de l'hospitalité. Bel effort pour sélectionner et recommander les vins en fonction des plats de la carte.
181, rue du Château
01 43 22 64 86
Ⓜ Mouton-Duvernet - Pernéty

Cerisaie

C'est surtout à l'automne, au moment du gibier, qu'il faut se donner rendez-vous dans ce micro-bistrot où Cyril Lalanne propose une belle cuisine du Sud-Ouest aux couleurs de la fin de l'été. Quel que soit la saison, le registre va ici à l'essentiel, classique, simple et savoureux. Quelques flacons étonnants en cave.

70, boulevard Edgar Quinet
01 43 20 98 98
Ⓜ Edgar-Quinet - Montparnasse-Bienvenue

Le Petit Sommelier

L'adjectif « petit » est particulièrement mal approprié, comme on s'en doute, à la carte des vins large et profonde de ce restaurant viril. Grands crus, dont une sélection de magnums d'exception, accompagnent des pièces de viande, des plantureuses planches de charcuterie et des assiettes méritant aussi les superlatifs.

49, avenue du Maine
01 43 20 95 66
Ⓜ Edgar-Quinet - Gaité

Rouquins

Au déjeuner, des propositions réduites, le soir, une carte démultipliée avec des plats à partager, sourcés et pouvant faire la nique à des adresses huppées. Excellent choix de vins du sud (avec une quinzaine au verre). Service sympa connaissant ses vins sur le bout de la langue.

146, rue du Château
01 45 39 78 99
Ⓜ Mouton-Duvernet - Pernéty

Severo

Venir ici revient à faire un pèlerinage dans l'une des Mecque de la viande à Paris. En guise d'église, une petite salle couleur sang avec une fresque sur une ardoise rendant honneur tant aux éleveurs qu'aux bêtes qui se font dévorer. Naturellement, la communion se fait sous les deux espèces. Un bon pain Poujauran et une sélection solide de vins.

8, rue des Plantes
01 45 40 40 91
Ⓜ Mouton-Duvernet - Pernéty

PARIS XVᵉ

41 Pasteur

Le menu joue un répertoire classique mais le chef sait nous étonner. La carte des vins permet à chacun d'y trouver son compte. Et touche appréciable s'il en est, la présence du chef Jean Marie Burnet, déjà étoilé dans d'autres établissements, qui aime regarder ses clients sympathiser et les retrouver sur la terrasse pour refaire le monde.

41, boulevard Pasteur
01 47 34 15 50
Ⓜ Pasteur

Bélisaire

La mer est ici omniprésente à la carte sans que la terre soit négligée. Les viandes et volailles sont de grande qualité et le chef cuisine les légumes avec passion ce qui donne aux assiettes de plaisants parfums de saison. La carte des vins est construite avec intelligence et le directeur de salle, qui la connaît sur le bout de la langue, est toujours de bon conseil.

2, rue Marmontel
01 48 28 62 24
Ⓜ Convention - Vaugirard (Adolphe Chérioux)

Grand Pan

Ce bistrot hors du temps, sans esbrouffe, se divise en deux salles séparées par un bar central où il fait bon s'installer sur les chaises hautes et déguster un peu de charcuterie d'Éric Ospital avant d'attaquer les Saint-Jacques ou la côte de bœuf maturée.

20, rue Rosenwald
01 42 50 02 50
Ⓜ Convention - Plaisance

Pilgrim

Une cuisine centrale et deux salles qui invitent les convives à suivre les différentes préparations tout en étant installés confortablement. Le spectacle se prolonge dans l'assiette avec un sens du raffinement dans chacune des présentations. La carte des vins comporte de nombreuses références bien choisies, dans des appellations souvent méconnues interprétées par des producteurs talentueux.

8, rue Nicolas Charlet
01 40 29 09 71
Ⓜ Pasteur - Falguière

Radis beurre

Bon pain, bon beurre, produits de saison, travaillés avec une gourmandise communicative et un brin de fantaisie. Un rêve, ce Radis Beurre ? Avec un peu moins de raideur dans le service, Jérôme Bonnet offrirait une satisfaction totale et pas seulement celle d'un bon élève.

51, boulevard Garibaldi
01 40 33 99 26
Ⓜ Cambronne - Sèvres-Lecourbe

PARIS XVIᵉ

Archeste

L'établissement porte bien son nom. Ce mot-valise évoque à la fois l'art et l'orchestre. Chaque plat est une petite œuvre, pièce originale d'un repas symphonique. Dans ce décor zen, laissez-vous guider par le chef. Une longue séquence de plaisir commence dès l'amuse-bouche.

79, rue de la Tour
01 40 71 69 68
Ⓜ Rue de la Pompe (Avenue Georges Mandel)

Causerie

Tout respire ici le bistrot parisien, dans ce Passy plutôt joyeux. Service décontracté, le chef et son associé (en salle) se complétant à merveille. On aime ici autant les poissons que les viandes, toujours bien traitées avec des accompagnements futés ou surprenants. Carte des vins intelligente mettant en avant de petits producteurs.

31, rue Vital
01 45 20 33 00
Ⓜ La Muette

Comice

Tables espacées impeccablement dressées, pas de carte, mais des menus verbalement expliqués. La cuisine repose sur la qualité des produits, la justesse des cuissons, les contrastes de texture, la sapidité des jus et sauces. Elaboré par le nouveau sommelier, un grand livre de cave classique avec des vins au verre servis avec présentation de l'étiquette.

4, rue Auguste Vacquerie
01 47 20 74 94
Ⓜ Boissière - Kléber

Pages

Cartes et menus jouent dans un même registre, avec des produits triés sur le volet et cuisinés sur des bases classiques, rassurant à leur seule lecture. On apprécie cette simplicité gage d'exigence que l'on retrouve également dans les gougères proposées dès l'arrivée. Bref, une gastronomie qui va à l'essentiel et qui ne réfute surtout pas sa gourmandise ni son confort. Cave aux choix remarquables.

31, avenue de Versailles
01 42 15 55 70
Ⓜ Mirabeau

Pleine Terre

Logé dans le sous-sol d'un hôtel, ce restaurant joue plus du club privé. Sepuis son ouverture, ils sont nombreux à se donner l'adresse pour se retrouver dans la salle intimiste avec sa vingtaine de couverts. Sélection de vins à la fois pointus et abordables d'Edouard Vimond, venu de chez Olivier Roellinger, sans oublier, cachés dans leur armoire, la sélection de rhums du chef.

15, rue de Bassano
09 81 76 76 10
Ⓜ Iéna

Substance

Matthias Marc partage sa vision de la cuisine, brute, décomplexée, souvent végétale et aromatique. De la mise en bouche au dessert, la partition se joue autour des couleurs, des cuissons réfléchies et souvent inédites, du goût, des contrastes de températures et de textures. En 2019, Substance a reçu le Prix Lebey Bettane+Desseauve de la meilleure carte des vins.

8, rue de Chaillot
01 47 20 08 90
Ⓜ Alma-Marceau - George V - Iéna

PARIS XVIIᵉ

Bouchon et l'assiette

Dans ce bistrot à la faconde du Sud-Ouest, Clément en cuisine et Cécile en salle forment un duo épatant. Chaque année, la cave s'enrichit de nouvelles bouteilles et la petite salle désormais

insonorisé permet d'y couler des heures heureuses.
127, rue Cardinet
01 42 27 83 93
Ⓜ Malesherbes

Caves Pétrissans

Toujours old school, cette institution créée, côté cave, à la fin du XIXe. Pourquoi changer une formule qui marche (et quasi immuable), entre plats du jour (en semainier, mijotés ou non selon la saison) et carte traditionnelle (excellentes charcuteries maison).
30 bis, avenue Niel
01 42 27 52 03
Ⓜ Charles de Gaulle-Etoile - Péreire - Ternes

Flaubert

Avec l'intelligence qu'on lui connaît, le nouveau propriétaire, a gardé l'ADN de cette adresse incontournable du registre bistrotier, la gourmandise. Un festival de saveurs bien prononcées qui ne rompent jamais l'équilibre du plat et lui offre une harmonie réelle avec de jolies associations ou rencontres entre notes aromatiques et textures. La carte des vins profite des nombreux coups de cœur et relations de la maison Rostang avec l'élite du vignoble.
10, rue Gustave Flaubert
01 42 67 05 81
Ⓜ Ternes - Wagram

Goupil le Bistrot

Pas besoin de finasser pour ce Goupil qui perpétue avec beaucoup de bons sens la tradition du bistrot bourgeois à laquelle une sérieuse clientèle d'aficionados issue des milieux d'affaires, applaudit des deux mains, parce qu'elle n'est jamais prise en défaut.
4, rue Claude Debussy
01 45 74 83 25
Ⓜ Porte de Champerret

Papillon

Papillon toujours de haute tenue qui vaut aussi pour l'équipe de salle, enjouée, disponible et d'un professionnalisme à toute épreuve. L'assiette se montre à la hauteur du parcours exceptionnel de Christophe Saintagne. Cuisine enlevée, rigoureuse et indéniablement gourmande.
8, rue Meissonnier
01 56 79 81 88
Ⓜ Wagram - Malesherbes

Rooster

Notre coup de cœur en 2020 le reste en 2021. Dans ce lieu chaleureux et professionnel, carte et menus font goûter des saveurs oubliées ou méconnues (beignets de cervelle d'agneau, panisses ou croquettes de canard en grignotages). La cave est l'autre pépite de la maison, s'ouvrant de plus en plus à de jeunes vignerons talentueux.
137, rue Cardinet
01 45 79 91 48
Ⓜ Villiers

PARIS XVIIIe

Arcane

La terrasse comme suspendue à la butte distille un charme intemporel et la salle accueille dans un design réussi. Des conditions optimales pour découvrir le registre de Laurent Magnin, jeune prodige formé en Suisse à la haute cuisine de Philippe Rochat et de Fredy Girardet (« cuisinier du siècle » en 1989). L'arrivée d'un nouveau sommelier venu des Climats offre l'occasion d'accords sur le vignoble français comme étranger.
137, rue Cardinet
01 45 79 91 48
Ⓜ Villiers

Coq Rico

Sauf week-end, le semainier s'arrache au déjeuner tandis que la grande carte aimante l'attention. Variations autour des œufs, des foies et terrines, soupes et salades, avant de voler dans les plumes de la « noble-bassecour » et éleveurs répertoriés au Who's who. Remarquable carte de vins classiques.
98, rue Lepic
01 42 59 82 89
Ⓜ Abbesses

La Table d'Eugène

Si l'on vient ici pour la finesse de la cuisine, pour la cohérence des saveurs et des textures, l'œil ne pourra qu'être séduit par la beauté raffinée des assiettes servies, tantôt chatoyante, tantôt rafraîchissante. Complète, la carte des vins est assez chère mais bien choisie.
8, rue Eugène Sue
01 42 55 61 64
Ⓜ Jules Joffrin - Marcadet-Poissonniers

Le Maquis

Pas de tromperie dans l'assiette, on confirme sans retenue toutes les louanges récoltées par ce sympathique bistrot de quartier dont la renommée a largement dépassé les frontières de l'arrondissement. La belle sélection de vins nature ne gâche rien à ce plaisir.
53, rue des Cloys
01 42 58 87 82
Ⓜ Jules Joffrin

Polissons

Romain Lamon a reçu le prix du « meilleur bistrot de l'année » en 2017. Depuis, il ne s'est pas reposé sur ses lauriers. L'adresse est toujours aussi accueillante et l'essentiel est dans l'assiette avec des plats construits autour de jeux de textures ou de saveurs et de l'autre un registre plus bourgeois. Le chef a le souci du détail, confectionnant lui-même son pain ou privilégiant dans sa cave les vignerons indépendants.
35, rue Ramey
06 46 63 57 50
Ⓜ Jules Joffrin - Château Rouge

Tantes Jeanne

La spécialité des Tantes reste les belleq viandes. Dans une atmosphère gentiment bourgeoise avec une décoration dominée par des lithographies de Bacon (le peintre) et de Miro, on y déguste de jolis morceaux, mais pas seulement. En effet, les autres plats de la carte bénéficient d'une même rigueur comme de goûts nets et précis. Cave exceptionnelle avec plus de 400 références dont certaines prestigieuses.
42, rue Véron
01 42 51 14 21
Ⓜ Blanche

PARIS XIXe

Cadoret

Un bistrot de charme, de bons produits, des cuissons justes, des propositions personnelles, des notes aromatiques bien venues et des dressages sans chichis. Carte des vins tendance « nature » avec une dizaine servis au verre.
1, rue Pradier
01 53 21 92 13
Ⓜ Buttes-Chaumont - Pyrenees

Mensae

Un agréable lieu chic et clair. Cuisine fraîche, colorée, un peu frimeuse dans les énoncés de la carte. Une adresse à garder pour les formules du déjeuner à prix cantoche, le goût affirmé pour les légumes, la qualité des produits et la justesse des cuissons. Quelques vins intéressants à piocher dans la carte marquée « nature ».
23, rue Mélingue
01 53 19 80 98
Ⓜ Pyrénées

PARIS XXe

Baratin

Ce bistrot de quartier demeure l'une des meilleures cantines de avec un imbattable menu déjeuner à 19 euros, qui remet bien les idées en place sur la manière dont les classiques d'une cuisine de marché doivent être exécutés. L'adresse n'a pas son pareil pour dénicher vignerons et cuvées hors des sentiers battus.
3, rue Jouye-Rouve
01 43 49 39 70
Ⓜ Belleville - Pyrénées

Canailles Ménilmontant

Doublon de l'adresse initiale à Pigalle, ce bistrot de Ménilmuche œuvre dans le même esprit « canaille ». S'ajoute ici, un cadre particulièrement séduisant. Tout se joue au déjeuner autour du menu à 19 euros, ou à 35 euros (midi et soir) avec la part belle aux abats. Belle carte de vins de propriétaires, dont une douzaine proposée au verre.
15, rue des Panoyaux
01 43 58 45 45
Ⓜ Ménilmontant

DANS LA CAPITALE, LE SERVICE DU VIN AU RESTAURANT N'EST TOUJOURS PAS À LA HAUTEUR DE NOS PRÉCIEUX FLACONS. IL SERAIT TEMPS QUE ÇA CHANGE

LE VIN AU RESTAURANT PEUT MIEUX FAIRE

PAR **PIERRE-YVES CHUPIN**

ÉLIRE LA MEILLEURE CARTE DES VINS DE L'ANNÉE oblige naturellement à dresser un panorama des vins proposés dans les restaurants et bistrots parisiens. Il y a quelques années, la sortie du guide *Lebey Paris London* et l'ajout d'adresses bruxelloises dans *Le Petit Lebey des bistrots* nous permettaient de situer l'offre parisienne vis-à-vis de ses deux voisines les plus proches. À l'époque et par bien des façons, nous constations que la France du vin était mieux lotie chez ses voisins que sur ses propres terres. À commencer par la verrerie, soignée et toujours bien adaptée à l'heure de la dégustation quand le standard parisien reste décevant. Au mieux, le verre universel de dégustation, rarement le réceptacle idéal et l'envie en salle de mettre en scène ce moment. On pourrait même croire que la carte révèle un peu de paresse, souvent imprécise, presque jamais illustrée et guère traduite en langue étrangère. Ne parlons pas des tarifs ou des coefficients appliqués, conséquences bien souvent des taxes appliquées par chaque gouvernement. Disons-le, le prix du vin est élevé dans la capitale quand la qualité de l'offre n'est pas toujours au rendez-vous.

Pas de ton alarmiste. Nous avons eu notre lot pour toute une vie lors de ces derniers mois. Nous souhaitons que la profession progresse, voilà tout. Avec, à la clé, la possibilité de mieux vendre. Notre lauréat 2021 a cette chance d'être sous la direction d'un chef passionné qui, lorsque son emploi du temps le lui permet, sort de ses cuisines et parcourt le vignoble pour travailler en direct avec les producteurs. Dans d'autres établissements, la sélection des vins bénéficie de l'implication directe du chef. C'est le cas au *Carré des Feuillants* avec Alain Dutournier, chez Yves Camdeborde ou encore au *Gran Pan* avec Benoît Gauthier. Le propriétaire aussi a un rôle à jouer. Chaque fois qu'il ouvre un établissement, Stéphane Manigold veille autant à la qualité des menus qu'à celle du livre de cave. Ses établissement (*Substance*, *Contraste*, *Maison Rostang*) sont devenus des repères pour les vignerons de passage à Paris. D'heureuses tentatives, encore rares, sont menées par certains propriétaires pour se spécialiser dans une région viticole. *Les Rouquins* a sa sélection pointue de vins du Languedoc et du Roussillon, l'*Ambassade d'Auvergne* défend les crus du Massif Central et *Drouant* fascine par son impressionnante collection de vins du Rhône mise en place par Antoine Pétrus lors de son passage. Les meilleurs chefs japonais installés à Paris continuent de faire rêver l'amateur de la Bourgogne et du Bordelais, faisant preuve d'une efficacité sans faille dans leur moisson d'allocations. Rares sont les établissements réputés plus franchouillards capables d'afficher à la carte des verticales du domaine de la Romanée-Conti ou de Coche-Dury.

Des efforts sont donc à faire, tout en sachant que les vins d'aujourd'hui faciliteront demain le travail des tenanciers. Quelle que soit la région, les vins ont moins besoin de vieillir pour être appréciés. Quand cela s'impose, la carte de *L'Ambroisie*, table parisienne parmi les plus reconnues, fait toujours référence. Bernard Pacaud y mène une politique ambitieuse d'achats et de conservation, permettant aux clients du restaurant d'avoir la possibilité de déguster le vin à son apogée. Après tout, quoi de plus normal quand cela concerne nos plus grands crus.

Pas de pessimisme non plus. Chaque année, de nouveaux entrants font bouger les lignes. Un « simple » bistrot peut parfois tout changer. Rappelons-nous que chez *Vantre*, Marco Pelletier était un ancien du *Bristol*. La belle clientèle s'y retrouve, d'autant que le confort modeste de son bistrot profite d'un nouveau chef de haute volée.

Un dernier point. À lui seul, l'accord mets et vins revêt toujours autant d'importance à l'heure de se choisir un restaurant. Depuis le départ d'Alain Senderens, la relève se fait attendre. Encore un peu de patience. En quelques années, la cuisine n'a cessé de se transformer, donnant la priorité à des assaisonnements nettement plus tranchés, exacerbant les acidités ou les amertumes et se complexifiant de manière spectaculaire par des associations plus travaillées. Renoncer à chercher ce sempiternel accord ? Peut-être. Surtout quand la même bouteille accompagne tout un repas. Au rythme des services, une part non négligeable de notre civilisation s'exprime dans chaque assiette et dans chaque verre de vin. Une seule parole, deux voix différentes. Restaurateur, chef ou sommelier, peu importe qui conduit l'orchestre autour de ce duo virtuose. Dans ce spectacle quotidien, seule l'harmonie de l'ensemble traduit la performance générale. ▮

LP
Château
Léoville Poyferré
Saint-Julien
MIS EN BOUTEILLE AU CHÂTEAU
2D GRAND CRU CLASSÉ DU MÉDOC EN 1855

ENCHÈRES DE VIN UNE ANNÉE SURNATURELLE

DANS UN MONDE DU VIN EN TRANSFORMATION, LES BOUTEILLES QUE L'ON GARDE ET LEUR COTE CHANGENT DE RÉFÉRENCES. ANGÉLIQUE DE LENCQUESAING, CO-FONDATRICE DU SITE SPECIALISÉ *IDEALWINE*, DÉCRYPTE CES MUTATIONS PROFONDES

PAR **ANGÉLIQUE DE LENCQUESAING**

EN QUOI UNE ANALYSE D'UNE ANNÉE CHAHUTÉE à de nombreux titres peut-elle apporter un enseignement à l'amateur désireux de se constituer, pas à pas, une cave destinée à être appréciée sur le temps long ? En quoi le marché secondaire peut-il servir de guide dans cette quête ? La réponse, c'est l'amateur qui la donne. C'est lui qui, depuis un peu plus de vingt ans aujourd'hui, nous montre le chemin chez iDealwine, par ses choix, ses engouements, ses emportements parfois irrationnels. C'est lui qui, avant de la revendre un jour pour des raisons diverses, pas toujours les plus heureuses, a commencé par constituer une collection. Celle-ci s'est ensuite enrichie au gré de ses rencontres, de ses expériences, de ses envies. C'est lui qui a patiemment conservé, avec le plus grand soin, et parfois durant des années, voire des décennies, ses précieux flacons.

Le résultat de tout cela ? Près de 200 000 flacons adjugés en 2020 sur la plateforme d'enchères d'iDealwine. Soit une matière d'analyse exceptionnelle, unique au monde. Si ce chiffre ne constitue pas un record, ce qui rend ces enchères uniques, c'est la variété de millésimes, de régions et de styles de vins qui ont été échangés. Pas seulement les grands ténors du vignoble, logés dans leurs précieuses caisses bois. Ceux-ci étaient présents, bien sûr, et ils ont fait rêver les amateurs du monde entier : pas moins de 60 pays acheteurs sont recensés sur la plateforme. Nous avons aussi vu passer des vins plus confidentiels, plus modestes, plus pointus, plus rares. Certains ont suscité un engouement surprenant, et passionnant. Charge à nous de décrypter ces comportements, de détecter les tendances émergentes pour en tirer des enseignements éclairants. Voilà précisément l'objet du « baromètre » que nous publions chaque année. Nous n'oublions pas que 2020 revêt un caractère vraiment particulier. Nous l'avons d'ailleurs qualifiée de surnaturelle. Confinée une bonne partie du temps, la planète n'a pas pour autant cessé de se passionner pour l'univers des grands crus. Et contrairement à ce que nous venons de vivre, les grandes tendances qui se dessinent ne sont pas seulement une parenthèse dans l'évolution des modes de consommation et des souhaits des amateurs.

PREMIÈRE TENDANCE
PLUS DE VARIÉTÉ DANS LA CAVE DES AMATEURS

Finie ou presque, la cave mono-région. Aujourd'hui, les amateurs dénichent partout de beaux flacons pour compléter leur collection. La raison ? Une hausse générale du prix des vins qui les incite à élargir le spectre de leurs recherches, en quête de nouvelles pépites. Jugez donc : en cinq ans seulement (2015 à 2020), le volume de flacons échangés aux enchères sur la plateforme d'iDealwine a augmenté de 104 %. Dans le même temps, la valeur des vins adjugés progressait, elle, de 163 %. Les chiffres attestent ainsi d'un effet prix majeur.

GRANDS CRUS DE BORDEAUX, DIX VALEURS SUIVIES DANS LES ENCHÈRES 2020

Château Lafite Rothschild
Château Pontet Canet
Château Calon Ségur
Château Léoville Barton
Château Haut-Bailly
Château Smith Haut-Lafitte
Château Les Carmes Haut-Brion
Château Cheval Blanc
Château Figeac
Château La Conseillante

BORDEAUX DISTANCÉ ?

2020 a joué un rôle d'accélérateur des mouvements initiés depuis plusieurs années. Ainsi, la part de Bordeaux, encore majoritaire en 2015 (tant en volume qu'en valeur), ne représente plus qu'un gros tiers de ce que les amateurs ont acheté. Attention, n'allons pas imaginer que le monde des amateurs s'en détourne. En volume, la région demeure la plus présente dans les ventes (36 %). En valeur (34 %), elle est désormais distancée par la Bourgogne qui, à la faveur de niveaux de prix figés au plus haut niveau, a totalisé 37 % des montants adjugés en 2020. Outre l'intérêt grandissant pour les autres vignobles, comment expliquer ce recul relatif de Bordeaux ? Certes, la multiplication de belles années, voire de « millésimes du siècle » depuis le début du nouveau millénaire (2000, 2005, 2009, 2010, 2015, 2016, 2018) a un effet contre-productif sous l'angle patrimonial. Cette série remarquable contribue à nourrir l'offre de grands crus de qualité, déplaçant dans le temps l'effet de rareté que crée mécaniquement la consommation des vins, cette raréfaction constituant l'un des moteurs de l'investissement. À l'appui de cette qualité, des tarifs à la hausse, il faut bien le reconnaître. De fait, en creusant l'analyse, il apparait que les millésimes récents (moins de 10 ans) n'ont représenté que 13 % des volumes de bordeaux échangés aux enchères en 2020. Les amateurs qui ont acquis ces vins doivent ainsi accroître leur durée de garde pour espérer les valoriser. Pour autant, Bordeaux demeure une marque forte, une valeur incontournable. À la revente,

Les vins du domaine Thierry Allemand (Cornas), vinifiés sans soufre et sans intrants, s'échangent aujourd'hui à des prix élevés.

les grands crus bénéficient toujours d'une notoriété mondiale, en attestent ceux adjugés sur la plateforme d'iDealwine, avec en tête l'inamovible trio que constituent Petrus et les châteaux Mouton-Rothschild et Lafite-Rothschild. Outre un socle solide d'amateurs français – Bordeaux reste dans l'Hexagone la première région achetée, en volume comme en valeur –, il y a des *aficionados* en Europe (Belgique, Allemagne, Autriche, Suède et Espagne en tête) et jusqu'en Asie, où Singapour reste une place forte pour les grands crus bordelais. Ajoutons à ceci que les propriétés bordelaises sont toutes engagées dans la voie d'une viticulture durable et raisonnée, voire bio, biodynamique ou même nature. La région figure parmi le quatuor de tête en termes de conversion de 2014 à 2019, aux côtés du Languedoc-Roussillon, du Rhône et de la Provence.

LE CAS DE LA BOURGOGNE

Quelle part pour les deux autres régions traditionnelles que sont la Bourgogne et la vallée du Rhône dans une cave d'amateur ? La Bourgogne, qui allie qualité, rareté, prestige et un caractère d'inaccessibilité qui contribue à entretenir son mythe, a vu le prix de ses grands crus s'envoler depuis un peu plus de dix ans. Avec une nette accélération entre 2015 et 2020 : si les volumes ont crû de 150 % en valeur, les cours ont explosé (+295 %). Le marché est concentré. Avec moins de 6 000 flacons (12 % du total bourguignon), les dix domaines les plus vendus aux enchères en 2020 ont représenté 46 % de la valeur adjugée. Ce TOP 10 n'est pourtant pas complètement immuable. Car si l'on y trouve sans surprise les stars de la côte de Nuits (DRC, Roumier, Rousseau dans le trio de tête en rouge) aux côtés des plus grands producteurs de chardonnay (Coche-Dury, d'Auvenay, Raveneau et Ramonet), cette année 2020 a vu émerger un nom jusque-là connu des seuls initiés : Bizot. Ce qui explique le succès fulgurant de ce domaine ? Certes, il est microscopique et cultivé avec un soin minutieux. Mais sa vraie spécificité tient sans doute à l'orientation principes « nature ». Nous y reviendrons. Au vu des prix atteints par certains des grands crus, tant en rouge qu'en blanc, est-il aujourd'hui trop tard pour « entrer » sur le marché des grands crus bourguignons ? La réponse tient en deux mots : qualité et rareté. La qualité des vins produits – déjà au sommet dans les domaines iconiques de la côte de Nuits et, pour les blancs, de la côte de Beaune – ne cesse de progresser, du Chablisien au Mâconnais. Parallèlement, l'effet millésime s'estompe, non pas en termes de caractéristiques des vins, mais sur le plan qualitatif. Reste alors le facteur de rareté, qui entretient le mythe des domaines les plus réputés et contribue à le construire dans les plus confidentiels. Pour ceux qui allient ces deux facteurs, les opportunités demeurent nombreuses, à condition d'acheter si possible les vins dès leur mise sur le marché, sur allocation, quand on a cette chance, ou sur le marché secondaire. N'oublions pas que le pinacle des flacons adjugés en 2020 compte deux grands crus bourguignons : un musigny 2001 du domaine Leroy, adjugé 17 499 euros, musigny confirmant sa position d'appellation la plus recherchée aux enchères, et un romanée-conti 2009 (16578 euros). Consacrer un tiers de sa cave à de beaux pinots noirs ou de nobles chardonnays bourguignons reste donc un choix avisé.

QUID DES VINS DE LA VALLÉE DU RHÔNE ?

Le vignoble de la vallée du Rhône complète le trio des trois régions majeures au sein d'une cave patrimoniale. Portés par le prestige planétaire du trio de tête (Château Rayas, Chave, Guigal), les vins rhodaniens ont totalisé 13 % des ventes (14 % en volume) en 2020. Si la place octroyée aux ténors de la région demeure égale, on note un intérêt grandissant pour un style de vin plus fin, moins puissant, en quête d'un esprit plus naturel, qui s'exprime tant au sein des grandes appellations (côte-rôtie) qu'au sud, dans des vignobles plus confidentiels. Même en rebattant les cartes comme ce fut le cas de manière accélérée depuis cinq ans, la vallée du Rhône, la Bourgogne et Bordeaux sont toujours les régions phares d'une belle cave d'amateur. En 2020, le trio a totalisé en valeur 84 % des adjudications passées par la plateforme d'iDealwine (contre 89 % en 2015). Que privilégier parmi les 16 % restant ? La réponse sembler tenir en une assertion : le respect de la nature.

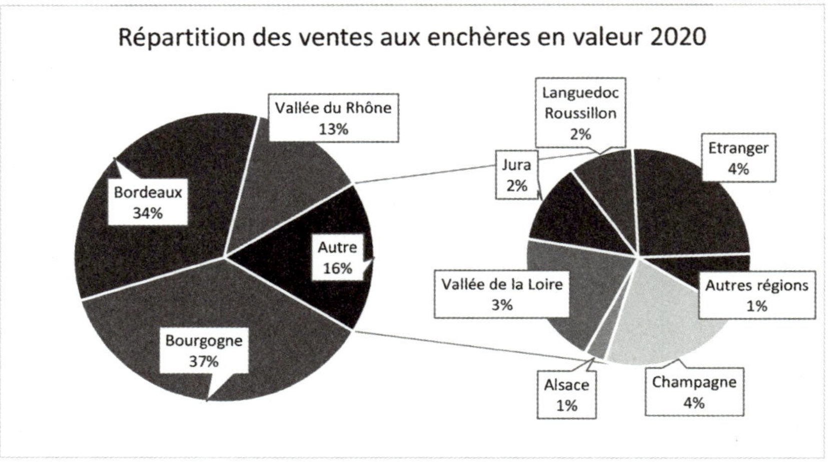

DEUXIÈME TENDANCE
L'EXPLOSION DES VINS NATURELS

Le vignoble français poursuit sa mue à la vitesse de l'éclair. Les surfaces converties aux pratiques bio ont cru de 70 % en cinq ans pour concerner aujourd'hui 14 % des vignes (8,5 % sont certifiés, 5,5 % en cours de conversion). Plus aucune région ne s'affranchit de cette démarche raisonnée vers une viticulture respectueuse. En France, 5 % des vins consommés sont bio. Les comportements des amateurs sur la plateforme d'iDealwine sont, à cet égard, précurseurs, qu'il s'agisse des achats directs (40 % des ventes) ou des enchères. Environ un quart des vins adjugés sont des vins dits « nature » ou issus d'une viticulture certifiée bio ou biodynamique. Les amateurs octroient une prime significative à l'engagement environnemental et le verdict est implacable : les palmarès des enchères réservent une place de choix à ces vins. Dans les régions qui sortent du trio Bordeaux-Bourgogne-Rhône, le prisme nature fait littéralement flamber les adjudications. C'est notamment le cas du domaine de Xavier Caillard, à Saumur, Les Jardins Esméraldins, nouvelle star ligérienne plus pointue encore que Clos Rougeard et par ailleurs plus difficile à trouver. Sa cuvée Genèse 2000 s'est envolée à 1 363 euros l'année dernière. Toujours dans la vallée de la Loire, certains noms sont aujourd'hui devenus de grands classiques, à l'instar de Dagueneau, inclassable, mais précurseur dans les pratiques biodynamiques, Richard Leroy ou Stéphane Bernaudeau. Ils figurent en bonne place dans le classement des domaines les plus recherchés aux enchères. Le succès de ces figures iconiques ouvre la voie à la nouvelle génération. Si le prix moyen des vins de Loire aux enchères s'est apprécié en 2020, passant de 71 à 77 euros la bouteille adjugée, ils représentent 6 % des volumes échangés et seulement 3 % de la valeur. Sans oublier que le plus long fleuve de France prend sa source en Auvergne, nouvelle terre promise d'une viticulture en accord avec la nature qui suscite un engouement fébrile. Patrick Bouju, Aurélien Lefort ou Pierre Beauger sont quelques-unes des signatures à suivre de près.

LE JURA À LA POINTE, MAIS PAS SEULEMENT

L'un des berceaux des vins nature a beau être une petite surface dans notre paysage viticole (0,3 % du vignoble), sa part dans les enchères représente désormais 2 %, tant en volume qu'en valeur. Et c'est un vin de cette région qui figure en tête des vins naturels adjugés sur iDealwine en 2020, le fameux vin jaune de Pierre Overnoy, dont un clavelin millésimé 1990 a atteint 1 658euros. Cet engouement dépasse de loin le seul phénomène de mode que certains prophétisaient. Le succès du Jura repose non seulement sur la production issue de domaines confidentiels, microscopiques (Murmures, Miroirs, Bruyère-Houillon, Granges Paquenesses), mais aussi sur la singularité des vins jaunes. Avec un prix moyen à la bouteille de 125euros, la valeur des flacons adjugés s'est nettement accrue en 2020 (+ 43 %). Au-delà des trésors naturels du Jura, toutes les régions sont concernées par le phénomène. Le Beaujolais, autre terreau historique de ce type de viticulture avec des noms tels que Yvon Metras, Foillard, Desvignes ou encore Marc Delienne, mérite l'attention pour ses prix, encore attractifs (34 euros prix moyen adjugé). Mais on trouve aussi des signatures nature qui se détachent dans les enchères en Bourgogne : le domaine Bizot reste au-dessus de la mêlée (7 369 euros pour jéroboam d'échezeaux 2009) et des noms comme Philippe Pacalet, Duroché ou Yann Durieux se distinguent. Sans compter qu'à la faveur de la transition vers une nouvelle génération, des domaines réputés classiques explorent aujourd'hui de nouvelles voies. C'est le cas de Trapet, par exemple. La vallée du Rhône offre aussi un beau terrain d'expérimentation, notamment dans les appellations qui sortent des sentiers battus. C'est ainsi que le domaine de l'Anglore, à Tavel, a poursuivi en 2020 la percée initiée l'année précédente. Réputé pour ses rosés profonds et vibrant, l'exploitation d'Eric Pfifferling a été propulsée au 5e rang des étiquettes les plus échangées l'année dernière avec 1 823 flacons adjugés (en 2019, il figurait en 15e position). À Cornas, Thierry Allemand rencontre lui aussi un vif succès. Un signe des temps qui changent. Car le vent nature souffle dans la plupart des vignobles. En Alsace, où Matthieu Deiss écrit son propre chapitre dans l'histoire du domaine Marcel Deiss, en Provence, où Agnès Henry explore les vinifications en cuve de terre cuite (domaine de la Tour du Bon), et jusqu'en Corse (Domaine U'Stilicionu). Ce vent qui se lève ne semble pas près de s'apaiser.

TROISIÈME TENDANCE
GRANDS ITALIENS ET SPIRITUEUX EN PLEINE FORME

Les vins étrangers occupent encore une part minoritaire des enchères (5 % en volume, 4 % en valeur), mais compte tenu de l'intérêt croissant qu'ils suscitent auprès d'une clientèle mondialisée, ils méritent un intérêt particulier. Honneur à l'Italie, qui occupe près de la moitié des places (47 % des vins étrangers adjugés), avec, en tête, les grands noms de Barolo. Si les flacons collector et les techniques traditionnelles sont plébiscitées, tel ce barolo Collina Rionda 1989 de Bruno Giacosa adjugé 3 193 euros, le vignoble transalpin offre de la Vénétie à la Sicile une variété de régions, de styles et de cépages passionnante et un respect de l'environnement marqué (Foradori, Cornelissen, Occhipinti). Avec la mondialisation des échanges et l'internationalisation de la clientèle des amateurs, les signatures prestigieuses des vignobles d'Italie, des États-Unis, d'Allemagne ou d'Espagne ont elles aussi toute leur place dans une belle cave d'amateur. Enfin, le panorama des enchères ne serait pas complet sans y inclure les spiritueux fins, qui occupent certes une place à part dans les enchères, mais bénéficient d'un engouement fébrile porté par la rareté et le caractère exclusif des productions. Dans l'univers des whiskys, la traditionnelle région d'Islay, en Écosse, bataille aujourd'hui avec les trésors nippons. Les rhums connaissent un succès fulgurant. Quant aux cognacs, armagnacs et autres chartreuses, leur image plus traditionnelle n'altère en rien la magie que suscite leur apparition sur la scène des enchères, fusse-t-elle électronique. C'est d'ailleurs un cognac Louis XIII Rare Cask (Remy Martin), adjugé 16 578 euros, qui s'est installé en haut du podium des spiritueux les plus chers de l'année 2020. Un univers à découvrir impérativement pour qui veut compléter sa cave d'intemporels flacons de méditation.

Le Baromètre iDealwine des enchères vin
200 pages d'analyses, 95 euros
idealwine.com

Château Langoa & Famille Barton
200 ans d'histoires de cœur
CHATEAU
CHÂTEAU
LANGOA BARTON
1821-2021
SAINT-JULIEN
GRAND CRU CLASSÉ EN 1855
BARTON FAMILY WINES
WWW.BARTON-FAMILY-WINES.COM
L'ABUS D'ALCOOL EST DANGEREUX POUR LA SANTÉ · À CONSOMMER AVEC MODÉRATION

Alsac

ce

GRÂCE AUX BATAILLES MENÉES POUR LA RECONNAISSANCE DES GRANDS CRUS, L'ALSACE A REPRIS LA ROUTE DE L'EXCELLENCE. ELLE A TOUT POUR RÉUSSIR ET ELLE LE FAIT

PINOT NOIR D'ALSACE POURQUOI ON Y CROIT

CE N'EST PAS FORCÉMENT LE CÉPAGE AUQUEL ON PENSE QUAND ON PARLE DE L'ALSACE. IL EST POURTANT EN PLEINE FORME, SUR LES TERRES OÙ IL SE PLAÎT

PAR **GUILLAUME PUZO**

UNE PRODUCTION HISTORIQUE

Si aujourd'hui l'Alsace produit près de 95 % de vins blancs et si les vins rouges de pinot noir y font figure de nouvelle pépite, l'histoire nous apprend qu'il n'en a pas toujours été ainsi. Les inventaires tenus par les abbayes aux XVIe et XVIIe siècles témoignent d'une importante production de vin rouge, jusqu'à un tiers des volumes à l'époque. S'agissait-il seulement de vins rouges issus de pinot noir ? On peut en douter. Les terrains granitiques d'une bonne partie de la région sont plus adaptés au gamay. Comme dans les crus du Beaujolais, le cépage est capable de donner beaucoup de fruit tout en développant une structure tannique qui n'altère en rien sa finesse. Le fameux vin rouge d'Ottrott, de très ancienne réputation, était sans doute issu autrefois de ce cépage. La défaite de 1870 et la perte de l'Alsace-Lorraine a bouleversé l'organisation du vignoble, la demande de l'armée allemande réorientant stratégiquement le vignoble alsacien vers la production de vins blancs, plutôt bas de gamme, dans des volumes abondants.

LE PINOT NOIR, NOUVEAU CHOUCHOU DU VIGNOBLE ?

Le vignoble alsacien mettra près de trente ans après la fin de la guerre pour reconstituer une viticulture qualitative. Jusque dans les années 1990, le pinot noir reste un cépage rouge vinifié comme un vin blanc pour ce qui est de la structure, avec juste un peu de couleur. D'où ces pinots noirs légers, fluets et globalement sans intérêt. À cette époque, les domaines Albert Mann ou Marcel Deiss furent parmi les pionniers du renouveau organoleptique des pinots noirs de la région. Depuis une bonne vingtaine d'années, les changements climatiques œuvrent de façon favorable à l'épanouissement du cépage. À cet égard, le millésime 2003 a été un déclencheur, comme le rappelle Jacky Barthelmé (Domaine Albert Mann) : *« Les Alsaciens ont vu que le cépage pouvait donner de la couleur et atteindre une certaine concentration. Ils ont été nombreux à vouloir jouer le jeu »*.

Jean-Frédéric Hugel (Domaine Hugel).

Thomas et Véronique Muré (Domaine Muré - Clos Saint-Landelin).

UN CHANGEMENT DE GÉNÉRATION ?

Il fut un temps où nous entendions souvent des vignerons proches de la retraite avouer qu'ils produisaient du pinot noir « parce qu'il fallait bien faire un vin rouge ». Comprenez qu'ils voulaient boire du vin rouge, le leur. Une époque révolue, où les vignerons échangeaient peu avec leurs confrères des vignobles plus méridionaux et s'habituaient à ce pinot noir faible en couleur et en corps. L'arrivée de la nouvelle génération entre les décennies 1990 et 2000 a fait évoluer ces mentalités. Les jeunes vignerons et vigneronnes, diplômés en œnologie, dégustent d'autres vins que les leurs, font des stages d'application dans les vignobles du monde entier et élargissent considérablement leur horizon culturel par rapport aux générations précédentes.

L'OUBLIÉ DES GRANDS CRUS ?

Avec la naissance de l'appellation alsace grand cru, en plusieurs vagues (1976 puis 1983), le pinot noir n'a pas été remis sur le devant de la scène. Au contraire, dans ces nouveaux décrets, seuls quatre cépages sont acceptés : riesling, gewurztraminer, pinot gris et muscat. Ceux qui souhaitent malgré tout produire du pinot noir dans un terroir délimité en grand cru doivent alors le déclasser en appellation alsace, ce qui explique tous les subterfuges employés par certains sur leurs étiquettes pour mentionner le terroir, par exemple P pour Pfersigberg ou H pour Hengst au domaine Albert Mann. Une tentative de réforme de ce système restrictif est en cours depuis déjà une bonne dizaine d'années. Trois grands crus tiennent la corde pour intégrer le pinot noir parmi les cépages autorisés (Hengst, Vorbourg et Kirchberg de Barr), ce qui implique de supprimer à chaque fois un autre cépage de la liste.

LES TEMPS CHANGENT

On devrait donc bientôt voir des pinots noirs produits en alsace grand cru. À ceux qui voudraient crier à l'injustice et remonter le temps, qu'ils se souviennent qu'il y a quarante ans, les conditions climatiques n'étaient pas les mêmes qu'aujourd'hui. Produire un grand vin de pinot noir en Alsace était alors quasiment impossible, sauf millésime de maturité exceptionnelle. Sans parler aussi de l'engouement planétaire qui a depuis joué en faveur du cépage. Les temps changent, les marchés évoluent, le vin aussi.

LE TERROIR DU GRAND PINOT NOIR

Les grands pinots noirs sont des vins de garde. Jeunes, ils expriment un fruité gourmand et séducteur et c'est seulement après un peu de garde qu'ils deviennent grands. Pour ça, une matrice calcaire dans la composition du sol est indispensable. La Bourgogne est évidemment fameuse pour son terroir argilo-calcaire unique, mais on trouve pareillement en Alsace de tels terroirs, notamment sur le Bollenberg, le Clos Saint-Landelin ou le Furstentum. Parfois, d'autres minéraux peuvent se mêler au jeu, comme le granite (le Rittersberg, à Scherwiller), mais ce socle argilo-calcaire reste le terroir de prédilection pour le cépage.

Ces vingt domaines – classés depuis le sud vers le nord, parce qu'il faut bien un ordre de présentation – brillent régulièrement dans nos dégustations par leurs cuvées de pinot noir.

Domaine Zusslin (Orschwihr)
Domaine Agathe Bursin (Westhalten)
Domaine Muré - Clos Saint-Landelin (Rouffach)
Domaine Léon Beyer (Eguisheim)
Domaine Jean-Louis et Fabienne Mann (Eguisheim)
Domaine Albert Mann (Wettolsheim)
Domaine Barmès-Buecher (Wettolsheim)
Domaine Schoenheitz (Wihr-au-Val)
Domaine Meyer-Fonné (Katzenthal)
Domaine Weinbach (Kaysersberg)
Domaine Laurent Barth (Bennwihr)
Domaine Bott-Geyl (Beblenheim)
Domaine Hugel (Riquewihr)
Domaine Trapet en Alsace (Riquewihr)
Domaine Marc Tempé (Zellenberg)
Cave de Ribeauvillé (Ribeauvillé)
Domaine Trimbach (Ribeauvillé)
Domaine Marcel Deiss (Bergheim)
Domaine Jean-Paul Schmitt (Scherwiller)
Domaine Ostertag (Epfig)

RIESLING LE BLANC DE DEMAIN ?

LE NOUVEAU B+D A DEMANDÉ À SON SPÉCIALISTE DE L'ALSACE CE QU'IL PENSAIT DU RIESLING. SI LES CHOSES ONT CHANGÉ DANS LE BON SENS, TOUT RESTE À FAIRE

PAR ***GUILLAUME PUZO***

DÉJÀ FORTE DE SES SEPT CÉPAGES principaux (riesling, pinot gris, gewurztraminer, muscat, sylvaner, pinot blanc et pinot noir), sans oublier le chardonnay aujourd'hui largement implanté en vue de la production de crémant, l'Alsace bénéfice d'une incroyable mosaïque de terroirs dus aux multiples morcellements de son sous-sol causés par les innombrables mouvements de failles de sa longue histoire géologique. Aujourd'hui, 51 grands crus sont reconnus, sans parler des centaines de lieux-dits dont plusieurs dizaines sont en cours d'accession au rang de premier cru, chacun permettant une interprétation originale et donc unique des cépages qui y sont cultivés. C'est aussi sans compter les débats internes du vignoble, où certains ne jurent que par la complantation de plusieurs cépages sur une même parcelle (l'école Jean-Michel Deiss, à Bergheim) quand d'autres optent pour une démarche intermédiaire d'assemblage de cépages en cours de vinification, les deux méthodes rebattant les cartes quant au goût final exprimé par le vin.

UNE REMISE EN QUESTION

Longtemps le vignoble alsacien s'est expliqué par le cépage, une démarche révolutionnaire dans l'Hexagone où la mise en avant du terroir est de rigueur. Quand en Bourgogne on ne dégustait pas du chardonnay, mais du chablis, du meursault ou du pouilly-fuissé, en Alsace on servait du muscat, du riesling ou du gewurztraminer. Tant qu'on se contentait de produire des vins sur le fruit, expression variétale du cépage, souvent avec de confortables rendements qui diluaient toute sensation trop saline issue du terroir, le consommateur s'y retrouvait. Mais avec l'avènement d'une viticulture alsacienne plus exigeante, la reconnaissance des grands crus et plus généralement des lieux-dits, force est de constater qu'aujourd'hui le même cépage peut restituer de nombreuses expressions parfois très éloignées les unes des autres. Prenons le cas du riesling. Quel en est le style le plus emblématique ? Les orthodoxes répondront que le terroir granitique du Schlossberg, par sa pureté minérale, répond parfaitement à cette question. L'histoire leur a donné raison puisqu'il s'agit du premier grand cru reconnu en 1976. Pourtant, les terroirs de grès, comme ceux du grand cru Pfingstberg, donnent eux aussi des expressions d'une grande pureté cristalline, mais différente, du cépage. Des terroirs plus marno-calcaires, comme le clos Saint-Landelin, donnent des bouches avec plus de puissance et une dimension plus massive qui ne manquent pas d'intérêt. Ailleurs, la forte expression due aux sels de gypse d'un terroir comme le Kanzlerberg parfume d'une façon unique les vins. On pourrait dire la même chose des sols volcaniques du Rangen, qui confèrent aux vins une touche fumée, voire tourbée, caractéristique. Des expressions de terroir toujours nouvelles et qui forcent à la remise en question, jusqu'à la manière d'apprécier et de servir le vin.

FAIBLESSE OU OPPORTUNITÉ ?

Fort de ce constat, on se rend compte une fois de plus du formidable chantier qui attend tous les professionnels pour mieux faire connaître les vins d'Alsace. Les vignerons bien sûr, les journalistes sans doute, et surtout ceux qui les vendent aux consommateurs, cavistes et sommeliers. Combien d'entre eux sont capables de proposer des accords osés sur des vins à la minéralité déconcertante ? Combien osent sortir des sentiers mille fois battus de l'alliance poisson-riesling, sans plus de précision, quand ce cépage peut aussi accompagner des volailles ou des viandes blanches ? On le sait, il est parfois plus facile et surtout plus simple de vendre la bouteille que le client est venu acheter. La pédagogie est œuvre de patience et de persévérance, certes. Mais tout de même, au travail.

PRESSE

ALSACE, LE CARNET DE NOTES

Une sélection large et précise pour saisir tous les styles du riesling alsacien, c'est du jamais vu et c'est une chance incroyable. Voilà un guide d'achat qui ne manque pas d'allure. *DÉGUSTATION* ***GUILLAUME PUZO***

Domaine Agapé, Rosacker GC 2018
93
Tout le fruit du Rosacker dans cette bouteille, savoureuse et élégante, bel équilibre ente les amers minéraux et le fruité du raisin, il goûte déjà bien.
27 euros

Domaine Barmès-Buecher, Clos Sand 2019
93
Belle maturité du raisin, heureusement contrebalancée par une splendide acidité en bouche, vin énergique et droit, à la fine amertume saline en finale, pure.
23 euros

Domaine Émile Beyer, Eguisheim 2019
92
Un riesling mûr, aux parfums de beurre frais et de fleurs jaunes, bouche puissante, savoureuse, bon style, avec une persistance minérale élégante.
14,60 euros

Domaine Émile Beyer, Pfersigberg GC 2019
94
Puissant et ample en bouche, une large palette aromatique et surtout de la profondeur, avec une minéralité qui s'installe progressivement en bouche. Les progrès récents du domaine se confirment !
31 euros

Domaine Léon Beyer, Comtes d'Eguisheim, Pfersigberg GC 2017
96
Plus en pureté et en tension vibrante que les-écaillers, en revanche il faut l'attendre, sa finale conclut sur une sensation asséchante qui signe les belles années.
40 euros

Domaine Léon Beyer, Les Écaillers, Pfersigberg GC 2017
93
Belle expression saline pour une bouche gourmande déjà bien en place, les arômes de citron sont bien mûrs, la finale est pleine de jus.
25 euros

Domaine Léon Beyer, R de Beyer, Eichberg GC 2017
98
Petit départ pétrolé au nez, force de l'expression saline en bouche. Superbe acidité traçante et structurante, avec une finale qui persiste sur le zeste de citron, salivante et tonique. Parfaitement sec, il exige les poissons les plus nobles.
40 euros

Domaine Paul Blanck, Rosenbourg 2017
90
Belle densité saline en bouche, un vin citronné et bien construit, agréable, conclu par une agréable saveur fumée.
16 euros

Domaine Bott-Geyl, Mandelberg GC 2017
91
Droit et minéral, il pourrait offrir plus d'ampleur mais on apprécie la finesse de la bouche.
33 euros

Domaine Albert Boxler, Dudenstein, Sommerberg GC 2019
98
Le plus compact des trois grands crus présentés cette année, avec une forte emprise saline en bouche, et cette maturité de fruit (famille agrumes) remarquable dans ce millésime. Lui aussi ira loin.
Prix NC

Domaine Albert Boxler, Eckberg, Sommerberg GC 2019
98
Plus droit en bouche que vanne, plus épuré aussi, tonalité fruitée et gourmande liée au millésime 2019, lui cache son jeu, ou pas : déjà gourmand, mais il doit vieillir.
Prix NC

Domaine Albert Boxler, Vanne, Sommerberg GC 2019
95
Pureté fruitée en bouche, relayée par une salinité et une tension vibrante en finale, qui étire la dégustation et fait ressortir la dimension épicée du terroir. Persistance marquée par le jus de citron-citron vert.
Prix NC

Domaine Ernest Burn, Clos Saint-Imer La Chapelle, Goldert GC 2017
94
Plu tonique que le 2016, plus épuré, plus droit, il ravira les puristes, sa finale est bien tendue, acidulée, sur le citron vert.
20 euros

Domaine Ernest Burn, Clos Saint-Imer La Chapelle, Goldert GC 2016
92
Il conserve une pointe de résiduel en entame de bouche qui disparaît progressivement dans la belle tension et la vivacité du vin. Un style plus moelleux que d'autres et qui ne manque pas de charme.
20 euros

Domaine Agathe Bursin, Bollenberg 2020
93
Parfums floraux dégagés dans le verre, on devine un raisin mûr et qui a préservé son acidité et sa fraîcheur. Gourmand et droit.
14 euros

Domaine Agathe Bursin, Zinnkoepflé GC 2019
94
Une bouche arrondie qui se marrie bien avec les nuances de champignons des bois et de fruits secs, il offre déjà des nuances tertiaires étonnantes pour un vin si jeune. Mais il vieillira bien, c'est le terroir !
24 euros

Domaine Marcel Deiss, Schlossberg GC 2018
96
Puissants parfums de fleurs et de fruits secs, bouche rafraîchie par une curieuse touche d'eucalyptus, ensemble brillant et complet, pour une interprétation de ce terroir à laquelle nous ne sommes pas habitués. Mais qui nous ravit ! Forte persistance saline en fin de bouche.
75 euros

Domaine Dirler-Cadé, Saering GC 2017
94
Un peu plus salin que spiegel, plus tendu et droit, nuance racinaire dans les parfums, joli style, ce vin a du piquant (au sens propre) et va bien évoluer.
32,90 euros

Domaine Dirler-Cadé, Spiegel GC 2017
93
Une bouche bien équilibrée, où la tension dynamise les parfums de fruits mûrs et confits, la finale se resserre agréablement.
32,30 euros

Domaine Henry Fuchs, Hagel 2019
91
Belle pureté des parfums de raisin et de fruits jaunes, une tension saline et asséchante en bouche, une agréable sensation ronde et beaucoup de fraîcheur, y compris dans les arômes.
19,50 euros

Domaine Henry Fuchs, Kirchberg de Ribeauvillé GC 2019
92
Plus d'énergie et de tension que 2018, un joli registre floral et une puissance supérieure au hagel dans ce même millésime, belle persistance minérale.
25 euros

Domaine Rolly Gassmann, Kappelweg de Rorschwihr 2014
91
Rolly-Gassmann maintient son style à part. Ce riesling de type demi-sec offre une belle acidité équilibrante, salivante, et une finale gourmande sur le jus de citron frais. Ce style à part doit aussi être apprécié d'une autre manière, par exemple à l'apéritif. Ces vins vieillissent à la perfection.
18 euros

Domaine Rolly Gassmann, Plaenzerreben de Rorschwihr 2012
91
Nez fumé. En bouche, style demi-sec, mélange réussi d'onctuosité et de vivacité. Ce vin n'est qu'au début de sa longue carrière, comme toujours chez Rolly Gassmann.
23 euros

Domaine Paul Ginglinger, Hertacker, Pfersigberg GC 2019
94
Tendu, encore d'un bloc, ce vin puissant sera à revoir dans quelques années.
22 euros

Domaine Paul Ginglinger, Ortel Vieilles vignes, Pfersigberg GC 2019
97
Plus en rondeur et en fruit que hertacker, preuve de la grande diversité des terroirs au sein d'un même grand cru, il avancera avec le même bonheur dans le temps.
22 euros

Domaine Paul Ginglinger, Eichberg GC 2019
96
Un nez floral, puissant, presque poivré, une belle trame minérale en bouche, superbe palette aromatique pour ce vin sec et puissant.
22 euros

Domaine Hugel, Estate 2017
93
Une expression citronnée gourmande, savoureuse et salivante, un vin équilibré avec une persistance zestée noble, de la profondeur.
21,60 euros

Domaine Hugel, Grossi Laüe 2012
95
Il arrive en pleine maturité, avec ce nez légèrement pétrolé qui donne du relief aux parfums de zeste confit. Bouche en fraîcheur avec une grande persistance salivante sur les agrumes.
43,20 euros

Domaine Josmeyer, Hengst GC 2019
95
Nez puissant associant les épices, les fleurs et le fruit mûr. Bouche saline et droite, ce vin fera une grande bouteille dans les vingt ans qui viennent.
42,90 euros

Domaine Kientzler, Geisberg GC 2019
97
Plus droit, plus salin encore que l'osterberg, une bouche vibrante et surtout une acidité qui accompagne la bouche. Superbe !
34 euros

Domaine Kientzler, Kirchberg de Ribeauvillé GC 2019
95
Des notes fines et délicates d'amande douce et de fleurs séchées, bouche élégante et savoureuse mais sans l'énergie du magnifique geisberg pourtant si proche.
30 euros

Domaine Kientzler, Osterberg GC 2019
96
Puissamment salin, sec, droit en bouche, une légère fraîcheur mentholée en finale, exactement le style des rieslings du secteur de Ribeauvillé.
25 euros

Domaine Kirrenbourg, K, Schlossberg GC 2018
94
Le plus puissant des trois rieslings présentés, bouche dense et bien équilibrée, parfums floraux puissants, la finale commence à vibrer. Le travail entrepris ces dernières années paye.
45 euros

Paysage typique du vignoble alsacien.

Domaine Kirrenbourg, Schlossberg GC 2018
91
Belle finesse dans le toucher de bouche, la minéralité est déjà bien en place, vin agréable et glissant.
40 euros

Domaine Marc Kreydenweiss, Wiebelsberg GC 2019
95
Plus classique dans son registre que le kastelberg de la même source, plus minéral et droit en bouche, moins exubérant dans ses parfums et tout aussi salivant, peut-être même plus profond.
37,50 euros

Domaine Marc Kreydenweiss, Kastelberg GC 2019
96
Arômes puissants d'agrumes (cédrat, orange sanguine) et de fleurs. La bouche est vive et élancée, avec une persistance salivante sur une sensation saline typée. On devine un terroir solaire, dans un grand millésime.
55 euros

Domaine Loew, Bruderbach Clos des Frères 2018
91
Une bouche de bon volume, ample et savoureuse, la finale offre une tension bienvenue dans un millésime où elle fait souvent défaut.
15,80 euros

Domaine Gustave Lorentz, Burg 2019
92
Agréable et puissante expression du terroir, un fruité jaune bien mûr, une bouche tapissante à l'acidité fondue, c'est réussi.
14,05 euros

Domaine Gustave Lorentz, Vieilles Vignes, Altenberg de Bergheim GC 2016
94
Des parfums plus fruités et mûrs que le kanzlerberg, note de prune, bouche ronde où la minéralité n'est pas encore en place, il faut patienter. Sur ce terroir, c'est normal.
25,10 euros

Domaine Gustave Lorentz, Kanzlerberg GC 2017
95
Jolie bouche exprimant une minéralité puissante, une épaisseur salivante pour ce vin qui goûte sec, longue persistance. Une rare occasion de découvrir le plus petit des grands crus d'Alsace.
25,10 euros

Domaine Albert Mann, Furstentum GC 2019
94
Un peu plus arrondi à l'entame de bouche que le schlossberg, c'est aussi le ressenti du terroir qui le veut, mais cela lui convient.
50 euros

Domaine Albert Mann, Schlossberg GC 2019
95
Bouche épurée et minérale, droite, un vin vibrant et énergique dans sa salinité, longiligne.
50 euros

Domaine Albert Mann, Wineck-Schlossberg GC 2019
97
Entame de bouche saline à souhait, un vin puissant et d'équilibre parfaitement sec, taillé pour la table. Splendide !
40 euros

PRESSE

Domaine Meyer-Fonné, Pfoeller 2018
93
Une puissante expression minérale en bouche, saline, ce vin en reliefs se goûte déjà bien, avec ses notes corsées d'orange amère.
21 euros

Domaine Muré - Clos Saint-Landelin, Vorbourg GC 2018
92
Puissante entame de bouche, un vin dense et concentré, doté d'un fruité plus frais que le zinnkoepflé dans ce millésime, et parti pour une meilleure garde.
32,40 euros

Domaine Neumeyer, Bruderthal GC 2018
89
Expression typée d'un riesling sur sol marneux, pas la plus conventionnelle du cépage car cela rend la bouche massive, mais c'est son style à lui. La finale offre une forte expression minérale qui fera merveille à table.
21 euros

Domaine Ostertag, Heissenberg 2019
92
Belle pureté des arômes de fruits frais, on croque dans le grain de raisin, la bouche est élancée, vive et tout en fraîcheur, avec une persistance saline bienvenue.
36 euros

Domaine Ostertag, Muenchberg GC 2018
93
Une belle expression de salinité en bouche. Dans ce millésime, la rondeur l'emporte sur la profondeur, on peut déjà l'apprécier.
50 euros

Domaine Mélanie Pfister, Berg 2019
94
Un modèle de riesling, épuré, droit, salin, évidemment sec comme toujours avec Mélanie Pfister. Dans ce millésime solaire, la maturité du raisin donne une rondeur tapissante en bouche qui ne fait que souligner la profondeur du vin.
17 euros

Cave de Ribeauvillé, Kirchberg de Ribeauvillé GC 2018
91
Bouche puissante avec une agréable sensation minérale, dans ce millésime on perçoit déjà une pointe de miel dans les parfums, on le boira assez rapidement.
20,70 euros

Cave de Ribeauvillé, Osterberg GC 2017
93
Bouche puissante qui doit encore se fondre un peu, son haut degré d'alcool fera de beaux accords à table, grâce à sa belle finale citronnée et tendue.
20,70 euros

Domaines Schlumberger, Kitterlé GC 2017
96
Un riesling épanoui, large et ample en bouche, sans la puissance saline du kessler et avec une belle harmonie citronnée plaisante.
28,70 euros

Domaines Schlumberger, Saering GC 2018
93
Fruité mûr, la bouche retrouve une bonne sensation saline équilibrante, il goûte déjà bien, en finesse.
25 euros

L'enherbement entre les rangs est fréquent en Alsace.

Domaines Schlumberger, Kessler GC 2018
95
Puissamment floral, nez comme bouche, ce vin riche et dense exprime déjà une forte salinité entre iodé et fumé, il goûte déjà bien et pour longtemps.
26 euros

Domaine François Schmitt, Effenberg 2019
92
Jolie cuvée permise par ce raisin bien mûr, les parfums de fleurs et de fruits sont gourmands, sans excès, la bouche est vive et soutenue par une splendide tension citronnée, finale dynamique.
15 euros

Domaine François Schmitt, Pfingstberg GC 2016
94
Il commence à prendre des nuances tertiaires de champignon des bois, de châtaigne. Vin élégant et savoureux, à apprécier dès maintenant.
19 euros

Domaine François Schmitt, Paradis, Pfingstberg GC 2017
93
Plus en tension citronnée que le 2016, mais sans le même équilibre en fin de bouche, le 2016 offrait une patine plus harmonieuse.
23 euros

Domaine Maurice Schoech, Kaefferkopf GC 2019
91
Pas encore en place, il se cherche entre le début et la fin de bouche et offre une agréable sensation saline et de la pureté.
20 euros

Domaine Maurice Schoech, Furstentum GC 2019
90
Puissant et riche, bouche compacte agrémentée d'un joli fruité mûr, finale citronnée, vin agréable et longueur limitée pour un grand cru.
21 euros

Domaine Schoffit, Clos Saint-Théobald, Rangen GC 2019
95
Belle densité de matière dans ce vin droit et élancé, aux amers minéraux propres à ce terroir volcanique, salin, droit et de fort caractère.
36 euros

Domaine Schoffit, Sommerberg GC 2019
92
De beaux amers traçants en bouche, une salinité salivante, on peut encore gagner en tension mais les progrès entrevus sur les derniers millésimes se confirment avec ce terroir.
26 euros

Domaine Louis Sipp, Osterberg GC 2016
94
On retrouve le style du domaine, avec un vin tranchant et droit, déjà expressif dans sa salinité et ses zestes confits. Il goûte bien mais vieillira encore.
25 euros

Domaine Louis Sipp, Osterberg GC 2019
92
Peut-être une pointe de sucre. Du coup, l'entame de bouche s'arrondit un peu, il faudra patienter pour lui redonner son énergie habituelle.
25 euros

Domaine Louis Sipp, Kirchberg de Ribeauvillé 2019
96
Séduisants parfums floraux. En bouche, l'entame est légèrement arrondie mais ça lui donne du charme, ce vin sec et élancé offre une finale pure et rafraîchissante de belle intensité.
25 euros

Domaine Marc Tempé, Schoenenbourg GC 2018
97
Les arômes sont encore dominés par l'élevage de deux années sur lies totale (levure boulangère). En bouche, l'équilibre est également demi-sec avec 21 g/l de résiduel. Une forte minéralité ressort en finale. Pour pleinement le comprendre, il faudra patienter longtemps et le rejuger une fois son apogée atteinte.
33 euros

Domaine Marc Tempé, Mambourg GC 2018
95
Splendides parfums de fruits frais et confits. Dans ce millésime, il ne goûte pas sec ce qui surprend quand on connaît le style du domaine, l'étiquette mentionne justement un équilibre demi-sec à 22 g/l. Encore marqué par son élevage de deux années en fûts sur lies totales, il a besoin d'être oublié minimum dix ans en cave.
47 euros

Domaine Trapet Alsace, Riquewihr 2018
93
Puissante note fumée, accentuée par une légère réduction qui ralentit le déploiement des arômes dans le verre, la bouche est tout en puissance, bien en place, séveuse, saline. On est là au niveau de l'expression d'un grand cru, sans la finesse et l'élégance toutefois.
15 euros

Domaine Trapet Alsace, Schlossberg GC 2018
95
Bouche puissante à la texture huileuse, parfums d'agrumes confits et frais à la fois, la finale se fait plus épicée, ce vin de grosse densité doit encore se délier un peu.
55 euros

Domaine Trapet Alsace, Schoenenbourg GC 2016
92
Un peu moins en vue que le splendide schlossberg 2018, il finit sur des amers et une note de fruit légèrement cuit. Comme on disait autrefois à l'école : bien, mais peut mieux faire.
55 euros

Domaine Trimbach, Clos Sainte-Hune 2017
100
Nez complexe et intense, à la fois fruité et floral, bouche épurée qu'épaule bien une tension citronnée vibrante autour de sa minéralité calcaire, encore un peu jeune mais la finale affiche déjà les notes pétrolées des grands rieslings. Sa grande matière le fait mâcher longtemps.
195 euros

Domaine Trimbach, Vignoble du Couvent de Ribeauvillé, Geisberg GC 2017
98
Moins salin que le schlossberg, un fruité citronné mûr qui traduit le caractère solaire de ces terrasses exposées plein sud, bouche gourmande et profonde.
55,50 euros

Domaine Trimbach, Schlossberg GC 2018
97
Splendide entame minérale dès le premier coup de nez, un registre qui se prolonge en bouche. Saline, épurée, du jus de granite avec cette finesse caractéristique.
47 euros

Domaine Weinbach, Cuvée Colette 2019
93
Bouche épurée et saline, portée par de fins parfums de fleurs, un vin aérien.
33 euros

Domaine Weinbach, Cuvée Sainte-Catherine, Schlossberg GC 2019
99
Entame de bouche d'une grande puissance, avec une légère sensation piquante savoureuse, dans ce grand millésime, la salinité va le porter aux plus hauts sommets.
65 euros

Domaine Weinbach, Schlossberg GC 2019
96
Un modèle de pureté saline en bouche, avec néanmoins une pointe de rondeur à l'attaque qui va demander à se fondre. Grand riesling de granite.
45 euros

Domaine Zinck, Eichberg GC 2018
91
Fruité mûr, peut-être un peu trop, bouche minérale et droite, parfums de zeste (mandarine) propres au terroir, agréable.
25 euros

Domaine Zinck, Pfersigberg GC 2019
92
Belle pureté dans les parfums de fruits, bouche tonique et vive, avec une franche saveur calcaire qui donne de l'énergie, plus dynamique que l'eichberg 2018.
25 euros

Domaine Zind-Humbrecht, Clos Saint-Urbain, Rangen de Thann GC 2019
95
Entame de bouche saline, un fruité jaune mûr, il est encore un peu en-dedans mais sa puissance de bouche garantit un bon vieillissement.
100 euros

Domaine Zind-Humbrecht, Clos Windsbuhl 2019
96
Fins arômes d'agrumes et d'abricot frais, un toucher au grain fin où l'on reconnaît une trame calcaire dans le sol, beaucoup de finesse et d'énergie dans cette bouche vibrante et d'une grande pureté, un grand riesling déjà accessible et qui a tout pour bien vieillir.
69 euros

Domaine Zind-Humbrecht, Brand GC 2019
96
Gourmand parfums de fruits bien mûrs (ananas), quelques nuances racinaires rafraîchissantes (céleri), bouche tonique et salivante, concentrée, droite et énergique.
79 euros

Domaine Zusslin, Pfingstberg GC 2017
95
Moins en place que le 2016, avec une forte réserve de tension en bouche et beaucoup de pureté, il est encore trop jeune.
60 euros

Domaine Zusslin, Pfingstberg GC 2016
96
Parfums gourmands de fruits frais et de feuilles séchées. La bouche offre une grande fraîcheur et un dynamisme autour du zeste de citron, splendide en tous points.
52 euros

L'ALSACE VOUS TEND LES BRAS

CE VIGNOBLE A UN SENS DE L'ACCUEIL HORS DU COMMUN. IL FAUT ALLER À SA RENCONTRE

Jean-Baptiste Adam

Jean-Baptiste Adam est la référence des vignerons dans le village d'Ammerschwihr, fameux pour son grand cru Kaefferkopf. Avec 21 hectares et près de 100 parcelles, les vignes du domaine sont labellisées en agriculture biologique ou en biodynamie. L'essentiel des volumes vient d'un négoce en achat de raisins.

jb-adam.fr

Domaine Agathe Bursin

Avec ses 6,10 hectares du domaine familial de Westhalten, Agathe Bursin pratique une viticulture des plus soignées sur ses 38 parcelles, isolant chaque nuance de terroir dans ses vins. Toutes les cuvées affichent la même pureté de fruit et un toucher onctueux en bouche. Peu de cépages sont ici en retrait. Bravo.

agathe.bursin@wanadoo.fr

Domaine Albert Boxler

Vingt millésimes après son arrivée, Jean Boxler a lentement fait évoluer les réglages pour aujourd'hui vinifier à égalité avec l'élite de l'Alsace. Les vignes sont splendidement situées, aussi bien sur le Sommerberg ou sur le Brand, deux terroirs en riesling. La viticulture est exigeante et soignée et les élevages adaptés aux vins et aux millésimes. Ici aucune fausse note, quel que soit le cépage.

domaine@albertboxler.fr

Domaine Albert Mann

La famille Barthelmé est l'une des figures de proue des grands vins d'Alsace. Leurs rieslings font référence, en schlossberg comme en furstentum, les gewurztraminers sont souvent remarquables et les pinots noirs sont parmi les plus accomplis de la région, rivalisant régulièrement avec les meilleurs spécialistes bourguignons de la catégorie.

albertmann.com

Domaine André Kientzler

André à la retraite, Thierry Kientzler et son frère Éric s'occupent maintenant de ce beau domaine sur le ban de Ribeauvillé, avec des vignes sur les meilleurs terroirs (Kirchberg, Geisberg, Osterbeg). Viticulture rigoureuse, vinification précise, tous les vins restituent la salinité si particulière propre au secteur.

vinskientzler.com

Domaine Barmès-Buecher

Maxime Barmès et sa sœur Sophie conduisent ce domaine, avec leur mère Geneviève toujours présente. 19 hectares, cultivé selon les préceptes de la biodynamie et avec des pratiques de plus en plus poussées permettent aux vins de gagner en tension et en esprit sec. Les grandes réussites au domaine sont sans hésitation les pinots noirs et les rieslings.

barmes-buecher.com

Bestheim

Cette entité gigantesque (700 hectares de vignes) est le fruit du rapprochement des caves coopératives de Bennwihr et de Westhalten. Dans la gamme très large, nombre de cuvées sont destinées à la grande distribution. On peut y dénicher quelques vins fort intéressants et il serait dommage de passer à côté.

bestheim.com

Léon Beyer

Sans doute la moins connue des belles maisons de négoce alsaciennes. Léon Beyer jouit d'une réputation ancienne et dispose d'un parcellaire dans les grands crus Eichberg et Pfersigberg. Autre point fort de la maison : les magnifiques vendanges tardives et sélections de grains nobles.

leonbeyer.fr

Domaine Paul Blanck

Chez les Blanck, on travaille en famille : Frédéric s'occupe de la cave et son cousin Philippe de la communication et de la vente. Le patrimoine de vignes est très important, d'où la très large gamme. Nous avons longtemps salué le domaine pour sa régularité depuis les cuvées de fruit jusqu'aux plus belles expressions de terroir ou de botrytis, mais il nous semble que depuis quelques millésimes on ne retrouve plus la même homogénéité dans l'ensemble de la gamme. Nous espérons le retrouver en pleine forme dans les années qui viennent.

blanck.com

Domaine Bott-Geyl

Jean-Christophe Bott exploite un vaste parcellaire qui couvre plusieurs types de sols et grands crus. La large gamme, commercialisée avec quelques années de décalage, propose des vins au toucher de bouche singulier et un style souvent à part dans le paysage alsacien.

bott-geyl.fr

Joseph Cattin

Structure de taille importante exploitant un vignoble de plus de 60 hectares, la qualité de la gamme est encore disparate mais nous avons distingué plusieurs grands crus.

cattin.fr

Clément Klur

Depuis le millésime 2017, les vins étiquetés Clément Klur sont élaborés par Léon et Laurence Heitzmann, producteurs dans la commune voisine d'Ammerschwihr. À découvrir d'urgence.

vinsklur.com

Domaine Marcel Deiss

Artisan de la complantation, Jean-Michel Deiss ne laisse personne indifférent. Son grand mérite a été de faire bouger les lignes en Alsace. C'est aujourd'hui son fils Mathieu qui reprend le flambeau. Grand travail de choix des cépages les mieux adaptés à chaque parcelle, viticulture la plus soignée possible. On retrouve dans les vins du domaine toute la salinité et l'énergie propres au sol. Pour ces derniers millésimes, on atteint ici les sommets.

marceldeiss.com

Domaine Dirler-Cadé

Domaine emblématique de Bergholtz depuis maintenant deux générations. Les 18 hectares en biodynamie sont issus de l'union de Jean Dirler et Ludivine Cadé. Dans la gamme, les beaux terroirs du Saering, du Kitterlé, du Kessler et surtout du Spiegel ont un grand potentiel de garde qui permettra aux légers sucres résiduels de se fondre.

dirler-cade.com

Domaine Émile Beyer

Au début du siècle dernier, la famille Beyer s'est scindée en deux, mais les deux maisons éponymes sont aujourd'hui encore situées à Eguisheim. La branche Émile se

concentre principalement sur les vignes du domaine, uniquement situé sur les terroirs d'Eguisheim. Les rieslings sont souvent les cuvées les plus réussies au domaine. Bio certifié.
emile-beyer.fr

Domaine Ernest Burn
★★★☆☆
Francis Burn a le privilège d'exploiter le clos Saint-Imer, une superbe exposition solaire sur le grand cru Goldert, qui permet notamment la production de muscats doux exceptionnels. Le maître des lieux est attiré par les vins à la saveur sucrée, qu'il ne faut pas hésiter à garder 10 voire 15 ans. Quelques vieux millésimes ici sont absolument splendides.
domaine-burn.fr

Domaine François Schmitt
★★☆☆☆
Frédéric Schmitt progresse dans le bon sens et avec lui la qualité de ses vins. Certifié bio depuis le millésime 2016, le domaine s'engage vers la biodynamie. On apprécie de retrouver une salinité accrue dans les vins et de moins en moins de sucres résiduels. La troisième étoile se rapproche.
francoisschmitt.fr

Domaine Gérard Neumeyer
★☆☆☆☆
L'arrivée du jeune Jérôme Neumeyer a apporté un souffle nouveau à ce domaine parmi les plus connus et les plus anciens de ce secteur nord de l'Alsace, à Molsheim. On trouve depuis ces derniers millésimes un meilleur équilibre dans les vins. Une belle promesse à suivre.
neumeyer.fr

Domaine Paul Ginglinger
★★★☆☆
C'est l'une des plus belles gammes sur les terroirs calcaires d'Eguisheim, avec en point d'orgue des cuvées de l'Eichberg et du Pfersigberg. Bien tenues depuis longtemps, les vignes sont travaillées en parcellaire et les différentes cuvées sont toujours précises et fidèles à leurs terroirs. Le domaine excelle dans les crémants.
paul-ginglinger.fr

Domaine Henry Fuchs
★★★☆☆
La quatrième génération, Paul et sa sœur Julie, travaille maintenant sur l'exploitation. Aux côtés de leurs parents Cathy et Henry, ils signent des vins qui expriment toute la pureté et l'élégance des terroirs salins de Ribeauvillé, autour desquels se situent les 11 hectares de vignes.
henryfuchs.fr

Famille Hugel
★★★★☆
La grande maison de Riquewihr est peut-être la dernière d'Alsace à ne pas étiqueter ses cuvées comme grand cru, sauf son riesling qui revendique son parcellaire sur le grand cru Schoenenbourg. Le reste de la gamme se décline toujours en classic (les entrées de gamme) et estate (le niveau intermédiaire), dans un style aussi sec que possible qui souligne la pureté des parfums et l'équilibre en bouche.
hugel.fr

Josmeyer
★★★★☆
Isabelle et Céline maintiennent le cap de ce domaine qui dispose de vignes splendidement situées, entre autres sur les grands crus Brand ou Hengst. La biodynamie est ici en place depuis longtemps, ce qui donne des vins d'une grande pureté cristalline, qui ne cessent de gagner en densité et en intensité avec le temps.
josmeyer.com

Domaine Kirrenbourg
★★☆☆☆
Marc Rinaldi a décidé sur le tard de se lancer dans la production de crus d'Alsace, afin de mettre en valeur les terroirs de la région, trop mal valorisés à ses yeux. Après avoir racheté le domaine Martin Schaetzel, il a fait bâtir une cuverie flambant neuve pour permettre à ses projets de se concrétiser. En progrès ces derniers millésimes, les choses vont dans le bon sens.
domainekirrenbourg.fr

Domaine Kreydenweiss
★★★☆☆
Depuis 2007, Antoine, fils de Marc Kreydenweiss parti en Costières-de-Nîmes, est aux commandes sur ce domaine porté par la diversité des terroirs d'Andlau. Précurseur dans certains de ses choix (un seul cépage ou vin par terroir), le vignoble est certifié en biodynamie depuis un quart de siècle. La gamme est d'une rare homogénéité de style.
kreydenweiss.com

Domaine Léon Heitzmann
★☆☆☆☆
Ce domaine est une belle découverte et toute la gamme mérite qu'on s'y intéresse de près. Les vignes sont cultivées en biodynamie, ce qui explique les tensions affirmées dans les vins, avec des équilibres toniques.
leon-heitzmann.com

Domaine Loew
★★★☆☆
Tout au nord de l'Alsace viticole, Étienne Loew se bat pour faire connaître les terroirs méconnus de Westhalten. Vinifications soignées, longs élevages, les vins sont purs et précis. Le domaine s'étend désormais sur 12 hectares, grâce à une acquisition sur le grand cru Engelberg.
domaineloew.fr

Gustave Lorentz
★★☆☆☆
Cette maison de Bergheim réalise l'essentiel de son activité en achats de raisins sur le secteur mais possède néanmoins un petit vignoble bien situé, notamment sur l'Altenberg et le Kanzlerberg. Elle est ainsi le principal propriétaire sur l'Altenberg de Bergheim, avec 13 hectares sur un total de 35 pour le grand cru. Le riesling est le grand cépage de la maison.
gustavelorentz.com

Domaine Meyer-Fonné
★★★☆☆
Depuis le village de Katzenthal, Félix Meyer produit un nombre important de cuvées pour ses 14 hectares de vignes. Son parcellaire très étalé compte pas moins de cinq grands crus. La viticulture est soignée depuis longtemps et la technique bien rodée. Bref, la réussite est large et la gamme très homogène.
meyer-fonne.com

Muré - Domaine du Clos Saint-Landelin
★★★☆☆
La famille Muré exploite en monopole le clos Saint-Landelin, extrémité principalement sud du grand cru Vorbourg. Sur ce terroir argilo-calcaire très solaire, à peu près tous les cépages réussissent. Au domaine, les rieslings, pinots gris, gewurzts, muscats et les sylvaners sont à la fête.
mure.com

Domaine Ostertag
★★★★☆
Vigneron attachant, biodynamiste convaincu, André Ostertag est en perpétuel questionnement quant à ses pratiques viticoles. Il cultive avec un soin extrême ses belles parcelles sur le Fronholz et le grand cru Muenchberg. La gamme régale du début à la fin, le domaine étant l'un des tout meilleurs spécialistes du pinot gris, qu'il réussit comme peu en Alsace.
domaine-ostertag.fr

La Cave des Vignerons de Pfaffenheim
★☆☆☆☆
La cave de Pfaffenheim se met désormais en avant sous l'identité Pfaff. Depuis plusieurs millésimes maintenant, on constate que beaucoup de progrès ont été réalisés notamment sur les grands crus.
pfaffenheim.com

Domaine Pfister
★★★☆☆
Au nord du Bas-Rhin, l'Engelberg fait partie des rares grands crus alsaciens détachés des collines sous-vosgiennes. Sur ces pentes, Mélanie Pfister donne le meilleur de ce domaine. Le riesling de l'Engelberg est une constante réussite au domaine, tout comme les crémants.
domaine-pfister.com

Cave de Ribeauvillé
★★☆☆☆
Ribeauvillé demeure année après année la meilleure cave coop de toute l'Alsace. La large gamme propose de nombreux vins fort recommandables. Le savoir-faire de la cave s'exprime tout particulièrement sur les pinots noirs, sans

Étienne Sipp (Domaine Louis Sipp).

doute les progrès les plus visibles ces dernières années, et bien entendu les différents rieslings grand cru (Osterberg, Kirchberg, Rosacker, Altenberg et Schoenenbourg).
vins-ribeauville.com

Domaine Rolly-Gassmann

À la tête de ce domaine à part, Pierre Gassmann passe des heures à expliquer les terroirs si particuliers de Rorschwihr et des alentours. Les vins ont un résiduel énorme et ne sont vendus qu'une fois arrivés à maturité, parfois après 10 ou 15 ans. ! Ils ont toute leur place à table.
rollygassmann@wanadoo.fr

Domaine Schlumberger

Domaine majeur du secteur de Guebwiller et plus grosse exploitation privée de la région avec désormais 130 hectares dont la moitié sur les quatre grands crus locaux (Kessler, Kitterlé, Spiegel, Saering), Schlumberger partage sa gamme entre les grands crus et les cuvées princes-abbés. Maison sérieuse qui signe des vins de bonne facture.
domaines-schlumberger.com

Domaine Maurice Schoech et Fils

Jean-Léon et Sébastien Schoech exploitent plus d'un tiers de grands crus sur leur domaine de 18 hectares, principalement les terroirs autour d'Ammerschwihr. Le domaine est actuellement en conversion bio et propose une gamme sérieuse.
domaineschoech.com

Domaine Schoffit

L'un des derniers domaines encore installés dans Colmar est bien conduit par Bernard Schoffit et son fils Alexandre qui ont officiellement lancé la conversion bio. Le style de la propriété se reconnaît par sa fraîcheur et le caractère digeste des vins, avec une belle acidité sans mordant.
domaine.schoffit@free.fr

Louis Sipp

Étienne Sipp dirige ce domaine de 40 hectares situé sur les coteaux entourant Ribeauvillé, avec entre autres les grands crus Kirchberg et Osterberg. Les grandes bouteilles ici sont bien évidemment les rieslings et les vins vieillissent parfaitement bien sur plusieurs décennies.
sipp.com

Domaine Marc Tempé

Marc Tempé va au bout de ses convictions, avec succès. Ses vignes conduites en biodynamie lui donnent de petits rendements qu'il n'hésite pas à élever plusieurs années (parfois 4 ou 5 ans), souvent avec très peu voire pas de soufre. On reconnaît son style par la richesse des bouches et la splendeur parfois exubérante des parfums de fruits et de fleurs très mûrs. Quand le botrytis s'en mêle, les cuvées de grains nobles sont sublimes. Les pinots noirs sont également des modèles de finesse et de profondeur.
marctempe.fr

Domaine Trapet - Alsace

On ne présente plus Jean-Louis Trapet, fameux vigneron de Gevrey-Chambertin. Son épouse Andrée étant alsacienne, elle-même issue d'une famille vigneronne, c'est tout naturellement qu'ils décidèrent en 2002 de mener en parallèle leur passion dans deux régions distinctes mais heureusement assez proches géographiquement, avec les mêmes convictions biodynamistes.
trapet.fr

Domaine Trimbach

La maison a bâti son image et sa réussite commerciale autour de ses rieslings, parfaitement secs et incisifs, gastronomiques à souhait. Elle a depuis longtemps assis son rayonnement international sur toutes les tables étoilées du monde. Les raisins proviennent soit d'achats, soit des vignes en propriété, situées sur les terroirs de Ribeauvillé et des alentours, qui donnent cette salinité si particulière aux vins.
trimbach.fr

Maison Vonville

Ce domaine spécialisé dans la production de vins rouges d'Ottrott propose une offre d'un d'homogénéité remarquable. En progression depuis les derniers millésimes, il est à suivre de près.
vins-vonville.com

Weinbach - Domaine Faller

La famille Faller s'est désormais recomposée autour de Cathy et de ses deux fils. Ensemble, ils veillent à la destinée de ce domaine emblématique de la viticulture alsacienne et même mondiale. Son succès depuis plus de quatre décennies tient à un formidable patrimoine de sols et de terroirs.
domaineweinbach.com

Wolfberger

La cave coopérative d'Eguisheim exploite aujourd'hui près de 10 % du vignoble alsacien. Dans la gamme forcément vaste, l'amateur peut dénicher des cuvées bien réalisées. Wolfberger est aussi un producteur important de crémants et ceux-ci s'en sortent régulièrement avec les honneurs.
wolfberger.com

Domaine Zind-Humbrecht

Ce domaine incarne depuis plusieurs décennies une idée de l'absolu en matière de grand vin de terroir. Léonard Humbrecht avait eu l'esprit visionnaire en acquérant des parcelles superbement situées, sur le Rangen, le clos Windsbuhl, le clos Jebsal, le Brand ou le Hengst. Son fils Olivier en magnifie l'expression du sous-sol avec une intensité et une puissance incroyables. En biodynamie depuis la fin des années 1990.
zindhumbrecht.fr

Domaine Valentin Zusslin

À la tête du domaine, Jean-Paul et Marie, frère et sœur, ont franchi plusieurs paliers ces dernières années. Une biodynamie intelligente et appliquée redonne vie à des sols d'où jaillissent de beaux raisins. Une vinification minimaliste permet ensuite de respecter l'identité propre à chaque terroir. À chaque millésime les cuvées gagnent en vibration. On en redemande.
zusslin.com

Beau-

LE BEAUJOLAIS EST UN VIGNOBLE PHÉNIX. PORTÉ PAR UNE GÉNÉRATION ENGAGÉE DANS LA DÉFENSE DE SES TERROIRS, LE VIGNOBLE ÉCLABOUSSE DE SON POTENTIEL ET DE SON SAVOIR-FAIRE LES QUELQUES RÉTICENTS À SON ÉGARD. L'HEURE DE LA CONFIRMATION APPROCHE

olais

IL A VU SON PÈRE GEORGES CONSACRER SA VIE À LA DÉFENSE DE LA RÉGION. DÉSORMAIS SEUL AUX COMMANDES, FRANCK DUBŒUF, SON FILS, FAIT LE POINT SUR L'AVENIR DE LA MAISON. ON L'ÉCOUTE.

FRANCK DUBŒUF « LE VIN EST UNE ÉCOLE DE LA RIGUEUR »

PROPOS RECUEILLIS PAR ***LOUIS-VICTOR CHARVET***

Frank Dubœuf, vous nous parlez un peu de l'histoire de la maison ?
Tout a commencé en 1964 quand mon père, Georges, a décidé de créer une structure de négociant-éleveur à Romanèche-Thorins. Il aimait bien se qualifier de façonnier-embouteilleur. C'est une idée qu'il a suivie jusqu'au bout, mettre en bouteille des vins pour le compte d'autres personnes. C'était novateur pour l'époque. Ce qu'il souhaitait, c'était que le Beaujolais trouve sa place. Évidemment, cela passait par un travail de promotion des vins de la région, aussi bien en France que dans le monde. Je suis arrivé dans l'entreprise dans les années 1980. J'ai commencé par travailler aux côtés de mes parents même si dans une structure comme la nôtre, il faut savoir tout faire et être à l'aise aussi bien sur ce qui concerne la production que sur la partie commerciale.

Votre père savait tout du Beaujolais ?
Depuis son adolescence dans le Mâconnais, il a toujours eu cette envie de progresser, de comprendre et d'analyser toutes les étapes de la vie du vin. Il s'intéressait à tout, aussi bien les vendanges que les fermentations en passant par les élevages. Pour lui, savoir ça était essentiel pour vendre son vin. Il avait cette volonté inébranlable de toujours chercher à le valoriser et à le faire connaître des consommateurs. Historiquement, il a commencé par mettre en avant ses vins de Pouilly-Fuissé auprès de restaurateurs connus qui lui ont fait confiance. Ce sont eux qui ont ensuite porté les vins Georges Dubœuf en ce qui concerne le Beaujolais.

Quel regard portez-vous sur ce travail d'une vie ?
J'ai beaucoup d'admiration pour sa volonté et pour l'ardeur qu'il a déployée pour tirer vers le haut les vins de notre région. Il a consacré sa vie à la découverte des terroirs du Beaujolais. La défense et la promotion de cette diversité ont toujours été au cœur de la maison. Pour réussir ça, il faut se rendre compte de l'énergie considérable qu'il a fallu pour présenter les vins aux bonnes personnes. C'est une histoire de rencontres avec des personnalités hors du commun, comme Paul Bocuse, par exemple, qui partageait la vision de mon père. Grâce au chef et à son exigence, les vins de la région sont sortis de l'anonymat.

Le rôle de la restauration a été déterminant à l'époque.
Elle a joué un rôle fondamental. C'est avec elle qu'on a bâti notre image. Aujourd'hui, les choses changent vite, il faut s'adapter à la multitude des circuits de ventes. La manière de communiquer n'est plus la même. La reconnaissance de nos vins par les prescripteurs reste essentielle, que ce soient des sommeliers et des chefs réputés ou les médias. Mais il y a beaucoup d'autres paramètres à prendre en compte.

Près de soixante ans après ses débuts, où en est la maison ?
Nous travaillons avec environ 200 vignerons partenaires et nous représentons un peu moins de 20 % de la production totale du Beaujolais. Tous vins confondus, en incluant le Mâconnais et les vins de pays que nous produisons dans le Rhône, cela représente environ 15 millions de cols. Mon père attachait beaucoup d'importance à la relation avec les viticulteurs. La maison a toujours cherché à promouvoir l'ensemble des appellations du Beaujolais, auprès de la restauration et auprès des consommateurs, et à mettre en avant les propriétés avec lesquelles nous travaillons. On essaye de protéger les jeunes pousses du vignoble en leur apportant des solutions pour qu'ils puissent inscrire leur projet dans la durée. Pour nous, c'est essentiel d'envisager nos partenariats avec les viticulteurs dans le temps. Pour certains, cette collaboration court maintenant sur trois générations.

Au fil du temps, vous avez renforcé votre présence à la vigne.
Depuis le début des années 2000, nous avons notre propre outil de vinification. Acheter du raisin est une forme de prolongation naturelle de notre activité historique d'acheteur de vins. On essaye de diversifier les relations avec nos partenaires. Leur travail à la vigne est valorisé. On est en pleine réflexion à propos de nos pratiques envi-

ronnementales. Cela doit passer par une certification HVE de nos vignes. Progressivement, on ira vers la culture biologique. L'idée est d'installer une viticulture de précision dans nos domaines.

La maison est souvent associée au beaujolais nouveau. C'est compatible avec une vision qualitative pour l'ensemble de la gamme ?

Pour nous, il n'y a pas d'incompatibilité. Notre ligne à ce sujet a toujours été transparente. Nous présentons le beaujolais nouveau comme un rendez-vous annuel, un moment précis et délimité où il trouve sa place. L'idée est de faire un rendez-vous festif et éphémère. Une fois terminé, on passe à autre chose.

Certains voient la maison comme un acteur de trop grande envergure pour faire de la qualité.

Au fond, est-ce que la taille de notre structure est importante ? Et par rapport à quoi ? À l'échelle internationale du commerce du vin, nous ne sommes pas de si grande envergure. Aujourd'hui, face aux marques mondiales, il faut atteindre une taille critique pour exister. Sans cela, il est difficile de se donner les moyens qui correspondent à ses ambitions et à ce qu'on veut vraiment faire. Grande ou petite structure, le travail est le même pour moi. Ce que j'ai appris de mon père, et c'est son héritage pour la maison, c'est à être le plus rigoureux possible, à avoir une discipline. Chez nous, elle se mesure au quotidien. Nous dégustons tous les jours, pendant deux ou trois heures, l'ensemble de nos vins pour assurer un suivi de la qualité constant avant de les mettre en bouteille.

Cette critique est dure à entendre quand on a son nom sur autant d'étiquettes ?

C'est comme ça, je l'accepte. Je n'ai pas choisi ce métier pour être dans la lumière. Tout ce qu'on peut faire, c'est garder notre niveau d'exigence. Après tout, quoi de plus normal que d'être jugé et comparé ? C'est plutôt sain. Comme ça, on peut se remettre en question. C'est un métier difficile. Chaque producteur remet tout en jeu à chaque vendange. Il faut faire ses preuves chaque année. Comme la gastronomie, le vin est une école de la rigueur.

Le Beaujolais est une région dynamique. On y expérimente beaucoup, notamment en ce qui concerne les vins nature.

Le monde du vin est en perpétuel mouvement, ce qui est plutôt formidable. Si le Beaujolais s'inscrit dans ce dynamisme, tant mieux Bien sûr, les forces sont différentes. Chacune s'exprime à sa manière, en laissant plus ou moins libre cours à sa vision personnelle du vin, même si c'est parfois un peu borderline. Tout ça renforce notre vignoble et contribue à une sorte d'ébullition des idées.

Comment vous voyez l'avenir pour le style des vins Dubœuf ?

Conserver nos fondamentaux en étant encore plus exigeant et précis. Notre production est moins importante en termes de volume qu'il y a quelques années. Cela traduit notre volonté de travailler en profondeur sur nos sélections et sur nos gammes. On cherche à répondre aux demandes de nos clients, à aller au devant de leurs goûts et de leurs envies. J'aime les vins précis et nets. Après, on essaye de chercher de l'équilibre dans le fruit. On a beaucoup changé nos itinéraires techniques. On privilégie une recherche de matière plus souple en travaillant nos phases d'extraction de manière plus douce. On allège beaucoup les élevages pour garder plus de fraîcheur naturelle et ne pas donner trop de boisé. La maison a toujours fait des vins aromatiques et expressifs, faciles à consommer et digestes. C'est son identité stylistique. Aujourd'hui, on essaye d'aller plus loin dans l'expression des terroirs. ▮

BEAUJOLAIS, LES COMBATTANTS D'IDÉES REÇUES

SANS EUX, LE BEAUJOLAIS SERAIT TOUJOURS UN CHAMP DE RUINES. PAR LEUR PASSION ET PAR LEUR FOUGUE, ILS ONT SU HISSER LA RÉGION AU RANG SUPÉRIEUR

Domaine Anita

Anita Khunel, après une brillante carrière de cycliste sur route, a décidé de revenir sur la propriété familiale. Elle y apprend le métier de la vigne et du vin avant de créer en 2015, sa propre structure viticole. Le domaine regroupe six appellations, moulin-à-vent, chénas, morgon, fleurie, beaujolais et beaujolais-villages. Structurés, les vins gagnent chaque année en précision et en équilibre.

domaine-anita.com

Frédéric Berne

Frédéric Berne cultive 3 hectares de beaujolais-villages, 64 ares de morgon et 60 ares de chiroubles. Au-delà du rôle médiatique qui l'occupe pour l'élection au statut de cru du village Lantignié, Frédéric Berne trouve le temps de travailler à l'affinage de ses vins. Les vins sont délicieux, dans un style puissant caractéristique du domaine qui ne manque jamais de précision.

fredericberne.com

Domaine Daniel Bouland

Daniel Bouland compte parmi les grands vignerons du Beaujolais. Il possède plusieurs lieux-dits réputés sur Morgon, le Douby, la Côte-du-Py et les Delys, mais également quelques parcelles bien placées en Chiroubles et Côte-de-Brouilly, pour une surface totale de 7 hectares. Ses cuvées sont des exemples de complexité et de densité, issues de vieilles vignes en gobelet, pour certaines centenaires.

daniel-bouland.com

Domaine Jean-Marc Burgaud

Après l'obtention de son diplôme en viticulture et œnologie, Jean-Marc Burgaud s'installe en 1989 sur la Côte de Py, à Morgon. Aujourd'hui il possède 17 hectares sur quatre appellations, Beaujolais-Villages rouge et blanc, Régnié et Morgon, ce dernier représentant 11,80 hectares. Jean-Marc Burgaud est un vigneron discret, mais il suffit de prononcer son nom dans le vignoble et l'on comprend vite que sa réputation le précède. Ce domaine continue de progresser.

jean-marc-burgaud.com

Domaine Les Capréoles

Cédric Lecareux et son épouse Catherine ont donné naissance au domaine de Capréoles en juillet 2014 avec 3 hectares de vignes attenantes, surface complétée par 2 hectares deux années plus tard. Des beaujolais-villages au cru régnié, tout est recommandable, avec, nous semble-t-il, des élevages plus raffinés. Une belle adresse.

capreoles.com

Domaine Chermette

Martine et Pierre-Marie Chermette cèdent progressivement la place à leur fils Jean-Étienne Chermette, qui n'a pas traîné pour insuffler quelques changements d'importance. L'essentiel est toujours là : 31 hectares en Beaujolais rouge, 5,5 hectares en Beaujolais blanc, 16,50 hectares en crus sur Fleurie, Brouilly et Moulin-à-Vent. Le domaine, réputé pour la gourmandise et la rondeur de ses vins, semble avoir pris sur les derniers millésimes un style plus orienté vers la garde.

chermette.fr

Domaine Chignard

Cédric Chignard a rejoint son père Michel sur le domaine familial dont il prend la responsabilité en 2006. Le vignoble familial s'étale sur 7 hectares, principalement situé sur les Moriers. Les vins ne sont jamais expressifs dans leur jeunesse et ont la réputation de vieillir admirablement. Après quelques années, ils développent des nez parfumés et une texture au velours irrésistible.

domaine-chignard.fr

Domaine Raphaël Chopin

Après des études et une expérience de « winemaker » en Australie, Raphaël Chopin rentre en Beaujolais en 2009 pour ressusciter les terres de son arrière-grand-père. Le vignoble compte aujourd'hui 5 hectares, particulièrement bien situés, en beaujolais-villages, régnié et morgon. Le domaine s'est très vite distingué par un style fin et élégant.

domaine-raphael-chopin.fr

Château des Jacques

Le domaine, propriété du Beaunois Louis Jadot mais géré de façon autonome, a bien grandi depuis son acquisition en 1996. Le vignoble s'étend sur 90 hectares, essentiellement en moulin-à-vent dont il est l'un des grands spécialistes. Il possède des parcelles dans les meilleurs secteurs comme Rochegrès, la Roche, Carquelins et depuis peu la Rochelle. Cyril Chirouze poursuit l'œuvre d'excellence engagée il y a plus de quinze années.

chateau-des-jacques.fr

Domaine Jules Desjourneys

Le domaine Jules Desjourneys est la propriété de Fabien Duperray. En 2007, ce dernier achète 9 hectares de vieilles vignes situées sur les finages de Chénas, Moulin-à-Vent et Fleurie. En 2009, le vignoble est certifié en bio. Dix ans plus tard, les vins sont au sommet de l'appellation : nez parfumés, textures soyeuses, finales suaves, tannins ciselés, tout y est et c'est superbe.

julesdesjourneys.fr

Domaine Louis-Claude Desvignes

Le domaine emblématique du Beaujolais, tant par son histoire que par sa réputation, brille sur Morgon et sur le Beaujolais. Le vignoble s'étend sur 13 hectares, dont 5 situés sur la Côte de Py. À la tête du domaine, Claude-Emmanuelle et son frère Louis-Be-

noît, reconnus pour leur rigueur et leur souci du détail, sont les dignes successeurs d'une tradition d'excellence. Les derniers millésimes, entre finesse et gourmandise, sont toujours élégants.
louis-claude-desvignes.com

Georges Dubœuf

Suite au travail ininterrompu de Georges Duboeuf, disparu l'an dernier, depuis plus de 50 ans, c'est son fils Franck qui a pris le relais. Les volumes sont considérables tout comme le nombre de références font preuve d'une régularité de métronome.
duboeuf.com

Domaine Mee Godard

Après de solides études d'œnologie et un détour par l'Oregon, Mee Godard, encouragée par ses parents et son époux, cherche à s'installer en Beaujolais et tombe sur un départ à la retraite : 5 hectares en Morgon, sur les plus beaux lieux-dits, Corcelettes, Grand Cras et Côte de Py. Le style Godard, c'est des vins purs, jamais stériles, aériens mais structurés, qui transpirent leur origine. Tout est bon.
meegodard.com

Domaine Paul et Éric Janin

Depuis 1937 le domaine Paul Janin et fils produit des moulin-à-vent et des beaujolais-villages rouges et blancs. Eric Janin, l'actuel propriétaire, représente la quatrième génération. Il hérite d'une succession d'investissements qui font aujourd'hui le succès du domaine. Les vins sont de bonne facture et ne déçoivent pas en qualité.
domaine-paul-janin.fr

Château de la Chaize

Fort d'un vignoble de 250 hectares, dont 99 de Brouilly, le château de la Chaize est l'une des plus belles propriétés du Beaujolais. De nombreux travaux de rénovation ont été engagés, en particulier dans le chai. Un investissement visionnaire et courageux dans une région qui a tout le potentiel pour rayonner. On attend avec impatience la suite, les vins affichant pour certains gourmandise, générosité, droiture et élégance.
chateaudelachaize.fr

Maison Le Nid

La très dynamique et sympathique famille Lardet, Delphine, Jocelin, Stéphane et leur père, signe des vins de plus en plus aboutis sur les derniers millésimes. Plus précis, sans perdre pour autant leur puissance, les crus s'affirment avec autorité. Les quantités sont faibles mais hautement qualitatives.
lenid.fr

Maison Jean Loron

Installée entre la Roche de Solutré en Mâconnais et le Moulin à-Vent en Beaujolais, la maison Jean Loron est l'un des plus anciens et plus grands propriétaires viticoles du sud de la Bourgogne. L'ensemble de la production est solidement construit. La signature est aujourd'hui un gage de qualité pour quiconque découvrirait pour la première fois un vin de la maison. Adresse sérieuse et recommandable.
loron.fr

Domaine Laurent Martray

Laurent Martray, vigneron à Odenas, possède 9 hectares sur Brouilly, dont un sur la commune de Saint-Etienne-la-Varenne. C'est sur les coteaux granitiques de Combiaty faisant face à l'est et au sud-est que sont produites deux cuvées emblématiques du domaine : vieilles-vignes et corentin. Depuis 2016, une troisième cuvée complète la gamme de brouilly : la Folie, d'un style plus raffiné. Le leader de l'appellation brouilly.
domainelaurentmartray.com

Château du Moulin-à-Vent

En moins de dix ans, la production s'est hissée au niveau des références de l'appellation, non sans l'aide de toute une équipe composée d'Édouard Parinet, de leur maître de chai Brice Lafon et de leur responsable de la communication Morgane Chambriard. C'est aujourd'hui un acteur de poids pour l'appellation mais aussi pour la région. Les Parinet sont au rendez-vous et confirme leur statut.
chateaudumoulinavent.com

Domaine de la Pirolette

Avec 15 hectares parfaitement situés autour de la propriété, Grégory Barbet a très tôt compris la nécessité de composer avec l'hétérogénéité du cru. Si sa cuvée village se positionne dans un style fiable et structuré, ses cuvées parcellaires, Poulette et Carjot, sont en devenir. Dans une appellation où les références faisaient défaut, voici un domaine à suivre.
domainedelapirolette.com

Domaine Piron

Figure de proue du Beaujolais en général et de Morgon en particulier, Dominique Piron, rejoint depuis par Julien Révillon son associé, développe une gamme solide de crus du beaujolais Sur plus de 100 hectares, 7 crus sont représentés, avec une majorité logique de morgons. Dans un style épuré, aux nez expressifs, tout en conservant la signature stylistique de l'origine, les vins du domaine sont tous réussis.
domaines-piron.fr

Château de Pizay

Grande propriété viticole abritant également un hôtel-spa de renom, le château de Pizay est essentiellement installé sur le cru Brouilly. La vaste production manque encore d'homogénéité dans la qualité mais certaines cuvées valent le détour. Prometteur.
chateau-pizay.com

Clos de la Roilette

Domaine bien situé, avec notamment sept hectares sur le fameux secteur de la Roilette, là où Fleurie regarde le moulin-à-vent. Les vins d'Alain Couderc ont toujours beaucoup de finesse et de velouté. Avis aux amateurs de vins fins, les vins de la Roilette ne sont pas des vins de nez, tout est en bouche et dans le toucher. La patience sera récompensée, car la délicatesse de ces vins cache merveilleusement leur grand potentiel de garde.
laroilette.com

Domaine des Terres Dorées

Depuis Charnay, Jean-Paul Brun est réputé dans tout le vignoble pour ses magnifiques blancs, qui nous feraient presque oublier ses délicieux beaujolais. Exploitant 48 hectares sur 6 crus différents, Jean-Paul Brun démontre chaque année qu'il est un grand vinificateur et ce depuis presque 30 ans. Dans un style bourguignon, où le gamay pinote, il cisèle les nez et affine les bouches avec délicatesse, parfois en fût, sans jamais rechercher la puissance.
contact@terresdorees.fr

Château Thivin

Le château Thivin engage depuis peu une rénovation du vignoble avec une réflexion sur le travail des sols. En conversion bio, le palissage sur les parcelles les plus pentues, à l'instar de la Chapelle, est désormais la règle. La gamme est large : les blancs et les rouges sur le fruit, les côte-de-brouilly (sept-vignes, griottes-de-brulhié) et le trio magnifique godefroy, chapelle, zaccharie grâce auquel le domaine a acquis sa réputation d'excellence.
chateau-thivin.com

Maison Trénel

Cette discrète maison de négoce installée entre Beaujolais et Mâconnais propose une gamme juste de ces deux régions. Les achats sont bien suivis, et procurent régulièrement de gourmandes satisfactions. Elle vient d'être rachetée par la maison Chapoutier, ce qui devrait dans l'avenir lui donner plus d'ambition. Une belle signature qui propose une gamme sérieuse et classique, en progrès constants.
trenel fr

Le château d'Yquem, à Sauternes.

MATHIEU GARÇON

eaux

BORDEAUX BÂCHÉ, BORDEAUX MALTRAITÉ, BORDEAUX ABANDONNÉ, MAIS BORDEAUX RENOUVELÉ. GLOIRE À CEUX QUI SONT CAPABLES, À CHAQUE DÉCENNIE, DE RÉINVENTER LEURS VINS POUR LE PLUS GRAND BONHEUR DES AMATEURS

LE MÉDOC EST ÉTERNEL

LE PLUS GRAND SPÉCIALISTE FRANÇAIS DU VIGNOBLE BORDELAIS REVIENT À SES PREMIERS AMOURS, LÀ OÙ TOUT A COMMENCÉ. AVEC TENDRESSE, IL FAIT LE POINT SUR CE QUI CHANGE. UN TOUR INÉDIT DE L'APPELLATION

PAR **MICHEL BETTANE**

UN TOUR COMPLET DE L'APPELLATION, comme celui que j'ai fait en compagnie de Christophe Coupez, œnologue du laboratoire de Pauillac, qui la connaît comme sa poche, ne peut qu'enchanter. Nous sommes au cœur des paysages les plus authentiques de la presqu'île, et l'eau, comme le nom l'indique (Médoc, *in medio aquae*) entoure les vignes de partout. L'océan à l'ouest, l'estuaire à l'est. On ne craint pas trop la sécheresse et le soleil est moins fort quand les nuits d'été sont adoucies ou régulées par les deux masses d'eau et les vents iodés, d'où la beauté et la diversité des verts de la vigne, des bois, des prairies, et une qualité de lumière unique. La vigne, d'ailleurs, n'a pas tout envahi. Seulement un peu plus de 5 000 hectares revendiquent l'appellation et produisent une trentaine de millions de bouteilles. La polyculture et surtout l'élevage, vaches, agneaux, chevaux, sont encore fréquents. L'appellation entretient un curieux flou, comme toutes les appellations régionales françaises. En principe, on peut la revendiquer aux abords de Bordeaux, dès la Jalle de Blanquefort. Et même dans les grands « villages ». Oui, le pauillac du château Latour pourrait être vendu en appellation médoc. Dans le texte, le législateur est plus précis dans la délimitation des villages où on peut la vinifier et encore plus pour ceux où l'on peut élever et mettre en bouteille un vin portant son nom. Dans les faits, les usages commerciaux font qu'à de rarissimes exceptions, inconnues de nous, l'AOC ne commence qu'au nord de Saint-Seurin-de-Cadourne, à Saint-Yzans, sur les croupes du château Loudenne. Elle se termine tout au nord, sur le joyeux et étrange trio Jau-Dignac-et-Loirac, Jau, alias Jupiter-Jove (étonnant pour une « paroisse » catholique) fusionnant avec celles de Dignac dédiée à Saint-Pierre et de Loirac dédiée à Saint-Romain, où Thomas Montaigne (frère de Michel) avait des terres, signe de leur valeur. Tous les villages ont ici une église portant un nom de saint. Ces saints n'ont hélas pas été particulièrement bienveillants depuis quarante ans. À la fin des années 1970, lors de mes débuts de journaliste du vin, il y avait encore du prestige autour de la production locale. Médoc restait l'appellation aristocratique du Bordelais, celle préférée par le négoce. Les différents classements sérieux de crus dits bourgeois, ceux de 1932 et 1966, avaient reconnu cette célébrité par une hiérarchie à trois niveaux : cru bourgeois, cru bourgeois supérieur, cru bourgeois exceptionnel.

UN TERROIR FONDATEUR

Le lecteur des vieilles éditions du *Féret* était au courant de crus historiques aux bâtiments magnifiques dotés « d'agréments » (entendez jardins, parcs, etc.) plus vantés les uns que les autres et bardés de médailles internationales ou de prix locaux de la plus belle vigne. Cela a bien changé. Le marché mondial et donc les marchands du négoce, qui suivent toujours les désirs de leurs clients, ont donné aux crus classés en 1855 une position dominante, acceptant ou même entretenant la spéculation sur leurs prix. Or, aucun de ces crus classés n'entrait dans la zone géographique définie 80 ans plus tard. Une génération de producteurs engagés comme Philippe Courrian, Jean Boivert, Paul (puis Michel) Delon, Marc Pagès, conservait l'estime du public et l'entretenait. Mais elle ne pouvait cacher longtemps la banalité d'une majorité vins produits à trop bas prix. Pour s'en sortir, les producteurs, indépendants ou coopérateurs, ont pratiqué une viticulture productiviste peu respectueuse de l'environnement. Ils sont aussi restés fidèles à un style de vin imprécis et austère dont on faisait croire qu'il se bonifierait au vieillissement, utilisant les premières machines à vendanger, traumatisantes pour le raisin et pour la vigne, et pratiquant des élevages au boisé inélégant ou excessif. Une distribution peu reluisante sur les rayons de supermarchés créait une concurrence par le bas sous couvert de vendre un « *vin de château* ». Mais un vrai terroir, aidé par un vrai climat favorable, ne peut décevoir perpétuellement. Des vignes ont été arrachées, de nombreuses propriétés ont changé de main. Souvent, des viticulteurs d'un certain âge ou disposant d'une certaine fortune ont accepté d'en perdre une partie pour remettre en état les vignes, adopter des pratiques agronomiques inspirées par le bio et d'ailleurs de plus en plus souvent certifiées bio, pour éviter les faux discours et les pieux mensonges. Quelques familles médocaines bien installées en ont profité pour convaincre la nouvelle génération d'en faire autant. J'ai été heureusement surpris de cette prise de conscience. À ce sujet, je peux ici confirmer que certaines normes environnementales, pourtant objet de moqueries de la part des idéologues bio purs et durs, sont en fait plus efficaces sur le long terme, et plus respectueuses de la notion de développement durable, que la routine paresseuse de quelques jusqu'auxboutistes du « *je laisse faire* ».

Hélas, le plafond de verre du non-classement continue à freiner les élans les plus sincères, faute de trésorerie suffisante. On a bien essayé de compenser l'injustice du *statu quo* par la résurrection de la notion de cru bourgeois et même de cru artisan, qui ont eu leur heure de gloire dans la première moitié du siècle précédent. Toutes les tenta-

FABRICE LESEIGNEUR

tives se sont heurtées au trop grand nombre de propriétés élues, soit par faiblesse démagogique, ou pire, par stratégie, pour créer un volume de vin suffisant pour faire rayonner mondialement ce type de mention qualitative. En accordant le label à trop de vins médiocres, ou ne donnant aucun plaisir à une génération de buveurs pour qui le vin n'est plus une boisson obligatoire, on a fait fuir les nouveaux consommateurs potentiels. Reste la dégustation des vrais amateurs, et le rapport étroit entre producteur et consommateur, rendu possible par internet ou les réseaux sociaux. Les sites internet d'un grand nombre de châteaux sont bien conçus, définissant terroir, encépagement, engagements professionnels des propriétaires, décrivant sans détour leur philosophie du vin.

Il serait impardonnable de ne pas récompenser le producteur des vins que vous aimez, le plus souvent d'un rapport qualité-prix exceptionnel, en lui faisant confiance. Le retour des vins de style médocain authentique reste la meilleure arme contre le *bordeaux bashing*, voire le *vin bashing* des hygiénistes. Pour y aider, nous vous proposons quelques pistes nées de nos dernières dégustations.

15 CRUS DE QUALITÉ

Nous avons demandé au Conseil des vins du Médoc d'organiser une large dégustation de vins du millésime 2018, du 2019 pour ceux qui vendent plus jeune, et si possible du 2010. Parfaitement organisée au château Loudenne, ce parcours à l'aveugle s'est avéré éclairant. Si les 2010 nous déçoivent, très rarement convaincants, souvent usés, imprécis, d'incontestables progrès sont entrevus sur les deux millésimes jeunes, pour un peu moins de vingt domaines. Pas toujours, hélas, les crus les plus réputés d'hier, sauf quelques brillantes exceptions. De nouvelles marques, qui ont bien travaillé à la vigne et au chai, sont récompensées de leurs efforts. Confirmation également pour des crus plus classiques, issus des terroirs réputés, qui ont su moderniser leur style et produire des vins adaptés à notre époque. Ils constitueront le fond de cave de tout amateur sérieux ne voulant pas de vins spéculatifs vendus à cinquante fois ce prix, voire davantage. Après tout, le tarif d'une heure de travail agricole est le même pour tous. Voici nos quinze préférés. Tous présentent un remarquable rapport qualité-prix, entre 12 et 25 euros.

Cave Saint-Jean Uni-Médoc
Gaillan
Le plus gros producteur de l'appellation a beaucoup investi dans l'outil de travail collectif avec en particulier un chai à barrique flambant neuf, animé par un superbe spectacle visuel, et une boutique lumineuse où l'on retrouve les innombrables étiquettes de la coopérative. Deux sélections nous ont heureusement surpris en vin jeune. Esprit d'Estuaire, superbement fruité, sans lourdeur, bien mieux vinifié que quelques classiques vieillissants. Et Le Grand Art, intelligemment et élégamment boisé, avec une qualité de raisin étonnante, qui constitue l'un des sommets absolus de l'appellation. Voilà de quoi rassurer sur l'avenir de la coopération. La cave n'a pas présenté ses vins de base. La seconde coopérative locale, celle de Saint-Yzans n'a pas la même netteté de style, à l'exception de sa mini cuvée de prestige, La Colonne, au boisé bien intégré, délicatement mentholée en finale.

Château Gadet-Terrefort
Gaillan
Une belle découverte. Le vignoble est un peu plus vaste (30 hectares) que la moyenne des 36 crus dits artisans, intitulé bien plus crédible que « *cru bourgeois* », sur les communes de Gaillan à l'ouest et Ordonnac à l'est. Plusieurs générations de la famille Bernard l'ont porté au niveau d'excellence actuel, symbolique parce qu'il montre qu'on peut être très en avance sur le plan de l'écologie et produire des vins impeccables sur le plan œnologique, nets, précis et porteurs du terroir. Bref, tout ce que nous aimons et défendons. Excellent 2018.

Château d'Escurac
Civrac
L'endroit est vraiment charmant, le paysage viticole comme les bâtiments d'exploitation, et une chapelle privée du XIe siècle, impressionnante, rappelle l'antiquité de la culture de la vigne dans le secteur, sous l'influence de l'Église et de ses « *paroisses* ». Anne Landureau a pris la suite de son père. Par petites touches, elle affine viticulture et vinification avec l'aide d'une équipe soudée autour d'un excellent maître de chai. Plusieurs étiquettes, dont une qui nous intéresse particulièrement, Château d'Escurac 2018 (en appellation médoc), exemplaire de style et de promesses de longévité, supérieur à bien des crus plus médiatisés. N'hésitez pas à le visiter si vous passez dans le secteur.

La Goulée
Port de la Goulée
Le château Cos d'Estournel a eu la main heureuse en achetant quelques hectares de graves jouxtant l'estuaire, qui bénéficient de son inimitable microclimat. Le cabernet-sauvignon y domine, ce qui n'est pas si fréquent, et la viticulture profite évidem-

Michel Bettane en pleine dégustation.

L'estuaire de la Gironde joue un rôle essentiel sur la viticulture médocaine.

ment du savoir-faire du grand cru. Le vin a beaucoup de chair et de volume de bouche, poivré et mentholé, avec un boisé maîtrisé et un tannin infiniment mieux extrait que dans beaucoup de crus dits « *bourgeois* ». Une petite production de vin blanc est de si haute qualité que le propriétaire n'a pas hésité à lui donner l'étiquette prestigieuse de Cos, pour compenser l'appellation bordeaux. Même si l'attitude est un peu abusive, nous la pardonnons volontiers, tant le vin en 2019 est remarquable.

Château Haut-Condissas
Bégadan
Ce cru est une sélection des meilleures parcelles du très vaste vignoble acquis progressivement par l'entreprenant Jean Guyon. Forte densité de plantation, vieilles vignes de merlot, vinification et élevage du niveau d'un grand cru classé. Loin de démériter, le vin dense, noblement épicé, a souvent égalé, voire dépassé dans les années 1990, certaines grandes étiquettes du Médoc. Mais il n'a pas progressé et d'autres l'ont désormais rejoint, en modernisant davantage le style et l'expression. Le fils de Jean en a le désir, en plein accord avec son père. Un hôtel de charme peut recevoir le touriste de passage.

Clos Manou
Saint-Christoly
Saint-Christoly a bien des atouts pour se proclamer plus beau village du Médoc, avec un patrimoine architectural sans égal. Il peut aussi se vanter d'abriter aujourd'hui le vin le plus complet et le mieux fait de son appellation, un peu comme Sociando-Mallet en appellation haut-médoc il y a 30 ans. Françoise et Stéphane Dief sont partis de rien en 1998, à la façon des Thunevin en 1992 à Saint-Émilion. Avec une forte volonté, une culture agronomique et œnologique parfaite et au prix d'un travail colossal, ils ont reconstitué une petite vingtaine d'hectares dispersés sur tous les types de sol de qualité du secteur, plantés pour moitié en cabernet et en merlot. Nous partageons leurs convictions : forte densité de plantation, viticulture d'une précision redoutable, unique à notre connaissance, même plus au sud dans nos premiers crus classés, horreur de l'imprécision en vinification. Le vin répond à leur effort et à leur talent. Complet, dense, racé, voluptueux et strict en même temps, bref, la quadrature du cercle en matière de vins « *océaniques* ». Et comme ils respectent les amateurs, ils ne spéculent pas sur leur prix de vente, qui dépasse rarement 25 euros. Chapeau bas.

Château Les Ormes-Sorbet
Couquèques
J'aurai toujours un petit faible pour cette propriété où j'ai appris le vin du Médoc au début des années 1980 sous la houlette de Jean Boivert, magnifique figure de la viticulture locale. Le terroir calcaire rend parfois capricieuse la maturité du cabernet-sauvignon, dominant 65 % de la surface plantée. C'est justement ce cabernet qui lui donne un cachet et une race inimitable, immédiatement perceptible au nez dans le 2018. Tendu, avec une finale sur le graphite et la minéralité, avec la même profondeur que dans les meilleurs millésimes de Jean. François, son fils, retrouve après quelques hésitations sensibles dans le vin des années 2000 à 2008 le grand style qui aurait également plu à Pierre Boivert, le glorieux vinificateur d'un des plus grands 1961 du Bordelais.

Château Patache d'Aux
Bégadan
Patache (nom de la diligence à cheval qui transportait les visiteurs des siècles passés) était un des grands noms du Médoc. Beaucoup de vins, disons moyens pour être charitable, nous ont déçus entre 1990 et 2015. Aussi retrouvons-nous avec plaisir dans le remarquable 2018 présenté une excellente plénitude de corps et une pureté de style médocain qui le remettent au premier rang. Vérification faite sur place, il n'y a rien de surprenant. Son nouveau propriétaire, Advini, a beaucoup investi pour moderniser le cuvier et l'adapter au parcellaire et une équipe brillante et enthousiaste est à l'œuvre. Le terroir graveleux favorise ici en-

PRESSE

core le cabernet-sauvignon qui modèle la forme et le bouquet du vin, en l'intégrant dans le classicisme médocain. On aimerait que d'autres classiques se modernisent aussi bien. Le prix restent sages.

Château Pey de Pont
Civrac
Amateurs fauchés, retenez bien le nom de ce château de taille respectable, 43 hectares pour moitié sur des sols argilo-calcaires (à Civrac) et sur des sables graveleux (à Bégadan). Une grosse moitié de merlot se marie parfaitement à 40-45 % de cabernet pour donner un vin généreux, qui nous a beaucoup plu dans les derniers millésimes. Le négoce ne reconnaissant pas la marque, le cru exporte une grande partie de la production en direct, ce qui lui permet de conserver pour la clientèle de passage une jolie collection de millésimes vendus à prix angéliques, inférieurs à 15 euros. N'hésitez pas à acheter des magnums, ils en surprendront plus d'un.

Château Potensac
Ordonnac
C'est la grande marque classique de l'appellation, largement diffusée par la place de Bordeaux car elle fait partie des domaines Delon, incontournables en raison de leurs autres grands noms, Nénin, Clos du Marquis, Léoville Las Cases. Le savoir-faire est à la hauteur des vieilles vignes conservées par le château sur les meilleurs sols argilo-calcaires ou graveleux de la commune. Le vin ne recherche ni la puissance absolue, ni l'expression ultime du raisin, mais une interprétation harmonieuse, régulière et sans excès, du climat océanique. Les vins sont marqués par le cèdre et les épices, parfois un peu austères à leur naissance, mais progressivement affinés et assouplis dans les derniers millésimes. On le trouvera sur de nombreuses bonnes tables et il ne décevra pas.

Château Rollan de By
Bégadan
Ce furent les premières vignes achetées par Jean Guyon en 1989, quelques hectares sur les graves argileuses de By. Aujourd'hui c'est un ensemble de 87 hectares, planté pour 70 % en merlot, ce qui donne une idée du style recherché, souple et sans faiblesse, au fruité harmonieux et assez vite ouvert. Il faut visiter le grand et joyeux chai bariolé, dédié à des figures populaires de la bande dessinée, où les autres crus sont également vinifiés, dont l'excellent Greyssac, qui n'a pas été présenté. Le nombre de bouteilles produites permet une large diffusion des marques, souvent à bord des compagnies aériennes. La prochaine génération devra donner un peu plus d'unité à cet ensemble, un peu compliqué à lire entre les cuvées spéciales, les seconds vins, les autres sous-marques, et surtout les faire mieux connaître du public, en personnalisant davantage leur style. Parfaits vins d'été, les vins blancs commencent à prendre une jolie tournure, tout comme les rosés.

Château Sigognac
Saint-Yzans
La famille Allard a acheté en 1989 une belle endormie, au passé flatteur de cru bourgeois (1932). Les 45 hectares du vignoble profitent d'un sol argilo-calcaire classique et favorable à une excellente expression du merlot. Christophe Allard a commencé par remettre le vignoble en état. Sans luxe tapageur, il a profité de l'espace des bâtiments pour travailler plus confortablement. Louis Allard, son fils, au bord de la quarantaine, a accéléré le mouvement et ses deux derniers millésimes commencent à donner une idée de la finesse du terroir. Une équipe jeune, volontaire et infiniment sympathique le seconde et donne de l'espoir dans l'avenir des vins de ce secteur assez touché depuis trente ans.

Château Tour Haut-Caussan
Blaignan
Philippe Courrian, désormais bien au chaud dans son petit paradis du Roussillon, fut une des grandes figures du Médoc dans les années 1980 et 1990, avec une ambition et un savoir-faire rares même dans les crus classés du sud. La propriété ne s'est pas étendue et ses enfants, Véronique et Fabien, perpétuent le meilleur de l'artisanat vitivinicole, avec une joie de vivre, une générosité et une morale réconfortantes. Ils ont un peu assoupli le style du vin de leur père en le rendant immédiatement plus fruité et un peu moins boisé, sans le dénaturer, mais aussi sans rechercher une expression ultime du terroir et du millésime comme leurs voisins, les Dief. Les vignes jouxtent celles de Potensac, mais les deux vins diffèrent. Tour Haut-Caussan est un peu plus charnu et velouté, plus marqué par le merlot et peut-être moins complexe au long vieillissement. Un peu plus de cabernet franc lui donnerait ce petit élan supplémentaire.

Château Tour Saint Bonnet
Saint-Christoly
Mon nouveau grand tour de l'appellation m'a confirmé les impressions d'il y a vingt ans. Le terroir de Saint-Christoly, proche de l'estuaire et plus graveleux que la moyenne, est certainement celui qui se rapproche le plus des sols des grands villages du sud et offre le plus grand potentiel de qualité. À l'aveugle, le 2018 du château pouvait se faire passer pour un beau pauillac, avec une touche de noble austérité à l'opposé des vins plus flatteurs ou moins énergiques d'autres crus classiques, moins fidèles à l'esprit des lieux. La famille Merlet cultive en bio ses 50 hectares de vignes d'un seul tenant, toutes parfaitement exposées, et vinifie avec discipline et sans idéologie préconçue. Son vin m'apparaît comme un des modèles à suivre. D'ailleurs, les immenses travaux entrepris dans le secteur, sous l'inspiration de la célèbre famille de négociants-propriétaires Merlaut (ne pas confondre !), devraient aboutir à la création d'une immense nouvelle propriété qui me conforte dans cette idée.

Château Tourteyron
Valeyrac
Une de mes heureuses découvertes que la rencontre avec Melissa Bergey, d'une rare compétence, en visitant cette belle ferme médocaine après avoir beaucoup apprécié le style de son vin en dégustation à l'aveugle. Je dis ferme car les 25 hectares de vignes d'un seul tenant sont complétés, comme dans la vieille tradition, par de l'élevage bovin. Bref, un lien fort entre la vie animale et végétale et un vrai souci environnemental nourri de pragmatisme. On aime ici le travail bien fait, d'ailleurs souvent récompensé. Ce vin ne nous avait jamais été présenté auparavant. C'est bien dommage. De plus vieux millésimes ont montré une jolie continuité de caractère et de qualité. Les prix de vente sont ultra raisonnables. Tourteyron est une déformation de tourterelles, qui fréquentent les airs du secteur.

DEUX PISTES, DEUX PROMESSES

Château La Gorce
Blaignan
Une petite révolution se prépare ici qui n'a pas encore donné de vin majeur, sauf les promesses du 2020. Sur un terroir très favorable, essentiellement calcaire, la famille Martin, qui fut une figure majeure de l'Entre-deux-Mers, est venue donner une seconde jeunesse à une vieille gloire locale avec une vigoureuse et rapide conversion à l'agriculture biodynamique, intelligemment appliquée. Emmanuel Martin tient un discours qui ne peut qu'intéresser et convaincre. Évidemment, les vins devront suivre.

Domaine de la Pigotte
Blaignan
Une autre aventure de nouveaux convertis à la viticulture responsable m'a semblé porteuse de beaucoup d'espoir, même si les vins ne reflètent pas encore un travail fondateur. Eric et Marie-Pierre Burkhardt, la cinquantaine venue, se reconvertissent en vrais paysans viticulteurs et décident de retrouver la complexité des encépagements historiques du Médoc, avec les malbecs et les verdots. Ils travaillent avec intelligence, en jouant sur la complantation et l'avenir d'une co-fermentation des différents raisins, bien entendu à partir d'une culture biologique qu'ils pratiquent eux-mêmes avec courage et détermination. On sera ravi de suivre l'évolution de leur vision en espérant qu'elle ne soit pas gâchée par le soi-disant naturel d'une fermentation trop spontanée.

POMEROL UNIQUE, ET POUR LONGTEMPS

NOTRE EXPERT DE LA RIVE DROITE CONNAÎT LES MOINDRES RECOINS DE CE VIGNOBLE DE POCHE. ON L'ÉCOUTE NOUS PARLER DE SON HISTOIRE ET DE SON DESTIN

PAR **DENIS HERVIER**

JUSQU'EN 1789, les vins du Libournais étaient étrangers au rayonnement des crus de Bordeaux. Administrativement distincts, ils appartenaient jusqu'à la fin du XIXe siècle à une entité regroupant les terroirs du Bergeracois, de Castillon et de Saint-Émilion. Le développement du rail et la multiplication des ponts le reliant à Bordeaux rompent le relatif isolement du Libournais. Jusque dans les années 1830, les vins de la Rive droite n'avaient pas les mêmes débouchés économiques que ceux du Médoc des châteaux aux vastes domaines viticoles qui succédaient à des seigneuries. Rien de semblable à Pomerol, avec ses métairies de taille modeste qui ne pouvaient peser sur le commerce comme les grandes propriétés de la Rive gauche. C'est toujours le cas puisque la taille moyenne d'une propriété pomerolaise est de cinq hectares.

UN VIGNOBLE SANS CLASSEMENT

La région sort de l'ombre sous le Second Empire avec la famille Giraud au château Trotanoy et la famille Arnaud à Petrus qui rejoignent les Demay au château Certan, pionniers pour le secteur. En 1898, les meilleurs pomerols sont vendus au prix des deuxièmes crus classés du Médoc. En 1943, une tentative de classement voit le jour, abandonnée après la Seconde guerre mondiale. À la fin des années 1960, Philippe de Rothschild émet le souhait de reclasser tous les vins de la Gironde. La démarche s'arrête en 1973 après l'accès à la plus haute marche du château Mouton Rothschild, dont il est propriétaire. Ce sont aujourd'hui les prix de vente qui font office de classement, reflétant dans leur majorité, l'évolution qualitative des crus ces dernières décennies. Avant la crise du phylloxéra, les cépages blancs étaient largement répandus dans le secteur et le malbec régnait en maître pour les vins rouges. Les premiers disparaissent et le second, certainement mal greffé à l'époque, régresse de façon considérable. Minoritaire jusqu'alors, le merlot est planté massivement pendant la reconstruction du vignoble entre 1880 et 1914. Aujourd'hui, il représente en moyenne 80 % de l'encépagement des propriétés. Il s'épanouit complètement sur les sols de Pomerol, où l'argile toujours présente en surface ou en sous-sol permet de constituer une réserve d'humidité qui favorise sa maturité dans de bonnes conditions. Les vins qui en sont issus sont souples et opulents, moins tanniques en apparence, mais plus alcoolisés. On boit ainsi les pomerols assez jeunes, ce qui suit l'évolution actuelle de la consommation. Néanmoins, les grands pomerols peuvent traverser trois ou quatre décennies.

RÉCHAUFFEMENT CLIMATIQUE ET ÉVOLUTION CULTURALE

Cépage à l'acidité basse, le merlot peut atteindre avec le changement climatique des degrés d'alcool problématiques, dépassant les 15 degrés certaines années. Un écueil influencé par le travail du vigneron qui s'adapte au millésime en modulant, voire en supprimant l'effeuillage et le rognage, en prêtant attention à la hauteur du palissage, dans la mesure où un écimage bas permet l'allongement de la période de maturité et le ralentissement de l'activité de photosynthèse. La replantation des autres cépages autorisés dans le cahier des charges de l'appellation permet d'apporter un supplément d'âme à l'assemblage. C'est le cas, par exemple, du cabernet franc aux châteaux Lafleur et Vieux Château Certan ou du cabernet-sauvignon au château Clinet. Quant au malbec, il a pratiquement disparu. Au hasard des domaines, il entre toujours à hauteur de 1 à 2 % dans les assemblages, exception faite à Clos René qui en possède encore 10 %. Dernièrement, le petit verdot a été autorisé par le cahier des charges. Très souvent, la pratique d'une viticulture biologique comme biodynamique permet de gagner en fraîcheur de constitution, impliquant une dégradation moins importante de l'acidité. Pomerol compte aujourd'hui dans ses rangs une petite douzaine de domaines certifiés bio. Année éprouvante sur le plan de la pression des maladies cryptogamiques, 2018 marque le passage du vignoble du château L'Évangile en conduite biologique. Le château Petit-Village suit sur le millésime 2020. Domaine parmi les plus vertueux au

ANAKA

Vu sur le parc du château Beauregard à Pomerol, dont on aperçoit les vignes en arrière-plan.

niveau cultural, le château Lafleur ne revendique aucun label.

CE BOUQUET DE VIOLETTE

La violette est un marqueur aromatique des grands vins de Pomerol, à tel point qu'elle a donné son nom à un cru. Cet aspect floral émeut l'amateur. Cette palette d'arômes évolue avec le temps vers des accents subtils de truffe noire, avec une touche aérienne en finale. D'autres crus, situés sur le plateau et dans sa périphérie, affichent un profil plus terrien que floral et évoluent eux aussi vers des flaveurs de truffe noire d'une grande sensualité. Depuis quelques millésimes, certains intègrent dans leurs assemblages au moins 25 % de cabernet franc, souvent jumelé avec un peu de cabernet-sauvignon. Ils se reconnaissent par une construction en bouche qui va vers la profondeur et induit plus de fraîcheur. Les pomerols peuvent « truffer » très jeunes, dès leur mise en barrique. Si ces arômes se manifestent encore de façon imprécise, le caractère truffé devient de plus en plus évident au cours de l'élevage et dans les dix premières années de la vie en bouteille, avant de se fondre avec les tannins pour réapparaître de façon subtile. « *Les arômes de truffe sont une référence de qualité. Cela prouve que les vins ont du potentiel et une bonne aptitude au vieillissement. Pour moi, c'est un indicateur important* », affirme Jean-Claude Berrouet (Petrus).

UN VIN INACCESSIBLE ?

La superficie restreinte de l'appellation contribue au mythe du vin de Pomerol. Si l'on fait une enquête dans la rue ou sur les forums du net, on a un aperçu de la grande notoriété du secteur. Pourtant, peu d'amateurs français y ont accès. Boire du pomerol coûte cher. Les domaines les plus qualitatifs ne sont plus abordables. Une bonne partie des œnophiles semble même leur avoir tourné le dos. Certaines propriétés émergentes affichent cependant des prix raisonnables, entre 25 et 40 euros. Parmi eux, les châteaux Bellegrave et La Rose-Figeac se détachent par leur équilibre et, ces derniers millésimes, la biodynamie a remis aux premiers rangs des propriétés comme Mazeyres, Clos René ou Guillot-Clauzel. L'autre "bon plan" est de se pencher sur d'anciens seconds vins devenus crus à part entière. Ainsi, la cuvée La Petite Église du château L'Église-Clinet (à partir du millésime 2018) est disponible pour une quarantaine d'euros. Question millésime, on mettra en cave en priorité les 2019. Les 2018, présentés dans nos pages, ont atteint dès leur sortie sur le marché des sommes astronomiques. Pour les crus les plus réputés, quand cela est possible, recherchez en priorité le classique 2014, pratiquement deux fois moins cher que 2018. On ne fera pas l'erreur de sous-estimer les 2017. Le plateau de Pomerol a été peu touché par le gel.

LE POMEROL, AVEC QUOI ?

Par sa texture soyeuse, sa grande volupté et ses bouquets aromatiques, le pomerol appelle des plats de caractère où la truffe noire du Périgord peut jouer le meilleur des médiateurs. Ces vins ronds, savoureux et généreux produisent alors des accords d'une grande sensualité. Les tourtes de gibier, la côte de veau, les pièces de bœuf sont les plus aptes à satisfaire cette frénésie truffière. On peut également imaginer le pigeonneau, le filet de chevreuil, de biche ou de marcassin.

Le chai du château Petrus. Un bâtiment simple pour un vin légendaire.

POMEROL FAÇON PUZZLE

Sur la rive droite de la Dordogne, à 35 kilomètres à l'est de Bordeaux, les 800 hectares de l'appellation pomerol constitue la plus petite des grandes régions viticoles bordelaises. Sur trois kilomètres de large et quatre de long, elle ressemble à un éventail ouvert d'un quart de cercle vers Libourne, limite sud et ouest du vignoble où les vignes côtoient l'agglomération. Comme l'appellation est petite, on pense que les domaines possèdent des parcelles homogènes d'un seul tenant autour des bâtiments. C'est vrai pour La Conseillante, Lafleur ou Petit-Village, mais dans la majorité des propriétés, elles sont disséminées aux quatre coins de l'AOC. Les écrits sur Pomerol ont tendance à être réducteurs, en identifiant un terroir et un style de vin. La réalité est plus complexe et les crus sont souvent un assemblage de terroirs différents. On ne peut comprendre la qualité de la cuvée Jean Baptiste du château Franc Maillet sans savoir que deux parcelles se situent autour du chai à l'est de l'appellation et que la troisième, la plus qualitative, tutoie L'Evangile. En 2009, le vin du château Clément Fayat intégrait trente-un lopins de terre de nature et de sols différents. Parcellaire de dix-huit hectares, La Fleur-Petrus a considérablement évolué. Au terroir initial se sont ajoutés cinq hectares achetés au château Le Gay en 1995, dans le secteur de Pîtres, en face de Lafleur. Ils ont permis au vin de gagner en complexité. Depuis 2011, les raisins issus du terroir de l'ex-château Guillot donnent au cru encore plus d'assise en milieu de bouche. Si Rouget travaillait à la bourguignonne, il pourrait isoler 1,2 hectare entre Petit-Village et Vieux Château Certan et sortir une cuvée à parts égales de cabernet franc et de merlot de nature à remettre en cause la hiérarchie actuelle de Pomerol. Selon cette logique, à partir du millésime 2020, Petit-Village sélectionne ses cinq meilleurs hectares, qui jouxtent Vieux Château Certan dans sa partie est. Le résultat est spectaculaire et le cru flirte désormais avec les premiers de la classe.

LE PLATEAU

Un grand vin de Pomerol naît souvent sur le plateau, dans la partie centrale de l'appellation, autour de la petite église du village. Il est constitué par des sols bruns à texture gravelo-sableuse avec une forte proportion de graviers et de cailloux. Cette couverture graveleuse issue de la terrasse quaternaire repose directement sur le substrat tertiaire composé d'argile lourde compacte. L'alimentation en eau de la vigne y est parfaitement régulée et protège (pour l'instant) des excès climatiques comme ce fut le cas en 2020. Les crus situés sur ces sols les plus argileux y produisent les vins les plus denses, les plus charnus et les plus opulents. Les meilleurs sont ici. À Pomerol, mieux vaut être sur les hauteurs. Cependant, la majorité

PRESSE, FABRICE LESEIGNEUR

Les bâtisses anciennes sont nombreuses à Pomerol. Elles sont encore souvent habitées par les propriétaires.

des parcelles situées dans le secteur de Tropchaud ne donne pas des crus dignes de sa situation privilégiée. Si proches et pourtant si différents, deux vins dominent les crus du plateau lors des dégustations des dernières décennies, le pur lafleur et le sensuel petrus.

PETRUS A FAÇONNÉ POMEROL

La renommée récente de Petrus a entraîné Pomerol vers la gloire. Si les qualités du vin sont reconnues dès le XIXe siècle, les fiançailles d'Élisabeth d'Angleterre accélèrent sa notoriété outre-Manche. Alors propriétaire du cru, Madame Loubat adresse à cette occasion des bouteilles du précieux nectar, ce qui lui vaut d'être invitée au couronnement de sa gracieuse majesté en 1953. Elle y fait une excellente campagne de presse auprès de la *gentry* anglaise en offrant des magnums de 1947. Quelques années plus tard, le président Kennedy fait de Petrus son vin préféré. Sur la côte Est des États-Unis, le petrus devient l'un des vins les plus demandés. Les millésimes s'enchaînent avec succès. Moins cher que Mouton Rothschild au début des années 1970, les prix s'envolent à partir des années 1980 et le cru devient le plus prisé de l'appellation.

LES SABLES GRIS ET LA CRASSE DE FER

Dans les parties sud et ouest, il y a une couverture de sables gris, reposant sur un socle profond argilo-sableux avec de nombreuses concrétions ferro-manganiques, dénommées crasse de fer. Sur ce secteur, la robe des vins se montre généralement plus profonde qu'à l'ouest de la N89. Le nez est moins immédiat et le bouquet devient complexe avec l'âge. Ces vins s'affinent au bout d'une dizaine d'années, deviennent longs, gras et frais avec des accents de violette, de tabac, de terre, de caramel, d'écorce d'orange, de cerise et, surtout, de truffe noire. La Croix du Casse, Taillefer, La Rose Figeac, Clos Vieux Taillefer, La Commanderie, L'Eclat de Valois et Château des Jacobins incarnent ces pomerols. Les prix ont su raison garder.

L'OUEST DE LA N89

On trouve ici des sols de graves et de sables, avec peu d'argile, du moins en surface. Les vins se montrent plus facile d'accès. Le bouquet est ouvert dès les premiers mois, avec des flaveurs de groseille, de cassis, des touches florales et un peu d'épices. Ce sont des vins immédiats, avec des tannins fondus et moelleux. Le château de Sales, d'un seul tenant sur ce secteur, est tout à fait représentatif de ce type de sol. Toujours séducteurs, les crus Moulinet et La Patache se livrent rapidement. Attention cependant à ne pas généraliser ce descriptif à tout le secteur. On y recense des vins de garde comme celui de Bellegrave, avec son terroir particulier de graviers rouges et de sables, ou de Clos René. Là, 30 % de cabernet franc et 10 % de malbec donnent aux 60 % de merlot de belles perspectives de garde.

LE SECTEUR DE MAILLET

À l'est de l'appellation, touchant Saint-Émilion, le secteur de Maillet est posé pour une partie sur un sol d'argiles et de graves et pour l'autre, sur des terroirs plus légers. Les vins qui en sont issus réservent d'heureuses surprises, comme le charnu raffiné du château Bon Pasteur ou l'expression de plénitude de la cuvée Jean Baptiste du château Franc-Maillet, issues de vieilles vignes de merlot.

LE SECTEUR DE L'HIPPODROME

On y trouve des sables lardés d'argile et de graves. Ils sont le substrat essentiel des domaines situés à l'ouest entre la proche banlieue de Libourne et l'hippodrome, dernier parcellaire investi par la vigne.

POMEROL 2018, LE CARNET DE NOTES

Au menu, les meilleurs crus de l'appellation en 2018. Pomerol, c'est trop cher ? Les meilleurs rapports qualité-prix sont aussi de la fête. *DÉGUSTATION* ***DENIS HERVIER***

Château Beauregard
94
Harmonieux, plus racé que volumineux, avec un soyeux énergique et profond. Belle réussite au niveau des équilibres et du raffinement. On réhausse sa note par rapport aux dégustations effectuées avant la mise en bouteille.
75 euros

Château Bel-Air
91
Énergique du début à la fin, habillé de velours et de soie. Le léger boisé qui se promène encore se fond et s'efface devant le fruit juteux qui égaye l'ensemble. Déjà bon, ce cru gagnera en raffinement et en parfums dans la prochaine décennie.
30 euros

Château Bellegrave
92
On apprécie le fruit palpitant du cœur de bouche qui diffuse beaucoup de pureté jusqu'à la finale, où l'on retrouve une belle relance et un soyeux élégant.
45 euros

Château Bonalgue
92
Jean-Baptiste Bourotte (directeur du négoce et des domaines Audy) exploite ce classique de l'appellation (7,50 hectares) et signe des vins d'une grande gourmandise. Les tannins sont juteux, souples et charnus et le cru évolue parfaitement sur une quinzaine d'années avec une séduction permanente. Un bon rapport qualité-prix en achat primeurs.
45 euros

Château Bourgneuf
95
Depuis quelques millésimes, Bourgneuf fait partie des grands de Pomerol. Il faut savoir l'attendre, à l'image de ce 2018 à la matière juteuse et tannique. Une transparence du fruit captivante et un retour floral de la finale donne qui plus d'éclat à l'ensemble. À garder en cave
Prix NC

Château Certan de May
96
Premier millésime dans le nouveau cuvier. Gain en précision de fruit et en soyeux de texture. Le tannin est profond et prometteur avec ce qu'il faut de jutosité. D'ici cinq ans, la note sera certainement revue à la hausse. Ici aussi, il faut se montrer patient.
151 euros

Château Clinet
96
Le cabernet-sauvignon construit la fin de bouche et donne de beaux arômes de fruits noirs réunis. Né sur de vieilles graves profondes mêlées d'argile et de crasse de fer, il permet d'avoir un nuancier classique et bien proportionné au millésime. Le velours doublé de soie de la texture intensifie le plaisir d'un fruit pulpeux et frais. Sensuel et raffiné.
Prix NC

Château Clos L'Église
95
Généreusement fondu avec sa texture de taffetas, le vin impressionne par sa longueur et sa définition. Le fruit juteux et le floral s'expriment avec transparence. Du rebond en fin de bouche sur la pivoine et la violette.
110 euros

Château Clos Vieux Taillefer
91
Fruit tonique en cœur de bouche, touches florales délicates, tannin velouté subtil, ce vin a évolué favorablement et possède aujourd'hui un charme affirmé. Le meilleur clos-taillefer de l'histoire est aussi un bon rapport qualité-prix.
36 euros

Château Croix de Gay
91
Un velouté intense et franc marque le toucher de bouche, le charnu pulpeux s'installe ensuite avec une finale épicée spontanée.
39,50 euros

Château de Sales
89
Un millésime qui va bien au cru qui a d'élégantes rondeurs, un velouté frais et un glissant immédiat.
36 euros

Château de Valois, L'Éclat de Valois
92
Des vieilles vignes de plus de 60 ans constituent le socle de ce vin qui comprend 82 % de cabernet franc et 18 % de merlot. On sent le potentiel de l'énergie du cabernet, même si pour l'instant le vin semble replié sur lui-même. Laissons-lui quelques années.
Prix NC

Château des Jacobins
90
Ce château d'un hectare appartient à la famille Bouldy. Comme leur autre cru, le château Bellegrave, il est conduit en agriculture biologique. Facile d'accès, sphérique, velouté, voilà un bon rapport qualité-prix et une heureuse découverte.
35 euros

Château du Domaine de l'Église
94
Sensation de fraîcheur de la matière dès le toucher de tannin au velouté quasi-menthé. Le cœur de bouche se tend avec subtilité. Grande impression de longueur et de définition, vin plus en structure qu'en arômes. Le pomerol de garde par excellence.
55 euros

Château Fayat
90
Le cru célèbre en 2018 son dixième millésime. Les 15 hectares de vignoble (12 en production) illustrent la diversité de l'appellation, avec 31 parcelles d'expositions et de natures de sols différentes. Séduction immédiate et tannin bien enrobé, dans un style consensuel et flamboyant.
Prix NC

Château Feytit-Clinet
91
Un bon rapport qualité-prix de Pomerol. Depuis sa reprise en main par le talentueux Jérémy Chasseuil, vigneron d'une grande méticulosité à la vigne comme au chai, ce domaine de six hectares continue de progresser. Texture soyeuse et fondante, tannin long et énergique, à réserver à l'amateur comme au profane.
Prix NC

Château Fleur de Gay
94
Relief et texture toute en suavité qui se prolonge dans un style où l'intensité du corps soutient parfaitement un fruit pulpeux. Il s'étoffera au niveau de l'aromatique dans les prochaines années.
100 euros

Château Franc Maillet
90
Tannin caressant et bien en forme au profil sphérique et charnu. C'est déjà expressif.
29 euros

Château Franc Maillet, Cuvée Jean-Baptiste
94
Le fruité mûr et pulpeux contrebalance un tannin profond et opulent, au soyeux frais et raffiné. Vin d'une grande sensualité qui va évoluer vers des accents de truffe noire. Le plus méconnu des grands pomerols.
43 euros

Château Gazin
93
Autre voisin de Petrus, Gazin est l'un des grands domaines du plateau mythique de Pomerol, avec 24 hectares d'un seul tenant. Il séduit pour sa fraîcheur de constitution, sa souplesse de tannin en même temps que sa longueur et la bonne aptitude à évoluer dans le temps. On est dans un style classique abouti.
90,83 euros

Château Gombaude-Guillot
91
Lorsque le cabernet franc est en forme, Gombaude rivalise avec ses voisins de plateau et s'impose par sa fraîcheur de constitution. En 2018, le vin se montre pour l'instant boudeur. Laissons-lui le temps, la belle matière entrevue lors de la dégustation primeurs devrait être plus harmonieuse dans quelques mois.
69 euros

Vendanges au château la Conseillante.

Château Guillot-Clauzel
94
Voici un bon rapport qualité-prix pour l'amateur. Ce 2018 caressant et nuancé offre déjà une réelle plénitude, avec un rebond final savoureux. Les premières vinifications parcellaires mises en place par Guillaume Thienpont se révèlent payantes sur millésime où le cabernet franc gagne en pureté.
Prix NC

Château Hosanna
95
Le cabernet franc marque la finale, apportant élégance, fraîcheur et complexité à l'assemblage. Il souligne une texture soyeuse et énergique, parfaitement tenue. Avec le temps, le vin gagne en nuances et en complexité. Il faut savoir l'attendre quelques années. À suivre de près, ce cru est devenu l'un des classiques de l'appellation.
169 euros

Château L'Église-Clinet
97
La persistance aromatique ancrée sur la violette permet une envolée finale aérienne stylée. Certes le tannin demeure un peu serré, mais on sent une densité sous-jacente prometteuse. Note en hausse par rapport à notre dégustation primeurs.
315 euros

Château L'Évêché
90
Ce cru de François Janoueix est composé de trois parcelles situées dans le secteur de Beauregard. Depuis 2014, il intègre trois hectares à Cantereau, situé sur l'ancien hippodrome. Le sol est composé de graviers, de sables anciens et les vignes affichent la cinquantaine rayonnante. Élégant dans son attaque, sa structure étire parfaitement ses tannins et sa texture soyeuse.
18 euros

Château La Cabanne
90
Tannin distingué, moins revêche que d'habitude à ce stade, on aime sa persistance finale qui augure d'une bonne évolution dans le temps.
40 euros

Château La Commanderie
92
Gourmand, onctueux avec ses accents de cerise noire, ce vin séveux termine sur une finale avec un fruit juteux.
Prix NC

Château La Conseillante
97
À ce stade, la texture satinée se met en place. La persistance aromatique apporte à l'ensemble complexité et grand charme, sur l'iris, la pivoine et la menthe poivrée. Un vin qui rayonne déjà et qu'il faut savoir attendre. Sur la dernière décennie, le cru est irrésistible.
249 euros

Château La Croix
90
On retrouve l'élégance veloutée propre à ce secteur de Catusseau, capable de bien évoluer dans le temps. D'ici cinq ans, il va gagner également en complexité aromatique.
34,10 euros

Château La Croix du Casse
92
Contours amples, charnu gourmand et expressif, généreusement fondu et sphérique, il restitue la chair juteuse d'un fruit gorgé de soleil. La finale préserve une touche de menthe poivrée qui pousse à retendre son verre.
28,75 euros

Château La Croix Saint-Georges
92
D'élégants fruits noirs et frais nuancés de notes de violette soulignent son caractère expressif. Bouche satinée, corps fuselé d'une subtile densité. La finale est allongée, élégante et persistante sur des notes de menthe poivrée.
59 euros

Château La Fleur-Petrus
97
L'intensité aromatique florale porte le vin du début à la fin, avec un soyeux de tannin profond. Belle envolée finale qui justifie une note en hausse. Grand style aristocratique.
200 euros

Château La Patache
90
Bouche à la fois charnue et ronde avec des touches florales et un fruit pulpeux. Le cru est l'esprit même du millésime.
35,50 euros

Château La Petite Église
93
La Petite Église intègre 20 % de cabernet franc dans son assemblage et entre désormais dans une autre dimension. Finale plus étoffée et plus fraîche, avec une meilleure mise en perspective du soyeux de la texture et du caractère floral d'un tannin toujours élégant.
Prix NC

Château La Pointe
93
Soyeuse, fraîche et parfumée d'une touche de rose de Bulgarie et de poivre, la matière se met en place. Allonge délicate, profil plus droit que sphérique, une priorité pour l'amateur.
87,50 euros

Château La Rose Figeac
93
Grande délicatesse florale avec ses parfums de violette, de pivoine et de rose. On retrouve en bouche ces nuances printanières, en plus d'un corps séveux subtile au soyeux raffiné. Finale énergique, parfaitement étirée. Vin d'équilibre et de charme.
64,16 euros

Château La Violette
98
Parfums irrésistibles et envoûtants de roses épicées, de pivoine, de violette. Tannin soyeux, chatoyant et aérien. Grande expression de fruit, balancé entre tension et concentration, avec une volupté unique dans l'appellation. Un grand moment d'émotion !
Prix NC

Château Lafleur
98
Sur sa légère croupe très graveleuse en son sommet, parsemée de lentilles argileuses et de terrains plus profonds de part et d'autre, le vignoble de Lafleur est tenu avec une extrême méticulosité. Propriétaires-vignerons, les Guinaudeau connaissent tous leurs ceps et sont devenus experts dans la sélection massale. Chaque rang des quatre hectares est cultivé spécifiquement pour composer avec la nature de son sol. Travail haute couture entre culture et jardin, sans revendiquer de certification. Sur les graves, le cabernet franc mûrit à la perfection, donnant une complexité unique à l'assemblage. Le merlot, planté sur argiles profondes, est aussi spectaculaire. En 2018, les 54 % de cabernet franc construisent un milieu de bouche vibrant et tempèrent les 46 % de merlot. C'est un millesime de légende pour la propriété. Comme toujours, il faudra être patient.
Prix NC

Château Lafleur, Pensées de Lafleur
94
Ce n'est pas souvent que pensées affiche les mêmes proportions d'assemblage que lafleur. C'est le cas en 2018, avec 54 % de franc et 46 % de merlot. Sécucteur né, avec sa texture crémeuse et soyeuse et sa persistance aromatique tout en nuances de violette qui truferont d'ici dix ans. La dimension terrienne de Pomerol, avec beaucoup de subtilité.
181,20 euros

Le chai circulaire de château l'Évangile.

Château Lafleur-Saint-Jean
92
Enclave de deux hectares entre Petrus, Lafleur et Lafleur-Petrus, Lafleur Saint-Jean joue le registre de l'élégance soyeuse et s'affirme après dix ans de bouteille. Le cru prend alors de délicieuses notes truffées et sa persistance aromatique traduit son grand terroir.
Prix NC

Château Latour à Pomerol
92
Une partie proche de Feytit-Clinet, l'autre située entre l'église et l'école constitue l'assemblage des parcellaires de ce cru. De plus en plus important, ce dernier secteur construit le milieu et la fin de bouche, donnant un beau velouté de texture et beaucoup d'allonge. Après deux heures d'ouverture, des touches d'iris apparaissent et le tannin se détend. À suivre de près.
92 euros

Château Le Bon Pasteur
94
Le tannin traduit une belle gestion du fruit et de l'élevage et la persistance aromatique distinguée signe une belle fin de bouche.
85 euros

Château Le Gay
96
Prometteur, généreux dans son assise de bouche, il s'affinera avec le temps et gagnera en complexité vers des accents terriens nobles. À oublier en cave, Le Gay est un cru qui aime prendre son temps. Note en hausse à la suite de cette dégustation.
Prix NC

Château Le Moulin
94
François Despagne (château Grand Corbin Despagne) prend soin de ce vignoble de 93 ares. Un vin au tannin serré, velouté et énergique, issu d'un terroir de pied de côte graveleuse. Souple et fruitée en attaque, la bouche monte en puissance, offrant volume et boisé fondu. Longue finale poivrée.
48 euros

Château Le Pin
97
L'un des grands charmeurs du millésime. Persistance aromatique de violette et de pivoine toute en nuances, texture satinée, finale montante en dentelle et en fraîcheur. Carafé trois heures avant le service, il séduit immédiatement tout en affichant un beau potentiel. Coup de cœur !
Prix NC

Château Lécuyer
93
Tutoyant Bourgneuf, Clos L'Église et Rouget, les trois hectares d'argiles graveleuses et crasse de fer de L'Écuyer sont idéalement situés sur le plateau. 2018 à la fois caressant et élégant, finale précise et fraîche.
53 euros

Château L'Évangile
97
Texture satinée et crémeuse, matière intense, sensuelle et énergique qui permet de garnir de façon subtile la fin de bouche qui prend de l'épaisseur et de la profondeur. On retrouve la sincérité florale propre au cru. Une réussite majeure dans laquelle nous croyons beaucoup.
300 euros

Château Maillet
90
Voilà un pomerol aux rondeurs avenantes avec un joli charnu et une expression caressante parfaitement exprimée.
Prix NC

PRESSE

Château Mazeyres
91
Grâce aux vignes plantées sur le secteur de l'hippodrome, la Sogecap, (branche assurance-vie de la Caisse de retraite de la Société Générale) possède 25,5 hectares de sables argileux et de graves. Alain Moueix, ingénieur et œnologue, dirige et apporte son expérience et son expertise. La biodynamie place le cru dans un mouvement ascendant. Vivants et élégants, les vins bénéficient depuis 2014 de 6 % de petit verdot qui construisent le milieu de bouche.
38 euros

Château Montviel
92
Cru consensuel, avec un velouté gourmand et un allant final savoureux prenant aujourd'hui une finale épicée.
55 euros

Château Moulinet
89
On retrouve le velouté et le crémeux habituel du cru dans un style déjà expressif. Un pomerol de bonne facture.
Prix NC

Château Nénin
95
L'élevage a apporté toutes les nuances attendues. Les notes de violette sont présentes et le soyeux enchante. Sa complexité finale florale illustre la délicatesse pomerolaise.
75 euros

Château Petit Village
94
Belle référence, un 2018 subtil, harmonieux, avec un vrai cœur de bouche grâce à un soyeux juteux et une relance florale stylée. Déjà expressif, il pourra traverser le temps sans problème.
86 euros

Chateau Porte Chic
88
Ce cru est fait d'une parcelle plantée sur l'ex-hippodrome de Libourne. Benoit Trocard, passionné de cheval, a renommé le domaine en hommage au majestueux pur-sang que possédait ses grands-parents. Vin velouté avec un fruit pulpeux et expressif dès les premières années de bouteille. Seulement 3 000 bouteilles par récolte.
Prix NC

Château Rouget
95
Texture satinée, fruit pulpeux et épicé. Ce cru du nord du plateau offre un tannin de grande qualité, entre puissance et élégance, avec un moelleux de texture qui assoit parfaitement la bouche.
63,68 euros

Château Sacré-Cœur
90
Ce domaine de six hectares se situe sur un sol d'argile sablonneux avec un encépagement uniquement de merlot. Vin souple avec un tannin enrobant et un soyeux de constitution bien dans l'esprit du secteur.
33 euros

Château Saint-Pierre
94
Grande texture veloutée pour ce vin complet, dans le registre du classicisme des pomerols du plateau. Dense et serré, avec ce qu'il faut de retenue, on le sent taillé pour la longue garde.
61 euros

Château Taillefer
88
Aujourd'hui quelque peu refermé, le tannin se montre un peu sévère. Une question de temps puisque tout est en place en bouche, aussi bien dans la structure que dans ses tannins. Il évoluera aussi bien que le 1961, délicieusement truffé.
30 euros

Château Trotanoy
98
Intensité terrienne et structure veloutée haute couture. Ce trotanoy déploie un fruit tendu et suave à la fois, avec une matière fournie et intense. C'est l'un des vins du millésime de la Rive droite. Émotion garantie.
Prix NC

Château Vieux Maillet
90
Nez de violette et de confiture de mûre, attaque suave, texture de qualité et belle finale florale. Ce vin donne déjà du plaisir.
38 euros

Château Vray Croix de Gay
95
On retrouve ce qui fait la force du cru. Un soyeux de texture et un tannin à la fois rigoureux dans sa construction et séduisant dans son équilibre en bouche. Beau potentiel !
98 euros

Clos de la Vieille Église
90
Le cabernet franc qui représente environ 30 % de l'assemblage permet à ce vin de bien se situer dans les dégustations comparatives. La bouche offre un velours épicé qui met en perspective un fruit frais et pulpeux. Vin de garde.
Prix NC

Clos du Beau Père
93
Même si les bâtiments techniques se situent à l'ouest de la N89, seule la moitié du parcellaire se trouve de ce côté, l'autre partie jouxtant le secteur qualitatif de Bourgneuf. Sous l'impulsion de Muriel Thunevin, le vin gagne en précision de millésime en millésime. Charnu et sensuel, il va évoluer dans sa persistance aromatique vers la truffe noire.
49 euros

Clos du Clocher
94
Sève éclatante, fraîcheur stylée, intensité soyeuse, le vin est encore dans ses langes. D'ici cinq ans la complexité aromatique se mettra en place. Superbe matière pour ce 2018 qui a tout pour plaire.
78 euros

Clos René
92
Équilibré, distingué et long, beau retour floral et retenue distinguée due aux 10 % de malbec toujours habituels sur le cru. Un bon rapport qualité-prix.
Prix NC

L'Enclos de Tourmaline
94
En 2012, premier millésime du cru, l'équipe technique avait utilisé 100 % de bois neuf. En 2018, on a réduit la voilure de moitié, préservant la fraîcheur aromatique marquée par la violette. Belle persistance, texture satinée, c'est déjà très bon.
146 euros

Petrus
98
Exceptionnellement bien situé sur le haut d'une butte de 40 mètres, boutonnière d'argiles noires gonflantes reposant sur un lit d'argiles bleues riches en crasse de fer, Petrus possède 11 hectares d'un terroir froid. Le vin, composé de merlot à 99 %, tire de ce terroir sa force et sa puissance, sa tension raffinée et profonde, sa texture de taffetas et ses retours floraux. Jean-Claude Berrouet dès 1964, et aujourd'hui son fils Olivier, domptent la fougue du cru à la vigne comme en cave. Un 2018 dense et élégant, enrobant et aérien, puissant tout en restant subtil, d'une persistance aromatique florale impressionnante (violette, touche d'iris, pivoine, menthe poivrée). Un vin charnel et une sensualité captivante. Petrus est dans une forme éblouissante.
Prix NC

Vieux Château Certan
98
Persistance aromatique exceptionnelle où se mêlent la rose épicée, la pivoine et le poivre de Sumatra. Architecture en bouche impressionnante avec un tannin profond d'une élégance et d'une sérénité parfaites. Les 30 % de cabernet franc structurent parfaitement le vin. À attendre absolument.
Prix NC

LÉOVILLE-POYFERRÉ, UNE HISTOIRE DE FAMILLE

FABRICE LESEIGNEUR

SOUS L'IMPULSION DE LA FAMILLE CUVELIER, CE CRU ESTIMÉ DE TOUS RETROUVE AUJOURD'HUI LES SOMMETS DE SAINT-JULIEN. VOILÀ UNE VERTICALE DE PRESQUE 40 ANS QUI DIT TOUT DES CHANGEMENTS ET DE CEUX À VENIR

PAR ***MICHEL BETTANE***

CETTE ANNÉE, LA FAMILLE CUVELIER fête ses cent ans de présence sur les terres du château Léoville-Poyferré, acquises en 1920. Ce second cru classé en 1855 est une division du vaste domaine de Léoville à la mort d'Alexandre de Gasc qui l'avait rendu célèbre sous Louis XV. Un peu plus de 80 hectares situés pour l'essentiel immédiatement à l'ouest de la fameuse route des châteaux, à proximité de l'estuaire de la Gironde, sur des graves sableuses ou profondes classiques de Saint-Julien, forment un des plus grands terroirs du Médoc, particulièrement favorable à l'expression la plus complète du cabernet sauvignon. Le cru a connu une période de gloire entre les deux guerres mondiales puis, comme beaucoup d'autres vins de la commune, un relatif déclin lié aux traumatismes de l'Histoire. Avec beaucoup d'obstination, à partir des années 1980, Didier Cuvelier a fait améliorer la viticulture et moderniser les installations techniques, et donc permis au cru de retrouver une discipline de travail digne de lui. Il laisse à sa cousine Sara Lecompte-Cuvelier, nouvelle administratrice, et au reste de sa famille une propriété en excellent état de marche et une équipe unie et amicale à l'œuvre : Isabelle Davin et Didier Thomann au chai, Bruno Clenet et David Aguirre à la vigne, Anne Cuvelier à l'accueil. Dans son état actuel, le vignoble couvre un peu plus de 80 hectares plantés aux deux tiers en cabernet-sauvignon et pour un quart en merlot, complétés par un peu de cabernet franc et de petit verdot. La part du cabernet franc devrait d'ailleurs un peu augmenter dans les prochaines années. La production se décline sous quatre étiquettes, deux premiers vins, Château Léoville-Poyferré et Château Moulin Riche (dont les vignes sont situées au nord-ouest du premier, plantées sur des graves dites « noires » un peu différentes) et deux seconds, Pavillon de Poyferré et M de Moulin Riche. Les quatre vins sont l'objet des mêmes attentions, y compris dans le caractère non spéculatif des prix. Notre dégustation comparative concernait Léoville-Poyferré sur une quarantaine d'années. Nous n'avons pu que constater les progrès constants du cru qui, à chaque nouveau bon millésime, a gagné en précision aromatique, en ampleur de constitution, en raffinement de texture et en complexité d'expression du terroir. Les nostalgiques qui rêvent d'un retour aux saveurs de jadis et le clament haut et fort doivent d'urgence apprendre à reconnaître la vraie qualité. L'aventure n'est pas terminée avec une équipe qui vise à l'excellence suprême des premiers crus classés, à valeur de terroir égale. ▮

2020
Sublime coup de nez sur des notes de raisin parfaitement mûr, entre la cerise, le réglisse, le zan, le tout enrobé par des épices douces et le cèdre. Texture magnifique, la plus accomplie de la dégustation, entre fraîcheur et puissance. Le couronnement des efforts faits depuis vingt ans.
98-99 (primeurs)

2019
Grande robe. Notes de cèdre plus marquées dès le début qu'avec le 2020, tout en finesse et en nuances. Tannin racé : il égalera les meilleurs.
97-98 (primeurs)

2018
Le grand type Léoville : finesse aromatique et notes de cèdre et de tabac regardant du côté de Pauillac. Grand corps, grande texture, grand avenir.
98

2017
Joli nez ouvert, bouche plus tendre, notes vanillées et lactiques moins élégantes. Facile à comprendre et de bonne longueur.
92

2016
Grand nez classique de cèdre, excellent corps, ensemble magistralement médocain et bâti pour vieillir. Impressionnant soutien tannique, qui ne demande qu'à s'épicer.
97

2015
Arôme noble réglissé et épicé, excellent corps. Grand classicisme médocain sur du raisin parfaitement mûr et nuancé. Tannin ferme, grand avenir.
98

2014
Caractère complètement opposé, le merlot dominant le cabernet à ce stade. Notes de cuir et, surtout, texture séduisante par son velouté mais un peu exotique.
92

2013
Soigné, net et précis au nez. Un peu plus léger de corps que les millésimes précédents, droit en fin de bouche. Raisin parfaitement sélectionné en année difficile. Peut encore vieillir.
90

2012
Délicieux arôme de cèdre, corps équilibré, finesse déclarée. Subtil, nuancé, frais, assez long, vin plein de charme et en parfait état de conservation.
95

2011
Encore mieux construit et plus complexe que le 2012, marqué par le cèdre venu de 6 % de cabernet franc, la plus grande proportion de ce cépage dans l'assemblage. Beaucoup de race en rétro-olfaction. Coup de cœur personnel dans ce millésime.
95

2010
Encore jeune et rigide, mais prometteur, épaulé et élégant, sans la profondeur et le velouté de texture qu'on admire dans le 2019 et le 2020. Excellent retour de bouche. Attendre donc.

2009
Beaucoup de nez, notes de haute maturité du cabernet qui va vers le chocolat et la cerise. Riche, épicé et marqué par les 6 % de petit verdot.
94

2008
Retour au classicisme médocain, brevet garanti de bon élève. Tannin ferme. Un peu moins de chair que dans les plus jeunes millésimes.
93

2007
Moins de couleur, plus de souplesse. Facile, joliment épicé, un peu superficiel, mais ouvert et facile à comprendre et apprécier, malgré quelques nuances végétales données par 7 % de petit verdot.
89

2006
Dès le nez, on se doute que le vin sera austère, un peu à l'ancienne, même si le nez reste propre et sans déviation. Il manque à l'ensemble un peu de charme, de longueur, et quelques nuances aromatiques perdues dans le tannin.
89

2005
Plus de chair et d'ampleur que dans le 2006. Généreusement épicé, raisin mûr, texture sensuelle pour un médoc, jolie persistance, mais il n'y a pas pleinement le caractère Léoville.
94

2004
Millésime intermédiaire plus subtil et complexe que certains autres plus célèbres, comme souvent en Médoc. Boisé fin, fraîcheur d'une belle proportion de cabernet sauvignon (75 %), tendre mais pur. Sous cet angle, plus Léoville que le 2005.
95

2003
Grande réussite. Vin complet, bien construit, généreux, avec un éclat supérieur à tous les millésimes plus vieux dégustés. Aucune trace de surmaturité, tannin ferme, profond, fondu à la texture. Complètement à point et, à mon sens, supérieur aux deux autres Léoville dans ce millésime. Bouchon à saluer.
98

2002
Belle robe, nez sanguin, vigoureux, moins fondu que ceux des 2003 ou 2005. Du corps, mais aussi un peu de raideur dans le tannin.
89

2000
Couleur et corps plus fermes et plus "jeunes" que ceux du 2001, mais ici aussi pas une bouteille parfaite, avec une touche de poussière de tannin.
90

1996
Jeune, net, épicé, nuancé, corps équilibré sans être majestueux. Joli style, plus saint-julien par sa finesse que Léoville, mais parfaitement respecté par son bouchon.
95

1991
Précis, frais, net, sur la myrtille et les fruits rouges. Charmeur, bien mieux préservé que le 1995, mais sans le corps et la profondeur des beaux millésimes actuels.
90

1989
Mieux construit, plus cuir frais que le 1990. Le retour du tannin reste un peu austère.
90

1985
Joli vin aromatique, délicat, raffiné même dans sa texture, et parfaitement préservé, sur les fruits rouges. Plus Saint-Julien sud que nord en caractère, long et à point.
95

TROPLONG-MONDOT, L'HEURE DU SACRE ?

À L'OMBRE DE SON CÉLÈBRE CHÂTEAU D'EAU, CE CRU DE SAINT-EMILION VIENT D'ACHEVER DES GRANDS TRAVAUX QUI DOIVENT LUI PERMETTRE DE JOUER LES PREMIERS DE LA CLASSE. IL S'EN RAPPROCHE

PAR **DENIS HERVIER**

TRÔNANT AU-DESSUS DE LA CÔTE PAVIE, à 110 mètres d'altitude, le tertre de Troplong Mondot constitue à l'est, le point culminant de Saint-Émilion. Son vignoble possède une situation privilégiée, ses sols et le microclimat étant ceux du secteur de Pavie. Depuis son rachat en 2017 par le réassureur Scor, la direction de ce premier cru classé B a été confiée à Aymeric de Gironde, arrivé du château Cos d'Estournel à Saint-Estèphe. *« Ma prise de fonction, le 18 septembre 2017, correspond au premier jour des vendanges. J'ai trouvé le vignoble dans un excellent état. L'ex-propriétaire, Christine Valette, trop tôt disparue, avait accompli un travail de fond mené sur les vingt-sept hectares durant douze ans avec Lydia et Claude Bourguignon. Si nous poursuivons dans le sens du développement durable, nous ne nous réfugions pas derrière un label. On observe chaque geste pour protéger au mieux nos équipes, ce qui implique l'abandon total des intrants et autres produits toxiques. Les chevaux sont en première ligne pour le travail du sol et nous développons un écosystème où les abeilles sont reines, pour que la flore et la faune soient fidèles à l'esprit des lieux. »* Terroir unique que l'on ne trouve nulle part ailleurs, cette butte de Mondot constitue le vignoble ayant le moins souffert de l'érosion. Ses célèbres molasses de l'Agenais s'avèrent excellentes pour donner de la puissance au vin. Parsemée de pierres, de cailloux et de silex, cette minéralité permet de créer de l'équilibre et ce côté fumé qui apporte tension et précision. *« En revanche, il faut faire très attention, ce sont des terroirs très réactifs au niveau de la puissance, qu'il convient de travailler avec une extrême précaution, de manière douce, pour modérer leur ardeur. Si vous les libérez un peu trop, cela part dans tous les sens. »*

CHANGEMENT DE STYLE

Les modifications mises en place dès 2017 sont avant tout des ajustements de date de récolte et de vinification pour apporter plus de fraîcheur de constitution au cru. *« Nous vendangeons plus tôt. Dès le départ, nous avons fait appel à Thomas Duclos. Avec lui, on adopte une méthode plus en souplesse permettant ainsi de gagner en raffinement grâce à l'infusion du marc et des matières premières. L'extraction se fait désormais en douceur, dès le départ. Ainsi, on ne fait qu'un ou deux remontages qui sont très séquencés avec un peu de macération à froid »*, explique Aymeric de Gironde, enthousiasmé par ce nouveau challenge. *« Nous essayons d'intervenir le moins possible. La main de l'homme doit avoir le moins d'influence possible sur le vin pour que celui-ci incarne au mieux son terroir. La part de bois neuf à la fois dans l'élevage et lors des fermentations malolactiques a été considérablement réduite, le but étant de gagner en équilibre et en fraîcheur. Pour poursuivre dans cette optique, nous avons abandonné toute fermentation malolactique en barrique. »*

UN NOUVEAU CHAI

Après trois ans de travaux, le nouveau chai gravitaire aux lignes épurées construit en hauteur permet de gagner en précision dans tous les gestes techniques. Il s'agit de travailler chacune des parcelles pour que le vin ressemble à son terroir d'origine. *« On peut ainsi gagner en précision en vinification au moment de l'assemblage et de l'élevage, grâce à des cuves supplémentaires de différentes contenances. Il faut être plus précis pour passer d'un bon vin à un grand vin, c'est une somme de détails dans tous les domaines. »* Présent depuis 2000, Rémy Monribot incarne la force tranquille de la direction technique. Son recul se révèle précieux. Le millésime 2018 donne une idée du nouveau style, confirmé par les 2019 et 2020. ■

ROMAIN RICARD, CÉCILE PERRINET-L'HERMITTE

Depuis 2010, la propriété a réintroduit les chevaux de traits dans ses travaux de la vigne.

Le nouveau chai à barrique, épuré et fonctionnel, devrait permettre de gagner encore plus en précision.

LA GRANDE DÉGUSTATION

Chaque millésime a été dégusté pour lui-même puis mis en perspective à la table de David Charrier. C'est dans ces conditions qu'on mesure la dimension gastronomique du cru, évoluant superbement dans le temps

Le classicisme d'abord

Christine Valette a pratiqué une viticulture d'élite qui a permis à Troplong-Mondot de devenir premier cru classé B. Les millésimes de la fin des années 1980 jusqu'en 2016 sont denses et profonds développant lentement un noble parfum de truffe noire du Périgord et d'épices. Le cru atteint la dimension du grand vin lorsqu'il possède cette envolée crayeuse finale qui provoque le plus beau des rebonds. Sur certains grands millésimes solaires comme 2009, 2010, voire 2015, Troplong nous semble aujourd'hui trop musclé. D'ici une vingtaine d'années, ce trio pourrait réserver d'heureuses surprises. Cela ne doit pas nous faire oublier tous les autres millésimes réussis et leurs superbes envolées, aussi bien dans des années classiques comme lors de millésimes moins encensés comme 1988, 2004, 2006, 2008 ou encore 2011.

1988
L'assemblage typique des années 1980 affiche 80 % de merlot, 15 % de cabernet-sauvignon et 5 % de cabernet franc. À cette époque les cabernets-sauvignons étaient plantés au nord. Aujourd'hui, ils sont au sud. La brillance de la robe montre un vin qui fait plus jeune que son âge. Son élégance n'exclut pas la profondeur. Senteurs de sous-bois printanier avec une légère touche de morille. Finale enlevée bien en équilibre entre maturité et végétal noble. Une heureuse surprise.
Accord proposé : Une côte de veau.
92

1990
Il s'est affiné au fil des ans. L'attaque reste généreuse, mais dès le cœur de bouche, la trame calcaire s'affirme et apporte une belle vitalité à la finale en même temps que de la complexité.
Accord proposé : Un filet d'oie.
95

1998
Un vin de caractère dans un très grand millésime de la rive droite. On est séduit par la bouche de grande dimension, avec un tannin langoureux et félin à l'aura triomphale. Grand rebond crayeux en finale.
94

1999
Un nez plein de coquetterie aux accents de cerise et d'épices. Le tannin se montre élégant et caressant, l'allonge se montre parfaitement étirée.
Accord proposé : Un steak de thon.
92

2000
Flaveurs d'épices et une touche de truffe noire qui laisse entrevoir un fruité encore préservé des assauts du temps. Complet et profond, le vin se détend au bout de deux heures d'ouverture et semble plus en forme que lors de notre dernière dégustation. Il rivalise avec le savoureux 2001.
Accord proposé : Un filet de sanglier.
94

2001
Parfaits arômes de truffe noire, toucher de bouche enveloppé dans une cape de tannins soyeux, expression terrienne pure jouant sur l'opulence et l'élégance, avec une finale crayeuse incroyablement longue et salivante. Un 2001 idéal.
Accord proposé : Une tourte de canard à la truffe.
96

2004
Arômes nobles de truffe noire, tannin allongé et dynamique qui offre un velouté frais et charmeur. Ce vin est l'une des réussites majeures du millésime.
Accord proposé : Un risotto aux truffes.
95

2005
Vin de grande stature, au nez truffé et à la texture aussi séduisante qu'un tissu satiné. Élégance et profondeur en bouche avec une souveraine subtilité. À ouvrir au moins trois heures avant le service pour percevoir ses subtilités.
96

2006
Actuellement en pleine forme, ce millésime conjugue sensualité, profondeur et finale crayeuse qui permet au cru de se montrer sous son meilleur jour.
Accord proposé : Des ris de veau.
93

2007
Caressant et intense, grand volume distingué, fruit encore net et séduisant.
92

2008
Un millésime qui va bien au cru avec une densité parfaitement corsetée et un beau rebond calcaire finale.
Accord proposé : Un parmentier de canard.
94

2010
La restructuration du vignoble se retrouve dans le verre, avec un assemblage légèrement différent (85 % de merlot, 2 % de cabernet franc et 13 % de cabernet-sauvignon). Forme de plénitude en attaque, profil solaire sur sa finale un zeste trop alcooleuse.
Accord proposé : L'automne ou l'hiver, avec un gibier.
89

2011
Dégusté régulièrement depuis quatre ans, ce millésime se bonifie d'année en année. Les tannins originels se sont bien arrondis. Il domine de la tête et de l'épaule le 2010. Encore fougueux, avec un fruit éclatant, de l'énergie et une finale tonique.
Accord proposé : Une pièce de bœuf au jus brun légèrement tourbée, escortée d'une moelle de bœuf coiffant une pomme de terre croquante (un plat haut en saveurs du chef David Charrier).
94

2012
À partir de 2012, le travail de drainage et la plantation en quinconce commencent à porter leurs fruits. On est séduit par le charme de ce millésime et sa classe dans la texture et dans la persistance. À la fois sphérique et profond, avec une belle jutosité de fruit. Le millésime à déboucher aujourd'hui.
Accord proposé : Une côte de veau.
94

2013
Un vin supérieur à la note de son millésime affichant un profil svelte bien étoffé, avec ce qu'il faut d'énergie dans la relance finale.
Accord proposé : Un filet de porc.
90

2014
Millésime équilibré avec un nez profond salivant, une brillance aromatique superbe et une bouche à la densité pleine de rebonds. Les racines sont allées rechercher le crayeux du terroir, avec cette belle finale montante et stylée. Un vin de sensualité unique sur le millésime.
94

2015
Ce millésime solaire, roulant des épaules lors des dégustations en primeur, est en train de trouver un meilleur équilibre. La densité monolithique initiale gagne en nuances et la jutosité du fruit est bien mise en valeur par un léger crayeux qui étire maintenant la finale. Facile d'accès, il plaît beaucoup à la clientèle internationale. *Accord proposé : Une tourte de pintade.*
91

2016
De la retenue en attaque avant que le tannin ne se déploie de façon magistrale. Vigoureux, dense, serré, on tient un grand vin de garde, d'un incomparable volume racé. Ce 2016 se dévoile pleinement avec le temps. *Accord proposé : Homard ou magret de canard.*
96

2017
Carafé trois heures pour le laisser gagner en intensité. Charmeur, svelte et élégant en bouche, il prend sa véritable dimension, grâce à une finale crayeuse subtile. *Accord proposé : Homard bleu de Vendée à l'émulsion de carapace et sa raviole escortée d'asperges sauvages, d'hysope et d'estragon (un plat du chef David Charrier).*
93

2018
On attendait de voir ce que ce cru vendangé très tôt allait donner. Et l'on a vu. On ne peut qu'être séduit par le nez profond et salivant. Le toucher de bouche de cachemire précède un grain crayeux surfin qui étire parfaitement le tannin qui porte le vin jusqu'à une envolée florale et fraîche. Alignement des planètes entre ce changement de style et le millésime.
96

2019
Mâche soyeuse subtile en attaque avec un tannin qui prend progressivement de la densité et de la profondeur. La fraîcheur aromatique est parfaitement intégrée et la finale crayeuse donne de la verticalité au vin. Grande réussite.
96-97 **(notes primeurs)**

2020
85 % de merlot, 13 % de cabernet-sauvignon et 2 % de cabernet franc se retrouvent dans l'assemblage. Toucher de bouche caressant et aérien, fruité plus brillant qu'en 2018, la tension s'installe dans le cœur de bouche et étire la texture crémeuse. La densité observée, parfaitement corsetée, déroule un grain poudré. Superbe finale crayeuse signant son terroir. Il a déjà gagné en complexité par rapport à notre dernière dégustation.
97 **(notes primeurs)**

PRIX-PLAISIR 2021, DES AFFAIRES EN OR

Rendez-vous annuel incontournable, sélectif et redoutable, nous avons créé le concours Prix-Plaisir pour dénicher des pépites dans chaque région. Sélectionnées à l'aveugle par un jury de consommateur, approuvées par nos experts, voici les médailles d'or de l'édition 2021. Deux critères, le prix (moins de 18 euros) et le plaisir.

Bernard Magrez, BM 58 Graves, graves rouge 2019

Un vin agréable à boire, fruité et bien fait. C'est le vin de tous les jours que l'on doit avoir dans sa cave.

9,30 euros

Où le trouver ? twil.fr

Château Brown, Le Colombier De Brown, pessac-léognan blanc 2019

Nez grillé fumé avec des notes d'agrumes. En bouche, c'est frais, franc et équilibré, avec une touche citronnée et sans acidité. Belle longueur sur la fleur blanche et de petites notes boisées.

18 euros

Où le trouver ? Au domaine

Château Brown, Le Colombier De Brown, pessac-léognan rouge 2018

Un nez ample, riche et bien fondu. La bouche est agréable et pourvue d'une belle matière. Bon ensemble.

18 euros

Où le trouver ? Au domaine

Château Cantelaudette, Réserve Prestige, graves-de-vayres rouge 2016

Remarquable super bordeaux avec beaucoup de structure et de beaux tannins. Excellent, il offre un grand potentiel de garde.

8 euros

Où le trouver ? E.Leclerc

Château de Chantegrive, Les Oiseaux De Chantegrive - Le Panache, graves blanc 2019

Beau nez frais, bien présent sur les agrumes et le pamplemousse avec un côté légèrement boisé. La bouche est douce et l'amertume bien maîtrisée. La finale est légèrement fumée.

15 euros

Où le trouver ? Au domaine

Château de Rouillac, Le Dada de Rouillac, pessac-léognan rouge 2018

Nez élégant et opulent de fruits rouges et noirs bien mûrs. La bouche est droite et en devenir. Beau potentiel.

16,50 euros

Où le trouver ? chateauderouillac.com

Château des Fougères, Rouge Fougères Clos Montesquieu, graves rouge 2018

Superbe merlot, suprenant par sa longueur et son élégance naturelle, large et ample en bouche. Au top !

11,90 euros

Où le trouver ? twil.fr

Château du Bousquet, Château Hourtou, côtes-de-bourg rouge 2019

Fruité et floral, ce bordeaux correspond bien à l'idée du bon rapport prix plaisir. Les tannins sont arrondis avec ce qu'il faut de puissance et de charme.

6,70 euros

Château Grand Mazerolles, blaye-côtes-de-bordeaux rouge 2019

Beau nez mentholé. Un vin avec une superbe matière et un bois intégré, jolies notes de fruits mûrs.

8 euros

Où le trouver ? lacavechevalquancard.com

Château Grand Mazerolles, blaye-côtes-de-bordeaux rouge 2020

Nez de fruits noirs mûrs, quelques touches de poivron et des notes boisées présentes mais parfaitement intégrées à la matière. Excellent.

7 euros

Château Les Ormes-Sorbet, médoc rouge 2018

Nez agréable, boisé et arômes de fruits noirs. L'attaque en bouche est franche, les tannins sont présents et fins, la finale est longue. Un vin élégant.

18 euros

Où le trouver ? Au domaine

Château Noël Les Charmes, Tradition, blaye-côtes-de-bordeaux rouge 2019

Superbe expression de fruits noirs parfaitement mûrs, grande intensité et rondeur en bouche. Une franche réussite pour le prix.

9 euros

Château Patache d'Aux, Les Chevaux de Patache d'Aux, médoc rouge 2018

La dominante de cabernet lui donne une réelle élégance, il finit frais, charmeur et distingué. Un vin qui a de la classe.

7,50 eurps

Château Pichon Bellevue, Cuvée Elisée, graves-de-vayres rouge 2019

C'est bien construit avec une bonne matière et un fruit intéressant et gourmand. La structure est plaisante. Superbe potentiel.

7,50 euros

Où le trouver ? Au domaine

Château Puy Descazeau, Cuvée Cardinal, côtes-de-bourg rouge 2017

Les tannins sont graciles et le fruité agréable. Un bordeaux archétypal, digeste comme il se doit et bien équilibré.

11 euros

Où le trouver ? puy-descazeau.com

Château Roquefort, Roquefortissime, bordeaux supérieur rouge 2018

Voilà un bordeaux tout en rondeur et en gourmandise, avec du volume en bouche et une finale qui s'étire sur des petites notes vanillées agréables.

9,50 euros

Où le trouver ? chateau-roquefort.com

Despagne, Biface, vin-de-France blanc 2020

Nez floral et une bouche souple et gourmande. Un vrai vin de plaisir.

10 euros

Où le trouver ? despagne.fr

Famille Bouey, Château Le Plantey, médoc rouge 2020

L'élevage a été bien mené et surligne le caractère de ce merlot sans l'écraser. Bien fruité, long, équilibré. C'est une valeur sûre qu'on peut recommander sans hésiter.

8,25 euros

Où le trouver ? twil.fr

Haut Rocher, Château Bréhat, castillon-côtes-de-bordeaux rouge 2018

Beaucoup de finesse en bouche avec des arômes floraux, un bel équilibre et une bonne longueur. Sans doute un vin libournais de belle facture à un prix très accessible.

10,50 euros

Où le trouver ? Au domaine

Jules lebègue, Cap sur l'Atlantique, IGP atlantique rouge 2020

Étonnamment ample pour cette gamme de prix, sa matière impressionne. Le tannin est présent et civilisé. Finale de bonne longueur.

3,90 euros

Vignerons de Tutiac, Anqui, blaye-côtes-de-bordeaux rouge 2018

Un vin équilibré et des tannins bien intégrés. Une belle suite de bouche veloutée et charmeuse. C'est digeste et plaisant.

9,90 euros

Où le trouver ? eboutique-tutiac.com

PRESSE

Vignerons de Tutiac, Roupit, blaye-côtes-de-bordeaux rouge 2018
Un bordeaux classique dotée d'une belle matière, de la longueur et un sens de l'équilibre abouti.
12,90 euros
Où le trouver ? eboutique-tutiac.com

Vignerons de Tutiac, Tutiac Bio, côtes-de-bourg rouge 2020
Robe foncée, bouche puissante et arrondie. Un bordeaux de caractère pour une viande rouge qui en aura tout autant, comme du canard par exemple.
6,50 euros
Où le trouver ? eboutique-tutiac.com

Vignobles André Lurton, Château Tour De Bonnet, entre-deux-mers blanc 2020
Joli vin équilibré. À déguster sur une entrée de poisson ou avec des moules. C'est fin et agréable.
5,40 euros
Où le trouver ? E.Leclerc

Vignobles Despagne-Rapin, Amélie Constant, crémant-de-bordeaux rosé 2017
Superbe pétillant tout en fraîcheur. Un vin agréable et parfait pour l'apéro.
17 euros
Où le trouver ? chateaunet.com

Vignobles du Château Mayne-Guyon, Cuvée sans soufre, blaye-côtes-de-bordeaux, rouge 2020
Rouge complexe parfaitement réalisé entre notes de fruits noirs, de sous-bois et de cacao. On aime la puissance de son fruit et la finesse de l'ensemble.
8,50 euros
Où le trouver ? Corlianges

Vignobles Mourgues, Hecla Cabernet-Sauvignon, IGP atlantique rouge 2020
Belle complexité aromatique en bouche. Les tannins sont bien présents mais sans être rugueux. Belle finale sur les fruits noirs compotés.
2,70 euros
Où le trouver ? Au domaine

Vignobles Mourgues, Hecla Merlot, IGP atlantique rouge 2020
Assez structuré avec un jus suave, long, fruité et une tenue de bouche peu commune dans cette catégorie de prix.
2,70 euros
Où le trouver ? Au domaine

Vignobles Regaud, Château De Bon Ami, bordeaux rouge 2020
Un nez boisé et de fruits rouges. La bouche est souple et les tannins bien intégrés. Finale agréable sur les fruits des bois.
5 euros
Où le trouver ? legourmetdunet.com

Vignobles Roux, Château Puy Castera, haut-médoc rouge 2020
Avec un réel confort de bouche, le tannin est rond et la bouche est suave, délicatement épicée.
7,14 euros
Où le trouver ? Au domaine

Wings, La Parcelle Du Rocher, saint-émilion grand cru rouge 2016
Un vin intense et généreux avec caractère minéral même si le fruit n'est pas absent. Beau style et une belle expression du terroir.
15,60 euros
Où le trouver ? Cave de Rungis

Wings, Sarmentine, bordeaux rouge 2018
Ensemble aromatique dominé par les fruits noirs avec de belles notes de cassis au nez. Rien à redire en ce qui concerne son équilibre général.
6 euros
Où le trouver ? Cave de Rungis

Yvon Mau, Château La Freneraie, bordeaux rosé 2020
Tout en maîtrise et fraîcheur, ce rosé à la belle robe pâle ravit par ses notes d'agrumes, son caractère traçant et sa finale.
6 euros

BORDEAUX LE RENDEZ-VOUS DU STYLE

ENTRE AVANT-GARDE ET TRADITION, BORDEAUX CONTINUE DE SE CHERCHER UN CHEMIN. LES DOMAINES CITÉS DANS LES PAGES SUIVANTES L'ONT TROUVÉ

GRAVES SAUTERNAIS

Château d'Arche

Ce cru dispose d'un vignoble bien situé, jouxtant les châteaux Lamothe et Filhot, sur la meilleure partie de la commune de Sauternes. Un petit hôtel de charme y a été construit par ses propriétaires, de façon à faire progresser le tourisme viticole en Sauternais. Le vin est sérieusement élaboré, progressant d'une année sur l'autre et rejoint la qualité qu'on attend d'un vrai cru classé.

chateaudarche-sauternes.com

Château Bastor-Lamontagne

Bastor-Lamontagne produit un sauternes agréable, moins riche que les plus grands crus de la commune, qui joue sur le registre de l'équilibre du fruit et du rapport qualité-prix. Repris par le groupe Grands Chais de France, la propriété est aujourd'hui menée en agriculture biologique. Bon rapport qualité prix et en progression ces derniers millésimes.

chateaubastorlamontagne.fr

Château Bouscaut

Cette propriété classée de Cadaujac possède un terroir à part, avec des sols plus calcaires mieux adaptés aux cépages blancs. Sophie Cogombles et son sympathique mari réussissent d'ailleurs bien leur vin blanc, séveux, complexe, présentant une belle synergie entre sauvignon et sémillon. Les rouges n'ont cessé de progresser depuis quelques millésimes, ils ont maintenant largement rattrapé le peloton de tête de l'appellation.

chateau-bouscaut.com

Château Brown

Cette propriété, qui doit son nom à un négociant écossais, a parfaitement été reprise en main par la famille Mau en 2005, en association avec les Hollandais Dirkzwager. Passionné, Jean-Christophe Mau y consacre beaucoup d'énergie, conseillé par Stéphane Derenoncourt pour les rouges et Philippe Dulong pour les blancs. Les vins sont justes, sur le fruit, harmonieux et équilibrés. Les blancs sont irréprochables, précis et purs. Les rouges, de très bon niveau, possèdent un caractère léognan affirmé. Le cru est dans le peloton de tête de l'appellation.

chateau-brown.com

Château Les Carmes Haut-Brion

Petit cru voisin de Haut-Brion, lui aussi sauvé de l'urbanisation de Pessac, Les Carmes Haut-Brion produit un vin très harmonieux et subtil, où le cabernet franc en particulier apporte son incomparable finesse. La propriété a été achetée en décembre 2010 par Patrice Pichet, à la tête du groupe immobilier Patrimoniale Foncière Pichet. 2016 a été le premier millésime vinifié dans le magnifique et très audacieux chai conçu par Philippe Starck et Luc Arsène-Henry. Patrice Pichet, qui a confié la direction du domaine au talentueux et perfectionniste Guillaume Pouthier, qui porte la propriété au niveau des meilleures.

les-carmes-haut-brion.com

Guillaume Pouthier (château Les Carmes Haut-Brion).

Château de Chantegrive

Cette grande propriété du sud des Graves appartient à la famille Lévêque, par ailleurs courtiers réputés du Bordelais. Elle est désormais suivie par Hubert de Boüard (château Angélus) qui y produit un vin typique en rouge comme en blanc, destiné au plus vif succès. Les vins tant en rouge qu'en blanc sont expressifs, finement aromatiques, raffinés et bien équilibrés. La cuvée caroline, cuvée phare du domaine, est riche tout en ne manquant pas d'élégance.

chantegrive.com

Domaine de Chevalier

Voici une propriété estimée de tous, dotée d'un superbe vignoble d'un seul tenant autour du château, parmi les mieux cultivés du Bordelais. Olivier Bernard est un infatigable ambassadeur des vins de Bordeaux dans le monde. Il est aussi l'un de ceux qui connaissent le plus intimement la valeur de leur produit, grâce à des dégustations quotidiennes en compagnie des innombrables visiteurs du domaine, pionnier dans l'accueil du public. Les blancs sont les plus racés de la commune, les rouges des modèles de classicisme bordelais dans leurs proportions et leur saveur. Les derniers rouges sont très impressionnants par leur supplément de corps et de complexité. Belles nuances, tension et énergie pour l'esprit-de-chevalier blanc, qui est le parfait reflet du grand vin. Les 2016, 2017 et 2018, rouges et blancs, sont simplement au sommet.

domainedechevalier.com

Château Climens

Le cru n'a pas eu de chance dans les tout derniers millésimes, contraint à des rendements très faibles. Heureusement, les grandes années précédentes sont disponibles à la propriété et offrent toute la magie d'un terroir qui peut parfois surpasser yquem en finesse et subtilité aromatique,

MATHIEU GARÇON

Olivier Bernard (Domaine de Chevalier).

grâce à son sous-sol calcaire. On aimerait que la propriété étudie l'élaboration d'un grand vin sec parfaitement en accord avec elle. Le second vin cyprès est souvent le plus complet de sa catégorie et montre pour un prix raisonnable presque toute l'ampleur et la noblesse du grand vin.
chateau-climens.fr

Clos Haut-Peyraguey

Le terroir exceptionnel de ce cru de 17 hectares explique l'ampleur et la race des millésimes récents, soignés et conformes à ce qu'on attend d'eux. Bernard Magrez (châteaux Pape-Clément, Fombrauge) fait ici œuvre de mécène pour aller jusqu'au bout du potentiel de ce petit bijou acquis en 2012. Progressivement, les boisés sont plus rapidement intégrés et sauf accident le vin se rapproche de plus en plus en éclat et complexité d'yquem.
bernard-magrez.com

Château Couhins

Le cru (différent de Couhins-Lurton) appartient à l'INRA, qui pendant longtemps et malgré son classement ne faisait pas grand-chose pour le faire connaître. Ce n'est désormais plus le cas et une équipe technique très compétente le met progressivement au niveau de ses pairs. Seul le blanc est classé, très minéral et proportionnellement plus racé que le rouge. Ce dernier est en net progression.
chateau-couhins.fr

Château Coutet

Coutet (qui se prononce « Coutette ») est l'autre grand terroir de Barsac, un rien (deux ou trois mètres) plus bas que Climens, avec plus de proportion de fer dans le sol calcaire. L'alsacien Philippe Bally l'administre avec une discipline jamais dénuée d'humour et maintient la propriété d'une petite quarantaine d'hectares au plus haut niveau dans la qualité du vin. Depuis 2010, un vin sec confidentiel mais étonnant, opalie, montre la voie de la catégorie pour l'appellation. La somptueuse cuvée madame est une apothéose du barsac.
chateaucoutet.com

Château Doisy-Daëne

Jean-Jacques et Fabrice Dubourdieu dirigent de façon magistrale leur grand cru familial, dans l'esprit initié par leur père Denis, trop tôt disparu. La science agronomique et œnologique la plus pointue est aux prises avec les caprices de la nature, pour le meilleur. Une toute petite production (3 000 bouteilles) d'un vin très liquoreux est produite sous la marque l'extravagant-de-doisy-daëne lorsque la récolte s'y prête. Ce vin peut atteindre des sommets extraordinaires de qualité.
denisdubourdieu.fr

Château Doisy-Védrines

Cette propriété voisine de Doisy-Daëne, dirigée par Olivier Castéja, partage le même type de sol calcaire, typique du Haut-Barsac, et produit en grand vin un liquoreux classique, bien rôti, généreux, qui plaira à tous. On apprécie le gain en finesse pure, mieux protégée contre l'oxydation, depuis quelques années. Les prix sont sages.
05 56 27 15 13

Château de Fieuzal

Ce cru fut longtemps célèbre d'abord par son vin blanc, un des plus complets de Léognan, puis également son rouge, à son meilleur l'une des plus brillantes illustrations du caractère des pessac-léognan. La dernière décennie marque le retour au meilleur niveau de fieuzal blanc. Les nouveaux chais, ultra performants, avec de nombreuses petites cuves de contenances diverses, en béton, en inox ou en bois, permettent désormais à Stephen Carrier, le directeur, de faire de la haute-couture.
fieuzal.com

Château Filhot

La nouvelle génération de Vaucelles affiche clairement sa volonté de produire des sauternes de style, riches et sans lourdeur, à partir d'une vendange parfaitement conduite. Les 2013 et 2015 illustrent le renouveau de style de la propriété, dû à un élevage moins réducteur. Il faut encore plus d'ambition pour rendre au terroir toute sa force. Le cru est sur la bonne voie.
filhot.com

Clos Floridène

Cette marque, qui associe les prénoms de Florence et Denis Dubourdieu, a bénéficié du savoir-faire et du faire-savoir du célèbre œnologue bordelais disparu en 2016. Les blancs, qui expriment davantage la minéralité étonnante d'un terroir calcaire que les arômes variétaux des cépages locaux, sont incomparables. Une petite quantité de rouge, très soignée et rejoignant maintenant la perfection du blanc, est produite.
denisdubourdieu.fr

Château de France

Avec son vignoble très soigneusement cultivé, le château de France produit des vins équilibrés et sérieusement constitués. Depuis le retour d'Arnaud Thomassin, le style du vin progresse incontestablement de façon régulière. Les rouges sont volumineux, aromatiques et de garde, et les blancs jouent sur la complexité de fruit, la maturité et l'équilibre. Devenu incontournable dans l'appellation, ces pessac-léognan conservent un prix encore accessible.
chateau-de-france.com

Château Gilette

Château Gilette est dans la famille Médeville depuis le XVIIIe siècle.

René Médeville, le grand-père de Julie Gonet-Médeville, actuelle gérante du château, développe dans les années 1930 un vin unique, liquoreux, vieilli entre 15 et 20 années en cuve béton. Le processus est répété, uniquement les années exceptionnelles. Seul le nectar – crème-de-tête – est conservé pour le grand vin. Au vignoble, 4,5 hectares alimentent Gilette, dont une parcelle qui a donné le nom au château. Le 1997, dernier millésime sur le marché, compte parmi les grandes réussites. Ce vin d'excellence n'a jamais failli, résistant aux modes. Gilette incarne l'excellence des grands sauternes.
gonet-medeville.com

Château Guiraud

★★★★☆

Le château est la propriété de quatre associés : Robert Peugeot, Xavier Planty (qui dirige le domaine), Stephan von Neipperg et Olivier Bernard. Certifié en viticulture biologique depuis 2011, disposant d'un conservatoire des cépages blancs d'Aquitaine absolument unique (175 souches de sauvignon et de sémillon), Guiraud montre la voie d'une agriculture respectueuse en Sauternais. On y vendange avec précision des raisins parfaitement botrytisés, pour produire deux types de liquoreux. Le grand vin, tout en finesse et d'évolution assez rapide en bouteille et petit-guiraud, moins riche et apte à briller à l'apéritif.
chateauguiraud.com

Château Haut-Bailly

★★★★☆

C'est l'un des pessac-léognan les plus attachants de cette belle appellation, repris par la famille Wilmers en 1998. Le vignoble de 30 hectares, qui n'a pas bougé en superficie depuis le XIXe siècle, a la chance d'être âgé (certains pieds atteignent 120 ans), impeccablement tenu par une équipe technique très performante, conduite par Gabriel Vialard, et administré avec passion par Véronique Sanders, petite-fille de l'ancien propriétaire du château. Les vins sont infiniment raffinés et équilibrés. Le fruit est précis, le tannin noble, la fraîcheur toujours maîtrisée et l'équilibre irréprochable.

Silvio Denz (château Lafaurie-Peyraguey).

Le second vin est d'une régularité sans faille, très élégant.
haut-bailly.com

Château Haut-Bergey

★★★☆☆

Haut-Bergey est l'un de ces crus non classés de Léognan à qui l'on a donné les moyens de faire jeu égal avec les classés. Depuis 1991, Sylviane Garcin-Cathiard et son mari Gaston, avec l'aide successive de Michel Rolland, Jean-Luc Thunevin et Alain Raynaud, l'avait peu à peu transformé en propriété pilote. Aujourd'hui c'est leur fils Paul qui en a pris les rênes. Dynamique et ambitieux, il convertit progressivement le vignoble en biodynamie, crée de nouvelles cuvées dans l'air du temps, sans pour autant perdre l'esprit du premier vin. Désormais, le blanc dépasse d'une courte tête en personnalité le rouge qui lui, a besoin de quelques années pour s'assouplir.
haut-bergey.fr

Château Haut-Brion

★★★★★

Ce cru magistral, enchâssé dans la ville, brille toujours par sa générosité de texture, liée à une bonne proportion de merlot (40 % ou souvent plus) et à la haute maturité d'un raisin qui mûrit précocement dans ce microclimat urbain. S'y ajoutent des notes fumées originales, nées du terroir et de certains clones de vignes propres au château, plus ou moins marquées d'un millésime sur l'autre. On y travaille impeccablement, sous l'impulsion intelligente de Jean-Philippe Delmas et le regard constant du prince Robert de Luxembourg, profondément attaché à cette propriété que sa famille a acquise en 1935 (Clarence Dillon). Le blanc, très rare, équilibre sauvignon et sémillon dans un assemblage d'une autorité et d'un cachet insurpassés à Bordeaux. Le second vin, clarence, témoigne de la noblesse de son grand terroir.
haut-brion.com

Château La Garde

★★★☆☆

Propriété d'une cinquantaine d'hectares bien située, sur des graves bien drainées de Martillac, et objet de beaucoup d'attentions de la part de son propriétaire, la maison Dourthe qui l'a acquise en 1990, La Garde réussit aussi bien en blanc qu'en rouge. Les vins sont classiques et progressent, avec des rouges harmonieux, un fruit évident, une minéralité marquée dans les deux couleurs et la fraîcheur au rendez-vous. Vous ne commettrez pas de faute de goût en achetant cette bouteille qui ne déçoit jamais.
dourthe.com

Château Lafaurie-Peyraguey

★★★★☆

Silvio Denz permet à la propriété d'affiner encore la qualité de son vin et de remplir dignement son rôle d'ambassadeur des grands sauternes, dans un style que son terroir rend assez proche d'Yquem, associant somptuosité de texture et raffinement aromatique dans le fruité. Mais il a su prolonger ses efforts de façon bénéfique pour l'ensemble de l'appellation par l'ouverture d'un hôtel de luxe et d'un restaurant gastronomique de très haut niveau, dédié à la gloire du sauternes.
chateau-lafaurie-peyraguey.com

Château Latour-Martillac

★★★☆☆

Ce cru classé est un modèle de propriété familiale, avec un attachement quasi filial de tous les enfants Kressmann à leur patrimoine et une gestion très saine. Le rouge a beaucoup gagné en finesse de tannin et en élégance de texture. Les vins sont classiques, l'accent est mis sur le fruit, la qualité des tannins et la fraîcheur. Sous la houlette de la très douée et rigoureuse Valérie Vialard, les blancs sont irréprochables, précis, aromatiques et d'une vivacité parfaite.
latourmartillac.com

Château Lespault-Martillac

★☆☆☆☆

Cette jolie petite propriété de huit hectares de belles graves sur la commune de Martillac appartient à la famille Bernard, par ailleurs propriétaire de l'excellent domaine de Chevalier. On retrouve la patte d'Olivier Bernard dans ces vins particulièrement élégants. Le rouge affiche toujours une légère supériorité par rapport au blanc.
lespault-martillac.com

Château La Louvière

★★★☆☆

Encadré par Carbonnieux et Haut-Bailly, il est l'un des plus efficaces ambassadeurs de Pessac-Léognan dans le monde. Les vins, rouges et blancs, puissants et d'une régularité sans faille, vieillissent superbement. Les blancs typés sauvignon, racés et d'une fraîcheur exquise, font partie des incontournables de l'appellation.

ADRIANA TRIPA, PRESSE

Le château La Mission Haut-Brion, l'une des propriétés les plus recherchés des grands amateurs de vins de Bordeaux.

Le rouge est maintenant à la hauteur du blanc, avec un style puissant et vigoureux, non dénué d'élégance.
andrelurton.com

Château Malartic-Lagravière

Propriétaires perfectionnistes, les Bonnie ont rénové les installations techniques de la propriété de manière magistrale, remis en état et agrandi le vignoble et surtout métamorphosé les vins. Le fils Jean-Jacques a pris la suite, avec la même attention et le même devoir d'excellence. Le vignoble compte 53 hectares, dont 7 hectares de blancs, certifiés en agriculture raisonnée. Les rouges, sévèrement sélectionnés, possèdent une force et une droiture de constitution étonnantes, qui ne déparent pas leur finesse native. Les blancs récents sont remarquables et ont gagné en volume de bouche et en onctuosité. Ils sont racés, nerveux, équilibrés. La réserve-de-malartic, tant en blanc qu'en rouge, est le vrai petit frère du grand vin.
malartic-lagraviere.com

Château La Mission Haut-Brion

Mission continue à nous régaler avec son grand vin velouté et complexe à souhait, grande expression du merlot sur graves profondes (souvent plus de 50 % de l'assemblage) et d'un exceptionnel cabernet-sauvignon qu'on rêve un jour de déguster pur. Le blanc à dominante de sémillon n'a toujours pas d'égal à Bordeaux en noblesse aromatique et complexité.
mission-haut-brion.com

Château Olivier

Cette magnifique propriété aux portes de Bordeaux a su conserver, outre son vignoble de 55 hectares, une large part de forêts et de prairies. Au début des années 2000, la famille Bethmann fait d'importants travaux et confie la gestion du domaine à Laurent Lebrun. Sa rigueur et son analyse fine du terroir ont fait faire un grand bond qualitatif aux vins. Le vin blanc, qui contient une bonne proportion de sémillon, est devenu complexe et élégant, avec une personnalité bien affirmée. Les rouges, bien mieux vinifiés et exprimant avec plus de précision leur excellent terroir, sont expressifs et énergiques.
chateau-olivier.com

Château Pape Clément

Pape-clément est à son meilleur depuis 1985, époque de la reprise par Bernard Magrez. Avec une constance et une volonté de fer, l'homme a affiné le processus d'élaboration en soignant les détails à toutes les étapes sans perdre de vue l'objectif de tout propriétaire de grand cru classé : le sommet. Le caractère truffé et précis du grain, la texture et le soyeux de la chair, c'est l'essence même d'un grand pessac. Les blancs partagent la même finesse et la même sophistication que les rouges. Le rouge, incroyablement complexe, privilégie expression aromatique, précision du grain et fraîcheur. Le blanc, avec son fumé et sa minéralité inimitables, atteint souvent des sommets.
pape-clement.com

Château Rahoul

La famille Thiénot, avant de reprendre Dourthe, avait commencé par quelques propriétés peu connues, où elle applique une politique de qualité, comme Rahoul, à Portets. Les vins sont en constante progression. Leurs caractéristiques : élégance, consistance, complexité aromatique, jolis tannins, équilibre sur la fraîcheur pour les rouges, exubérance, richesse fruitée, pureté et vivacité pour les blancs.
chateau-rahoul.com

Bernard Magrez (château Pape Clément).

Château de Rayne-Vigneau

Derek Smith, Franco-américain qui a fait fortune dans les activités de vente par correspondance, est un amoureux des grands sauternes et un mécène intelligent qui œuvre à la rénovation de ce premier cru classé, au terroir magnifique, innovant en matière de marketing, de vente et d'œnotourisme. La qualité du vin progresse à chaque nouveau millésime.
raynevigneau.fr

Château Rieussec

Rieussec, un des joyaux des domaines Rothschild, exprime la noblesse de son terroir contigu à Yquem en cherchant la perfection de sa production. Le vin impressionne par sa puissance et sa richesse sans manquer de fraîcheur, grâce à une maîtrise technique exemplaire de mise en bouteille. Le second vin carmes ne fait pas dans la démagogie et présente toute la richesse qu'on attend sur ce type de sol, avec un développement plus rapide en bouteille.
lafite.com

Château de Rouillac

Depuis 2010, Laurent Cisneros porte au plus haut ce magnifique domaine haussmannien. Le grand tournant pour le rouge aura été pris avec le millésime 2017 qui sort complètement du lot. Le blanc était déjà remarquable depuis plusieurs millésimes. À ses vins de Rouillac, Laurent Cisneros ajoute désormais une gamme de bordeaux dans les trois couleurs, petit-dada-de-rouillac, en achetant la matière première chez un viticulteur soigneusement sélectionné. Son objectif : créer une collection de vins gourmands et fruités, axée sur le plaisir.
chateauderouillac.com

MATHIEU GARÇON

Château Saint-Robert
●○○○○

Bien situé dans le sud des Graves, cette propriété fut longtemps dans le giron du Crédit Foncier avant d'être aujourd'hui régie par les Grands Chais de France. Elle produit des vins intéressants dans les deux couleurs. C'est de mieux en mieux.

chateau-saint-robert.com

Château Sigalas-Rabaud
●●●●○

Voisin direct de Lafaurie-Peyraguey, Sigalas-Rabaud est un petit vignoble de 14 hectares d'un seul tenant (le plus petit cru classé de Sauternes), idéalement exposé, capable de donner un vin très liquoreux et d'une finesse transcendante. La pourriture du raisin, en raison de sa précocité, s'y développe de façon particulièrement noble, comme l'ont prouvé les grands millésimes des vingt dernières années. Laure Compeyrot de Lambert l'oriente vers une viticulture plus respectueuse et élabore des secs de caractère.

chateau-sigalas-rabaud.com

Château Smith Haut-Lafitte
●●●●○

Propriété phare de Martillac par la qualité de ses installations et son ouverture au tourisme viticole avec le superbe établissement des Sources de Caudalie (hôtel-spa 5 étoiles et restaurant deux macarons Michelin, La Grand'Vigne), Smith Haut-Lafitte est aussi un vignoble pionnier dans sa catégorie pour sa philosophie de viticulture. Respect du terroir, précision des vinifications, tonnellerie intégrée, dynamisme de la communication : en un quart de siècle, les Cathiard sont entrés de plain-pied dans la légende de Bordeaux. Les vins sont racés, exprimant parfaitement leur terroir et débordent d'énergie. Hauts-de-smith et le-petit-haut-de-smith bénéficient des mêmes attentions que le grand vin.

smith-haut-lafitte.com

Château Suduiraut
●●●●●

La propriété produit les très grands vins que son terroir autorise, avec une parfaite régularité et une déclinaison complexe mais parfaitement réfléchie de grand et seconds vins et de deux secs remarquables. Difficile de choisir parmi les seconds vins moelleux entre lion, un peu plus moderne et exubérant, et castelnau plus classique, car les deux sont réalisés sans concession, avec un joli rôti du raisin. En sec, S a un peu plus de densité que le simple sec. Il n'y a guère qu'Yquem pour faire encore un tout petit peu mieux, surtout en matière d'élevage.

suduiraut.com

Château La Tour Blanche
●●●●○

Le château appartient à l'État depuis 1909 et abrite un lycée professionnel agricole et viticole. L'école de viticulture de la république soigne ainsi son bijou le plus précieux et son équipe technique renouvelée a encore affiné les vinifications, avec des vins qui permettent de comprendre pourquoi en 1855 le cru vient en tête de liste des premiers crus classés. Si vous en avez l'occasion, demandez à déguster la confidentielle cuvée de muscadelle, au parfum étrange et magnifique.

tour-blanche.com

Château d'Yquem
●●●●●

Yquem jouit d'un statut unique qui le place pratiquement hors de tout jugement critique. La centaine d'hectares exploités se répartissent entre sémillon et sauvignon, sur des croupes graveleuses avec un sous-sol plus argileux. Le groupe LVMH (qui l'a repris en 1999 avec à sa tête Pierre Lurton, arrivé en 2004), comme hier la famille Lur-Saluces (aujourd'hui au château de Fargues), n'imagine même pas la possibilité de céder à la facilité. Yquem mérite plus que jamais son rang de premier des premiers du Sauternais. L'arrivée du sauvignon dans les assemblages, la souplesse d'adaptation de l'élevage à la nature du millésime, et évidemment un savoir-faire agronomique unique font de chaque millésime une fête encore plus précise et équilibrée que dans les décennies précédentes.

yquem.fr

MÉDOC

Château d'Agassac
●●●○○

Ce vignoble de graves est l'un des plus importants du Sud-Médoc, avec 40 hectares. Racheté par Gérard Jicquel (aussi Fourcas Dupré), le château produit quatre cuvées de qualité, veillant à conserver du fruit, dans un style moderne, tannique mais sans lourdeur. L'agassant, à base de 90 % de merlot, est une cuvée plus ronde, destinée à être bue jeune. La tête de cuvée du château-pomiès-agassac joue sur le registre de l'hyper raffinement. L'esprit-d'agassac est très flatteur, le grand vin, charmeur et équilibré, est un incontournable.

agassac.com

Château d'Arcins
●○○○○

Cette propriété classique et très ancienne du Haut-Médoc, située juste avant d'arriver à Margaux, appartient à la famille Castel. Depuis quelques années, le numero un du vin en France s'attache à redonner ses lettres de noblesse à ce domaine. Le cru est sur la bonne voie.

cavedarcins.com

Château d'Armailhac
●●●○○

Acheté en 1933 par Philippe de Rothschild, ce vignoble jouxte celui de Mouton-Rothschild, sur des graves plus légères et moins naturellement drainées. L'encépagement compte plus de merlot et de cabernet franc qu'au château Mouton-Rothschild, ce qui donne aux vins une rondeur et une souplesse particulières. Avec une équipe dédiée, le cru a beaucoup progressé depuis 2005 et offre un des meilleurs rapports qualité prix des crus classés de Pauillac.

chateau-darmailhac.com

Château Arnauld
●●●○○

Depuis 2007, ce château situé à Arcins, sur la route des châteaux, fait partie de la même famille que deux célèbres propriétés détenues également par les assureurs Allianz : Larose-Trintaudon, l'un des plus grands vignobles du Médoc, et le château Larose-Perganson, qui fait partie intégrante du domaine viticole et offre une deuxième marque aux côtés de son aîné. Les vins ont gagné en suavité et en finesse.

chateau-arnauld.fr

Château d'Arsac
●●○○○

Philippe Raoux a acheté en 1986 ce domaine qui comptait parmi les plus anciens du Médoc. Il reconstruit peu à peu le vignoble qui atteint aujourd'hui 112 hectares d'un seul tenant. Il a créé la Winemaker's Collection, laissant carte blanche chaque année à un winemaker de renom : celui-ci peut ainsi sans contrainte sur le terroir médocain du château d'Arsac inventer son vin idéal. Le résultat est souvent bluffant. Arsac est décidément une propriété hors norme.

chateau-arsac.com

Château Batailley
●●●●○

Appartenant à la famille Castéja, le vin a retrouvé la plénitude de son style, associant la puissance dont il a souvent fait preuve entre 1945 et 1961 mais avec infiniment plus de pureté et de finesse aromatique. Les vins ont spectaculairement progressé à partir des années 2000 et constituent l'un des plus sûrs rapports qualité-prix de Pauillac. Depuis 2015, un second vin, lions-de-batailley, permet une sélection encore plus rigoureuse de l'assemblage du grand vin. Le niveau atteint ces derniers millésimes impressionne.

batailley.com

Château Beau-Site
●●○○○

Magnifique chartreuse regardant le fleuve, Beau-Site bénéficie d'un des plus jolis panoramas du nord de l'appellation. Il appartient à Philippe Castéja, également propriétaire des châteaux Batailley et Trottevieille. Le domaine produit un vin élégant, racé, toujours ample sans être dénué ni de finesse ni d'élégance. La propriété a franchi un cap.

chateau-beausite.fr

Vincent Millet (château Calon-Ségur).

Château Belgrave

Belgrave voisine comme Camensac les arrières de Saint-Julien, juste après Lagrange, sur d'excellents sols alternant graves, argile et calcaire. Viticulture soignée et vinification intelligente en font un vin équilibré et régulier, au rapport qualité-prix remarquable. Le second vin, diane, plus souple, partage ces qualités.

chateau-belgrave.com

Château Beychevelle

Cette magnifique propriété, possédant l'une des architectures les plus élégantes du Médoc, a longtemps été surnommée « le petit Versailles ». Propriété de famille d'Aymar-Achille Fould, ministre du Général de Gaulle, elle fut ensuite acquise à la fin des années 2000 par les groupes Castel et Suntory. Le nouveau chai et les moyens donnés à l'excellent directeur Philippe Blanc ont permis d'aller jusqu'au bout de l'expression d'un des terroirs les plus fins du Médoc. Arômes et texture aristocratiques, jolie souplesse liée aux meilleurs merlots de l'appellation, fraîcheur et le caractère cèdre bien marqué des cabernets du secteur.

beychevelle.com

Château Boyd-Cantenac

Le vignoble est issu d'une division du cru Cantenac, aujourd'hui Cantenac-Brown, d'une seule pièce de dimensions modestes (17 hectares). Les graves argileuses ne font pas souffrir la vigne en été sec et Lucien Guillemet, assisté de son neveu Olivier Salques, aime vendanger ses cabernets bien mûrs. Le vin puissant et strict ne fait pas de concession aux modes, et vieillit parfaitement et avec constance.

boyd-cantenac.fr

Château Branaire-Ducru

Ce cru, situé juste en face du château Beychevelle, a totalement été repris en main par la famille Maroteaux, qui l'a racheté en 1988. Le vin, issu d'un parcellaire réparti sur l'ensemble de l'appellation, exige de la rigueur dans le travail d'assemblage, et l'obtient d'une équipe très compétente. Sa régularité est à citer en exemple ainsi que celle du second vin, duluc.

branaire.com

Château Branas Grand Poujeaux

Désormais propriété du hollandais Arjen Pen, le cru devrait continuer sur sa dynamique positive, enclenchée ici depuis les années 2000. La réhabilitation du vignoble, la restauration du cuvier et le consulting d'Hubert de Boüard ont permis au cru d'atteindre un haut niveau. Les vins sont colorés, denses, profonds et possèdent une grande suavité de tannins. Le second vin est toujours une bonne affaire.

branasgrandpoujeaux.com

Château Brane-Cantenac

Le vin doit sa classe et son caractère au cœur du plateau de Cantenac et ses graves siliceuses et argileuses profondes. Sous la direction d'Henri Lurton, il affirme avec une régularité assez rare une souplesse et une finesse aromatique propres à lui, qui le font rechercher des amateurs de vins conformes à ce qu'on attend d'un beau margaux. Dans les tout derniers millésimes, il semble encore franchir une étape dans la précision de l'expression du terroir. Le second vin, baron-de-brane, partage la même esthétique avec une souplesse dans le tannin qui devrait plaire à de nombreux restaurateurs et amateurs.

brane-cantenac.com

Château Brillette

Ce vaste domaine a été acquis en 1975 par la famille Berthault-Flageul. Sur les cent hectares, une quarantaine est exploitée en vignes, partagées entre merlots et cabernets. Constant et sérieux dans la qualité de ses vins, ce château représente une valeur sûre de l'appellation. Les vins sont savoureux et énergiques.

chateau-brillette.fr

Château Calon-Ségur

La restauration achevée du château complète celle du cuvier et de la mise à jour du vignoble, rendant à la propriété l'allure attendue du cru seigneurial de la commune, majestueusement enclos dans ses murs. Une équipe formidablement compétente donne toutes ses chances à un terroir exceptionnel avec désormais des vins du niveau d'un premier grand cru classé. Depuis 2012, le cru appartient à la compagnie d'assurances Suravenir. Plus encore que le second vin, marquis-de-calon, le cru Capbern produit sur les vignes extérieures aux murs du clos donne un saint-estèphe à l'exceptionnel rapport qualité prix.

calon-segur.fr

Château de Camensac

La famille Merlaut veille à faire progresser les vins de ce vignoble assez vaste, voisin des crus de Saint-Julien, qui cherche la régularité et l'homogénéité dans la qualité du vin livré. L'arrivée d'une nouvelle et talentueuse directrice a apporté plus d'exigence et de précision dans l'élaboration d'un vin bien médocain de caractère, par son côté un peu austère et réservé en primeurs, mais laissant parler le cèdre et les épices.

chateaucamensac.com

Château Cantemerle

Comme ses voisins du secteur Ludon-Macau, Cantemerle a souffert des intempéries des années 2017 et 2018 ce qui interrompt un peu sa magnifique progression qualitative. Raison de plus pour faire confiance aux années précédentes, montrant toute la finesse dont ce vaste terroir de 90 hectares est capable. Les prix restent accessibles et le cru est en forme en 2019. L'arrivée d'une nouvelle directrice, Laure Canu, enclenche un nouveau cycle pour la propriété.

cantemerle.com

Château Cantenac-Brown

Beaucoup de changements se profilent dans cette propriété somptueuse, achetée récemment par la famille Le Lous (spécialiste du paramédical et de la cicatrisation). Un nouveau chai entièrement éco-responsable et unique en son genre à Bordeaux devrait sortir de terre dans les deux prochaines années. L'équipe motivée est toujours sous la direction du sympathique et talentueux José Sanfins.

cantenacbrown.com

Château Clarke

Acquis par Edmond de Rothschild en 1973, la branche cousine de Mouton-Rothschild et Lafite, Clarke fait figure de tête de pont du vignoble de Listrac. Les 54 hectares de vignes, plantés sur des croupes argilo-calcaires, à dominante de merlot, sont soignés comme dans un cru classé. Le cru a progressé et rejoint les meilleurs listrac, désormais conseillé par Éric Boissenot. Toujours généreux et puissants dans

MATHIEU GARÇON

Caroline Artaud (château Clerc-Milon).

Château Croizet-Bages

Ce cru classé se situe sur de belles terrasses de graves entre Grand Puy Lacoste et Lynch-Bages. Jean Philippe Quié et sa sœur Anne-Françoise veulent lui donnent toutes ses chances et il y a vraiment des progrès depuis 2015, même si pour le 2016 on ne retrouve pas toutes les promesses de la dégustation sur fûts, avant la mise en bouteille. Un nouveau cuvier devrait aider à concrétiser définitivement les progrès.

domaines-quie.com

Château Dauzac

Voisin immédiat de Giscours et de Siran par l'emplacement de ses vignes, ce cinquième cru classé en 1855 appartenait depuis 1988 à la MAIF qui l'a vendu début 2019 au groupe breton Samsic, dirigé par Christian Roulleau. La remarquable équipe technique reste en place autour de Philippe Roux et Laurent Fortin, montrant l'exemple sur de nombreux points ; ils ont ainsi consenti d'importants efforts de rénovation des lieux, dans un grand respect de l'environnement, et de modernisation des bâtiments techniques, complétés par un niveau de viticulture et de vinification qu'on aimerait rencontrer plus souvent. Les derniers millésimes ont donné des vins complets, salués par la critique, un grand vin puissant et harmonieux et deux seconds vins, aurore, proche du style du premier, et la-bastide, plus souple.

chateaudauzac.com

leur jeunesse, les vins se fondent au fil des années et deviennent raffinés. Une propriété incontournable.

edmondrothschildheritage.com

Château Clément-Pichon

Acheté en 1976 par Clément Fayat, également propriétaire du château La Dominique à Saint-Émilion et du château Fayat à Pomerol, le vignoble est doté d'une superbe bâtisse située à Parempuyre, aux portes de Bordeaux. Depuis plusieurs années, grâce à leur régularité, ces vins sont devenus une valeur sûre de l'appellation. Colorés et denses, ils ne manquent jamais de raffinement et vieillissent bien.

vignobles.fayat.com

Château Clerc Milon

Philippe de Rothschild passa une grande partie de sa vie à reconstituer ce beau vignoble à Pauillac, dans un cru qui avait perdu de sa notoriété. Le terroir est plus argileux que dans le secteur de Mouton, ce qui permet au merlot d'y prendre plus de profondeur et de régularité et de la communiquer à l'assemblage. Le nouveau cuvier, exemplaire sur le plan écologique, permet au vin de gagner en précision et en rigueur de sélection avec l'apparition d'un agréable second vin, pastourelle.

chateau-clerc-milon.com

Château de Côme

Certes, la reprise de cette propriété par Maurice Velge date de 1997. Ce n'est pas si récent et les plus connaisseurs d'entre vous ont déjà dû entendre parler de cet excellent saint-estèphe. Le baron Velge nous a quitté, laissant pour héritage ce modèle de super bordeaux, catégorie spécialement inventée pour ces vins de Bordeaux dont le rapport qualité prix est peut-être l'un des meilleurs au monde. Les derniers millésimes de Côme en font un challenger sérieux pour les crus non classés qui constituent les priorités habituelles des amateurs.

chateaudecome.com

Château Cos d'Estournel

Le cuvier, aussi spectaculaire que les pagodes du château, doté d'ascenseurs à cuves permettant de travailler par gravité, non seulement pendant les vinifications mais aussi pendant l'élevage, couronne les efforts considérables de la propriété pour porter ce cru au plus haut niveau possible, avec l'ambition de rivaliser en qualité avec les premiers crus classés. Le sol de graves profondes fait généralement de lui le plus corsé des vins du Médoc, le plus voluptueux dans sa texture, tout en conservant une finesse et une complexité caractéristiques de son voisinage avec Lafite. Les derniers millésimes ont encore gagné en pureté aromatique et sincérité d'expression. Un bordeaux blanc aromatique et intense est produit sur les sols de la Goulée, un peu plus au nord, et en porte le nom.

estournel.com

Château Cos Labory

Le cru possède une bonne partie de son vignoble sur des sols de graves profondes semblables à celles de Cos d'Estournel, son illustre voisin. Il a produit dans les derniers millésimes de grands vins difficiles à départager des ténors de l'appellation, du moins en vin jeune. Propriété familiale, exploitée avec une grande compétence par son propriétaire, le discret Bernard Audoy, ce cru constitue sans doute le meilleur rapport qualité prix du classement 1855.

cos-labory.com

Château du Tertre

Située d'un seul tenant sur deux splendides croupes de graves siliceuses, ce cru classé vient d'être acquis par la famille Helfrich (Grands Chais de France). Son caractère aromatique, très frais et élégant doit beaucoup à la proportion importante de cabernets francs dans l'encépagement. Le rapport qualité-prix est indéniable.

chateaudutertre.fr

Jean Guyon (château Haut-Condissas et château Rollan de By).

MATHIEU GARÇON

Château Ducru-Beaucaillou

★★★★★

Depuis 2003, Bruno Borie, avec l'aide irremplaçable d'Éric Boissenot comme conseiller œnologique, a permis à ce cru réputé de retrouver son plus haut niveau, très proche et parfois supérieur à certains premiers crus. Le second vin, la croix-de-beaucaillou, qui comprend les vignes remarquables de l'ancien Terrey Gros Cailloux, a rejoint les meilleurs de la catégorie. Le cru est une référence de l'appellation.

chateau-ducru-beaucaillou.com

Château Duhart-Milon

★★★☆☆

Le plateau de Duhart est situé au cœur des beaux terroirs de Pauillac, proche en qualité de celui de Lafite. L'assemblage fait davantage appel au merlot, ce qui enrobe mieux ce que le tannin très strict du terroir apporte aux cabernets. Les vins ont un caractère pauillac affirmé. Le remarquable 2018 et la belle réussite du cru en 2019 illustrent le retour de la propriété au premier plan et confirment ses progrès.

lafite.com

Château Durfort-Vivens

★★★★☆

Gonzague et Claire Lurton restent attachés à la progression de la qualité et de la réputation de ce cru, installé sur 55 hectares de graves pauvres et profondes. Les récents millésimes ont montré d'immenses progrès. Les raisins issus d'une viticulture biodynamique et une vinification intelligente ont produit des vins incomparablement complexes et expressifs de leur terroir, avec des sensations tactiles rares et beaucoup de raffinement. Les prix sont encore accessibles. Nous félicitons la propriété pour son travail. Le plus haut niveau de l'appellation se rapproche.

durfort-vivens.fr

Château Ferrière

★★★☆☆

Un nouveau cuvier et la reprise en main par la compétente Claire Villars-Lurton, qui engage ici une viticulture respectueuse et attentive, permet à ce cru classé de Margaux de retrouver le rang qui doit être le sien. Les millésimes 2018, 2019 et 2020 illustrent les progrès de la propriété. Les vins continuent de gagner en finesse.

ferriere.com

Château Fonréaud

★★☆☆☆

Le vignoble, installé face au château sur des croupes graveleuses, est géré depuis 30 ans par Jean et Marie-Hélène Chanfreau, rejoints maintenant par leurs enfants. Le bordeaux blanc, le cygne-de-fonréaud, est une grande réussite, toujours impeccable de précision et de fraîcheur à chaque millésime. Les rouges ont réellement progressé depuis quelques millésimes.

vignobles-chanfraut.com

Château Fourcas-Dupré

★★☆☆☆

Gérard Jicquel, propriétaire de ce cru incontournable de Listrac, en a confié la direction générale à Lucas Leclerc. Il conduit avec discernement ce vignoble d'une quarantaine d'hectares d'un seul tenant, sur un sol de graves légèrement argileuses. Les vins gagnent en élégance au fil des années.

fourcasdupre.com

Château Fourcas-Hosten

★★★☆☆

Depuis le rachat en 2006 par la famille Mommeja (Hermès), les deux frères Laurent et Renaud ont entrepris d'importants travaux de rénovation : tout d'abord l'outil technique, cuvier et chai, avec parallèlement la restructuration du vignoble. La qualité des vins a progressé à pas de géant depuis quelques millésimes. Ils sont devenus plus précis, plus denses, tout en préservant un joli fruit et une superbe délicatesse aromatique. Ici le raffinement est omniprésent. L'arrivée du talentueux Eloi Jacob devrait permettre au cru de franchir un pallier supplémentaire. La dégustation primeurs du 2020 nous a emballé.

fourcas-hosten.com

Château Giscours

★★★★☆

Cet immense domaine de 300 hectares (dont 80 hectares exploités), situé à Labarde, a connu une histoire mouvementée, en raison de successions familiales délicates. En raison de son terroir, ce cru donne un margaux coloré et corsé, de très longue garde, avec un caractère différent des crus de la partie nord de l'appellation. Quand il est réussi, il peut rivaliser avec château-palmer et les prix restent raisonnables. 2019 est une immense réussite, propulsant la propriété dans les dix meilleurs du Médoc.

chateau-giscours.fr

Château Gloria

★★★☆☆

Superbement situé sur la commune de Saint-Julien-Beychevelle et entouré de nobles pairs, château Gloria appartient aujourd'hui à Jean-Louis Triaud et à son épouse, la fille d'Henri Martin, son « créateur » (tout comme le château Saint-Pierre). Cette propriété a maintenant complètement retrouvé la plénitude de ses qualités. Les vins de Gloria ont un fruit pur et une trame souple, avec une grande finesse de tannins. Ce sont des grands classiques de l'appellation.

domaines-henri-martin.com

Château Grand-Puy-Ducasse

★★★☆☆

Ce cru est issu de plusieurs parcelles réparties sur l'ensemble de l'appellation. L'une, au lieu-dit Grand Puy, lui a donné son nom et produit la partie la plus racée de l'assemblage, qui a bien progressé sous la direction de la très compétente Anne Le Naour. Il reste encore quelques pistes d'amélioration, qui seront rendues possibles par la construction imminente d'un nouveau cuvier, permettant des sélections parcellaires précises et un élevage encore plus soigné.

grandpuyducasse.fr

Château Grand-Puy-Lacoste

★★★★☆

Le cru possède l'un des terroirs les mieux situés et les plus homogènes de Pauillac, avec un appréciable potentiel de vieilles vignes de cabernet-sauvignon qui donnent au cru sa remarquable vinosité et ses arômes épicés très nobles. François-Xavier Borie l'administre avec sagesse, compétence et une fidélité évidente au classicisme médocain. Un domaine de référence.

chateau-grand-puy-lacoste.com

Château Gruaud-Larose

★★★★☆

Le vaste vignoble du château est situé sur l'un des plus somptueux et homogènes plateaux de graves profondes de tout le Médoc. Depuis 1997, il appartient à la famille Merlaut. Peu de crus médocains, peuvent se vanter d'avoir un terroir aussi homogène, malgré sa surface, que Gruaud-Larose. On pourrait imaginer que 80 % des vignes produisent le grand vin mais on est ici encore plus sévère dans la sélection, ce qui se ressent surtout sur le grand vin, idéalement plein et harmo-

nieux, et encore plus précis ces dernières années grâce à une nouvelle génération féminine de chefs de culture et maître de chai rigoureuse et inspirée.
gruaud-larose.com

Château Haut-Bages Libéral
★★★☆☆
Les deux dernières années ont vu de grands changements au château, avec l'adoption d'une viticulture biodynamique et un renouvellement technique bienvenu. Le potentiel des meilleures vignes, voisines de château Latour, peut désormais s'exprimer avec force et donner un pauillac vigoureux et racé doté d'un excellent rapport qualité-prix.
hautbagesliberal.com

Château Haut-Bages Monpelou
★★☆☆☆
C'est la propriété de Philippe Castéja, également propriétaire du château Batailley à Pauillac et de Trottevieille à Saint-Émilion. Bien situé sur le plateau au nord de la ville, le cru a toujours produit un vin consistant, qui a gagné en élégance dans les dernières années.
borie-manoux.com

Château Haut-Batailley
★★★☆☆
La famille Cazes est désormais propriétaire de ce cru issu d'une division du château Batailley. On repère les vignes grâce à la pittoresque tour dite de l'Aspic, qui s'érige en leur milieu et à la couleur rouge vin du chai. Le vin produisait un pauillac élégant et relativement souple qui semble, ces dernières années, avoir gagné en corps et en intensité sans perdre de sa finesse.
jmcazes.com

Château Haut-Condissas et Château Rollan de By
★★★☆☆
En achetant deux hectares sur les graves argileuses de Bégadan en 1989, dans le prolongement des terroirs de graves de Pauillac et Saint-Estèphe, Jean Guyon réalise son rêve et donne vie à Rollan de By. Ce vignoble est devenu une valeur sûre, offrant un vin consistant à prix régulier. En créant en 1995 haut-condissas, il se plaçait dans l'optique qui avait été celle des vins de garage de la rive droite, à savoir déployer un maximum d'efforts sur un petit vignoble pour atteindre la qualité des meilleurs grands crus. Haut-condissas est l'archétype du super bordeaux.
domaines-rollandeby.com

Château Haut-Marbuzet
★★★★☆
Ce cru mondialement connu se trouve à Marbuzet, coteau faisant face à la Gironde. Son vignoble est situé à mi-chemin entre Cos d'Estournel et Montrose. Henri Dubosq, figure incontournable du Médoc, vinifie les vins de la propriété depuis 1982 avec la plus grande réussite. Les vins de Haut-Marbuzet sont de toujours de grande constitution, alliant rondeur et volupté, avec une grande aptitude au vieillissement. Propriété incontournable de l'appellation.
larobefendue.com

Château d'Issan
★★★★☆
Le cru appartient pour moitié à la famille Cruse et pour l'autre moitié à Jacky Lorenzetti. Ceint de murs, le vignoble d'une cinquantaine d'hectares se situe sur un terroir de première classe qui explique la remarquable finesse aromatique du vin, et sa constance malgré les caprices climatiques fréquents dans les derniers millésimes. En progrès constants.
chateau-issan.com

Château Kirwan
★★★☆☆
Dans la famille Schÿler depuis 1904, important acteur du négoce bordelais, cette propriété de 37 hectares est située sur le plateau de Cantenac, au sud de l'appellation margaux, avec une partie du vignoble située plus à l'ouest, sur des terres plus argileuses. Le magnifique nouveau cuvier vaut la visite et l'engagement de la propriété dans l'œnotourisme la rend particulièrement attractive. Les vins ont gagné en pureté immédiate d'expression et en intégration du boisé et devraient bien vieillir, dans un esprit typiquement margalais.
chateau-kirwan.com

Château La Lagune
★★★☆☆
La Lagune n'a pas été récompensée par la météo ces derniers millésimes pour sa courageuse viticulture bio. Sous le contrôle de son administratrice, Caroline Frey, le vin a bien progressé ces dernières années, avec des assemblages à plus grand pourcentage de cabernet-sauvignon et des extractions de tannin plus élégantes. C'est de mieux en mieux.
chateau-lalagune.com

Château La Tour Carnet
★★★☆☆
La Tour Carnet est la propriété phare de Bernard Magrez en Médoc. Le vignoble initial se situe sur une butte calcaire unique qui donne un cachet « rive droite » à ses merlots. Il s'est agrandi bien plus au nord d'excellents terroirs plus classiques, sur Saint-Seurin de Cadourne, comme son appellation le permet. Le volume de vin a donc augmenté en prenant encore plus d'assurance et de régularité dans la qualité.
bernard-magrez.com

Château La Tour de By
★☆☆☆☆
Ce cru de Bégadan se divise en deux parties : l'une autour du château, en bord de rivière, sur des graves magnifiques, l'autre vers Saint-Christoly. Depuis quelques millésimes, grâce à une sélection sévère et une vinification précise, coïncidant avec l'arrivée de Fré-

déric Le Clerc et de son cousin Benjamin Richer de Forges, le cru réalise d'immenses progrès, allant vers un style énergique, savoureux et particulièrement digeste.
la-tour-de-by.com

Château La Tour de Mons
★☆☆☆☆

Co-propriété de la Caisse des Dépôts du Québec depuis 1995, rejointe dernièrement par le Crédit Agricole, La Tour de Mons est un vaste et ancien vignoble de 100 hectares sur l'aire d'appellation margaux. Les investissements consentis dans le chai autant que dans le vignoble ont contribué à redorer le blason de ce beau terroir et ses vins, assez droits dans leur conception.
cagrandscrus.fr

Château Labégorce
★★☆☆☆

Suite à la réorganisation des propriétés margalaises de la famille Perrodo, Labégorce-Zédé a rejoint le château Labégorce pour ne plus faire qu'un. Marjolaine de Coninck est à la direction générale des propriétés depuis 2010. Les vins produits ont toujours leur identité forte, mais avec aujourd'hui plus de modernité, de finesse et d'élégance.
chateau-labegorce.fr

Château Lafite-Rothschild
★★★★★

Cru suprême de Pauillac, Lafite doit son inégalable finesse à ses graves du nord de l'appellation, sur socle calcaire, avec des sélections extrêmement rigoureuses qui écartent plus de la moitié de la récolte. Fortement marqué par le cabernet-sauvignon, souvent supérieur à 90 % de l'assemblage, Lafite brille par ses notes de cèdre et de graphite qui demandent plus de quinze ans pour s'épanouir. La nouvelle équipe en charge du domaine (le duo Saskia de Rothschild et Éric Kohler) s'attache à donner plus de dimension aux vins, grand vin et second.
lafite.com

Château Lafon-Rochet
★★★★☆

Une des dernières propriétés familiales en exploitation directe,

Dominique Befve (château Lascombes).

ce cru classé 1855 est l'objet de toutes les attentions de la part de Basile Tesseron. Bien conseillé par Jean-Claude Berrouet, il donne le meilleur de ses cabernet-sauvignon et de ses merlots pour produire un vin savoureux, régulier, constituant un rapport qualité prix exemplaire dans l'appellation saint-estèphe. Progrès impressionnants en 2020.
lafon-rochet.com

Château Lagrange
★★★★☆

Ce vaste domaine viticole, d'une grande homogénéité comme son voisin Gruaud-Larose, a vu ses vignes vieillir et donner une intensité inconnue au grand vin, tout en affinant depuis trois ans son style, grâce aux efforts de l'équipe technique actuelle. Son vin est une expression droite, classique, presque minérale des meilleures terres de Saint-Julien, avouant une communauté de saveur et de style indéniable avec léoville-las-cases, ce qui n'est pas un mince compliment. Excellent rapport qualité prix.
chateau-lagrange.com

Château Lamothe-Bergeron
★☆☆☆☆

Fameuse propriété, très en vogue au XIXe siècle, cette belle endormie s'est réveillée en pleine forme il y a quatre ans, grâce au rachat par la maison de cognac Mounier. Charles Lemoine en assure la direction. Situé entre Margaux et Saint-Julien, sur des terroirs de graves, le vignoble compte près de 70 hectares de vignes plantées à parité entre cabernet et merlot. D'importants travaux ont été entrepris afin de redonner au château son lustre d'antan. Moderne et avant-gardiste, conseillé par Hubert de Boüard (château Angélus), le vin conserve toujours finesse et élégance.
lamothebergeron.com

Château Langoa-Barton
★★★☆☆

Langoa est le nom de la délicieuse chartreuse où habite la famille Barton, et le lieu où léoville-barton est également vinifié. Nous sommes au cœur du vignoble de Saint-Julien, juste au sud de Léoville, et il est parfois difficile en primeurs de distinguer les deux crus. Le vin de Langoa est d'une facture très classique, dense, tannique, très épicé, complète expression de saint-julien, plus pur et plus exact dans ses derniers millésimes.
langoa-barton.com

Château Larose-Trintaudon
★☆☆☆☆

Larose-Trintaudon est l'un des plus grands vignobles du Médoc, avec 180 hectares. Propriété des assureurs Allianz depuis 1986, le château bénéficie de solides engagements financiers et d'une équipe de 55 personnes. Le château Larose-Perganson fait partie intégrante du domaine viticole, c'est une deuxième marque aux côtés de son aîné. En 2007, le groupe acquiert également le château Arnauld. Les vins progressent depuis quelques années : plus modernes, ils ont gagné en suavité et en finesse.
vignoblesdelarose.com

Château Lascombes
★★★★☆

Le groupe d'assurance mutualiste MACSF, propriétaire depuis 2011 de cette très importante propriété, met tout en œuvre pour en assurer le prestige et la qualité, sous la direction efficace de Dominique Befve. Le vin, toujours issu de vendanges très mûres, se reconnait au sein de ses pairs du classement par sa forte couleur, sa suavité et son fondu de tannin. Les mêmes qualités se retrouvent dans le second vin, chevalier-de-lascombes.
chateau-lascombes.com

Château Latour
★★★★★

Acquis par François Pinault en 1993, le cru ne s'est pas reposé sur ses lauriers. Sous l'impulsion de son rigoureux directeur Frédéric Engerer, il a encore élevé son niveau d'exigence en convertissant le vignoble à l'agriculture biodynamique. Le second vin, forts-de-latour, produit en grande partie sur les extérieurs du grand enclos, réservé au grand vin, est sans doute le cru le plus complet de sa catégorie. Quant au pauillac du château (le troisième vin), issu de jeunes vignes ou de parcelles récemment achetées, il donne déjà une haute idée de son appellation.
chateau-latour.com

Château Le Boscq
★★☆☆☆

Propriété des vignobles Dourthe depuis 1995, ces derniers se passionnent pour la mise en valeur des 18 hectares, situés le plus au nord de l'appellation Saint-Estèphe. L'équipe Dourthe imprime sa signature en y réalisant des vins typés et élégants, sur des sols très argileux, plantés de merlot à 65 %, avec 25 % de cabernet-sauvignon et 10 % de petit verdot. Les derniers millésimes sont réussis, charmeurs, généreux et équilibrés. Un incontournable.
dourthe.com

Château Le Crock
★★☆☆☆

Les 32 hectares du château Le Crock se situent entre Cos d'Estournel et Montrose, et sont limitrophes également de Marbuzet et Haut-Marbuzet. Acquis en 1903 par la famille Cuvelier, avant Léoville-Poyferré, ce superbe château, dont le vignoble est constitué à 46 % de merlot, 40 % de cabernet-sauvignon, le reste se répartissant entre petit verdot et cabernet franc, est conseillé par Michel Rolland. Le vignoble est réparti sur trois zones d'implantation distinctes, bénéficiant ainsi d'une diversité aromatique exceptionnelle et exprimant parfaitement l'originalité du terroir de Saint-Estèphe. Les vins produits sont séduisants, expressifs, énergiques et de bonne garde.

chateaulecrock.fr

Château Léoville-Barton
★★★★☆

Progressivement, la nouvelle génération Barton-Sartorius prend les commandes de cette propriété exemplaire par la constance de ses vins et de leur style et par une politique de prix intelligente et non spéculative. La partie sud de Léoville donne un vin plus vite formé que la partie nord, puissant, charnu, racé, hautement satisfaisant pour les amateurs de grands médocs.

leoville-barton.com

Château Léoville-Las Cases
★★★★★

Certainement le second cru classé le plus proche, et depuis de nombreux millésimes, quand le bouchon ne trahit pas, du niveau des meilleurs premiers crus. Il doit sa classe et sa régularité à la sélection parcellaire qui le fait produire sur le grand enclos qui jouxte celui de château Latour, et à un perfectionnisme exemplaire initié par Michel Delon dans les années 1980 et pleinement poursuivi par son fils Jean-Hubert. La finesse et la subtilité de sa saveur n'ont que peu d'égaux dans le monde mais le vin nous fait l'amitié de s'ouvrir plus rapidement que dans le passé. Les jeunes vignes donnent le petit-lion, en plus léger mais pas en moins élégant, et le reste de la propriété le remarquable clos-du-marquis, dont le rapport qualité-prix reste toujours aussi étonnant.

domaine-delon.com

Château Léoville Poyferré
★★★★★

Le cru se situe dans sa partie privilégiée en face des meilleures parcelles de Léoville-Las Cases et dans le prolongement de celles de Pichon-Longueville Baron. Le vin reflète parfaitement cette position, régulièrement un des plus puissants mais aussi des plus complexes et des plus harmonieux de tout le Médoc. Un pourcentage de merlot un peu supérieur à celui des deux autres Léoville influe sur sa texture un peu plus ronde. Sara Lecompte-Cuvelier veille à la continuité de l'excellence mise en place. Pavillon-de-poyferré, désormais le vrai second vin du château, progresse tout comme moulin-riche, désormais issu d'un quartier qui lui est propre, un peu comme le clos-du-marquis par rapport au grand vin de Léoville.

leoville-poyferre.fr

Château Les Grands Chênes
★☆☆☆☆

Situé au bord d'une forteresse du XVIe siècle à proximité de l'estuaire, le vignoble de 12 hectares s'étend sur des sols de graves et argilo-calcaires, au nord de Saint-Estèphe. Pour optimiser l'expression de son joli terroir, Bernard Magrez y fait appliquer la même philosophie de travail que dans ses autres nombreux crus (dont Fombrauge et Pape-Clément).

bernard-magrez.com

Château Lestage
★☆☆☆☆

Caroline Chanfreau-Philippon est, comme son frère Jean Chanfreau (Fonréaud), à la tête d'un magnifique patrimoine de vignes. La cinquantaine d'hectares (en grande majorité sur Listrac mais aussi sur Moulis), d'un seul tenant sur le plateau du Puy de Menjon, entoure le château construit sous Napoléon III. Depuis quelques millésimes les vins, essentiellement issus de merlot, gagnent en profondeur, sans pour autant perdre en expression fruitée ni en fraîcheur

vignobles-chanfreau.com

Château Lestage-Simon
★☆☆☆☆

Située sur la commune de Saint-Seurin-de-Cadourne, cette propriété exploitée par les Grands Chais de France dispose de 49 hectares, sur un terroir complexe de graves, le long du fleuve, et d'un plateau calcaire plus à l'intérieur. Michel Rolland en est le conseil depuis le millésime 2010. Les vins sont juteux, avec de belles saveurs et de l'énergie.

cdf-chateaux.com

Château Lilian-Ladouys
★★☆☆☆

Après avoir passé Cos d'Estournel, et faisant face à Lafon-Rochet, les deux tours de Lilian-Ladouys émergent d'un océan de vignes. Cette propriété de 47 hectares a été rachetée par Jacky Lorenzetti en septembre 2008. Le suivi technique, tout comme à Pédesclaux, est assuré par Vincent Bache-Gabrielsen. Denses et colorés, les vins offrent une séduction immédiate. L'archétype du super-bordeaux.

chateau-lilian-ladouys.com

Château Loudenne
★☆☆☆☆

Cette grande propriété de 130 hectares, au nord du Médoc, a changé de mains en 2013, rachetée par le groupe chinois Moutaï, premier producteur de spiritueux dans son pays. Elle s'est entourée, avec succès, des bons conseils de Michel Rolland pour redresser la qualité des vins. Loudenne produit des vins pleins de personnalité et très élégants, qui comptent parmi

Jacky Lorenzetti (château Lilian Ladouys, château Pédesclaux).

les valeurs sûres de l'appellation. Les derniers millésimes sont plus que convaincants.
chateau-loudenne.com

Château Lynch-Bages

Mondialement célèbre en raison de son opulence et de sa régularité, ce cinquième cru classé de Pauillac appartient à la famille Cazes depuis les années 1930, et a acquis une grande notoriété depuis que Jean-Michel Cazes en a pris la direction en 1973. Après le passage de témoin réussi de Jean-Michel à son fils Jean-Charles, le cru a maintenu toute sa fougue et sa santé dans les derniers millésimes, en conservant sa profondeur et en gagnant en précision tannique. Le château produit un bordeaux blanc sec de plus en plus stylé. L'arrivée du nouveau chai impressionnant devrait permettre à la propriété d'atteindre le sommet.
famillejmcazes.com

Château Lynch-Moussas

Philippe Castéja a beaucoup travaillé pour restaurer une superbe propriété familiale située dans l'arrière-pays de Pauillac. Le vieillissement des vignes et la construction d'un outil de travail performant permettent de produire un vin souple et charnu, en progrès constants. Son terroir lui donne la possibilité de s'ouvrir avant la plupart des vins de son appellation, ce qui devrait le rendre plus présent sur les cartes de restaurants, avec un bon rapport qualité prix.
lynch-moussas.com

Château Malescasse

Sur des graves bien drainantes, Malescasse est en de bonnes mains. Beaucoup de travaux ont été entrepris, au vignoble tout d'abord avec l'arrachage des vignes fatiguées, et la plantation de parcelles en haute densité. Les bâtiments ont également été rénovés. Les vins qui étaient très classiques jusqu'à présent ont déjà gagné en précision et en complexité grâce aux interventions de Stéphane Derenoncourt.
chateau-malescasse.com

Château Malescot Saint-Exupéry

Au cœur du terroir margalais, Jean-Luc Zuger, héritier d'une famille passionnément liée à sa commune, tranche avec la plupart des propriétaires locaux. Gourmet, excellent dégustateur mais peu suspect d'aimer les mondanités il fait un vin à son image, solide, très franc, issu de vendanges bien mûres, fait pour la table. Le terroir ajoute sa classe et son potentiel de longévité.
malescot.com

Château Margaux

Château Margaux joue pleinement son rôle de premier grand cru classé de son appellation. Les assemblages du grand vin à très forte proportion de cabernet sauvignon expliquent à la fois son étonnante pureté aromatique et son unique distinction, au prix parfois d'une certaine austérité exigeant une longue aération pour libérer les arômes. Pavillon rouge dans les derniers millésimes bénéficie des somptueux merlots non retenus pour le grand vin et a beaucoup gagné en chair et en profondeur. Pavillon blanc sélectionné avec un soin maniaque nous étonne chaque année par son énergie aromatique, sa tension, son corps et sa complexité.
chateau-margaux.com

Château Marquis d'Alesme

Le château au cœur du village devient une de ses attractions majeures, grâce à la beauté de ses installations renouvelées, dans un style inspiré par l'Asie où vit Nathalie Perrodo, son administratrice et propriétaire actuelle. Des activités œnotouristiques particulièrement inventives et bien conçues permettront de faire mieux connaissance avec un vin métamorphosé, élégant et racé, fidèle expression de son terroir.
marquisdalesme.wine

Château Marquis de Terme

Sous l'efficace direction de Ludovic David, avec le plein soutien de la famille Sénéclauze, propriétaire des 40 hectares de vignes depuis 1935, ce cru a progressivement affiné sa qualité de tannin et l'intégration de son boisé. Ludovic David a procédé à une véritable révolution dans la vinification et l'élevage de ce cru doté d'un remarquable terroir, le dotant des outils les plus modernes, ce qui lui a permis de retrouver sa typicité margalaise et de rivaliser depuis 2010 avec les meilleurs vins du secteur.
chateau-marquis-de-terme.com

Château Mayne-Lalande

A seulement 19 ans, Alice-Jeanne Dartigue reprend la suite de son père décédé, grande figure du Médoc dont nous saluons encore une fois la mémoire. Elle pourra compter sur le soutien d'Hubert de Boüard qui conseille le cru depuis 2010. Sur 40 hectares de vignes entre Listrac et Moulis, le cru propose des vins qui ont gagné en densité et en finesse, au boisé harmonieux, preuve d'un élevage maîtrisé, et à la fraîcheur évidente.
chateau-mayne-lalande.com

Château Meyney

Racheté par CA Grands Crus en 2004, Meyney est un petit bijou d'architecture médocaine, prisé tant par sa situation que par la qualité de ses vins. La cinquantaine d'hectares qui entourent le château, situés sur une croupe de graves siliceuses et d'argiles bleues profondes, en bord de Gironde, donne l'avantage au cabernet-sauvignon. Les vins ont retrouvé le lustre des grandes heures. Ils possèdent un potentiel de longue garde. Un incontournable.
meyney.fr

Château Montrose

Racheté en 2005 par Martin et Olivier Bouygues, le cru a poursuivi dans sa voie d'excellence. Les nouveaux propriétaires et leurs équipes ont veillé à ne pas modifier le style, mais à perfectionner viticulture et vinification pour les adapter aux exigences écologiques et culturelles de notre temps. Le second vin dame-de-montrose, produit en volume appréciable, a progressé en régularité et en expression du terroir. Les derniers millésimes, au sommet du Médoc, égalent les premiers crus classés.
chateau-montrose.com

Château Mouton-Rothschild

Philippine de Rothschild a laissé à ses enfants une propriété en pleine forme, aux mains d'une équipe technique irréprochable. Initialement appelée Brane-Mouton, la propriété devient Mouton-Rothschild en 1853, lorsque le baron Nathaniel de Rothschild en fait l'acquisition. Son arrière-petit-fils Philippe prend la suite en 1922 et débute la commercialisation en bouteilles. Le terroir privilégié de Mouton et ses très vieilles vignes sont magnifiés dans les derniers millésimes grâce aux faveurs du climat, et à l'aide d'un chai magnifique instauré en 2013, et produisent peut-être le vin le plus formellement parfait du Médoc. Ce qui ne l'empêchera pas de se refermer en grand millésime avant d'atteindre une apogée qu'on prédit glorieuse. Le second vin petit-mouton ressemble au grand comme un petit frère et le blanc, aile-d'argent, devient progressivement l'un des plus complets du Médoc.
bpdr.com

Château Ormes de Pez

Les Ormes ont disparu mais le hameau de Pez abrite toujours cette jolie propriété, acquise par Jean-Michel Cazes. Les vinifications sont d'ailleurs menées sous l'œil bienveillant des équipes du château Lynch-Bages, ajoutant au vin un petit supplément d'âme et surtout beaucoup d'élégance. Avec des vinifications plus soignées et précises que par le passé, ils ont gagné en raffinement.
jmcazes.com

Château Palmer

Les 55 hectares comptent autant de merlot que de cabernet-sauvignon, avec un peu de petit-verdot, et confèrent à ce cru célèbre par sa régularité et le caractère voluptueux et confortable de ses arômes et de sa texture, une personnalité singulière pour le

Médoc. La rareté des bouteilles de Palmer, grand vin ou alter-ego, s'est renforcée par les petites récoltes récentes, liées à la viticulture bio et aux caprices de la météo. Ce qui n'a rien changé à la qualité des vins, parmi les plus originaux et les plus complets du Médoc. Voluptueux, charmeur, à la fois très mûr et frais, Palmer est un vin qu'on n'oublie pas.
chateau-palmer.com

Château Patache d'Aux

Fin 2016, Antoine Moueix Propriétés, filiale d'Advini, a acquis cette belle propriété d'une soixantaine d'hectares qui avait longtemps été hissée à un très bon niveau qualitatif par la famille Lapalu, produisant un vin médocain, avec les saveurs et le tannin épicé. Des moyens importants ont été mis en œuvre, notamment la construction d'un nouveau cuvier pour travailler toujours plus en précision. Aujourd'hui, c'est sous les conseils avisés de Stéphane Derenoncourt, qui participe à la conduite du vignoble et à l'élaboration des vins.
antoinemoueix.com

Château Pédesclaux

Un nouveau cuvier ultra-moderne, luxueux et efficace, montre les ambitions du nouveau propriétaire Jacky Lorenzetti. Il souhaite produire un des meilleurs vins de son appellation et a acquis des terroirs de très haute qualité, proches de Mouton-Rothschild, qui devraient l'aider dans son ambition. Les vins brillants techniquement sont en progrès à chaque nouveau millésime.
chateau-pedesclaux.com

Château Petit-Bocq

Ce discret château de 14 hectares, situé à proximité immédiate de Haut-Marbuzet, sur le même plateau, offre une belle représentativité des terroirs de Saint-Estèphe. La forte proportion de merlot dans les assemblages oriente toutefois le vin dans un style délibérément charmeur et flatteur.
chateaupetitbocq.com

Château Peyrat-Fourthon

Propriété depuis 2004 de la famille Narboni, Peyrat-Fourton est situé sur les terroirs de graves de Saint-Laurent-du-Médoc, proches de Saint-Julien. C'est une propriété phare de l'appellation haut-médoc, d'une régularité sans faille. Toujours colorés, amples, élégants, modernistes mais sans excès, les vins se distinguent par leur harmonie, leur complexité, leur côté énergique et la justesse dans leur équilibre. Ils sont difficilement égalés dans cette appellation.
peyrat-fourthon.com

Château Phélan-Ségur

Phélan a été vendu en 2018 à un grand passionné de vins de Bordeaux, Philippe Van de Vyvere. Ce cru qui est en quelque sorte le cousin germain de Calon-Ségur est l'un des plus réputés du secteur. Merveilleusement situé en bord de Garonne, il offre un caractère bien spécifique, marqué par des notes de cèdre et une bonne souplesse de milieu de bouche. Ces derniers millésimes, c'est l'une des réussites majeures de l'appellation.
phelansegur.com

Château Pibran

Propriété d'Axa, ce vignoble est idéalement situé sur une croupe de graves, avec des voisins aussi prestigieux que Pontet-Canet et d'Armailhac. Avec l'acquisition en 2001 du château Tour Pibran, le choix du parcellaire a permis à Jean-René Matignon et aux équipes de Pichon-Baron de sélectionner le meilleur pour Pibran et de créer un deuxième vin. Grâce au travail accompli depuis plusieurs années, les vins sont de plus en plus aboutis, alliant finesse et élégance sans toutefois perdre leur caractère pauillacais.
contact@pichonbaron.com

Château Pichon Baron

Le grand vin du domaine est produit juste en face de château Latour, sur des graves parfaitement drainées et bénéficiant du microclimat des bords de Gironde. Pichon possède la vigueur et la puissance des plus grands médocs, dans un style très pur sur lequel veille amoureusement Jean-René Matignon, un des directeurs techniques les plus expérimentés du Bordelais. Deux types de second vin sont produits : tourelles recherche la souplesse et le fruit mais avec une belle plénitude, griffons porte davantage la marque du terroir.
pichonbaron.com

Jean-René Matignon (château Pichon-Baron).

Château Pichon-Longueville Comtesse de Lalande

La maison de champagne Louis Roederer a acquis ce cru très célèbre avec la ferme volonté d'en faire à nouveau, après quelques millésimes décevants, un grand cru modèle. Beaucoup d'efforts ont été accomplis en viticulture, de plus en plus inspirée par le bio, un cuvier à la pointe du progrès a été construit, et les assemblages ont accentué la proportion de cabernet-sauvignon mais en conservant les apports des trois autres cépages, qui font l'originalité du cru. Le vin a gagné en vigueur sans perdre son charme et sa finesse.
pichon-comtesse.com

Château Pontet-Canet

Ce cru est devenu l'un des plus recherchés en Médoc. Propriétaire concerné et passionné, Alfred Tesseron, aidé aujourd'hui par sa fille Justine, est toujours prêt à tous les risques. Leur complicité a permis la conversion du vignoble à la viticulture bio, inspirante pour tous les voisins, et le perfectionnement d'un outil de travail adapté à leur recherche de vérité dans l'expression du terroir et du millésime. Il n'y a plus de second vin, toute la récolte fait le grand vin. Sur le plan du style, dans les derniers millésimes une proportion d'élevage en cuves béton équilibre le boisé à la perfection et libère toute la pureté aromatique d'un jus exceptionnel.
pontet-canet.com

Château Potensac

Cru sans doute le plus estimé de l'appellation Médoc, Potensac

Nicolas Glumineau (château Pichon-Comtesse).

doit son succès à la qualité des équipes de vinification réunies par la famille Delon, propriétaire du château, et qui travaillent selon les mêmes critères exigeants qu'à Léoville-Las Cases. L'âge très élevé du vignoble, dont certaines parcelles de cabernet ont plus de 80 ans, ne l'empêche pas d'être parfaitement productif. Le vin possède au plus haut degré le style classique, avec des notes de cèdre au nez et d'épices dans le tannin, et beaucoup de fermeté. Il évolue actuellement vers plus de finesse immédiate et plus de souplesse. Les derniers millésimes sont majestueux et de grande classe.
domaine-delon.com

Château Prieuré-Lichine
★★★★☆
Doté d'un parcellaire complexe implanté sur différents secteurs de l'appellation, ce cru pour les observateurs attentifs devient peu à peu une référence. Le nouveau cuvier permet des vinifications parcellaires, donnant à chacune d'elles sa chance et les choix de viticulture inspirés par le conseiller de la propriété, Stéphane Derenoncourt, expliquent la qualité des dernières vendanges. Le vin a toute la finesse et la grâce attendues, dans une forme immédiatement perceptible et les prix restent raisonnables.
prieure-lichine.fr

Château Ramage La Bâtisse
★☆☆☆☆
La MACIF est propriétaire depuis 1986 de ce domaine de 65 hectares de vignes, situé à Saint-Sauveur, non loin de Pauillac mais plus à l'intérieur des terres. Constitué de sols graveleux, argileux et sablonneux, Ramage La Bâtisse est un cru bourgeois sagement mené. Ses équipements performants permettent de produire des vins d'une régularité exemplaire. L'engagement environnemental est total et a permis d'obtenir le label HVE3. Les vins sont toujours élégants, équilibrés, savoureux dans leur jeunesse et vieillissent remarquablement bien.
gironde-et-gascogne.com

Château Rauzan-Gassies
★★★☆☆
Ce cru a la chance de posséder quelques-unes des meilleures parcelles de l'appellation, de même valeur et origine que son voisin Ségla. Une nouvelle génération de la famille Quié met tout en œuvre pour produire des vins dignes de leur lieu de naissance, avec de bonnes pratiques au vignoble et la construction d'un cuvier plus moderne et performant. Dans les derniers millésimes, les progrès sont flagrants. Et le prix reste sage.
domaines-quie.com

Château Rauzan-Ségla
★★★★☆
En plein cœur de l'appellation margaux, ce cru de premier ordre a été racheté en 1994 par les frères Wertheimer, propriétaires de la maison Chanel et du château Canon à Saint-Émilion. Le vignoble de 66 hectares bénéficie des soins les plus attentifs de la part de Nicolas Audebert, qui propulse les vins à leur place légitime grâce à un nouveau chai et surtout au travail méticuleux accompli dans les vignes. En pleine forme, le cru exprime avec constance depuis dix ans l'élégance des meilleurs vins de Margaux. L'élargissement du vignoble a surtout bénéficié au second vin, ségla, produit en plus grande quantité, dans un style volontairement direct, souple et fruité.
chateaurauzansegla.com

Château Saint-Pierre
★★★★☆
Ce cru, propriété de la famille Triaud, rejoint le meilleur des saint-julien dans les derniers millésimes, les dépassant même parfois en qualité, grâce à ses très vieilles vignes d'une moyenne de cinquante ans, idéalement situées au cœur du village. Le vin qui a toujours été dense, serré et puissant, continue à chaque millésime à gagner en élégance immédiate, avec un boisé mieux intégré, et toujours une texture de vieilles vignes qui l'égale sur ce plan aux grands seconds classés, voire aux premiers. C'est une des expressions les plus parfaites de l'originalité de l'appellation, à des prix encore accessibles.
domaines-henri-martin.com

Château Siran
★★☆☆☆
Ce cru de Margaux, situé sur les très belles graves de Labarde, est dirigé depuis 2007 par Édouard Miailhe. Les vins de Siran sont toujours charmeurs dans leur jeunesse et se complexifient au vieillissement, avec notamment des notes de rose ancienne et d'épices leur donnant finesse et élégance. On pourrait cataloguer les vins de Siran comme des classiques de Margaux, même si nous constatons ces derniers millésimes un infléchissement de style, qui va vers le registre de l'extrême puissance.
chateausiran.com

Château Sociando-Mallet
★★★☆☆
Figure incontournable du Médoc, Jean Gautreau était l'un des artisans du renouveau de ses crus. Respecté par ses pairs, il a hissé Sociando-Mallet au niveau d'un cru classé, agrandissant largement le vignoble depuis son achat en 1969. Aujourd'hui, sur les 85 hectares de la propriété, une cinquantaine a le niveau d'un troisième voire d'un second cru classé. Ce sont des vins de référence, avec un toucher et une identité inimitables. Médocains dans l'âme, ils ont toujours beaucoup de finesse.
sociandomallet.com

Château Talbot
★★★★☆
Cette propriété, parmi les plus justement populaires du Médoc, appartient toujours à la famille Cordier. Elle donne naissance à une abondante production, qui a gagné en vigueur de définition depuis 2014. Talbot incarne pour beaucoup l'idéal du saint-julien, généreusement bouqueté, très stable et sûr au vieillissement.

Un joli vin blanc sec, aromatique et nerveux, continue à être produit sous la marque caillou-blanc. Le travail intelligent, conduit avec l'aide de Stéphane Derenoncourt dans un cuvier et un chai adroitement modernisés, porte ses fruits.
chateau-talbot.com

Château Teynac
●●●○○
Acheté par Philippe et Fabienne Pairault il y a une trentaine d'années, ce joli cru d'une douzaine d'hectares est situé au cœur du village de Beychevelle. C'est l'un des rares châteaux de taille moyenne, cerné par une nuée de crus classés ! Le cabernet-sauvignon domine largement, l'élevage est soigné, le résultat est à la hauteur. L'arrivée d'Eléonore, la brillante fille des propriétaires, fait beaucoup de bien à cette propriété qui ne cesse de nous impressionner. C'est l'adresse à suivre.
05 56 59 93 04

Château Tour-Prignac
●○○○○
Cette vaste propriété (plus de 140 hectares de vignes dans un ensemble qui frise les 300 hectares) appartient au groupe Castel. La cuvée du domaine affiche le profil d'un médoc souple et classique tandis que la grande-réserve, suivie par Éric Boissenot, est un vin qui impose une élégance et un équilibre très représentatifs de ce secteur du Nord-Médoc.
chateaux-castel.com

Château Tronquoy Lalande
●●○○○
Après de nombreuses années passées au château Mouton-Rothschild, Hervé Berland est en charge de la direction des deux propriétés acquises par Martin et Olivier Bouygues. Moins connu que Montrose, le château Tronquoy Lalande, discrète propriété de 18 hectares à Saint-Estèphe, est l'un des plus anciens vignobles de l'appellation. Les vins qui y sont produits sont splendides.
tronquoy-lalande.com

RIVE DROITE

Château Angélus
●●●●●
Le changement de style opéré depuis quelques millésimes donne encore plus de complexité à ce premier de la classe qui a toujours aimé repousser les sommets. 2018 et 2019 entrent pleinement dans ce profil et 2020 est porteur également de très grands espoirs. En plein cœur de la côte de Saint-Émilion, sur le secteur le plus prestigieux de l'appellation, exposé plein sud, Angélus dispose d'un des plus beaux terroirs, sur 25 hectares d'un seul tenant. Ce cru porté au sommet par Hubert de Boüard, vinificateur hors pair et âme des lieux, est désormais dirigé par sa fille Stéphanie et son cousin Jean Bernard Grenié, aux commandes depuis 2016. Le domaine a peu d'équivalent. Fort pourcentage de cabernet franc (40 à 50 %), engagement humain et financier important (le nouveau chai de 2014 permet de réaliser des vins d'une précision encore plus impressionnante, le récent système de ballons à l'hélium est là pour contrecarrer les attaques de grêle) et surtout un soin méticuleux apporté à chaque détail. Tout ceci forme un arsenal de haute exigence. Ces efforts constants lui ont valu l'accession au rang suprême de Premier Grand Cru Classé A en 2012. Dernièrement, le passage en culture biologique achève la montée en puissance du cru qui se distingue par une sensualité très singulière et des notes anisées subtiles que l'on ne retrouve nulle part ailleurs.
angelus.com

Château des Annereaux
●○○○○
Domaine de la famille Hessel, ce vignoble historique de 25 hectares de Lalande de Pomerol est situé sur le plateau graveleux et sablo-graveleux. Le gérant de la propriété, Benjamin Hessel, n'a pas hésité à faire découvrir son vin à la sommelière de l'Elysée, Virginie Routis, qui a retenu les millésimes 2012 et 2015 pour valoriser l'image de la France dans le monde. Depuis le millésime 2010, le cru est passé en agriculture biologique. Les vins produits sont souples et distingués au niveau aromatique, ils sortent de mieux en mieux dans nos dégustations. Ils restent de bons rapports qualité-prix.
annereaux.com

Château Ausone
●●●●●
Depuis plus de vingt ans, par son harmonie de constitution et le raffinement de sa texture, Ausone figure parmi les meilleurs vins de Bordeaux. Sa longévité en bouteille est extraordinaire. Des millésimes comme 2017, 2014 et 2013 sont de très haut niveau dans un registre de grande profondeur, fine et intense. Dans ces millésimes, la-chapelle-d'ausone brille également par son éclat et sa pureté, et son coût est quatre à cinq fois moindre. 2015, 2016, 2018, 2019, 2020 entreront dans la légende du cru. Tout ceci s'explique grâce aux vignes situées sur un tertre calcaire comprenant pour une petite partie un plateau à la couche de sol peu épaisse, et pour la majorité de leur surface la pente adjacente, exposée plein sud avec un sol beaucoup plus profond. Cette dualité est un atout essentiel qu'a su magnifier le propriétaire actuel, Alain Vauthier, et aujourd'hui sa fille Pauline.

Château Beauregard
●●●○○
La famille Moulin (Galeries Lafayette) et Cathiard (Smith Haut-Lafitte) possèdent cette propriété où le château constitue une merveille d'architecture du XVIIIe siècle. Si les premiers sont les actionnaires majoritaires (95 %), les seconds entendent apporter leur expertise sur ce domaine de 16 hectares d'un seul tenant, situé sur le versant sud du plateau, cultivé désormais selon les principes de l'agriculture biologique. Les derniers millésimes montrent que le vin a gagné en assise et en raffinement.
chateau-beauregard.com

Château Beauséjour Duffau-Lagarrosse
●●●●○
Racheté par la famille Courtin du groupe Clarins, le domaine est maintenant dirigé par Joséphine Duffau-Lagarosse qui a trouvé un cru à son meilleur, grâce au travail remarquable accompli par Nicolas Thienpont et ses équipes depuis le millésime 2009. Avec ses 6,5 hectares d'un seul tenant, idéalement situés sur le flanc ouest de la côte de Saint-Émilion, ce Beauséjour est le plus petit en superficie des premiers crus de Saint-Émilion. On a abandonné pour le grand vin le cabernet-sauvignon, et le cabernet franc a été replanté sur la dalle calcaire ; l'élevage s'opère dans les galeries souterraines crayeuses du château. On préserve comme à Ausone ou à Belair Monange une fraîcheur supplémentaire. L'équipe en place depuis les dix derniers millésimes a affiné le profil de ce vin unique au fruité très pur, au soyeux raffiné, avec une finale saline savoureuse. La concentration est l'une des plus subtiles du secteur, et le grand style où s'affirme la truffe noire est l'un des plus délicats de la rive droite. Les 2011 et 2013 sont parfaits pour la table, les 2015, 2016, 2018, 2019 exceptionnels doivent attendre dix ans en cave.
beausejourhdl.com

Château Beauséjour-Bécot
●●●●○
2017 marque une évolution de style avec l'arrivée comme consultant de Thomas Duclot et de Jean de Cournuaud formé à l'école Berrouet (celle de Petrus), arrivé à la direction technique pour le millésime 2018. Ceci marque le désir de Juliette Bécot d'infléchir le profil du vin, en incorporant un pourcentage variable de vendange entière (raisins non égrappés). Elle vinifie ainsi plus en infusion. Résultat, dès 2017 le tannin se fait plus frais, le croquant a remplacé le gourmand, et la finale saline et enlevée se révèle très sapide. Le 2018 s'annonce splendide, 2019 encore au-dessus et 2020, grandiose pour ce Beauséjour, situé sur le plateau argilo-calcaire à l'ouest du village de Saint-Émilion. Pour un peu plus de 50 eu-

ros, on tient le meilleur rapport qualité-prix des premiers crus classés de Saint-Emilion !
beausejour-becot.com

Château Belair-Monange
★★★★☆
Edouard Moueix qui est un homme de goût habite désormais ce château où des travaux importants sont engagés pour la construction du nouveau chai qui servira grandement ce magnifique terroir calcaire à l'entrée sud de Saint-Émilion, avec Ausone comme plus proche voisin. Belair-Monange qui appartient aux établissements Jean-Pierre Moueix s'est agrandi en 2012 par l'intégration du vignoble voisin de Magdelaine. La complémentarité des terroirs et une reprise en main énergique de la viticulture commencent à porter leurs fruits. Belair-Monange a ainsi retrouvé toute sa classe naturelle avec une plus grande intensité de constitution et sans le moindre déséquilibre. Il ne cesse de progresser.
chateaubelair.com

Château Bellefont-Belcier
★★★☆☆
La propriété, située dans le prolongement de Pavie et de Larcis-Ducasse, a été rachetée par Peter Kwok. Cet homme d'affaires a senti le potentiel de ce cru classé de 13,5 hectares. La direction a été confiée à Jean-Christophe Meyrou. Les ambitions sont évidentes et cela se traduit par plus de sélection parcellaire et un pourcentage de cabernet franc porté à 30 %. La densité et la fermeté des vins de côte et de pied de côte sont atténuées par une vinification douce pour faire ressortir un accent crayeux et plus de complexité au tannin généreux de ce cru classé.
vignoblesk.com

Stéphanie de Boüard-Rivoal (château Angélus).

Château Bellevue
★★★☆☆
Hubert de Boüard gère ce beau terroir qui se situe au-dessus des bâtiments de château Angélus, sur une côte magnifiquement exposée où seul le merlot donne de bonnes vibrations au vin malgré les essais de cabernet franc. Le style se révèle plein et savoureux avec beaucoup de séduction. Les derniers millésimes ont du souffle. On les attendra plusieurs années.
chateau-bellevue.fr

Château Berliquet
★★★☆☆
Racheté par Chanel qui possède le prestigieux voisin, le château Canon, Berliquet est une propriété qui s'appuie majoritairement sur des vignes de merlot qui peuvent s'épanouir sur un terroir argilo-calcaire en coteaux. Très classique, généreusement construit mais sans lourdeur, ce vin est l'un des grands classiques de l'appellation. 2019 s'annonce prometteur. Le 2018 à moins de 40 euros est encore une très bonne affaire. On tient là un potentiel de premier cru classé qui permet d'envisager une prochaine promotion.
chateau-berliquet.com

Château Canon
★★★★☆
Depuis le rachat des 22 hectares de Canon par la famille Wertheimer, ce cru bénéficie du travail long et patient de restauration effectué et ce premier de la classe tient avec constance son rang. La propriété s'est agrandie en 2011, avec l'achat des 12,50 hectares du château Matras, situé dans le prolongement du domaine et qui entre désormais dans le second vin, Croix-Canon. Le vignoble a été bien remis en état, avec une augmentation sensible de cabernet franc. Les trois derniers millésimes en bouteille montrent une constance de style fort appréciable, des vins élégants, complexes, sans aucune surcharge. Les 2018, 2019, 2020 ont gagné en chair et sont somptueux.
chateau-canon.com

Château Canon-la-Gaffelière
★★★★☆
Stephan von Neipperg, issu de la grande aristocratie de Bade-Wurtemberg a redonné sa pleine expression au vin qui mérite parfaitement son rang de Premier Grand Cru Classé. Cet homme toujours très distingué est œnologue et agronome diplômé de Montpellier devenu l'un des vignerons les plus dynamiques et innovants du Libournais. Sachant aussi bien jouer sur la puissance de constitution que sur la finesse donnée par les délicieux cabernets francs de ce cru qui compte 19,5 hectares situés au pied de la côte de Saint-Émilion. Les derniers millésimes se montrent savoureux.
neipperg.com

Château Canon-Pécresse
★★★☆☆
Les 4,5 hectares de ce canon-fronsac bien ancrés sur une terrasse dominant la Dordogne ont été repris avec enthousiasme par Jean-François Pécresse, directeur de Radio Classique. La propriété conseillée par l'incontournable Stéphane Derenoncourt a gagné en fruit et raffinement, équilibre, finesse tannique et profondeur. C'est un bon rapport qualité prix.
canonpecresse.com

Château Cantin
★★☆☆☆
Cette propriété de Saint-Émilion retrouve de l'ambition avec sa prise en mains par le groupe Grands Chais de France. S'appuyant sur un encépagement complémentaire où merlot (63 %), cabernet franc et cabernet-sauvignon se complètent harmonieusement, Cantin possède un terroir argilo-calcaire très classique de l'appellation.
cdf-chateaux.com

Château Capet-Guillier
★★☆☆☆
Seuls quelques quatre hectares bien exposés sur le coteau argilo-calcaire contribuent à faire du château-capet-guillier. Ce grand cru situé à Saint-Hippolyte est suivi depuis 2009 par l'équipe technique de Stéphane Derenoncourt. Les progrès sont constants. Le vin

se révèle à la fois suave et bien structuré.
antoinemoueix.com

Château Chauvin

Le rachat par Sylvie Cazes (issue d'une des grandes familles du vignoble médocain) et ses enfants, marque un nouveau départ pour ce cru de 15 hectares, d'un seul tenant se situe sur le plateau ouest de Saint-Émilion. Son terroir argilo-sableux nuancé d'un peu de crasse de fer, explique le profil pomerolais du cru sur beaucoup de millésimes. Le tannin velouté charme tout de suite et les vins méritent de figurer dans la cave de l'amateur.
chateauchauvin.com

Château Cheval Blanc

Avec ses pommiers entre les pieds de vigne, des poules, des brebis et quelques porcs, Cheval Blanc possède une vision durable de l'agriculture. Autant d'atouts pour les 39 hectares de cette propriété mythique qui occupe une place primordiale sur le plateau sablo-graveleux de l'appellation, un peu plus argileux sur son flanc nord du côté de Pomerol. Cheval Blanc se distingue de ses voisins par sa longévité légendaire due au fort pourcentage de cabernet franc qui fait notamment la réussite du millésime 2017. Cru le plus régulier de Saint-Émilion dans la seconde partie du XXe siècle, il fut acquis par Bernard Arnault et la famille Albert Frère, dont la figure de proue est disparue en 2018. Pierre Lurton, son directeur depuis 1991 (il préside également le château d'Yquem), fait preuve de beaucoup de rigueur et d'esprit pour perpétuer son style inimitable. 2018, 2019 et 2020 s'annoncent superbes.
chateau-cheval-blanc.com

Château Clarisse

Figure du secteur de l'hôtellerie de luxe, Didier Le Calvez et son épouse Olivia ont permis de donner un coup de projecteur sur le plateau de Puisseguin. Leur domaine de 5,10 hectares possède un terroir argilo-calcaire et argilo-siliceux qui mérite toutes les attentions. La progression est indiscutable. La cuvée vieilles-vignes constitue l'une des réussites majeures sur le secteur, avec ses accents de violette qui apparaissent au bout d'une heure d'ouverture, un tannin enrobé et de l'énergie. À découvrir.
chateau-clarisse.com

Château Clinet

Ronan Laborde, patron de l'Union des grands crus, est de ce vignoble situé sur de vieilles graves profondes, mêlées d'argiles et de crasse de fer. Au sommet du plateau de Pomerol, 11,27 hectares de Clinet sont au cœur des meilleurs terroirs de l'appellation. Le vin, charnu et consensuel, évolue parfaitement bien dans le temps, avec un gain de fraîcheur de constitution dans les derniers millésimes. Beaucoup de plénitude et de distinsction.
chateauclinet.com

Château Clos de Boüard

Coralie de Boüard est propriétaire de 30 hectares proche de Fombrauge et Troplong. Dès le premier millésime en 2016, le vin ouvre de belles perspectives avec un tannin velouté et profond qui s'étire avec éclat. Le profil du cru respecte l'année avec ce zeste d'anis en finale qui vient tout relancer. Dans le concert des satellites, il faut désormais compter sur le cru, adresse hautement recommandable.
lafleurdebouard.com

Clos des Jacobins

Ce cru de 8,5 hectares de la côte ouest de Saint-Emilion appartient aujourd'hui à la famille de Bernard Decoster. Thibaut et Magali Decoster sont accompagnés au niveau technique par Hubert de Boüard. Le vin n'a cessé de progresser tout au long de la décennie pour atteindre un niveau jamais connu auparavant. Ce cru de côte gagne en séduction immédiate et possède un fruité généreux expressif.
mtdecoster.com

Anabelle Cruse-Bardinet (château Corbin).

Clos Fourtet

Fulgurances du millésime 2020. La complexité du vin étonne par la pureté de son fruit et la rémanence des flaveurs crayeuses qui étoffent une bouche magistrale ! C'est un vin de grande émotion pour cette propriété, superbement située sur le plateau du village, à côté des fameuses grandes murailles, appartient désormais à la famille Cuvelier qui a engagé Stéphane Derenoncourt comme conseiller. Les 20 hectares sont bien ancrés sur le célèbre plateau calcaire à astéries qui donnent des vins, parmi les plus aboutis de l'appellation. Le nouveau cuvier permet depuis le millésime 2014 d'être encore plus précis dans la définition du tannin et du fruit. Sous l'effet de la biodynamie, le vin a gagné en complexité et en pureté d'expression. Les vins naissent denses et veloutés mais gagnent en nuances et en énergie, avec tout le soyeux et le grand style truffé des meilleurs merlots sur sol calcaire.
closfourtet.com

Château Corbin

Anabelle Cruse-Bardinet, issue d'une des grandes familles bordelaises du vin, tient désormais bien en main son terroir de Corbin où elle produit sur 13 hectares des vins typiques de ce secteur, plus proches par leur texture du pomerol que des saint-émilion de côte. S'y ajoute une finesse particulière née d'une meilleure maîtrise de l'élevage due dès le millésime 2016, à la nouvelle cuverie. Remarquable rapport qualité-prix. Très beau 2018, à suivre de très près !
chateau-corbin.com

Château Croix de Labrie

Pierre Courdurié, négociant en vin et son épouse Axelle ont acquis ces 3,5 hectares en 2013. Croix de Labrie provient des parcelles de Badon, à côté de Pavie et de terres situées dans le haut de Saint-Christophe-des-Bardes. L'âge moyen du vignoble, 45 ans, autorise toutes les projections. Ce cru expressif, au tannin enveloppant, produit aujourd'hui l'un des meilleurs vins du secteur jusqu'à devenir un challenger ultra compétitif pour quelques premiers.
chateau-croix-de-labrie.fr

Château Dalem

Les derniers millésimes de Dalem figurent parmi les meilleurs de son appellation, ce qui justifie une juste promotion. Leur style vigoureux s'est assoupli avec bonheur et les vins, sans perdre de leur profondeur, ont beaucoup gagné en raffinement. Aux commandes depuis 2002, Brigitte Rullier-Loussert a succédé à son père, Michel Rullier qui acheta cette propriété en 1955 avec un très beau château dominant la vallée de l'Isle. Elle a bien pris la mesure de ce vignoble qui compte

PRESSE, LEIF CARLSSON

aujourd'hui plus d'une vingtaine d'hectares. Très bon rapport qualité-prix.
chateaudalem.com

Château Dassault
★★★☆☆

Les 28 hectares de l'ancien château Couperie ont été acquis et rebaptisés en 1955 par Marcel Dassault. Ce cru régulier s'est imposé comme une valeur sûre de l'appellation, produisant des vins de plus en plus riches, sans rupture d'harmonie. L'achat récent des vignes voisines du château Trimoulet (17 hectares) doivent permettre la production d'un vin encore plus complet. Les derniers millésimes sont de franches réussites.
dassaultwineestates.com

Château de la Dauphine
★★★☆☆

Propriété de Jean-Claude Labrune, le vignoble se distingue par sa forme d'amphithéâtre. Il compte désormais 53 hectares, exposés au sud cultivés en bio, posés sur 14 types de sols. Stéphanie Barousse, la directrice, tire la quintessence de tous ces terroirs, avec des vins de belle étoffe plus en finesse qu'en extraction. Les derniers millésimes sont profonds, racés et séveux et jouent la carte de la finesse et de l'équilibre. Grand rapport qualité prix.
chateau-dauphine.com

Château Destieux
★☆☆☆☆

Destieux est situé sur un tertre spectaculaire, dans la partie orientale de Saint-Émilion. Propriété de huit hectares, elle appartient depuis les années 1970 à la famille Dauriac. Le cru atteint un niveau hautement recommandable, avec un niveau de maturité de raisin et des élevages soignés. Les derniers millésimes renouent avec le style classique du château.
vignobles-dauriac.com

Château du Domaine de l'Église
★★★☆☆

En confiant la direction technique à Christophe Dussotour, Philippe Casteja a été un propriétaire inspiré. Le travail à la vigne comme au chai respecte au mieux ce terroir idéalement situé au centre du plateau. La grande finesse et la grande fraîcheur dans la production actuelle offrent un vin qui vieillit avec harmonie. Ce cru est encore méconnu, il ne faut pas s'en priver.
domainedeleglise.com

Château L'Église Clinet
★★★★☆

Les 5,5 hectares du vignoble de l'Église Clinet se trouvent idéalement implantés sur des terroirs d'argiles et de graves argileuses, dont une partie a résisté au terrible gel de 1956. Denis Durantou, l'ex propriétaire disparu en 2020 était devenu l'un des stylistes les plus accomplis de Pomerol. Effectivement, en dégustation, les accents floraux de violette et de pivoine constituent l'ADN aromatique de ce cru au tannin de satin qui marque son territoire par sa fraîcheur de constitution et sa longueur infinie d'un grand raffinement. C'est au bout d'une dizaine d'années que le vin se dévoile vraiment.Aujourd'hui, les enfants relèvent le défi. À moins de 40 euros, le second vin est devenu un cru à part entière.
eglise-clinet.com

Enclos de Tourmaline
★★★☆☆

Propriété de la famille Kwok, également propriétaire à Saint-Emilion, Enclos Tourmaline regroupe trois petites parcelles sur le plateau magique de Pomerol du côté de La Fleur Petrus et du Pin. Un très grand soin est apporté à la vigne et au travail du raisin. Le chai possède une magnifique vue plongeante sur le vignoble de Pomerol et a été entièrement rénové en 2016. Le vin séducteur offre une bouche soyeuse et florale d'une belle intensité et sa persistance aromatique fait merveille.

Château L'Évangile
★★★★☆

Juliette Couderc, la directrice technique est arrivée la veille des vendanges 2020 et a donc pris le millésime en route, succédant à Jean-Pierre Vazart qui réalisa le splendide 2018, goûté cette année. FLe propriétaire, le baron Éric de Rothschild a doté son cru pomerolais d'installations techniques à la hauteur du potentiel et de la réputation de ce château. Des petites cuves permettent notamment de mieux suivre la vendange et d'affiner les assemblages. Le plan de restauration du vignoble mis en place avec arrachage de vignes et replantations se poursuit. L'Évangile séduit par sa grande sève, son bouquet généreux de truffe, sa texture veloutée d'un grand raffinement, avec une dimension élégante sans surpuissance C
lafite.com

Château Faugères
★★☆☆☆

Cette propriété bien située de Saint-Emilion a franchi ces derniers millésimes plusieurs paliers de qualité. L'accent a été mis sur la fraîcheur et l'élégance, ce qui permet de proposer des vins modernes, tant au niveau de la cuvée du château que sur la sélection parcellaire péby-faugères.
vignobles-silvio-denz.com

Château Fayat
★★☆☆☆

Cru créé en 2009 par Clément Fayat (industriel du BTP propriétaire du Château La Dominique à Saint-Emilion), dont les 15 hectares de vignoble épousent toutes les sensibilités de l'appellation, avec 31 parcelles d'expositions et de natures de sols différentes. Le vin produit aujourd'hui, conseillé par Michel Rolland, offre une séduction immédiate avec un tannin bien enrobé, dans un style consensuel et flamboyant, profitant de plantations à haute den-

Gwendeline Lucas (Vignobles Clément Fayat).

site et d'un fort pourcentage de merlot (90 %).
vignobles.fayat.com

Château de Ferrand

Ce vaste vignoble d'un seul tenant de 32 hectares, situé sur le plateau de Saint-Hippolyte, point le plus haut de l'appellation, a multiplié les améliorations et commence à faire parler avec éloquence le terroir, fort de son rang de Grand Cru Classé acquis en 2012. Les héritiers du Baron Bich, qui l'a acheté en 1978, installent progressivement le cru dans les très bons saint-émilions. Sous l'impulsion de Pauline Bich Chandon-Moët, la propriété revient ainsi sur le devant de la scène et s'est dotée, outre d'un nouvel outil de production plus moderne, d'un complexe œnotouristique original, où l'on se voit accueilli « comme à la maison » autour d'ateliers de découverte du vin et d'accords mets-vins imaginés par le chef étoilé Jean-Pierre Vigato. L'un des lieux les plus agréables et les plus réussis de l'appellation. De très beaux 2016, 2018, 2019 et 2020.
chateaudeferrand.com

Château Figeac

Avec 35 % de cabernet franc et 35 % de cabernet-sauvignon, on dit souvent que Figeac, installé sur le plateau graveleux qui borde Pomerol, est le plus médocain des saint-émilion. L'originalité du cru repose sur son terroir central qui est composé de graves günziennes, les mêmes que l'on trouve chez les grands crus classés de la rive gauche. De ce fait, ce premier cru classé B évolue parfaitement dans le temps. Thierry Manoncourt, âme du cru pendant plus de soixante ans, lui donna une impulsion salutaire. Depuis 2013, Marie-France Manoncourt, veuve de Thierry, a formé avec ses filles un nouveau directoire : celui-ci a engagé Jean-Valmy Nicolas, leur voisin de château La Conseillante, comme gérant et Michel Rolland comme œnologue-conseil, le but étant de donner plus de chair au cru en même temps qu'une régularité sans faille. Avec le très compétent directeur Frédéric Faye et Michel Rolland comme œnologue conseil, Figeac est reparti d'un bon pied qui doit l'amener au plus haut niveau des crus de la rive droite.
chateau-figeac.com

Château Fleur Cardinale

Florence et Dominique Decoster laissent de plus en plus la place à leur fils Ludovic et son épouse Caroline qui se sont pris de passion pour ce domaine de côte de 23 hectares, proche de la commune de Castillon. Les vins ont une générosité rare, même en millésime moyen et ont gagné en finesse de grain de tannin, 2016 et 2018 sont d'une belle sensualité ! C'est l'une des valeurs sûres de ce secteur de Saint-Émilion et le nouveau chai permettra de se montrer plus précis dans la définition des vins.
fleurcardinale.com

Frédéric Faye (château Figeac).

Château Flouquet-Invictus

À la tête de ce cru familial depuis 2015, David Bernard a parfaitement relancé cette propriété de Saint-Émilion. Sur un peu moins de 13 hectares, il cherche à exprimer des vins toujours suaves et expressifs, droits et étirés dans leur finale, permis par une forte proportion de cabernet franc dans les assemblages (à hauteur de 30 %) qui donnent aux vins une personnalité très atypique. Du grand vin à la cuvée élevée en jarre de terre cuite, tout est bon et constitue une gamme à inscrire dans le registre des bordeaux modernes. Ils sont donc très recommandables.
chateau-flouquet-invictus.com

Château Fombrauge

Acquis par Bernard Magrez en 1999, ce grand cru classé du nord-est de Saint-Émilion a énormément progressé. Il livre aujourd'hui un vin ample, intensément coloré, toujours d'une grande richesse et d'un style résolument hédoniste, avec une chair imposante et fraîche. Seconde étiquette, Magrez-Fombrauge est une sélection qui bénéficie d'un soin encore plus extrême. Plus riche, avec également une finesse de tannin superbe, il gagne sans cesse en équilibre et en élégance.
bernard-magrez.com

Château Fonplégade

Fonplégade est un cru de 18 hectares superbement situé sur la côte de Saint-Émilion, dans le prolongement direct d'Ausone. Repris par un couple d'Américains passionnés en 2004, Denise et Stephen Adams, le cru affirme des choix clairs, viticulture biologique et vinification sans concession, dans un cuvier moderne et chaleureux. Le vin a gagné en élégance dans la définition du tannin, avec un 2016 qui constitue une priorité pour l'amateur comme les 2018 et 2019. On n'est pas loin de la quatrième étoile.
fonplegade.com

Château Fonroque

La famille Guillard, issue du monde de l'assurance, est propriétaire des 17 hectares de ce grand cru classé de Saint-Émilion depuis l'été 2017. Elle a pris comme consultant Alain Moueix qui a mis en place la biodynamie. Le vignoble se répartit sur un plateau et un coteau exposé ouest. La qualité progresse, on apprécie la trame fine et svelte et des équilibres fondés sur la fraîcheur.
chateaufonroque.net

MATHIEU GARÇON, PRESSE

François Despagne (château Grand Corbin-Despagne).

Château Fontenil

Fontenil (neuf hectares) siest située sur des coteaux de terre argileuse de Saillans. Au fil des millésimes, Dany et Michel Rolland ont affiné le style des vins de leur propriété familiale, avec leur professionnalisme et leur rigueur habituels. Les vins sont structurés, concentrés, charnus et expriment une expression suave et accomplie. Les vins évoluent avec grâce et les derniers millésimes sont une priorité pour l'amateur, à moins de 25 euros.

rollandcollection.com

Château Franc-Mayne

Jean-Pierre Savare, homme d'affaires parisien et propriétaire viticole, a racheté début 2018 ce vignoble de sept hectares, associé à la famille Cazeneuve (château Paloumey, cru bourgeois en haut-médoc). Martine Cazeneuve a pris en main la direction de Franc-Mayne. Ce vin au corps soyeux et à l'allonge franche gagne en distinction et profondeur depuis le millésime 2018.

relaisfrancmayne.com

Château Grand Barrail Lamarzelle Figeac

Les équipes de la maison Dourthe, l'un des négoces les plus qualitatifs du Bordelais prennent progressivement la mesure de ce cru qui sort de mieux en mieux dans nos dégustations. Crémeux et énergique, avec une allonge fine, ce vin termine sur une finale enlevée. Le rapport qualité-prix est évident.

dourthe.com

Château Grand Corbin-Despagne

Grand Corbin-Despagne est certainement le meilleur rapport qualité prix de Saint-Émilion, avec ses 29 hectares situés sur un terroir où les sables dominent. François Despagne a travaillé sans relâche pour obtenir ce résultat, avec un engagement bio qui contribue à ce succès. Son vin concilie, vigueur, soyeux, distinction aromatique et superbe évolution dans le temps. Avec l'âge, il peut ressembler à un grand pomerol.

grand-corbin-despagne.com

Château Grand Renouil

Depuis 2019, Hélène Ponty est la cinquième génération de la famille à la tête des vignobles de Canon-Fronsac, succédant à son père Michel, propriétaire discret et talentueux. Le parcellaire d'une dizaine d'hectares est magnifiquement exposé. Le microclimat permet de profiter de l'ensoleillement des arrière-saisons et sait garder cette fraîcheur qui manque souvent aux vins démonstratifs du secteur. Les vins doivent mûrir quelques années en cave avant d'être bus. Une verticale jusqu'en 1998 s'est révélée pleine d'agrément, avec des vins qui évoluent parfaitement dans le temps. Les vins deviennent séveux et profonds, avec une fraîcheur qui étire bien le vin et des accents de truffe noire de très bonne facture.

vignoblesponty.com

Château Grand-Mayne

S'étendant sur 17 hectares, ce grand cru classé situé sur la côte ouest du plateau de Saint-Emilion est géré par la famille Nony. Sous l'impulsion de Jean-Antoine Nony, de nombreux progrès ont été réalisés par la propriété, qui semble avoir trouvé son rythme de croisière pour produire de grands vins sur ce terroir de premier ordre. Les 2018 et le millésime 2020 en primeurs confirment ce nouveau cycle. Bravo.

grand-mayne.com

Château Haut-Carles

Ce domaine de référence du Fronsadais est sous la houlette de Constance et de Stéphane Droulers, ancien associé-gérant de la célèbre banque d'affaires internationale Lazard Frères. Leurs deux filles, Eléonore et Oriane viennent de rejoindre la gérance de l'exploitation. Le vignoble de 20 hectares et d'un seul tenant surplombe la vallée de l'Isle. Il a été entièrement restructuré et les deux vins ont atteint le haut niveau. Château-decarles est un vin de plaisir et hautcarles est la cuvée haute couture du château, issue de la moitié du vignoble environ. Elle affiche un style moderne et complet, avec un grand potentiel de garde.

hautcarles.com

Château Jean-Faure

À deux pas de Cheval Blanc, les 18 hectares du château Jean Faure, grand cru classé, bénéficient des soins méticuleux et des investissements judicieux d'Olivier Decelle (Mas Amiel dans le Roussillon, Decelle-Villa en Bourgogne, De Boisseyt dans le Rhône nord). La discipline de travail dans les vignes est impressionnante. Préparations organiques et biodynamiques (le domaine est certifié en bio depuis le millésime 2017, il le sera bientôt en biodynamie), espèces végétales multiples, travail manuel : tout s'organise autour de l'espace naturel, en symbiose avec le rythme des saisons, au service d'une orfèvrerie finement ouvragée. Le vin présente une texture fine bien fournie, grâce à une majorité de cabernet franc comme à Figeac et Cheval Blanc, un fruit quasi bourguignon et une tension de fin de bouche qui équilibre le vin.

chateaujeanfaure.com

Château La Clémence

On parle de ce cru depuis la fin du siècle dernier, avec sa reprise en mains par le docteur Christian Dauriac (aussi propriétaire de Destieux à Saint-Emilion). Sur ses trois hectares, La Clémence présente six parcelles hétérogènes, avec argiles bleues, graves sableuses et sables. Ce cru offre une texture onctueuse quasi crémeuse, avec une belle densité et un style sensuel et flamboyant.

vignoblesdauriac.com

Château La Conseillante

Ce cru modèle de Pomerol (12 hectares d'un seul tenant) tutoie L'Évangile, Cheval Blanc, Vieux-

Certan et Figeac. Les sélections parcellaires sont mises en valeur par un cuvier adapté avec des petits contenants. Depuis 2015, c'est Marielle Cazeaux qui met en musique toute la partition technique. On apprécie le satiné de tannin du grand vin avec une densité distinguée mettant bien en valeur la pureté du fruit et ses délicieuses notes de violette, caractéristiques de la propriété. Le second vin, duo-de-conseillante, gagne en densité et précision.
la-conseillante.com

Château La Couspaude

Située sur un excellent secteur du plateau calcaire, proche de Trottevieille, ce vignoble de sept hectares appartient à la famille Aubert. La génération montante donne plus de finesse à ce cru qui offre une belle régularité depuis une vingtaine d'années. C'est un vin généreux, rond, gourmand, bien élevé, sensuel et ayant gagné en finesse dans les derniers millésimes.
aubert-vignobles.com

Château La Croix du Casse

Ce domaine de Philippe Casteja est l'un des grands classiques de Pomerol. Il bénéficie des mêmes soins techniques que son grand frère, le château du Domaine de l'Église. Les vins vieillissent avec élégance et classicisme. Les derniers millésimes sont de bon niveau. Nous recommandons pour son sérieux et son excellent rapport qualité prix.
lacroixducasse.com

Château La Dominique

Cette propriété de 23 hectares appartient à la famille Fayat (Fayat à Pomerol et Clément-Pichon en haut-médoc). En constante progression, le cru a produit sur les derniers millésimes des vins dignes du plateau mythique pomerolais. Depuis 2011, le pourcentage du grand vin est passé de 80 à 55 %, gagnant en complexité. Le pourcentage de cabernet franc augmente et le cru change de dimension avec une finesse de grain et une intensité tannique toute en subtilité et un fruité plus nuancé.
chateau-ladominique.com

Laurent Prospéri (château La Grace Dieu des Prieurs).

Château La Fleur de Boüard

Ce domaine de 30 hectares en lalande-de-pomerol est l'un des symboles de la réussite d'Hubert de Boüard et de sa famille propriétaire du château Angelus. La propriété produit un vin ample, profond, d'une remarquable finesse de tannin et d'une dimension sans équivalent dans l'appellation. Chaque année, à partir du terroir graveleux, on réalise le-plus, vin très ambitieux, élevé 33 mois en fût neuf. Il faut l'attendre une bonne dizaine d'années pour ne pas passer à côté.
lafleurdebouard.com

Château La Fleur-Petrus

Voici un cru de 18 hectares dont le parcellaire a considérablement évolué. Très qualitatifs, les vins gagnent en complexité. Depuis 2011, les raisins issus du terroir de l'ex-château Guillot donnent au cru encore plus d'assise en milieu de bouche. Son tannin plein de grâce possède un satiné rafraîchissant unique dans le secteur. La fleur-petrus est un grand vin de gastronomie. Les derniers millésimes sont des modèles de style.
moueix.com

Château La Gaffelière

Idéalement situé sur la côte qui prolonge Ausone et conduit à Belair-Monange, La Gaffelière a connu durant la dernière décennie une révolution tout en douceur : sur la moitié des 22 hectares s'est mise en place sous la houlette d'Alexandre Malet-Roquefort (dont la famille est à Saint-Émilion depuis le XVe siècle) un meilleur positionnement de l'encépagement. On arrache les merlots, et on replante du cabernet franc qui passe des sables au coteau. Son pourcentage augmente et atteint jusqu'à 40 % de l'assemblage final. Les replantations toutes en sélection massale s'effectuent alors sur des principes de densité plus importante. Le résultat se révèle probant avec des vins plus complexes, floraux, respectant le fruit et la fraîcheur.
gaffeliere.com

Château La Grâce Dieu des Prieurs

Acquise en 2013 par l'homme d'affaires russe Andrei Filatov, cette propriété bien située du plateau de Saint-Émilion compte neuf hectares plantés à 90 % en merlot sur un sol essentiellement sablo-argileux. Disposant désormais d'un chai en gravité spectaculaire signé Jean Nouvel, la propriété s'appuie sur l'expertise de Louis Mitjaville pour réaliser un vin ambitieux, élevé chaque année entièrement en barriques neuves. Les vins sont présentés dans un format de bouteille très original et illustré dans chaque millésime par douze œuvres d'artistes russes. C'est le cru qui monte, il est à suivre de près.
lagracedieudesprieurs.com

Château La Marzelle

Conduite en biodynamie, cette propriété de 17 hectares, reprise en mains par la famille Sioen, produit maintenant des vins dignes de son secteur, proche de Figeac. Grâce à une meilleure sélection parcellaire, un tri de vendange perfectionné, le domaine produit un vin au toucher de bouche velouté, avec un fruité rayonnant et un corps de belle élégance. Les millésimes récents sont superbes.
chateaulamarzelle.com

La Mondotte

Contrairement aux idées reçues, la Mondotte, très grand cru truffier, n'est pas une création pure de vignoble car on trouve trace du cru sur les cartes de l'époque dès le XIXe siècle. Il a simplement été revendiqué comme un cru à part entière, détaché de Canon-la-Gaffelière, afin de pouvoir prétendre comme ses pairs au classement suprême, ce qu'il méritait.C'est un petit vignoble au terroir très argileux de vieilles vignes de merlot, posé sur le plateau calcaire de Saint-Emilion, à la proximité immédiate de Troplong-Mondot et des trois Pavie. 4,5 hectares seulement acquis en 1996 et qui offrent au bout de 15 ans l'une des expressions de truffe noire parmi les plus abouties de Saint-Emi-

PRESSE

lion. Il faut y ajouter l'admirable soyeux de texture, toujours soutenu par une trame fraîche très équilibrée et l'on obtient l'un des vins les plus généreux et les plus distingués de son secteur.
neipperg.com

Château La Patache

Premier asiatique à avoir investi dans un grand cru bordelais à Saint-Émilion, Peter Kwok est également présent à Pomerol depuis 2012 (Bellefont-Belcier). Sur 3,18 hectares, pour neuf parcelles, La Patache se situe sur des graves fines avec de la crasse de fer et un sous-sol argileux, donnant au vin velouté et profondeur de fruit. Une cuvée spéciale 100 % merlot a également vu le jour, elle regroupe les quatre meilleures parcelles pour élaborer l'enclos-de-tourmaline. Ce cru très charnu, plus dense, se révèle d'une grande sensualité et joue volontiers dans la cour des grands.
vignoblesk.com

Château La Pointe

Generali France, propriétaire du cru, peut être satisfait des investissements consentis sur les 22 hectares de la Pointe, situés sur sables et graves. Toujours inspiré, le talentueux directeur de la propriété Éric Monneret a su imposer son vin. Il sait parfaitement gérer son équipe technique et il écoute les conseils avisés du consultant Hubert de Boüard. L'étude des sols et la mise en place d'une gestion parcellaire rigoureuse ont permis de faire du cru l'une des références du secteur, gagnant au fil des ans en pureté aromatique et en soyeux.
chateaulapointe.com

Château La Violette

Henri Parent continue avec brio le travail de sa mère Catherine Péré-Vergé (ex-directrice de cristal d'Arc) qui avait réveillé ce joyau d'1,80 hectare situé au cœur du célèbre plateau de Pomerol. La partie œnologique est assurée par Michel Rolland. Exubérant dans sa suavité, ce cru rayonne en bouche par sensualité incomparable. La fulgurance aromatique est exceptionnelle : fruits rouges et fleurs se mêlent de la façon la plus harmonieuse avec une touche d'épices. Un style irrésistible.
vignoblespereverge.com

Château Lafleur

Tenu avec une extrême méticulosité, ce vignoble fait face à Petrus sur une légère croupe très graveleuse en son sommet, parsemée de lentilles argileuses et de terrains plus profonds. Les Guinaudeau sont des propriétaires-vignerons qui connaissent tous leurs ceps. Chaque rang des quatre hectares est cultivé à part pour composer avec la nature de son sol. Sur les graves, le cabernet franc mûrit à la perfection, apportant ainsi une complexité unique sur la rive droite pour l'équilibre de l'assemblage. Quant au merlot, sur argiles profondes, il se montre de la même veine. La proportion égale de ces deux cépages s'harmonise parfaitement. Lafleur concourt chaque année pour le titre de meilleur vin du Bordelais. C'est devenu un mythe, que l'on ne trouve que chez les meilleurs cavistes.
chateaulafleur.fr

Château Larcis-Ducasse

2020, 2019, 2018 de Larcis-Ducasse constituent un trio de millésimes majeur de ce domaine de 11 hectares d'un seul tenant situés face à la vallée de la Dordogne. Il s'agit d'un superbe terroir sur l'un des coteaux les mieux exposés de l'appellation. Le vin se caractérise par un magnifique velouté de texture, soutenue par un tannin épicé et truffé de très grande classe. Son rang de premier cru est justifié et les derniers millésimes sont incontournables. Un premier cru classé en pleine forme !
larcis-ducasse.com

Château Larmande

Situé au nord de l'appellation, ce vignoble d'une vingtaine d'hectares repose sur des terroirs assez variés, partagés entre argilo-calcaires et sables. Le propriétaire, le groupe La Mondiale, soigne autant Larmande que Soutard dont il est également propriétaire. Les choses changent progressivement et le vin se montre charmeur, avec un fruit délicat et croquant.
chateau-soutard.com

Château Laroque

Cru classé de Saint-Émilion, Laroque (6[illegible] hectares) produit un vin solide, plus construit en charpente qu'en finesse. L'arrivée de David Suire qui officie avec Nicolas Thienpont sur les premiers de Saint-Emilion redonne de l'élan à ce domaine. Cela est perceptible sur des millésimes comme 2016 et 2017 où il y a plus de raffinement. 2018 marque une progression qualitative importante. Ce domaine est une des révélations lors de nos dernières dégustations. C'est l'un des meilleurs rapports qualité prix du secteur.
chateau-laroque.com

Château Le Chemin

François Despagne, l'homme de Grand Corbin Despagne, a jeté son dévolu sur ce vignoble familial de 93 ares. On aime ce vin au tannin serrés, velouté et énergique, issu d'un terroir de pied de côte graveleuse. Souple et fruitée en attaque, la bouche monte en puissance, offrant un beau volume, un boisé fondu et une longue finale poivrée.
grand-corbin-despagne.com

Henri Parent (Vignobles Péré-Vergé).

Château Le Gay

Ce château bien restauré est un lieu de réception à la hauteur de son terroir, considéré sur le nord du plateau comme l'un des meilleurs de l'appellation. Henri Parent en assure désormais la direction après la disparition de sa mère, Catherine Péré-Vergé, héritière des cristalleries d'Arques. Michel Rolland, dirige la manœuvre en cuverie où les vinifications sont réalisées intégralement en barrique, ce qui induit des vins amples et charnus. Leur moelleux de texture sculptural et l'intensité de sève sont bien marquées. Legay est l'un des crus les plus recherchés par les amateurs depuis plus de quinze ans.
vignoblespereverge.com

Le Pin

Jacques Thienpont créa Le Pin au début des années 1980. Ce cru a bousculé la hiérarchie de la rive droite bordelaise et ses prix se sont alors envolés. Aux abords du village de Catusseau, le vignoble s'appuie largement sur le merlot. Le vin possède une remarquable suavité, exubérante et exotique au bouquet, avec un équilibre et une fraîcheur plus affirmée que par le passé. Sa rareté et son aura mystérieuse en font l'archétype du cru spéculatif mais la qualité du vin est à la hauteur du mythe.

Château Mangot

Yann et Karl Todeschini ont pris la mesure de ce domaine familial de Saint-Étienne-de-Lisse : il comprend 34 hectares de vignoble d'un seul tenant sur quatre types de terroirs où dominent les secteurs argilo-calcaires. Les vins y sont denses, puissants et ont gagné en raffinement sur les derniers millésimes, avec plus de fraîcheur : le consultant Thomas Duclot joue un rôle certain dans ce changement.
chateaumangot.fr

Château Mazeyres

Grâce aux vignes plantées en 2011, sur le secteur de l'hippodrome de Libourne, la Sogecap, (branche assurance-vie de la Caisse de Retraite de la Société Générale) possède désormais 25,5 hectares de sables lardés d'argiles et de graves qui sont entre de bonnes mains. Comme à Fonroque à Saint-Émilion, le directeur Alain Moueix, ingénieur viticole et œnologue talentueux, issu d'une grande famille de viticulteurs et négociants libournais apporte son engagement, son expertise et son savoir-faire. L'apport essentiel de la biodynamie place la progression de ce cru dans un mouvement de qualité ascendant, ce qui lui vaut une promotion méritée. Les vins qui en résultent, vivants et élégants. Les derniers millésimes se révèlent charmeurs.
chateaumazeyres.net

Château Monbousquet

Très audacieux par leur puissance dans leur prime jeunesse, les vins de ce cru situé en pied de côte et transfiguré par le travail de Gérard Perse (également propriétaire de Pavie) vieillissent avec une grande harmonie, rendant justice au remarquable travail effectué dans le vignoble. Un vin blanc de haute volée devrait inciter d'autres châteaux à en produire eux aussi.
chateaumonbousquet.com

Château Montlabert

À quelques portées de Cheval Blanc, Figeac et Jean Faure, sur 3,5 hectares, Montlabert regarde en direction du plateau magique de Pomerol et sur 9 hectares, vise en direction de Saint-Émilion. Acquis en 2008 par la famille Castel, ce domaine trouve progressivement ses marques grâce aux investissements culturaux. Ludovic Hérault dirige la manœuvre à la vigne et en cuverie, travaillant en étroite collaboration avec Hubert de Boüard (château Angélus). Le nouveau chai devrait permettre une plus grande précision dans l'expression du cru.
chateaux-castel.com

Château Montviel

Les vins de Montviel sortent parfaitement sur les derniers millésimes grâce aux parcelles situées sur le secteur de Clinet. Ce fut le premier maillon de Pomerol acheté par Catherine Péré-Vergé, l'une des grandes dames de l'appellation. Son fils Henri Parent reprend avec succès le flambeau de ce cru à la longueur élancée et à la densité enrobante. Il bénéficie des mêmes soins que Le Gay et La Violette. À moins de 35 euros, c'est un bon rapport qualité prix pour ce niveau de qualité et pour l'appellation
vignoblespereverge.com

Château Nénin

Ce cru peut compter sur l'un des meilleurs terroirs de Pomerol et dispose de 32 hectares. Il appartient depuis 1997 à la famille Delon (château Léoville-Las-Cases, à Saint-Julien) qui y a engagé d'importants travaux. Les millésimes récents sont parmi les meilleurs de l'appellation. Moins démonstratif que la majorité de ses pairs, il est taillé pour la garde et en constante évolution. Le tannin persistant s'étire de la plus belle des façons, avec beaucoup d'énergie et une finale florale et épicée superbe. En constante progression pour sa précision structurelle et aromatique, il est désormais dans la cour des plus grands.
domaine-delon.com

Château Pavie

Gérard Perse a connu un destin hors du commun, parti de rien, il a construit dans sa troisième vie, une œuvre de grand vigneron faite d'exigence, d'invention et de sens du détail pour toutes ses propriétés de la rive droite et en particulier pour Château Pavie dont les chais pharaoniques sont à la hauteur de son statut de Premier Grand Cru Classé A, obtenu en 2012. Le vignoble, comme les chais, a été entièrement restructuré lors des derniers millésimes par Gérard Perse qui incarne le renouveau du cru depuis son rachat en 1998. Son engagement cultural et financier est total : les parcelles réunissant plateau et côte sud se répartissent aujourd'hui sur 37 hectares. Le style du vin réunit dans un équilibre jusqu'ici unique sur la rive droite la plus extrême ampleur à une noblesse de texture justement calibrée. Les grands terroirs parlent avec une majesté flamboyante, à condition de savoir attendre au moins une dizaine d'années, sans cela, on risquerait de passer à côté de la réelle complexité du cru. Les 2016, 2017, 2018 ont encore gagné en nuances. Les plus pressés peuvent déjà investir dans esprit-de-pavie : un bordeaux séveux et très savoureux à moins de 20 euros !
vignoblesperse.com

Château Pavie-Decesse

En rachetant Pavie-Decesse à la même époque que Pavie, en 1997, Gérard Perse a choisi de conserver l'identité des deux propriétés, pourtant voisines sur la côte de Saint-Émilion. Seul changement : l'intégration des vignes de plein coteau dans Pavie pour centrer Pavie-Decesse sur les sols du plateau directement au-dessus. Le cru impressionne à chaque millésime par sa puissance, son ampleur et sa formidable densité tannique. Sa fin de bouche minérale souligne le terroir.
vignoblesperse.com

Château Pavie-Macquin

Les trois derniers millésimes de Pavie Macquin sont de très haute volée . Les 2014, 2015, 2016, 2017 sont d'excellente facture et les 2016 et 2018 s'annoncent somptueux. En effet, avec ses 18 hectares, sur le rebord de la côte Pavie, Pavie-Macquin est devenu fort justement Premier Grand Gru Classé. Son terroir d'argiles fortes reposant sur un socle calcaire à astéries, permet un drainage naturel et une alimentation hydrique très régulière. Le vin présente toujours un profil d'une grande générosité, avec une bouche corsée et charnue, avec toujours un fruit vivifiant. Il gagne en finesse et en harmonie à chaque nouveau millésime, avec l'inimitable saveur de truffe et la tension minérale.
pavie-macquin.com

Gérard Perse (château Pavie, Vignobles Perse).

Château Péby Faugères

★★★☆☆

Dans sa bouteille spéciale Lalique, cristallerie qu'il a rachetée en 2008, Sylvio Denz, homme d'affaires suisse, affiche ici son ambition de cuvée de prestige. D'ailleurs Péby Faugères est devenu un cru à part entière, fondé sur une assiette foncière qui lui est propre. Dense et puissant, le vin se révèle flamboyant avec des touches chocolatées et épicées.

chateau-peby-faugeres.com

Château Petit-Village

★★★☆☆

Après l'achat de Château Beauregard en 2014, la famille Moulin rachète six ans plus tard, le voisin Petit Village, le but étant de monter en puissance et de convertir la propriété en bio. 2020 marque la première année de conversion bio et l'engagement du gérant, Augustin Belloy, à faire du cru l'un des meilleurs de Pomerol. À partir de ce millésime, on a réduit de moitié le parcellaire du grand vin en ne retenant, que les 4 à 5 hectares les plus argileux du secteur oriental qui touchent Vieux Certan. On est là sur le deuxième point le plus haut de l'appellation après Petrus. L'assemblage voit une augmentation des cabernets, avec 32 % de franc et 8 % de sauvignon pour 60 % de merlot. Les 2019 et 2018 sont de très bonne facture.

petit-village.com

Petrus

★★★★★

Sur les 11,5 hectares, le domaine ne produit que 30 000 bouteilles par an d'un seul vin rouge que les amateurs du monde entier s'arrachent. Il faut dire que Petrus est exceptionnellement situé sur une boutonnière d'argiles noires gonflantes reposant sur un lit de crasse de fer, au centre du plateau. Dans un sol favorable uniquement au merlot, le vin tire sa force et sa puissance. Il faut au moins une vingtaine d'années pour l'apprécier à sa juste saveur. Dernièrement, la famille Moueix a cédé 20 % de ses parts à Alejandro Santo Domingo, ami de la famille et grande fortune mondiale. Un choix pour renforcer la pérennité d'un cru qui continue d'investir pour conserver sa place de numéro un. Tension raffinée et densité profonde, texture de taffetas et retours floraux, Petrus rayonne et s'impose progressivement à vous. Les derniers millésimes sont irrésistibles.

Château Pierre 1er

★★☆☆☆

Ce petit cru, situé sur le plateau calcaire, a été acquis à la fin du siècle dernier par l'attachante famille Dutruilh, dont le père s'est illustré dans le vin et le fils dans le ski. Originellement baptisé la Croix-Figeac, le cru ne fait plus d'ombre à son vénérable voisin en rendant désormais hommage à Pierre Dutruilh, premier du nom. Les vins sont consistants et bien construits, d'une grande régularité millésime après millésime.

Château de Pressac

★★★☆☆

Si la guerre de 100 ans connut son épilogue à Pressac, l'autre date importante pour la propriété fut son rachat en 1997 par Jean-François Quenin, ancien directeur général de Darty. La propriété qui compte une quarantaine d'hectares, est très bien située, sur une veine argilo-calcaire à sols rouges qui s'étend de Saint-Émilion à Saint-Étienne-de-Lisse en une bande étroite. Une très grande partie du vignoble a été replantée. Les plants qui comptent une vingtaine d'années commencent vraiment à écrire l'histoire avec des 2018, 2019 et 2020 de très belle facture. Le cru est aujourd'hui de plus en plus courtisé et notre dernière dégustation des vins élaborés depuis 2014 nous amène à lui décerner une troisième étoile.

chateaudepressac.com

Quintus

★★★☆☆

La société familiale Clarence Dillon (château Haut-Brion) a regroupé en un même cru l'ex-château Tertre Daugay et son voisin le château L'Arrosée, soit 28 hectares avec des terroirs parmi les meilleurs de Saint-Émilion par leur diversité en matière de sols, déclinant le calcaire et l'argilo-calcaire. Depuis 2014, le cru peut vraiment se frotter aux crus classés et la qualité va crescendo. Le vin déploie un tannin tendu et suave, mieux défini depuis que l'assemblage monte jusqu'à 30 % de cabernet franc.

chateau-quintus.com

Château Rouget

★★★☆☆

Édouard Labruyère (Domaine Jacques Prieur sur la Bourgogne, JM Labruyère en Champagne et Beaujolais) a redonné son rang à ce beau cru du nord du plateau de Pomerol. Le guide Féret en 1868 considérait Rouget comme l'une des cinq meilleures propriétés du secteur. Les derniers millésimes marquent des progrès constants, alliant puissance et élégance, et devenant plus précis dans l'architecture de ses tannins, avec un moelleux de texture qui assoit bien la bouche.

chateau-rouget.com

Château Saint-Pierre

★★★☆☆

Un grand terroir pour cette vieille propriété qui a enfin sélectionné ses meilleures parcelles et appelé Stéphane Derenoncourt comme consultant ! Il y a dès ce premier essai une véritable révolution. Seul handicap, la très petite production... Association magique de suavité (tannin onctueux) et d'énergie en finale, avec ce qu'il faut de profondeur, Saint-Pierre gravit à chaque millésime une marche vers les sommets de Pomerol.

Frédéric Castéja (château Trottevieille, Borie-Manoux).

Château Sansonnet

●●●○○

Fille de vigneron, Marie-Bénédicte Lefévère administre avec beaucoup d'idéalisme et de discipline ce petit bijou de cru de sept hectares. Le vignoble jouxte le premier grand cru classé Trottevieille au nord-est de Saint-Emilion sur le point le plus élevé du plateau argilo-calcaire. Les derniers millésimes s'enchaînent avec succès, et le travail réalisé a été justement récompensé par le nouveau classement. Si le merlot est largement majoritaire (85 %), il est ramassé quand il le faut et vinifié en douceur. Cela donne au vin la suavité et le moelleux habituels mais avec une finesse remarquable qui devrait le faire rechercher des amateurs les plus exigeants. Très beaux 2018 et 2019.

chateau-sansonnet.com

Château Sergant

●○○○○

Propriété des Grands Chais de France, Sergant est un bon classique de Lalande-de-Pomerol, exprimant les qualités et souvent la complexité que le merlot peut atteindre sur ces terroirs. Les derniers millésimes sont savoureux et sérieusement construits. Il faut les apprécier dans les cinq ans qui suivent leur mise en bouteille.

cdf-chateaux.com

Château Siaurac

●○○○○

Situé sur Néac dans le prolongement du plateau de Pomerol, le château Siaurac est le plus grand domaine de Lalande-de-Pomerol, avec 70 hectares dont plus d'une quarantaine plantés. Comme Le Prieuré et Vray Croix de Gay, il est devenu en 2020 la propriété de l'assureur Suravenir, aussi propriétaire du château Calon-Ségur dans le Médoc. C'est un bon vin d'initiation pour découvrir l'appellation. On aime sa suavité bien enrobée qui s'étire de la plus belle des façons.

sauriac.com

Château Soutard

●●●○○

Véronique Corporandy, directrice technique talentueuse, incarne le projet qualitatif porté par le groupe d'assurances La Mondiale auquel le cru appartient. Depuis 2012, la propriété intègre le vignoble de château Cadet-Piola et possède désormais une trentaine d'hectares au cœur du plateau de Saint-Émilion, lui permettant d'augmenter le volume de vin sans changer le style. La montée en puissance du cru pourrait le mener à un classement de premier cru classé. C'est un vin de profondeur qui gagne en assise et en élégance au fil du temps. L'accueil œnotouristique est un modèle du genre.

chateau-soutard.com

Château Tertre-Rotebœuf

●●●●●

François Mitjavile est un propriétaire artiste, une sorte de philosophe de la pensée agricole. Sur son petit vignoble promontoire de 5,68 hectares, il recule à chaque millésime les limites du possible et même de l'imaginable pour cueillir le raisin au sommet absolu de la maturité, cherchant une richesse inouïe de saveur pour ses vins, monuments de sensualité élégante. Dans la hiérarchie de Saint-Émilion, Tertre Roteboeuf est simplement hors-classe et du niveau des meilleurs premiers crus classés. Chaque millésime délivre une interprétation spécifique de l'exceptionnel terroir argileux du cru.

tertre.com

Château Tour Saint-Christophe

●●○○○

Peter Kwok, banquier hongkongais et taïwanais se trouve sur la rive droite depuis 1997, année où il acheta Haut-Brisson, avant de jeter son dévolu Tour-Saint-Christophe puis Bellefont-Belcier. Son vignoble domine les terrasses de Saint-Christophe-des-Bardes. S'étant offert en 2014 les 12,6 hectares du château Tourans, l'homme d'affaires possède plus d'une vingtaine d'hectares pour développer ce grand cru de Saint-Émilion. Le vin gagne rapidement en raffinement. Bon rapport qualité-prix.

vignoblesk.com

Château Troplong-Mondot

●●●●○

Le point culminant de Saint-Emilion. Son vignoble possède une situation privilégiée et ses sols et le microclimat sont de même nature que ceux du secteur de Pavie. Depuis son rachat en 2017, par le réassureur Scor, la direction de ce premier cru a été confiée à Aymeric de Gironde, arrivé tout droit de Cos d'Estournel. Les modifications mises en place dès 2017 sont avant tout des ajustements de date de récolte et de vinification pour apporter plus de fraîcheur de constitution au cru. Après trois ans de travaux le nouveau chai gravitaire aux lignes épurées construit en hauteur permet de gagner en précision dans tous les gestes techniques.

troplong-mondot.com

Château Trotanoy

●●●●○

Voisin de Petrus, Trotanoy est l'une des propriétés phare des établissements Jean-Pierre Moueix. Comptant 7,2 hectares, elle se compose pour moitié d'argiles noires et l'autre moitié de graves argileuses. Cette mixité donne au vin à la fois de la puissance, de l'élégance et de la profondeur mais aussi une intensité aromatique rare par juxtaposition de notes chaudes, d'amande grillée, de truffe, de cèdre et de réglisse. Les derniers millésimes sont de haute volée et donneront leur pleine mesure dans quelques années.

moueix.com

Château Trottevieille

●●●●●

Le nouveau chai va encore permettre à ce premier cru de progresser : ici d'énormes efforts ont été accomplis depuis la fin des années 1990 date de l'arrivée aux commandes de Philippe Castéja, appuyé par le regretté œnologue Denis Dubourdieu et le talentueux régisseur Christophe Dussutour. Cette propriété magnifiquement située sur le plateau calcaire, à la sortie nord-est du village de Saint-Émilion, séduit par une intensité très affirmée mais aussi par son équilibre, sa finesse et sa fraîcheur, proposant la personnalité d'un saint-émilion racé, long et svelte, avec tout le chic de grands cabernets francs de très vieilles vignes, souvent majoritaires. Une récente verticale démontre une fois de plus que le cru fait partie des très grands de la rive droite.

trottevieille.com

Château Valandraud

●●●●○

Le nouveau chai est l'une des plus belles réalisations en la matière de Saint-Emilion. Il se révèle tout à fait à la hauteur de ce premier cru classé, créé ex-nihilo dans le vallon de Fongaban, par Murielle Andraud et Jean-Luc Thunevin. Le domaine est passé de 60 ares de vignes en 1991 à plus d'une vingtaine d'hectares aujourd'hui. En deux décennies et demi, Valan-

PRESSE, MATHIEU GARÇON

draud atteint un niveau exceptionnel tant au niveau de la texture que de la structure. Ce domaine s'impose grâce à des vins d'une rare ampleur de constitution, hédonistes mais toujours harmonieux, complexes et surprenants de fraîcheur, conservant un fruit abondant. Ils possèdent certainement l'une des plus belles textures satinées de la rive droite, grâce à un élevage haute couture. Le second vin, virginie-de-valandraud, dont le prix tourne à une quarantaine d'euros, se montre plus immédiat et constitue un bon rapport qualité-prix.
thunevinonline.com

Vieux Château Certan
★★★★☆
La propriété, qui appartient depuis près d'un siècle à la famille d'origine flamande Thienpont, est l'une des superstars de Pomerol. Le merlot représente 65 % de l'encépagement et excelle sur les sols argileux proches de Petrus. Les 35 et 40 % de cabernets franc et sauvignon sont issus de sols de graves. « VCC » gagne en densité veloutée au bout d'une dizaine d'années. Alexandre Thienpont, épaulé par son fils Guillaume, joue sur plusieurs registres, celui du tannin ultra raffiné, de la suavité de texture et de son aptitude à bien évoluer dans le temps. La régularité du cru est impressionnante.
vieuxchateaucertan.com

Château Villemaurine
★★★★☆
Fille de vigneron, Marie-Bénédicte Lefévère qui possède notamment le château Sansonnet a racheté l'un de ses voisins, le château Villemaurine. Cette propriété de sept hectares est superbement située à la sortie nord du village de Saint-Émilion, à côté de Trottevieille, sur le plateau calcaire. Le cru donne des vins puissants et équilibrés, classiques de ce secteur, qui ont trouvé le sens de la finesse exigée avec une expression florale très nuancée. Pour environ une quarantaine d'euros, voilà un saint-émilion qui joue dans la cour des grands.
villemaurine.com

BORDEAUX ET CÔTES DE BORDEAUX

Château d'Aiguilhe
★★★☆☆
Magicien des vinifications, le comte vigneron, Stephan von Neipperg (Canon La Gaffelière, La Mondotte), possède sur Aiguilhe un vignoble historique d'une cinquantaine d'hectares situé sur le plateau. Il bénéficie d'un drainage naturel et d'un excellent ensoleillement grâce à une exposition globale au sud. Rappelons que ce terroir de calcaires à astéries présente les mêmes sols que les grands crus classés de Saint-Émilion. Les derniers millésimes sont des valeurs sûres, faisant preuve d'une grande régularité. Le blanc produit en quantité confidentielle a également fière allure.
neipperg.com

Château Alcée
★★★☆☆
Alcée est devenu une des priorités absolues pour l'amateur. Le cru appartient à Nicolas Thienpont, l'un des plus grands consultants de la rive droite (Pavie-Macquin, Larcis-Ducasse). Celui-ci achète, en 2011, trois hectares à Castillon, situés en sommet du plateau calcaire où le rocher affleure sous les argiles rouges. En 2014, le parcellaire est porté à 6,5 hectares avec de nouvelles parcelles placées à une encablure de Saint-Philippe d'Aiguille, sur un plateau calcaire alternant argiles compactes et abords très superficiels. La courbe du vin s'arrondit, la texture se densifie et joue désormais dans la cour des grands de l'appellation, avec un bon rapport qualité-prix entre 14 et 17 euros.
nicolas-thienpont.com

Château Ampélia
★★☆☆☆
François Despagne, propriétaire du grand cru classé Grand Corbin Despagne à Saint-Émilion et diplômé d'ampélologie, a toujours été convaincu du fort potentiel qualitatif du terroir de Castillon. Il y fait l'acquisition du château Ampélia en 1999. Plantée à 95 % de merlot sur une mince couche argilo-calcaire reposant sur un socle calcaire, cette propriété de moins de cinq hectares propose des vins d'une grande franchise de constitution.
grand-corbin-despagne.com/ampelia

Michael Huang (château Bonnange).

Château de Belcier
★☆☆☆☆
Construit à la fin du XVIIIe siècle, le château de Belcier coiffe un vignoble de 52 hectares sur des sols argilo-calcaires et argilo-limoneux. Il possède comme ingénieur-conseil le célèbre Georges Pauli, homme d'expérience qui s'illustra à Saint-Julien. Les vins sont bien constitués, avec une cuvée domaine franche et dynamique et une cuvée le-pin-de-belcier plus complexe.
gironderamagebelcier.com

Château Bonnange
★★★☆☆
Repris par Michael Huang, un entrepreneur chinois imaginatif et impliqué, Château Bonnange est une propriété de référence en Blayais. Elle propose aujourd'hui à côté de ses cuvées classiques des vins de cépages de sauvignon, merlot, cabernet et malbec. C'est véritablement l'une des propriétés les plus intéressantes de ce secteur. La troisième étoile est méritée.
chateaubonnange.fr

Borie Manoux
★★☆☆☆
Maison bordelaise historique, Borie Manoux appartient à la famille Castéja, propriétaire de nombreux crus classés (Trottevieille, Lynch-Moussas, Batailley, etc.). Autour du classique Beau-Rivage, elle a composé une gamme de vins de marques axés sur la souplesse et le fruit. Un style accessible et souple, avec quelques jolies réussites.
borie-manoux.com

Vignobles Despagne
★★★☆☆
La famille Despagne dispose de cinq propriétés et de 300 hectares de vignes, plantées des cépages traditionnels bordelais. Le sérieux, l'inventivité et la compétence des Despagne font que tous leurs vins, et notamment ceux de leurs propriétés phare, Tour de Mirambeau et Rauzan Despagne, pourraient servir de modèle à bien des bordeaux : toujours flatteurs mais jamais loin du classicisme bordelais. Les vins sont toujours très harmonieux.
despagne.fr

Domaine de l'A

Il y a toujours beaucoup de poésie lorsque l'on se rend à Sainte-Colombe chez les Derenoncourt qui sont devenus des consultants très respectés du Bordelais, ayant gardé cette simplicité vigneronne qui sait où va le goût des choses. Leur domaine de l'A est devenu une référence sur le secteur en y produisant l'un des vins les plus séduisants de la rive droite avec un fruit palpitant de coeur de bouche à la fois frais et pulpeux. Excellent dans sa jeunesse, le vin évolue parfaitement comme le prouve notre dégustation remontant jusqu'au millésime 2002. On retrouve alors le grand style truffier des meilleurs vins de la région.

domainedela.com

Dourthe

À travers ses cuvées phare qui portent haut les couleurs du Bordelais ou les châteaux qu'elle amène au sommet de leur appellation, Dourthe est une maison à la signature sûre. Sa cuvée phare, déclinée dans les trois couleurs, est le dourthe-n°1, véritable archétype du bon bordeaux. Elle possède plusieurs propriétés importantes, comme Pey La Tour en entre-deux-mers, La Garde en pessac-léognan, et le cru classé Belgrave en haut-médoc. Reprise par le Champenois Alain Thiénot, elle n'a en rien modifié de sa philosophie d'action. Le vignoble bordelais a besoin de signature aussi recommandable que celle-ci.

dourthe.com

Château Hostens-Picant

Nadine et Yves Picant, rejoint par leurs filles, Valentine et Charlotte, font des merveilles sur ce vignoble de 40 hectares dans l'appellation sainte-foy-bordeaux, bien conseillés par Stéphane Derenoncourt. À côté de la cuvée rouge classique, souple et expressive, lucullus se montre charnu et épicé. Le blanc les-demoiselles, assemblage sémillon, sauvignon et muscadelle, est l'une des cuvées les plus réussies du Bordelais, vin onctueux et dynamique, de garde et taillé pour la gastronomie. La référence du secteur.

chateauhostens-picant.fr

Mathieu Chadronnier (château Marsau).

Château Latour Camblanes

Depuis son rachat en 1982, le vignoble a triplé sa superficie et compte aujourd'hui 32 hectares où prospèrent 75 % de merlot et 25 % de cabernet-sauvignon. Il se compose de jolis coteaux argilo-calcaires superbement orientés, avec un drainage naturel du meilleur effet. Vin distingué, avec du charme et de la profondeur.

chateau-castel.com

Clos Lunelles

Gérard Perse qui a acquis cette propriété en 2001 en a fait une des places fortes des excellents rapports qualité-prix de la rive droite. En effet, l'homme de Pavie traite son castillon comme le château Pavie à la vigne et en cuverie. On a dans ce cru, la densité de l'argile exprimée dans toute sa profondeur avec un fruit frais parfaitement ciselé grâce à la touche saline finale apportée par le calcaire. La stature d'un grand vin de la rive droite entre 24 et 27 euros.

vignoblesperse.com

Château Marsau

Château Marsau est devenu l'un des crus vedette des petites appellations de la rive droite bordelaise. Il doit ce succès à un style extrêmement séducteur, mis au point par son propriétaire. Les derniers millésimes sont de franches réussites et constituent de bons rapports qualité-prix, 2018 est une évidence.

chateau-marsau.com

Château Montlandrie

Les filles de Denis Durantou reprennent aujourd'hui ici, le flambeau de leur père disparu. L'homme de l'Église Clinet sur Pomerol, avait acheté ce domaine de 12 hectares sur argilo-calcaire en 2009. Arrachant pour replanter entre 18 et 20 % du vignoble qui domine la Dordogne, ce vigneron visionnaire se signalait dès les premiers millésimes en produisant un vin charnu, structurant et équilibré, qui sort à moins de 30 euros. C'est l'un des meilleurs rapports qualité-prix du Bordelais ! Le 2018 est superbe.

denis-durantou.com

Mouton Cadet

Astucieusement créé en 1930 par le Baron Philippe de Rothschild, mouton-cadet a vu au fil des ans sa renommée augmenter, pour devenir une référence de l'appellation Bordeaux au niveau mondial. Elargie à plusieurs appellations du Bordelais, la gamme fait aujourd'hui l'objet d'une refonte significative de son processus d'élaboration en s'appuyant notamment sur des approvisionnements issus de parcelles sélectionnées chez des vignerons partenaires. Un travail important vers des pratiques plus respectueuses de l'environnement commence à porter ses fruits. Nous saluons la hausse globale du niveau de qualité des vins, dans toutes les appellations.

moutoncadet.com

Château Penin

Patrick Carteyron est l'un des leaders de l'appellation Bordeaux et Penin une référence dans différentes appellations, couleurs et cuvées. La production des rouges, particulièrement des belles cuvées, les-cailloux et grande-sélection, s'effectue sur un terroir caillouteux du Quaternaire, le plus noble de l'exploitation. Les terroirs sableux et argileux sont réservés à l'élaboration des délicieux rosés et clairets. Son clairet est « la » référence de la catégorie. On recommande cette large gamme de vins à tous les prix, axée sur le fruit, la qualité des tannins et la fraîcheur.

chateaupenin.com

Clos Puy Arnaud

Thierry Valette a toujours eu le goût du vin. En 2000, il a repris cette propriété de 13 hectares à Belvès-de-Castillon (20 kilomètres à l'est de Libourne), choisissant l'exigence de la biody-

MATHIEU GARÇON, PRESSE

Pratiques biodynamiques en cours à Clos Puy Arnaud.

namie. Les calcaires à astéries sont prédominants à Puy Arnaud. Ces sols apportent beaucoup de finesse, de fraîcheur et de minéralité aux raisins, permettant au bouquet de rivaliser avec celui des « grands terroirs » (floral, épices, truffe) en se mettant en place progressivement. Velouté dans sa texture, majoritairement merlot, le grand vin se montre très raffiné dans son allonge tannique, avec un fruité bien exprimé et une finale stylée de grande fraîcheur. On tient là certainement l'une des cuvées les plus abouties de la rive droite. C'est l'un des vins les plus originaux du Bordelais.
clospuyarnaud.com

Château Puyguéraud

Sous la houlette du talentueux Nicolas Thienpont, Puyguéraud est devenu l'un des crus emblématiques des francs-côtes-de-bordeaux, avec des blancs de caractère qui jouent sur l'aromatique et l'onctuosité. Les rouges possèdent une fraîcheur digne d'éloges, grâce à la part inhabituelle de cabernet franc et de malbec qui assurent une réelle complexité au cru et une évolution dans le temps parfaite. Pour une quinzaine d'euros, voici un excellent rapport qualité-prix.
puygueraud.com

Château Reynon

Le château Reynon, sur le coteau de Beguey, à côté du village de Cadillac, appartient à la famille de Denis Dubourdieu (le pape de l'œnologie décédé en 2016). Grâce aux efforts culturaux et techniques, c'est aujourd'hui l'un des crus les plus renommés des Côtes de Bordeaux, avec des rouges et des blancs dans un style racé et élancé, séduisants par leur droiture et leur fraîcheur. On suivra le blanc et le rouge, toujours bons et à des prix abordables.
denisdubourdieu.fr

Roc de Cambes

Ce côtes-de-bourg signé par François Mitjavile est situé sur un tertre argilo-calcaire exposé plein sud. Le brillant propriétaire de Tertre-Rotebœuf (à Saint-Émilion) l'a développé avec la même exigence méticuleuse pour en faire un grand vin. Avec un terroir voisin mais bien différent, plus alluvionnaire, cambes n'est pas un second vin mais une autre expression, plus souple et veloutée, du talent de François Mitjavile et de sa fille Nina. Les deux vins ont leur propre personnalité et impressionnent toujours.
roc-de-cambes.com

Château Roques Mauriac

Ce vaste vignoble fait partie des propriétés d'Hélène Levieux, fille du créateur des magasins Leclerc, récemment disparue. Suivis aujourd'hui par son fils Vincent et son épouse Sylvie, les vins ont beaucoup gagné en rondeur et en qualité de fruit ces derniers millésimes. La cuvée hélène est toujours agréable, classique, bien constituée et équilibrée, la cuvée damnation, un cran au-dessus, puissante, est faite pour la garde.
levieux-vignerons.com

Château Sainte-Marie

Près de l'abbaye de la Sauve-Majeure, l'une des plus anciennes de France, la propriété appartient depuis les années 1950 à la famille Dupuch. Elle s'attache à défendre et à mettre en valeur la typicité du terroir de l'Entre-Deux-Mers. La cuvée vieilles-vignes, issue de vignes dépassant les 100 ans, est une valeur sûre. Les vieilles vignes permettent d'obtenir des vins charmeurs, aux arômes complexes et aux tannins fondus. L'entre-deux-mers, raffiné et plein de personnalité, est toujours doté d'une vivacité exquise. Une propriété modèle.
chateau-sainte-marie.com

Château Thieuley

Situé à la Sauve-Majeure, au cœur de l'Entre-Deux-Mers, ce domaine est un classique du bon bordeaux à prix accessible, dans les trois couleurs. La talentueuse famille Courselle est à la tête de cette bonne adresse. Les filles de Francis, Sylvie et Marie Courselle, ingénieures et œnologues ont désormais en main les destinées de Thieuley. Rouge, blanc et clairet sont toujours bien construits, savoureux, gourmands et équilibrés. La cuvée francis-courselle est particulièrement élégante.
thieuley.com

Vignerons de Tutiac

La cave des Hauts de Gironde, au cœur de l'appellation Blaye, fut regroupée avec ses consœurs de la région sous l'entité Tutiac. Elle produit une large palette de vins bien représentatifs de l'appellation, en réelle progression, de qualité fort agréable et constante, tant en rouge qu'en blanc, conjuguant prix doux et grande facilité d'approche. Nous sommes très heureux, au vu de ses récents efforts sur la qualité des vins et pour son travail très intelligent sur la refonte de la gamme, de lui attribuer une deuxième étoile.
tutiac.com

Bourg

gogne

UNE GÉOLOGIE
QU'ON CROIRAIT DÉDIÉE
À LA VIGNE
DES VINS AFFOLANTS,
DES VIGNERONS ATTENTIFS,
DES GRANDES MAISONS
EXEMPLAIRES,
LES MARCHÉS SUBJUGUÉS.
LA BOURGOGNE,
C'EST ÇA

CLOS DES MOUCHES LA SAGA À 100 ANS

LA MAISON JOSEPH DROUHIN A FÊTÉ CETTE ANNÉE LE CENTENAIRE DE SA CUVÉE EMBLÉMATIQUE. UN VIGNOBLE EXCEPTIONNEL QUI NOUS RAPPELLE QU'UN GRAND VIN EST D'ABORD LE FRUIT DE LA RENCONTRE ENTRE UN HOMME ET UN TERROIR

PAR ***LAURENT GOTTI***

DANS LE PARIS VIREVOLTANT des années folles, le bourdonnement des « mouches à miel » de la maison Drouhin en a envoûté plus d'un. La saga de Clos des Mouches a en effet pris son envol dans les années 1920 dans le quartier de la Madeleine. Une reconnaissance qui a mené la cuvée frappée des abeilles au statut d'icône de la côte de Beaune, un siècle plus tard. Elle est d'abord l'œuvre de Maurice Drouhin. En 1918, il est encore un jeune négociant comme la Bourgogne en compte beaucoup. La maison qu'il dirige n'a pas encore de vignes et il se porte acquéreur, quatre ans après, d'une première parcelle sur un terroir baptisé Clos des Mouches en raison de la présence autrefois de nombreuses ruches sur ce secteur de Beaune. Maurice Drouhin tient les vins de ce clos parmi ses préférés. Une passion qui ne le quittera plus. Sa détermination lui permettra d'augmenter rapidement la surface. Il acquiert une quarantaine de parcelles auprès de huit propriétaires différents. Détermination et mérite, car le vignoble encore sous le coup du phylloxéra est en piteux état. En 1929, il possède déjà près de neuf hectares du clos (qui en compte vingt-cinq).

LA CHANCE SOURIT AUX AUDACIEUX

Quelques pieds de blanc sont complantés dans le clos et leurs jus assemblés dans le vin rouge pour lui apporter de la finesse. En 1928, la récolte entre rouges et blancs est décalée en raison de maturités plus tardives. Maurice Drouhin décide de les vinifier séparément. « *L'acheteur de chez Maxim's a un coup de cœur et demande l'exclusivité* », précise Véronique Drouhin-Boss, petite-fille de Maurice. Artistes, têtes couronnées et autres célébrités de l'époque découvrent alors le clos-des-mouches blanc et l'adoptent. Sa réputation est faite. Au fil des millésimes, la production s'équilibrera petit à petit dans les deux couleurs. Et la maison Drouhin continuera d'acheter patiemment des parcelles voisines. Elle exploite aujourd'hui pas moins de trente-cinq parcelles sur quatorze hectares, en culture biologique dès 1990, puis biodynamique quelques années plus tard. Jouxtant Pommard, ce terroir est implanté à l'extrême sud de l'appellation Beaune.

À mi-coteau, en pente douce et orientées est-sud-est, les vignes s'enracinent dans des calcaires à la composition différentes selon leurs positions dans le clos. « *Nous avons trois niveaux géologiques différents. Ce qui nous amène à vinifier séparément six cuvées de rouges et autant de blancs* », précise Véronique Drouhin-Boss. Une partie des vins, notamment ceux issus des jeunes vignes, est régulièrement repliée dans la cuvée de côte-de-beaune de la maison. Pratique qui permet de garantir un niveau qualitatif irréprochable. Le beaune premier cru Clos des Mouches blanc se distingue par une puissance maîtrisée, de l'amplitude sans exubérance. Il décline au nez des notes florales et aussi de fruits juteux ou d'épices douces. Contrairement à ce que le voisinage de Pommard peut laisser penser, le rouge joue davantage le registre de la grâce, de la subtilité plutôt que de la structure. Les petits fruits et des nuances finement épicées composent le plus souvent sa palette aromatique.

CHATEAU
MEYNEY
DEPUIS 1662
GRAND VIN
CHATEAU
Le secret le mieux gardé de Saint-Estèphe
L'ABUS D'ALCOOL EST DANGEREUX POUR LA SANTÉ, À CONSOMMER AVEC MODÉRATION

NUITS-SAINT-GEORGES LA BELLE ENDORMIE SE RÉVEILLE

DANS L'OMBRE DE SES SŒURS CÉLÈBRES DE LA CÔTE DE NUITS, CETTE APPELLATION N'A POURTANT RIEN À LEUR ENVIER. EXPLICATIONS

PAR **ALAIN CHAMEYRAT**

BIEN DES VILLAGES font rêver les amateurs de vins entre Dijon et Beaune. Gevrey-Chambertin, Morey-Saint-Denis, Chambolle-Musigny, Vougeot, Vosne-Romanée, etc. Nuits-Saint-Georges clôture le bal au sud et souffre curieusement d'un déficit de notoriété par rapport à ses voisins alors qu'il a donné son nom à toute cette côte, la côte de Nuits. C'est assez paradoxal. Nos dégustations ne voient pas de différence de qualité globale entre les vins de Nuits et ceux des fameux villages plus au nord. Seulement un style différent, voire plusieurs. Le vignoble entoure ce village de 5 500 habitants. Au nord, il touche Vosne-Romanée et donne des vins de très grande finesse. Les dégustateurs chevronnés auront bien du mal à différencier les nuits-saint-georges du nord des vosne-romanée dont ils sont le prolongement. Le vignoble au sud du centre-ville donne des vins un peu plus puissants, d'un style qui fut parfois rustique, mais dont les meilleurs producteurs ont dompté les tannins depuis longtemps. C'est dans cette partie que se situent les crus les plus réputés : Les Saint-Georges, Aux Cras et Les Vaucrains. Le premier est considéré de longue date comme le meilleur de la commune, même si hiérarchiser les climats de ce secteur est une affaire d'esthète averti tant ils ont de points communs. La renommée du cru Saint-Georges est la plus forte et la plus ancienne. Le docteur Lavalle a écrit en 1855 une cartographie précise des crus de chaque commune de Bourgogne qui a fait référence et reste d'actualité : Histoire et statistique de la vigne et des grands vins de la Côte d'Or. Les parcelles y était réparties en plusieurs classes, têtes de cuvées, premières, deuxièmes, troisièmes et quatrièmes cuvées. Les Saint-Georges y figurait en tête de cuvée au même titre que Chambertin, Clos de Vougeot, Romanée, Richebourg ou encore Montrachet. En 1807, une pièce de ce cru se vendait au même prix qu'une pièce de romanée ou de montrachet et plus cher qu'une pièce de corton. À la fin du XIXe siècle, ces vins se vendaient presqu'au même prix que les musignys ou les richebourgs. Seuls les deux romanée, le clos-de-vougeot et le chambertin était mieux valorisés de 20 à 30 %. Le premier cru Les Saint-Georges aurait pu être classé grand cru, mais dans les années 1930, le négoce n'y était pas favorable et les producteurs timorés n'ont pas voulu, ou pas su, attraper le train en marche lors de la création des appellations et des classements officiels. Le

PREMIERS CRUS, NOS MEILLEURS

L'appellation nuits-saint-georges compte 41 premiers crus. Les dégustations que nous faisons depuis 15 ans en distinguent une vingtaine qualitativement au-dessus des autres :

Clos des Argillières
Clos de l'Arlot
Aux Boudots
Les Cailles
Aux Chaignots
Chaines Carteaux
Château Gris
Aux Cras
Les Damodes
Clos des Forêts Saint-Georges
La Richemone
Clos de la Maréchale
Aux Murgers
Aux Perdrix
Les Porrets-Saint-Georges
Les Procès
Les Pruliers
Les Saint-Georges
Aux Thorey
Les Vallerots
Les Vaucrains
Aux Vignerondes

N.B. : Nous ne mentionnons pas le cru Les Didiers qui touche Les Saint-Georges. Ce monopole des hospices de Nuits est en effet vendu très tôt aux enchères et n'est pas présenté à nos dégustations comparatives de vins en bouteille.

PRESSE

Le château-Gris, propriété de la maison Albert Bichot. Un terroir de premier ordre dans l'appellation.

train est passé et les démarches administratives actuelles sont d'une telle complexité que ce climat n'est pas près de devenir le 34e grand cru de Bourgogne. À une époque où les buveurs d'étiquette font le marché sur la minuscule production bourguignonne, il faut certainement chercher dans cette absence de grand cru la moindre notoriété des nuits. Nos lecteurs sauront en profiter pour se régaler à bon compte.

DE NUITS À NUITS-SAINT-GEORGES

Ce serait les Nuitons qui auraient fondé la ville dans les premiers siècles de notre ère. Cette peuplade germanique serait passée par là avec les Burgondes. D'autres origines du nom sont évoquées par les étymologistes et les historiens. Le nom de *Nui* apparaît pour la première fois dans un texte de 1060. La transformation de Nuits en Nuits-Saint-Georges est plus récente. Au début du XIXe siècle, Gevrey ne s'appelait pas Gevrey-Chambertin. Marketing avant l'heure, les vignerons ont obtenu de Louis-Philippe en 1847 de pouvoir rajouter le nom de leur cru le plus prestigieux au nom de la ville. Suivront entre autres Aloxe avec Corton (1862), Vosne avec Romanée (1866), Puligny et Chassagne avec Montrachet (1879), Chambolle avec Musigny (1882). Nuits ajouta Saint-Georges à cause du train. La gare de Nuits avait un homonyme dans l'Yonne, source de confusion. Les cheminots de la compagnie PLM avaient unilatéralement baptisé la gare Nuits-sous-Beaune. Cette infériorité de Nuits par rapport à Beaune ne fut pas du goût des vignerons et négociants. En accolant à son nom le nom de son cru le plus célèbre, Nuits-Saint-Georges vit le jour en 1892.

LES HOSPICES DE NUITS

Fondés en 1270, les hospices de Nuits n'ont pas la célébrité de ceux de Beaune qui leur sont pourtant postérieurs de presque deux siècles. Le domaine hospitalier de Nuits s'étend aujourd'hui sur 12,5 hectares suite aux dons successifs. La vente aux enchères annuelle de ses vins a habituellement lieu en mars.

NUITS-SAINT-GEORGES, OÙ L'ACHETER ?

Chez les vignerons ou les négociants, bien sûr. À condition de prendre rendez-vous. Pour picorer quelques bouteilles des uns et des autres, la maison des vignerons propose la plupart des vins de Nuits. Vous pouvez aussi les découvrir lors de la manifestation "Les Nuits au grand jour" qui se tient en mars sous les halles de la ville.

Maison des Vignerons.
4, rue Charles Arnoult,
21700 Nuits-Saint-Georges
maisondesvignerons.fr

NUITS EN CHIFFRES

310 hectares dont 140 de premiers crus
97 % de rouge (pinot noir)
3 % de blancs (chardonnay et pinot blanc)
45 vignerons
10 négociants
2/3 de l'emploi salarié de la commune est lié à la filière vitivinicole

NUITS-SAINT-GEORGES, LE CARNET DE NOTES

Des rouges merveilleux et quelques blancs de grande classe, la preuve par 40 que Nuits-Saint-Georges est une terre de grands vins. *DÉGUSTATION* ***ALAIN CHAMEYRAT***

Domaine de l'Arlot, Clos Arlot (Monopole), blanc 2019
93
Etonnant blanc de Nuits d'une grande délicatesse qui nous montre une bouche large, onctueuse, délicate et racée. C'est un modèle pour l'appellation dans cette couleur.
93 euros

Domaine de l'Arlot, Clos des Forêts Saint-Georges (Monopole) 2019
95
En version un peu plus tendre que le clos de l'Arlot du domaine pour l'instant, avec un tannin très fin, délicat sur des notes de fumée, de poivre gris, d'infusion de mûre. Bouteille envoûtante par la délicatesse de sa texture.
90 euros

Domaines Albert Bichot, Château Gris 2019
94
Monopole de 2,8 hectares au sein de ce climat également connu sous le nom Les Crots, un nom local relatif à un creux. Le 2019 a une longueur salivante, un tannin dynamique bien enrobé et une saveur fruitée noire un rien sauvage. Bel avenir.
86 euros

Domaine Pierre Brisset, Aux Thorey 2019
93
Il étonne par sa salinité, sa finesse dans un corps bien constitué. Remarquable bouteille très recommandable.
60 euros

Butterfield Wine, Aux Murgers 2019
93
Robe assez foncée pour un pinot noir, bouche sphérique, tendre, graphitée. Il démarre vosnien dans son expression première, le climat est tout proche de cette appellation. Il finit nuits-saint-georges, assez profond.
Prix NC

Butterfield Wine, nuits-saint-georges 2019
92
C'est comme souvent au domaine un nuits tout en délicatesse, fin dans son tannin, rond dans sa structure, à la fois tendre et fort bien constitué. 2019 lui voit de plus une digestibilité particulière. Remarquable niveau pour un village.
Prix NC

Domaine Georges Chicotot, Les Saints-Georges 2019
97
Son sol puissant d'argiles brunes bien drainées par les cailloutis en font de longue date le cru de référence à Nuits. Profond, terrien à la manière d'un bonnes-mares avec un enveloppé de texture superlatif et une race supérieure que seuls les Vaucrains peuvent approcher.
Prix NC

Domaine Georges Chicotot, Les Vaucrains 2019
96
Ce Vaucrains, littéralement qui ne vaut rien car il est sur un sol pauvre ne mérite vraiment pas son nom quand on y plante de la vigne. Profond, racé, il est dense et de grande finesse en même temps.
Prix NC

Domaine Chopin et fils, Les Murgers 2019
94
Nez très fin avec des notes vanillées, de fruits noirs, finale saline et délicate pour ce Murgers qui affiche un réel sens de son terroir.
50 euros

Domaine Confuron-Cotetidot, Vignes Rondes 2019
94
Avec ce qu'il faut de fermeté pour rappeler que l'on n'est plus à Vosne pourtant tout proche mais à Nuits. Texture harmonieuse, grande longueur, c'est un vin de style avec le caractère bien trempé des rouges de la maison, on l'attendra.
75 euros

Domaine David Duband et François Feuillet, Les Pruliers 2019
93
Un Pruliers, du côté sud de Nuits mais dans le style Duband, élégant et aérien. On lui verrait même des accents vosniens dans ce millésime, ce n'est pas courant, même si son fond trahit sa véritable origine.
67,50 euros

Domaine David Duband et François Feuillet, nuits-saint-georges 2019
92
Des fruits bien mûrs puis une texture caressante et des tannins délicats en font un nuits remarqué pour la simple appellation communale.
46 euros

Laurent Dufouleur, Aux Vignerondes 2019
92
Nez et bouche racés, jus délicat pour ce nuits très agréable que l'on pourra boire assez vite sur son fruité juvénile.
58 euros

Domaine G.Y. Dufouleur, Clos des Perrières 2019
94
Puissant et profond, ce climat sur calcaire nous montre des fruits très noirs, une bouche pleine, longue, racée.
59 euros

Domaine G.Y. Dufouleur, Les Poulettes 2019
93
Plutôt puissant, raffiné, de bonne profondeur, avec un tannin sensuel. On le fera patienter un peu en cave.
58 euros

Domaine Faiveley, Aux Chaignots 2018
95
Très fin, subtil et de grand charme, il finit fleuri.
78 euros

Domaine Faiveley, Les Porrets-Saint-Georges 2019
93
Ce nuits sous la patte Faiveley est un nuits de grand charme, salin et très fin qui a domestiqué ce terroir aux sols profonds réputé pour donner des vins plutôt solides.
75 euros

Domaine Henri Gouges, Aux Chaignots 2019
94
Il provient de la partie basse du climat plus alluvionnaire dont on retrouve le marquage minéral dans la cuvée. L'ensemble est profond, structuré mais sans aspérité, sur les fruits très noirs. Il finit frais grâce à l'influence froide de la combe du Meuzin.
63 euros

Domaine Henri Gouges, Clos des Porrets Saint-Georges 2019
95
Jus racé, salin, de grande complexité, finale large car le terroir est puissant. Grand style.
61 euros

Domaine Henri Gouges, Les Perrières, blanc 2019
92
La particularité de ce blanc est son cépage, le pinot blanc. On le voit en forme en 2019, il semble avoir mieux géré les fortes chaleurs de l'été que certains chardonnays. Frais, long, large et gras mais sans lourdeur, bien parfumé, c'est une réussite. Une petite garde lui ira bien.
86 euros

Domaine Henri Gouges, Les Pruliers 2019
95
Jus de grande dimension construit pour la garde mais sans accroche aucune. Ce terroir au sud du bourg donne des vins assez puissants avec ici une foule de nuances aromatiques.
79 euros

Géraldine Godot (directrice technique du domaine de l'Arlot).

Domaine Jean Grivot, Lavières 2019
91
Aux portes de Vosne, sa profondeur de goût et son fruité noir lui donnent un caractère nuits affirmé. 2019 le voit bien mûr, racé et opulent.
Prix NC

Domaine Jean Grivot, Roncière 2019
93
Avec un supplément de race et de finesse par rapport au nuits Lavières. Son tannin est rond, parfaitement enrobé avec beaucoup de fond et de sincérité.
Prix NC

Domaine Laurent, Les 4 Vignes 2019
93
Assemblage de quatre parcelles proches de Vosne-Romanée, dense et fort bien construit autour de tannins ouatés et subtils.
39 euros

Domaine Thibault Liger-Belair, Les Saints-Georges 2019
95
Ces Saint-Georges sur des sols bruns rougeâtres sont pulpeux, pleins, profonds et donnent une image fidèle de ce cru au sommet de l'appellation.
105 euros

Bertrand et Axelle Machard de Gramont, Aux Allots 2019
93
Bouche fraîche, profonde en goûts, sensuelle autour d'un tannin délicat, de grande finesse. Hautement recommandable.
39 euros

Bertrand et Axelle Machard de Gramont, Les Hauts Pruliers 2019
94
Le marqueur Pruliers est bien visible avec cette densité et ce fruité noir typique du climat juste en dessous classé en premier cru. Sur des sols maigres, il est puissant mais sans la moindre brutalité, profond, de grande longueur. On est ici dans le classicisme parfait des vins du sud de la ville de Nuits.
42 euros

Bertrand et Axelle Machard de Gramont, Les Vallerots 2019
92
La marque du domaine parfaitement incarnée ici est un tannin d'une grande tendresse. La bouche est sensuelle, délicate et puissante en goûts.
37 euros

Frédéric Magnien, Les Damodes 2019
94
Ce Damodes développe une grande finesse. Posé sur des graviers au-dessus d'un socle de marbre rose, il joue dans un style bien proche des vosnes voisins.
75 euros

Domaine Georges Mugneret-Gibourg, Au Bas de Combe 2019
94
De l'harmonie et de la précision dans un rouge au sommet de l'appellation village. Sa texture délicate, finement minérale et saline est des plus séduisantes.
100 euros

Manuel Olivier, Les Cailles 2019
92
2019 le voit en version plus souple que sa réputation. Après l'attaque enrobée, on devine en extrême finale son potentiel de garde.
60 euros

Domaine Philippe Pacalet, Aux Chaignots 2019
93
Situé au nord de Nuits, le style des vins du climat oscille entre celui de Nuits et celui de Vosne. Bouche délicate et racée dans un ensemble très noir de fruits, très nuits-saint-georges avec cette assise terrienne particulière. La bouche est longue et séveuse, séduisante.
100,50 euros

Les Parcellaires de Saulx, Les Murgers 2019
94
Extraction précise de la race de ce climat avec une pointe sauvage ravissante, la délicatesse de ce climat en partie nord de l'appellation proche de Vosne-Romanée a été préservée dans ce 2019.
91,10 euros

Domaine des Perdrix, Aux Perdrix 2019
94
Corps généreux, racé, très fin, tannin enrobé, haut en saveurs et profond en goûts, c'est une belle réussite.
91,5 euros

Domaine des Perdrix, Aux Perdrix Les 8 Ouvrées 2019
96
Large volume de bouche, très fin dans son expression, très pur, sur les fruits noirs bien mûrs et menthés, il est d'une immense longueur.
126,5 euros

Domaine des Perdrix, Domaine Christophe Perrot-Minot, La Richemone cuvée Ultra 2019
97
Ce premier cru réputé délicat a été fort bien traité ici. Sans coutures, il nous montre une fin de bouche d'une délicatesse hors normes, une parfaite incarnation du style maison.
450 euros

Domaine Christophe Perrot-Minot, Les Murgers des Cras 2019
95
Ce premier cru déclassé intègre de petites parcelles classées en appellation village. Sans tannins apparents, il joue la partition sensuelle des nuits proches de Vosne-Romanée. Et il la joue bien, au-delà de bien des premiers crus revendiqués.
150 euros

Domaine Jean Tardy et Fils, Au Bas de Combe Vieilles Vignes 2019
92
Un jus énergique de belle profondeur, bien construit, en délicatesse qui finit frais et long sur sa palette de fruits noirs.
70 euros

Domaine Fabrice Vigot, Vieilles Vignes 2019
91
Un nuits aérien, léger et délicat, de belle finesse qui finit fumé sur un fruité croquant.
28 euros

CHABLIS LES PREMIERS CRUS QU'IL VOUS FAUT

SON DESTIN EST LIÉ AU CHARDONNAY, SA RÉPUTATION AUSSI. NOTRE DÉGUSTATEUR A PASSÉ TOUT LE MONDE EN REVUE EN REGARDANT LÀ OÙ PEU DE GENS REGARDENT, VERS LES PREMIERS CRUS

PAR **GUILLAUME PUZO**

CHABLIS EST EN BOURGOGNE, le chardonnay règne donc en maître. Pourtant, à la différence du vignoble de la Côte-d'Or, où les vinifications en fût ont toujours été la norme, la cuve inox s'est imposée à Chablis assez largement dès les années 1980. Certes, un certain nombre de domaines continuent de vinifier sous bois, au moins partiellement. Citons parmi eux les domaines Raveneau, Dauvissat, Laroche, Billaud-Simon, Samuel Billaud, Brocard, Bessin, etc. En plus de faire évoluer le style des vins, cette conversion à l'inox permet aussi d'assurer une hygiène quasi parfaite. À Chablis, peu ou pas de déviance organoleptique due à des odeurs de mauvaise cave ou d'un entretien défaillant du parc à fûts. Souvent récents, les équipements bénéficient des dernières innovations technologiques, notamment en matière de gestion des températures de fermentation. Une garantie pour le consommateur de retrouver un vin techniquement irréprochable. Sur ce point, les vins de Chablis marquent une différence notable avec nombre de vins blancs de Bourgogne.

UNE FAMILLE AU COMPLET

Tous les représentants du monde viticole sont présents à Chablis, ce qui est loin d'être le cas dans toutes les communes de la Côte-d'Or. On pense en premier lieu à la coopérative La Chablisienne. Symbole de réussite d'une production solidaire et qui compte dans le tissu local pour près de 20 % des volumes récoltés. Les domaines viticoles font depuis longtemps la renommée de l'appellation et les principaux sont cités dans notre sélection. Quant au négoce, les grands noms de Beaune, qui furent longtemps d'importants acheteurs de vrac, sont aujourd'hui presque tous impliqués directement dans la production locale, selon le fameux modèle négociant-vigneron qu'ils ont su mettre au point. Ce qui n'empêche pas les cours du vrac de faire le yo-yo suivant l'éternel rapport entre négoce et prix de vente. Quand le négoce est acheteur, le prix monte ; quand il ne l'est pas, le prix baisse.

DU SANG NEUF

Depuis deux décennies, c'est la famille des négociants qui a connu les plus importantes mutations. Le mouvement avait été initié avec Long-Depaquit, acquis par Albert Bichot (1970). Ont suivi l'acquisition de William Fèvre par Bouchard Père et Fils (1998), de Simonnet-Febvre par Louis Latour (2003), de Laroche par Advini (Laroche s'intégrant à la nouvelle entité Advini en 2011) et, plus récemment, de Billaud-Simon par Faiveley (2014). Au-delà des changements de direction, ces brassages d'équipes techniques et managériales ont eu l'effet bénéfique d'insuffler un souffle nouveau dans un village où l'on évoque souvent « les vieilles familles chablisiennes », comme les Raveneau, Dauvissat, Duplessis, Pinson, Tremblay ou autres. Loin de démériter, ces dernières maintiennent leur style et perpétuent la tradition quand les nouveaux venus apportent des idées et portent un regard inédit, en viticulture comme en vinification. Chez William Fèvre, par exemple, depuis l'arrivée de Didier Séguier, concomitante au rachat par Bouchard, jamais les vins n'ont atteint un tel niveau, sans comparaison avec celui qu'ils avaient auparavant, du temps de monsieur Fèvre.

2021, LE GEL MAIS PAS SEULEMENT

On s'en souvient. L'année 2021 a démarré de terrible façon, avec huit nuits de gel entre le 5 et le 19 avril. Depuis son arrivée en 1998, Didier Séguier avoue que 2021 est son année la plus compliquée, même s'il se souvient aussi des nombreuses nuits de gel en 2001, moins dévastatrices. Cette gelée noire, qui brûle la végétation déjà bien sortie, a plus touché les plateaux et les hauts de coteaux, notamment les vignes en appellation petit-chablis (qui sont sur les plateaux), mais aussi des secteurs comme Chichée. Grégory Viennois (Laroche) complète : *« Cela dépend beaucoup des expositions. La rive droite semble un peu moins touchée par le froid »*. Peu de parcelles feront le plein, avec des pertes allant de 40 à 100 %. D'autant plus que quelques orages de grêle ont depuis apporté leur lot de misères. Sans parler de la météo pluvieuse du début de l'été.

2019, MILLÉSIME D'ANTHOLOGIE

Pour une fois, le qualificatif n'est pas usurpé. Il faut bien cela pour se consoler du début d'année 2021. Le 2019 est un grand millésime. Une évidence au vu de notre dégustation. Rares sont les années où les vins affichent une telle homogénéité. La maturité de raisin apporte des parfums splendides de fruits mûrs ayant préservé leur fraîcheur, les bouches sont d'une rare pureté, précises, avec beaucoup de minéralité, prolongées par des finales salines où la tension se met en place. Chablis a connu dans l'histoire récente d'excellents millésimes (2008, 2002, 1992), mais 2019 a ce quelque chose de plus. Comme le résume Laurent Pinson, *« 2019 a tout concentré : le fruité, le solaire et l'acidité. Le caractère remarquable du millésime, c'est d'associer cette fraîcheur et cette concentration. Un effet du réchauffement ? Bonne question »*. Grégory Viennois n'est pas moins enthousiaste : *« C'est un millésime salin et vibrant, alors que les conditions étaient difficiles, avec plusieurs vagues caniculaires de juin à août »*. Didier Séguier est encore plus catégorique : *« C'est énorme. Peut-être le millésime de ma carrière ! »*. Achetez tout ce que vous pouvez. ▮

CHABLIS, LE CARNET DE NOTES

Nombreux et dispersés dans l'appellation, les premiers crus de Chablis sont capables du meilleur. Certains pourraient même prétendre à mieux. Un guide d'achat inédit et un repaire de bonnes affaires. *DÉGUSTATION* ***GUILLAUME PUZO***

Vue aérienne sur le village de Chablis.

Domaine Bessin, La Forêt 2019
Magnifique fruité blanc et jaune dès l'entame de bouche, suivi d'une tonalité plus épicée pour donner du relief, bouche savoureuse, dotée d'un bel extrait sec, persistante et salivante.
94
25 euros

Domaine Bessin, La Fourchaume La Pièce au Comte 2019
Un jus glissant en bouche de toute beauté, onctueux et caressant, exprimant un fruité blanc d'une grande gourmandise (jus de brugnon). Une grande réussite.
96
27 euros

Jean-Marc Brocard, Butteaux 2019
Puissants arômes de fleurs et de fruits mûrs, bouche sur le même registre à la texture enrobante, pleine de saveurs.
92
26,70 euros

Jean-Marc Brocard, Montée de Tonnerre 2019
Belle montée en finesse et pureté, moins florale que butteaux et bien campée dans son registre minéral, savoureux, long et de bel avenir grâce à la puissance de sa finale.
94
32,50 euros

La Chablisienne, Montée de Tonnerre 2018
Tout en puissance, finesse de corps parfaitement maîtrisé, de la largeur de bouche et beaucoup de potentiel de garde. Superbe.
93
Prix NC

La Chablisienne, Les Lys 2018
Pur dans son fruit, avec un caractère traçant et pierreux superbe, ce terroir frais mérite qu'on s'y intéresse de près. Fruit pur, éclat final, beaucoup de style.
94
Prix NC

Domaine Drouhin-Vaudon, Sécher 2019
Plus pur et moins en minéralité iodée que vaillons, il se livrera plus jeune et séduit par son élégance et sa finesse.
91
25,50 euros

Domaine Drouhin-Vaudon, Vaillons 2019
Floral, les arômes restituent bien l'univers chablisien, la bouche est savoureuse, minérale et finement iodée en finale. Tout en pureté, avec une superbe persistance sur le fruit blanc.
94
23,30 euros

Domaine Jean Durup, L'Homme Mort 2020
Un jus plus élégant et plus onctueux que vau-de-vey, dominante fruits blancs, agréable et rond.
90
19,30 euros

Domaine Gilles et Nathalie Fèvre, Fourchaume 2019
Plus en fleurs qu'en fruits, de savoureux amers structurent la bouche et l'équilibrent dans la fraîcheur, un vin tout en finesse, complet, dont les saveurs durent longtemps.
94
Prix NC

Domaine Gilles et Nathalie Fèvre, Vaulorent 2019
La bouche exprime bien toute la puissance du cru, avec sa force et sa densité saline déjà en place. Splendide sur des volailles crémées aux champignons, sa persistance fera merveille. On est au niveau d'un grand cru dans la définition de bouche.
96
Prix NC

Garnier & Fils, Montmains 2028
Floral, nuances anisées fraîches associées à des notes grillées fermentaires, bouche profonde, savoureuse, un chablis axé sur la gastronomie.
93
26,50 euros

Garnier & Fils, Mont de Milieu 2018
Un registre salin et épicé en bouche, nuance de céleri, ce vin bien élevé est issu d'une belle vigne, reconnaissable par sa densité et sa sève en bouche.
93
26,50 euros

Domaine Grossot, Les Fourneaux 2019
Beaux parfums de fruits mûrs et de fleurs séchées au soleil, l'empreinte de ce terroir solaire est lisible, bouche élégante au toucher caressant.
93
22,50 euros

Domaine Grossot, Mont de Milieu 2019
Un fruité plus frais et plus gourmand encore que sur fourneaux, toucher caressant et onctueux en bouche, richesse de matière bien équilibrée par la minéralité du terroir. Puissant.
95
30 euros

Domaine Guéguen, Vaucoupin 2020
Plus épuré et fin que vosgros, moins compact mais la même élégance de bouche, saline et gourmande à la fois.
92
22 euros

Domaine Guéguen, Vosgros 2020
Une agréable tension minérale en bouche, un chablis floral et élancé, droit, bien concentré.
93
20 euros

Domaine d'Henri, Fourchaume 2018
Agréable par son toucher rond, une belle vivacité mais un petit manque de fond et de persistance, c'est le millésime.
90
33 euros

Domaine d'Henri, Fourchaume Héritage 2017
Un jus fin et bien pur en bouche, belle concentration pour une tonalité florale et réglissée qui apporte beaucoup de fraîcheur, un vin savoureux et persistant qui va encore gagner en minéralité au fil des années.
94
52 euros

Domaine Laroche, L'Essence des Climats Laroche 2019
Tout en tension citronnée, belle vibration en bouche pour ce vin salin et droit, joli travail de sélection de différents terroirs, qui n'a rien à envier à d'autres cuvées du domaine.
92
22,50 euros

Domaine Laroche, Les Fourchaumes Vieilles Vignes 2019
L'une des expressions les plus abouties de ce terroir dans ce millésime, avec un jus d'une sublime finesse, une légère réduction qui se combine bien avec les saveurs plus iodées du terroir. Net, posé, traçant, une persistance citronnée de grande pureté.
96
37 euros

Domaine Long-Depaquit, Les Vaucopins 2019
Bouche gourmande et ronde, fruité blanc dominant, agréable et déjà accessible.
90
40 euros

Domaine Long-Depaquit, Les Lys 2019
Plus en minéralité iodée que vaucopins, une bouche tout en finesse, épurée toujours aussi bien équilibrée, finale saline à souhait.
92
38 euros

Domaine Louis Moreau, Vau Ligneau 2019
Les progrès du domaine des dernières années se confirment avec ce gourmand vau-ligneau au fruité blanc et aux notes florales, gourmand, droit et bien frais.
91
20,50 euros

Domaine Louis Moreau, Vaillons 2019
Un fruité plus mûr que vau-ligneau, une texture de belle épaisseur, avec une finale gourmande et persistante sur le brugnon. Très réussi.
92
23,50 euros

Domaine Christian Moreau Père et Fils, Vaillon 2019
Un beau fruité jaune frais dans les parfums, une pointe plus racinaire (radis) en bouche, toujours cette trame saline et salivante qui signe les belles expressions de Chablis, dans l'élégance et la pureté. Un vin qui se mâche et qui donne envie de mâcher en sa compagnie.
94
32 euros

Domaine Christian Moreau Père et Fils, Vaillon Guy Moreau 2019
Le même fruité frais et pur que l'autre vaillons du domaine, encore plus de densité saline et de tension en bouche, on est là au niveau d'un grand cru pour la trame de bouche et l'énergie, avec le même potentiel à la garde. Quelle concentration.
98
37 euros

Domaine Moreau-Naudet, Forêts 2019
Parfums de fruits jaunes mûrs au nez comme en bouche, la bouche offre une sensation de craie humide agréable, un vin puissant et bien équilibré, dense et harmonieux, à la belle finale citronnée.
93
35,60 euros

Domaine Moreau-Naudet, Vaillons 2019
Fruité jaune plus frais et moins surmûr que forêts, bouche tout en finesse, on perçoit un fin grain de minéralité d'une magnifique pureté, superbe expression raffinée du terroir.
95
35,60 euros

Domaine Charly Nicolle, Mont de Milieu 2018
Parfums de fruits mûrs au nez, la bouche est sur la même puissance aromatique, au détriment peut-être de la fraîcheur finale, on finit un peu lourd.
92
18,50 euros

Domaine Charly Nicolle, Les Fourneaux 2019
Puissants parfums de fruits mûrs et secs, gourmands, propres à ce terroir souvent chaud, la bouche retrouve une fraîcheur bienvenue, sur fond de jus réglissé et légèrement torréfié. Une réussite. Plus à l'aise sur des volailles que des poissons.
94
16,50 euros

Domaine Pinson, La Forêt 2019
Encore un peu fermé au nez, bouche agréable et ronde, saveurs de sous-bois et de champignons en bouche, bien dans le style Pinson pour ce terroir. La finale plus citronnée rafraîchit bien.
92
25 euros

Domaine Pinson, Mont de Milieu 2019
Une bouche plus épicée que forêt, c'est l'expression de ce terroir toujours salin dès son entame, puis un relais en finesse et pour finir un discret et gourmand retour sur le fruit blanc. Un vin bien construit, parti pour durer.
95
25 euros

Domaine Pommier, Troesmes 2019
Superbe fruité blanc charnu, on croque dans le fruit juteux en bouche, la tension saline s'installe progressivement, superbe réussite.
94
22 euros

Domaine Pommier, Côte de Léchet 2019
Plus droite et moins large que troesmes, une version moins fruitée tout aussi séduisante de chablis, avec une forte tension citronnée sur la fin, intense persistance.
94
22 euros

Domaine Servin, Butteaux 2018
Fruité blanc et déjà des nuances de sous-bois, bouche agréable dans sa texture, il doit être apprécié plutôt jeune car il affiche déjà des nuances aromatiques d'évolution.
90
16,50 euros

Simonnet-Febvre, Fourchaume 2018
Dominante florale, bouche équilibrée tirée par ses amers en finale, de la finesse.
89
29,85 euros

Simonnet-Febvre, Mont de Milieu 2018
Plus de matière que le fourchaume, texture ronde en bouche, fruité blanc, agréable, belle finale sur des amers salins.
91
26,30 euros

William Fèvre, Montmains 2019
Entame de bouche saline à souhait, bouche épurée, pas le plus concentré de la série des premiers crus mais bien en place et toujours agréable dans son évolution en bouteille.
92
38 euros

William Fèvre, Les Lys 2019
Le fruité se fait discret au profit de notes salines déjà présentes en bouche. Une belle réussite pour ce terroir moins solaire, liée à son exposition légèrement nord sur le sommet des Vaillons. La finale est persistante et savoureuse.
93
39 euros

William Fèvre, Vaulorent 2019
Alliance convaincante d'un fruité parfaitement mûr sans excès et de nuances plus épicées (poivre blanc), voilà un grand vin de Chablis, en majesté et en équilibre. Sa puissance égale bien des grands crus et sa persistance est diabolique. Irrésistible.
97
53 euros

CHAMPAGNE
BESSERAT DE BELLEFON
1843
1843
1843
CHAMPAGNE
BESSERAT DE BELLEFON
BLANC DE BLANCS

BOURGOGNE LA SÉLECTION QU'ON ATTENDAIT

LE MONDE LES RECHERCHE, LES QUANTITÉS SONT LIMITÉES. EN BOURGOGNE, UN PAS DE CÔTÉ SUFFIT SOUVENT À TROUVER SON BONHEUR, À UN PRIX RAISONNABLE. NOTRE EXPERT A PRIS DES CHEMINS DE TRAVERSE. VOICI SA SÉLECTION DES VINS ACCESSIBLES ET DISPONIBLES.

PAR ***ALAIN CHAMEYRAT***

Météo instable au-dessus du vignoble bourguignon.

VOICI QUELQUES-UNS des meilleures bourgognes que vous pouvez trouver sur le marché actuellement. Millésime 2019 pour la majorité d'entre eux, même si quelques producteurs proposent parfois des millésimes antérieurs. Année de faible récolte qui a mal démarré avec des épisodes de gel suivis d'un printemps frais, puis de très fortes chaleurs pendant un été sec, 2019 a heureusement connu des vendanges sereines. En blanc, le millésime est hétérogène et les belles cuvées côtoient des blancs maigres en arômes et presque tanniques. Le chardonnay, dont on apprécie le panache olfactif, semble avoir parfois mal supporté cet été particulièrement chaud, avec des grillures par endroits. Il conviendra donc d'être sélectif dans cette couleur et nos choix vous y aideront. En revanche, la plupart des vignerons attentifs ont bien réussi leurs rouges. Sans manquer de fraîcheur, ils sont plus généreux que dans les millésimes supposés incarner le fameux classicisme bourguignon. Pour les meilleurs, ils ont un grand potentiel de garde et une relative capacité à être bus jeunes. Notre sélection ne concerne qu'une toute petite partie de nos coups de cœur et ne retenir qu'une ou deux cuvées par domaine s'est avéré particulièrement difficile cette année.

UN BÉMOL

Seule ombre au tableau, la perpétuelle augmentation des prix de vente que nous constatons et qui nous faire craindre un *bashing* à la manière de celui qui a concerné Bordeaux. Attisé par la demande internationale, le prix des grands crus est inaccessible à la plupart des amateurs sincères. Voir des premiers crus d'appellation célèbres proposés à 70 euros et parfois plus nous inquiète. Dans la précédente édition de ce guide, nous avions passé en revue les bonnes stratégies pour continuer à s'approvisionner dans la région. Elles n'ont pas changé. Le Mâconnais, Chablis et la côte chalonnaise restent de bonnes adresses, tout comme les villages moins cotés des côtes de Nuits et de Beaune. L'appellation générique bourgogne est également à rechercher dans ce millésime. À défaut d'avoir la complexité d'un chambertin, ces vins sont d'excellentes sources pour un plaisir rapide et bien réel.

+ L'intégralité de notre sélection est à découvrir sur le site mybettanedesseauve.fr et sur notre application Le Grand Tasting.

PRESSE

BOURGOGNE 2019, LE CARNET DE NOTES

Un peu plus de 200 vins sélectionnés, avec commentaire de dégustation, parfois sans. Vins rouges d'abord, vins blancs ensuite, c'est le bonheur absolu. *DÉGUSTATION* ***ALAIN CHAMEYRAT***

ROUGES

Domaine Arlaud, clos saint-denis GC 2019
97
Le toucher de bouche puissant typique de ce clos saint-denis demande du temps. La finale florale, typée musigny, est tout en délicatesse. Il provient de la parcelle historique du clos et en exprime toute la race.
210 euros

Domaine Bachey-Legros, Clos Rousseau Fourneaux Vieille Vignes, santenay 1e cru 2019
93
Vigne plantée en 1914 qui donne un extrait de fruits noirs, un jus concentré, tout en finesse, racé et subtil. Merci l'ancêtre.
37 euros

Domaine Bart, Hervelets, fixin 1e cru 2019
92
Avec la note d'herbes sèches typique du climat, la finale est saline, complexe, fraîche, sur des fruits noirs arrondis.
38 euros

Domaine Bertagna, clos saint-denis GC 2019
96
Nez fin de ronce sauvage et d'encre, belle richesse de matière, corps et tanin dignes de ce grand cru, bel avenir. Recommandé.
138 euros

Domaine Bertagna, Les Petits Vougeots, vougeot 1e cru 2019
94
65 euros

Domaine Berthaut-Gerbet, Les Petits Monts, vosne-romanée 1e cru 2019
95
Cette cuvée a progressé et exprime avec justesse ce superbe terroir dont une grande partie est capable d'une exceptionnelle finesse : c'est le cas de ce 2019.
72 euros

Domaine Brigitte Berthelemot, Clos des Mouches, beaune 1e cru 2019
94
Les mouches étaient le nom des abeilles en vieux patois bourguignon. Ce terroir implanté autrefois en ruches comporte du sable qui apporte au raisin une facilité à être apprécié en vin jeune. Salin et floral, sur les fruits à noyaux et l'orange amère, il finit savoureux.
Prix NC

Domaine René Bouvier, Longeroies, marsannay 2019
93
34 euros

Domaine René Bouvier, Racines du Temps, gevrey-chambertin 2019
94
Située au milieu du coteau sur Brochon, c'est un gevrey sapide, salivant, récolté à bonne maturité, racé. Equilibrée, sa finale est typique des gevreys d'année généreuse en ensoleillement.
66 euros

Domaine Pierre Brisset, gevrey-chambertin 1e cru 2019
94
Délicieux gevrey-chambertin premier cru dense, aux arômes de fruits à l'eau de vie. Sa salinité impressionne et signe la race de ce cru très réussi.
80 euros

Domaine Castagnier, Les Amoureuses, chambolle-musigny 1e cru 2019
95
124 euros

Domaine Castagnier, clos-de-vougeot GC 2019
97
Nez intense et délicat de fleurs et de fruits noirs, beau volume de bouche avec la densité que l'on attend d'un grand cru et surtout sa race. Complexe dans ses arômes, avec une texture veloutée.
98 euros

Domaine du Cellier aux Moines, Clos du Cellier aux Moines, givry 1e cru 2018
92
Joli fruité porté par la fraise des bois, bouche intense, tannin tendu, un rien ferme, allonge longue et persistante. Il est très typé givry.
40 euros

Château de Chamirey, mercurey 2019
91
24,30 euros

Château de Chamirey, Clos des Ruelles Monopole, mercurey 1e cru 2019
93
La race impressionne, le pinot noir est magnifié ici et laisse s'exprimer ce terroir. La minéralité et la salinité sont les deux vecteurs d'expression de cette réussite.
35 euros

Champy, Aux Cras, beaune 1e cru 2019
93
Nez de griottes, de baies rouges. C'est une version épurée du beaune, pure, tendue, racée, salivante, d'une longueur remarquée.
50 euros

Domaine Chandon de Briailles, corton-bressandes GC 2019
97
2019 voit les bressandes d'ordinaire plutôt puissantes dotées d'une finesse superlative, d'une élégance que souvent seul le clos-du-roi peut atteindre en Corton.
180 euros

Domaine Chandon de Briailles, Les Lavières, savigny-lès-beaune 1e cru 2019
94
Suite logique du 2018, ce 2019 représente encore un modèle de savigny, d'une impressionnante délicatesse de tannin. Un jus racé d'une élégance rare.
60 euros

Domaine Philippe Charlopin-Parizot, charmes-chambertin GC 2019
96
Il provient pour moitié des deux climats qui peuvent revendiquer l'appellation charmes-chambertin, les mazoyères et les charmes eux-mêmes. Onctueux, profond, fort bien constitué, il finit sensuel, raffiné. On peut se laisser tenter mais c'est un vin de garde.
200 euros

Domaine Philippe Charlopin-Parizot, Vieilles Vignes, gevrey-chambertin 2019
93
60 euros

Domaine Chevalier Père et Fils, Rognet, corton GC 2018
95
Corton récolté à Ladoix, un terroir qui donne des rouges plus profonds qu'on ne le pense généralement. Robe brillante, violacée, bouche puissante, sombre dans ses arômes de fruits noirs, enveloppante. Le niveau grand cru est affirmé.
65 euros

Domaine Françoise et Denis Clair, Clos de Tavannes, santenay 1e cru 2019
93
Comme en 2018, avec sa pointe saline ravissante, c'est un premier cru de référence dans l'appellation. La vinification a évolué vers encore plus de tact envers le raisin.
25 euros

Domaine Bruno Clair, Grasses Têtes, marsannay 2019
92
Profondeur de saveurs éblouissante dans un grasses-têtes splendide de fruit au tannin onctueux, savoureux. Encore une grande réussite de cette cuvée.
Prix NC

Domaine Bruno Colin, Les Gravières, santenay 1e cru 2019
92
Joli santenay fort bien réalisé. Derrière les arômes de fruits rouges, la minéralité du vin est affirmée, il porte bien son nom.
38 euros

Domaine des Comtes Lafon, Santenots du Milieu, volnay 1e cru 2018
96
Couleur soutenue, nez mêlant les fruits noirs, les épices et des notes de ronce fréquentes sur ce terroir. Si le moelleux de milieu de bouche est exceptionnel dans le millésime, la finale charpentée imposera un peu de patience.
Prix NC

Domaine Confuron-Cotetidot, clos-de-vougeot GC 2019
97
Vin admirable par ses qualités aromatiques et la noblesse de sa texture, finale florale. Bien construit pour la garde, il est déjà tentateur mais ce serait un contre-emploi.
Prix NC

Domaine de Courcel, pinot noir, bourgogne 2019
91
30 euros

Domaine de Courcel, Grand Clos des Épenots, pommard 1e cru 2019
95
Sols bruns d'argiles et de sédiments caillouteux pour un rouge dense et fin à la fois, sur les fruits noirs, la réglisse, le cuir noble. Le plus profond en saveurs de la gamme avec les rugiens.
85 euros

Domaine des Croix, beaune 2019
92
33,50 euros

Domaine des Croix, Les Grèves, beaune 1e cru 2019
94
C'est un grèves bien mûr, presque tendre pour le cru mais il a du fond, et une race terrienne, typique des beaunes, élégante.
70 euros

Domaine Dujac, Les Beaux Monts, vosne-romanée 1e cru 2019
94
Robe assez claire pour le cru, nez fumé et acidulé, bouche délicate et même souple d'une parfaite élégance. Un rien de matière en plus en aurait fait une diva.
Prix NC

Domaine Dujac, morey-saint-denis 1e cru 2019
94
Prix NC

Domaine Sylvie Esmonin, Clos Saint-Jacques, gevrey-chambertin 1e cru 2019
97
Racée et noble, la largeur de bouche n'a d'égale que la longueur. On croque dans les fruits noirs, la réglisse. Le clos saint-jacques pourrait être le dixième grand cru de Gevrey.
100 euros

Domaine Sylvie Esmonin, gevrey-chambertin 2019
94
50 euros

Domaine Faiveley, clos des Cortons Faiveley, corton GC 2019
97
2019 confirme l'évolution du style de la maison et de la perception de ce cru qui, sans ne rien renier de l'origine corton se montre sous un jour plus tendre en vin jeune, floral avec des tannins délicats et subtils.
190 euros

Domaine de la Ferté, Clos de Mortières, givry 2019
92
Ce givry a de l'allure. Bien constitué, salin, et savoureux, ce jus sanguin ne manque pas de race.
26,70 euros

Domaine Follin-Arbelet, Clos du Chapître, aloxe-corton 1e cru 2019
92
Avec plus de fond que les Vercots, son identité aloxe est affirmée. Son nez et surtout sa bouche racée et saline nécessiteraient une petite garde.
40 euros

Domaine Jean Fournier, Longeroies, marsannay 2019
94
Bouche de grande finesse, nez puissant, intensément fruité, avec une puissance rentrée qui gagnera à un peu de temps de cave pour révéler le potentiel de ce climat au sommet qualitatif de l'appellation.
28 euros

Domaine Gallois, charmes-chambertin GC 2019
96
Le volume en impose et la finale est d'une finesse considérable, graphitée, sur des notes de fumée, d'orange sanguine et un fruit charnu bien mis en avant et respecté par un élevage de qualité.
128 euros

Domaine Gallois, gevrey-chambertin 2019
94
Village d'une longueur et d'une densité remarquables à la finale sur l'écorce d'orange, de graphite, de réglisse. Une pointe d'acidité la soutient et lui donne sa fraîcheur.
35 euros

Domaine Michel Gay et Fils, chorey-lès-beaune 2018
91
Jolies notes de cerise noire, d'airelle, bouche charnue et très élégante. On est ici aux antipodes du style parfois lourd des choreys.
17 euros

Domaine Michel Gay et Fils, Les Vergelesses, savigny-lès-beaune 1e cru 2018
92
Le domaine sait travailler sur la gracilité des tannins que l'on perçoit derrière la puissance spécifique de ce climat. Finale saline, racée qui gagnera à un petit vieillissement.
26 euros

Domaine Vincent Girardin, Champans, volnay 1e cru 2019
95
Si le volnay-santenots jouait la carte du tendre, ce Mitans joue dans un autre registre comme toujours. Dense, puissant, profond, racé, pour la longue garde. Très réussi.
70 euros

Camille Giroud, Les Borniques, chambolle-musigny 1e cru 2019
94
118 euros

Camille Giroud, chambertin GC 2019
97
Chambertin de millésime solaire récolté bien mûr avec une bouche profonde, pleine sur les fruits compotés. Il incarne la supériorité du chambertin par un faste en bouche, une densité unique qui n'appartiennent qu'à ce climat d'exception.
335 euros

Domaine Jean Grivot, clos-de-vougeot GC 2019
97
Nez envoûtant de superbes fruits à l'eau de vie, bouche florale, élancée, aérienne, de grande distinction. C'est un archétype du clos, de grand style.
Prix NC

Domaine Robert Groffier Père et Fils, bonnes-mares GC 2019
97
C'est un bonnes-mares très chambolle, l'assise terrienne habituelle du cru cède le pas à une sensation aérienne, de très grande délicatesse, plus en nuances qu'en puissance, sur la réglisse, le cuir noble, les poivres fins.
Prix NC

Domaine Patrick Guillot, Les 3 Louves, mercurey 1e cru 2019
92
Il provient d'une partie du premier cru, le clos des Montaigu dont il a extrait un jus à la fois intense et corsé. Ce rouge vineux, concentré, puissant finit racé.
30 euros

Domaine Antonin Guyon, La Justice, gevrey-chambertin 2019
93
On n'avait pas vu depuis longtemps justice aussi ronde et consensuelle. Le millésime 2019 a imprimé sa marque chaude sur ce terroir solaire proche de Brochon. Il est charnu, bien mûr, d'un volume étonnant, long, large, réjouissant.
45 euros

Domaine Jean-Pierre Guyon, Les Bons Ores, chorey-lès-beaune 2019
91
Prix NC

Domaine Jean-Pierre Guyon, échezeaux GC 2019
97
Avec des notes d'orange amère, la finale saline, délicate, dense et la profondeur sont remarquables dans ce vin subtil et complexe.
Prix NC

MATHIEU GARÇON

Domaine Harmand-Geoffroy, mazis-chambertin GC 2019
96
Délicieux mazis, assemblage des mazis-hauts sur le même type de sol mince que le clos de Bèze, et de mazis-bas au sol brun caillouteux exposé aux vents frais de la combe de Lavaux. Aussi large que long, racé, réglissé, d'une grande complexité, on aime son équilibre abouti, sa sensation de force tranquille.
150 euros

Domaine Harmand-Geoffroy, En Jouise, gevrey-chambertin 2019
93
37 euros

Domaine Heresztyn - Mazzini, La Perrière, gevrey-chambertin 1e cru 2019
94
Il démarre dans la vie comme souvent, ramassé autour de sa structure minérale. La bouche est racée, sur les fruits sauvages, le fumé, les épices. Son futur sera beau, tous les éléments sont là.
65 euros

Domaine Heresztyn - Mazzini, Les Millandes, morey-saint-denis 1e cru 2019
92
65 euros

Domaine Huguenot, fixin 2019
93
Racé, fin, sur les notes de ronce sauvage, de cuir noble, finale sur les baies noires du plus bel effet. Une grande réussite.
25,50 euros

Domaine Huguenot, La Charme aux Prêtres, marsannay 2019
92
26,50 euros

Domaine Humbert Frères, charmes-chambertin GC 2019
97
Issu des mazoyères-chambertin dont il a capté la finesse native, c'est un charmes intense mais aux tannins graciles. La fin de bouche très longue est portée par un fruité intense.
150 euros

Domaine Humbert Frères, Lavaut Saint-Jacques, gevrey-chambertin 1e cru 2019
96
75 euros

Domaine P & M Jacqueson, Les Préaux, rully 1e cru 2019
92
Crémeux, avec un tannin enrobé, le toucher de bouche est soyeux, velouté.
22 euros

Domaine Pierre Labet, Aux Coucherias, beaune 1e cru 2019
94
Délicieux beaune premier cru issu du haut du côteau, d'une onctuosité hors norme, crémeux au tannin velouté qui souligne les saveurs de fruits bien noirs bien mûrs, l'origine terrienne des arômes. On va se régaler avec lui.
47 euros

Labruyère Prieur Sélection, La Platière, pommard 1e cru 2019
92
Sur les fruits noirs, le graphite, la fumée, ce pommard assez puissant a des tannins bien enrobés. Sa finale joue entre souplesse et intensité.
81 euros

Domaine des Lambrays, clos-des-lambrays GC 2019
97
2019 prolonge 2018 avec une densité impressionnante, il est puissant, séveux, minéral. A laisser en cave des années, ce cru ne révélera son grand potentiel qu'avec le temps.
480 euros

Domaine Lamy-Pillot, Les Charrons, santenay 2019
92
Replantée en sélection massale, la vigne a donné un superbe concentré de matière sans que la finale n'en soit austère ni ferme. Elle est douce, séveuse, arrondie, d'une agréable intensité.
28 euros

Maison Dominique Laurent, Vieilles Vignes, charmes-chambertin GC 2019
97
Très large, très long, racé, il provient des vrais Charmes, sans apport de Mazoyères. Sa gourmandise fraîche n'a d'égale que sa grande profondeur.
132 euros

Domaine Laurent, MCMXXVI, bourgogne 2019
92
Vigne de 1926 vendangée à bonne maturité pour un rouge onctueux, de grande densité, croquant de fruits noirs, complet.
18 euros

Domaine Laurent, La Plante l'Abbé, clos-de-vougeot GC 2019
97
Clos-vougeot réalisé à partir de vignes des années 1950, puissant, plein, à la finale saline, raffinée, haute en goût. Pour la garde.
200 euros

Maison Dominique Laurent, beaune 1e cru 2019
93
Assemblage de premiers crus, vinifié avec une partie de récolte en raisins entiers. Particulièrement profond, avec des tannins onctueux, il est d'une grande gourmandise sur son fruité croquant et ses notes terriennes.
37,20 euros

Domaine Lejeune, Les Argillières, pommard 1e cru 2019
95
Les Argillières proviennent d'une parcelle de 1,4 hectare au-dessus des Épenots. La bouche est vibrante, tendue, d'un grand équilibre. On pourra s'aventurer vers lui dans sa jeunesse mais il est taillé pour une garde de plusieurs années.
50 euros

Domaine Lejeune, Les Rugiens Bas, pommard 1e cru 2019
95
79 euros

Domaine Thibault Liger-Belair, charmes-chambertin GC 2019
98
Les vignes situées dans le haut des charmes-chambertin donnent un rouge de très grande délicatesse, tout en subtilités, au sommet d'une appellation qui ne manque pas de ténors pour l'interpréter.
145 euros

Domaine Philippe Livéra, bourgogne 2019
91
25 euros

Domaine Philippe Livéra, Clos du Village, gevrey-chambertin 2019
94
Dense et élancé, racé, proche d'un premier cru, la matière est remarquable. Le tannin est enrobé, on y voit la cerise noire, la mûre, les épices. La dynamique de finale est apte à supporter une garde assez longue. C'est en appellation village le fer de lance du domaine qui compte beaucoup de réussites en 2019.
57 euros

Domaine Bruno Lorenzon, Clos des Champs Martin Carline, mercurey 1e cru 2019
96
Sa bouche de cacao amer étonne et précède une bouche dense aux tannins arrondis. Sur le velours, sans le croquant des champs-martin mais son allonge est imposante.
38 euros

Frédéric Magnien, Petite Chapelle, gevrey-chambertin 1e cru 2019
93
100 euros

Frédéric Magnien, chambertin-clos de bèze GC 2019
95
Nez fin bien typé du clos de bèze, sur la violette, la réglisse, la fraise et la framboise. On retrouve en bouche la dimension aérienne du climat. Sa texture est ouatée, de velours.
300 euros

Domaine Michel Magnien, Les Chaffots, morey-saint-denis 1e cru 2019
94
Morey régulièrement réussi au domaine, bouche complexe, fraîche sur les fruits noirs de l'appellation avec une finale fraîche qui les dynamise.
75 euros

Michel Mallard et Fils, La Corvée, ladoix 1e cru 2019
92
Prix NC

Michel Mallard et Fils, corton-le rognet-et-corton GC 2019
96
Racé, sur la réglisse forte, la fumée, le tabac brun, c'est un grand en devenir qui sait se montrer affable jeune. La raison serait de le garder un peu.
Prix NC

Domaine Marquis d'Angerville, Champans, volnay 1e cru 2019
95
Très différent du Taillepieds par un caractère solaire, charnu, profond aux tanins civilisés, sensuel, parfumé.
Prix NC

Château de Marsannay, En Orveaux, vosne-romanée 1e cru 2019
93
Bouche délicate, complète. Il est paradoxal, frais car la parcelle est au nord et en altitude dans l'appellation, la bouche est portée par des notes méditerranéennes étonnantes et délicieuses.
139 euros

Château de Marsannay, Longeroies, marsannay 2019
92
33 euros

Domaine du Château de Meursault, Clos des Chênes, volnay 1e cru 2019
96
Son sol de marnes blanches lui donne la fermeté que l'on connaît du clos des chênes mais l'extraction a été très douce car le tannin est des plus fins.
59 euros

Domaine Xavier Monnot, Clos des Chênes, volnay 1e cru 2019
94
Sur la violette, la réglisse, la rose ancienne. Cette envolée aromatique très volnay retrouve de l'assise en finale : c'est un clos des chênes, un climat réputé pour sa structure soutenue.
Prix NC

Domaine Albert Morot, Les Aigrots, beaune 1e cru 2019
93
33 euros

Domaine Albert Morot, Les Bressandes, beaune 1e cru 2019
94
Parcelle d'un seul tenant de 1,2 hectare qui donne un vin dense, souvent la plus en muscles des cuvées de beaune du domaine. On aime ses nuances florales de pivoine et de violette et sa bouche charnue, ronde et plutôt puissante.
36 euros

Domaine Gérard Mugneret, Aux Brûlées, vosne-romanée 1e cru 2019
94
Le vin provient de la partie du climat proche du richebourg. Il en tire sa puissance brute dans un millésime 2019 généreux en texture et onctuosité. Les notes fumées confirment la pertinence du nom de ce climat bien exposé où les raisins seraient bien mûrs et même brûleraient au soleil, ce qui est un peu excessif.
Prix NC

Domaine Georges Mugneret-Gibourg, ruchottes-chambertin GC 2019
95
Nez tout en délicatesse et en précision de rendu du raisin, bouche noble avec le volume attendu pour ce cru, belle allonge et un tannin fin qui enrobe la sensation calcaire classique des ruchottes-chambertin.
400 euros

Domaine Lucien Muzard et Fils, Vieilles Vignes, santenay 2019
92
19,90 euros

Domaine Lucien Muzard et Fils, Beauregard, santenay 1e cru 2019
93
Il a été conçu avec 100 % de vendange entière qui donne une gourmandise, un croquant particulier au vin et un léger complément de texture. Les notes d'orange sont visibles, elles aussi renforcées par cette pratique ancestrale qui convient bien à ce clos.
27,50 euros

Domaine Ninot, Les Velleys, mercurey 1e cru 2019
93
Fruité fin, complexe, expressif. Il a de la race et une réelle capacité de garde. Il se positionne parmi les bons mercureys premiers crus.
29 euros

Domaine Georges Noellat, Les Beaux Monts, vosne-romanée 1e cru 2019
96
120 euros

Domaine Georges Noellat, grands-échezeaux GC 2019
99
Une idée de la perfection du pinot noir et de sa délicatesse superlative. Le tannin de taffetas aérien enrobe un fruité élégantissime.
300 euros

Nuiton-Beaunoy - Cave des Hautes-Côtes, Les Sionnières, morey-saint-denis 2017
90
Ces vignes de 50 ans donnent un rouge bien typé Morey. Sur les fruits noirs, la réglisse, il est un rien sauvage, ce qui contribue à son charme.
29,90 euros

Domaine Antoine Olivier, Beaurepaire, santenay 1e cru 2019
92
On retrouve au nez puis en bouche la cerise fraîche puis on croque dans les fruits à l'eau de vie. La bouche est de grande fraîcheur.
31 euros

Manuel Olivier, morey-saint-denis 2019
92
Rond, plutôt puissant, ses notes de graphite et de réglisse complètent de superbes fruits noirs. Remarquable morey.
36 euros

Domaine Philippe Pacalet, gevrey-chambertin 2019
93
Cuvée importante en volume au domaine, issue de sept parcelles. La couleur est profonde dans le millésime, le vin est dense, charnu, rond et sensuel, fort bien constitué.
64 euros

Domaine Christophe Perrot-Minot, Vieilles Vignes, chambertin GC 2019
99
La bouche est majestueuse, d'un volume considérable, puissante comme l'est le chambertin. Il démarre serré dans la vie, il faudra lui accorder du temps, à lui plus qu'à n'importe lequel autre vin de la cave qu'il dépassera dans toutes les dimensions.
1 200 euros

Au Pied du Mont Chauve, Le Charmois, saint-aubin 1e cru 2019
90
Les vignes reposent sur du calcaire de Comblanchien. Ce rouge tout en charme est séveux, avec des notes de cerises griottes et une longueur agréable.
38 euros

Domaine Jean-Baptiste Ponsot, La Fosse, rully 1e cru 2019
94
Nez et bouche de fruits rouges et noirs charnus avec une pointe de fruits à l'eau de vie. Il finit racé, suave et salin. Belle bouteille.
25 euros

Domaine de la Pousse d'Or, clos-de-la-roche GC 2019
96
Terrien comme l'est souvent le clos de la Roche, haut en saveurs dans ce 2019, fin en texture, avec une fin de bouche d'une grande délicatesse.
265 euros

Domaine Jacques Prieur, musigny GC 2019
97
Le domaine a la chance de posséder près d'un hectare de petite-musigny près de la combe d'Orveau. On le voit ample en 2019, d'un volume imposant, sur le taffetas avec la finesse attendue en finale d'un tel cru. Dégusté en échantillon, la note pourra encore évoluer après la mise définitive.
608 euros

Domaine Ragot, La Grande Berge, givry 1e cru 2019
92
Pour cette remarquable expression de fruits frais tenus par une note florale persistante. Il joue dans un registre élégant.
25 euros

Domaine Rapet Père et Fils, Île de Vergelesses, pernand-vergelesses 1e cru 2019
94
Climat de mi-coteau à maturité tardive bordant la commune de Savigny-lès-Beaune qui a su tirer tout le parti possible de 2019. Le nez est racé, la bouche l'est tout autant, déliée, un rien sauvage, intense, florale, exquise. C'est le meilleur millésime de ce climat que nous ayons goûté au domaine.
40 euros

Domaine Rapet Père et Fils, Les Grèves, beaune 1e cru 2019
92
40 euros

Domaine François Raquillet, Les Naugues, mercurey 1e cru 2019
92
Nez de fumée, de fruits bien mûrs, bouche arrondie, sensuelle, la sensation tannique ne revient qu'en extrême fin de bouche. Ce premier cru est fait de velours.
32 euros

Domaine Henri Rebourseau, charmes-chambertin GC 2019
96
Charmes assez puissant, aux tannins veloutés et à la bouche racée. Bien élevé sa finale saline et dense incitera à le garder, il le mérite.
175 euros

Domaine Henri Rebourseau, Aux Corvées, gevrey-chambertin 2019
92
58 euros

Remoissenet Père et Fils, clos-de-vougeot GC 2019
95
Sur des nuances de ronce sauvage, d'airelles, de fruits noirs mûrs, l'intensité du grand cru est bien là, plus dense que florale dans le millésime. C'est régulièrement l'une des réussites de la maison.
240,40 euros

Remoissenet Père et Fils, gevrey-chambertin 2019
92
51,90 euros

Domaine Chantal Rémy, clos-de-la-roche GC 2018
94
Des notes de moka dans ce rouge puissant issu de vignes de 70 ans. La densité de la matière montre la grande réussite de ce clos en 2018. La bouche est sphérique, musclée dans sa finale avec quelques notes de ronces sauvages qui rendent le domaine reconnaissable.
130 euros

Domaine Chantal Rémy, bourgogne 2018
91
15 euros

Domaine de la Romanée-Conti, grands-échezeaux GC 2020
98
Ce magnifique climat est situé entre une partie des Échezeaux et le haut du clos de Vougeot. Dégusté sur fûts, il s'en dégage un volume supplémentaire par rapport à l'échezeaux du domaine qu'il surclasse cette année par une minéralité spécifique. Sa fraîcheur, sa pointe de salinité contribuent à son rayonnement.
Prix NC

Domaine de la Romanée-Conti, romanée-conti GC 2020
100
Dégustée sur fûts, comme toujours, elle surclasse tous les autres grands crus du domaine. Avec cette sensation d'avoir emprunté à chacun le meilleur et d'en représenter l'assemblage ultime. D'une immense élégance de texture, la dimension de bouche impressionne d'intensité et non de force. Sur le plan aromatique, ce sont à ce stade le pétale de rose et les meilleurs tabacs qui sont en avant, mille autres parfums suivent.
Prix NC

Traction animale au domaine Trapet.

Domaine Nicolas Rossignol, Les Épenots, pommard 1e cru 2018
96
Parcelle de très vieilles vignes dont certaines sont plus que centenaires, située dans les Petits Épenots, en bordure des Beaune Épenotes. La délicatesse des tannins impressionne en 2019, nous ne l'avions que rarement vu aussi séduisant en vin jeune. Belle performance.
Prix NC

Domaine Nicolas Rossignol, Les Mitans, volnay 1e cru 2018
95
Prix NC

Domaine Rossignol-Trapet, latricières-chambertin GC 2019
95
Structuré et sans la fermeté parfois froide du climat, la texture est soyeuse, légère dans un ensemble très fruits rouges. La final est longue, gourmande, charmeuse.
140 euros

Domaine Armand Rousseau, Clos Saint-Jacques, gevrey-chambertin 1e cru 2019
98
Prix NC

Domaine Armand Rousseau, chambertin GC 2019
99
Son étiquette est d'un autre temps mais elle est tellement identifiable. Dès le premier nez, sa puissance en impose. En bouche, c'est la finesse des tannins domestiquée du roi chambertin qui étonne dans un premier temps. Autour des fruits noirs les plus nobles, sa profondeur et son intensité de finale rappellent où l'on est. Un monument tout en délicatesse.
Prix NC

Château de Santenay, Chenaults, mercurey 2019
91
Épicé, fleuri, il a du fond et un équilibre abouti, gourmand.
22 euros

Seguin Manuel, Aux Communes, vosne-romanée 2019
92
Prix NC

Seguin Manuel, corton-le rognet-et-corton GC 2019
94
Le nez est racé, issu du Rognet, une grande parcelle du grand cru corton dont la partie supérieure peut être classée en corton-charlemagne quand elle est plantée en chardonnay. Le 2019 est à la fois racé et souple pour un corton. On peut commencer à la boire ou mieux l'attendre, ce serait l'idéal.
Prix NC

Domaine du Comte Senard, Auguste, bourgogne 2019
90
17 euros

Domaine du Comte Senard, Les Valozières, aloxe-corton 1e cru 2019
93
De la dynamique et de l'allant dans ce premier cru. Réputé pour sa délicatesse native, on le considérait naguère comme un cru féminin, il a trouvé dans le millésime 2019 une plénitude de constitution qui le rend complet. Belle réussite.
62 euros

Domaine Anne et Hervé Sigaut, Derrière le Four, chambolle-musigny 2019
93
35 euros

Domaine Anne et Hervé Sigaut, Les Sentiers, chambolle-musigny 1e cru 2019
96
En 2019 comme souvent, ce cru est au sommet de la cave. Juste en dessous des bonnes-mares, il en adopte la puissance terrienne avec la texture aérienne de Chambolle. Ce climat qui n'a curieusement pas une forte notoriété est l'un des meilleurs premiers crus de l'appellation.
59 euros

Domaine de Suremain, En Sazenay, mercurey 1e cru 2019
94
La dominante d'argile du sol est perceptible en bouche. Elle apporte un volume au-delà des standards de l'appellation et en fait l'un des premiers crus les plus aboutis.
27,50 euros

Domaine Theulot-Juillot, Les Croichots, mercurey 1e cru 2019
93
Pur, onctueux, racé, c'est du bel ouvrage. Le genièvre se combine aux fruits noirs bien mûrs mais non confiturés, à la vanille et aux épices comme le poivre gris. Belle réussite.
22,50 euros

Château de la Tour, clos-de-vougeot GC 2019
96
140 euros

Château de la Tour, Vieilles Vignes, clos-de-vougeot GC 2019
98
Les vieilles vignes apportent un style différent de la cuvée classique. Cette version du clos semble moins dense, onctueuse et plus élancée, les nuances florales sont visibles, délicates avec une race supérieure.
220 euros

Domaine Jean Trapet Père et Fils, Petite Chapelle, gevrey-chambertin 1e cru 2019
95
Prix NC

Domaine Jean Trapet Père et Fils, latricières-chambertin GC 2019
98
Splendide latricières dont la puissance froide a été réchauffée par la générosité de 2019. Cette infusion de pinot noir magnifiée par le substrat de cailloutis calcaire qui le porte est magnifique.
Prix NC

Domaine de Villaine, Passetemps, santenay 1e cru 2019
92
Nez profond, arômes de pivoine, de rose ancienne, de ronce sauvage. Tendu et pur.
30 euros

Domaine Anne-Marie et Jean-Marc Vincent, Les Gravières, santenay 1e cru 2019
93
Les vignes de 70 ans ont donné cette robe pourpre et une matière précise avec un toucher de velours ras, de griotte, de réglisse. La finale épicée, un rien sauvage, est portée par des tannins soyeux.
33 euros

Domaine de la Vougeraie, clos-de-vougeot GC 2019
96
Le domaine assemble un hectare près du château et un demi-hectare vers le bas du clos. S'il n'a pas le fond de certains de ses pairs comme souvent, il joue clairement l'élégance et la note florale unique du clos à son meilleur. Son nez est un poème, une ode au pinot noir.
184 euros

BLANCS

Domaine Françoise André, Les Pins, pernand-vergelesses 2019
91
Parcelle de vignes exposées au sud-ouest proche du climat Sous Frétille également proposé par le domaine. Notes de citron confit, de gingembre, de miel d'acacia, bouche fraîche, délicatement beurrée. Un bon représentant de l'appellation.
26,20 euros

Domaine Françoise André, Les Vergelesses, savigny-lès-beaune 1e cru 2019
91
35,60 euros

Domaine Bertrand Bachelet, chassagne-montrachet 2019
92
Nous apprécions la grande pureté de ce blanc salin, précis, ciselé. C'est une belle interprétation du chardonnay à Chassagne.
Prix NC

Château de Beauregard, Le Monsard, mâcon-Bussières 2020
91
15 euros

Château de Beauregard, Grand Beauregard, pouilly-fuissé 2012
94
3 000 bouteilles commercialisées huit ans après la récolte proviennent des meilleures parcelles du domaine. Avec des accents noisettés, légèrement beurrés, c'est la brioche qui domine la fin de bouche. Salivant, on le verra autour de poissons fins, voire d'une belle viande blanche juteuse.
47 euros

Domaine Belleville, La Pucelle, rully 1e cru 2019
92
Exposé plein est, ce terroir à maturité précoce a permis un vin rond, racé, salivant. Une belle réussite.
33,20 euros

Domaines Albert Bichot, Secrets de Famille - chardonnay, bourgogne 2019
91
Bourgogne générique étonnant par son éventail aromatique large, la bouche est gourmande, toute en nuances. C'est un incontestable réussite en appellation régionale.
22 euros

Domaine de la Bongran, Émilian Gillet - Quintaine, viré-clessé 2018
91
Blanc de gastronomie avec ses arômes d'herbes séchées de romarin et de sauge, bouche onctueuse avec des nuances confites. Il jouera de concert avec un homard grillé en enrobant sa texture ferme.
18 euros

Domaine Henri et Gilles Buisson, Sous le Château, saint-romain 2019
92
Le citron confit domine une finale finement crayeuse. Racé, énergique tout en étant onctueux, il peut faire référence dans le millésime à Saint-Romain.
37,20 euros

Domaine Changarnier, Les Duresses, auxey-duresses 1e cru 2019
91
Nez pur, menthé, sur le laurier, le thym, les fleurs blanches. Il joue un registre délicat, renforcé par un élevage partiel dans des jarres en grès.
29 euros

Domaine Jean Chartron, bâtard-montrachet GC 2019
96
On lui retrouve la densité enveloppante du chardonnay planté sur ce climat où il développe des notes de gingembre, de citron confit. C'est un blanc qui a besoin de temps pour affirmer sa puissance légendaire. Les pressés devront lui accorder à minima une décantation avant le service.
310 euros

Domaine Chevalier Père et Fils, corton-charlemagne GC 2019
95
Corton-charlemagne ample, mûr, large, sensuel, sur des fruits jaunes épanouis. D'un grand équilibre, il est digeste.
80 euros

Domaine Françoise et Denis Clair, Les Murgers des Dents de Chien, saint-aubin 1e cru 2019
94
Ce proche voisin du montrachet s'apparente plus au chevalier-montrachet dont il emprunte l'élégance. Bouche pure, racée, finale sensuelle, précise, élancée.
29 euros

Domaine Bruno Clair, corton-charlemagne GC 2019
96
Charlemagne de haute stature, large en bouche, plein, dense tout en finissant élancé. C'est un vin de haute gastronomie capable d'accompagner les poissons crémés et les plus belles volailles.
Prix NC

Château du Clos, cuvée Léonard Chandon, pouilly-fuissé 2019
93
Cette sélection de vieilles vignes (70 ans) a conné un raisin rôti, onctueux, large et sans lourdeur, de grand volume en finale.
37 euros

Domaine Bruno Colin, Morgeot, chassagne-montrachet 1e cru 2019
94
Franchement salin en finale, porté par une acidité fine qui joue avec les amers d'oranges. Long et élégant, c'est un vin racé de gastronomie, sans lourdeurs comme le climat peut y inciter.
78 euros

Domaine Marc Colin et Fils, Le Charmois, saint-aubin 1e cru 2019
92
Mitoyen du chassagne-montrachet premier cru les Chaumées dont il emprunte le style en lui ajoutant de multiples nuances de noisette fraîche, de fumé, de miel d'acacia... Dynamique, complexe, c'est un saint-aubin remarqué dans l'appellation.
50 euros

Domaine des Comtes Lafon, Perrières, meursault 1e cru 2019
97
Située dans les Perrières Dessous, cette parcelle de 0,75 hectare a encore produit un meursault de référence : les compétiteurs se font rares à ce niveau. Pur et cristallin, sa délicate minéralité porte le vin jusqu'à une finale d'effluves marines, d'agrumes mûrs sans mordant, de salinité discrète des plus racée.
Prix NC

Domaine Cordier, Vieilles Vignes, viré-clessé 2019
94
22 euros

Domaine Cordier, Vieilles Vignes, pouilly-fuissé 2019
94
Pur, presque cristallin, d'une élégance racée, il démarre tendu et finit délicieux sur l'ananas rôti.
25 euros

Domaine Dominique Cornin, Les Plessys, pouilly-fuissé 2019
94
Mûr et mentholé, sur les fruits confits, son perlant renforce la sensation de fraîcheur que l'on perçoit dès l'attaque.
25,50 euros

Domaine Dominique Cornin, Les Chevrières, pouilly-fuissé 2019
95
Nez enthousiasmant de fruits jaunes et de fruits confits, bouche légèrement perlante, droite, fraîche. Il a de la race.
26,90 euros

Rodolphe Demougeot, Clos Saint-Désiré, beaune 2019
92
Beaune large et assez puissant d'un équilibre abouti. Le volume de bouche ne masque en rien la fraîcheur de fruit que le domaine a réussi à capter dans ce millésime chaud.
25 euros

Domaine Vincent Dureuil-Janthial, Le Meix Cadot Vieilles Vignes, rully 1e cru 2019
95
La vigne centenaire donne un jus un peu plus dense que celui de la cuvée Meix-Cadot avec un rien moins d'énergie mais plus d ampleur. C'est assurement un blanc de gastronomie pour les poissons les plus fins.
Prix NC

Domaine Vincent Dureuil-Janthial, Les Margotés, rully 1e cru 2019
94
Prix NC

Domaine J.A. Ferret, Tête de Cru Les Perrières, pouilly-fuissé 2019
95
33,30 euros

Domaine J.A. Ferret, Hors Classe - Tournant de Pouilly, pouilly-fuissé 2019
96
Probablement la cuvée la plus aboutie du millésime, les vignes de 60 ans ont tiré parti du calcaire très présent dans le sol. D'une élégance supérieure, tout en finesse, la tension pourtant bien présente au second plan s'efface pour laisser le floral et le fruité s'exprimer avec délicatesse.
43,20 euros

Domaine Feuillat-Juillot, Victor, meursault 1e cru 2019
91
Derrière un boisé très élégant, des arômes de mirabelle, de miel, d'abricots bien mûrs signent une finale parmi les plus longues de la gamme.
26 euros

Domaine Jean Fournier, Longeroies, marsannay 2019
92
Complexe, fraiche, sa finale délicate sur l'amande et la noisette fraîche nous a séduits. C'est l'une des rares versions en blanc des Longeroies qui mérite d'être découverte.
28 euros

Château de Fuissé, Les Brûlés, pouilly-fuissé 2019
93
Ce terroir à dominante argileuse sera un premier cru à partir du millésime 2020. Puissant, sur les arômes de coing et de mirabelle bien mûre, ces brûlées aux accents citronnés ont de l'ampleur.
39,50 euros

Domaine de la Garenne, mâcon-Azé 2019
90
Nous aimons l'amplitude de bouche de ce mâcon fleuri et bien constitué qui ira de l'apéritif à la table.
18,50 euros

Domaine Vincent Girardin, bâtard-montrachet GC 2019
97
D'une puissance impressionnante, c'est un bâtard entier, riche en saveurs, onctueux, dans la force tendre de sa jeunesse.
600 euros

Domaine Sébastien Giroux, Vers Chânes, mâcon-Fuissé 2019
91
Large avec de superbes fruits jaunes délicieux et un grand sens de l'équilibre. Il est de plus particulièrement digeste.
15 euros

Domaine Gondard-Perrin, Le Belvédère, viré-clessé 2018
92
Vin délicat aux fruité jaune bien mûr, bouche ronde tendue par une pointe d'acidité revigorante.
10,90 euros

Domaine Guffens-Heynen, 1er Jus de Chavigne, mâcon-Pierreclos 2019
94
Prix NC

Domaine Guffens-Heynen, Premiers jus, pouilly-fuissé 2019
96
Si le nez est pouilly, la bouche est corton-charlemagne avec son noisetté caractéristique. On revient en Mâconnais sur la fin de bouche par une maturité de fruit un peu plus avancée qu'en côte de Beaune.
Prix NC

Domaine Antonin Guyon, corton-charlemagne GC 2019
95
Le domaine a réussi un beau corton-charlemagne. Le bouquet complexe marie les arômes iodés, floraux et crémeux. La bouche les reprend en leur rajoutant la note noisettée si typique du cru. La finale est complexifiée par une pointe délicatement saline.
150 euros

Domaine des Héritiers du Comte Lafon, Le Monsard, mâcon-Bussières 2019
93
Monsard est une roche qui se situe dans l'alignement de Vergisson et de Solutré sur peu de sol. La tension minérale du vin lui confère une allonge racée, d'une grande pureté.
Prix NC

Domaine des Héritiers du Comte Lafon, viré-clessé 2019
93
Issu de très vieilles vignes plantées plein est sur un sol argileux. Complexe et long, son potentiel rentré ne demande qu'à s'épanouir.
Prix NC

Domaine Claudie Jobard, Montagne La Folie, rully 2019
92
Rully sur le zeste de citron, le beurre frais, long, fort bien équilibré dans le millésime.
15,50 euros

Domaine La Soufrandière - Bret Brothers, Les Crays, mâcon-Chardonnay 2019
91
17 euros

Domaine La Soufrandière - Bret Brothers, Les Quarts cuvée Zen, pouilly-vinzelles 2019
95
Le contraste est saisissant entre les deux cuvées Les Quarts. Cette version dite Zen, sans soufre ajouté avant la mise est exubérante, d'un fruité explosif. Elles devraient se rejoindre à terme mais celle-ci fera la course en tête pendant les prochains mois et probablement les premières années.
36 euros

Domaine Pierre Labet, Dessus des Marconnets, beaune 2019
91
Issu d'un climat limitrophe de Savigny-lès-Beaune, c'est un vin impressionnant par son gras. Équilibre abouti sur des saveurs de fruits blancs juteux, de coing, de poire.
37 euros

Domaine des Lambrays, Le Cailleret, puligny-montrachet 1e cru 2019
95
Nous n'avions pas dégusté cette cuvée depuis plusieurs millésimes. Sur un sol caillouteux qui prolonge le montrachet au nord, c'est un blanc racé, minéral, pur, presque tannique, d'une fraîcheur remarquée dans le millésime.
150 euros

Domaine Hubert Lamy, Les Murgers des Dents de Chien, saint-aubin 1e cru 2019
94
Finale racée proche de celle du chevalier-montrachet situé à proximité. Élancé, tendu, fumé, minéral et citronné, c'est le plus complexe des saint-aubin.
65 euros

Domaine Lamy-Pillot, Clos Saint-Jean, chassagne-montrachet 1e cru 2019
93
Cette parcelle se situe dans le Clos des Murets, l'une des parties les plus ensoleillées de ce climat solaire. Dynamisé par une touche fraîche en finale, le vin a de la classe, il joue entre les épices orientales et les agrumes.
43 euros

Domaine Vincent Latour, cuvée Thomas, saint-aubin 2019
92
29,90 euros

PRESSE

Domaine Vincent Latour, Charmes, meursault 1e cru 2019
95
De superbes notes de beurre citronné, une tension minérale délicate et la sensation d'une plongée dans un bouquet de fleurs au nez puis en bouche font de ce vin originaire des Charmes-Dessus un modèle dans le millésime.
90 euros

Domaine Latour-Giraud, Genevrières, meursault 1e cru 2019
95
Racé, très pur, avec toute la sève possible des genevrières. Minéral et salin, on croque dans le citron confit, les écorces d'orange.
Prix NC

Domaine Leflaive, En Vigneraie, pouilly-fuissé 2019
95
Prix NC

Domaine Leflaive, bâtard-montrachet GC 2019
98
La force de ce cru est légendaire et 2019 l'incarne parfaitement. Son intensité minérale est enrobée dans un fruit tout en rondeurs, soyeux et même crémeux.
Prix NC

Domaine Leflaive, chevalier-montrachet GC 2019
98
Nez d'agrumes confits, floral, d'une puissance comparable au batard-montrachet avec un supplément de finesse. Ce chevalier en impose même s'il le fait avec tact et une pointe de salinité délicieuse.
Prix NC

Olivier Leflaive, En Remilly, saint-aubin 1e cru 2019
93
Prix NC

Olivier Leflaive, corton-charlemagne GC 2019
96
Ciselé dans son allonge, large dans son assise, il distille une note froide mais racée, délicatement saline, toute en nuances. A garder quelques années idéalement.
Prix NC

Domaine Bruno Lorenzon, Les Champs Martins, mercurey 1e cru 2019
96
Planté à 14.000 pieds par hectare, très au-delà des standards de la Bourgogne, ce premier cru ambitieux est au rendez-vous. Sa tension est superbe et porte une minéralité racée et fine. Sa finale est explosive et retenue : ce paradoxe nécessite des vignes hors pair et un vigneron à l'avenant.
35 euros

Domaine Nicolas Maillet, bourgogne aligoté 2019
92
Un coup de chapeau pour cet aligoté issu de très vieilles vignes. Il a une étoffe inhabituelle pour ce cépage qui ne nuit en rien à sa tension et à sa fraîcheur. La bouche est superbe, complexe, sur le citron, le gingembre, les herbes aromatiques. Encore un magnifique aligoté à l'actif du domaine.
16,50 euros

Domaine Nicolas Maillet, Le Chemin Blanc, mâcon-Verzé 2019
92
21 euros

Merlin, Vieilles Vignes, mâcon-La Roche-Vineuse 2019
90
L'attaque sur la poire croquante est dynamique, la bouche ronde lui donne du charme et finit sur l'écorce d'orange et le citron confit. C'est un très bon représentant d'une appellation à la forte identité aromatique.
17 euros

Domaine du Château de Meursault, Perrières, meursault 1e cru 2019
95
Son énergie rayonne avec comme toujours ce style minéral inimitable des perrières rehaussé d'une fraîcheur particulière dans le millésime. On peut se laisser tenter mais il conviendrait de le garder un peu.
89 euros

Domaine Xavier Monnot, Le Limozin, meursault 2019
94
Un meursault dense et frais, aux arômes intenses d'agrumes, de silex, de torréfaction et à la texture compacte. Bâti pour la garde, on pourra néanmoins se laisser séduire dès maintenant.
Prix NC

David Moret, corton-charlemagne GC 2019
96
Si le domaine réussit régulièrement un beau corton-charlemagne, 2019 le voit encore progresser. Il est délicieux, presque prêt à boire pour un grand cru, sa finale noisettée et racée est ravissante.
110 euros

David Moret, Vieilles Vignes, chassagne-montrachet 2019
93
33 euros

Domaine Pierre Morey et Morey Blanc, Perrières, meursault 1e cru 2019
95
Très belle origine vinifiée ici pour la garde tel que le terroir y prédispose. Compact en 2019, il a de la retenue mais un potentiel évident.
Prix NC

Domaine Normand, Vieilles Vignes, mâcon-La Roche-Vineuse 2019
90
Rond et bien mûr, c'est un mâcon élégant avec le volume attendu et de la fraîcheur.
12,50 euros

Domaine Philippe Pacalet, meursault 2019
92
Meursault digeste, original, porté par le citron, les agrumes. Il intègre avec brio une note légèrement oxydative qui participe à la complexité de son expression aromatique sans qu'elle passe au premier plan devant les fruits.
76,50 euros

Château des Quarts, Les Quarts Monopole, pouilly-fuissé 2019
94
Avec une rondeur délicieuse, ce blanc sur calcaire montre une grande finesse de constitution et de délicieux arômes de poire, de gingembre, de mirabelle.
40 euros

Le vignoble du Mâconnais. Au fond, la Roche de Solutré.

Domaine Rijckaert, Les Croux Vieilles Vignes, pouilly-fuissé 2018
92
Climat situé sous la proue de la Roche de Vergisson pour un blanc large, noisetté, miellé. On y retrouve de la sauge, la poire. Il est construit autour d'une pointe d'oxydation qui en relève le goût dans un ensemble très digeste.
Prix NC

Domaine Rijckaert, Levant, mâcon-La Roche-Vineuse 2019
91
Prix NC

Clos des Rocs, En Chantone, pouilly-loché 2019
92
Climat au cœur de cette petite appellation (32 hectares) et qui est planté de vignes de 95 ans. Nez et bouche originales de citron mûr et d'orange, finale légèrement minérale qui évoque la roche mère calcaire. Tension délicate.
26 euros

Clos des Rocs, Clos des Rocs Monopole, pouilly-loché 2019
93
Cette parcelle orientée à l'est porte des vignes de 85 ans sur un sol rouge caillouteux et peu profond. Elle donne le vin au sommet de la cave avec un supplément de tension et de complexité, des nuances d'orange bien mûres et une pointe saline salivante. Belle réussite.
28 euros

Domaine de la Romanée-Conti, corton-charlemagne GC 2019
99
Ce nouveau venu au domaine vient de quatre parcelles situées à différents niveaux du cru rachetées au domaine Bonneau du Martray. Un impressionnant volume de bouche pour ce grand blanc ramassé à haute maturité dans lequel on perçoit les prémices des arômes des liquoreux mais également la bergamotte, le tilleul et la noisette fraîche, le marqueur habituel des beaux charlemagnes.
Prix NC

Château des Rontets, du Sud, bourgogne 2019
91
19 euros

Château des Rontets, Clos Varambon, pouilly-fuissé 2019
95
Bouche sur le caillou, le poivre de Sichuan, la mandarine et l'orange amère. Finale explosive et fraîche.
24,50 euros

Domaine Roulot, Les Bouchères Clos des Bouchères Monopole, meursault 1e cru 2018
95
La dominante calcaire du sol transparaît par cette minéralité et cette dynamique dans un millésime dont ce n'est pas la spécialité. La matière est tendre, délicate, subtile.
Prix NC

Domaine Roulot, bourgogne 2018
90
Prix NC

Domaine Jacques et Nathalie Saumaize, Les Cras, saint-véran 2019
92
18,50 euros

Domaine Jacques et Nathalie Saumaize, Les Creuzettes, pouilly-fuissé 2019
93
La texture est grasse, la bouche est longue, racée, délicatement fumée et intensément fruitée. Belle réussite.
21 euros

Saumaize-Michelin, Pentacrine, pouilly-fuissé 2019
92
Séveux, salin, les agrumes sont ici mis en avant. L'ensemble est précis, complet et très aromatique.
19,50 euros

Vignerons des Terres Secrètes, Vers Cras, pouilly-fuissé 2019
91
22,90 euros

Vignerons des Terres Secrètes, Révélis, saint-véran 2017
92
Les raisins sélectionnés de cinq parcelles sont élevés par la cave en petites cuves ovoïdes. La bouche est racée, fumée, de grande longueur avec un réel sens du style.
39 euros

Domaine Thibert Père et Fils, Les Longeays, pouilly-vinzelles 2017
92
Finale bien dessinée de grande allonge sur des notes salines, sur les poires blanches, le citron confit. On le verra volontiers avec des asperges, un brillat-savarin.
28 euros

Verget, Les Vignes de Saint-Claude, saint-véran 2019
91
19,35 euros

Verget, Les Crays, pouilly-fuissé 2019
92
Salin, avec un supplément de structure par rapport au Sur La Roche mais avec moins d'originalité olfactive. On l'attendra un peu car il a de la ressource.
27,60 euros

Domaine de Villaine, Rabourcé, rully 1e cru 2018
93
Tendre, minéral, épicé, de grand volume, c'est un rully sapide, salivant, de grande longueur.
30 euros

Domaine Anne-Marie et Jean-Marc Vincent, Beaurepaire, santenay 1e cru 2019
92
Persistant et original dans ses arômes de poire juteuse, de pomme confite avec une pointe iodée, fraîche et saline qui le signe.
32 euros

Domaine de la Vougeraie, bâtard-montrachet GC 2019
97
Avec moins de nuances pour l'instant que le bienvenues-batard-montrachet qui le précédait dans notre dégustation mais avec plus de fond, d'assise et de puissance absolue. Il ira loin.
243 euros

LE POUVOIR DE LA TERRE
CHÂTEAU CANTENAC
GRAND CRU CLASSÉ 1855
CHÂTEAU
CANTENAC BROWN
2015
MARGAUX
CHÂTEAU
CANTENAC BROWN
GRAND CRU CLASSÉ 1855
MARGAUX
L'ABUS D'ALCOOL EST DANGEREUX POUR LA SANTÉ
À CONSOMMER AVEC MODÉRATION
www.cantenacbrown.com

LOUIS LATOUR L'HISTOIRE A DU STYLE

LA GRANDE MAISON BEAUNOISE N'A PAS CESSÉ DE SE RÉINVENTER POUR METTRE EN AVANT SON SPECTACULAIRE PATRIMOINE DE VIGNES. LE POINT SUR SA PHILOSOPHIE ET DEUX DE SES GRANDS VINS

Louis-Fabrice Latour, onzième génération de la famille Latour, préside le directoire de la maison.

PAR **ALAIN CHAMEYRAT**

DEPUIS 1731, LA FAMILLE LATOUR produit du vin en Bourgogne. Installée à Aloxe-Corton à partir de 1768, elle s'est constitué un patrimoine de vignes important dans le secteur de Beaune et sur la colline de Corton, où elle est le plus important propriétaire en corton-charlemagne avec près de dix hectares. Incontournable de la grande Bourgogne, son célèbre corton Grancey, en rouge, assemble cinq climats de la colline dont les exceptionnels Clos-du-Roi et Bressandes. La maison possède également une impressionnante collection de premiers crus de Beaune, un peu moins d'un hectare de Chambertin et de Romanée Saint-Vivant ainsi qu'un demi-hectare de Chevalier-Montrachet. C'est aujourd'hui Louis-Fabrice Latour, onzième génération de la famille, qui préside le directoire.

Moins réduits et plus harmonieusement boisés que par le passé, les blancs ont entamé depuis quelques millésimes une refonte stylistique remarquable, dans une recherche constante d'équilibre. Parfois sous-estimés dans leur jeunesse, ils vieillissent admirablement. Les rouges récents ont gagné en couleur et en chair grâce à un léger allongement des temps de cuvaison. Les crus du domaine menés en agriculture raisonnée (certifiée ISO 14001) sont surveillés par une équipe technique compétente autour de Christophe Deola. Les vinifications sont adaptées à chacune des 130 appellations commercialisées par la maison, en respectant deux fondamentaux : la recherche de raisins mûrs et sains, une fréquence de pigeage modérée pour gagner en soyeux dans la texture des tannins. Si la tonnellerie maison continue de fournir les fûts, les choix d'élevage ont gagné en pertinence. Aucun des vins de nos deux verticales ne souffrait d'un élevage ostentatoire ou inadapté. L'ensemble de la gamme mérite qu'on s'y intéresse de près, y compris les bourgognes génériques, les vins du Mâconnais et les pinots noirs du Beaujolais. La maison est également présente en Ardèche, dans le Var et à Chablis avec la maison Simonnet-Febvre.

Nous vous proposons un décryptage du style Latour à travers deux cuvées de rouges, le beaune premier cru Les Vignes Franches – la maison est propriétaire de 2,8 hectares – et le romanée saint-vivant, grand cru mythique de Vosne-Romanée.

LES VIGNES FRANCHES, UN PREMIER CRU RÉPUTÉ

Avec ses 42 premiers crus, Beaune produit majoritairement des vins rouges (270 hectares de premiers crus sont plantés en pinot noir, 39 le sont en chardonnay). Différents de ceux de la Côte de Nuits, les rouges beaunois possèdent souvent cette note terrienne et cette gourmandise immédiate qui n'obèrent en rien, pour les meilleurs, leur capacité de grande garde. Le climat des Vignes Franches est situé sur le coteau de Beaune, en direction de Pommard, sous le fameux clos des Mouches. Une parcelle réputée, citée en catégorie « première cuvée » par le docteur Lavalle en 1855 dans son ouvrage de référence Histoire et statistique de la vigne et des grands vins de la Côte d'Or, mais aussi par Camille Rodier, spécialiste du vignoble bourguignon du début du XXe siècle. Avec son sol mince de cailloutis, posé sur une roche mère calcaire, son fort potentiel qualitatif peut s'expliquer dans sa capacité à bien filtrer l'eau. La puissance des vins n'est pas sans rappeler celle de Pommard, avec un fruité séduisant dans les vins jeunes et une aptitude évidente au long vieillissement, propre aux meilleurs terroirs de Beaune.

2019

On aime la sensation de fraîcheur dans une année pourtant chaude. Sa trame est typique de ce secteur avec un supplément de tension par rapport au 2018.

92

2018

Jus tendre, épicé, savoureux, gourmand et sapide, digeste. Construit autour des notes de pruneau, de fruits noirs, c'est accessible et bien dans l'esprit de ce terroir sensuel. Racé.

91

MATHIEU GARÇON

2017
Dans un style accessible, sans la concentration du 2015, ce 2017 a bien évolué. C'est un rouge de plaisir immédiat que l'on boira sur son charme actuel.
90

2015
Autour de notes savoureuses de cerises noires bien mûres, doté d'une grande énergie, le style de la cuvée a beaucoup évolué vers une tension perceptible, un corps charnu, une élégance racée et délicate.
91

2009
Evolué, profond, pour des viandes puissantes en goût, il est désormais proche de son apogée.
90

ROMANÉE SAINT-VIVANT, QUELLE MERVEILLE

Le climat tire son nom d'un moine venu de la côte atlantique évangéliser la Bourgogne. L'abbaye de Vergy, construite sur l'emplacement de sa tombe, a bénéficié de multiples donations de parcelles. Parmi celles-ci, le Cloux des Cinq Journaux, future Romanée-Conti et, situées justes en-dessous, plusieurs parcelles qui deviendront Romanée Saint-Vivant à partir de 1765. La famille Latour fait l'acquisition en 1900 de la parcelle dite du Cloux des Quatre Journaux, située en plein milieu de celle de Romanée Saint-Vivant, séparée seulement de celle de Romanée-Conti par une route étroite. Ses admirateurs – ils sont nombreux à s'arrêter sur le bord de cette route bénie des dieux – retrouveront l'emplacement des Quatre-Journaux en pivotant simplement d'un demi-tour sur eux-mêmes. Enclave entre La Grande Rue, à sa droite, et Richebourg, à sa gauche, les voisins sont de prestige. Cette verticale illustre parfaitement la constance du style Latour, reposant sur la densité, la profondeur et la race attendues sur un cru de ce calibre, ne reniant rien de la sensation aérienne propre au climat. Nous avons été surpris par la grande lisibilité des millésimes, montrant la faculté de la maison à s'adapter aux conditions de chaque année sans chercher à les surjouer ni à les étouffer. Aux antipodes d'un style forcé par des techniques de vinification, capter l'essence d'un terroir et laisser s'exprimer le millésime nous semble une approche particulièrement aboutie. C'est chose faite ici, avec beaucoup de maîtrise.

2019
Fort bien construit, d'un style généreux, élégant, raffiné avec des arômes délicieux de fumée, d'épices douces élégantes. D'une grande vinosité, un rien de pluie en été lui aurait permis d'aller aussi loin que le 2018. Prévoir néanmoins une garde d'une bonne dizaine d'années.
97

2018
Le nez impressionne, complet, puissant, vineux, généreux, d'un grand raffinement, avec l'équilibre magique du grand 2010 bien que dans un style différent. Tannin parfaitement intégré, grand corps en subtilité. Mûr sans perception alcoolique, il évoluera superbement.
99

2017
Arôme noble, floral, nez plus évolué que celui du 2016, d'une grande finesse, dans le respect du style saint-vivant. Accessible, envoûtant comme doit l'être ce cru, il est parfait à boire dès maintenant.
95

2016
D'une étonnante jeunesse, équilibré, généreux, issu de petits rendements et de vendanges tardives à cause d'un départ de végétation perturbé par le gel de printemps. Frais dans son approche, avec cette maturité froide des vins vendangés fin septembre, le temps ne semble pas avoir de prise sur lui. Ce grand devenir ne l'empêche pas d'être déjà savoureux.
97

2015
Millésime parfaitement adapté au saint-vivant qui met en avant sa grâce aérienne, sa composante florale. D'une grande délicatesse de constitution, sensuel, prêt à boire, son fond et son équilibre abouti permettront aux patients d'envisager une garde longue.
98

2014
Millésime considéré comme plutôt léger qui ne présente ici aucune note acétique malgré les drosophiles qui avaient perturbé les vendanges de tout le vignoble français. Parfaitement typé, floral et aérien, d'une grande finesse de constitution. Dans celle collection du cru chez Louis Latour, c'est le millésime à boire maintenant.
97

2013
Bien réussi quand ce millésime a donné beaucoup de vins aujourd'hui dans une phase austère. Archétypal, large, long, sans toutefois la note aérienne du 2012. Laissons-lui le temps, il a beaucoup de fond et sa finale va s'assouplir.
95

2012
Complet et sans exubérance, d'une grande finesse et d'une remarquable précision avec une texture caressante. Le millésime permet d'exprimer toutes les nuances du cru. Archétypal par son élégance aérienne, un cran en dessous du splendide 2010, mais de si peu.
98

2011
Racé, assez puissant avec un tannin bien constitué, élégant, terrien dans son approche, large et long sans la dimension aérienne du 2010, millésime de référence de la cuvée. Parfaitement abouti.
95

2010
Moins d'alcool que dans le 2009, mais avec un raisin de grande maturité. L'équilibre sucre-acide semble parfait. Encore floral, il incarne le grand esprit du saint-vivant dans ses trois dimensions. Large, délicatesse de texture hors norme, longueur impressionnante portée par une pointe saline délicieuse. Un vin aérien, comme l'est ce cru dans ses meilleures expressions.
100

2009
Large, complexe avec de beaux arômes de fruits secs, de cuir noble, c'est un millésime généreux à la texture satinée. Complet, il est bien inscrit dans ce millésime solaire qui a pris le pas sur l'expression du terroir.
97

2008
Avec un grand volume de bouche, carrée dans son attaque, d'une enveloppe large, elle n'est pas au bout du chemin, avec une capacité de garde évidente. La maturité n'ayant pas été aussi aboutie qu'en 2005, on l'envisagera sur des plats un peu plus corsés.
95

2005
Attaque de grande finesse avec des notes aromatiques de sous-bois, de havane sans aucune sécheresse perceptible. Le tannin est très fin pour un vin aérien, subtil et raffiné.
97

PRIX-PLAISIR 2021, DES AFFAIRES EN OR

Rendez-vous annuel incontournable, sélectif et redoutable, nous avons créé le concours Prix-Plaisir pour dénicher des pépites dans chaque région. Sélectionnées à l'aveugle par un jury de consommateur, approuvées par nos experts, voici les médailles d'or de l'édition 2021. Deux critères, le prix (moins de 18 euros) et le plaisir.

Caves Bailly Lapierre, L'Inattendu, crémant-de-bourgogne blanc

Le nez est ouvert, élégant et toasté. En bouche, c'est gourmand et bien équilibré. Un vin original que l'on recommande sans hésiter.

13 euros

Où le trouver ? vinatis.fr

Caves Bailly Lapierre, Saint Bris, bourgogne blanc 2019

C'est un sans faute pour ce vin aromatique dotée d'une belle matière. C'est long et intense.

7,10 euros

Où le trouver ? twil.fr

Château de la Greffière, Les Ronzettes, mâcon-la-roche-vineuse blanc 2019

Joli nez ouvert, anisé et marqué par les fruits blancs. En bouche, c'est frais et gourmand avec une jolie finale qui s'étire sur la minéralité.

16 euros

Où le trouver ? Au domaine

Domaine Céline et Frédéric Gueguen, Côtes Salines, bourgogne blanc 2019

Sans faute pour ce vin intense et équilibré. C'est agréable et on soulignera son excellent rapport qualité prix.

8 euros

Où le trouver ? Au domaine

Domaine du Mont Verrier, Sainte Marthe, bourgogne blanc 2019

Superbe bouche fine, ample et soyeuse dotée d'une belle longueur sur les agrumes avec un bois discret. Très réussi.

11,50 euros

Où le trouver ? domaine-montverrier.com

Domaine Ève et Michel Rey, En Carmentrant, pouilly-fuissé blanc 2018

Ce vin est très fin ! Belle expression d'agrumes gourmands et une mineralité aboutie.

17 euros

Où le trouver ? rey-bourgogne.com

Domaine Laurent et Céline Notton, Ratafia De Bourgogne, vin-de-france rouge

Nez d'amandes amères, les prunes et les pruneaux. Beaucoup de gourmandise dans ce vin joliment équilibré entre les sucres résiduels et l'alcool. Un vin pour refaire le monde autour du feu.

13 euros

Où le trouver ? chablis-notton.com

Domaine Laurent et Céline Notton, Vaugiraut, chablis 1er cru 2019

Un nez puissant qui ne déçoit pas en bouche. Un beau produit, droit et équilibré pour un vrai moment de plaisir.

14 euros

Où le trouver ? chablis-notton.com

Domaine Laurent et Céline Notton, Vieilles Vignes, chablis 2019

Un nez flatteur et une bouche tendue qui s'arrondit ensuite. La finale est souple et agréable sur les fleurs blanches. Beau vin.

10,50 euros

Où le trouver ? chablis-notton.com

Domaine Philippe Bouzereau, bourgogne côte d'or blanc 2019

Un nez riche avec des notes florales, beurrées et légèrement grillées. Complexité aromatique, rondeur et souplesse en bouche. Très agréable.

14 euros

Où le trouver ? Caves la Route des Vins

Grivot-Goisot, Cuvée Héritage, bourgogne côtes d'auxerre rouge 2018

Joliment parfumé avec une vraie délicatesse de tannins, c'est raffiné, fin et très séduisant.

15 euros

Où le trouver ? grivot-goisot.com

Henri de Villamont, Les Epenottes, beaune rouge 2019

Un bon bourgogne rouge, éclatant et brillant dans son fruit, qui ne manque pas de finesse. Il profite d'un élevage de qualité pour gagner en longueur.

18 euros

Où le trouver ? Au domaine

Jean-Marc Brocard, Margote, vin-de-france blanc 2019

Notes de fleurs blanches, de pomme et quelques touches beurrées. Une bouche vive et avec de la complexité dans les arômes, simple mais bien fait. Excellent rapport qualité prix .

3,30 euros

Où le trouver ? Au domaine

CHAMPAGNE
CASTELNAU
réserve
L'élégance d'un grand vin
CASTELNAU
CHAMPAGNE
CASTELNAU
réserve
REIMS - FRANCE
L'ABUS D'ALCOOL EST DANGEREUX POUR LA SANTÉ, À CONSOMMER AVEC MODÉRATION

BOURGOGNE, LE PAYS DES MERVEILLES

CHABLISIEN, CÔTE DE NUITS, CÔTE DE BEAUNE, CHÂLONNAIS ET MÂCONNAIS, LES DOMAINES QUI NOUS ÉMEUVENT SONT TOUS LÀ

CHABLISIEN

Caves Bailly Lapierre

★☆☆☆☆

Les caves Bailly Lapierre regroupent 430 vignerons apporteurs de raisins destinés à la production de crémant-de-bourgogne. La production annuelle moyenne s'élève à 25 000 hectolitres, soit plus de 3 millions de bouteilles. Les caves situées à 50 mètres sous terre au coeur de la pierre de Tonnerre s'étalent sur quatre hectares. C'est une production sérieuse et qualitative de crémants dont ils se sont fait la spécialité, mais ils réussissent aussi leurs vins de l'Yonne, notamment les saint-bris et les irancys.

bailly-lapierre.fr

Domaine Jean-Claude Bessin

★★★★☆

Domaine parmi les plus intéressants de tout Chablis, et pourtant pas le plus médiatique, la faute sans doute à la discrétion naturelle de son vigneron, Jean-Claude Bessin, aidé depuis 2014 par son fils Romain. Le parcellaire est limité, 12,50 hectares de vignes issues de la belle-famille de Jean-Claude (Tremblay), avec notamment une magnifique implantation en premier cru Fourchaume (2,15 hectares), dont il tire l'une des plus brillantes expressions dans sa cuvée de cœur de coteau, la pièce-au-comte. La vinification cuve et fût se met au service du raisin, jamais une touche boisée dans ces vins qui vieillissent à la perfection, avec une tension vibrante qui fait durer les finales.

dnejcbessin@gmail.com

Samuel Billaud

★★★☆☆

Samuel Billaud a créé sa petite activité de négoce en 2009, au départ il s'agissait exclusivement d'achats. La reprise en 2014 par Faiveley du domaine de famille, Billaud-Simon, a changé la donne car Samuel a récupéré dans la transaction une partie du prestigieux vignoble, notamment de superbes premiers crus. Sa nouvelle cuverie, au cœur du village de Chablis, lui a permis de franchir un palier.

samuel-billaud.com

Domaine Billaud-Simon

★★★★☆

Ce domaine réputé de Chablis a été acheté par Erwan Faiveley à l'été 2014, avec la ferme intention de maintenir au premier plan le superbe parcellaire fait de vieilles vignes situées pour la plupart au cœur des meilleurs terroirs de l'appellation. Olivier Bailly a succédé à Julien Martins pour la partie technique, les évolutions se font en douceur. Déjà perceptible, l'apport du fût sur certaines cuvées, notamment le chablis tête-d'or, paraît déjà plus finement dosé.

billaud-simon.com

Jean-Marc Brocard

★★★☆☆

Brocard est le plus vaste vignoble du Chablisien mené en bio et biodynamie, puisqu'aujourd'hui 60 hectares sur les quelques 200 de l'exploitation sont certifiés, mais les convictions et la sincérité de Julien Brocard en la matière ne peuvent rien, hélas, contre les caprices de la météo et les ravages que celle-ci peut occasionner. Des vins francs de goût, avec notamment de très jolis butteaux, vaulorent, et preuses. Ne manquez pas non plus la nouvelle gamme julien-brocard, splendide d'énergie et d'éclat.

brocard.fr

La Chablisienne

★★★☆☆

Le principal producteur de Chablis restitue toujours une interprétation fidèle de l'appellation, grâce au travail précis et soigné de l'œnologue Vincent Bartement. Le travail de la cave, que nous saluons régulièrement depuis des années, continue de porter ses fruits. Bien distribué, cette adresse incontournable et en constante progression et reussi avec beaucoup de maîtrise les derniers millésimes. Notation en hausse.

chablisienne.com

Maison de la Chapelle

★★☆☆☆

La belle aventure continue pour Grégory Viennois et Delphine Carré, en marge de leurs activités respectives pour les domaines Laroche. Ce pur négoce en vins rouges sur l'appellation irancy manquait au paysage de la région, d'autant qu'ils se sont lancés avec le splendide millésime 2015. Il faut réserver très tôt ses cuvées au domaine.

vins-maisondelachapelle.fr

Domaine Charly Nicolle

★★☆☆☆

Ce domaine progresse régulièrement depuis quelques années et nous nous en réjouissons. À partir des terroirs de Fleys, notamment les premiers crus de Chablis les Fourneaux et Mont de Milieu, Charly Nicolle propose une courte gamme, dont deux cuvées de vieilles vignes (en chiffres romains) très intéressantes.

chablis-charlynicolle.com

Domaine Jean Collet & Fils

★☆☆☆☆

Ce domaine majeur de Chablis possède un beau vignoble de 39 hectares, avec de splendides parcelles bien situées en premier cru : Vaillons, Butteaux, Montmains, Sécher, Montée de Tonnerre, Mont de Milieu et depuis peu Forêt. Les vins sont souvent vendus avec quelques millésimes de décalage, notamment en grands crus.

domaine-collet.fr

Domaine Sébastien Dampt

★☆☆☆☆

Arrivé au domaine Daniel Dampt en 2005, Sébastien Dampt se lance seul à partir du millésime 2007. Lui aussi met en valeur les terroirs entourant le village de Milly. Une bonne adrresse à suivre.

sebastien-dampt.com

Domaine Vincent Dauvissat

★★★★★

La viticulture est le point fort de ce domaine, qui révèle pour chacun de ses crus une verticalité et une droiture exemplaires. La forte acidité issue des sols kimméridgiens demande souvent 10 voire 15 ans en bouteille pour pleinement révéler la véritable identité des terroirs, mais l'attente est alors récompensée. Le domaine a la chance d'exploiter plusieurs des principaux crus phare de l'appellation.

03 86 42 11 58

Domaine Drouhin-Vaudon

★★★☆☆

La famille Drouhin dirige depuis Beaune l'ancien domaine du Moulin de Vaudon. Les cuvées proviennent essentiellement des vignes du domaine, 40 hectares bien situés sur les beaux terroirs. On retrouve dans ces chablis le toucher fin et élégant adossé aux notes florales très pures qu'affec-

tionne Véronique Drouhin dans ses vins.
drouhin-vaudon-chablis.com

Domaine Jean Durup et Fils

Il faut saluer la mémoire de Jean Durup, décédé en juin 2021. Ce passionné aura beaucoup contribué à l'extension de l'appellation et à sa renommée mondiale, dans les années 1970 et 1980. C'est son fils Jean-Paul qui a pris la suite désormais. Il est à la tête du plus important vignoble privé de Chablis, plus de 200 hectares en production. Le style des vins est défini depuis longtemps : jamais de bois. La gamme retrouve sa régularité de style depuis quelques millésimes.
durup-chablis.com

Domaine Nathalie et Gilles Fèvre

Gilles et Nathalie Fèvre, désormais accompagnés de leur fille Julie, ont sorti leurs dernières vignes de la cave coopérative en 2016, et se retrouvent ainsi à la tête d'un vaste domaine d'une cinquantaine d'hectares, très bien situé sur les secteurs proches de Fontenay, notamment Fourchaume, Vaulorent et Preuses. Toutes les cuvées bénéficient de la même rigueur technique et de la même précision saline en bouche.
nathalieetgillesfevre.com

Domaine William Fèvre

Racheté voilà près de vingt ans par Bouchard Père et Fils, William Fèvre a su se hisser au premier plan de l'appellation sous la houlette du talentueux Didier Séguier. Certes, il avait à sa disposition l'un des plus beaux patrimoines de vignes de la région, avec notamment cinq des sept grands crus, sans oublier tous les principaux premiers crus. La viticulture est des plus soignées, et la vinification s'efface au profit de l'identité des terroirs. Les vins s'ouvrent assez rapidement et vieillissent toujours très bien.
williamfevre.fr

Domaine du Château de Fleys

Un domaine qui gagne à être connu ! Les Philippon vendent encore la majeure partie de leur production au négoce, mais ils disposent de vieilles vignes idéalement situées au cœur du premier cru Mont de Milieu, et en donnent sans doute l'une des expressions les plus abouties. La viticulture est conventionnelle et les vinifications en cuve inox pour la majeure partie. Le mont-de-milieu vieilles-vignes est peut-être la meilleure affaire de tout le Chablisien. Les prix restent sages.
chablis-philippon.com

Garnier et Fils

Installés en limite nord de l'appellation, à Ligny-le-Châtel, les frères Garnier, Xavier et Jérôme mènent avec succès leur domaine familial (uniquement en Chablis et Petit Chablis) qu'ils ont heureusement complété d'une belle activité de négoce. Les vinifications se font désormais en levures indigènes. La très originale cuvée grains-dorés, élevée deux années, est un bel exemple de chablis bien enrobé, toujours fin et équilibré malgré la richesse du vin.
chablis-garnier.com

Damien Leclerc (La Chablisienne).

MATHIEU GARÇON

Domaine Guilhem et Jean-Hugues Goisot

Les Goisot travaillent en famille leurs terroirs de Saint-Bris et alentours. La biodynamie mise en œuvre avec une application rare dans la région, permet de récolter des raisins sains. Tout part du sol et d'un patient travail de préparation, puisque les Goisot attendent 15 ans avant de replanter une parcelle, ce qui permet ensuite d'avoir des sols exempts de toute virose, permettant aux vignes de s'épanouir sur 80 ans et plus. Ici, aligotés, chardonnays, sauvignons et pinots noirs atteignent la même splendeur, pour des prix raisonnables.
goisot.com

Domaine Laroche

Sous la houlette de Grégory Viennois avec les conseils de Stéphane Derenoncourt, toute la gamme de Laroche à Chablis progresse chaque année un peu plus vers l'excellence, les vins du domaine bien sûr mais aussi les cuvées issues du négoce et étiquetées « Laroche ». Une attention de tous les instants, depuis le travail à la parcelle jusqu'au choix de la date de vendanges, du parc à fûts et de son entretien jusqu'aux sélections qui précèdent les assemblages, rien n'est laissé au hasard.
larochewines.com

Domaine Long-Depaquit

Cécilia Trimaille vient de prendre ses quartiers à Chablis, elle remplace Matthieu Mangenot à la tête du domaine Long-Depaquit, l'antenne chablisienne de la famille Bichot depuis 1970. Le vignoble y est l'un des plus complets de la région, 65 hectares dont cinq des sept grands crus de l'appellation (sans compter le fameux monopole de la Moutonne). Une dégustation ici permet un bel aperçu de la diversité des terroirs du secteur.
albert-bichot.com

Domaine Louis Michel et Fils

Guillaume Michel tente de faire mieux connaître ce domaine en France, même si l'essentiel de la production part toujours à l'export. Le patrimoine de terroirs est remarquable, 25 hectares dans les crus historiques, avec notamment les trois expressions du premier cru Montmains (Montmains, Forêt, Butteaux), une première à Chablis. Ces vins de temps démarrent souvent discrètement en bouteille mais expriment avec les années leur magnifique pureté cristalline dans le verre.
louismicheletfils.com

Domaine Christian Moreau Père et Fils

Les Moreau possèdent l'un des plus beaux patrimoines de vignes de tout Chablis, notamment en grands crus et plus particulièrement les Clos. Christian a créé le domaine en 2002, lorsqu'il a quitté la société J. Moreau & Fils rachetée au préalable par le groupe Boisset, mais c'est son fils Fabien qui a progressivement mis en place une viticulture bio, aujourd'hui labellisée, parmi les plus abouties du secteur. Cela se retrouve dans la précision de chacune des cuvées, des références pour l'appellation.
domainechristianmoreau.com

La famille Raveneau.

Domaine Moreau-Naudet

Suite au décès brutal de Stéphane Moreau à l'été 2016, alors qu'il venait d'emménager dans sa nouvelle cuverie dans le bas des Vaillons, son épouse Virginie a courageusement repris la suite, bien aidée par l'équipe en vigne et en cave. Les élevages sont longs, le style n'a pas changé, les vins constituent toujours d'excellents références du terroir chablisien.
03 86 42 14 83

Domaine Olivier Morin

Chitry n'est qu'à quelques kilomètres de Chablis mais comme elle assise sur un socle de calcaire kimméridgien, avec toutefois comme différence d'être plus sous influence du climat de la vallée de l'Yonne que de celle du Serein. Olivier Morin travaille ses vignes avec application et probité, laboure ses sols, vinifie sans levurage et élève longuement pour tirer le meilleur de ce terroir minéral où les blancs sont souvent plus en-vue. En bon millésime, les vins vieillissent heureusement sur une dizaine d'années.
olivier-morin.fr

Domaine Pinson

Les Pinson sont l'une des vieilles familles de Chablis. Aujourd'hui, Laurent, son frère Christophe et sa fille Charlène continuent de faire déguster eux-mêmes les clients de passage, y compris le week-end ! Dans la gamme, montmains et forêt sont des réussites, mais régulièrement dépassées par la profondeur du mont-de-milieu, dont le domaine est l'un des plus importants exploitants.
domaine-pinson.com

Domaine Isabelle et Denis Pommier

Ce sympathique couple de vignerons a franchi un cap en optant pour une viticulture bio, labellisée avec le millésime 2014. La belle maturité des raisins est bien équilibrée par une acidité tonique issue des sols calcaires, les vinifications en fût sont de plus en plus respectueuses des nuances de terroirs. Issu d'un sous-sol très particulier, le Hauterivien, le petit-chablis est régulièrement remarquable de richesse, le rouge de l'Yonne l'un des tout meilleurs de la région, et les premiers crus du secteur de Poinchy (Léchet, Beauroy, Fourchaume) constituent aujourd'hui des sources sûres pour les amateurs.
denis-pommier.com

Domaine Raveneau

Isabelle et Maxime, la nouvelle génération, ont rejoint leurs pères Bernard et Jean-Marie. La demande est mondiale, une tendance qui n'est pas prête de s'inverser, du coup mieux vaut s'adresser aux bons revendeurs, cavistes et restaurants, pour déguster les différentes cuvées. Pour le reste, les pratiques n'ont pas évolué, avec cette patte particulière en vinification (cuve puis fût) qui explique la patine et le toucher propres aux flacons du domaine lors du vieillissement.
03 86 42 17 46

Domaine Servin

Les Servin font partie des familles historiques de Chablis, de fait le portefeuille de vignes en exploitation est remarquable, tant en premiers qu'en grands crus, avec notamment plus de 2,70 hectares en Montée de Tonnerre. François Servin aime les vins larges plutôt que ciselés, les vins sont dans ce style.
servin.fr

Simonnet-Febvre

Aujourd'hui dans le giron de Louis Latour, de Beaune, Simonnet-Febvre est aujourd'hui sous la direction du talentueux Paul Espitalié. Cet ancien de La Chablisienne continue d'hisser le niveau de qualité de cette maison, grande spécialiste des mousseux et des crémants de Bourgogne. En parallèle, la production de vins de l'Yonne s'intéresse avec succès à un grand nombre de crus communaux.
simonnet-febvre.com

Domaine Laurent Tribut

Laurent Tribut officiellement en retraite depuis 2018, ce sont désormais ses enfants Adeline, Solange et Gabriel qui gèrent le domaine. Une partie des vignes (Montmains notamment) vient de René Dauvissat, le beau-père de Laurent, le reste est issu de ses acquisitions progressives, notamment en Beauroy et Côte de Lechet. Les vins vieillissent à la perfection, dans la meilleure tradition chablisienne.
03 86 42 46 22

GILLES DURAND-DAGUIN

CÔTE DE NUITS

Jean-Luc & Paul Aegerter

●●●○○

Cette jeune maison créée par Jean-Luc Aegerter est aujourd'hui dirigée par son fils Paul, par ailleurs créateur à succès de plusieurs cuvées innovantes comme le rosé les-jolies-filles ou la nouvelle gamme cozmic. En Bourgogne, il s'appuie sur un domaine de huit hectares complété par des achats. Les vins rouges continuent de gagner en finesse de texture et en expression de fruit.

aegerter.fr

Domaine Amiot-Servelle

●●●●○

Prune Amiot a repris le domaine et ses huit hectares, rejointe par son frère Antoine au commercial. Elle maintient un style de vin précis, assez ferme et retenu dans sa prime jeunesse mais vieillissant parfaitement. L'accueil de Christian Amiot, le père, est toujours aussi sympathique ! On est ici dans un domaine de grande qualité qui ne néglige pas ses entrées de gamme, avec une cuvée d'amoureuses toujours au sommet.

amiot-servelle.com

Domaine Arlaud

●●●●○

Cyprien Arlaud a rejoint le domaine en 1997 et vinifie depuis 2004, aidé aux vignes par sa sœur qui a créé une société de labour à cheval. Quinze hectares principalement sur Morey, dont quatre premiers crus, quatre grands crus et cinq hectares de bourgogne roncevie qui furent autrefois classés en Gevrey village. L'activité domaine est complétée par 3,5 hectares de négoce sous l'étiquette &Arlaud. La vendange entière a été développée depuis 2008 mais le pourcentage de raisins non égrappés varie selon les millésimes pour garder une cohérence aux vins et ne dépasse pas 30 %. Cyprien recherche des vins de grande délicatesse avec des tannins soyeux, très fins.

domainearlaud.com

Domaine de l'Arlot

●●●●○

Ce domaine célèbre, appartenant à Axa Millésimes, a été bâti sur trois monopoles, le clos du Chapeau, le clos des Forêts Saint-Georges et bien sûr le clos de l'Arlot. Ces cuvées monopole de volume important ont donc la chance d'avoir une commercialisation plus conforme à la tradition, avec un vin de trois ans en vente et non de deux ans comme partout ailleurs. Le style des derniers millésimes, absolument remarquables, profite d'une culture en biodynamie et d'une vinification très aboutie de raisins entiers, ce qui donne au vin une noblesse de parfum incomparable. L'excellente Géraldine Godot (ex-Alex Gambal) est aux manettes. 2018 et 2019 voient une évolution vers des vins encore plus délicats.

arlot.com

Domaine Bart

●●●○○

Cousin de Bruno Clair, Martin Bart partage avec lui non seulement quelques crus fameux mais aussi une même vision sérieuse, classique et intemporelle du vin de Bourgogne, privilégiant l'expression exacte du terroir, sans ignorer toutefois l'hédonisme pur des textures, le domaine évolue vers des textures très élégantes et des fruités gourmands. Ses meilleurs marsannays offrent un bon rapport qualité-prix.

domaine.bart@wanadoo.fr

Domaine Bertagna

●●●○○

Ce domaine appartient à la famille Reh, riches vignerons de la Moselle allemande, et possède des terroirs prestigieux en côte de Nuits, sur Gevrey, Morey, Vougeot et Flagey, ainsi qu'un superbe corton-charlemagne. Nous saluons l'avancée de ce domaine vers l'élite de la Bourgogne avec des rouges au toucher tactile des plus délicats. Le vougeot premier cru les Cras blanc est également de haut niveau.

domainebertagna.com

Domaine Jean-Yves Bizot

●●●●○

Minuscule propriété de 3,5 hectares, Jean-Yves Bizot, perfectionniste et libre penseur, consultant, président de l'institut Jules Guyot à Dijon y produit des vins admirables, distribués par de très rares et chanceux cavistes. Ne manquez jamais le bourgogne chapître, le vosne village ou le vosne-jachées, d'une finesse et d'une pureté d'expression inoubliables. Vous y goûterez une approche de la perfection ultime des nuances aromatiques que peut prendre le pinot noir. Des vins onéreux.

03 80 61 24 66

Maison Louis Bouillot

●●○○○

Spécialisée dans la fabrication du crémant, la maison Louis Bouillot (groupe Boisset), basée à Nuits Saint-Georges, élabore des effervescents à la personnalité affirmée. La maison possède 50 hectares en propriété, répartis dans les départements de Côte d'Or et Saône-et-Loire, et signe une charte de qualité avec ses producteurs fournisseurs, à longue échéance. Une sélection parcellaire est faite pour isoler des cuvées caractéristiques des terroirs et des millésimes.

louis-bouillot.com

Domaine René Bouvier

●●●●○

Bernard Bouvier fait partie des tout meilleurs vignerons de Marsannay qui mettent en valeur le riche patrimoine de cette commune. Partisan résolu de l'infusion, il aime les vins qui ont de la chair, bons jeunes et bons vieux, les vendanges à maturité et intervient le moins possible. Signalons la gentillesse de l'accueil au domaine, une démarche bio, une gamme de gevreys, de marsannays et de fixins de référence à prix accessible et de grande homogénéité. De très beaux 2019 succèdent à une série ininterrompue de belles réussites.

renebouvier.com

Domaine Pierre Brisset

●●○○○

Installée au Château de Bligny à Bligny-lès-Beaune et propriétaire de vignes à Chassagne-Montrachet, la Maison Pierre Brisset s'inscrit dans la tradition des plus exigeants vinificateurs et éleveurs de vins de Bourgogne. Sa gamme se compose de vins blancs et rouges issus des parcelles classées en premier et grand cru de la côte de Nuits et de la côte de Beaune. Remarquables bourgogne rouge, gevrey-chambertin premier cru et nuits-saint-georges premier cru aux Thorey 2019.

pierrebrisset.com

Domaine Castagnier

●●●●○

Ce domaine est repris par la cinquième génération de vignerons. Son patrimoine de vignes est un des plus remarquables du village, quatre hectares, ce qui est peu mais dont deux de grands crus, ce qui est rare. Jérôme Castagnier est revenu au domaine où il mène son vignoble en approche biodynamique et complète sa gamme par des raisins achetés notamment dans les chambertins, les échezeaux et dans les amoureuses. Jérôme affine ses élevages selon chaque cru et les vins sont en progression continue depuis des années. Goûtez son simple chambolle pour vous faire une idée de ce que peut faire le domaine avec ses crus plus célèbres. Et le vigneron a le sens de l'accueil au domaine.

03 80 34 31 62

Domaine Philippe Charlopin-Parizot

●●●●○

Vingt hectares en côte d'Or, cinq à Chablis avec un patrimoine de vignes impressionnant en très belles appellations. Les Charlopin, Philippe le père et Yann le fils, n'ont cessé de progresser vers plus de précision. Le fils est très attentif dès le travail de la vigne et le père, fin dégustateur, donne le cap. LLes rouges de la côte de Nuits ne peuvent qu'impressionner par leur précision. Le rendu des terroirs d'origine est d'une remarquable lisibilité. Nous avons noté en 2018 une bien meilleure intégration des boisés qui obligeait à laisser patienter les vins. Ce qui n'enlève rien à leur capacité de garde, bien au contraire. Egalement une belle collection de chablis.

domaine-charlopin-parizot.com

Laurent Delaunay (Edouard Delaunay).

Domaine Georges Chicotot
★★★★☆

Ce petit domaine artisanal de 9,5 hectares s'affirme d'une année sur l'autre. Les parcelles sont petites mais toutes très bien situées et les vins, méticuleusement vinifiés depuis 22 ans par Pascale, l'épouse de Georges Chicotot rejointe par leur fils Clément peuvent servir de modèle de style. Après 2018, 2019 confirme le tournant vers des rouges encore plus fins tout en étant de garde. Une descente de cave avec le truculent Georges est un grand moment dans la grande tradition de l'hospitalité vigneronne bourguignonne.

domaine-chicotot.com

Domaine Chopin et fils
★★★☆☆

Arnaud Chopin et son frère Alban, après avoir travaillé au domaine, en ont repris la destinée et ont diminué la superficie de 14 à 9 hectares pour tendre vers une viticulture de jardin. Une parcelle de 0,4 hectares de vougeot premier cru vient d'être reprise pour proposer cette appellation. Tout est vinifié en grappe entière pour des vins au charnu exceptionnel. Les élevages s'allongent progressivement et sont désormais de 18 mois. Après une promotion accordée au classement du domaine, il est résolument en route vers l'échelon supérieur.

03 80 62 92 60

Domaine Bruno Clair
★★★★☆

Le patrimoine de vignes est un des plus nobles qui soit, avec les grands joyaux de Gevrey comme le clos Saint-Jacques, les Cazetiers et le clos de Bèze. À signaler la reprise d'un hectare de Bonnes-Mares depuis 2016. Elle permet au domaine de posséder toute la partie sur Morey de cette appellation également présente en Chambolle. La régularité dans la réussite et la préservation d'un même style mérite un grand coup de chapeau et en particulier à Philippe Brun, associé à Bruno Clair dès le début de l'aventure, et qui met toute son expertise de vinification au service de ces grands terroirs. On est ici au sommet du nord de la côte de Nuits avec des bouches infiniment sensuelles. Parmi les très grands.

bruno-clair.com

Closerie des Alisiers
★☆☆☆☆

Issu d'une famille célèbre de Chablis, Stéphane Brocard s'est installé un peu plus au sud, en côte d'Or, où il a créé sa propre maison, la Closerie des Alisiers. La gamme porte sur les appellations régionales de Bourgogne ainsi que quelques crus bien choisis de la côte de Nuits.

s.brocard@orange.fr

Domaine du Comte Liger-Belair
★★★★★

Louis-Michel Liger-Belair s'est hissé progressivement au premier rang de la Bourgogne. Pour y parvenir, il pratique une des viticultures les plus strictes et disciplinées de la côte. 5,5 hectares sont loués pour compléter les trois hectares patiemment reconstitués dont le fleuron, l'illustrissime Romanée, dont le vin ressemble d'ailleurs de plus en plus aux autres grandes romanées, y compris en matière de prix. Ce vigneron n'aime pas parler d'un style domaine. On le reconnaît pourtant dans tous ses vins : une infusion de tannins extrêmement fins, aériens, dans les nuages.

liger-belair.fr

Domaine Confuron-Cotetidot
★★★★☆

Domaine artisanal exemplaire, avec un patrimoine de vignes idéalement réparties sur les communes principales de la côte de Nuits, et un pied à Pommard où Yves Confuron est le brillant régisseur du domaine de Courcel. Dans sa propriété familiale, il travaille en duo avec son frère Jean-Pierre (directeur technique de Chanson) et ce tandem conserve le style noble mais robuste mis au point par leur père, en dehors des modes. Les matières sont toujours magnifiques, tout comme les couleurs mais il faut savoir leur donner du temps au risque de les trouver austères en vin jeune ! Des 2019 très réussis, toujours inscrit dans le style classique.

03 80 61 03 39

Domaine Pierre Damoy
★★★★☆

Domaine prestigieux, près de 13 hectares en production dont huit de grands crus ! Qui dit mieux ? C'est de loin le plus important propriétaire en clos de Bèze, plus de cinq hectares, dirigé avec beaucoup de sincérité et de dévouement à ses grands terroirs par Pierre Damoy. Ici on vendange le plus mûr possible. Il aime les vins généreux et lents à vieillir. Après une série impressionnante en 2016, 2017 montre encore une fois beaucoup de vins très réussis.

03 80 34 30 47

Decelle-Villa
★★☆☆☆

Ce petit domaine s'appuie sur 8 hectares de vignes, éclatées entre Nuits-Saint-Georges et Beaune. Fondé en 2009 par Olivier Decelle et Pierre-Jean Villa, il est géré depuis l'origine par Jean Lupatelli, homme de talent qui veille sur la conduite du vignoble et la vinification avec une grande perspicacité. Le domaine complète sa gamme avec quelques compléments d'achats sur l'équivalent de deux hectares, sur des appellations historiques suivies dès la création de la marque, et s'appuyant sur des vignes vendangées par les équipes maison. Les rouges 2018 se montrent tendres, charmeurs, bien fruités et floraux respectant clairement leurs origines.

decelle-villa.com

Edouard Delaunay
★★★☆☆

Plus qu'une nouveauté, une renaissance. Le retour de cette vieille maison fait du bien. L'homme qui l'a réveillé s'appelle Laurent Delaunay. Il est l'arrière-petit-fils du fondateur. Il s'est imposé comme une référence en matière de vin de plaisir et de distribution. C'est en Bourgogne, sur ses terres, qu'il affiche une nouvelle fois toute l'étendue de son talent et de sa vision. Nous recommandons particulièrement les cuvées de nuits-saint-georges, vinifiées avec un soin extrême et un souci d'extraction du tannin qui permet d'obtenir des vins voluptueux et tendres,

PRESSE

toujours droits. L'ensemble de la gamme est irréprochable
edouard-delaunay.com

Domaine d'Eugénie
★★★★★
François Pinault, propriétaire de château Latour, a acheté en 2006 le domaine Engel, à Vosne-Romanée, et l'a rebaptisé du prénom de sa mère pour qu'il n'y ait plus de confusion avec le passé. Viticulture et vinification y sont supervisées par Frédéric Engerer, directeur de Latour et, sur place, par le talentueux Michel Mallard avec l'intention de produire des vins de référence, dignes du prestigieux patrimoine de vignes du domaine. La biodynamie porte pleinement ses fruits et la propriété a atteint désormais le meilleur niveau de la côte de Nuits, avec des vins d'une rare élégance, d'un tannin soyeux et d'une profondeur proche du minéral qui les a vus naître.
domaine-eugenie.com

Maison Dominique Laurent
★★★★★
Dominique Laurent a inauguré il y a plus de 25 ans le concept de négoce haute couture, qu'on peut définir ainsi : choix très exigeant de vins issus de vieilles vignes de pinot noir et de chardonnay fins, et élevage méticuleux dans des fûts qu'il produit dans sa tonnellerie, adaptés à chaque cuvée, avec une utilisation minimale du SO2, et mise en bouteille la plus douce et la moins traumatisante possible. Sa gamme se décline en plusieurs niveaux : les vins les plus aboutis sont les villages numéro-1 de très vieilles vignes, et naturellement les premiers et grands crus de côte de Nuits et de côte de Beaune. Le rapport qualité-prix du début de gamme et en particulier des villages est sans rival. Dominique est aujourd'hui secondé par sa fille Marie aidée par son autre fille, Sophie. La nouvelle cave est à la hauteur des ambitions de la maison et participe à son rayonnement.
dominiquelaurent12@orange. fr.

Domaine Drouhin-Laroze
★★★☆☆
Ce domaine prestigieux, fort de ses 14 hectares essentiellement en propriété dont six de grands crus, est de plus en plus sous la responsabilité de Nicolas et Caroline Drouhin, les enfants de Philippe. La cave empierrée sur deux niveaux est l'une des plus belles de la côte. Les changements attendus sont désormais clairement perceptibles avec des vins assez puissants, intenses, très pleins, tous bâtis pour la grande garde. Cette patte du domaine clairement identifiable, respecte les typicités des terroirs d'origine
drouhin-laroze.com

Domaine David Duband et François Feuillet
★★★★☆
David Duband et François Feuillet forment un duo propriétaire et viticulteur devenu référent en Bourgogne. Et la gamme de vins vinifiés impressionne avec cinq grands crus et six premiers crus. 17 hectares dont cinq en Hautes-Côtes et des achats de raisins. David Duband affine d'une année sur l'autre une vinification respectueuse du raisin, revenant à la tradition de la vendange entière, de 60 à 90 % selon les cuvées, ce qui confère à ses vins fraîcheur, finesse et complexité, grâce à un travail à l'ancienne, avec le moins d'interventions possible et pigeage au pied pour ne pas casser la rafle. La vendange entière peut serrer les vins jeunes mais ils retrouvent après quelques années la finesse de texture que l'on aime de ce domaine. La sensation de sérénité et la digestibilité des 2019 nous a épatés.
domaine-duband.com

Domaine G.Y. Dufouleur
★★★☆☆
Ce domaine est géré par le descendant de l'une des familles nuitonnes les plus connues, également président de l'appellation Nuits-Saint-Georges. Il s'étend de Fixin à Santenay. Yvan a renoncé au négoce familial pour se consacrer à son vignoble. La qualité de la gamme ne souffre d'aucun reproche, dès les appellations régionales, ce qui n'est pas pour nous étonner quand on connaît l'exigence d'Yvan. Les 2019 ont bénéficié de ce millésime solaire et, bien construits, montrent une aptitude à la garde. Achat en toute confiance.
domaineguyetyvandufouleur.fr

Domaine Claude Dugat
★★★★☆
Bertrand, 37 ans, impliqué au domaine de longue date, reprend avec ses deux sœurs ce domaine respecté dans le monde entier. Il cultive la discrétion et le doute, une vertu majeure pour un vigneron. Il a développé une approche en biodynamie, ralentie par le difficile millésime 2016 qu'il a décidé de ramasser assez tôt. Ce sont des vins sans artifice, des pinots de bonne acidité, dont il émane une sensation de fruité naturel.
03 80 34 36 18

Domaine Dujac
★★★★☆
La nouvelle génération, Jérémy, Alec et Diana, est aux manettes. Le domaine n'a jamais été aussi maître de son art, profitant à plein d'une discipline impeccable de viticulture et de la fidélité à la vinification pour partie en raisins entiers, qui donne un cachet et un pouvoir de vieillissement supplémentaire à la plupart des vins. À l'activité autour des 17 hectares du domaine s'ajoute, sur cinq hectares et pour quelques cuvées de village, une petite activité de négoce, sous le nom de Dujac Fils et Père (dans cet ordre), avec des vins de même style. Les vins sérieusement construits par le passé évoluent vers des textures plus légères, plus délicates. 2019 qui pouvait donner des rouges très denses a été construit ici sur l'élégance.
dujac.com

Frédéric Engerer (Domaine d'Eugénie).

Domaine Sylvie Esmonin

★★★★☆

Sylvie Esmonin mène son domaine dans une démarche inspirée du bio. Elle a adopté progressivement les vinifications en grappe entière, à partir de raisins provenant d'une viticulture rigoureuse de longue date. Cela a donné des millésimes récents d'anthologie. La sève incroyable de ces vins leur permet de survoler systématiquement la dégustation des gevreys dès la simple appellation village. En catégorie premier cru, le clos-saint-jacques met KO, par sa race et sa profondeur, presque tous ses compétiteurs.

03 80 34 36 44

Domaine Faiveley

★★★★☆

Disposant de 120 hectares dont 70 en côte chalonnaise, de l'un des plus beaux chais de la Bourgogne à Nuits-Saint-Georges, avec ses récents agrandissements comme le fermage du domaine Zibetti et la reprise des domaines Dupont-Tisserandot et Billaud-Simon, Faiveley devient plus que jamais un ambassadeur incontournable des grands vins de Bourgogne dans le monde. La réflexion sur le travail à la vigne porte ses fruits, les vins de la maison jouent sur la droiture et la précision de l'expression de chaque cuvée, en blanc comme en rouge. Après des 2019 éblouissants, 2019 poursuit sur cette voie avec un charme tactile qui est désormais la signature maison.

domaine-faiveley.com

Eve et Erwan Faiveley. Frère et sœur sont aux commandes du domaine Faiveley.

Domaine Jean Fournier

★★★☆☆

Laurent Fournier, avec son humour, son intelligence et sa délicatesse est un des talents les plus brillants de la nouvelle génération bourguignonne. Il nous fait plaisir en cherchant et réussissant à retrouver les secrets des très grands vins d'autrefois, vinifiés à partir de raisins entiers en démarche bio. Les terroirs se montrent ainsi avec une grande précision. Ses côtes-de-nuit-villages et plusieurs marsannays bousculeraient bien des gevrey-chambertin. Avec cette année en blanc un longeroies 2019 particulièrement brillant. Tout est réussi depuis des millésimes, c'est l'une des adresses idéales pour les amoureux de la belle Bourgogne à des prix encore accessibles.

domaine.jean.fournier@orange.fr

Domaine Gallois

★★★☆☆

Dominique Gallois cultive les 4 hectares de vignes du domaine familial, installé depuis 1901 à Gevrey-Chambertin. Il produit désormais des vins corsés, de couleur sombre, de grande garde avec le fond attendu. Leur puissance charnue en 2019 est relayée par une pointe d'acidité qui les rafraîchit. Le niveau des vins ne cesse de progresser au domaine, une quatrième étoile est proche.

domaine-gallois.com

Domaine Pierre Gelin

★★☆☆☆

Avec 12,5 hectares en production ce domaine réputé de Fixin a comme spécialité le monopole du clos Napoléon, deux hectares à Fixin et une jolie parcelle de Chambertin Clos de Bèze. Pierre-Emmanuel Gelin utilise régulièrement un tiers de grappes entières et affectionne les élevages longs dans son chai irréprochable. Les vins sont ensuite élevés en cave pendant 18 mois.

domaine-pierregelin.fr

Domaine Comte Georges de Vogüé

★★★★☆

Ce domaine emblématique possède 7,2 hectares du Musigny, soit les deux tiers du grand cru dont en monopole la parcelle de 4,2 hectares du secteur des Petits-Musignys. Sans oublier une sérieuse dotation en bonnes-mares, chambolle-village et premiers crus dont les fameuses Amoureuses. Il appartient aux deux sœurs de Ladoucette, les petites filles de Georges de Vogüé. Le vignoble est conduit dans une démarche de type bio mais non certifiée par François Millet, œnologue et chef de cave depuis 1985 et qui recherche des fermentations malolactiques tardives pour garder de l'énergie aux vins. À l'exception du bonnes-mares, il préfère les remontages aux pigeages sur les vins de Chambolle-Musigny pour garder leur délicatesse native. Sa lecture ne manque pas de poésie, au sens noble du terme.

03 80 62 86 25

Domaine Henri Gouges

★★★★☆

Ce domaine célèbre parmi les célèbres de Nuits-Saint-Georges, entièrement implanté sur ce finage avec pas moins de sept premiers crus, est désormais passé des mains de Christian Gouges à celles de Grégory aux vinifications et d'Antoine, licence de commerce des vins en poche. Ils ont désormais en charge les 14,5 hectares de vignes. Des installations techniques complètement renouvelées, permettent de travailler par gravité et d'adoucir des tannins

qui, dans certains millésimes, avaient une tendance à l'austérité. On constate un changement de cap vers des tannins plus aériens sans que le vin ne perde en énergie, bien au contraire et sans surjouer les millésimes plus délicats. Chaque rouge réalisé domine régulièrement ses pairs du même climat, et ce depuis des années. Une curiosité, le perrières en blanc, est réalisé à base de pinot blanc.
gouges.com

Domaine Jean Grivot

La jeune génération, Mathilde et Hubert, est revenue sur les 15 hectares d'un domaine qui pourrait être une incarnation d'un certain classicisme bourguignon. Ce domaine très réputé de Vosne-Romanée a révolutionné son style à la fin des années 1980. Étienne Grivot aime la profondeur dans ses cuvées faites pour vieillir. Aujourd'hui, si le style reste affirmé, il recherche également plus de gourmandise dans ses vins qu'il souhaite plus « courtois » dans leur jeunesse. Bref, une adresse infiniment respectable, à la fois gardienne du temple et résolument moderne, un classicisme intelligent qui a su tirer le meilleur de 2019 où l'évolution du style vers des tannins bien plus enrobés n'a rien changé de la signature du domaine, reconnaissable entre 100.
domainegrivot.fr

Domaine Robert Groffier Père et Fils

Nicolas Groffier, rejoint par sa sœur Julie, confirme qu'il est un vinificateur de premier ordre et qu'il a réussi à infléchir le style du domaine familial vers une finesse de texture qui compte peu d'équivalents. En entrée de gamme, les bourgognes sont récoltés juste en dessous du clos de Vougeot et sont des références dans leur appellation. Au sommet, les-amoureuses sont classiques de ce cru et n'ont rien de tendre en vin jeune, contrairement à ce que leur nom permettrait de penser. Puis viennent les bonnes-mares qui captent la délicatesse possible en 2019 et le clos-de-bèze, aérien comme il se doit, tout en finesse et en longueur. On est dans l'un des sommets de la grande Bourgogne actuelle.
03 80 34 31 53

Domaine Jean-Pierre Guyon

Ce petit domaine familial bio et en route vers la biodynamie exploite neuf hectares et produit depuis quelques millésimes des vins d'une rare beauté de style, à partir d'une philosophie de viticulture et de vinification d'une extrême exigence, au prix des plus grands risques. L'utilisation du soufre est faite avec parcimonie mais une dégustation de la gamme ouverte depuis plusieurs jours a montré que les vins ne faiblissaient pas à l'air. Les cuvées de vosne-orveaux et brûlées, d'échezeaux et de clos-vougeot font partie entre autres des tout grands vins, encore méconnus, de la Bourgogne actuelle. Parfaitement maîtrisée, la vinification en raisins entiers est systématique quel que soit le millésime.
domaineguyon-vosne.com

Domaine Harmand-Geoffroy

Ce domaine possède une palette complète de vins de Gevrey-Chambertin, exprimant toutes les spécificités de la plupart des secteurs du village. Nous avons beaucoup apprécié la générosité, l'évidence et la tenue des vins depuis 2015. Ce sont des vins assez structurés, de facture classique avec des tannins profonds et bien dessinés. Excellent gevrey vieilles-vignes et à l'autre extrémité de la gamme, splendide mazis, assemblage de la partie haute et de la partie basse pour avoir une approche globale de ce grand cru. Très réussis également dans le secteur Saint-Jacques, le champeaux et bien sûr le lavaut-saint-jacques. Le domaine incarne le mélange du classicisme bourguignon et du savoir-faire moderne qui sait affiner les textures pour rendre les vins bons jeunes et grands vieux.
harmand-geoffroy.com

Domaine Heresztyn - Mazzini

Une sympathique nouvelle génération de la famille, Florence et Simon, est à l'œuvre sur un peu plus

de cinq hectares en conversion bio. Le style des vins associe la probité d'un vrai travail artisanal à la vigne à une recherche louable d'équilibre dans le vin. L'utilisation de plus en plus importante de vendange entière gomme la discrétion que pouvaient avoir les vins. Ce sont des rouges délicats, précis, séduisants au premier abord mais que l'on peut également choisir de garder.
heresztyn-mazzini.com

Domaine Huguenot
●●●○○
Philippe Huguenot est un pragmatique. Certifié en bio depuis 2013 il a initié cette démarche pour permettre à ses vignes de retrouver la bonne rusticité qu'il ne trouvait plus. La vendange mécanique a également été abandonnée. Ce domaine va de l'avant et ses vins sont de plus en plus élégants avec un fruité agréable qui séduit dès leur prime jeunesse, l'accélération de la qualité a été spectaculaire depuis quelques millésimes. Personnage d'une rare gentillesse avec des vins à son image, il aime recevoir ses clients à la cave. La qualité ici est particulièrement homogène et constante.
domainehuguenot.com

Domaine Humbert Frères
●●●●○
Emmanuel Humbert, rejoint par son neveu Pierre-Yves, est un très fin dégustateur, il applique à sa production toute l'exigence que l'on peut et doit avoir quand on exploite d'aussi beaux terroirs que ceux de Gevrey. Tous les millésimes récents sont réussis, dans un style associant parfaitement puissance, complexité, finesse et générosité. 2017 jouera la partition en version plus élégante, un rien moins concentrée, millésime oblige. 2018 a capté tout le potentiel de ce grand millésime. 2019 voit une inflexion de style vers de l'infusion plutôt que la puissance ultime et donnera des rouges plus accessibles en vins jeunes.
03 80 51 80 14

Domaine Gérard Jullien
●●○○○
C'est le retour aux affaires pour ce domaine de la côte de Nuits. La nouvelle génération, incarnée par le talentueux Etienne Jullien, donne un nouveau souffle à cette propriété. Très réussis, les vins ont pour dénominateur commun de rechercher l'expression du fruit et la finesse du tannin, en profitant d'élevages précis et soignés. Toute la gamme mérite votre attention.
domaine-julien.fr

Domaine François Lamarche
●●●●○
Un clos-de-vougeot assemblant les trois niveaux de ce cru, un échezeaux, un grand-échezeaux, une grande-rue coincée entre la romanée-conti, la romanée, la romanée-saint-vivant et la tâche pour ne citer que les grands crus. Des vosne-romanée aux malconsorts et des suchots à proximité des grands crus. Ce domaine de 11 hectares aux vignes prestigieuses est dirigé par la nouvelle génération Lamarche, Nicole pour la partie technique et sa cousine Nathalie à l'administratif. Elles ont remis la propriété sur les rails, dans une approche bio et c'est un vrai plaisir de voir à nouveau des vignes aussi bien cultivées. Le domaine cherche la finesse de tannins et la trouve dans ses différentes cuvées qui incorporent 30 % de vendange entière, un pourcentage qui varie selon les profils de millésimes.
domaine-lamarche.com

Domaine des Lambrays
●●●●○
Domaine phare de Morey Saint-Denis, avec son clos de 8,7 hectares, quasi-monopole, coincé entre le clos Saint-Denis et le clos de Tart : on a vu un voisinage moins prestigieux. La propriété plus deux belles cuvées de Puligny-Montrachet, la cave historique et le parc ont été acquis par LVMH en 2014. Le clos possède de grandes variantes de terroir et d'expositions qui en font son originalité. Jacques Devauges a immédiatement engagé la conversion en bio du domaine sur le millésime 2019. Les vins sont tous de haut niveau tant en rouge qu'en blanc.
lambrays.com

Domaine Laurent
●●●●○
La maison Dominique Laurent, connue pour son négoce haute couture, se distingue désormais du domaine Dominique Laurent dont le fils de Dominique, Jean, s'occupe plus particulièrement. La surface en production est désormais passée à dix hectares avec la reprise du domaine Aleth Girardin de Pommard. Le domaine profite bien sûr de la haute qualité de la tonnellerie familiale pour l'élevage des vins. La gamme de qualité très cohérente démarre avec un remarquable bourgogne passetoutgrains qui damerait le pion à bien des premiers crus. Elle trouve à son sommet un clos-de-vougeot la-plante-l'abbé, la parcelle que se réservaient les abbés de Cîteaux en passant par un monthélie comme nous en avons rarement vu. Les quatre étoiles du domaine sont largement méritées.
03 80 61 49 94

Domaine Leroy
●●●●●
Chaque bouteille de ce domaine légendaire, comme celui de son jumeau d'Auvenay, est un événement gustatif, donnant la pleine mesure des plus beaux terroirs de la Bourgogne, du génie de ses cépages et du caractère individuel de chaque millésime. La viticulture biodynamique pratiquée ici est la plus instinctive mais aussi la plus aboutie que nous connaissions, produisant des raisins d'un équilibre formidable en saveur et en acidité naturelle qui, vinifiés avec une simplicité biblique, donnent des émotions inoubliables. Bien sûr cette qualité, unique au monde, a son prix, justifié par les tout petits volumes, par le nombre d'heures passées sur chaque pied de vigne et par une demande mondiale très au-delà des capacités de production du domaine.
domaineleroy.com

Domaine Thibault Liger-Belair
●●●●○
Ce domaine de neuf hectares, dont l'histoire viticole remonte au début du XVIIIe siècle, a été repris en main par Thibault Liger-Belair, un des viticulteurs les plus passionnés de sa génération et les mieux pourvus en grands terroirs. Sa modestie naturelle et son goût du grand vin le rendent à l'écoute du raisin et de l'exemple donné par les meilleurs vinificateurs. Un travail pointu sur l'origine et la chauffe spécifique de chaque barrique, adaptée aux différentes cuvées, a donné aux millésimes récents une précision supérieure et une définition encore plus exacte de l'origine. On est ici dans une expression très pure du pinot noir.
thibaultligerbelair.com

Domaine Philippe Livéra
●●●●○
Jeune viticulteur talentueux, Damien Livéra, inspiré par le style des vins de son ami Arnaud Mortet, et sa sœur Hélène, impliquée dans l'administratif mais également à la vigne, ont métamorphosé les vins du domaine : leur couleur, leur parfum et leur personnalité tranchée les font remarquer depuis 2007 dans nos dégustations à l'aveugle. Il n'y a pas de premiers crus au domaine mais une parcelle de chapelle-chambertin et une série de villages vinifiés sous le nom de leur climat d'origine. Des vins de haut niveau qui savent se montrer aimables jeunes sans se départir d'un certain classicisme pour préserver leur capacité de vieillissement. Au vu des réussites depuis de nombreux millésimes, la quatrième étoile est méritée.
03 80 34 30 43

Bertrand et Axelle Machard de Gramont
●●●○○
Petit domaine de six hectares dont quatre à Nuits qui compte les magnifiques terrasses des Vallerots créées alors que l'impossible mécanisation ait fait abandonner ces sols trop pentus. Axelle prend la relève de son père Bertrand et se laisse guider par son talent de dégustatrice. À l'image de la vigneronne, les vins s'expriment sur la tendresse et le charme en privilégiant les remontages plutôt que les pigeages, sans extractions fortes. Le domaine ne cesse d'évoluer vers des rouges de plus

en plus fins et délicats. 2018 puis 2019 vont en ce sens.
bertrand-macharddegramont.com

Domaine Michel Magnien

Frédéric Magnien vinifie les vins du domaine familial, Michel Magnien, dans le même esprit que ceux de sa maison de négoce. La gamme est large, bien réussie. Le domaine élève ses vins avec une forte proportion de jarres en terre et d'amphores qui dominent par rapport au bois utilisé classiquement. Cela apporte une signature particulière aux vins qui les rend très originaux. L'échantillonnage de la gamme 2019 que nous avons pu déguster montre des vins qui ont su tirer parti de ce millésime à l'été solaire.
domaine-magnien.com

Frédéric Magnien

Il faut faire la distinction entre les vins de négoce, même s'ils sont vinifiés en raisin par le talentueux et énergique Frédéric Magnien, et ceux de la propriété, signés Michel Magnien, où un meilleur contrôle des vignes explique parfois un supplément de finesse et de précision. Viticulteur passionné, Frédéric aime, comme ses clients, un style de vin riche en couleur et en tannin mais nous constatons une évolution bienvenue des rouges vers plus d'intensité que de puissance même si 2019 est de grand volume.
domaine-magnien.com

Château de Marsannay

Olivier Halley a acheté en 2012 ce domaine de 40 hectares dont 28 de Marsannay, en même temps que le château de Meursault, et en a confié la direction à Stéphane Follin-Arbelet. Les investissements culturaux, techniques et humains qui ont dû être engagés car le domaine avait connu une période difficile payent désormais. Sylvain Pabion, après avoir travaillé au clos Delorme de Bertrand Minchin, a rejoint le château pour l'exploitation et pour le réceptif. La gamme 2019 met en avant le fruit avec beaucoup de délicatesse en préservant l'équilibre entre buvabilité immédiate et intensité de bouche pour demain.
chateau-marsannay.com

Domaine Méo-Camuzet

Le style actuel de ce domaine prestigieux, propriétaire entre autres d'une large parcelle du clos Vougeot superbement située, juste à côté du château, tente avec succès de concilier tradition et modernisme. Jean-Nicolas Méo et son régisseur Christian Faurois sont des hommes très méticuleux et réfléchis, se remettant continuellement en question. Les vins sont vigoureux et denses mais avec style, bâtis pour un long vieillissement. On perçoit dans nombre de crus une élégance florale particulièrement distinguée, la marque des très grands bourgognes rouges.
meo-camuzet.com

Domaine Denis Mortet

Arnaud Mortet continue l'œuvre de son père, symbole d'une modernité bourguignonne qui aimait la maturité du raisin soutenue par un boisé très étudié. Arnaud affine les extractions et l'élevage, avec des vins toujours gourmands, très frais, avec des tannins aériens. En 2014 deux nouveaux grands crus ont enrichi la gamme : 35 ares de Bonnes-Mares et une parcelle de Mazis-Chambertin portent désormais la surface du domaine à 12,5 hectares, dont la production est ardemment convoitée par tous les marchés mondiaux. Encore cette année, le chambertin écrasait de sa magnificence la dégustation syndicale. La plupart des vins du domaine se positionnent au meilleur niveau de leur climat respectif. Note maximale.
domaine-denis-mortet.com

Domaine Georges Mugneret-Gibourg

Après le décès du docteur Mugneret à la fin des années 1980, ses deux filles ont arrêté la vente prévue du domaine pour le reprendre. Marie-Christine, pharmacienne, a renoncé à une vie en officine, Marie-Andrée finissait ses études d'œnologue. Elles sont désormais rejointes par leur fille, la quatrième génération au domaine. Ces 6 hectares sont travaillés avec une sûreté de style et une délicatesse des tannins qui les fait aimer de tous. La finesse d'extraction est exemplaire et chaque terroir est parfaitement mis en valeur. 2019 est dans la parfaite lignée du style maison.
mugneret-gibourg.com

Domaine Jacques-Frédéric Mugnier

Ce domaine n'a cessé de perfectionner viticulture et vinification. Bien qu'au sommet de notre hiérarchie, le domaine n'hésite pas à mettre ses bouteilles à l'aveugle dans nos dégustations syndicales et ceux-ci sortent sans encombre dans le peloton de tête. Il produit en plus du clos-de-la-maréchale, un nuits d'une finesse subtile, une petite gamme de vins de Chambolle, tous délicats, subtils, pudiques, dans l'esprit que nous aimons et défendons. Nous avons dégusté cette année les 2017, les 2018 n'étant pas encore prêts. Ils prolongent le style des 2016 qui jouait également la finesse, l'élégance et l'équilibre.
mugnier.fr

Domaine Georges Noellat

Le jeune Maxime Cheurlin a hérité du beau domaine de sa grand-mère née Noellat et a dû en assumer rapidement la destinée. Beaucoup de vieilles vignes de même origine que celles par exemple du domaine Leroy (pour les vins de Nuits et Vosne), bien mieux travaillées qu'avant. Il est désormais entré dans le monde des grands stylistes bourgui-

Beau temps sur les vignes du château de Marsannay.

gnons. Le vignoble s'est agrandi par rachats successifs et va passer de 5,5 à 12 hectares. Loin des bêtes à concours, les vins jouent l'intensité plutôt que la densité, leur finesse est superlative et la gamme ne connaît pas de cuvée faible. Le hautes-côtes de Nuits donne le la, délicieux. On est ici aux portes de la cinquième étoile.
mc.noellat@free.fr

Domaine Michel Noellat

Repris par la sixième génération de l'une des plus anciennes familles de Vosne, Sophie et son cousin Sébastien Noellat, ce domaine a progressé et propose désormais des vins dignes des superbes pedigrees de leurs origines. La plupart des 2018 s'approchent désormais des références du secteur, ce que nous saluons.
domaine-michel-noellat.com

Manuel Olivier

Issu d'une famille d'agriculteurs et de producteurs de crèmes de cassis, Manuel Olivier, viticulteur des Hautes-Côtes, a suivi un chemin atypique. Il a démarré son domaine en 1990 et exploite maintenant dix hectares de vignoble répartis sur les Hautes-Côtes de Nuits, la côte de Nuits et la côte de Beaune. Une activité de négoce lui permet d'offrir une gamme plus complète. Il affiche une viticulture « paysanne » et n'hésite pas à se remettre en question pour affirmer son style. Le sommet de la gamme est incontestablement le clos-de-vougeot, exceptionnel.
vindebourgogne-manuel-olivier.com

Domaine Sylvain Pataille

L'œnologue Sylvain Pataille sait oublier ce qu'il a appris dans ses études pour travailler dans le plus grand respect du naturel du raisin et conseiller à ses clients d'en faire de même. Son domaine de 16 hectares compte plus d'un hectare d'aligotés qui le passionnent. Il les limite à 30 hectolitres par hectare, ce qui en fait des aligotés hors du commun. La régularité du domaine et la noblesse de style de ses vins en font sans doute aujourd'hui le premier dans un village qui ne manque pourtant pas de talents. Les faibles protections en soufrent leur donnent parfois une complexité en dehors des canons habituels mais elle est passionnante. Dégustez son rosé de marsannay pour découvrir un trésor qui s'efface dans l'évolution actuelle bourguignonne qui ne connaît plus que le blanc et le rouge.
03 80 51 17 35

Domaine des Perdrix

Exploité par la famille Devillard, qui possède notamment le château de Chamirey à Mercurey, le vignoble se situe sur des terroirs remarquables du sud de la côte de Nuits, et sa production est vinifiée dans l'esprit des vins modernes, en recherchant une haute maturité du raisin et des textures profondes et voluptueuses. Le résultat est probant dès les appellations communales, avec des matières aux jus très fins et délicats. Toute la gamme 2019 est très réussie à commencer par le simple bourgogne rouge.
domainedesperdrix.com

Domaine Christophe Perrot-Minot

Christophe Perrot-Minot propose une large gamme de vins issus du domaine ou élaborés à partir de vendanges achetées mais soigneusement surveillées. Les vins deviennent aujourd'hui des références incontournables pour toutes les appellations concernées. La recherche d'équilibre, d'un tannin parfaitement harmonieux et sans accroche sont pour Christophe la garantie de vins capables d'être bons jeunes et bons vieux. Il en résulte des crus très séduisants dès leur jeunesse, incarnant le charme que sait emprunter le grand bourgogne. Des vins de sensualité sans qu'ils ne soient jamais phtisiques, bien au contraire. On est ici au meilleur niveau de la côte de Nuits avec des 2019 qui continueront à entretenir le mythe.
perrot-minot.com

Louis et Benigne de Surrel (domaine Henri Rebourseau).

Domaine Ponsot

Alexandre Abel, directeur adjoint, a rejoint Rose-Marie Ponsot pour diriger ce magnifique domaine de treize hectares qui vinifie désormais dix grands crus. Le domaine est le tenant d'une tradition intelligente ouverte à la modernité. Tradition car tous les vins sont vinifiés en cuve tronconiques qui semblent flambant neuves alors que les douelles accusent parfois plus d'un siècle. Des vins de petits rendements vendangés à haute maturité et d'une profondeur de saveurs exemplaire. À côté de grandes réussites, on ne recommandera jamais assez aux grands amateurs de tenter l'originalité avec le morey-saint-denis premier cru monts-luisants, seul exemple d'aligoté dans un blanc de Bourgogne classé en premier cru.
domaine-ponsot.com

Domaine Henri Rebourseau

Les changements se mettent en place. Le domaine Rebourseau fut de référence et le rachat partiel par la famille Bouygues n'est que la face visible du mouvement. Des changements s'opèrent en profondeur et sont menés par la famille de Surrel. La conversion en bio puis en biodynamie est entamée depuis 2009, les méthodes de taille ont été revues, la gravité remplace les pompages et le travail du sol porte clairement ses fruits. L'intensité des matières nous étonne, très supérieure à la moyenne du millésime. Mais c'est pour une fois au chai où les chan-

FABRICE LESEIGNEUR

CHÂTEAU
Phélan Ségur
CHÂTEAU
Phélan Ségur
SAINT-ESTÈPHE
PHILIPPE & PIERRE VAN de VYVERE
L'abus d'alcool est dangereux pour la santé. A consommer avec modération.

gements sont les plus spectaculaires. Les élevages ont été complètement modifiés et s'affinent progressivement.
domaine-rebourseau.fr

Domaine Chantal Rémy
★★★☆☆

Chantal Rémy vinifie et vend désormais sous son nom l'ensemble des appellations précédentes. Avec l'aide de son fils Florian, elle reste fidèle au style classique et indémodable qui a fait son succès. On ne pourra que tomber sous le charme du simple bourgogne rouge, l'un des mieux réussis de la côte. Bonne nouvelle, la production limitée en volume va connaître une extension sur la zone de Fixin.
domaine-chantal-remy.com

Domaine Daniel Rion et Fils
★★★☆☆

Les fils de Daniel Rion exploitent 18 hectares de vignes sur 18 appellations différentes. C'est un très bon domaine du sud de la côte de Nuits, avec des vignes très bien réparties au cœur des coteaux. L'équilibre entre la finesse habituelle du domaine et la puissance du millésime a été bien obtenu en 2018. Belle gamme de crus bien dotée en nuits-saint-georges et en vosne-romanée avec au sommet cette année le vosne premier cru les-beaux-monts, l'échezeaux et le clos-de-vougeot.
domaine-daniel-rion.com

Aubert de Villaine (domaine de la Romanée-Conti).

Domaine de la Romanée-Conti
★★★★★

Le domaine est cogéré par la famille Leroy et par Aubert de Villaine, secondé depuis quelques années par Bertrand de Villaine. Bien qu'il pilote le domaine le plus recherché de la planète, Aubert de Villaine a su montrer au monde que rigueur et passion peuvent parfaitement cohabiter avec une modestie exemplaire. Le domaine dispose d'une incroyable collection de grands crus. Au sommet, la romanée-conti développe son exceptionnel bouquet et sa plénitude de constitution sans égale. La tâche, moins avancée en vin jeune, démarre plus rentrée dans ses arômes mais se révèle au vieillissement. Depuis 2015, le richebourg est moins frontal qu'il en a la réputation. La romanée-saint-vivant joue l'élégance même si elle connaît parfois une phase d'austérité juvénile. Les échezeaux et grands-échezeaux sont au sommet de ces appellations et le corton assemble les trois climats les plus recherchées de ce cru. La responsabilité technique de la cave est portée par Alexandre Bernier, au domaine depuis 2010 après un passage chez Chanson. Le domaine a utilisé en 2020 100 % de vendange entière. Nous notons une évolution du domaine vers des vins de plus en plus caressants sans qu'ils ne perdent rien de leur intensité. Les nouveautés en termes de cuvées sont rares au domaine, signalons l'arrivée d'un corton-charlemagne de haute volée.
romanée-conti.fr

Domaine Rossignol-Trapet
★★★★☆

Louis Rossignol, le père, était venu de Volnay épouser une Trapet. Le domaine compte onze hectares à Gevrey et deux à Beaune, essentiellement en Teurons. David et Nicolas Rossignol (ne pas confondre avec l'homonyme de Volnay) forment un couple de frères vignerons attachés à la préservation de leurs splendides terroirs, fiers, légitimement, de leur viticulture biodynamique depuis 2003, un cas rare à Gevrey. Les deux frères Rossignol aiment des vins élégants et francs, le fruité frais est bien mis en avant depuis 2016. Les 2019 jouent l'élégance des textures.
rossignol-trapet.com

Domaine Georges Roumier
★★★★☆

Ce domaine de réputation mondiale, spécialiste de Chambolle-Musigny avec des vignes idéalement réparties sur l'ensemble de la commune, fut le premier à donner plus de puissance et de corps aux vins de cette appellation, sans altérer leur incomparable finesse. Ce faisant, Christophe Roumier a posé les fondements d'un nouveau classicisme bourguignon, et il peut en être fier. Ses 12 hectares voient des vinifications précises qui cherchent à ne pas marquer les vins, sans levurage ni enzymage. Il recherche l'acidité naturelle avec un apport de vendange entière de 15 à 40 % selon le niveau des crus et en fonction du millésime, son idéal étant de maintenir la spécificité de chaque terroir.
roumier.com

Domaine Armand Rousseau
★★★★★

Éric Rousseau dispose d'un patrimoine de vignes insurpassable en noblesse d'origine et le niveau de vinification a toujours été élevé. Sa fille Cyrielle l'a rejoint depuis 2012 et reprend progressivement la main quand Éric se consacre aux vinifications et à l'élevage. Les vendanges sont assez précoces ici pour capter la palette de fruits rouges dont Gevrey et le domaine ont le secret, les vinifications sont très classiques, la grappe entière n'est utilisée qu'avec parcimonie. Le millésime 2019 a été très réussi avec sa finesse de tannins superlative au service d'une expression racée des terroirs. Il continue de faire du domaine la référence de la commune.
domaine-rousseau.com

Domaine Sérafin Père et Fils
★★★☆☆

Les deux cousines Karine Sérafin et Frédérique Goulley exploitent ce petit domaine artisanal de 5,5 hectares construit au milieu

FABRICE LESEIGNEUR, PRESSE

du XXe siècle. Les vignes sont enherbées et la démarche est soucieuse de la vie des sols. On construit ici des vins droits, bien construits, de garde à destination de l'export pour une grande partie. Un tiers des vins est conservé quelques années pour proposer à la restauration et à la bistronomie des vins prêts à boire. La réussite en 2017 nous a impressionnés et place le domaine parmi les très bons producteurs de Gevrey-Chambertin. 2018 le suit avec un complément de matière et toujours dans le style tendu et dense qu'affectionne le domaine.
03 80 34 35 40

Domaine Anne et Hervé Sigaut

Ce domaine artisanal possède de jolies vignes sur Chambolle et Morey vinifiés par Anne Sigaut. Sans s'éloigner d'un style de bourgognes classiques, équilibrés, aptes à bien évoluer dans le temps, elle a su leur communiquer et leur faire exprimer le charme dont sont capables les chambolles réussis. Au sommet, un chambolle premier cru les-sentiers, très inspiré par les bonnes-mares voisines. Le domaine a progressivement rejoint l'élite de la Bourgogne, la quatrième étoile n'est pas loin.
domaine-sigaut.com

Clos de Tart

Ce domaine appartenait à la famille Mommessin, le troisième propriétaire depuis le XIIe siècle, qui a défrayé la chronique en vendant à la famille Pinault les 7,5 hectares du clos à un prix pharaonique. Le domaine possède en monopole un grand cru d'exposition parfaite et planté dans le sens des courbes de niveau, ce qui permet au raisin d'atteindre une maturité idéale en année de grand soleil, sans craindre la grillure. Le réchauffement climatique récent ne lui fait pas peur. Les jeunes vignes sont déclassées dans la cuvée la-forge. Frédéric Engerer, en charge des propriétés de la famille Pinault (dont bien sûr le célèbre château Latour) a mis en place un ambitieux programme de rénovation des installations techniques.
clos-de-tart.com

Domaine Taupenot-Merme

Ce domaine familial, apparenté par les grands-parents Merme au domaine Perrot-Minot, se singularise par sa position sur deux secteurs : l'ensemble de la côte de Nuits, avec de remarquables terroirs de Gevrey à Nuits, et des vignes d'origine Taupenot, sur Saint-Romain et Auxey-Duresses. La nouvelle génération, Romain Taupenot et sa sœur Virginie, est attachée à produire des vins précis et racés, dans le respect du classicisme bourguignon, et ils y parviennent avec bonheur. Le 2018 est très réussi ici et sera l'un des meilleurs millésimes du domaine.
03 80 34 35 24

Château de la Tour

Le château possède, et de loin, la parcelle la plus importante du grand cru clos de Vougeot, et a le privilège insigne d'être le seul à le vinifier et à l'élever à l'intérieur du clos. La qualité des raisins de la cuvée vieilles-vignes est exceptionnelle, et sa vinification en raisin non égrappé donne un vin d'une race prodigieuse, digne d'être comparé aux plus grands richebourgs. Cette cuvée est encadrée par le « simple » clos-devougeot, déjà de haut niveau et par la cuvée hommage-à-jean-morin, proche d'un musigny, produite en quantité infinitésimale, qui a été créée en 2010 à l'occasion du centenaire de la plantation des très vieilles vignes qui la composent.
chateaudelatour.com

Domaine Jean Trapet Père et Fils

Jean-Louis Trapet, aidé par son épouse Andrée, vigneronne alsacienne, porte son célèbre domaine familial aux sommets de la Bourgogne actuelle. La viticulture obéit aux principes les plus sains de la biodynamie, et les sols à nouveau vivants expriment dans les vins finis les plus subtiles nuances du terroir. Il recherche et trouve des tannins d'une rare élégance. Peu de domaines de ce niveau, malgré la série de petites récoltes connues ces dernières années, ont maintenu une tradition d'accueil au domaine. L'usage de la vendange entière varie selon les crus et les millésimes, sauf capita qui ne connait qu'elle. Après des 2018 magnifiques, les 2019 nous ont encore impressionnés par le charnu de leurs textures racées.
domaine-trapet.com

Domaine Cécile Tremblay

Quatre hectares, onze appellations. À la lecture de ces deux chiffres, on comprend que les cuvées seront limitées en quantite, hélas. Cécile Tremblay, en bio depuis ses débuts en 2003, s'oriente vers la biodynamie et s'affirme chaque année davantage comme une vinificatrice hors pair, intuitive mais ayant beaucoup réfléchi, lu et appris, et surtout comme une dégustatrice redoutable, précise et exigeante. Le soin le plus extrême est apporté de la vigne jusqu'à la vendange où les raisins sont récoltés en mini caissettes de 5 kg. Avec une précision irréprochable dans les fins de bouche et des finesses de parfum uniques, tous les vins, d'origine grande ou modeste, atteignent depuis des millésimes ce que la côte de Nuits fait de plus fin, aérien, sensuel. Une idée de la volupté.
domaine-ceciletremblay.fr

Domaine de la Vougeraie

Sylvie Poillot continue l'œuvre inspirée de Pierre Vincent qui a rejoint le domaine Leflaive. Le vignoble certifié en bio et cultivé en biodynamie donne certains des vins les plus accomplis de la Bourgogne actuelle, dans les plus grands terroirs des deux côtes. Il faut remercier la famille Boisset d'accepter les sacrifices de rendement liés aux exigences de ce mode de culture. Les vins vinifiés de plus en plus souvent en raisins entiers ont une élégance de texture et de saveur superlative. Avec moins de fond que les 2018, les rouges 2019 privilégient l'élégance à la densité.
domainedelavougeraie.com

Cécile Tremblay dans ses vignes.

Gilles de Larouzière (Bouchard Père et Fils).

MATHIEU GARÇON, PRESSE

CÔTE DE BEAUNE

Au Pied du Mont Chauve

Francine Picard, fille de Michel, met toute sa considérable énergie et son idéalisme à remodeler le style des vins de l'empire familial, 140 hectares de vignes. Depuis mai 2019, elle est épaulée par Antoine Lepetit, conseiller en biodynamie, son nouveau directeur technique. Une gamme importante de cuvées en rouge et en blanc très qualitative permet d'avoir un véritable aperçu des différents climats du secteur de Chassagne et de Saint-Aubin.

famillepicard.fr

Domaine d'Auvenay

Ce domaine emblématique créé par Lalou Bize-Leroy en 1988 incarne l'aboutissement viticole de cette vigneronne hors pair, mais aussi celui de la Bourgogne tout entière. Les superlatifs manquent pour qualifier la grandeur des vins issus de ces 4,80 hectares de terres aux vignes sacrées, guidées sous pratique biodynamique avec la plus grande minutie. La vendange entière est généralisée, le soufre est absent lors des vendanges, de petites quantités sont ajoutées au soutirage et à la mise. Les vins blancs, dès l'aligoté, dégagent une énergie, une pureté et une complexité insurpassables. Les vins rouges sont d'une grâce absolue, ils possèdent un parfum envoûtant et une qualité de texture qui donne des frissons.

03 80 21 23 27

Domaine Bachey-Legros

Ce domaine historique et familial de 19 hectares possède un patrimoine de vieilles vignes hors du commun. Christine Bachey et ses deux fils Lénaïc et Samuel y développent une série de vins superbes issus des vignobles de Santenay, Maranges et Chassagne-Montrachet. Dans les deux couleurs, les vins sont de vraies expressions de leurs terroirs mis en valeur par des élevages élégants. Les rouges 2019 continuent à nous impressionner par leur gourmandise et par leur race, des modèles pour Santenay, les blancs sont à l'avenant.

bachey-legros.com

Domaine Brigitte Berthelemot

Cette entreprise créée par Brigitte Berthelemot s'est agrandie et compte désormais 28 cuvées sur 15 hectares. La qualification HVE depuis 2015 sera complétée par le label bio en cours de certification. En constante progression dans l'affirmation d'un style où pureté et délicatesse prévalent, sous la houlette de Marc Cugney, les blancs affichent un charme qui réside dans une texture fine mais soutenue. Les rouges 2019 comme les 2018 ont une immédiateté de fruit que nous ne connaissions pas au domaine tout en préservant leur capacité de garde. On se régalera.

domaineberthelemot.com

Domaines Albert Bichot

Cette maison historique fondée en 1831 est aujourd'hui menée tambour battant par Albéric Bichot, sixième génération de cette famille dont la présence en Bourgogne remonte au XIIIe siècle. Épaulé par Alain Serveau (directeur technique) et Christophe Chavel (directeur viticole), ces trois mousquetaires ont su bâtir un modèle original de maison bourguignonne, avec des vins signés Bichot dans toutes les appellations de la grande Bourgogne mais aussi quatre domaines richement dotés en beaux crus : Long-Depaquit pour le Chablisien, Clos-Frantin pour la côte de Nuits, domaine du Pavillon pour la côte de Beaune, et domaine Adélie pour la côte chalonnaise.

albert-bichot.com

Domaine Bonneau du Martray

Stanley Kroenke, le nouvel acquéreur impliqué dans le sport, à Arsenal notamment et en Napa Valley au domaine Screaming Eagle, a trouvé onze hectares d'un seul tenant sur la colline de Corton où aucun détail de la vigne au chai n'a été épargné par son prédécesseur. Le blanc est cristallin, d'un raffinement et d'une luminosité ultimes, dans un équilibre somptueux. Ce corton-charlemagne est l'un des plus originaux par son opulence mesurée en raison d'une orientation vers Pernand, plus fraîche. Le rouge offre des tonalités florales, des tannins d'une rare subtilité sur ce cru, et un toucher de bouche délicieux. Une parcelle de 2,5 hectares de blanc a été cédée en fermage au domaine de la Romanée-Conti. Le blanc 2018 aura besoin d'un peu de temps pour s'exprimer à plein potentiel. On peut porter le même constat pour le rouge 2018.

bonneaudumartray.com

Bouchard Père et Fils

Cette grande maison de négoce beaunoise fondée en 1731 possède plus de 142 parcelles sur 130 hectares de vignoble en propriété, dont 73 hectares en premier et grand cru. Un patrimoine viticole de premier choix qui permet à Fréderic Weber, vinificateur talentueux, préalablement en charge du château de Poncié, de produire environ 600 000 bouteilles sur le total des trois millions d'unités produites ici chaque année, la majeure partie de la production étant issue d'achats de raisins pour les grands rouges, et de moûts savamment sélectionnés pour les blancs autres que ceux du domaine.

bouchard-pereetfils.com

Domaine J.M. Bouley

Le jeune Thomas a rejoint les grands vignerons de sa génération, il affine sa viticulture et intervient le moins possible en vinification pour obtenir des vins d'une remarquable précision d'élaboration. Il capte la tendresse native des terroirs dont il semble se jouer en la réécrivant, combinée à une délicatesse rare du fruit. Optez pour un hautes-côtes-de-beaune qui a peu d'équivalent en profondeur. Il vous permettra d'attendre les volnays qui savent interpréter la délicatesse du terroir. Les pommards vinifiés aussi avec le plus grand soin affirment leur présence en bouche par un tannin un rien plus ferme en rugiens, avec un peu plus d'ouverture en frémiers.

jean-marc-bouley.com

Domaine Michel Bouzereau et Fils

Jean-Baptiste Bouzereau dirige depuis maintenant 25 ans le domaine de 12 hectares qui porte le nom de son père. Un nouveau chai permettant aux vins de passer deux hivers en élevage et un travail de haute précision a été inauguré en 2009. Les vins du domaine s'écartent de la tendance actuelle du « grillé de minéralité » pour se concentrer sur un style où l'élégance et la pureté prévalent.

michelbouzereauetfils.com

Philippe Bouzereau Fils

Le domaine Philippe Bouzereau Fils est logé au cœur de Meursault, avec pour patrimoine 18 hectares de vignes répartis sur 5 villages de la Côte de Beaune. Depuis la reprise du domaine par Philippe fils, de nouvelles touches personnelles sont apportées aux vinifications. Il en résulte une série de vins gourmands et charnus, qui ont du caractère.

chateau-de-citeaux.com

Domaine Henri et Gilles Buisson

Frédérick et Franck Buisson, dont la présence familiale dans le village remonte au XIIe siècle, représentent la huitième génération de vignerons de ce domaine historique de Saint-Romain. Certifiés Écocert depuis 2012, ils développent une viticulture et une œnologie des plus naturelles. Les vins rouges, qui contiennent toujours un peu de grappes entières offrent une vision précise de leur terroir qui milite pour la redécouverte d'un Saint-Romain que nous n'avons pas souvent vu à ce niveau. Les blancs, précis, ne sont pas en reste.

domaine-buisson.com

Butterfield Wine

David Butterfield s'est épris des vins de la région. Il a développé sa propre enseigne de négoce, basée à Beaune. Il achète les raisins des mêmes parcelles chaque année pour optimiser la qualité des vins produits. Sa femme Juliette Lardière, nourries aux meilleures sources techniques de Louis Jadot le seconde. Les blancs sont d'une précision exemplaire et les rouges ne sont pas en reste avec de très beaux équilibres entre tannins soyeux, acidité et intensité du fruit.

butterfield.wine

Camille Giroud

Carel Voorhuis a succédé au talentueux David Croix depuis 2017. Camille Giroud est un petit négoce de 75 000 bouteilles sur 28 cuvées qui existe depuis 1865. Les vins s'imposent par leur pureté, leur spontanéité, leur soyeux et le parfum du pinot noir qu'ils exhalent. Les 2019 ont profité de ce millésime généreux et solaire. Blancs et rouges sont d'un haut niveau, infiniment gourmands, racés, du plus modeste vin aux grands crus, avec la délicatesse et les touchers de bouche subtils qui sont la marque de cette maison qui mérite une quatrième étoile.

camillegiroud.com

Champy

Fondée en 1720 par Edmé Champy, maître tonnelier, cette maison de négoce est assurément l'une des plus anciennes de Bourgogne. Après une bonne reprise en main au début des années 2000 sous l'impulsion du très compétent œnologue Dimitri Bazas et la reprise du Domaine Laleure Piot, très bien doté dans le secteur de Pernand Vergelesses, la maison appartient désormais à AdVini. Les vins possèdent un style tres pur, droit et précis, demandant le plus souvent deux à cinq ans de garde pour exprimer pleinement toute leur complexité. L'ensemble du vignoble (25 hectares) est aujourd'hui conduit en agriculture biologique.

maisonchampy.com

Domaine Chandon de Briailles

Géré depuis 2001 par le duo sœur-frère Claude et François de Nicolay, celui-ci s'étend sur près de 14 hectares intégralement conduits en biodynamie depuis 2005. Les vinifications sont des plus traditionnelles : raisins entiers, températures de fermentation n'excédant pas 30°C, et pas ou très peu de bois neuf. Un trio de conditions qui résume l'identité des vins, dont l'extraction colorante est aussi limitée que leur expression est intensément florale et raffinée. Le style des vins a beaucoup évolué en peu de temps. Les progrès en quelques années ont été considérables ici, tant en rouge qu'en blanc.

chandondebriailles.com

Domaine Changarnier

Antoine et Christophe Changarnier ont confié la gérance de cette propriété familiale de 300 ans à Fabrice Groussin. Ce jeune Charentais y applique depuis 2012 les méthodes d'une viticulture biologique et biodynamique sur le patchwork de 5 hectares de vignobles qui alimentent la production de pas moins 12 appellations. Les vins blancs, qui représentent un tiers de la production, sont vinifiés et élevés 12 mois en fût (10 à 15 % de bois neuf) et ne reçoivent ni bâtonnage, ni soutirage, ni collage, ce qui leur confère un aspect tendu à la fraîcheur acidulée. Les rouges éraflés à 100 %, présentent une gourmandise qui permettra de les consommer rapidement en 2019.

domainechangarnier.com

Chanson Père et Fils

Acquise par le groupe Bollinger à la fin des années 1990, la plus ancienne des maisons beaunoises possède 45 hectares de vignobles situés dans les crus de référence des deux côtes. Les rouges de négoce proviennent essentiellement d'achats de raisin, vinifiés par la maison pour préserver l'unité de style avec le domaine. Ce domaine est devenu un modèle de viticulture, avec l'instauration des labours, l'abandon des amendements, et l'adoption d'une viticulture biologique. Les vins de Chanson préservent une très grande proportion de rafles lors de leur vinification en blanc comme en rouge. Le mot d'ordre est l'équilibre dans la tension. Les blancs sont entonnés avec un maximum de lies afin de garantir un aspect réducteur tout au long d'un éle-

La cave souterraine de la maison Chanson à Beaune. L'une des plus grandes de Bourgogne.

vage de 14 à 20 mois en fûts (20 % de bois neuf). Les rouges, dont la maturité de pinot est poussée à l'optimum, préservent une trame tannique et acide vibratoire et se parent d'un fruit charnu aux notes sous-jacentes d'épices douces et de réglisse.
domaine-chanson.com

Domaine Jean Chartron

Les 13 hectares de ce domaine familial installé au milieu du XIXe siècle sont depuis 1998 sous la responsabilité de Jean-Michel Chartron, rejoint par sa sœur Anne-Laure. Depuis 2004, ils sont cultivés en agriculture biologique, sans certification. La gamme comporte une superbe représentation des climats de Puligny et de Chassagne, avec trois enclaves iconiques dans les Pucelles, le Cailleret et le Chevalier. Tous les vins possèdent une puissance minérale réelle combinée à la délicatesse et la pureté cristalline attendue de ces crus. Les 2019 voient comme souvent le chevalier au sommet de la gamme.
jeanchartron.com

Domaine du Château de Meursault

Ce magnifique domaine continue sa progression vers les sommets de la Bourgogne, avec en rouge et en blanc des choix de vinification classiques mais aboutis, précis, homogènes, et une grande adresse dans la façon de vendanger. Il est en cours de certification bio. Aucune dilution en blanc, aucune surcharge alcoolique en rouge, les vins sont typés de leur origine et délicats dans leur tannins aptes à bien vieillir. Il faut compter avec eux et féliciter l'équipe technique, Stéphane Follin et Emmanuel Escutenaire en tête, qui bénéficie du plein soutien du propriétaire, Olivier Halley.
chateau-meursault.com

Domaine Françoise et Denis Clair

Jean-Baptiste Clair gère le domaine depuis 2011. Les 14 hectares du vignoble, dont 8,5 hectares plantés en rouge, se concentrent sur Saint-Aubin et Santenay et couvrent les climats les plus convoités tels qu'En Remilly, Murgers des Dents de Chien, ou encore Sous Roche Dumay. Les vins rouges, qui étaient la spécialité de son père Denis, sont ici vinifiés en cuves béton et offrent un caractère floral, un fruit croquant et une tendresse particulière. Les blancs, qui ont progressé de façon spectaculaire depuis l'arrivée de Jean-Baptiste et dont la vinification s'effectue à Saint-Aubin, présentent une droiture cristalline et une précision remarquable avec au sommet les murgers des dents de chien tout proches du montrachet.
domaineclair.fr

Domaine Jean-François Coche-Dury

Raphaël Coche, jeune vigneron à l'humilité et à la modestie qui n'est pas sans rappeler celle de son père Jean-François, est arrivé au domaine en 1997 et tient les rênes des 10 hectares. Tenace et passionné, il perpétue un travail de patience et de minutie avec des labours d'une précision chirurgicale associés à une taille en cordon de Royat pour la vigne. En cave, les blancs fermentent lentement et sont élevés en fûts durant un an avant d'être soutirés, pour être remis en fûts d'âges différents pour un second hiver. Les vins offrent une tension verticale et une finesse aromatique florale admirable. Leur texture dense, issue de la profondeur des argiles riches d'oxydes de fer, est ici dentelée, ciselée par la sapidité saline du calcaire, et laisse place à une persistance aromatique intense démesurée. Superbe.
03 80 21 24 12

Domaine Bruno Colin

Bruno Colin, le plus jeune fils de Michel Colin-Deleger, s'est installé à son compte en 2004 pour développer une interprétation précise et stylée du chardonnay bourguignon. Avec pas moins de huit premiers crus sur la seule appellation de Chassagne-Montrachet, les 9 hectares de vignoble s'étendent sur 50 micro-parcelles, également sur les communes de Puligny-Montrachet, Saint-Aubin, Maranges et Santenay. Les blancs qui impressionnaient par la précision de leur texture et la cohérence avec leur terroir d'origine sont rejoints par les rouges dans le même esprit.
domaine-bruno-colin.com

Pierre-Yves Colin-Morey

Pierre-Yves Colin a quitté le domaine familial de Saint-Aubin (Marc Colin) en 2006 pour un jardin de 2,5 hectares de vignes devenus 11 hectares et situés entre Saint-Aubin, Chassagne-Montrachet, Puligny-Montrachet et Meursault. Avec son épouse Caroline Morey qui possède également son propre domaine, ils partagent un magnifique lieu de production très moderne depuis 2015. Les blancs sont pressés en grappes entières et les jus qui en découlent sont très peu débourbés afin de préserver un maximum de lies nourrissantes, avec des élevages longs de 20 mois. Le résultat est tout simplement superbe avec des vins racés et de grande élégance. Pierre-Yves Colin est assurément l'un des vinificateurs les plus doués de sa génération.
03 80 21 90 10

Domaine du Comte Senard

Entre tradition et modernité, Lorraine Senard-Pereira a entrepris depuis 2005 des changements radicaux afin de procurer à ses vins l'élégance nécessaire pour une consommation plus immédiate, tout en préservant le potentiel de garde et la qualité intrinsèque des grands cortons, dont le domaine possède aujourd'hui une représentation sur pas moins de 6 climats ! Nous ne cessons de nous étonner devant la finesse de tannins des vins depuis le millésime 2016. 2018 fut une réussite brillante, 2019 a été également fort bien géré par le domaine.
domainesenard.com

Domaine des Comtes Lafon

Les 16,5 hectares de son vignoble cultivé sous influence biodynamique se situent non seulement dans les tout meilleurs crus de Meursault et de Volnay, mais représentent également les parcelles les plus admirablement placées au sein de leurs climats respectifs ! Dominique Lafon, gérant de ce domaine familial, est au sommet de son art et le porte, grâce à un travail d'une précision d'horloger, à un niveau qualitatif exceptionnel. Les blancs, qui ont bâti la réputation du domaine alors que celui-ci produit un tiers de vins rouges, se distinguent par une énergie saline, vibratoire et sapide et un toucher de bouche élancé et velouté. Les rouges, vinifiés sans les rafles, possèdent une identité pulpeuse, dense et savoureuse.
comtes-lafon.fr

Domaine de Courcel

Le domaine va encore plus loin que n'importe lequel des autres producteurs de pommards de longue date. Les 10 hectares appartiennent à la famille de Courcel depuis le XVIe siècle. Ce domaine possède le plus homogène des vignobles de Pommard, essentiellement composé de premiers crus, avec une parcelle royale de 5 hectares d'Épenots et de très vieilles vignes. Yves Confuron, vigneron passionné et talentueux, y développe depuis 1996 une viticulture de haute couture aux rendements infimes qui lui permet de repousser les dates de vendanges vers une maturité optimale des raisins qui seront vinifiés en grappes entières. Ce sont des rouges de très grande garde, expression d'un absolu en côte-de-beaune dans cette couleur.
domainedecourcel.com

Domaine des Croix

Après des années en tant que vinificateur de la maison Camille Giroud, David Croix se concentre sur un petit domaine propriétaire, étendu sur quelques jolis terroirs du secteur de Beaune et de Corton. Après un 2016 exceptionnel aux tannins ultra fins, profonds et aériens à la fois, d'une folle subtilité, un 2017 dans un registre plus immédiatement accessible, 2018 plutôt de garde, 2019 affiche tout le charme tactile qui fait la réputation des vins d'un domaine proche de l'étoile supplémentaire.
contact@domainedescroix.com

Domaine Vincent Dancer

●●●●○

Vincent Dancer, originaire d'Alsace, est un vigneron engagé, intéressé davantage par le cheminement que par le résultat, avec beaucoup d'éthique. Il est l'un des rares à avoir certifié son domaine en agriculture biologique sur l'appellation en 2012. Le domaine va passer à 8 hectares en s'élargissant dans les Hautes-Côtes de Beaune, avec une nouvelle plantation sur des prairies calcaires où règne la biodiversité qu'il entend respecter. Adepte des petits rendements, des pressurages longs et du maintien d'un maximum de lies pendant l'élevage, il n'ajoute du soufre qu'à la mise en bouteille. Il en résulte des vins de caractère et de force enracinés dans leurs terroirs.

vincentdancer.com

Rodolphe Demougeot

●●●○○

Rodolphe Demougeot développe depuis 1992 un domaine dont le cœur de 7,8 hectares se compose principalement d'une jolie représentation des crus de Pommard et de Savigny-lès-Beaune. Les vins rouges, issus de raisins minutieusement triés, égrappés ou non, vinifiés en cuves béton, ont une énergie qui leur assure une buvabilité dès leur jeune âge dans un style léger, très adapté à la restauration. Les blancs, quant à eux, offrent droiture et verticalité.

rodolphedemougeot.fr

Joseph Drouhin

●●●●○

Cette maison iconique, fondée en 1880 demeure, près de 140 ans plus tard, une histoire de famille, avec Frédéric à la gestion, Laurent aux marchés export, Philippe à la vigne et Véronique dans les chais. La viticulture biologique a fait ses débuts sur les 80 hectares du domaine en 1988, et les premières préparations biodynamiques y furent appliquées en 1997. Cette maison fait partie des rares domaines bourguignons à porter une attention notable au contrôle de sa merranderie afin d'imposer une sélection de bois des plus précises, ainsi qu'un temps de séchage adéquat (minimum 3 ans) pour chacune de ses cuvées. La même minutie est appliquée à la vigne, où les achats de raisins sont suivis dès le mois de mai afin d'établir les méthodes de vinification qui accompagneront chacune des parcelles. Il en découle un style de vin, en blanc comme en rouge, axé sur l'élégance, la finesse et l'expression du fruit dans sa phase primaire.

drouhin.com

Benoit Ente.

GILLES DURAND-DAGUIN

Domaine Arnaud Ente

●●●●●

Arnaud Ente est un artisan, faiseur de vins haute couture sur son petit domaine de 4,5 hectares, amoureux de la vigne et de la plante. À la vigne comme en cuverie, ses gestes de précision devraient servir d'inspiration à tous. L'aligoté prouve ici qu'il peut être juste grand, sa vigne principale de l'Ormeau produit deux cuvées d'une élégance et d'une pureté sensationnelles et le pinot noir est d'une droiture sans concession, le tout dans un registre plutôt cérébral. On rêve pour lui d'un mécène capable de lui confier un grand cru.

03 80 21 66 12

Domaine Benoît Ente

●●●●○

Benoît Ente est un vigneron engagé, il souhaiterait une véritable évolution de la viticulture pour davantage de durabilité sur l'ensemble de l'appellation. Il travaille ses 5,86 hectares sur 3 appellations, pratique des tailles différentes dans ses vignes selon les besoins du cépage. Une intégration intelligente du bois associée à de jolis terroirs donnent des vins élégants, qui ont de la personnalité et du volume.

benoit-ente.fr

Domaine Follin-Arbelet

●●●○○

Issu d'une vieille famille d'Aloxe-Corton, Franck Follin-Arbelet est le premier descendant à se consacrer à la viticulture et à la vinification. Il exploite et vinifie une belle gamme d'appellations sur la commune et ses environs, dont quatre grands crus et quatre premiers crus. Les aloxe-cortons expriment au mieux les terroirs qui les portent, avec un clos-du-chapitre et des vercots qui constituent des premiers crus de référence. Le corton joue, bien sûr, un cran au-dessus. Les 2019 sont bien réussis et les prix restent accessibles pour des côtes de Beaune.

domaine-follin-arbelet.fr

Domaine Françoise André

●●○○○

Fait rare, c'est une belle-fille de la famille, Lauriane, qui en a repris les rênes en 2009 en abandonnant son métier de DRH, épaulée par Jérôme Desprès, régisseur du domaine à partir de l'année suivante. Avec modestie et enthousiasme, ce duo ne manque pas d'ambition. Il travaille aujourd'hui un vignoble de 11 hectares situé majoritairement au nord de la côte de Beaune et cultivé selon les préceptes biodynamiques. Les rouges ne subissent pas d'extraction importante. S'ils sont accessibles assez vite, ils offrent comme les blancs une représentation fidèle de leur terroir d'origine.

domaineterregelesses-francoiseandre.com

Domaine Michel Gay et Fils

●●●○○

Michel Gay, épaulé par son fils Sébastien depuis 2000 et plus récemment par Laurent, diplôme d'œnologue en poche, avait créé ce domaine de Chorey-lès-Beaune de 15 hectares qui a considérablement changé de style, désormais cultivé sans désherbants. La vinification se fait en cuve béton après le tri optique des raisins. Le choix du domaine est de tout érafler et d'effectuer des macérations pré-fermentaires en fonction des millésimes. Ce n'est pas la puissance absolue qui est recherchée ici mais la qualité du fruit, la captation de la délicatesse du pinot noir. Elles impressionnent dans ces vins qui semblent légers et gourmands mais ne manquent pourtant pas de fond pour une moyenne garde. Des 2018 d'une particulière finesse.

09 62 16 52 87

Domaine Vincent Girardin

●●●●○

Vincent Girardin créa en 1982 ce négoce novateur puis l'entreprise a été cédée en 2012 à la Compagnie des Vins d'Autrefois, basée à Beaune. Éric Germain, associé de première heure, continue la gestion de son équipe et de ses vignobles qui ne cessent de s'agrandir et comptent aujourd'hui 22 hectares entre propriété et prestation de service, avec une

représentation unique des climats de côte de Beaune. Aujourd'hui les blancs et les rouges, toujours réussis, sont devenus des valeurs sûres et peuvent servir de métronome sur la côte, chaque cru correspond à l'idée que l'on peut se faire de ce terroir quand il est bien mené. Ceux qui connaissent mal les grands bourgognes pourront venir ici s'en faire une idée juste.
vincentgirardin.com

Domaine Pierre Girardin

La vingtaine tout juste et déjà un statut de future star. Nous arrivons peut-être déjà trop tard, les connaisseurs ont déjà entendu parler de ce nom. Pour les autres, PVG est le fils de Vincent Girardin. Dans les pas de son père qui joue les premiers rôles en Côte d'Or, ce jeune vigneron s'est installé à Meursault et a la chance de pouvoir exprimer tout son talent sur les terroirs qui nous font tous rêver. On recommande toute la gamme éclat-de-calcaire qui décline le style de Pierre de l'appellation régionale jusqu'au village.
pierregirardin.fr

Domaine Alain Gras

Alain Gras incarne la cinquième génération de cette famille vigneronne de Saint-Aubin. Conseiller de chasse du regretté Bernard Loiseau, il a réussi grâce à la qualité de ses vins à les voir figurer sur les cartes des établissements culinaires les plus réputés. VLe pinot prend ici des allures gourmandes avec son croquant de cerise et ses notes florales de pivoine et de violette, quand le chardonnay donne des blancs onctueux, minéraux et complexes.
domaine-alain-gras.com

Domaine Albert Grivault

La courtoisie et l'affabilité touchante de Michel Bardet et de sa sœur apparaissent elles-mêmes comme un charmant anachronisme, rappel d'une époque où l'on donnait le temps au temps - à l'écart de la tendance contemporaine, prescriptrice d'une mise en bouteille souvent hâtive. Les vins du domaine se distinguent par une maturité notable du fruit. Ils démontrent avec sincérité l'expression de leur terroir d'origine, et possèdent un potentiel de garde impressionnant.
03 80 21 23 12

Domaine Antonin Guyon

Avec 47 hectares sur 25 climats, ce domaine familial assemblé à partir d'innombrables parcelles dispose d'un patrimoine viticole unique, avec en particulier une représentation de premier choix des alentours de la colline de Corton. Les vins sont fidèles à leurs terroirs d'origine, sans artifice, pleins de sincérité. Le domaine est géré par Dominique Guyon, conduit en bio et certifié à partir du millésime 2018. Les rouges, issus de raisins partiellement égrappés, allient maturité de fruit et tannins fins. Ils sont de fidèles représentants de leur terroir d'origine. Les rouges 2019 sont très réussis et ont su tirer tout le parti possible de ce millésime. En blanc, le corton-charlemagne est très réussi.
guyon-bourgogne.com

Maison Louis Jadot

Les vinifications sont assurées depuis 2011 par Frédéric Barnier, qui a parfaitement succédé à Jacques Lardière, en améliorant encore la constance et l'homogénéité de toutes les mises. Les blancs sont pressés en pneumatique et fermentés directement en fûts où ils recevront un élevage sur lies aux bâtonnages périodiques durant 12 à 20 mois. Les vins rouges sont vinifiés éraflés, non-foulés, sans pré-fermentaire à froid, et effectuent une cuvaison de 25 à 27 jours avant de débuter leur élevage de 12 à 22 mois en fûts, dont un tiers de fûts neufs. Les 2017 sont nés harmonieux et équilibrés, avec des rouges plus complets en côte de Nuits et des blancs en moyenne encore plus attractifs que les rouges.
louisjadot.com

Hervé Kerlann

Passé par Bordeaux, puis par le Canada et la Bourgogne, Hervé Kerlann, en plus de ses vignes en propriété, a monté ce négoce qui distribue les bourgognes vers l'Asie. Il joue un registre différent du négoce traditionnel en proposant à côté de la gamme classique des appellations, essentiellement en gevrey-chambertin et chambolle-musigny, des vins atypiques, des blancs à base de pinot noir ou encore un rosé à base d'aligoté.
herve-kerlann.com

Domaine Pierre Labet

La présence de la famille Labet à Beaune remonte à plusieurs siècles. François Labet, dont le grand-père fut maire de Beaune, exploite ce domaine familial ainsi que celui du château de la Tour du clos de Vougeot depuis 1984. Les 10 hectares de vignoble du domaine Pierre Labet, ainsi que les 6 hectares du château de la Tour, sont conduits depuis 1992 en suivant les préceptes de la viticulture biologique. La gamme du domaine est restreinte mais montre l'expression d'un raisin bien traité. L'ensemble de la gamme est irréprochable, on se régale du simple bourgogne à l'excellent premier cru de Beaune.
contact@chateaudelatour.com

Labruyère Prieur Sélection

L'activité de négoce du domaine Jacques Prieur, développée par Édouard Labruyère, propose des vins vinifiés par Nadine Gublin, issus principalement d'achats de raisin. Les cuvaisons sont moins longues qu'au domaine, avec des élevages préférant le foudre aux traditionnels fûts et qui s'orientent vers une recherche de buvabilité accrue et juvénile. Une

Pierre-Henri Gagey (Maison Louis Jadot).

PRESSE

philosophie de vins contemporains, plus avenants, sur un fruit mis en avant, qui simplifie l'aspect souvent aristocratique des grands crus en leur insufflant une part de frivolité.

prieur.com

Domaine Hubert Lamy

Olivier Lamy fait partie de ces vignerons chercheurs, à la vigne comme en cuverie. Les cuves miniatures utilisées dans le chai construit sur 3 niveaux attestent de l'attention portée aux détails. Chaque parcelle y trouve sa place, chaque âge de vigne y est dissocié, et chaque vin y développe sa propre identité sans l'interférence du bois neuf. Les 18 hectares de vignes plantées en haute densité (depuis 1990 et variant de 14 à 25 000 pieds/ha) sont cultivés de manière biologique, avec minutie. À l'arrivée, des vins blancs à l'identité cristalline, de belle profondeur et des rouges à la texture soyeuse et ample.

domainehubertlamy.com

Domaine Vincent Latour

Ce domaine porte depuis le millésime 2010 le nom de Vincent Latour. Avec son épouse Cécile, ils en exploitent les 8 hectares auxquels s'ajoutent 2 hectares de negoce pour assurer une jolie représentation des crus de Meursault, Chassagne-Montrachet, Saint-Aubin et Pommard. Une large gamme de meursaults blancs permettra de comprendre le caractère de tous les secteurs du village, avec même un très bon rouge du premier cru les Cras. Vincent Latour est désormais maître de son style et ses 2019 nous ont épatés dans ce millésime qui n'était pas si simple pour les blancs. Ils sont d'une rare pureté, d'une tension magnifique sans mordant.

domaine-vincentlatour.com

Louis Latour

Cette maison familiale, fondée en 1797, est majoritairement liée à la côte de Beaune où elle possède l'essentiel de son vignoble, avec en point d'orgue une somptueuse implantation sur le coteau fameux de Corton. Louis-Fabrice, onzième génération de Latour, préside le directoire familial et fait toute confiance à ses excellents vinificateurs. Les rouges ont vu allonger leur durée de fermentation ce qui leur donne plus de chair et d'étoffe, les blancs sont moins réduits et plus harmonieusement boisés que par le passé, avec une recherche constante d'équilibre qui parfois les fait sous-estimer dans leur jeunesse, mais ils vieillissent magnifiquement.

louislatour.com

Domaine Latour-Giraud

Ce domaine classique, dirigé par Jean-Pierre Latour, riche d'histoire de Meursault, cultive avant tout l'aristocratie du chardonnay, avec un patrimoine de 10 hectares, déclinés en 14 cuvées, dont certains premiers crus de Meursault évocateurs (Charmes, Perrières, Genevrières - un des plus larges producteurs - Poruzot, Bouchères). Au-delà des modes et de la notoriété des buveurs d'étiquettes, ce domaine produit des vins de facture classique et soignée qui font du domaine un incontournable de Meursault.

domaine-latour-giraud.com

Domaine Leflaive

Sur ce domaine, de très grands vignerons tels que Vincent ou Anne-Claude Leflaive, monument de la viticulture bourguignonne disparue trop tôt et prescriptrice de principes biodynamiques au sein de son vignoble depuis 1990, se sont succédé. C'est aujourd'hui Brice de la Morandière, neveu d'Anne-Claude, avec l'attache de Pierre Vincent, auparavant à la Vougeraie, tout aussi doué que discret, qui pilote les 44 hectares de ce vignoble (24 hectares à Puligny et 20 hectares à Mâcon). . La pureté des 2019 du Mâconnais est ravissante et la race de ceux de la côte de Beaune est impressionnante de millésime en millésime.

leflaive.fr

Olivier Leflaive

En un peu plus de trente ans, Olivier Leflaive est une maison qui s'est construit une solide réputation ! Elle peut compter sur une équipe soudée d'individus fidèles à leurs postes, à leurs convictions et à leur dévotion pour une expression des vins de la côte de Beaune sous une physionomie avenante et digeste. La gamme se décline aujourd'hui sur plus de 80 appellations, dont 13 hectares de vignobles en nom propre et un total de 100 hectares vinifiés par le talentueux Franck Grux. La qualité des vins sur un nombre aussi important de cuvées est tout simplement remarquable.

olivier-leflaive.com

Domaine Lejeune

Aubert Lefas a repris les rênes de ce domaine de 10 hectares, référent à Pommard auquel est associée une toute petite activité de négoce sur Meursault, Chassagne-Montrachet et sur les grands épenots en pommard. Le domaine connait depuis le millésime 2017 une inflexion vers des vins plus ronds pendant leur jeunesse sans que leur potentiel de garde n'en soit diminué. 2019 très réussi voit les grands épenots rivaliser avec les rugiens dans des styles bien sûr différents.

domaine-lejeune.fr

Michel Mallard et Fils

C'est ici l'un des domaines les plus dynamiques du nord de la côte de Beaune et qui, sous l'œil avisé de Pascal, le père, et sous l'influence de Michel, la plus récente génération également à la manœuvre au domaine d'Eugénie à Vosne-Romanée, affine le style des vins. Ils sont vinifiés sans soufre depuis 2016 pour garder la pureté du fruit pendant les fermentations malolactiques, un appoint de soufre est ajouté ensuite pour les protéger. Les élevages privilégient désormais les gros contenants de barriques. Après des splendides rouges 2018 avec un tannin étonnamment fin pour des vins plutôt destinés à la garde, les 2019 leur emboîtent le pas.

domaine-mallard.com

Domaine Marquis d'Angerville

Guillaume d'Angerville est aujourd'hui à la tête du domaine et de ses 15 hectares de vignoble très compact, qui s'étend du sud de Pommard au nord de Meursault, et qui depuis 2006 adhère aux préceptes de la viticulture biodynamique. François Duvivier, qui a pris ses fonctions de régisseur du domaine en 2005, est en charge des vinifications et de la viticulture (de même que du Domaine du Pélican, à Arbois dans le Jura). Avec non moins de 11 hectares de Volnay premier cru et une palette de 14 vins, ce domaine s'impose comme la référence absolue de ce cru sans trop céder à la souplesse livresque de Volnay. Tel qu'en 2017 et 2018, nous n'avons pu déguster que deux cuvées de 2019 présentées par le domaine mais elles se montraient remarquables.

domainedangerville.fr

Louis Max

Un changement complet de propriétaire et de cap remet en selle ce négociant de Nuits-Saint-Georges : les vins sont de plus en plus souvent vinifiés et élevés par la maison pour garantir un style et une continuité, avec un joli domaine propre sur Mercurey. Louis Max est en cours de virage qualitatif, avec des cuvées mieux faites tel le gevrey-chambertin premier cru clos-prieur ou le mercurey premier cru les-vasées. Tout n'est pas encore exemplaire mais la ténacité de Jean-François Joliette, assisté de David Duband à la technique, laisse promettre le meilleur pour un avenir proche.

louismax.bio

Moillard

Très ancienne maison au parcours plutôt chaotique au cours des vingt dernières années, Moillard a été repris l'an dernier par le puissant groupe Grands Chais de France qui veut en faire l'une de ses têtes de pont en Bourgogne. La gamme est encore très hétérogène, avec quelques vins confortables et accessibles.

moillard.fr

Domaine Xavier Monnot

Xavier Monnot, petit-fils de René Monnier, commercialise désormais toute la production des 17 hectares du domaine sous son nom. Ce vignoble possède de jolies parcelles sur d'excellents terroirs rouges et pour 65 % de blancs du secteur de Meursault, Puligny, Chassagne et Monthélie ; il est conduit en mode raisonné, avec beaucoup de labours, d'effeuillages, d'ébourgeonnages et en cave, un travail essentiellement par gravité. Les blancs sont élancés et avenants, particulièrement réussis en 2019 dont ils ont su extraire le potentiel dynamique. Les rouges sont mûrs, fins, expressifs et reflètent au mieux la définition de leurs terroirs.

03 80 21 29 32

Domaine de Montille

Le domaine de Montille, dirigé par Étienne de Montille, se balade sur les toits de la Bourgogne, avec des vins qui ont de la résonance et transcendent les millésimes tout en faisant parler les climats. Ils sont issus de 12 hectares d'appellations régionales, rouges et blancs, 5 en village et 20 de premiers et grands crus en côtes de Beaune et de Nuits. À partir du millésime 2017, la production du château de Puligny est englobée au domaine, le tout en biodynamie. Les rouges sont d'une noblesse rare, provoquant de l'émotion et les blancs sont vinifiés dans une recherche de tension et de verticalité. Ce domaine fait incontestablement partie de la caste des grands.

demontille.com

Domaine Bernard Moreau et Fils

Alexandre et Benoît constituent la troisième génération de Moreau à travailler la vigne en côte de Beaune. Le domaine compte 14 hectares essentiellement situés à Chassagne-Montrachet. Benoît développe ici une viticulture au plus proche du bio avec même quelques traitements biodynamiques. Le domaine dispose d'une palette exceptionnelle de premiers crus de Chassagne infiniment variés et représentatifs des terroirs dont ils sont issus. L'amateur pourra se faire ici une idée complète de cette appellation. Après des 2017 exceptionnels, les 2018 sont réussis et renouent avec le classicisme de la maison.

03 80 21 33 70

Domaine David Moret

Jovial, gastronome, chasseur, David Moret est un négociant épicurien vinifiant des blancs taillés pour la table qui évoluent de belle façon. On va du plaisir immédiat à la grande complexité. Nous voyons depuis 2016 une lignée ininterrompue de grandes réussites qui démarrent dès les entrées de gamme tarifées à un prix raisonnable. Cela mérite une promotion dans notre hiérarchie. Nous avons particulièrement apprécié la dynamique des 2019 avec comme toujours une représentation très fidèle des terroirs.

03 80 24 00 70

Domaine Albert Morot

Diplôme d'œnologie de l'université de Montpellier en poche, Geoffroy Choppin de Janvry s'est installé ici en 2000 afin d'y insuffler une viticulture plus saine (certifiée bio en 2015), aux rendements faibles, et des méthodes de vinification très peu interventionnistes où l'usage du soufre n'apparaît qu'à la fin d'un long élevage dans les caves fraîches du domaine. Les 2019 sont bien réussis, le domaine nous a habitué à cette régularité depuis longtemps.

albertmorot.fr

Domaine Lucien Muzard et Fils

Le domaine de Claude et Hervé Muzard s'étend sur 18 hectares, avec une représentation majoritaire des climats de Santenay dont 5 premiers crus. Une petite activité de négoce complète la gamme du domaine sur les climats tels que Puligny, Chassagne ou Volnay. Le style des vins rouges correspond à des santenays qui possèdent une gourmandise dès leur jeunesse, à l'exception de quelques climats à attendre quelques années. Les blancs, qui ne représentent que 20 % de la production, sont également rapidement accessibles. Ce domaine donne aujourd'hui l'une des plus belles expressions de Santenay.

03 80 20 61 85

Domaine Antoine Olivier

Antoine Olivier est un vigneron-négociant à la tête de l'activité familiale de Santenay qu'il a reprise en 2003. Le vignoble tend vers une viticulture biologique depuis 2010 avec une certification en vue. Les vins sont à tendance très minérale et expressifs du terroir calcaire en blanc, énergiques et salins en rouge. Superbe santenay blanc Le Bievaux.

antoineolivier.wine

Domaine Philippe Pacalet

Philippe Pacalet cultive 14 hectares en Bourgogne et développe également quelques projets satellites dont un à Moulin-à-Vent et un à Cornas. La vinification des rouges se fait en raisins entiers, sans sulfitage. L'élevage est ici appelé « affinage » et dure un an en fût (très peu de bois neuf), suivi d'une période en masse de 4 à 6 mois. Le style Pacalet a ses aficionados, d'autres préféreraient un peu plus de protection. Mais tous s'accorderont sur la digestibilité et la fraîcheur des vins du domaine et notons une évolution en 2019 vers des vins exempts de tout reproche : ce millésime met en avant le style Pacalet avec un charnu des textures superlatif auquel nous adhérons sans hésitation. La troisième étoile est proche.

philippe-pacalet.com

Domaine Jean-Marc et Hugues Pavelot

Hugues et Pierre-Yves succèdent à Jean-Marc pour produire en lutte raisonnée leur gamme de vins, principalement rouges. Une petite activité d'achat de raisins, étiquetée sous le seul nom d'Hugues Pavelot, complète la gamme sur des climats non représentés au domaine. Les vins rouges sont issus de raisins éraflés à 100 %, vinifiés en cuves béton, inox et bois pour les premiers crus. 2018 est une réussite pour ce domaine très sérieux avec des rouges remarqués qui ont su capter l'intensité du millésime.

domainepavelot.com

Domaine Paul Pillot

Chrystelle et Thierry Pillot représentent la quatrième génération de vignerons installés à Chassagne. Ils secondent de belle façon leur père Paul, qui possède un bel éventail de premiers crus où dominent la Romanée, les Grandes Ruchottes, le Clos Saint-Jean, la Grande Montagne, les Champs Gain ou le Cailleret. Nous avons apprécié les 2018, leur intensité dans ce millésime a la pointe saline délicieuse qui était leur fil rouge.

03 80 21 31 91

Étienne de Montille (domaine de Montille).

GILLES DURAND-DANGUIN

Le château de Pommard, l'hiver.

Château de Pommard
★★☆☆☆

Avec 20 hectares de vignes d'un seul tenant sur lesquelles se dresse un château tricentenaire, ce domaine représente le monopole privé le plus vaste de Bourgogne. Emmanuel Sala s'en est vu confier les clés par Maurice Giraud en 2007, avant d'y accueillir le nouvel heureux propriétaire Michael Baum en 2014. Les vins de ce domaine, en blanc comme en rouge, passent par une période d'élevage sous bois très longue. Les rouges possèdent l'empreinte véritable du terroir de Pommard sur sa partie basse, avec ses aspects charnus et la puissance que lui confère une présence accrue de l'argile dans les sols.
chateaudepommard.com

Domaine de la Pousse d'Or
★★★★☆

Domaine historique de Volnay, vieux de plus de huit siècles. Patrick Landanger, acquéreur du domaine en 1997, a repris lui-même les rênes de ses chais en 1999 afin d'y effectuer une série de travaux colossaux dont une redéfinition de la cuverie qui opère dorénavant par gravité sur 6 étages. Les vins du domaine n'ont depuis jamais cessé de s'orienter vers des touchers de bouche au soyeux incomparable partagés par toute la gamme et à leur paroxysme sur les cortons, sur le volnay premier cru, clos-des-soixante-ouvrées et sur le clos de la roche.
lapoussedor.fr

Domaine Jacques Prieur
★★★★★

Grand par sa palette de terroirs, mais tout aussi grand par la qualité de ses vins, le domaine Jacques Prieur est un incontournable des grands domaines bourguignons. Les efforts sont évidents sur les 28 hectares, conduits depuis 1997 de façon biologique mais non certifiés, sous le contrôle sérieux de Daniel Godefroy. Ce sont des raisins d'une qualité exceptionnelle qui sont ensuite vinifiés de main de maître par Nadine Gublin, experte reconnue, qui apporte sa touche personnelle à l'élaboration de cette palette exceptionnelle de climats. Les blancs 2019 que nous avons dégusté montraient plus de largeur que de fraîcheur, le millésime ayant limité le dynamisme des blancs.
prieur.com

Domaine Rapet Père et Fils
★★★★☆

Vincent Rapet a succédé à son père pour gérer les 20 hectares de vignoble, principalement situés autour de la colline de Corton. Les murs historiques du chai accueillent depuis quelques années une cuverie moderniste qui, associée à une série d'investissements dans le renouvellement du matériel de culture, offrent désormais à Vincent un outil de production qui permet de bousculer les meilleurs de la Bourgogne. Depuis 2015 les rouges nous épatent. Ils ont rejoint des blancs de réputation ancienne, notamment le corton-charlemagne et le pernand premier cru blanc sous frétille.
domaine-rapet.com

Domaine Nicolas Rossignol
★★★★☆

Ce domaine a pris un virage à 180 degrés en 2002 vers un style qui n'a jamais cessé de s'affiner pour atteindre aujourd'hui une plénitude indéniable dans l'élégance et la tension, dans des vins intenses et aux tannins sans couture. Nicolas Rossignol, qui exploite 18 hectares, représente l'élite d'une nouvelle génération de vignerons en quête d'équilibre absolu. Les nouvelles installations, magnifiques, ont permis des vins de très grande pureté, aux finales aériennes et salines qui traduisent une interprétation précise et juste des différents terroirs. On s'approche ici au plus près de la quintessence de la côte de Beaune.
nicolas-rossignol.com

Domaine Roulot
★★★★☆

Jean-Marc Roulot, vigneron connu et reconnu, que l'on croise parfois sur grand écran, l'homme étant acteur à ses heures, représente la sixième génération de ce domaine familial de 16 hectares. Depuis le début des années 2000, les vignes sont conduites selon les préceptes biodynamiques et de nouvelles réflexions sont en cours sur la gestion du soufre après vendanges. Les 2018, très réussis, ont une pureté et une dynamique qui n'est pas la vertu première du millésime.
03 80 21 21 65

Roux Père & Fils
★★☆☆☆

Cette maison familiale de négoce, créée en 1885, est depuis 2013 sous l'impulsion d'une série de grands changements. Cette remise en question est intimement liée à l'arrivée de Matthieu et Sébastien Roux, nouvelle génération à la tête de ses 70 hectares de vignoble répartis sur 50 climats. Moins de bois neuf, meilleurs approvisionnements en fûts, élevages plus courts pour les rouges, plus longs pour les blancs et, cerise sur le gâteau, acquisition récente de parcelles de premier choix à Chambolle-Musigny qui porte la surface de vignoble possédé dans ce cru à 2,2 hectares. Les blancs 2018 sont dynamiques, précis et les rouges ont su capter la grande qualité de fruit du millésime.
famille-roux.vin

Étienne Sauzet
★★★★☆

Le domaine Etienne Sauzet se transmet par les femmes et c'est sa petite-fille, Émilie Boudot et son mari Benoît Riffault, fils de vigneron sancerrois (domaine Claude Riffault), qui l'exploitent en continuant de faire croître sa surface qui est maintenant de 15 hectares, dont cinq en hautes-côtes de Beaune. Le vignoble est mené en biodynamie, certifié Ecocert depuis 2009 et le travail de cave est classique, avec tri des raisins avant pressurage et des élevages de 18 mois. Le chardonnay possède ici une splendide pureté d'expression, une finesse et un potentiel de garde notables. On entre dans la grande Bourgogne.
etiennesauzet.com

Seguin Manuel

Thibault Marion, dont la famille fut liée à l'histoire de Chanson, s'est associé à Jean-Luc Coupet en 2004 pour reprendre cette ancienne activité de négoce familiale. La gamme du domaine, qui compte pas moins de 30 climats aux quantités de bouteilles limitées, est complétée par des achats de raisins et de moûts sur les deux côtes. Les rouges jouent intelligemment la carte des millésimes sans excès de puissance ni de maturité comme en 2018 et en 2019. Les vins blancs sont assez puissants, sapides. C'est une adresse sûre.
seguin-manuel.com

Henri de Villamont

Installée à Savigny-lès-Beaune, cette maison de négoce appartient au grand groupe suisse Schenk. Son vignoble en propre compte 10 hectares, principalement à Savigny mais aussi sur la côte de Nuits et c'est naturellement dans ces secteurs que l'on trouve les vins les plus intéressants. Les rouges, solides et bien construits, sont très réguliers depuis plusieurs millésimes. Le niveau des blancs est plus inégal, mais les cuvées de savigny et savigny premier cru, issus du domaine maison, ne manquent pas de personnalité.
henridevillamont.fr

Domaine Anne-Marie et Jean-Marc Vincent

Anne-Marie et Jean-Marc Vincent sont des vignerons attachants, volubiles et surtout en perpétuelle quête d'une viticulture de pointe. Ils proposent une gamme de vins tout simplement remarquable, rarement égalée, avec des rouges profonds qui font honneur à Santenay, une appellation qui mérite d'être redécouverte et des blancs au meilleur niveau de leurs appellations. Le fruité aromatique et frais des blancs 2019 qui n'était pas simple à capter l'a été ici de manière magistrale.
03 80 20 67 37

CHALONNAIS

Albert Bichot - Domaine Adélie

Voici le dernier-né des domaines Albert Bichot, composé de deux parcelles de 4,5 hectares destinées à la production de vins rouges. C'est la fille d'Albéric Bichot, née en 2003, qui a donné son nom au domaine, marquant ainsi l'ancrage de la famille Bichot en Bourgogne.
albert-bichot.com

Vignerons de Buxy

La cave des Vignerons de Buxy, créée en 1931, est animée par 120 vignerons et 45 salariés et commercialise 7 millions de bouteilles par an. Elle vinifie 75 % des vins issus de l'appellation montagny et ce regroupement d'une multitude de petites exploitations familiales permet la création d'un outil de production performant, qui s'engage dans une vraie démarche qualitative de vinification et de production (Vignerons en Développement Durable). Les vins présentés montrent que la coopération viticole est capable de valoriser ses appellations avec des rapports qualité prix extrêmement attractifs.
vigneronsdebuxy.com

Domaine du Cellier aux Moines

Le Cellier aux Moines à Givry ne se contente plus d'être un superbe lieu viticole cistercien, restauré magnifiquement par Catherine et Philippe Pascal ; il est devenu une propriété incontournable de l'appellation. Le travail minutieux et passionné effectué dans le vignoble et en cave par Guillaume Marko, co-gérant, marque chaque année de vrais résultats. Le style des vins est affirmé grâce à l'utilisation adroite de raisins entiers ou vinifiés en fonction de l'âge des vignes dans une cuverie en gravité totale. Une adresse sûre.
cellierauxmoines.fr

Château de Chamirey

La famille Devillard est une référence à Mercurey, le château de Chamirey reste la plus importante de leurs propriétés bourguignonnes avec 37 hectares, dont 15 en premiers crus. La particularité du domaine est aussi de proposer une table d'hôtes au cœur du hameau. Une équipe technique compétente, avec l'arrivée d'un nouveau maître de chai, Carole Briffox conseillée par l'œnologue Enrico Peyrone, réfléchit sans discontinuer à améliorer le travail dans les vignes, en vinification et en élevage, toujours à la recherche de l'excellence. Le domaine a brillamment vinifié les blancs de 2019 dans une année particulièrement chaude. Les rouges sont au diapason.
chamirey.com

Domaine Chanzy

Avec 80 hectares, la maison Chanzy est l'un des plus importants producteurs de la côte chalonnaise, produisant en propriété et en négoce des vins de la côte chalonnaise à la côte de Nuits. La maison appartient à un groupe d'investisseurs et actionnaires passionnés, prêts à hisser la maison vers le haut. C'est la famille Jessiaume qui dirige la partie technique du domaine en pratiquant une viticulture « bioraisonnée » et la protéodie en cave, où le vin réagit aux fréquences de la musique pendant les fermentations. Un vrai bon plan.
chanzy.com

Domaine des Chauchoux

C'est un domaine de 5,5 hectares exploité par Christian Belleville et ses enfants Jean-Michel (Domaine de Manigley) et Émilie. Vigne en monopole, cultivée en mode raisonné, on y fait les choses correctement et avec attention. La famille exploite aussi le domaine Manigley, 12 hectares avec 60 % de vins blancs. La viticulture est raisonnée, les vendanges sont mécaniques et les vins sont élevés en fûts.
domainedeschauchoux.com

Domaine Vincent Dureuil-Janthial

Vincent Dureuil est la référence suprême de l'appellation Rully et de la côte chalonnaise. Avec son épouse et beaucoup de modestie et de rigueur, il mène remarquablement et minutieusement son vignoble de 20 hectares qui décline 23 cuvées réparties principalement entre Rully, Puligny et Nuits-Saint-Georges. Pratiquant une « viticulture paysanne », il tient à recevoir lui-même ses clients au domaine. Les rouges 2019 sont d'un naturel confondant, les blancs sont très au-dessus du standard du millésime, frais, énergiques, subtils qu'ils en seront une référence.
dureuil-janthial.fr

Domaine de la Ferté

Située à Givry, cette petite propriété de 2,5 hectares est exploitée par la famille Devillard, également propriétaire du château de Chamirey. Elle est composée de 3 parcelles, deux en appellation village dont le clos Mortière, une en premier cru Servoisine. Les vignes sont exploitées en culture raisonnée, sous la houlette de Enrico Peyron, les vendanges sont manuelles et les élevages longs. Les parcelles sont voisines et très bien placées sur l'appellation. Les quantités sont donc limitées mais produites avec un soin comparable aux mercureys du domaine. C'est une adresse sûre.
domaine-de-la-ferte.com

Domaine Feuillat-Juillot

C'est avec adresse et persévérance que Françoise Feuillat-Juillot, aidée maintenant de sa fille Camille, a réussi à hisser au sommet de l'appellation ce domaine de 15 hectares implanté principalement en Montagny premier cru. Le vignoble est conduit en lutte raisonnée (travail des sols, plus d'herbicides, limitation des produits phytosanitaires, limitation des rendements), et seuls certains crus sont élevés en fûts. Les vins ont de la précision et de l'élégance.
feuillat-juillot.com

Domaine P & M Jacqueson

C'est l'une des adresses phare de l'appellation, indissociable de son essor ! La nouvelle génération est désormais à l'œuvre, incarnée

depuis 2015 par Marie Jacqueson et son frère Pierre, qui gèrent les 17 hectares de vignoble sur Rully, Bouzeron et Mercurey (pour les rouges). Rien n'est laissé au hasard, que ce soit dans la vigne ou en cave, avec des vinifications parfaitement maîtrisées et des élevages de grand style. Les Jacqueson signent une gamme harmonieuse, de grand classicisme, qui ne déçoit jamais. On y compte des cuvées plus simples d'accès à côté d'autres plus ambitieuses et remarquables comme le bouzeron.
jacqueson-vins.fr

Domaine Claudie Jobard
✪✪✪○○
Bien née, avec un père pépiniériste et une mère œnologue, Claudie Jobard se partage entre la maison Remoissenet, où elle assure la direction technique, et son domaine familial essentiellement situé à Rully (même si elle possède aussi des parcelles à Pommard et Beaune). Viticultrice respectueuse de ses sols et vinificatrice sensible et adroite, elle réussit des blancs et rouges savoureux et fins.
claudiejobard.fr

Domaine Joblot
✪✪✪✪○
C'est avec beaucoup d'anticipation et d'intelligence que Jean-Marc Joblot a transmis les clefs du domaine à sa fille Juliette, qui en est maintenant aux commandes définitives avec son oncle Vincent. Les 14 hectares sont toujours menés avec une attention de tous les instants, les vignes sont jardinées et le vin n'est pas ici le fruit du hasard. Nous voyons progressivement les vins du domaine s'anoblir d'une touche de féminité naturelle et cela est sans aucun doute lié au talent de Juliette.
domainejoblot.com

Domaine Michel Juillot
✪✪✪○○
Laurent Juillot est à la tête de ce domaine familial de 31 hectares de vignes, situés à Mercurey et Corton. Conduite soignée des vignes, maîtrise parfaite des équilibres en cave, sans pompage et peu d'intervention pour laisser le fruit le plus intact possible : tout ici est sagement ordonné, livrant des cuvées de belle facture, élevées en barriques et quelques demi-muids (30 sur les 600 pièces). Le nouvel étiquetage des bouteilles, plus moderne, rentre en parfaite correspondance avec l'esprit de la maison. Une adresse recommandable.
domaine-michel-juillot.fr

Domaine Bruno Lorenzon
✪✪✪✪○
Bruno Lorenzon est incontestablement l'un des vignerons contemporains les plus doués de Bourgogne. Son exploitation phare de Mercurey est exemplaire, tant par la conduite de ses vignes qui peuvent atteindre une densité de 20 000 pieds à l'hectare (le double de la norme), que par la maîtrise absolue des vinifications. Vendanges en petites caisses, foulage au pied, hygiène drastique forment ce modèle d'exigence, sous label bio. L'utilisation adroite et progressive de la vendange entière ces derniers millésimes donne des vins fabuleux et prouvent une fois de plus que les vins reflètent l'âme du vigneron capable de sublimer des terroirs quand l'osmose opère.
domainelorenzon.com

Domaines et Maison Famille Picard
✪○○○○
La famille Picard exploite 5 domaines sur un patrimoine exceptionnel de 135 hectares de vignes, répartis entre la côte chalonnaise et la côte de Beaune. Les vins cultivent la gourmandise.
chateaudechassagnemontrachet.com

Domaine Ragot
✪✪✪○○
Le domaine Ragot s'étend sur neuf hectares à Givry dont un tiers en premier cru. Nicolas Ragot, qui a repris la suite de son père en 2008, n'a pas de secrets : il passe sa vie dans les vignes où la gestion de l'enherbement par la double culture vignes-herbes mérite d'être remarquée. Les désherbages sont mécaniques, la vendange est manuelle, égrappée et des vinifications traditionnelles sont menées avec beaucoup de rigueur. Le résultat est dans la bouteille, avec des vins précis, francs et sérieux aux fruités avenants.
domaine-ragot.com

Domaine François Raquillet
✪✪✪○○
Les Raquillet sont vignerons de père en fils depuis treize générations et leur domaine de Mercurey s'étale maintenant sur 14,5 hectares, dont 3,5 en blancs. Amoureux de la vigne et du raisin, François Raquillet n'hésite pas à se remettre en question, désormais rejoint par sa fille Jeanne. Sa passion du métier lui donne cette émulation pour mener le domaine au meilleur niveau. Sa gamme se décline sur quatre cuvées de blancs et six de rouges et il y a toujours une cuvée de la maison qui se place dans le peloton de tête de nos dégustations à l'aveugle. Une adresse incontournable.
domaine-raquillet.com

Domaine du Clos Salomon
✪✪✪○○
Le clos Salomon, monopole d'une surface de 7 hectares, porte le nom de ses propriétaires depuis le XIVe siècle, géré par leurs descendants, la famille du Gardin. C'est Ludovic du Gardin qui est le gardien de ce clos prestigieux qu'il cultive dans un esprit bio, avec une vigne soignée, sans désherbants ni insecticides, et des sols labourés. Les vins sont élevés 12 mois et offrent une bonne aptitude au vieillissement. Outre le clos-salomon au terroir bien identifié, deux cuvées sont disponibles en chardonnay, un montagny le-clou et un givry premier cru la-grande-berge.
du-gardin.com

Domaine de Suremain
✪✪✪○○
Avec la chance d'être doté des meilleurs climats de Mercurey classés en premier cru, Loïc de Suremain, aidé de ses parents Yves et Marie-Hélène, exploite les 18 hectares de ce domaine. Une attention particulière au respect des terroirs donne différents mercureys aux typicités et nuances bien tranchées. Loïc, passionné de viticulture, s'attache à faire évoluer les vins vers davantage de fruit et d'homogénéité, en passant par une vraie compréhension de ses sols. La cuverie a été entièrement rénovée et agrandie, les vins sont de plus en plus précis et font un sans-faute lors de nos dégustations à l'aveugle. La progression est remarquable et place le domaine dans le trio de tête de l'appellation.
domaine-de-suremain.com

Domaine Theulot-Juillot
✪✪✪○○
Depuis la fin des années 1980, Nathalie Theulot et son mari Jean-Claude travaillent d'arrache-pied pour obtenir le meilleur de ce domaine de 12 hectares, situé sur la commune de Mercurey. Leur fil conducteur est la maîtrise des rendements et un travail aussi naturel que possible. En plus des appellations village, le domaine possède 6 parcelles de premiers crus dont le monopole du climat emblématique la Cailloute. Le style du domaine a évolué en 2019. Les pinots noirs légers et très mûrs sont devenus plus denses avec un sens abouti de l'équilibre et de la gourmandise. Les blancs sont de vrais vins de repas.
theulotjuillot.eu

Tramier et Fils
✪○○○○
La maison Tramier et Fils, fondée en 1842 et installée à Mercurey, est dirigée par Laurent Dufouleur, qui en est propriétaire. Elle s'est fait connaître par sa marque Roncier, en vin de table, créée dans les années 1960 et en diffusant également des vins de différentes appellations bourguignonnes. Cette maison possède actuellement 15 hectares de vignes. Les vins sont en progression constante et mis en valeur par des élevages adroits.
maison-tramier.com

Domaine de Villaine
✪✪✪○○
Comme annoncé, le domaine de Villaine, conduit avec passion et conviction par Pierre de Benoist, s'est agrandi. Il n'est plus limité à Bouzeron car avec l'acquisition d'un domaine à Rully, de parcelles à Santenay, Mercurey et Saint-Aubin, la surface cultivée s'étend maintenant à 30 hectares toujours menés en culture biologique. C'est toujours avec curiosité et entêtement que Pierre veille à ce que chaque terroir soit mis en valeur et révélé par les gestes du vigneron.
de-villaine.com

MACONNAIS

Château de Beauregard

Sous cette identité château de Beauregard, à Pouilly-Fuissé, Frédéric-Marc Burrier dirige en réalité plusieurs propriétés, totalisant environ 50 hectares, dont 12 en Beaujolais, avec la majeure part certifiée bio ou en conversion. Il est secondé par Michel Rey, chef de culture, pour produire les vins des domaines Joseph Burrier, de la Rochette, de Beauregard, château du Clos, le tout commercialisé par la maison Joseph Burrier. Les vins blancs ont beaucoup progressé depuis quelques années et sont des expressions fidèles de leurs terroirs d'origine. Commercialisés en décalage, ce sont essentiellement les 2018 qui sont proposés en 2021. Il ne faut surtout pas manquer une remarquable gamme de crus du Beaujolais, superbement vinifiés, où le gamay joue l'élégance florale ultime. Les 2019 nous ont laissés béats d'admiration.

joseph-burrier.com

Domaine de la Bongran - Jean et Gautier Thévenet

Gautier le fils et Jean, le père, sont les dignes représentants de ce fabuleux secteur de Quintaine, entre Viré et Clessé. Ils gèrent un ensemble de trois domaines, la Bongran, dans la famille depuis le XVe siècle et couvrant 15 hectares, Roally avec 4 hectares à Viré et Émilian Gillet, 10 hectares sur Quintaine. Tous les domaines sont certifiés bio depuis 2008, les vins sont vinifiés et élevés longuement en cuve, sans aucun passage en fût pour rechercher l'âme des vins, qui sont toujours savoureux et d'une grande originalité, la sensation de surmaturité n'étant jamais éloigné de ces chardonnays.

bongran.com

Château du Clos

Remarquablement situé au cœur du vignoble de Pouilly, le château du Clos est une propriété de 3 hectares d'un seul tenant, dans la même famille depuis 1782 dans l'esprit des clos bourguignons. Jean-François Combier, l'actuel propriétaire, en a confié l'exploitation depuis le millésime 2012 à Frédéric-Marc Burrier, son expérimenté voisin du château de Beauregard. Les vins ont un profil idéal pour la gastronomie et une capacité de garde. Les 2018 sont bien réussis.

joseph-burrier.com

Domaine des Héritiers du Comte Lafon

Dominique Lafon, célèbre pour son domaine de Meursault et vinificateur de génie, pourrait profiter de cette notoriété pour ne plus rien avoir à prouver. Pourtant, la remise en question et la recherche permanente l'animent constamment, désireux de toujours hisser un peu plus haut ses vins du sud de la Bourgogne. Les 21 hectares sont conduits en bio et biodynamie sur des terroirs variés, sous la direction de Caroline Gon. Les vins sont travaillés sur la réduction, il est donc préférable de les attendre deux à trois années avant d'en profiter pleinement, dans toute leur complexité. Une adresse irréprochable.

comtes-lafon.fr

Domaine Cordier

Boulimique de travail et de terroirs, Christophe Cordier a agrandi son entreprise de 12 à 35 hectares en 15 ans, avec 120 parcelles réparties sur 8 villages. Il a investi dans des installations techniques d'un niveau rare dans la région, à la pointe des progrès œnologiques. Les vendanges sont manuelles, les sols travaillés, avec des essais en biodynamie, les vins élevés environ 18 mois en foudre ou cuve bois, sur lies et peu filtrés. 90 % de la production est exporté. Le rapport entre la taille de l'exploitation et la qualité des vins est remarquable, les terroirs sont bien identifiés, ils ont du caractère et font référence dans la région avec une réussite patente en 2019.

domainecordier.com

Domaine Dominique Cornin

Ce domaine conduit en biodynamie, certifié bio depuis 2003, est mené par Dominique Cornin et son fils Romain. Le vignoble de 12,5 hectares est réparti sur Chaintré, Chânes, Fuissé et en Beaujolais blanc. Les Cornin ont aussi le privilège d'être vignerons des Hospices de Beaune pour 1,5 hectare. Les vins sont d'une belle précision et ont cette énergie si particulière issue de la biodynamie ; ce travail mérite d'être largement reconnu et récompensé avec en pointe le pouilly-fuissé les chevrières cette année.

cornin.net

Domaine de la Croix Sénaillet

Les frères Martin, Richard et Stéphane, conduisent en bio les 27 hectares de ce domaine situé à Davayé, où ils font référence en appellation Saint-Véran. Selon les cuvées, les vins sont élevés soit en cuve soit en proportion de cuves et de demi-muids. La fratrie a accompli d'indéniables et très réguliers progrès et leurs saint-véran sont toujours issus de fruits mûrs, dans un style frais et charmeur, sans artifice de vinification ni d'élevage.

domainecroixsenaillet.com

Domaine de la Garenne

Situé sur les coteaux d'Azé, le domaine de la Garenne a été racheté en 2008 grâce à l'alliance des familles Beaumont et Devillard (propriétaires du château de Chamirey et du domaine des Perdrix). Géré par les équipes Devil-

La Roche de Solutré domine le vignoble de Pouilly-Fuissé.

lard et leur œnologue Robert Vernizeau, il s'est encore agrandi en 2014 avec des vignes en Mâcon-Bussières et Pouilly-Fuissé. Les blancs 2019 comme les 2018 sont sincères et bien réalisés.
domaine-garenne.com

Domaine des Deux Roches
★★☆☆☆
Ce domaine est né en 1986 de l'association de Jean-Luc Terrier et Christian Collovray, deux amis d'enfance qui ont épousé deux sœurs héritières d'un patrimoine de vignes dans le Mâconnais. Aujourd'hui, le domaine s'étend sur 45 hectares dont 20 en Saint-Véran et sept à Chardonnay, et n'emploie que des composts naturels sans aucun désherbant. C'est un domaine dynamique et incontournable qui fait référence en appellation saint-véran, avec des vins toujours expressifs et très abordables.
collovrayterrier.com

Domaine J.A. Ferret
★★★★☆
Ce domaine de 18 hectares, lové au cœur du village de Fuissé, a été racheté en 2008 par la maison Jadot. Dans la lignée de Jeanne et Colette Ferret, qui ont marqué l'appellation, c'est l'émouvante et sensible Audrey Braccini, habitée par sa mission de fidélité aux climats, qui a fait évoluer le domaine vers une viticulture en conversion bio à partir de 2020. Elle pérennise par ailleurs, en toute liberté, l'esprit Ferret, très cohérent avec le style Jadot, avec un travail sur la vivacité des vins par des malolactiques partielles et des élevages conduits avec habileté. Une merveilleuse adresse, où maîtrise et excellence sont les atouts majeurs. 2019 remarquables avec un tournant de pouilly au sommet d'une gamme exemplaire.
domaine-ferret.com

Château de Fuissé
★★☆☆☆
Antoine et Bénédicte Vincent, frère et sœur, dirigent cette propriété historique de 40 hectares, répartis sur les appellations Pouilly-Fuissé, Saint-Véran, Mâcon et Juliénas. Les sols sont travaillés, la viticulture est raisonnée et l'élevage des vins se fait

Dans de nombreux endroits du Mâconnais, la vigne côtoie la forêt.

avec les fûts d'un seul tonnelier pour maintenir une constante, dans une optique rigoriste. On trouve des cuvées commercialisées sous une gamme château et une gamme négoce. A noter que les cuvées le Clos et les Brûlées seront classées en premier cru à compter du millésime 2020.
chateau-fuisse.fr

Domaine Guffens-Heynen
★★★★★
Jean-Marie Guffens est certainement l'un des plus habiles vinificateurs de chardonnay au monde. Aujourd'hui, la roche calcaire de cette Bourgogne Sud hautement prisée permet l'éclosion de vins qui tranchent par leur droiture et leur énergie. « La précision n'est pas une forme d'art : c'est une nécessité » dit-il. S'il a inspiré de nombreux artisans-vignerons du Mâconnais, Jean-Marie Guffens reste aujourd'hui le seul artiste capable d'initier un style et une identité remarquables, forgés par une vendange très mûre, des fermentations prolongées et un sens génial de l'élevage. Dégustateur d'élite, ce vinificateur hors-pair produit des quantités déjà trop réduites pour satisfaire la demande internationale. Il faut donc s'en emparer aussi souvent que l'occasion se présente !
verger-sa.fr

Cave de Lugny
★★☆☆☆
Fondée en 1927, la cave de Lugny fut la deuxième coopérative viticole créée en Mâconnais pour être aujourd'hui le premier producteur de vins de l'appellation (un tiers du volume) et le premier producteur de vins de Bourgogne en volume et en surface (6 % de la production totale), avec 1 450 hectares exploités sur 21 communes et 400 adhérents. Elle participe au programme Vignerons en Développement Durable, incitant les producteurs à travailler en lutte raisonnée. Le récent travail mis en place et la volonté de faire de la cave un véritable incubateur pour les jeunes vignerons et les structures viticoles en développement portent ses fruits.
cave-lugny.com

Domaine Nicolas Maillet
★★★☆☆
Installé en 1999, Nicolas Maillet, ingénieur agronome et œnologue, fait référence dans le Mâconnais pour la conduite de son vignoble de 7,5 hectares certifiés bio avec des pratiques de la biodynamie. Sans aucune levure exogène, les fermentations et les élevages se font uniquement en cuve, pour la plus pure expression du terroir. Les vins ont de la franchise et du caractère ; ils sont gourmands et pleins de saveurs. En regardant ces vignes magnifiques, tous les vignerons de la vallée de Verzé devraient s'inspirer de ces pratiques agricoles. Une adresse modèle qui a magistralement géré le millésime 2019.
vins-nicolas-maillet.com

Merlin
★★★☆☆
Installés en 1987, Olivier et Corinne Merlin ont été rejoints par leurs fils, Théo et Paul, tous deux s'étant forgés une expérience dans les vignobles étrangers. Ils apportent dans l'escarcelle du domaine 8 hectares supplémentaires et l'exploitation s'étend

désormais sur 23 hectares dans le Mâconnais et en Moulin-à-Vent (comprenant le château des Quarts). Leurs installations modernes au cœur de la Roche Vineuse leur permettent d'innover et de toujours se remettre en question. Les vins s'expriment avec franchise et un sens abouti de l'équilibre.
merlin-vins.com

Domaine Normand

Sylvaine et Alain Normand, tous deux diplômés en viti-œnologie, se sont installés avec 13 hectares comme coopérateurs en 1993. Les vignes sont réparties sur Solutré, Chaintré, Saint-Véran et la Roche Vineuse, cultivées avec une attention particulière en vue de la certification HVE lutte raisonnée. La construction d'un nouveau chai et d'un lieu d'accueil d'œnotourisme permettra d'apprécier sur place le style des vins, agréables et faciles à boire.
domaine-normand.com

Château des Quarts

C'est un lieu d'exception qu'ont acquis Dominique Lafon et son associé et complice Olivier Merlin, des domaines éponymes, tous deux signatures fortes et incontournables de la région. Cet ensemble architectural de prestige, au cœur d'un clos magnifique, est situé au beau milieu des vignes ; 2,5 hectares bénéficiant d'une exposition plein est, sur un sol très pauvre, calcaire et caillouteux, qui donne une cuvée d'exception en Mâconnais, toujours impeccable de régularité. Il ne faut pas la manquer !
chateau-des-quarts.com

Domaine Rijckaert

Florent Rouve, également présent dans le Jura, a repris le domaine de Jean Rijckaert et emploie une énergie peu commune à la préservation du style de cette belle maison. Soit un travail revendiqué « à l'ancienne », un soin extrême à la qualité de la vendange et des élevages longs. Il produit ainsi une très belle gamme de vins, soignés et savoureux, issus des vignes de la propriété ou en achats de raisins avec toujours une attention qualitative élevée. Le niveau impressionne.
vinsrijckaert.com

Château des Rontets

On peut aisément comprendre pourquoi les époux Montrasi ont vite abandonné leur métier d'architecte en Italie pour reprendre cette maison de famille et se reconvertir au métier de vigneron, tellement le lieu est magique. Ils ont patiemment remis cette propriété historique de près de sept hectares au plus haut niveau de Pouilly-Fuissé, tirant aujourd'hui le meilleur d'un terroir original situé en altitude. Un travail méticuleux des vignes en mode biologique et des élevages soignés et longs ont construit des cuvées à la régularité admirable et au profil inimitable. Ce domaine est une inspiration pour tous les vins de la région.
chateaurontets.com

Domaine Jacques et Nathalie Saumaize

Ce beau domaine de Vergisson, développé avec passion par Jacques et Nathalie Saumaize depuis une trentaine d'années, confirme le tournant pris avec l'arrivée de leur fils Anthony. Une harmonie et une continuité s'inscrivent avec la poursuite d'une viticulture proche du bio et des essais de biodynamie, avec un refus de la mécanisation. Le vignoble de 12,5 hectares répartis en Saint-Véran, Pouilly-Fuissé et Mâcon, est vinifié brillamment de façon parcellaire. Les vins ont gagné en énergie et en précision et nous nous réjouissons de cette voie prise. Très aromatique, la gamme 2019 a brillamment évité les difficultés du millésime.
saumaize.net

Saumaize-Michelin

Roger Saumaize, épaulé par son épouse Christine et désormais leur fils, s'impose comme l'un des fers de lance du Mâconnais. Habité par sa quête de la précision, de la pureté et de la vibration, ayant toujours pratiqué le labour depuis son installation à la fin des années 1970, il s'inspire de la biodynamie mais se défie des chapelles. Amoureux de ses vignes qu'il bichonne comme un jardinier en observant la vie du sol, Roger Saumaize et son fils sculptent des cuvées dont l'énergie et le naturel nous laissent admiratifs. On est ici à haut niveau en Mâconnais à des prix qui restent accessibles pour ce niveau de qualité.
saumaize-michelin.com

Domaine La Soufrandière - Bret Brothers

Les frères Bret, qui ne manquent jamais d'idées ni d'inventivité, sont devenus une référence en Mâconnais grâce à leur maîtrise aigüe de la biodynamie. La plupart des travaux de la vigne sont faits à la main, en dehors des labours et traitements (au tracteur ou cheval) et leurs vignes sont devenues le terrain de jeu des chercheurs de l'INRA. La Soufrandière est le domaine familial de 11 hectares, aujourd'hui certifié Demeter. Bret Brothers est l'activité de négoce, en achats de raisins, produisant 15 micro-cuvées (dont dix sont certifiées bio). Les vins sont toujours d'une énergie remarquable, d'une grande pureté. Délicieux 2019. Une des adresses modèle de la région, en toute confiance.
bretbrothers.com

Vignerons des Terres Secrètes

Les Vignerons des Terres Secrètes représentent trois caves coopératives (Prissé, Verzy et Sologny), avec 120 coopérateurs qui cultivent l'équivalent de 950 hectares, dont 650 de chardonnay. Depuis 2013 la cave est labellisée en développement durable. En plus d'avoir considérablement élevé le niveau des vins, elle mise beaucoup sur une refonte totale de son approche commerciale et marketing, aujourd'hui parfaitement en phase avec la modernité des vins produits.
terres-secretes.com

Domaine Thibert Père et Fils

Ce grand domaine de Fuissé atteint maintenant 30 hectares, composé d'une large palette de terroirs, avec un beau potentiel de futurs premiers crus. Sandrine et son frère Christophe gèrent la propriété et ce dernier veille méticuleusement sur les vins, avec une remise en question permanente. Les vinifications parcellaires sont intelligemment menées dans de magnifiques installations modernes, parfaitement adaptées. C'est sans conteste un domaine de référence dans le Mâconnais, où l'on trouvera des vins de garde dans un style très tendu et droit.
domaine-thibert.com

Verget

La maison de négoce Verget fait partie de la « trilogie » Guffens-Heynen, où Jean-Marie Guffens, épaulé par son fidèle second Julien Desplans, applique les recettes éprouvées sur son domaine d'élite depuis les années 1980, qui servent de référence mondiale en matière de chardonnay. Le fer de lance reste ici le Mâconnais mais les achats sur le Chablisien sont réguliers et, en fonction des millésimes, il y a de belles cuvées en provenance de la côte de Beaune. On notera enfin que c'est à cette adresse qu'on peut s'approvisionner en Guffens aux Tourettes et Verget du Sud, à des rapports prix-plaisir imbattables.
verget-sa.fr

Domaine Vessigaud

Pierre Vessigaud conduit ses 11 hectares à Solutré-Pouilly en se définissant comme un viticulteur écologique. Pratique du labours, vendanges manuelles, vinifications en raisins entiers et élevages sous bois forgent des vins charmeurs et élégants. Nous les recommandons.
pierrevessigaud.fr

L'INSTANT
TAITTINGER

*#THEINSTANT*WHEN

ESPRIT DE FAMILLE

9 septembre 2018,
Château de la Marquetterie.
L'équipe du Champagne Taittinger prépare le cochelet, le dernier jour des vendanges.

Photo de Massimo Vitali.

CHAMPAGNE
TAITTINGER
Reims

MMER AVEC MODÉRATION.

Un mouton dans le vignoble de la maison Billecart-Salmon.

Cham

TOUT CHANGE, COMMENÇONS PAR LÀ. EN DEUX DÉCENNIES, LE VIGNOBLE CHAMPENOIS A PRIS SON DESTIN EN MAIN, SOIGNÉ SA VITICULTURE, RÉINVENTÉ SON STYLE, SON OFFRE ET SON IMAGE. MALMENÉ PAR LES DIFFÉRENTES CRISES, SECOUÉ PAR SES DÉBATS INTERNES, LE VOILÀ À LA CROISÉE DES CHEMINS. LE MOT D'ORDRE ? CONTINUER DE TRAVAILLER LÀ OÙ TOUT SE JOUE : DANS LES VIGNES

pagne

PHILIPPE JAMESSE LA MASTER CLASS DE L'EXPERT

SOUS LA FORME D'UN ENTRETIEN, NOTRE SPECIALISTE FAIT LE POINT. UN COURS MAGISTRAL EXCEPTIONNEL POUR TOUT COMPRENDRE DES ENJEUX QUI ATTENDENT LA CHAMPAGNE DE DEMAIN

PROPOS RECUEILLIS PAR ***LOUIS-VICTOR CHARVET***

LEÇON N°1 TROIS CÉPAGES POUR UN CHAMPAGNE

La force vive du chardonnay

Quel rôle joue le chardonnay dans l'assemblage d'un grand champagne ?
Parmi les trois principaux cépages utilisés, c'est le plus transparent et le plus à même de jouer le rôle de calque de son terroir d'origine. C'est le cépage de prédilection de la côte des Blancs, capable d'être apprécié pour lui-même, dans les blancs de blancs. Il donne de la tonicité, de l'éclat et ce caractère frais, incisif, effilé et tendu. On l'apprécie pour ses évocations primaires de fruits blancs à pépin, de fleurs blanches et d'agrumes verts et jaunes dans ses phases de jeunesse. Par son niveau de tension, il apporte de la pureté et peut vieillir extrêmement bien. De manière générale, le socle des assemblages des champagnes de maisons reste le pinot noir. Le chardonnay intervient de manière transversale pour calmer la force des pinots. Cette traverse de lumière apporte de l'éclat. Comme il retranscrit bien son environnement, il est souvent utilisé pour faire des cuvées parcellaires.

Le consommateur l'aime. La demande pour les blancs de blancs ne faiblit pas.
Elle est forte, c'est vrai. C'est le champagne apéritif par excellence. Loin d'être une mode, c'est un acquis et, il faut bien le dire, une vision un peu bourgeoise du champagne. Le chardonnay apporte ce côté crayeux et caillouteux en bouche et donne un surplus de précision à l'assemblage. Les cuvées de blanc de blancs de prestige sont issues, en général, de grands crus. Cela donne des vins qui ont plus de résistance au temps. Même s'ils vieillissent entre six et dix années en cave, ils gardent un côté apéritif fort. En fonction du vieillissement, on peut pousser plus loin le curseur des accords. On pourra associer le blanc de blancs à une gastronomie tiède ou chaude, viandes blanches ou produits de la mer, lorsque le vin prend de l'enveloppe, de la texture et du gras.

Le chardonnay est essentiel dans l'assemblage. À l'avenir, ce sera le cas ?
À court terme, je ne crois pas que le changement climatique soit un danger pour lui. Bien sûr, il faudra s'adapter et lui apporter des soins différents, faire évoluer les rendements, adopter une viticulture personnalisée, aux bons endroits. La Champagne a planté du chardonnay un peu partout. À une époque, c'était le cépage roi, rentable et à la mode. Aujourd'hui, beaucoup l'arrachent là où il ne se plaît pas, au profit des pinots. On connaît mieux son environnement idéal. Avec leurs sols caillouteux, entres sable et silex, posés sur un sous-sol calcaire, les coteaux Vitryats et ceux du Sézannais sont des secteurs intéressants pour lui. Cette géologie lui donne un profil large et ample, différent de celui de la Côte des Blancs, plus salin et sapide.

MATHIEU GARÇON, LEIF CARLSSON

Les coteaux de Champagne témoignent des changements profonds à l'œuvre dans le vignoble.

Pinot noir, et la lumière fut !

Le pinot noir n'a pas toujours été bien considéré.

C'est un cépage qui se plaît dans beaucoup d'endroits, sur la montagne de Reims et dans la côte des Bar. On sait mieux le travailler aujourd'hui et il est bien représenté dans l'appellation. Mais pendant longtemps, la Champagne a eu un problème de culture avec ce cépage. La viticulture traditionnelle ne permettait pas de retrouver la brillance naturelle du chardonnay dans le pinot noir. Il donnait des vins structurés, puissants, sphériques, manquant de cette rectitude qu'on apprécie dans le chardonnay. On ne savait pas les cueillir au bon moment. Surtout, la viticulture excluait la notion de terroir, essentielle pour le pinot.

Aujourd'hui, ces changements donnent quel style ?

Des vins plus électriques, plus tendus, avec une sensation minérale évidente. Ce n'était pas gagné d'avance. Seule une meilleure viticulture a permis ce renversement. Les meilleurs pinots noirs de Champagne sont maintenant capables de restituer le terroir calcaire et sa fraîcheur tout en offrant une matière colorée et savoureuse. Grâce à ces efforts, le blanc de noirs, né bien après le blanc de blancs, a une vraie légitimité. La cuvée La Grande Dame de Veuve Clicquot est un bon exemple de ce qu'on peut obtenir en termes d'éclat avec le pinot noir. Les raisins qui la composent (ndlr, 90 % de pinot noir) illustrent de façon spectaculaire la qualité des amers et la pureté de l'acidulé. Ils traduisent aussi le potentiel du cépage à bien vieillir et à s'anoblir avec le temps. La viticulture de la maison a su dépoussiérer de manière formidable sa manière d'utiliser le cépage.

Ce renouveau qualitatif profite également au rosé.

Cela se vérifie d'une manière simple. Aujourd'hui, on fait de grands rosés de saignée. Ce n'était pas le cas autrefois. Je crois que la méthode s'imposera comme la meilleure façon de faire. Mais une bonne saignée implique des choix en amont. Choix des parcelles, choix de la matière première et choix des pratiques culturales pour avoir sur les pieds des charges de grappes moins importantes. La Champage a pris conscience de l'intérêt de la maturité et la nécessité d'appliquer une viticulture environnementale, c'est-à-dire une méthode globale qui intègre l'intégralité de la vigne (sol, climat, faune et flore, etc.). Aujourd'hui, on sait faire de grands vins rouges. L'appellation coteaux-champenois va revenir sur le devant de la scène. Certains producteurs ont fait les sacrifices nécessaires pour obtenir des résultats grandioses.

La gourmandise du meunier, et plus encore

Un peu en retrait, le meunier a-t-il des arguments pour revenir en force ?

Il est surtout planté dans la vallée de la Marne, soumis à des influences différentes selon les deux rives de la rivière. Les Champenois commencent à le maîtriser. Pendant longtemps, ce cépage a été relégué à un rang inférieur par rapport au chardonnay et au pinot noir. Il jouait un rôle un peu facile dans les assemblages en apportant du fruité, de l'exotisme et de la gourmandise. Aujourd'hui, les meuniers ont des profils plus stricts, résultat de la démarche engagée au vignoble. Ils perdent leur lourdeur et vont vers des registres élégants. Certaines structures en font même des cuvées parcellaires. On s'aperçoit aussi qu'il peut bien vieillir et que le cépage peut faire de jolis vins rouges. Donc, de jolies saignées pour les rosés.

Finalement, c'est un cépage plus complexe qu'il n'en a l'air.
Le travail des sols, le respect du végétal, du monde extérieur et du monde souterrain est essentiel pour ce cépage qui demande beaucoup d'attention pour donner des choses vraiment intéressantes. Le meunier augmente dans les proportions des assemblages. Les maisons ont davantage confiance en lui. Elles sont fières de présenter leur meunier lors de la dégustation des vins clairs. Il y a quelques années, ce cépage enthousiasmait peu de gens. Il met plus de temps à se révéler au sein d'un assemblage que par le passé. L'accroche du meunier à la colonne vertébrale du vin est aujourd'hui plus précise. Autrefois, il avait du mal à trouver sa place dans l'ensemble. La greffe avec les deux autres cépages impose d'être patient.

Le cahier des charges autorise quatre autres cépages. Une piste pour demain ?
L'arbanne, le petit meslier, le pinot blanc et le pinot gris sont des cépages un peu marginaux. Ils représentent moins de 0,3 % du vignoble. On les appelle parfois les cépages oubliés. Chez certains producteurs, comme chez Moutard (Cuvée des 6 cépages) ou chez Drappier (Quattuor), on voit pourtant qu'ils peuvent donner des champagnes remarquables. On n'a jamais su vraiment où les planter dans l'aire d'appellation. Des maisons, comme Moët et Chandon ou Bollinger, font beaucoup d'expérimentations et des études sont menées pour savoir quels sont les terrains les plus favorables.

LEÇON N°2
LE MILLÉSIME EN QUESTION

Comment expliquer le statut à part de la notion de millésime en Champagne ?
Il y a deux définitions du millésime, une ancienne, une plus actuelle. Autrefois, l'idée du millésimé, c'était de n'en produire que les bonnes années. La nature décidait, le producteur se reposait sur elle, de manière un peu fataliste, sans tenter de sélectionner quoi que ce soit. Si la nature était généreuse et donnait une vendange avec une bonne qualité d'acidité et de bons équilibres sucres-acides, on pouvait faire un champagne millésimé. Sinon, la grande partie des producteurs n'essayaient pas. La définition plus moderne, à laquelle j'adhère, c'est de dire que chaque année peut donner un millésimé. Avec la viticulture d'aujourd'hui et avec cette notion de terroir qui s'est installée au cœur des débats stylistiques, je crois que la Champagne n'a plus d'excuses pour justifier de ne pas sortir un millésimé chaque année. Je regrette qu'on ait mis de côté cette catégorie pour en faire un vin presque illégitime. Pour moi, il doit être la pièce maîtresse et la mémoire du vignoble champenois.

D'autant que cette catégorie a de nombreux atouts.
Oui, mais le discours commercial mettait en avant deux catégories reines, celle des bruts non millésimés et celles des cuvées de prestige. Logiquement, les consommateurs ont tourné le dos aux millésimés. Pourtant, c'est potentiellement le vin le plus intéressant dans la gamme d'un producteur. Il est aussi avantageux d'un point de vue financier puisque souvent vendu à un prix proche de celui du brut et beaucoup moins cher que la cuvée de prestige. Or, il faut quand même utiliser le meilleur de ses raisins et de ses terroirs pour sortir un millésimé intéressant. Si l'on va plus loin dans la démarche, le champagne a besoin du millésimé pour continuer à pouvoir revendiquer être un vin. En Champagne, à Bordeaux, on ne se pose pas la question de savoir si l'année est bonne ou non, on fait un vin millésimé quoi qu'il arrive, par souci de cohérence.

Ce qui est plus difficile à comprendre, c'est que de nombreuses cuvées de prestige sont millésimées.
C'est un point difficile, voire anormal. Lors des années compliquées, la Champagne devrait peut-être se concentrer sur la confection d'un millésimé plutôt qu'à l'élaboration d'une cuvée de prestige, elle-même millésimée. Comment justifier du niveau de qualité de celle-ci compte tenu de la difficulté de l'année ? Le millésimé, lui, n'a pas besoin de cette justification. Finalement, dans l'esprit du consommateur, la cuvée de prestige est rarement associée à la notion de terroir. Elle véhicule une image de luxe, de privilège et de rencontre avec le meilleur d'un nom. Ce nom est plus important que ce qui la compose, même si dans la plupart des cas, les provenances sont superbes. Pour moi, le millésimé entretient un lien avec le terroir peut-être plus ancré.

Finalement, il n'y pas de conditions idéales pour produire un millésimé ?
Il faut avoir la volonté d'essayer, c'est tout. Tous les ans, on peut isoler quelque chose si on y réfléchit en amont. Pour y arriver, il faut être proche du vignoble. Ce que fait magnifiquement Roederer. La viticulture engagée il y a une vingtaine d'années permet à Roederer d'avoir une liberté de création extraordinaire. C'est impressionnant de voir à quel point ils sont en phase avec ce qui se passe au vignoble, connecté à chacune des parcelles. Les vignerons aussi doivent s'emparer de la catégorie, notamment ceux qui sont le plus avancés en viticulture. Ensuite vient le travail sur les cuvées de prestige. La démarche de Laurent-Perrier avec Grand siècle est extrêmement intéressante. Je trouve remarquable l'idée d'associer plusieurs années pour créer quelque chose d'exceptionnel. C'est une direction pour toute la Champagne, dans la mesure où elle laisse de la place à la notion de millésime. D'ailleurs, on voit bien que la gamme des champagnes Laurent-Perrier est très bien construite, puisque Grand Siècle n'est pas la copie du champagne millésimé. Ça ne l'empêche pas de proposer beaucoup de complexité, à couper le souffle si on le laisse vieillir.

LEÇON N°3
LES PRATIQUES CULTURALES, TOUT CHANGE

À juste titre, le consommateur exige des engagements envers l'environnement. La Champagne a des réponses ?
Globalement, la Champagne est un vignoble pionnier en ce qui concerne le développement durable. Elle s'est engagée à réduire de 25 % son empreinte carbone d'ici 2025, en s'imposant une viticulture écologique et 25 % de la production est certifiée ISO 14 0001. Beaucoup de structures vont avoir l'obligation d'être certifiées HVE. L'utilisation des engrais a été réduite de moitié et les producteurs utilisent de moins en moins de produits phytosanitaires. C'est une démarche d'amélioration continue qui change profondément le paysage champenois. Cela s'accentuera dans les années à venir, avec encore plus de sensibilisation concernant les intrants utilisés et leur impact sur la santé et l'environnement. Il y a une volonté de mettre en valeur la diversité des paysages de la région, d'apprendre à mieux gérer le traitement des effluents, notamment l'eau, et des déchets. De nombreuses structures entament des démarches de création d'écosystème ou d'agroforesterie. La Champagne prend le défi énergétique et écologique à bras le corps. C'est un vignoble qui avance vite sur ces questions. Les résultats de ces avancées sont visibles.

Il n'y a plus de timidité sur ces questions ?
Beaucoup de vignerons affichent maintenant leur certification. Les consommateurs n'y sont peut-être pas encore sensibles. Certains ne voient pas le champagne comme un vin. Sur ces questions de labels, ils n'ont

MICHAËL BOUDOT

La mémoire de la Champagne se trouve dans les centaines de kilomètres de crayères situées sous la surface du sol.

parfois pas les mêmes réflexes. La grille de lecture est un peu différente. Pourtant, cette évolution « verte » a eu un impact considérable sur la qualité et sur la liberté de style. Aujourd'hui, la viticulture bio ouvre des champs d'exploration incroyables. Elle permet de découvrir la mosaïque des sols champenois. Pendant longtemps, le vignoble s'est enfermé dans des codes faciles en termes de viticulture, dans des habitudes dont l'appellation ne voulait pas sortir. La prise de conscience a eu lieu en voyant qu'on pouvait arriver à avoir une viticulture saine et de bons résultats. Beaucoup de doutes et d'angoisses ont été levés. Bien sûr, tout ça implique plus de travail. Pour les plus jeunes, c'est une évidence. Ils veulent faire les choses de manière juste, en étant connectés à la réalité et au marché.

Cela permet aussi à certains de se sentir considérés comme de « vrais vignerons ».

C'est certain. Il y une frustration évidente sur ce sujet. L'objectif de beaucoup d'acteurs aujourd'hui est de mettre en évidence le patrimoine des terroirs, de faire des vins justes. Cette exigence sera l'un des enjeux pour le vignoble, notamment dans sa lutte à distance avec les effervescents mondiaux. Avec ce travail continu sur sa viticulture et cette démarche vigneronne, le produit restera au sommet de la catégorie. Depuis une dizaine d'années, les maisons se sont inspirées du travail fait par certains vignerons. Elles ont adhéré à cette prise de conscience, modifiant profondément leurs pratiques culturales. En plus de ce travail de fourmi, dont les résultats ne sont pas encore visibles chez certaines, elles ont eu l'intelligence de continuer à se questionner sur le vieillissement des vins. Quand la matière première est hyper saine, cette étape prend encore plus d'importance pour le champagne. Aujourd'hui, les vignerons aussi doivent être plus patients avant de proposer leurs vins.

Qui étaient les pionniers ?

Certaines maisons comme Roederer, Jacquesson, Bollinger ou encore Drappier, pour ne citer qu'elles, ont joué un rôle important dans cette révolution culturale. Chez les vignerons, cinq générations ont permis d'en arriver là. Jean-Pierre Fleury, Anselme Selosse en premiers, Pascal Agrapart, Francis Egly en héritiers de cette volonté, avant que des gens comme Jean-Pierre Bérêche ou Frédéric Savart ne prennent le relais. Maintenant, c'est au tour des deux dernières générations de montrer la voie, Adrien Dhondt, Philippe Lancelot, voire, plus jeune encore, Paul Gosset à Aÿ. La nouvelle génération de chefs de cave est tout aussi concernée. On peut citer Alice Tetienne chez Henriot, Émilien Boutillat chez Piper-Heidsieck ou encore Alexandre Ponnavoy chez Taittinger. Les maisons ont encore une immense marge de manœuvre. Mener cette réflexion prend du temps. C'est ce qui permettra de continuer à faire rayonner la Champagne. Les vins qui arrivent seront beaucoup plus stables, plus complexes, bien mieux construits. Plus cette réflexion autour des pratiques culturales sera forte, plus les champagnes seront grandioses.

BRUT NON MILLÉSIMÉ, PLUS QU'UNE SIGNATURE, UN ART

CONSIDÉRÉ COMME LE PORTE-ÉTENDARD DES DOMAINES ET DES MAISONS DE CHAMPAGNE, CAPABLE DE DONNER L'IDÉE DU STYLE DE TOUTE UNE GAMME, LIEN DIRECT AVEC LE CONSOMMATEUR, IL ÉTAIT TEMPS DE SE PENCHER SUR LES BRUTS SANS ANNÉE

DÉGUSTATION ***PHILIPPE JAMESSE***

Agrapart et Fils, Grand Cru Expérience
96
Un brut nature aux parfums de bonbon au caramel salé, de fruits blancs frais, de menthe, de thym, de laurier et de sauge poivrée. Fruité onctueux lié à l'acidulé primaire du raisin, signature du terroir. Finale mentholée, intense et concentrée d'huiles essentielles.
230 euros

Alexandre Bonnet, Blanc de noirs
91
37 euros

Alexandre Penet, Blanc de noirs
93
Intense et très racé, voilà un beau champagne issu d'une solera de pinots noirs en provenance de Verzy et Verzenay. Grand style et belle énergie.
46 euros

Alfred Gratien, Brut
94
Parfums de lait, de cuisson d'une pâte à chou, de génoise et de crème pâtissière. Quelques notes de bouquet garni et de chêne frais parachèvent ce sentiment de sérénité. En bouche, la tension ultime s'exprime avec une allonge remarquable. Finale à l'acidulé sapide, sur les saveurs de zestes de mandarine. Avec le temps, il sera somptueux.
33,95 euros

Alfred Gratien, Brut Rosé
94
37,95 euros

André Robert, Les Jardins du Mesnil, brut nature
92
Beaucoup de précision et un caractère minéral affirmé qui le lie bien à son origine noble. La bulle ramène un peu de crémeux dans cet ensemble élancé. Beaucoup de style.
40 euros

AR. Lenoble, Intense
92
Excellente défintion des arômes, fruit plaisant et charnu, intensité crayeuse, voilà une champagne de bonne longueur. Tout en finesse, la finale s'achève avec classe.
30 euros

Ayala, Brut Nature
92
Ce brut nature (zéro dosage) patiente au minimum quatre années en cave. Parfums d'écorces d'agrumes et de fruits blancs, rémanence de roche grise intense. La bouche cisèle l'ensemble avec tonicité et précision. Il appelle les huîtres.
30,90 euros

Ayala, Rosé Majeur Brut
94
39,90 euros

Bérêche et Fils, Rilly La Montagne
95
Le vigneron a compris les qualités du millésime, jouant sur la sensualité plutôt que la structure. Toucher de bouche sensuel, sans excès, à la finale volubile. L'élevage remarquable.
75 euros

Besserat de Bellefon, BB Rosé
91
35 euros

Besserat de Bellefon, BB Blanc de blancs
93
Il dévoile les caractéristiques énergiques des beaux chardonnays. Parfums ardents des fruits blancs à pépins et à noyau, fleurs blanches et agrumes verts. Merveilleux embruns marins. Bouche directe, presque glacée d'eau de mer. Finale calcaire rafraîchissante.
48 euros

Billecart-Salmon, Grand Cru
94
Chardonnay issu des grands crus de la côte des Blancs, qui exhale avec précision les agrumes jaunes et verts, sa chair blanche exprime les fruits sains et leurs peaux ciselées. Bouche saillante, parfums d'une clarté remarquable, acidulé de silex, finale sur la confiserie fine.
63 euros

Billecart-Salmon, Brut Rosé
92
63 euros

Bollinger, Spécial Cuvée
95
55 % de vins de réserve renforcent l'identité des pinots noirs. Concentration des parfums de fruits jaunes, accents fumés. Fleurs fraîches, agrumes confits sur fond de liqueur et de noisette. En bouche, finale sur le fruit orangé et blanc à noyau, saveurs grasses d'amande et de noisette. Un grand brut.
44 euros

Bollinger, Rosé
96
55 euros

Boulard & Fille, Petraea
93
Complexe et épanoui, sur des notes d'écorces d'orange, de miel et de notes pâtissières. Attaque en finesse, finale vineuse, pleine et affirmée, avec ce qu'il faut de fraîcheur tonique.
90 euros

Bruno Paillard, Rosé Première Cuvée
93
48,95 euros

PRESSE

Bruno Paillard, Dosage : Zéro
96
Parfums profonds et extraits, au rancio splendide. Fruits blancs riches, complexité forestière, fèves torréfiées de café, de cacao, senteur attrayante du bonbon calisson. Remarquable à l'aération, les fruits secs à coques rejoignent le registre de l'ensemble.
50 euros

Caillez-Lemaire, Reflets
92
Majoritairement chardonnay et vinifié sous bois, ample et profond, avec une finale persistante et savoureuse faite pour la table.
22 euros

Castelnau, Rosé
89
28 euros

Castelnau, Réserve
92
Les chardonnays s'associent en majorité au meunier. Aromatique de miel, de végétal et arachide suave, notes de champignons, de feuilles séchées et de lacté gras. Riche, fruitée, la bouche offre l'ample et la grisaille calcaire soutenue. La précision dorsale cisaille la texture et la complexité générale. Finale sapide.
30 euros

Cattier, Rosé premier cru
91
38 euros

Cattier, Blanc de blancs premier cru
92
Joli premier nez, expressif et plaisant par sa netteté et sa précision. En bouche, la dimension crayeuse équilibre bien un fruité généreux et ample. L'ensemble vaut le détour.
41,90 euros

Charles Heidsieck, Rosé Réserve
95
53 euros

Charles Heidsieck, Blanc de blancs
95
Il respire le gras, l'huile de noisette, les amandes fraîches, les fruits blancs à pépins pochés, les épices blanches et les fleurs. En bouche, agrumes jaunes, fumé et craie fine. Bouche poivrée, grands amers mentholés, enveloppe caressante.
62 euros

Chartogne-Taillet, Sainte-Anne
94
Essences boisées, notes végétales (chartreuse verte), menthol léger, fruits blonds macérés, exotisme des agrumes confits et des plantes médicinales. Malt et tourbe iodée en bouche. Fin, persistant. Puissante finale sapide.
33 euros

Chartogne-Taillet, Rosé
94
42,95 euros

Christian Gosset, Rosé A01
91
Texture confortable en bouche, sentiment de raisin mûr parés d'épices et de fruité jaune. La finale au boisé noble évoque les champignons bruns et dissimule un acidulé ligneux de grande personnalité. Taillé pour la garde.
39 euros

De Sousa, Grand Cru Réserve
93
Poudré crayeux en cœur de nez, fruité tendre et généreux, la noisette fine fixe le référentiel de sa complexité. Chair onctueuse et délicate, le juteux se mêle au crayeux. Finale aux grands acidulés rafraîchissants. Un modèle du genre.
36 euros

De Sousa, Rosé Brut
92
40 euros

Dehours, Brisefer
95
Très belle solera pour un champagne ample et vineux, de grande complexité, extrêmement savoureux, généreux et profond.
60 euros

Delamotte, Blanc de Blancs
91
38 euros

Delamotte, Brut Rosé
90
48 euros

Deutz, Brut Rosé
93
44,,50 euros

Deutz, Aÿ Meurtet
98
Parfums savoureux de fruits jaunes à noyau, d'abricot et de pêche mûre. Les touches mellifères et de pomme d'amour enchantent et les essences épicées orientales jouent avec les senteurs de thym et de laurier. Bouche d'une amplitude enivrante, au fruité épicé. Le terroir s'est mis au service du fruit.
81 euros

Drappier, Carte d'or
93
Cette célèbre cuvée a encore gagné en fruité gourmand et en raffinement aromatique, l'ensemble est construit idéalement, autour d'une bouche apéritive du plus bel effet.
27,50 euros

Drappier, Brut Nature
94
35,50 euros

Egly-Ouriet, Les Crayères Vieilles Vignes
99
Nez digne des grands parfums entre cerise, framboise, zestes vert, anis, beurre et noisette. Épices douces et végétaux frais complètent cette composition complexe. Bouche kirschée, séveuse aux amers gras. Longueur incroyable.
Prix NC

Egly-Ouriet, Grand Cru Rosé
95
Prix NC

Gamet, Rive droite
90
30 euros

Gamet, Rive gauche
92
34 euros

Pierre Gerbais, L'Originale
93
Nez citronné, original et presque chablisien. Bouche pulpeuse et pleine. Finale tapissante et longue. Retour iodé, jouant avec les amers nobles. Champagne complexe et rafraîchissant.
60 euros

De vieux flacons conservés sur pointe.

Godmé, Blanc de Noirs
92
Beaucoup d'éclat et de toucher. La bouche est remarquable de finesse et tapissante, tout en fraîcheur. Attaque finale sur les amers nobles et les notes salines. Sans concession et tellement beau.
39,95 euros

Gosset, Petite Douceur Rosé Extra-Dry
95
55 euros

Gosset, 12 ans de cave a minima
97
Douze années en cave renforcent les parfums de nougat, pâtisserie aux fruits blonds, agrumes jaunes et orange confits, confiseries aux fleurs. Vibrant, il cristallise la finale salée. Le temps a remarquablement fait son œuvre.
85 euros

Guiborat, Prisme
92
Aromatique sur la craie, les agrumes, le fruit est parfaitement mûr. Bouche vineuse pour un chardonnay dynamique, juteux et long. Splendide.
38 euros

Henriot, Brut Rosé
93
47,50 euros

Henriot, Blanc de blancs
92
Parfums riches de peau et de pulpe de citron, de fleurs et de plantes aromatiques. Les fruits jaunes à noyau s'allient avec grâce au beurre et à l'amande fraîche. Senteurs d'iode fumée. Fine texture grasse en bouche, extraordinaire ciselé calcaire porté par une effervescence vaporeuse. C'est grand.
50 euros

Jacquesson, Cuvée n° 743
96
Fruité blanc à noyau en chair intense et doucement chaleureux. Des fruits jaunes d'été se mêlent à de senteurs exotiques délicates et de confiseries. Grande exhalation de fleurs et des épices.
50 euros

Krug, Grande cuvée, 169e édition
99
Toujours autant d'attention et de recherche de l'équilibre pour calmer sa puissance grandiose sur la noisette et le grillé. La cuvée présente encore plus d'énergie que d'ordinaire. Immense précision de la définition aromatique, tonicité finale saisissante. C'est très grand.
Prix NC

Krug, Rosé 24é Edition
100
Prix NC

Lancelot-Pienne, Table Ronde
92
Aérien et subtil, agréable et élégant, voilà un champagne finement construit sur les notes d'agrumes et de craie, finale persistante de style.
35 euros

Lanson, Le Black Label
92
Notes florales, fruits blonds au sirop, fruits rouges réglissés. Enveloppe fumée grillée et subtile, soutenue par des notes de fruits secs et d'amande caramélisée. Fruits rôtis et agrumes qui cisèlent l'acidulé marin. Un diamant merveilleusement taillé.
31 euros

Lanson, Le Rosé
91
36 euros

Larmandier-Bernier, Longitude
92
Bouquet pénétrant, sur les épices et les agrumes, soutenu des notes de raisins frais. Dense en attaque, le vin devient tapissant, ouvert, délié en finale sur la craie. Il s'achève tout en salinité.
46,50 euros

Laurent-Perrier, La Cuvée
96
Élégant et élancé, les fleurs et les fruits exotiques tendres oscillent sur une traverse océanique remarquable et précise. Grandes notes de végétaux humides, de fenouil, d'épices. Champagne architecturale, à l'équilibre sucre acide parfait. Un des plus grands bruts de maison.
34 euros

Laurent-Perrier, Ultra Brut
95
49 euros

Laurent-Perrier, Cuvée Rosé
95
63 euros

Laurent-Perrier, Blanc de Blancs
92
89 euros

Leclerc-Briant, La Croisette
92
Velouté en bouche, concentration de fruits qui respecte la délicatesse du vin. Sa légère amertume finale apporte un relief bienvenu. Exercice de style risqué et parfaitement exécuté.
115 euros

Legras et Haas, Pi Blanc de Blancs
95
Assemblage remarquable des grands millésimes champenois depuis 1995, harmonie des vins vieux et grande vinosité, on aime sa pureté et sa grande lisibilité. C'est superbe.
159 euros

Lombard, Cramant, brut nature
93
Grand style Cramant, tout en dynamisme et en tension portée par un fruit parfaitement mûr qui a su garder beaucoup de fraîcheur. Un champagne pur et sans épate.
65 euros

Moët & Chandon, Impérial
91
33,90 euros

Moët & Chandon, Rosé Impérial
90
Mélange olfactif entre grenadine, bourgeons printaniers, menthol réglisse et herbes aromatiques ciselées. Bouche soyeuse et tendre comme un grand sirop. La fraîcheur est présente et la qualité du vin rouge porte la finale vers un cassis noir et des tannins sèveux de grande constitution.
45,90 euros

Mumm, RSRV 4.5
96
39 euros

Mumm, Cordon rouge
90
Champagne universel par excellence, la cuvée a gagné en précision dans la qualité de sa bulle et dans sa définition aromatique. Bonne allonge finale, savoureuse et apéritive.
65 euros

Nicolas Feuillatte, Terroir Premier Cru
89
Avec son assemblage équilibré et son dosage mesuré, cette cuvée affiche de belles ambitions. Parfums tendres et clairvoyants. Accroche calcique parfaite en bouche qui appelle les crustacés.
39 euros

Nicolas Feuillatte, Réserve Exclusive Rosé
90
45 euros

Palmer & Co, Amazone
96
Grande complexité vineuse, marqué par une présence de notes empyreumatiques formidables qui viennent soutenir le fruit finement confit et les senteurs de miel. Très long en bouche, large et riche, c'est un grand champagne de table.
110 euros

Palmer & Co, Rosé Soléra
96
37 euros

Palmer & Co, Blanc de blancs
93
39,90 euros

Penet-Chardonnet, Terroir et Sens
90
Blanc de blancs de Verzy, pâle et tendre, en délicatesse et en profondeur. C'est un champagne qui ne manque pas d'énergie ni de classe.
54 euros

Le château de la Marquetterie, le fief de la famille Taittinger.

Philipponnat, Royale Réserve, brut
94
Un brut de grande classe, toujours tendre et délicat, magnifique par son amplitude aromatique, sa bouche à la fois élancée et savoureuse et sa finale lumineuse qui s'achève sur une pointe iodée de classe.
37,50 euros

Philipponnat, Royale Réserve rosé
94
48,90 euros

Piper-Heidsieck, Essentiel Brut
93
Profondeur des fruits jaunes à parfaite maturité, sensation des fruits secs, enveloppe protectrice et fragrances iodées et salines. Bouche précise, texture ciselante, justement équilibré. Finale pure et cristalline.
39 euros

Piper-Heidsieck, Rosé Sauvage
91
44 euros

Pol Roger, Brut Réserve
93
33,90 euros

Pol Roger, Pure
94
Bouquet d'une complexité évidente, épuré et précis, sur la pulpe qui ne manque pas d'énergie, entre concentration et fraîcheur. Finale vineuse. Champagne charmeur et honnête.
42,95 euros

Éric Rodez, Cuvée des Grands Vintages
92
Bouquet pâtissier sur les notes de cacao et de fruits confits. Bouche vineuse, pleine qui appelle la table. Son allonge importante joue dans le registre aromatique du tertiaire.
60 euros

Louis Roederer, Brut Premier
95
Nez empyreumatique d'une grande légèreté, entre noisette grillée, épices anisées zestes d'agrumes jaunes et fruité blanc à pépin. Champagne pure et tonique, entre élégance du fruit et précision calcaire, on salue la justesse des équilibres, finale vives, sur les amers nobles et la salinité.
37,50 euros

Ruinart, Ruinart Rosé
93
62,50 euros

Ruinart, Blanc de blancs
93
Parfums d'acacia, d'agrumes jaunes et de fruits blancs à pépins s'expriment avec précision. Sa verticalité est permise par les émanations crayeuses et iodées. Bouche tendre, croquante, entre pomme et poire. L'acidulé salin est séducteur.
68,90 euros

JM. Sélèque, Quintette Chardonnay 5 Terroirs
95
Notes de cerise profondes, parfums concentrés, rehaussés d'épices noires, de cuir et de réglisse. Bouche crayeuse, entre fruit généreux et signature du terroir. Finale autoritaire sur l'acidulé tonique.
40 euros

Jacques Selosse, Les Carelles Grand Cru
99
Fruits secs grillés somptueux, fruits blancs à pépins. Les équilibres traduisent la dimension terrestre. Sur une assise crayeuse, la bouche se réchauffe de fruits jaunes à noyau pulpeux. Finale immersive à l'acidulé silex vertical, allonge sapide et étincelante.
Prix NC

Jacques Selosse, Brut Rosé
99
Prix NC

Taittinger, Brut Réserve
92
34 euros

Taittinger, Prélude Grands Crus
94
Respiration raffiné et senteurs multiples de grande définition, humidité iodée, pierre grise, pomelo, écorce de citron, épices et brioche chaude. Bouche voluptueuse, sur les fruits blonds, le raisin, la mirabelle, la poire pochée vanillée. Champagne lumineux.
44,95 euros

Taittinger, Prestige Rosé
94
47,50 euros

Jean-Louis Vergnon, Éloquence
93
Style énergique et concentré, texture fine et un caractère affirmé. Champagne crayeux par excellence, savoureux et apéritif. On recommande.
31,50 euros

Veuve-Clicquot, Carte Jaune
94
Cette cuvée emblématique est de retour au premier plan on sent que le travail sur les grands pinots de la maison et les vins de réserve porte ses fruits. Encore plus d'energie et d'intensité que d'ordinaire, c'est superbe.
35 euros

Veuve-Clicquot, Brut rosé
95
50 euros

Veuve-Clicquot, Extra brut extra old
94
75 euros

Veuve Fourny, Brut nature
95
Tout en pureté et en intensité, c'est un champagne ultra racé et séducteur. On retrouve bien les fondamentaux du style Fourny, entre pureté du fruit et onctuosité de la bulle. Beaucoup d'harmonie.
32 euros

Veuve Fourny, Rosé
94
39 euros

CHAMPAGNE NOTRE GUIDE DES MILLÉSIMES

EN CHAMPAGNE AUSSI, CHAQUE ANNÉE EST DIFFÉRENTE. DE 2007 À 2013, CEUX-LÀ ONT SU BRILLER PAR TOUS LES TEMPS.

DÉGUSTATION ***PHILIPPE JAMESSE***

2007

Alfred Gratien, Brut millésimé 2007
96
61 euros

Ayala, N°7 2007
95
63,90 euros

Billecart-Salmon, Louis Salmon, blanc de blancs 2007
97
160 euros

Didier Doué, Millésime 2007
92
24 euros

Paul Goerg, Lady 2007
93
37 euros

Gosset, Célebris 2007, rosé
92
160 euros

Ruinart, Dom Ruinart 2007, rosé
96
230 euros

Selosse, Grand cru 2007
99
Prix NC

Taittinger, Comtes de Champagne 2007, rosé
97
160 euros

2008

Billecart-Salmon, Elisabeth Salmon 2008, rosé
96
190 euros

Veuve-Clicquot, La Grande Dame 2008, rosé
100
300 euros

Veuve-Clicquot, Vintage 2008, rosé
96
65 euros

Nicolas Feuillatte, Palmes d'or 2008, rosé
92
120 euros

Veuve Fourny, Clos Faubourg Notre-Dame 2008
97
Prix NC

Pierre Gimmonet et Fils, Vieilles vignes de chardonnay 2008
99
180 euros

Henriot, Brut millésimé 2008
96
69 euros

Joseph Perrier, Joséphine 2008
95
130 euros

Laurent-Perrier, Brut millésimé 2008
97
Prix NC

Franck Pascal, Quintessence 2008
93
55 euros

Perrier-Jouët, Belle Époque 2008
95
Prix NC

Philipponnat, Clos des Goisses 2008, rosé
99
288 euros

Philipponnat, Cuvée 1522 2008, rosé
98
91,50 euros

Rare Champagne 2008
99
Prix NC

De Saint-Gall, Opale blanc de blancs 2008
94
Prix NC

Salon, Brut 2008
99
Prix NC

Taittinger, Comtes de Champagne 2008
98
180 euros

Thiénot, La Vigne aux gamins 2008
93
120 euros

2009

Deutz, Amour de Deutz 2009, rosé
99
150 euros

Deutz, Cuvée William Deutz 2009
99
130 euros

Drappier, Grande Sendrée 2009
97
63 euros

Jacquesson, Champ Caïn blanc de blancs 2009
99
145 euros

Jacquesson, Vauzelle Terme blanc de noirs 2009
99
175 euros

Lanson, Le Vintage 2009
96
58 euros

Mailly Grand Cru, Les Echansons 2009
97
100 euros

Mumm, RSRV blanc de noirs 2009
95
60 euros

Pol Roger, Sir Winston Churchill 2009
96
199 euros

Eric Rodez, Empreinte noire 2009
92
129 euros

Ruinart, Dom Ruinart blanc de blancs 2009
96
195 euros

2010

Dom Pérignon, vintage 2010
98
175 euros

Drappier, La Grande Sendrée 2010
99
80 euros

Joseph Perrier, Esprit de Victoria 2010
94
80 euros

Larmandier-Bernier, Vieille vigne du Levant 2010
94
87 euros

Marguet, Sapience 2010
93
150 euros

De Sousa, Cuvée des Caudalies 2010
96
150 euros

Thiénot, Garance blanc de noirs 2010
94
80 euros

PRESSE

Les caves de la maison Laurent-Perrier. Elle y fait vieillir sa cuvée Grand Siècle, assemblage grandiose de plusieurs millésimes, unique en son genre.

2011

Egly-Ouriet, Grand cru 2011
97
Prix NC

Mailly Grand Cru, L'intemporelle 2011, rosé
92
160 euros

Penet-Chardonnay, Les Champs-Martin
93
80 euros

Ruinart, «R» 2011
93
70 euros

2012

André Robert, Collection d'auteur blanc de blancs 2012
92
80 euros

Bérêche et Fils, Le Cran 2012
97
Prix NC

Bollinger, Grande Année 2012
98
120 euros

Bollinger, Grande Année 2012, rosé
98
120 euros

Boulard & Fille, Les Rachais 2012
92
Prix NC

Charles Heidsieck, Brut millésimé 2012
96
84 euros

Veuve-Clicquot, La Grande-Dame 2012
99
190 euros

Veuve-Clicquot, Vintage 2012
95
53 euros

Delamotte, Blanc de blancs 2012
96
50 euros

René Geoffroy, Volupté 2012
94
52 euros

Moët & Chandon, Grand Vintage 2012
94
54 euros

Bruno Paillard, Extra-Brut 2012
96
73 euros

Palmer & Co, Vintage 2012
96
44 euros

Péhu-Simonet, Verzenay 2012
97
Prix NC

Perrier-Jouët, Belle Époque 2012
95
Prix NC

Pertois-Lebrun, Derrière Le Mont-Aigu 2012
93
55 euros

Piper-Heidsieck, Vintage 2012
94
46 euros

Pol-Roger, Vintage 2012, rosé
98
81 euros

Roederer, Cristal 2012
99
195 euros

De Sousa, Umami 2012
98
165 euros

2013

Alfred Gratien, Paradis 2013
96
83 euros

Guiborat, Le Mont-Aigü 2013
94
75 euros

Moët & Chandon, Grand Vintage 2013
95
80 euros

Mouzon-Leroux, La Blanche voie 2013
95
55 euros

Pol Roger, Vintage 2013
98
85 euros

Roederer, Blanc de blancs 2013
96
65 euros

COMTES DE CHAMPAGNE LA FORCE DE L'ESPRIT TAITTINGER

Vitalie Taittinger, présidente et directrice de la maison.

DU CHARDONNAY, LES GRANDS CRUS DE LA CÔTE DES BLANCS, UN STYLE INIMITABLE EN BLANC COMME EN ROSÉ, DE LA SPIRITUALITÉ, DE L'ÉLÉGANCE ET UNE JEUNESSE ÉTERNELLE. COMTES DE CHAMPAGNE, C'EST ÇA

PAR ***THIERRY DESSEAUVE***

LES TRÈS GRANDES CUVÉES ne varient pas. Quand Comtes de Champagne naît en 1952, il marque d'abord l'investissement d'une famille dans la Champagne, son histoire et ses vignobles. Les Taittinger ont acquis vingt ans plus tôt une maison ancestrale, Forest & Fourneaux. Après la guerre, François, fils du fondateur Pierre Taittinger, assume la direction de la maison et lui apporte son nom. Il fait des choix forts de style et de valeur, se distinguant des maisons traditionnelles de Reims dont les champagnes étaient dominés par le pinot et qui utilisaient presque toujours le vieillissement sous bois. Taittinger produit des champagnes frais, spirituels, bien plus marqués par le chardonnay que par le pinot. La cuvée affirme ce style en se fixant une règle, un blanc de chardonnay issu uniquement de la côte des Blancs, et des principes, une cuvée millésimée, peu ou pas de bois, la volonté de mettre toujours en avant la pureté de ses terroirs calcaires, la fraîcheur et l'harmonie. Cette feuille de route s'est affinée au cours des années, avec l'utilisation de cinq grands crus de blancs (Avize, Cramant, Chouilly, Mesnil-sur-Oger et Oger) et uniquement ceux-là. Une verticale de Comtes de Champagne montre avec éclat une incroyable constance de style. C'est la seconde leçon des grandes cuvées. Elles possèdent une impressionnante aptitude au vieillissement. Quels que soient les millésimes dégustés ici, et nous sommes descendus jusqu'à 1986 en blanc et 1985 en rosé, chacun d'entre eux exprimait sa personnalité sans montrer le moindre signe de fatigue. Pour avoir eu la chance de déguster le 1986 peu après sa sortie et m'en souvenir, j'ai été frappé par son intensité préservée, sa fraîcheur vivace et son équilibre souverain. Chaque millésime ici exprime tout autant les constantes du style et l'incarnation de l'année, dans sa relative jeunesse (onze à douze de vieillissement en cave avant la sortie commerciale) comme dans sa pleine maturité après dégorgement. Chaque vin est différent, tous racontent Comtes de Champagne. On l'a dit, la personnalité de la cuvée est d'abord spirituelle et fraîche. Deux qualificatifs que parfois les amateurs – plus encore certains professionnels – utilisent sur un ton circonspect imaginant que l'austérité et la sévérité d'allure sont seuls gages d'excellence. La cuvée Comtes de Champagne démontre à chaque millésime qu'on peut être aimable et profond, spirituel et intense, apéritif et persistant, aérien et long. C'est un vin facile à comprendre par n'importe quel dégustateur, construit, complexe et racé. Comtes de Champagne rosé est lui aussi né tôt, en des temps où la catégorie était encore peu usitée. Rosé d'assemblage, il n'est pas pour autant composé de la cuvée en blanc associée à des vins rouges, c'est une composition spécifique. Au départ, une majorité de chardonnay, puis la tendance s'est longtemps inversée, autour de 70 % de pinot noir et 30 % de chardonnay pour tous les millésimes dégustés ici. Alexandre Ponnavoy, le chef de cave qui a succédé en 2015 au discret et très sûr Loïc Dupont, a engagé, en accord avec l'équipe dirigeante de la maison, un retour à la domination des chardonnays pour les futurs millésimes. Le vin rouge, lui, reste dominé par le terroir de Bouzy. Ces principes de composition donnent au champagne Comtes de Champagne rosé une incontestable dimension vineuse et en font, plus encore que le blanc, un vin d'abord construit pour les accords de gastronomie. Lui aussi semble posséder cette dimension de jeunesse éternelle et l'on ne saurait trop conseiller aux amateurs de garder longtemps ces rares vins comme de grands champagnes, en cave comme à table. ▮

Les crayères de la maison permettent à la cuvée comtes-de-champagne d'atteindre une complexité absolue.

COMTES DE CHAMPAGNE, BLANC DE BLANCS

2008
Avec ses notes fleurs de champs, zeste de citron, sa "crémosité", le vin développe une splendide attaque d'un raffinement absolu, c'est ensuite l'énergie et le dynamisme qui s'imposent. L'allonge est pure, le vin exprime tout au long de sa dégustation une élégance brillante. Comparé au 2007 salin et très minéral, c'est un retour glorieux à la personnalité intime de la cuvée.
98

1999
L'attaque est ample, on est séduit par la personnalité gourmande et généreuse de ce vin avec ses notes de fruits confits, de brioche fraîche. Malgré cette entrée opulente, le vin reste très droit, pur et sa grande finale persistante sur le zeste rappelle la fraîcheur innée de la cuvée.
95

1997
Association de gourmandise et de droiture saline, ce 1997 brille par sa tonicité et sa grande sapidité. Dans ce millésime méconnu de la décennie, l'équilibre et l'élégance sont comme toujours au rendez-vous.
96

1995
Comme en 1999, dans une dimension encore plus forte, le vin commence par charmer, puis impressionne. L'attaque est gourmande, généreuse, la structure du vin de grande densité se met en place, avec une palette aromatique sur l'orange confite. Cette association de la spiritualité et de la profondeur est une belle définition de Comtes.
97

1986
Avec sa robe encore très jeune et son premier nez marqué par une palette empyreumatique et citronnée, ce 1986 a conservé la ligne très pure et directe qui était la sienne à l'origine, plus de trente ans auparavant. Droiture magnifique, onctuosité du corps, longueur svelte, profondeur splendide. Absolument somptueux.
98

COMTES DE CHAMPAGNE ROSÉ

2007
Une dimension pure et ample. En bouche, le vin séduit par sa sève, ses notes de fruits rouges, griotte et fraise compotée, et déroule sereinement un profil généreux, savoureux, profond. Immense vin, aujourd'hui et plus encore demain.
97

2004
Dans un registre séduisant, mais aussi profond, le vin exprime un parfum floral, des notes de fruits rouges compotés. L'ensemble est gourmand et charnu, harmonieux et précis, avec une dimension savoureuse.
95

2002
Un sommet épanoui et mémorable. Champagne d'un magnifique velouté, d'une profondeur et d'une sève magistrale. Le bouquet s'ouvre aujourd'hui sur des arômes secondaires, des touches très finement épicées, des nuances de bois précieux, on se régale de cette longueur aromatique profonde et persistante.
98

1999
Peut-être le plus évolué des vins dégustés ici, 1999 affiche une personnalité qu'il faudrait impérativement associer à la table où ses caractéristiques, qui rappellent celle d'un grand vin de la côte de Beaune, s'épanouiraient. Riche et ample, très solaire, c'est un vin de générosité plus que de fraîcheur.
92

1995
Grand équilibre magistral, fruit compoté et épices fins, allonge ample, précise et savoureuse, belle tension juvénile.
95

1985
Tabac de virginie, petits fruits où la griotte domine, allonge très pure, profondeur intense, délicatesse saline : un Comtes de Champagne rosé d'une épatante jeunesse, dans un registre épuré et certainement plus apéritif que ces successeurs.
95

PRIX-PLAISIR 2021, DES AFFAIRES EN OR

Rendez-vous annuel incontournable, sélectif et redoutable, nous avons créé le concours Prix-Plaisir pour dénicher des pépites dans chaque région. Sélectionnées à l'aveugle par un jury de consommateur, approuvées par nos experts, voici les médailles d'or de l'édition 2021. Deux critères, le prix (pour les champagnes, c'est moins de 30 euros) et le plaisir.

Apollonis Champagne Michel Loriot, Authentic Meunier

Le fruité est d'un naturel désarmant pour ce champagne plein de pulpe. On retrouve la sensation fraîche des fruits du verger croquants dans ce beau champagne. Une pointe de vanille apporte une touche de complexité.

27,50 euros

Où le trouver ? brocard.fr

Champagne André Fays, Réserve

Un champagne complexe et puissant sur le pinot noir et arrondi par le chardonnay. Très bel équilibre avec une finale longue et suave.

15,90 euros

Où le trouver ? Au domaine

Champagne André Goutorbe & Fils, Plaisir d'Antan

Nez riche de fruits mûrs, notes beurrées et léger toast. Un chardonnay frais avec de belles notes d'élevage de brioches. Onctuosité en bouche, acidité rafraîchissante et finale sur les zestes d'agrumes.

27,50 euros

Où le trouver ? Au domaine

Champagne Beaumont des Crayères, Grande Reserve

Nez riche sur des notes de fruits du vergers mûrs et de levure. Un champagne percutant, à l'acidité rafraîchissante sur des notes de prunes jaune d'été. À servir sur des entrées exotiques froides.

27 euros

Où le trouver ? enviedechamp.com

Champagne Boulard Bauquaire, Carte Noire

Joli nez ouvert et beurré. En bouche, c'est puissant et équilibré avec une jolie finale. On en redemande.

17,80 euros

Où le trouver ? champagne-boulard-bauquaire.fr

Champagne Camiat & Fils, Tradition

Bel équilibre pour ce vin plein de charme avec une superbe tension minérale. C'est bien fait.

20 euros

Où le trouver ? champagne-camiat.fr

Champagne Canard-duchêne, Léonie Brut

Nez beurré de belle fraîcheur. La bouche savoureusement équilibrée sur des saveurs de cerise à noyau et toastée.

27 euros

Où le trouver ? canard-duchene.fr

Champagne Castelnau, Brut Réserve

Nez agréable sur la noisette. On note une belle longueur et de beaux amers. Une valeur sûre pour tous les amateurs.

29,76 euros

Où le trouver ? boutique.champagne-castelnau.fr

Champagne Charles Clément, Rosé

Beau nez fruité et assez puissant. C'est un champagne frais et équilibré doté d'une belle complexité tout en finesse.

19,80 euros

Où le trouver ? Au domaine

Champagne Chassenay D'Arce, Cuvée Première

Le nez est fruité et toasté. Belle expression de terroir, c'est équilibré, fruité et gourmand, frais et de bonne longueur. Un joli champagne pour les connaisseurs.

24,90 euros

Où le trouver ? cadeauvin.fr

Champagne Devaux, Œil de Perdrix rosé

Robe rose saumonée. Nez sur le fruit rouge, épices douces. Bel équilibre, puissant, gourmand, bulles fines. Champagne de caractère, fin. Finale longue et suave.

23,90 euros

Où le trouver ? champagne-devaux.fr

Champagne Gimonnet - Gonet, L'Origine

Un champagne qui offre une sensation fruitée et pulpeuse de poire croquante. De beaux arômes de brioche persistent en fin de bouche. Excellent pour l'apéritif.

28 euros

Où le trouver ? cavegourmande.fr

Champagne Goulin-Roualet, Origine

Joliment rétro, ce vin se développe en bouche et incite presque à la méditation. Original, surtout avec du meunier, il a la classe d'un grand cru. On lui décerne l'or pour son originalité et son rapport qualité prix.

19,65 euros

Où le trouver ? goulin-roualet.fr

Champagne Lamiable, Souffle d'Etoiles extra-brut Grand Cru
Un vin élégant avec des arômes de fruits rouge, de rose, et même un peu de noix. Complexe et intense, ce champagne est fait pour séduire.
28 euros
Où le trouver ? boutique. champagnelapielamiable.fr

Champagne L'Esprit de Chapuy, Brut Grand Cru
Un joli nez frais d'agrumes, la finale est élégante, sur la craie et les agrumes mûrs. C'est bien fait, apéritif et digeste.
23 euros
Où le trouver ? champagne-chapuy.com

Champagne Mehlinger Et Fils, Tradition
Ce champagne se distingue surtout par une bouche pleine de fruit et d'énergie avec une bonne digestibilité et une belle longueur. On le recommande car assurément le plaisir est là sans se ruiner.
18 euros
Où le trouver ? champagnemehlingeretfils.com

Champagne Moarthe, Le Nid d'Agace 2014
Superbe champagne, puissant et élégant. Dans le style Bollinger, il sera parfait pour la table.
27 euros
Où le trouver ? boutique.champagne-monmarthe.com

Champagne Pascal Walczak, Blanc de Noirs
Un champagne agréable avec une belle fraîcheur, une bulle fine et une jolie acidité. La bouche est élégante et tout en croquant avec une belle longueur. Un beau champagne à moins de 20 euros.
17,90 euros
Où le trouver ? champagne-walczak.fr

Champagne Pascal Walczak, Rosé de Saignée
Beau nez ouvert de fruits rouges et de fraise des bois. Beaucoup de gourmandise en bouche, c'est simple, bon et gouleyant. Belle finale qui appelle une autre gorgée.
20 euros
Où le trouver ? champagne-walczak.fr

Champagne Paul Augustin, Brut
Ses bulles fines structurent une bouche ronde et suave. La finale est d'une belle longueur et donne envie d'y revenir.
16,30 euros
Où le trouver ? champagne-maison-huiban.fr

Champagne Paul Michel, Premier Cru Rosé
Nez assez complexe, fruité avec de légères notes florales. Fait pour les grands amateurs, c'est un vin frais, bien équilibrée et d'une grande finesse. On en reprend.
21 euros
Où le trouver ? lavinothequelaroche.com

Champagne Perrot-Batteux & Filles, Cuvée Hélixe Rosé Brut
C'est frais et gourmand, légèrement salivant avec une belle finale élégante. Un champagne de caractère.
20,75 euros
Où le trouver ? champagnefiercefit.com

Champagne Philippe Gonet, Signature Blanc de Blancs
Beau nez frais sur la noisette. Les bulles sont fines et on note une belle acidité en bouche. Une valeur sûre à recommander sans hésiter.
29,90 euros
Où le trouver ? store.champagne-philippe-gonet.com

Champagne Theret Falmet, Cuvée Prestige
Beau vin de gastronomie avec un nez expressif. La bouche est structurée et minérale, de bel équilibre.
14,80 euros
Où le trouver ? champagne-theretpatricia.fr

Champagne Veuve lepitre, Grand Brut Rilly
Beau vin avec un agréable fruité et une salinité au nez comme en bouche. Une effervescence crémeuse et de la longueur complète ce vin.
20,80 euros
Où le trouver ? lepitre.fr

Champagne Xavier Alexandre, Selection
Un champagne tout en fraîcheur, équilibré et digeste. C'est salivant, on sent les fruits. Un champagne de belle intensité.
22 euros
Où le trouver ? champagne-terroir.fr

EARL Joly Champagne, Cuvee Spéciale
Joli nez ouvert avec des arômes boulangers. En bouche, c'est puissant et frais, bien équilibré. L'ensemble se termine par une finale marquée par les amers.
17,60 euros
Où le trouver ? Au domaine

Les Domaines Jeeper, Champagne F. Dubois, Pur Rosé
Nez riche, complexe et vineux avec des notes de grillé et de torréfaction. En bouche, c'est ample, la bulle est fine et la longue finale minérale et légèrement poivrée est agréable.
27,90 euros
Où le trouver ? Intermarché

CEUX QUI FONT BRILLER LA CHAMPAGNE

VIGNERONS ET MAISONS, ILS ONT REMIS LE VIGNOBLE SUR LES BONS RAILS. IL FILE À TOUTE ALLURE VERS LE SOMMET

Champagne Agrapart et Fils

Le domaine s'étend sur 12 hectares au cœur de la côte des Blancs (Avize, Cramant, Oger et Oiry pour les grands crus, Avenay Val d'Or, Coligny et Vaucienne pour les premiers crus). Pascal ne revendique aucune certification, ayant adopté depuis la fin des années 1980, les principes d'une viticulture organique : labours et travail des sols, composts, traitements naturels et préparations biodynamiques. Chaque parcelle est vinifiée séparément avec soin et les élevages sur lies fines en demi-muids âgés font briller ces terroirs. Les vins sont à l'image de l'homme, francs, sincères, enracinés. Chaque cuvée est une parfaite lecture de la spécificité de son substrat terrestre d'origine.

champagne-agrapart.com

Alfred Gratien

Appartenant désormais au groupe allemand Henkell & Co qui possède la maison ligérienne Gratien-Meyer, Alfred Gratien cultive, avec beaucoup de réussite, de régularité et de précision toujours plus recherchée son originalité sur la scène champenoise. Vinifications sous bois à l'intérieur d'un magnifique chai qui compte quelques milles fûts, absence de fermentation malolactique, tirage liège pour les cuvées millésime, longs vieillissements en font les particularités. C'est Nicolas Jaeger, chef de caves et digne descendant de cette lignée familiale, qui assure aujourd'hui la relève et la continuité aiguë du style. L'arrivée de la cuvée, baptisée 565, synthétise et parachève ce patrimoine, elle assemble cinq millésimes consécutifs de 2007 à 2011 et a été mise en bouteille en 2012, sans aucun dosage, après cinq ans de repos sur lattes. Les nouveaux assemblages cette année montrent encore l'avancée de la ligne de pureté.

alfredgratien.com

Champagne Aspasie

Paul-Vincent Ariston produit sur le terroir original de Brouillet, dans la campagne de la vallée de l'Ardre, des vins pleins de charme, fruités, généreux et frais. Ce sont douze hectares de vignes, sans grands crus ni premiers crus, en grande partie plantés de meunier, sur des sols de tuf, une terre plus légère et friable que la craie. L'arrière-arrière-grand-mère Aspasie, qui laissa son prénom à la marque, le cultivait déjà, tout comme l'arbanne, le pinot blanc et le petit meslier, des cépages blancs autorisés en Champagne mais aujourd'hui quasiment disparus et que Paul-Vincent a réhabilités durant près de vingt ans et assemblés pour la première fois en 2006 dans sa cuvée-d'antan. Ne manquez pas la cuvée brut de fut qui est une véritable réussite.

champagneaspasie.com

Ayala

Née à Aÿ en 1860 avec son fondateur Edmond Ayala, cette maison historique a été reprise par sa voisine Champagne Bollinger en 2005. Les fondamentaux de la maison – excellence, pureté, droiture – ont été réaffirmés. Ce sont des champagnes d'esthètes, le chardonnay les cristallise vers l'élégance et la fraîcheur assurée, axés aussi sur de précurseurs faibles dosages très étudiés aujourd'hui et précisant la date de ses dégorgements sur chacune de ses bouteilles. Les vins sont onctueux de noblesse, de gourmandise pâtissière et de grande gastronomie. Les tirages liège et les longs vieillissements démontrent aussi cette volonté d'aller vers la qualité et de respecter certaines traditions champenoises. Caroline Latrive pure champenoise rejoint Ayala en 2006 et acquiert tout le savoir-faire de la maison avant d'en devenir la chef de cave en 2011. Sa signature a sans nul doute affirmé la progression et la continuité de l'esthétique des vins.

champagne-ayala.fr

Barons de Rothschild

Ce champagne aux cinq flèches évoque les cinq branches historiques de la famille Rothschild. Aujourd'hui, trois d'entre elles se sont réunies (celles de Mouton, de Lafite et de Clarke) pour produire par l'entremise de la cave de Vertus des champagnes bien campés sur leur approvisionnement, de nature à plaire à un large public. Leur devise « Concordia, Integritas, Industria » renvoie aux valeurs premières de la famille (union, honnêteté et travail).

champagne-bdr.com

Beaumont des Crayères

Petite coopérative classique de la vallée de la Marne, produisant depuis longtemps des vins équilibrés et souples, réunissant les qualités des trois cépages. Mais la marque gagne d'année en année en précision de style, tandis que les prix demeurent sages. Un bel ensemble de champagnes possédant tous une véritable personnalité et quelques spécialités intéressantes, telle la gamme de mono-cépages baptisée Fleur.

champagne-beaumont.com

Champagne Françoise Bedel

Vincent Bedel pratique la biodynamie avec une intelligence rigoureuse sur les 8,5 hectares de leur domaine situé à Crouttes-sur-Marne, dans la vallée de la Marne. Les vins progressent d'année en année et sont un juste témoignage du terroir qui les porte, brillant par leur maturité et leur complexité. Ce sont avant tout des vins de repas mais il faut les découvrir sans retenue car ils offrent une lecture à la fois originale, engagée et soignée de la Champagne.

champagne-bedel.fr

Champagne Bérêche et Fils

Raphaël et Vincent Bérêche plongent dans leurs racines vigneronnes depuis cinq générations. Ils figurent parmi les acteurs les plus dynamiques du vignoble champenois et perpétuent la tradition familiale engagée depuis le XIXe siècle. Si Vincent est l'homme des vignes, Raphaël définit le style des vins. Ce duo maintenant bien rodé fait merveille et produit des vins au style toujours affirmé qui, ces dernières années, a gagné en sagesse. Disons-le, la rondeur n'est plus un tabou chez les Bérêche. Adeptes de ce que l'on nomme un peu vite la minéralité, les frères l'affirmaient avec force, parfois avec dureté. La page est depuis longtemps tournée, le style s'affiche désormais avec élégance, autrement dit avec plénitude et harmonie. Cette recherche stylistique de l'origine conduit inexorablement vers une forme d'universalisme qui se tra-

Caroline Latrive (chef de cave de la maison Ayala).

MATHIEU GARÇON

duit à merveille dans les derniers millésimes. Une adresse culte, à découvrir d'urgence si ce n'est déjà fait.
bereche.com

Besserat de Bellefon

Cette maison née au XIXe siècle en 1843 appartient au groupe BCC (Lanson, Boizel). Elle fit sa réputation en étant dégusté dans de nombreux et beaux endroits tels les plus beaux cabarets du monde, le Saint-Tropez des sixties, le concorde d'Air France ou l'Élysée. En 2019, elle devient le fournisseur exclusif des Voiles de Saint-Tropez. Sa particularité est de produire des champagnes à onctuosité et mousse légère via une pression moindre obtenue par une adjonction plus faible de liqueur de tirage avant la phase de prise de mousse. Godefroy Baijot suit aujourd'hui l'œuvre de son père Philippe en compagnie de Cédric Thiébault, le chef de caves. Ils réalisent leurs premiers pas en biodynamie avec notamment la Cuvée Triple B. Après la célèbre Cuvée des Moines déclinée en plusieurs styles de cuvées et qui reste malgré tout inscrite en contre étiquette, Besserat de Bellefon réalise sa révolution lyfestyle et lance sa nouvelle ligne déclinée en quatre parties : ligne simplicité, ligne élégance, ligne liberté et 5e élément. L'identification des nouvelles cuvées se fait par ces deux lettres : BB.
besseratdebellefon.com

Billecart-Salmon

Incarnant la 7e génération, le brillant Mathieu Roland-Billecart a repris le flambeau de cette maison de Mareuil-sur-Aÿ, deux fois centenaire et toujours familiale depuis sa création en 1818. Le domaine s'étend sur 100 hectares et un approvisionnement d'une superficie totale de 300 hectares en raisins dans 40 crus. Ici, on ne se refuse rien pour emmener les vins à leur plus haut niveau, les millésimes sortent après une grande patience et l'assurance qu'ils soient prêts. Les investissements sont exceptionnels afin d'assurer les meilleurs soins : nouveau centre de pressurage climatisé et ultra moderne, cuverie équipée pour des débourbages à froid, fermentations basse température et un chai de 400 fûts. Un splendide chai de 24 foudres pour un seul objectif : hisser toujours plus haut le potentiel des terroirs.
champagne-billecart.fr

Champagne H. Blin

Bénéficiant d'un beau terroir au cœur de la vallée de la Marne, cette coopérative cultive 118 ha, dont 70 % de meuniers. Les progrès affichés depuis quelques années sont encourageants.
champagne-blin.com

Boizel

Boizel est une maison née en 1834. Après Évelyne et son mari, une nouvelle génération reprend aujourd'hui le flambeau avec dynamisme. La gamme, très classique, décline avec sagesse un style équilibré, savoureux et consistant, qu'on imagine autant à table qu'à l'apéritif. À son sommet on trouve une belle cuvée de prestige au nom évocateur, joyau-de-france et un superbe classique, la sous-bois. La gamme est très complète et surtout d'une homogénéité remarquable.
boizel.com

Bollinger

Née en 1829, la maison d'Aÿ est au plus haut niveau. Les cuvées émeuvent par leur race et leur haute définition. Certifiée HVE en 2012, la recherche, l'amélioration des process et les démarches environnementales sont au cœur des préoccupations. Le pinot noir est ici au cœur de la qualité. Avec son vignoble de 178 hectares (dont 100 de pinot noir) en grands et premiers crus, elle assure plus de 60 % de ses besoins en raisin. Outre les vinifications sous bois et une malo prenante du style, les vins de réserves conservés en magnums depuis 1890 sont une mosaïque fascinante pour l'assemblage des non millésimés, plus brillants que jamais. Les cuvées grande-année et RD affirment leur pureté intérieure. Que dire des émouvantes vieilles-vignes-françaises, de la côte-aux-enfants et du nouveau PN VZ 15 et 16.
champagne-bollinger.com

Champagne Bonnaire

Située à Cramant, terroir de référence pour les grands chardonnays, ce domaine familial de 22 hectares est aujourd'hui aux mains de Jean-Étienne et Jean-Emmanuel Bonnaire. Très apéritifs, ces champagnes constituent des valeurs sûres du secteur. La fratrie gère également les Champagnes Paul Clouet, une maison cousine adjointe au vignoble familial depuis 1992. Les cuvées sont pour certaines élevées sous bois et les vieux millésimes peuvent faire l'objet d'un dégorgement à la demande. Voici une adresse sûre qui progresse et affine son style.
bonnaire.com

Alexandre Bonnet

Cette maison classique des Riceys est un spécialiste des raisins noirs (même si elle réalise une honorable cuvée de pinot blanc et chardonnay, harmonie-de-blancs). Les champagnes ont tous un style souple et apéritif. Nous la recommandons.
alexandrebonnet.com

Champagne Franck Bonville

Olivier Bonville incarne la troisième génération qui travaille la vigne dans ce secteur béni du chardonnay. Les 20 hectares du domaine s'étendent sur les communes de Cramant, Oger et Avize. Les vins possèdent une délicieuse saveur donnée par les accents crayeux de la côte des Blancs. Pas de dureté ici, la fraîcheur se veut saline et caressante.

champagnebonville.com

Champagne Boulard & Fille

Depuis 2009, Delphine Boulard, désormais seule à la tête du domaine, travaille 3,35 hectares, avec une jolie vigne à Mailly, en grand cru, et des parcelles aussi qualitatives dans la proche montagne de Reims, le tout cultivé en biodynamie. L'ensemble de la gamme est de très haute volée, à la fois raffiné et complexe. L'amateur appréciera ces champagnes complets et parfaitement ciselés, où l'expression minéralité prend tout son sens. La fine amertume et les notes iodées accompagnant toutes les fins de bouche avec subtilité. Voilà des vins racés et une vigneronne sincère.

francis-boulard.com

Brimoncourt

Jeune maison sérieuse assumant résolument un style chic et trendy, Brimoncourt s'appuie sur quatre cuvées - un brut, un extra-brut, un rosé et un blanc de blancs non millésimé - affirmant toutes un caractère maîtrisé et harmonieux, sans fioriture, toujours apéritif, qui vise juste et bon.

brimoncourt.com

Edouard Brun

Cette petite maison d'Aÿ, fondée en 1975 et tenue depuis le milieu des années 1990 par la famille Delescot, a considérablement progressé ces dernières années. En plus de ses achats de raisins, les huit hectares du vignoble familial situés dans la Montagne de Reims, permettent à la maison de signer une gamme soignée avec au sommet de celle-ci les cuvées carat et sensorium. Une bonne adresse que nous recommandons.

https://www.champagne-edouard-brun.fr/

Bruno Paillard

Bruno Paillard a créé cette marque qui porte son nom. La maison est dans les mains d'Alice, sa fille, depuis 2019. Elle peut s'appuyer sur son chef de cave, Laurent Guyot. Le vignoble en propre compte 32 hectares, dont 12 en grands crus et premiers crus et plus de 110 parcelles toutes vinifiées séparément à l'intérieur d'un chai qui compte environ 500 barriques. Les champagnes sortent de cave après un temps de repos de 3 à 11 ans. Les dosages sont désormais toujours extra-brut, signe d'une matière première naturellement saine et d'un savoir-faire méticuleux. Certifié HVE3, le vignoble est la priorité d'Alice, attentive aux besoins de la nature. Verticaux, architecturés, les vins trouvent leur véritable expression à table, où les cuvées démontrent une belle tenue terrestre, variétale en bouche et une complexité savoureuse. La cuvée dosage-zéro pousse encore plus loin les curseurs identitaires de la maison. Le blanc-de-blancs 2012 est une œuvre d'art et NPU 2004, une odyssée sensorielle.

champagnebrunopaillard.com

Canard-Duchêne

Appartenant au groupe Thiénot, Canard-Duchêne a su intelligemment rajeunir son image en créant une gamme issue de la viticulture bio. La marque produit des champagnes souples et apéritifs, tous bien constitués, dans un registre d'approche facile. Très bien distribuées, les références sont faciles à trouver.

canard-duchene.fr

Champagne Castelnau

L'excellent Pascal Pruhomme fait renaître cette marque historique née en 1916. Elle réunit 22 coopératives, 770 adhérents et 900 hectares de vignes. Castelnau et non plus De Castelnau a le vent en poupe et s'associe notamment aux plus grandes manifestions sportives et aux grandes tables gastronomiques. Les vins sont sages, mûris et proposent des registres de plénitude hors du commun (Hors Catégorie). Une patience doublement récompensée à chaque nouvelle sortie. L'avenir de cette marque est assuré désormais avec aussi des habillages superbement relookés.

champagne-de-castelnau.eu

Cattier

Cette maison classique, qui s'enorgueillit à juste titre de posséder l'un des derniers véritables clos de Champagne, le clos du Moulin, propose une belle gamme de champagnes souvent marqués par le caractère à la fois fin et vineux du terroir de Chigny-lès-Roses. La maison confirme sa progression. Les champagnes sont élégants, souples et de bonne vivacité.

cattier.com

Charles Heidsieck

Fondée à Reims en 1851 par l'incroyable voyageur Charles Camille Heidsieck, la maison le fleuron de la famille Descours, acquise en 2011. Elle doit ce statut à la superbe onctuosité singulière de chacun de ses champagnes très caractéristique du « style Charles ». Un style qui n'est pas fondé sur la puissance et la tension ultime mais sur une harmonie virtuose pure que le temps sublime, une bibliothèque de vins de réserve exceptionnelle et une philosophie dualiste entre noblesse végétale et dosage révélateur. Les vins affichent des potentiels de garde exceptionnel. Depuis cinq ans, c'est Cyril Brun, sacré deux fois Best Wine Maker par l'International Wine Challenge (2015 & 2019) qui est le maître et le gardien de ce patrimoine exceptionnel. Il le transcende.

charlesheidsieck.com

Champagne Chartogne-Taillet

À deux pas de Reims, à Merfy, sur le massif de Saint-Thierry, dans la petite Montagne de Reims, Alexandre Chartogne est un perfectionniste. Le travail à la vigne est le moins intrusif possible, les sols sont travaillés au cheval pour éviter les tassements. La compréhension du lieu est fondamentale. Esthète du terroir, Alexandre communique à travers ses vins la composition des sols en essayant de ne pas perturber la plante. La nouvelle cave construite de ses mains lui permet d'accentuer son attention personnalisée sur la vinification, gestion des raisins, des jus, séparation si nécessaire et adaptation ultra précise des bois. À la dégustation, le magnétisme terrestre prédomine largement aux registres aromatiques et gustatifs classiques. Génie intuitif et exigeant, c'est aussi un chirurgien du terroir qui opère ses sols.

chartogne-taillet.com

Chassenay d'Arce

Cette marque de la cave coopérative de la côte des Bar (qui se qualifie joliment de « maison de vignerons »), dans l'Aube, a beaucoup progressé et témoigne avec efficacité du potentiel certain de ce terroir « méridional » de la champagne viticole. Hormis la cuvée première qui reste en deçà de la gamme, les champagnes possèdent une personnalité certaine, comme en témoigne par exemple l'étonnant pinot blanc.

chassenay.com

Champagne Ulysse Collin

Olivier Collin, revenu au domaine familial en 2003 après des études de droit, fait merveille parmi les adresses qui font bouger la Champagne des vignerons. Son vignoble de 4,5 hectares, en cours de conversion à la biodynamie, est situé sur le terroir crayeux de Congy, au sud de la côte des Blancs. Il y cisèle une gamme de champagnes singuliers, élevés sous bois, qui font sa force et son originalité, aux contours délicats et aux trames très fines. Les vins, vinifiés en parcellaire, non millésimés et monocépages, sont de plus en plus courtisés, avec des sélections parcellaires de haute volée. Une adresse confidentielle dédiée aux amateurs.

03 26 52 46 62

LEIF CARLSSON

Champagne Roger Coulon

Éric et Isabelle Coulon exploitent 10 hectares éclatés en 109 parcelles dont des chardonnays du grand cru Chouilly. Pour mieux marquer les identités de leurs cuvées, ils ont différencié la gamme en deux collections : référence s'adosse aux assemblages des années, des terroirs et des cépages, la collection empreinte remarque l'exclusivité de l'année et signe le terroir. Une adresse précieuse qui offre de très beaux champagnes. Style spectaculaire pureté et élégance.
champagne-coulon.com

De Saint-Gall

L'Union Champagne est un groupement coopératif s'appuyant sur des vignobles situés en premier ou en grand cru, avec une très nette majorité de villages de la côte des Blancs et en particulier Avize, siège de la cave. Elle a créé cette marque qui s'appuie essentiellement sur les nombreux excellents approvisionnements de la côte des Blancs dont elle dispose. Aussi, les vins possèdent de la finesse et ont gagné en équilibre. C'est aujourd'hui une très bonne adresse pour trouver de beaux champagnes de la côte des Blancs à des tarifs sages.
de-saint-gall.com

Champagne De Sousa

Installée à Avize depuis trois générations, la famille De Sousa vient de célébrer ses 20 ans de biodynamie. En compagnie de son épouse Michelle et de ses trois enfants revenus au domaine, Erick poursuit sa quête de l'excellence dans cet esprit familial. Julie travaille les vignes avec ses deux chevaux. Charlotte et Valentin sont aux vinifications et au commerce. La famille possède 10 hectares de vignoble répartis à Avize, Oger, Le Mesnil sur Oger, Cramant, Ay et Ambonnay. À la vigne, tout est fait pour favoriser l'aération des sols et l'enracinement profond des très vieilles vignes de 70 ans. Les vins, vinifiés en cuve inox et sous bois en levure indigènes, reçoivent quelques bâtonnages, l'énergie anti-oxydante d'une pièce de quartz situé au milieu du chai et les ondes d'une musique classique. Ne passez pas à côté des cuvées Caudalies : la non millésimé et sa réserve magnifique, la 2010 et les somptueux 2012, Avize et Le Mesnil-sur-Oger. De la cuvée 3A ou Mycorises en passant par l'incomparable cuvée Umami, les sensations sont fascinantes.
champagnedesousa.com

De Venoge

Cette maison d'Épernay appartenant au même groupe que Lanson, Boizel ou Philipponnat, poursuit son chemin avec une double approche originale. D'un côté, une gamme classique axée sur de solides cuvées comme le brut cordon-bleu et le blanc de noirs ; de l'autre des champagnes ambitieux, issus essentiellement d'assemblage de grands crus, présentés en carafe, sous le nom de cuvée-des-princes (non millésimée) et Louis XV (millésimé). L'ensemble de cette gamme est de très bon niveau, clairement dédiée à la gastronomie.
champagnedevenoge.com

Delamotte

Maison fondée initialement à Reims en 1760 par François Delamotte et appartenant au groupe Laurent-Perrier depuis 1988, Champagne Delamotte est lié par le mariage avec Champagne Salon. L'excellent et passionné Didier Depond dirige en maître de maison ces deux joyaux champenois. Cœur de terroir, le Mesnil-sur-Oger est la craie angulaire du style qui prend naissance sur les grands chardonnays et s'enrichit des villages voisins de la côte des blancs (Oger, Avize, Cramant) et des pinots de la Montagne de Reims provenant de Bouzy, Ambonnay et Tours-sur-Marne. Dignement conduits par l'expérience de Michel Fauconnet, les vins ne cessent d'accentuer leur brillance interne, affirmant avec une immense élégance l'origine des sources à travers un reflet sensoriel, tactile et radieux. Le millésime 2012 en est le parfait exemple.
salondelamotte.com

Deutz

Fondée à Ay en 1938, berceau du pinot noir et cépage roi de la maison, Champagne Deutz appartient au groupe Louis Roederer, de même que la maison Delas en vallée du Rhône et le château Pichon Longueville à Pauillac, entre autres. Dirigée par l'emblématique Fabrice Rosset, en compagnie de son chef de caves Michel Davesne, elle élabore des champagnes de très haute voltige, aériens et purement précis, les équilibres raisins terroirs sont d'une justesse rare et la fraîcheur magnétique saisissante. Peu de maisons de Champagne peuvent revendiquer une telle homogénéité au plus haut niveau, (toujours bouché liège...) du brut non millésimé Classic jusqu'aux cuvées de prestige, la profonde William-Deutz et, en blanc de blancs et en rosé, la très séduisante, charnelle et symbolique cuvée Amour. Enfin, précurseur dans l'âme, Deutz a rendu hommage à son terroir originel et à son fondateur William Deutz en proposant trois excellentes cuvées parcellaires issues de ses terres d'Aÿ. Une régularité sans faille pour cette adresse au firmament d'un cristallin authentique.
champagne-deutz.com

Champagne Devaux

Fondée en 1846 à Épernay par la famille Devaux, cette maison installée dans un magnifique manoir au cœur de la Côte des

Les bâtiments de la maison Delamotte.

Bar a conservé son caractère familial. Elle est depuis près de trente ans la propriété de l'Union Auboise (Alliance Champagne), coopérative créée en 1967. Dans cet ensemble, Champagne Devaux représente le haut du panier, notamment avec sa pertinente Collection D (sélections parcellaires, vins de réserve élevés en foudres et vieillissement de cinq ans minimum, sept ans pour les magnums) dont les vins sont produits à partir de 80 hectares rigoureusement choisis. Les gammes Les Classiques et Cœur des Bar constituent le premier pallier conventionnel, la gamme Hommage présente de très belles concentrations viniques.
champagne-devaux.fr - boutique.champagne-devaux.fr

Francis Egly (Egly-Ouriet).

Dom Pérignon
★★★★★

Dom Pérignon est probablement le vin de Champagne le plus insaisissable. Ces émotions reposent sur une sélection brillante, très rigoureuse et un savoir-faire chirurgical. S'appuyant sur un équilibre artistique entre chardonnay et pinot noir, développé sur le meilleur des immenses vignobles appartenant au groupe LVMH, complété par des approvisionnements de haut vol, Dom Pérignon revendique la volonté d'exprimer les années sans exception, parfois au prix de grands sacrifices. Qu'il soit blanc ou rosé, Dom Pérignon décline et déroule ses éternelles vies, ses phases temporelles sous différentes plénitudes. La maison a ce pouvoir du temps, de prendre la patience de l'ambivalence et des contrastes unis. En 2019, Vincent Chaperon, adjoint de l'éblouissant et captivant Richard Geoffroy, lui succède très sereinement.
domperignon.com

Champagne Didier Doué
★★★☆☆

Fort d'un parcellaire épars sur les différents terroirs de Montgueux, en côte des Bar dans l'Aube, Didier Doué vinifie séparément chaque vigne pour en tirer la quintessence. Il s'affirme comme l'une des références en matière d'expression de ce terroir. Certifiés en agriculture biologique depuis 2012, les vins sont remarquables de pureté, avec des dosages savamment placés, et une expression aromatique digne des crus de la côte des Blancs. Ce très joli domaine mérite d'être reconnu à sa juste valeur.
champagne-didier-doue.fr

Champagne Drappier
★★★★☆

Installée à Urville, au cœur de la côte des Bar depuis 1808, la famille Drappier avec à sa tête Michel, accompagné désormais de ses enfants, détient 55 hectares de vignes en propre et 50 hectares en contrats associés. Les vins produits en majeure partie sur des sols issus du Jurassique kimmeridgien font briller les cépages classiques de champagne. Si le pinot noir est roi, on trouve aussi du petit meslier, du blanc vrai et de l'arbane. Attaché à respecter son environnement et l'identité des cépages, Michel Drappier compose des assemblages méticuleux précis et sincères. Pionnier dans l'élaboration de bruts nature à l'aide d'une viticulture saine, il élabore soigneusement sa liqueur de dosage pour les autres cuvées.
champagne-drappier.com

Champagne Egly-Ouriet
★★★★★

À la tête ce domaine familial d'Ambonnay, Francis Egly est un conducteur de vignes et un vinificateur hors pair. Précurseur incontestable au sommet de la hiérarchie champenoise, il a su choisir les meilleurs gestes au vignoble et fait des choix d›élaboration très personnels. Respect de la plante et des sols, maturité parfaite des raisins, vinifications en fût, absence de fermentation malolactique, longs vieillissements entre quatre et six ans et caves ultra fraîches permettent de créer cette alchimie d›émotions pures et captivantes. Le vignoble se compose de 10 hectares en grands cru (Ambonnay, Bouzy, Verzenay), de deux hectares en premiers cru sur les fameuses vignes de Vrigny et dernièrement l›acquisition de 3.25 hectares sur le terroir de Trigny au sein du Massif de Saint-Thierry qui fait naître cette année le lancement d'un nouveau brut, les-prémices. Les vins sont solennels, sincères, profonds, complets et complexes. Les nouvelles bases proposées affichent une ultime vibration, inertie fusionnée entre terroir, élaboration, vieillissement.
contact@egly-ouriet.fr

Champagne Nathalie Falmet
★☆☆☆☆

Après des études de Chimie à Paris et un diplôme d'œnologue à Reims en 1993, Nathalie Falmet reprend l'exploitation familiale et devient vigneronne dans la côte des Bar. Les vins sont d'une maîtrise parfaite, avec une détente sur la cuvée Terra qui lui donne un supplément d'âme.
champagne-falmet.com

Nicolas Feuillatte
★★★☆☆

Bénéficiant d'une palette d'approvisionnement sans égal, avec plus de 2 200 hectares de vignes, 84 coopératives adhérentes qui regroupent près de 4 500 viticulteurs et 1 000 vignerons particuliers, la maison a su faire preuve à la fois de dynamisme commercial et d'inventivité en matière de vins, se hissant à la troisième place mondiale, avec une gamme très large et souvent originale. Guillaume Roffiaen est le directeur œnologie et qualité du centre vinicole Champagne Nicolas Feuillatte, depuis 2014. Visionnaire, il s'appuie, outre cette palette de vignes, sur la patience et une gestion plus poussée des vins de réserve. Sa dernière-née, la cuvée Terroir 1er cru démontre clairement ses ambitions et les cuvées Spéciales sont à leur plus haut niveau de clairvoyance et de précision.
nicolas-feuillatte.com

Champagne Fleury

Jean-Sébastien et Benoît Fleury développent une large gamme de vins millésimés hautement savoureux, à partir de 27 hectares de coteaux argilo-calcaires, en culture biodynamique depuis 1989. Les vins sont finement équilibrés, entre un fruit riche et une grande fraîcheur. Tout ici n'est que précision et intransigeance : les millésimés sont tirés sous liège, les dégorgements sont réalisés à la demande et les dosages réajustés.
champagne-fleury.fr

Champagne Gatinois

Louis Cheval gère le vignoble familial avec la plus grande application. Il y bichonne ses sept hectares sur Aÿ avec beaucoup de succès. Les champagnes de belle densité pinotent de la plus belle des façons. Ce sont de bons rapports qualité prix qui sont en progrès constant sur les derniers millésimes.
champagnegatinois.com

Champagne René Geoffroy

À la fin des années 1980, lorsque Jean-Baptiste Geoffroy reprend la propriété, l'outil de production de Cumières se révèle vite limité. La délocalisation sur Aÿ est décidée : l'achat en 2006 des locaux de la plus vieille coopérative de Champagne donne de l'oxygène au domaine et une capacité de production en accord avec le nombre de cuvées produites. Désormais, la gamme est solidement construite autour d'une cuvée entrée de gamme expression irréprochable, qui a même évolué vers un profil plus rafraîchissant et dynamique. Le rosé de saignée reste une référence incontournable dans un style sans équivalent. Quant aux millésimes, ils sont fiables dans un style plus vineux. La véritable surprise vient de la magnifique cuvée les-houtrants, dans un style raffiné et harmonieux. Enfin une cuvée issue de vignes complantées qui trouve dans le verre une véritable résonance.
champagne-geoffroy.com

Pierre Gerbais

En pleine côte des Bar, dans le petit village de Celles-sur-Ource, non loin de Bar-sur-Seine, cette maison familiale cultive 18,5 hectares sur les coteaux surplombant la vallée de l'Ource, alternant le pinot noir, le chardonnay et le pinot blanc vrai, une rareté devenue symbole et fierté du domaine. Aurélien Gerbais, quatrième génération, assure depuis quelques années les vinifications. Fort d'une expérience dans les plus grands domaines bourguignons, ce jeune vigneron fait preuve d'une rigueur exemplaire à la vigne comme en cuverie. Les derniers millésimes ont, sans équivoque, gagné en précision et sont d'une remarquable profondeur. La cuvée l'originelle est la référence absolue des 100 % pinot blanc.
gerbais.com

Champagne Pierre Gimonnet et Fils

Didier et Olivier Gimonnet perpétuent le domaine familial, cultivant 30 hectares et 40 parcelles, sur cinq villages de la côte des Blancs, Cuis, Cramant, Oger, Chouilly et Vertus, dont ils s'efforcent de livrer la version la plus pure, les dosages faibles le démontre bien. Amoureux incontestables de la vigne, le mode de viticulture est raisonné, adapté, intelligent, tourné vers le respect des sols et la biodiversité environnementale. Précurseurs dans les vinifications parcellaires en cuve inox, dans l'art de l'assemblage et des véritables champagne Nature sans dosage avec la fameuse et mythique cuvée Oenophile, le style Gimonnet est reconnaissable dans sa complexité fine, précise et élancée. Tous les vins de réserve de la maison séjournent en bouteille en quart de mousse. Enfin, les cuvées Spécial Club Grands Terroirs de Chardonnay et Millésime de Collection (en magnum) sont l'essence traductrice de l'excellence de ce domaine.
champagne-gimonnet.com

Champagne Gimonnet-Gonet

Gimonnet et Gonet sont deux grandes familles de la côte des Blancs et ce domaine, créé en 1986, rassemble deux branches majeures du chardonnay sur un vignoble de 13 hectares, principalement situé sur la côte des Blancs parmi les grands crus les plus prestigieux, à savoir Cramant, Chouilly, Oger et Le Mesnil-sur-Oger. À côté des grands blancs de blancs, ils cultivent bien sûr les deux autres cépages champenois, le pinot noir et le meunier dans la vallée de la Marne, sur les crus de Troissy, Vincelles et Verneuil.
champagne-gimonnet-gonet.com

Champagne Paul Goerg

Située en pleine côte des Blancs, sur la commune de Vertus, la coopérative La Goutte d'Or commercialise ses vins sous la marque Paul Goerg. C'est une structure à taille humaine, qui en outre bénéficie d'approvisionnements de premier ordre, notamment en ce qui concerne le chardonnay. Ses cuvées de premiers crus (blanc de blancs, tradition ou vintage) s'affichent à des prix raisonnables eu égard à leur qualité d'ensemble.
champagne-goerg.com

Champagne Philippe Gonet

Chantal Gonet est l'une des femmes les plus attachantes de la Champagne. Elle forme avec son frère Pierre l'un des duos de choc du Mesnil-sur-Oger, grand cru de la côte des Blancs. Ils produisent sur leurs 19 hectares situés en côte des Blancs des champagnes au style abouti, compromis idéal de gourmandise et de fraîcheur. Ils exploitent également un beau vignoble à Montgueux, sans doute le meilleur terroir de l'Aube pour le chardonnay, qui allège et égaie leur blanc de blancs de base. Les vins sont taillés pour l'apéritif mais certains iront sans difficulté sur la table. Un domaine à la qualité régulière et irréprochable depuis quelques années.
champagne-philippe-gonet.com

Gonet-Médeville

Xavier Gonet et son épouse Julie Médeville (châteaux Gillette et Les Justices, entre autres) sont un couple connu du monde viticole. Leur succès ferait presque oublier que leur aventure champenoise n'a qu'une vingtaine années. Propriétaires de 12 hectares, en partie sur les grands crus Mesnil-sur-Oger, Oger et Ambonnay, ils s'affirment parmi l'élite champenoise dans un style à rebours des champagnes modernes, à la mousse pétillante. Les vins sont élevés dans la recherche de l'harmonie, d'une mousse crémeuse et de complexité aromatique. Une idée de l'excellence champenoise dans ses équilibres, sa finesse et sa complexité que nombre d'amateurs ont tendance à oublier. Avec ce domaine, voilà de quoi se souvenir.
gonet-medeville.com

Gonet-Sulcova

S'appuyant sur un vignoble de 20 hectares essentiellement sur la côte des Blancs, avec également des parcelles dans l'Aube, la famille Gonet-Sulcova produit une gamme homogène de champagnes vineux et solides. La plupart des vins sont à large dominante de chardonnay et forment une gamme de bonne facture.
champagne-gonet-sulcova.fr

Gosset

La famille Cointreau a admirablement relancé la maison et affiné son style grâce au travail remarquable du chef de caves Odilon de Varine et l'investissement fait dans les caves et l'outil de production situé désormais à Epernay. La maison construit progressivement sa réputation à travers ses champagnes profonds, riches et puissants. Le pinot noir constitue en grande partie la base des assemblages et le style de vinification sans fermentation malolactique, permet d'allonger les durées de vieillissement favorisant ainsi des maturations lentes afin d'obtenir des vins nobles et éduqués. La gamme se veut généreuse et complète. La ligne artistique s'est affinée avec les cuvées Grande Réserve et Blanc de Blancs, plus toniques et vigoureuses. Les rosés sont d'une grande élégance, notamment le Grand Rosé Brut avec son bel élan calcaire, alors que les cuvées Celebris affrontent le temps avec

La chef de cave de la maison Henriot, Alice Tétienne, dans les vignes.

brio. Le coup de cœur de cette palette ce vin va à la cuvée 12 ans de cave a minima.
champagne-gosset.com

Christian Gosset

●●●○○

Après 30 années passées au sein du domaine familial Gosset-Brabant, Christian Gosset à choisi d'élaborer son propre vin issu de son vignoble d'Ay de 5 hectares dont une petite partie à Chouilly, certifié HVE/VDC, il lance cette année ses premiers vins de l'année 2016, deux assemblages vinifiés en cuves et 4 cuvées parcellaires vinifiés sous bois. Ce premier volet démontre l'expertise et la volonté d'exprimer un lieu, un style tranchant aux dispositions naturelles mais aussi d'une grande capacité de garde et de prise expansive de complexité.
contact@champagne-christian-gosset.com

Champagne Henri Goutorbe

●●○○○

René Goutorbe est l'un des bons génies d'Aÿ. Cet ex-pépiniériste s'est constitué un vignoble de 22 hectares, dans un secteur où le pinot noir est roi. Son hôtel de la rue Jeanson, Castel-Jeanson, est l'un des plus en vue de la région, on peut y séjourner et déguster la gamme de ses champagnes, des vins amples et savoureux, faciles d'approche.
champagne-henri-goutorbe.com

Champagne Marc Hébrart

●●●○○

Jean-Paul Hébrart est un vigneron passionné et précis qui pratique la lutte raisonnée sur ses 14 hectares où domine le pinot noir sur les secteurs de Mareuil, Avenay Val d'Or et Bisseuil. Les 25 % de chardonnay sont sur les secteurs de Oiry et Chouilly. Le style Hébrart est admirable de régularité, avec de superbes mousses et des bouches en demi-corps qui privilégient l'élégance à la puissance. Une certaine classe qui passe parfois inaperçue tant l'époque va vers ceux qui crient le plus fort. Domaine hautement recommandable.
03 26 52 60 75

Champagne Henriot

●●●●○

Le groupe La Vigie (Champagne Henriot) est dirigé par Gilles de Larouzière depuis 2015. En progression constante, la maison Henriot, certifiée HVE et bientôt VDC, s'est donnée comme objectif d'affirmer encore plus le potentiel de son vignoble : transparence pure et charnelle des vins de chardonnays lumineux issus de grands terroirs. Alice Tétienne, ancienne œnologue chez Krug, entend bien poursuivre l'œuvre en cours et continuer à accentuer les valeurs environnementales des terroirs tout comme les recherches sur une vinification en respectueuse adéquation. La gamme dégustée est très typée par sa matière et son socle de naissance. Champagnes de temps, le fil et le tissu de chacune des cuvées semble promis à la fusion. U
champagne-henriot.com

Huré frères

●●●○○

Le domaine de Pierre (ingénieur en viticulture) et François Huré (œnologue) se situe à Ludes, à l'est de la montagne de Reims. Il est constitué d'une dizaine d'hectares sur, principalement, les villages de Ludes et Villedommange. Fort d'une histoire familiale de 50 ans, les frères Huré ont pu s'engager avec passion dans une production de qualité dont la philosophie repose tout aussi bien sur le matériel végétal que sur le travail en cave. Le style cristallin et tonique trouve notre totale adhésion. On est toujours « champagne » sans oublier le vin. Cela semble évident, malheureusement il est de plus en plus difficile de trouver ces deux dimensions dans la même bouteille. Les Huré ont tout compris.
champagne-hure-freres.com

Champagne André Jacquart

●●●○○

Sur les 23 hectares du domaine, 16 sont situés sur Vertus et au Mesnil-sur-Oger, en pleine côte des Blancs. Depuis 2004, Benoît et Marie Doyard ont repris la propriété familiale créée en 1958 par leur grand-père André Jacquart, qui a donné son nom au domaine. Il faut spécifier que l'arrière-grand-père Doyard est à l'origine du CIVC (l'interprofession champenoise). Les cuvées produites affichent une tension stylée qui exprime avec fidélité et précision la race des terroirs de Vertus et du Mesnil. Saluons le très beau mesnil 2008, un modèle du genre.
champagne-andre-jacquart.com

Champagne Jacquesson

●●●●●

Célèbre au XIXe siècle, reprise en 1974 par les frères Chiquet, Laurent et Jean-Hervé, la maison est devenue progressivement le porte-drapeau du champagne d'œnophiles avertis. On ne saurait trop recommander toutes les cuvées de la maison aux amateurs de grands champagnes viniques, intenses, riches, profonds et racés. Chaque nouvelle cuvée 700 aujourd'hui 743 est une création majeure dans la gamme, toutes les attentions lui sont portées au détriment parfois de sacrifices, elle patience aussi ensuite sur bouchon liège afin de réapparaître en version DT (dégorgement tardif). Aussi, les fameux parcellaires à l'ultime réverbération sont issus de Dizy (Corne-Bautray, chardonnay), Aÿ (Vauzelle-Terme, pinot noir) et Avize (Champ-Caïn, chardonnay), ils ne sont conçus que lorsque la situation identitaire est optimale, à ce titre, les 2009 sont d'une chaleur vive exemplaire à la profondeur interminable. Grandiose.
champagnejacquesson.com

PHILIPPONNAT
CHAMPAGNE
1522

Champagne Janisson-Baradon

Implanté sur les hauteurs d'Épernay, le domaine Janisson-Baradon est dirigé par Richard Janisson et ses deux fils Maxence et Cyril. Le vignoble comporte neuf hectares de coteaux qui cernent la capitale du champagne, menés avec soin et attention. Les Janisson ont modernisé intelligemment le style de leurs vins et cette année encore, les sélections parcellaires ont dominé la dégustation, avec des champagnes au caractère affirmé qui conservent la souplesse du secteur. Une valeur sûre.

champagne-janisson-baradon.com

Joseph Perrier

Cette petite maison de Châlons-en-Champagne est toujours dirigée par les descendants de Joseph Perrier, les Fourmon. Le vignoble compte 21 hectares qui couvrent un quart des besoins de la maison, avec notamment de très belles parcelles à Cumières, et d'étonnantes caves de plain-pied creusées dans la colline, longues de 3 kilomètres. Le brut non millésimé est assurément l'un des meilleurs de sa catégorie, tout comme l'excellent blanc de blancs. La rare cuvée joséphine, champagne de classe très bien habillée dans sa bouteille sérigraphiée qui fera à coup sûr son effet, associe superbement saveur et raffinement. La maison est en pleine forme.

josephperrier.com

Krug

La maison appartient depuis 1999 au groupe LVMH. Elle est la plus brillante illustration de l'art de l'assemblage et figure très singulièrement au sommet de l'appellation. Julie Cavil arrivée en 2006 et récemment nommée en toute légitimité chef de cave, poursuit poursuivre l'œuvre et l'enseignement du maître Eric Lebel. Talentueuse, passionnée et pleinement investie, Julie souhaite accentuer la vision environnementale générale du vignoble et étudier parfaitement chaque parcelle afin d'en extraire le plein potentiel. Vinifiés séparément sous bois, élevés et conservés individuellement en cuve adapté, chaque villages, parcelles et cépages forment une bibliothèque temporellement profonde afin de recréer chaque année Krug Grande Cuvée, Les somptueux vintage et vintage collection sont les représentations parfaites de l'année. Le Clos d'Ambonnay à rejoint l'excellence du mythique Clos du Mesnil, expressions parcellaires ultimes, sans filtres, aux coutures pures, extrêmement soignées. Le rosé 24ème édition colore cet ensemble avec une grandiose mosaïque sensorielle.

krug.com

Champagne JM Labruyère

Présente dans le Beaujolais, la Bourgogne et à Pomerol, la famille Labruyère croit beaucoup au potentiel de ses 5,5 hectares de grands crus situés sur le secteur très qualitatif de Verzenay. Et pour cause, les Rochelles, les Champs Saint-Martin ou encore les Potences comptent parmi les belles parcelles du domaine. Deux cuvées à dominante de pinot noir et un blanc de blancs composent la gamme dans un style élégant et exploitant pleinement la puissance et la race du grand cru Verzenay. L'entrée de gamme prologue en est l'exemple le plus évident. Un beau domaine à suivre de près.

champagne-labruyere.com

Champagne Benoît Lahaye

Benoît Lahaye est l'un des vignerons les plus doués de sa génération. Installé sur Bouzy, il est maintenant rejoint par ses fils Étienne et Valentin. Il possède ainsi 4,5 hectares de vignes conduites en biodynamie, avec l'aide de sa jument Tamise et du chien Bacchus. Les vins sont d'une parfaite harmonie, dans une vibration optimale entre le fruit et les composants du vin. Au brut vinifié sans soufre et non dosé, à la cuvée naturessence, mi-chardonnay mi-pinot noir, de grande complexité, s'ajoute cette année une cuvée parcellaire, le jardin-de-la-grosse-pierre, à partir d'une complantation datant de 1923. Un domaine hautement recommandable, dont tous les amateurs devraient s'emparer.

lahaye.benoit@orange.fr

Champagne Laherte frères

En 1889, Jean Baptiste Laherte fonde le domaine familial et plante l'essentiel des vignes sur les terres du village de Chavost, futur Chavot, au sud d'Épernay. Au fil des générations, le domaine s'agrandit pour compter aujourd'hui un peu plus de 11 hectares. Depuis 2005, Aurélien Laherte, septième génération, apporte un souffle nouveau, sous le regard bienveillant de son père Thierry et de son oncle Christian. Sur les coteaux sud d'Épernay, la côte des Blancs et la vallée de la Marne, Aurélien pratique une viticulture exemplaire et s'en voit récompensé : les vins partagent tous cette densité remarquable et une tonicité jamais austère. L'élevage en barrique est l'autre caractéristique du domaine, qui démontre un véritable savoir-faire en la matière. L'ensemble de la gamme est hautement recommandable.

champagne-laherte.com

Champagne Lallier

Cette petite maison basée à Aÿ, dirigée depuis 2004 par Francis Tribaut, un Champenois passionné, est la nouvelle étoile montante du vignoble. Elle ne produit que des champagnes grands crus, hormis le rosé qui est tout de même un premier cru, et de faible dosage. Évidemment, les approvisionnements proviennent essentiellement d'Aÿ, avec un complément de chardonnays d'Avize et de Cramant. Les bruts sans année indiquent désormais sur leur étiquette la base de récolte qui les compose. Une adresse à suivre.

champagne-lallier.com

Champagne Lancelot-Pienne

Gilles Lancelot exploite 8,30 hectares sur la côte des Blancs et la vallée de la Marne. Cet œnologue de formation dirige la maison familiale vieille de plus d'un siècle depuis 2005. Dans un style très épuré, aux expressions aromatiques d'une grande pureté, le style Lancelot est un subtil mélange de texture et de fraîcheur qui ne durcit jamais le fruit. Une qualité indispensable quand on travaille le chardonnay sur craie. Les entrées de gamme sont irréprochables et accessibles tandis que la cuvée phare marie-lancelot possède toute la profondeur que l'on attend du grand cru Cramant.

champagne-lancelot-pienne.fr

Lanson

Fondée en 1760, installée au cœur de la ville de Reims avec son jardin, le Clos Lanson, cette maison chargée d'histoire a célébré cette année ses 260 ans avec un objectif majeur : la reconquête. Avec ses 550 ha d'approvisionnement, dont 57 ha en propre et 16 ha en viticulture biologique et biodynamique, c'est au total l'accès à plus de 100 crus différents dont 50 % en grands crus et premiers crus. Depuis plusieurs années, de nombreux investissements ont été réalisés afin de rendre l'outil d'élaboration optimum : une cuverie parcellaire, un chai à foudre dédié aux vins de réserve et un nouveau centre de pressurage. Les cuvées illustrent l'investissement dans les modes de conservations des vins de réserves et leur profondeur allongée mais aussi sur le fait de ne plus pratiquer systématiquement de malolactique. Les durées de vieillissement sont allongées, les dosages minutieux et les habillages superbement relookés jusqu'à une contre-étiquette ultra détaillée d'informations techniques très utiles aujourd'hui pour le consommateur. Les vins possèdent désormais le supplément d'âme qui connecte le consommateur à la maturité du style et à de splendides mosaïques.

lanson.com

Champagne Larmandier-Bernier

Pierre et Sophie Larmandier, désormais accompagnés de leur fils Arthur, cultivent 16 hectares (couvrant 50 parcelles) en biodynamie depuis plus de vingt ans. Peu de domaines viticoles, toutes régions confondues, peuvent se targuer d'une telle régularité à ce haut niveau. Exception faite de l'effet

MATHIEU GARÇON

millésime, la gamme est d'année en année remarquablement tenue et, s'il fallait le rappeler, à des prix raisonnables. Dans les cuvées mythiques du domaine, vieille-vigne-du-levant est incontestablement une référence de la côte des Blancs. Le style revendique des textures crémeuses et la puissance n'est pas un sujet chez les Larmandier, l'équilibre en revanche est une valeur centrale. Dans cette élégance discrète, l'on trouve souvent ce que la côte des Blancs à de plus beau à offrir. Une adresse prisée, à découvrir sans attendre.
larmandier.fr

Laurent-Perrier
★★★★★

Toujours délicate et raffinée, la signature des champagnes Laurent-Perrier s'appuie aujourd'hui sur une remarquable maturité et justesse des vins. Toutes les cuvées, à commencer par la-cuvée, un des meilleurs bruts de maison, sont proposées à des niveaux de prestance et de complexité suprêmes. L'ensemble est d'un niveau superbe et ascensionnel. On souligne le splendide dernier millésime 2008. Première maison à avoir très tôt développé un champagne rosé, un ultra-brut précurseur, Laurent Perrier demeure et perdure dans ce registre une référence. Très intelligemment, la fameuse et brillante cuvée Grand-Siècle, s'identifie désormais à travers des itérations numérotées qui permettent de connaître les traditionnelles trois années composant l'assemblage. Sous l'éternel esprit bienfaiteur et bienveillant de Bernard de Nonancourt Alexandra et Stéphanie, ses filles et Michel Fauconnet, chef de cave émérite, poursuivent avec passion l'œuvre joaillière.
laurent-perrier.com

Le Brun de Neuville
★★☆☆☆

Sur 148 hectares, la maison Le Brun de Neuville possède des vignes principalement situées dans le Sézannais. L'ensemble des vins séduit par sa souplesse et sa précision aromatique. Ce sont des champagnes d'intensité moyenne, agréables et faciles à boire.
lebrundeneuville.fr

Champagne Leclerc-Briant
★★★★☆

Cette marque située à Épernay, pionnière de la viticulture bio en Champagne, créée par la famille Leclerc en 1972, a connu une renaissance sous l'égide de Pascal Leclerc-Briant dans les années 1990 et 2000. La maison de négoce a été rachetée en 2012 par un couple d'Américains, Mark Nunnelly et Diane Dupré, passionnés de champagne et d'art de vivre à la française. La maison a aujourd'hui trouvé une brillante maturité, complétée par la relance spectaculaire de l'hôtel Royal Champagne. Tous les champagnes, issus d'une viticulture biodynamique, sont de grande personnalité et d'une expression intense et profonde. Hervé Jestin, l'actuel chef de cave, n'y est certainement pas étranger.
leclercbriant.com

Champagne Xavier Leconte
★☆☆☆☆

Alexis Leconte co-dirige avec son père un vignoble constitué d'une quarantaine de petites parcelles réparties sur les villages de Troissy, Dormans, Mareuil-le-Port, Vandières et Aÿ. Chaque sol est considéré selon sa composition et sa capacité à révéler un cépage. Les cuvées alexis, charme-d'anaïs, prestige et la gamme scellés-de-terroirs sont de ce point de vue travaillées de façon parcellaire. Certaines cuvées sortent du lot, en particulier Ageius, et trahissent un vrai potentiel. Ce sont celles d'Alexis. À bon entendeur.
champagne-xavier-leconte.com

Champagne Valentin Leflaive
★★★☆☆

Une maison avec laquelle il faudra désormais compter, surtout depuis qu'une nouvelle équipe a décidé de prendre les choses en main. Elle produit des champagnes sur la délicatesse, tout en tension calcaire, un premier blanc de blancs abouti, et des parcellaires tous plus réussis les uns que les autres. Il faut la suivre de près.
valentin-leflaive.com

Champagne Legras et Haas
★★☆☆☆

Cette maison fondée en 1991 a vu son style évoluer, depuis quelques années, vers une expression plus précise et plus fraîche. La gamme aussi, avec une offre plus large, sans perdre en cohérence sur les différentes qualités proposées. Un travail long et difficile qui nous semble atteindre aujourd'hui une forme de maturité pour les amateurs de la maison et ceux qui recherchent des champagnes élégants, frais, privilégiant le fruit et d'une qualité irréprochable. Une maison fiable et recommandable, conduite avec talent et assurance par Jérôme Legras.
legras-et-haas.com

Champagne A. R. Lenoble
★★★☆☆

Anne et Antoine Malassagne ont repris avec passion la maison familiale en 1993, à la suite de leur père, jetant toute leur énergie et leur talent dans l'exécution de champagnes de grand style, ciselés et énergiques, toujours très peu dosés. Basée à Damery, la maison fait la part belle au chardonnay qui provient du grand cru Chouilly, dont elle possède 10 hectares. Les pinots noirs de Bisseuil (un premier cru où la famille exploite 6 hectares) savent imprimer leur empreinte soit dans

Lucie Pereyre de Nonancourt, la nouvelle génération de la maison Laurent-Perrier.

la cuvée blanc de noirs, soit en complément du chardonnay dans les assemblages et composent de très belles cuvées d'amateur qui progressent en élégance et en raffinement. Sur Damery, berceau de la maison, sont également cultivés deux hectares de meunier. Récemment, le brut, baptisé intense, a été totalement repensé, les vins de réserve étant désormais vieillis en magnums et bouchés liège, apportant plus de corps et de complexité au champagne.
champagne-arlenoble.com

Champagne Lombard

★★★☆☆

Cette petite maison a abandonné une course au volume sans grand intérêt pour les amateurs pour se recentrer sur une recherche passionnante d'expression de grands terroirs. Les champagnes proposés sont donc des cuvées de grand cru, soit en assemblage, soit en monocru (Verzenay et Le Mesnil), pas ou très peu dosées et d'une grande intensité. Les cuvées possèdent un style très vineux, profond et intense.
champagne-lombard.com

Mailly Grand Cru

★★★★☆

Coopérative d'excellence, certainement l'une des meilleures de la Champagne, Mailly Grand Cru fait figure de modèle et se distingue par sa petite taille (79 adhérents) et la cohérence de ses produits, revendiquant un fonctionnement domaine et une démarche environnementale engagée. Créée en 1929, elle est située dans la « Montagne Nord », au cœur du village de Mailly, où elle possède 75 hectares de vignes classées en grand cru, ce qui est assez rare (soit un tiers de la surface du dit cru). Les adhérents apportent leurs raisins pour l'élaboration d'une gamme très homogène, de grande exigence, partiellement élevée sous bois, en barriques ou en foudres. À dominante de pinot noir, les vins ont moins de puissance que ceux d'Aÿ ou d'Ambonnay, moins de tension que ceux de Verzenay, mais une finesse plus vite dégagée et un équilibre spécifique qui les rend très harmonieux à tout âge. Les cuvées de prestige de la cave en sont aujourd'hui les expressions les plus abouties et rivalisent aisément avec ce qui se fait de mieux en Champagne.
champagne-mailly.com

Champagne Margaine

★★★☆☆

Quatre générations se sont succédé pour construire l'histoire des champagnes Margaine. La 5ème génération, représentée par Mathilde, est déjà sur le chemin de la connaissance et de l'apprentissage. Cette dernière a pu se construire un univers esthétique riche et varié à travers les voyages, et une culture vin élargie au-delà des sphères champenoises. Spécialistes du chardonnay de Villers-Marmery, les Margaine développent une gamme où trace cette pointe minérale qui n'est pas sans rappeler la pierre à fusil. La vinosité du terroir est toujours rattrapée par une excellente fraîcheur que l'usage des vins de réserve finit d'harmoniser. Un domaine hautement recommandable
champagnemargaine.com

Champagne Marguet

★★★☆☆

Biodynamie, géobiologie, phytothérapie, aromathérapie, les concepts s'accumulent chez Benoit Marguet. A l'entendre chaque idée trouve sa place dans un système harmonieux. Force est de reconnaître que la qualité indiscutable des vins fait écho au discours. De la corrélation à la causalité, il n'y a qu'un pas que nous serions bien tentés de franchir si nous n'avions la certitude que Benoit Marguet est un remarquable vinificateur-éleveur. Aucune fausse note dans cette large gamme qui mélange vignes en propriété et achat de raisins, mais qu'un habillage élégant permet facilement de séparer. L'entrée de gamme Shaman pose le niveau général tandis que les crus à l'élevage subtil font ressortir quelques bijoux. Les parcellaires d'Ambonnay sont remarquables.
champagne-marguet.fr

Champagne Mercier

★☆☆☆☆

Mercier est une maison de Champagne fondée à Épernay en 1858. Maison séculaire, appartenant au groupe LVMH, elle produit des champagnes fédérateurs par excellence, constituant une gamme accessible de vins simples mais forts bien exécutés, en réel progrès depuis l'arrivée de Christophe Bonnefond comme chef de caves. Proposés à des prix très abordables, facilement disponibles en grande distribution, ils constituent une gamme cohérente, fondée sur l'équilibre et la tonicité, que l'on pourra servir sans attendre à l'apéritif.
champagnemercier.fr

Champagne Méteyer

★★☆☆☆

Implanté à Trélou-sur-Marne, aux confins des départements de la Marne et de l'Aisne, le domaine commence à prendre ses marques grâce à un travail appliqué à la vigne comme en cuverie. Nous saluons le travail de Frank Méteyer, son sérieux et sa grande application et félicitons sa femme Anne pour son enthousiasme et son dynamisme. Une marque qui mérite le détour et qu'on s'y intéresse de près.
champagne-meteyer.com

Moët & Chandon

★★★★☆

Sous l'impulsion de son brillant chef de caves Benoît Gouez, Moët a très intelligemment progressé sans renier ses fondamentaux : le fruité, l'équilibre, l'accessibilité juste, la faculté captivante au vieillissement, avec un style très frais qui se protège de l'oxydation, en quête permanente de

Rémi Vervier, directeur général et œnologue de Palmer & Co.

l'absolue précision. Les cuvées s'affranchissent au fur et à mesure du dosage en harmonie avec les avancées viticultrices et une recherche technique de pointe à la constante longueur d'avance. Les vins éclaircissent leur axe et laissent entrevoir une dimension supplémentaire. Les fers de lance de la maison, Impérial et Rosé Impérial, sont des champagnes d'une précision aromatique et d'une finesse impressionnantes. Les assemblages sont millimétrés, visionnaires et d'une grande intelligence. Les millésimes affichent une grande empreinte stylistique identitaire, en témoignent les 2012, saisissants de contemporanéité vigneronne. L'impatience de les déguster aussi dans quelques années comme d'autres grands millésimes Collection de la gamme est grande.
moet.com

Champagne Moutard

Moutard-Diligent est l'une des plus anciennes maisons de la côte des Bar, installée à Buxeuil depuis 1642, un village très au sud de Reims, près de Troyes. Elle propose une intéressante gamme de champagnes issus de ces terroirs argilo-calcaires spécifiques, ainsi qu'une cuvée assez rare dans son genre, composée des six cépages autorisés dans l'aire d'appellation champagne et devenus très rares : arbane (blanc), petit meslier (blanc), pinot blanc, chardonnay, pinot noir et meunier, ainsi qu'une cuvée millésimée de pure arbane.
famillemoutard.com

G.H. Mumm

La marque au cordon rouge, parmi les plus célèbres au monde, appartient au groupe Pernod-Ricard depuis 2005. Elle propose une gamme classique complète et savoureuse, mais aussi une magnifique gamme dédiée aux grands amateurs, RSRV, qui présente quatre cuvées remarquablement excitantes : le fameux mumm-de-cramant, un blanc de blancs d'une finesse éblouissante, son alter ego en pinot noir, blanc de noirs, un rosé intense et racé baptisé foujita et une cuvée d'assemblage plus longuement vieillie en cave. S'ajoute à cette gamme brillante une remarquable interprétation de la légendaire cuvée lalou. Tous les vins sont à redecouvrir d'urgence. Les grandes maisons sont éternelles, il faut compter sur elle.
mumm.com

Palmer & Co

Palmer est une discrète et solide référence, avec des cuvées franches et pures. Elles offrent toutes les qualités d'une grande marque (y compris dans les sobres et réussis étiquetages) mais avec des tarifs plus doux. L'ensemble des vins séduit par sa franchise et sa netteté. Hormis la généreuse cuvée amazone, ils se destinent plutôt à l'apéritif ou aux fruits de mer. La maison possède aussi une extraordinaire collection de vieux millésimes conservés en magnums. En pleine forme.
champagnepalmer.fr

Pannier

Cette maison est une émanation de la cave coopérative de Château-Thierry, à l'extrémité occidentale de l'appellation et des vignobles de la vallée de la Marne. Pour le chardonnay, elle s'approvisionne aussi avec d'autres provenances, notamment à Cramant. L'ensemble de la gamme, composée et construite par un chef de cave brillant qui passe aujourd'hui la main, est très cohérente avec des cuvées blanc de blancs plutôt souples et apéritives. Le blanc de noirs millésimé et égérie sont de belles cuvées vineuses vieillissant remarquablement, velours se destine à la gastronomie.
champagnepannier.com

Champagne Franck Pascal

Isabelle et Franck Pascal constituent l'un des couples les plus attachants de la vallée de la Marne où ils cultivent un peu plus de 4 hectares avec des coteaux exposés sud-est sur des argiles à calcaire, silex et meulière. La culture est biologique et biodynamique et l'élevage se veut le plus naturel possible. Franck Pascal, disciple d'Anselme Selosse, est un de ceux qui, dans le secteur du pinot meunier, travaille avec le plus de régularité. Les vins sont peu ou pas dosés, très épurés et sont ce plus en plus précis avec de l'élan et des équilibres d'une grance subtilité. De grands vins pour la gastronomie.
contact@deschampagnespourlavie.com

Péhu Simonet

David Pehu est installé à Verzenay sur 7,5 hectares, dont 6 sont classés grand cru sur les terroirs de Verzenay, Verzy, Mailly-Champagne et Sillery. À la vigne, David Pehu s'essaie à la viticulture biologique, mais défend avant tout l'idée du travail des sols qui, selon lui, apporte du fond à ses vins - un constat que nous partageons sur nos dernières dégustations. Côté cave, il exploite son parcellaire dans une gamme numérotée baptisée fins-lieux. Les vinifications sous bois, à la bourguignonne, font partie des itinéraires œnologiques du domaine, non sans une certaine réussite. Le style est dense, tonique, jamais lourd, et s'affine sur les cuvées haut de gamme, à l'instar de la magnifique cuvée les-perthois. Mention spéciale au rosé, superbe pour son fruité très pur et sa finesse, ainsi que les chardonnay 100 % montagne.
03 26 49 43 20

Champagne Alexandre Penet

Depuis 2011, Alexandre Penet produit sous son propre nom des cuvées de négoce dans l'esprit des crus du domaine. Les vins ont toujours une belle envergure et ils méritent la plus grande attention. La maison produit une gamme de champagnes très faiblement ou pas du tout dosés, de belle intensité vineuse.
lamaisonpenet.com

Champagne Penet-Chardonnet

Alexandre Penet tient à séparer les vins qu'il vend sous son nom de ceux qu'il continue à élaborer dans la société familiale, sous la marque Penet-Chardonnet. Les vignes de ce domaine modèle de 6 hectares sont situées au cœur de la montagne de Reims et les vins produits possèdent dans toute leur plénitude les qualités de vinosité du secteur. Assemblages issus d'une sélection rigoureuse de parcelles grand cru de Verzy et de Verzenay, la gamme terroirescence est de haute volée. La gamme parcellaire est pertinente tandis que la gamme prestige n'a jamais autant mérité son nom. Une production solide et de haut niveau.
lamaisonpenet.com

Perrier-Jouët

La maison porte les patronymes de ses deux fondateurs, en 1811, le Champenois Pierre-Nicolas Perrier, issu d'une famille de vignerons, et la Normande Rose-Adélaïde Jouët. Appartenant désormais, comme Mumm, au groupe Pernod-Ricard, la maison n'en a pas moins conservé ses spécificités, et notamment son vignoble de 65 hectares, presque intégralement en grands crus, dont les deux tiers de chardonnays sur Cramant et Avize, avec deux parcelles de légende, les Bourons Leroy et Bourons du Midi, réservés à la cuvée belle-époque. Avec désormais un rosé et un blanc de blancs, belle-époque offre une gamme complète et très réussie. Le reste de la gamme est savoureux et consensuel. Fin 2020, Sévérine Frerson a été nommé comme chef de cave pour prendre la suite du très expérimenté Hervé Deschamps.
perrier-jouet.com

Champagne Pertois-Lebrun

Clément et Antoine Bourret progressent sur ce domaine familial de neuf hectares, qui prévaut pour ses parcelles situées en grand cru sur Cramant, Chouilly, Oiry, Oger et Le Mesnil-sur-Oger. Depuis 2009, un travail parcellaire de qualité a été entrepris, qui porte ses fruits. La finesse d'expression est perceptible sur toutes les cuvées qui sont en constante progression.
champagne-pertoislebrun.com

Champagne Pierre Péters

Les Péters ont une notoriété bien établie en Champagne. Leur histoire, riche et complexe, qui

remonte à six générations, est un modèle d'excellence qui a toujours placé l'intérêt du domaine au-dessus des vicissitudes familiales. Un cas singulier quand on connaît le monde viticole, mais qui devrait s'imposer à tous si l'on aspire au plus haut niveau. Rodolphe Péters, œnologue de formation, prend la responsabilité des 19 hectares de l'exploitation en 2007. Son premier chantier est la cave. Il y apporte précision et vision. Précision, entre autres, dans la gestion des lies et du pressurage, vision, notamment dans le développement de ses propres levures. À cela s'ajoute un art de l'assemblage que ses aïeux ont su préserver au fil des générations, la cuvée-de-réserve contient par exemple plus de 20 années différentes. Cet arbitrage subtil entre tradition et modernité a enfin trouvé son point d'équilibre dans un style qui civilise l'origine. Toutes les cuvées sont hautement recommandables.
champagne-peters.com

Emilien Boutillat, chef de cave de Piper-Heidsieck.

Champagne Petit et Bajan

Richard Petit et Véronique Bajan offrent depuis 2008 des cuvées issues des grands crus de la côte des blancs, de Cramant au Mesnil, sans oublier la Montagne de Reims sur le beau village de Verzenay. Ce domaine progresse bien. Les cuvées sont souples, faciles à boire et dignes de leurs origines.
champagne-petit-et-bajan.fr

Philipponnat

Cinq siècles plus tard et Philipponnat poursuit son histoire familiale en Champagne. Installée à Mareuil Sur Ay, la maison est célèbre pour son Clos-des-Goisses, le plus vaste clos de toute la Champagne (5,5 hectares) qui surplombe abruptement la Marne et qu'elle détient depuis 1935. Depuis 1997, elle n'a cessé de progresser sous la direction de Charles Philipponnat. Le vignoble est conduit en respectant les gestes essentiels pour le respecter. En cave, les fûts et les foudres donnent le ton et la signature du style complexe, riche et précis à l'ensemble des cuvées. Un détail résume aussi l'attention portée ici aux vins : la contre-étiquette précise systématiquement les dates de tirage et de dégorgement (qui permettent de comprendre que le vieillissement est largement supérieur à la règle) ainsi que le dosage et l'origine de l'assemblage. Des habillages d'une élégante sobriété à la race de l'ensemble des cuvées, tout ici converge vers la perfection. La maison affiche désormais brillamment ses terroirs de Mareuil et d'Aÿ avec de formidables cuvées parcellaires et bien sûr de l'excellent clos-des-goisses, en blanc comme en rosé. Elle est au sommet de son art. Nous saluons cette performance.
philipponnat.com

Piper-Heidsieck

Agé d'une trentaine d'années c'est désormais Emilien Boutillat qui officie brillamment en tant que Chef des Caves et assure la continuité de l'évidente ascension du style. Très légitimement, la fameuse cuvée Rare est aujourd'hui une marque à part entière, les derniers millésimes y compris rosés affichent une brillance interne sensationnelle, une ligne sapide d'un raffinement saisissant alors que les plus anciens ce cessent de nous émerveiller par leur classe au parfums et textures inouïes. Les Cuvées Essentielles avec récemment le blanc de blancs affichent l'ambition gastronomique de la famille des non millésimés, un équilibre reste peut-être encore à trouver comparativement à l'assise et la concentration parfaite du brut et du tout dernier millésime 2012, tous deux d'un grand niveau. Outre l'esprit lifestyle dans différents univers artistiques, les ambitions vins et gastronomie ne font plus l'ombre d'un doute.
piper-heidsieck.com

Pol Roger

Pol Roger et Compagnie constitue l'une des dernières grandes maisons de Champagne à la fois familiale et indépendante. Hubert de Billy en charge de son développement incarne la 5ème génération. L'entreprise a su nouer de solides relations commerciales et des liens privilégiés avec le marché anglais qui reste à ce jour le plus important de la maison parmi les 90 pays où ses vins sont distribués. La maison a la chance de posséder un vignoble de 90 hectares qui couvre 65 % de ses besoins, elle est restée volontairement limitée dans ses volumes, un million et demi de bouteilles produites chaque année, et un stock impressionnant de 9 millions qui patientent dans les 7,5 kilomètres de caves, les plus fraîches et profondes de la région qui contribuent très certainement au style. L'épure et l'ultime précision caractérisent toutes les cuvées, nous découvrons les parfums et les saveurs justes que la Champagne peut offrir, les sensations sont d'une extrême rémanence et d'une fascinante pureté.
polroger.com

Pommery

Pommery est l'une des grandes marques historiques de la Champagne. Propriété de Paul-François Vranken depuis 2002, la marque conserve le style fin et délié qu'ont toujours apprécié les chefs de caves de la maison. Ne manquez pas la visite des caves, certainement parmi les plus spectaculaires et impressionnantes de Champagne. À tous les points de vue, cette maison a retrouvé aujourd'hui l'importance et

MATHIEU GARÇON

le niveau qualitatif qui était le sien il y a un quart de siècle. La cuvée de prestige, louise, est millésimée et existe en deux versions, l'une brut, l'autre non dosée. Essayez également à l'apéritif le demi-sec blue-sky qui se boit avec des glaçons.
champagnepommery.fr

Champagne Prestige des Sacres

Depuis 2019, c'est Jean-Christophe Glod qui est aux manettes, en tant que président de cette structure qui regroupe une soixantaine de vignerons, avec à ses côtés, Jean-Christophe Lenfant, le chef de cave depuis 2002. Sur les coteaux ouest de la montagne de Reims, ce sont 40 crus qui s'unissent entre la vallée de Vesle et celle de l'Ardre. Le pinot meunier reste le cépage maître et les vins présentent aujourd'hui une belle physionomie fraîche et généreusement fruitée. Les vieillissements allongés confèrent aussi complexité, assise et parfums nobles. Le Brut Sélection et la Cuvée du Chapitre CH. de L'Auche en sont le parfait exemple.
champagne-prestigedessacres.com

Domaine André Robert

Claire Robert et Jean-Baptiste Denizart sont à la tête de cette exploitation de 14 hectares, qui comptent une majorité de premiers et grands crus. Passionnés, ils ont mis toute leur énergie et leur compétence pour reprendre ce domaine et propose une gamme parfaitement bien construite. Fruits d'un travail très sérieux à la vigne et en cave, toutes les cuvées valent le détour, de la cuvée Pauline jusqu'à la série collection-d'auteur qui met en avant le chardonnay du Mesnil-sur-Oger dans les millésimes 2009 et 2012.
champagne-andre-robert.com

Champagne Éric Rodez

Derrière ses lunettes bleues, Éric Rodez est l'un des vignerons les plus cotés d'Ambonnay. Certifié en biodynamie, bio et HVE, le vignoble de 6 hectares entoure le village grand cru, ce qui permet de réaliser un nombre important de cuvées parfaitement distinctes. Un travail important mais qui trouve une vraie légitimité dans les expressions. Depuis 2014, son fils Mickaël, aux lunettes vertes, l'a rejoint et s'occupe désormais du vignoble. Il faut du temps pour faire un grand vin. Éric et son fils le savent parfaitement et l'on ne peut que saluer les progrès considérables réalisés en une petite dizaine d'années. La gamme est remarquable dans sa consistance mais également dans la précision des élevages. Dans un style limpide et maîtrisé, on se prend d'émotion pour ces compositions subtiles, où les équilibres servent admirablement une signature aromatique originale et raffinée
champagne-rodez.fr

Louis Roederer

Maison de Champagne fondée à Reims en 1776, elle est l'une des rares grandes maisons de Champagne à être toujours détenues par la famille fondatrice. Elle fût la première il y a de nombreuses années à avoir investi sur les soins naturels au vignoble et à l'attention environnementale. Il en résulte désormais un patrimoine qui relève d'une exceptionnelle et pure sincérité, une admirable vision vers l'avenir qui force le respect. 126 hectares sur 242 que Louis Roederer possède sont conduits en bio-dynamie, le reste est certifié HVE et VDC et cela ne s'arrêtera pas là. Frédéric Rouzaud, 7e génération de la lignée, entend bien poursuivre cette incroyable ascension à l'esthétique originelle Jean-Baptiste Lecaillon, éminent chef de cave ne cesse d'impressionner à travers les vins qu'il élabore et la connexion terrestre qu'ils traduisent. En recherche permanente, au vignoble, en cuverie et en cave, il continue sa quête d'excellence et la volonté à rendre ses vins magnétiques et restitutoires. Ce « cristal » de plus en plus lumineux. C'est un modèle et une inspiration.
louis-roederer.com

Jean-Baptiste Lécaillon (Roederer).

LUC MANAGO

Ruinart

Créée en 1729, Ruinart n'a jamais été aussi en forme que sous la houlette du brillant chef de caves Frédéric Panaïotis, avec des champagnes d'une précision et d'un éclat aromatique spectaculaires. Installée à Reims, elle abrite de magnifiques Crayères, ces caves antiques où vieillissent les vins. Plutôt axés sur les chardonnays de la côte des blancs et de la montagne de Reims, les champagnes témoignent tous d'une grande délicatesse et d'une pureté aromatique où la craie, les fleurs, les fruits blancs et les agrumes s'expriment remarquablement. Dans un style également sans lourdeur, les rosés (dont Ruinart revendique l'origine de la production voici 250 ans) sont également brillants. La Maison est auss engagée dans l'art et la création, elle fait appel aux plus grand talents afin d'interpréter son ADN, son style et son art de vivre.
ruinart.com

Salon

La maison créée en 1920 par Eugène-Aimé Salon au Mesnil-sur-Oger, entre New-York et Paris pour ses affaires, il aimait les belles choses et rêvait d'un champagne unique. Cette petite maison fait partie, avec sa jumelle voisine Delamotte, du groupe Lau-

rent-Perrier depuis 1988. Elle est dirigée par l'efficace et talentueux Didier Depond et les vins sont cousus par Michel Fauconnet. Salon ne produit qu'un seul vin, uniquement dans les très grands millésimes (seulement 37 élaborés au XXe siècle) exclusivement à partir de chardonnay issu de la parcelle « Jardin de Salon » et 19 autres du Mesnil-sur-Oger grand cru. Il faut également souligner que la marque n'a cessé de progresser sous l'impulsion de Laurent-Perrier.
salondelamotte.com

Champagne Savart

Pour comprendre les champagnes de Frédéric Savart, il faut s'intéresser moins au terroir qu'au vigneron. Véritable passionné de vins, comme tous les plus grands vignerons de la planète, il partage cette culture indispensable à qui souhaite un jour atteindre l'excellence. Sur les terroirs de la petite montagne, il a su pleinement exploiter le potentiel des sols légers d'Écueil dans un style délicat et suave irrésistible. Avant d'évoquer un lieu, encore faut-il savoir l'interpréter. C'est ce que réussit admirablement Frédéric Savart, qui démontre avec brio ses talents remarquables de vinificateur.
champagne-savart.com

JM.Sélèque

Henri Sélèque le grand père de Jean-Marc planta dans les années 1960 des vignes dans le secteur de Moussy et Pierryn, côteaux sud d'Epernay, à l'opposé de la côte des blancs. Le vignoble s'étend sur neuf hectares et sept villages. Depuis 2015, les nouveaux locaux se trouvent à l'entrée du village de Pierry. Tout est fait pour que ce soit le plus naturel possible, de la réception des raisins rafraîchis, pressoir automatique et vinifications sans souffre. En souterrain, outre l'inox et les jarres en grès, la moitié des vinifications s'opère en fut de 300 à 600 litres et quelques vins sont conservés en foudre afin de mieux encore garder les vins de réserve sur le long terme. L'ensemble de la gamme s'associe à la passion musicale familiale, depuis 10 ans, Solessence représente l'identité des terroirs, Soliste exprime les cépages et les parcelles du village de Pierry et Partition est un assemblage des plus belles parcelles chacune vinifié séparément. Les vins de Jean-Marc démontrent justesse et intensité des sols. Il faut les garder encore un peu en cave tant le potentiel d'expansion et grand.
jmseleque.fr

Jacques Selosse

Anselme Selosse poursuit avec sa liberté intuitive ses convictions champenoises. Inspirant, toujours en recherche d'adaptation, il fuit les règles et privilégie la permanente remise en question souhaitant s'approcher le plus précisément de la nature et des changements qu'elle impose désormais. Avant-gardiste sur de nombreux sujets, sa vision intellectuelle et philosophique ne laisse jamais indifférente et ses vins suivent cette mouvance. Désormais, son fils Guillaume l'accompagne. Ils réalisent ensemble des vins toujours aussi singuliers que le monde s'arrache. Les grandes vinifications sous bois issus de multiples origines tout comme l'éducation des vins sous soléra afin de créer des millefeuilles temporels ne varient pas, l'extraction du sol se dissimule avec une grande singularité à l'épicentre d'une matière à la richesse concentrée inouïe. Plus qu'un style, une envie.
selosse-lesavises.com

Taittinger

Depuis plus d'un siècle, quatre générations dans un fort esprit de famille ont dessiné l'âme de cette maison encrée entièrement dans le paysage champenois. L'histoire Taittinger est exemplaire en termes de respect et d'engagements. Vitalie, Pierre-Emmanuel et Clovis Taittinger sont les dignes acteurs, gardiens du nom et de sa prestigieuse épopée. Entourée d'une équipe fidèle et hautement qualifiée, Damien Le Sueur, directeur général et Alexandre de Ponnavoy, chef de cave, Vitalie a succédé à son père à la tête de la présidence le 1e janvier 2020. Vignoble de 288 hectares certifié Haute valeur environnementale dans l'élaboration de ces cuvées, la maison est devenue un beau modèle pour la Champagne et le vin en général. Tous les vins ont ce supplément d'élégance qui repose souvent sur le chardonnay. Chaque cuvée possède en outre sa propre personnalité, avec au sommet comtes-de-champagne blanc, composé uniquement de chardonnays issus de cinq grands crus de la côte des Blancs et comtes-de-champagne rosé, majestueux et captivant, prêt à défier les années. Ces deux vins affrontent le temps et s'en nourrissent splendidement. Du brut-réserve aux Cuvées nocturne en passant par le domaine familial des Folies de La Marquetterie à Pierry, tout est bon.
taittinger.com

Champagne Tarlant

Ce vignoble de 14 hectares, situé au cœur de la vallée de la Marne, compte 55 parcelles, plantées des trois cépages traditionnels mais aussi de pinot blanc, de petit meslier et d'arbanne. Benoît et Mélanie Tarlant y développent des cuvées parcellaires de plus en plus abouties. Vieillis cinq ans en moyenne, les vins sont très peu, voire pas du tout dosés. C'est ce respect du temps long qui leur permet de sortir un excellent champagne-zéro en entrée de gamme. Cette cuvée est la preuve que la Champagne peut faire équilibré, complexe et rafraîchissant sans tomber dans les micro-cuvées. Et c'est aussi par cette cuvée que l'on juge encore le savoir-faire d'un vigneron. Cela étant dit, l'amateur aurait tort de ne pas s'aventurer sur le reste de la gamme, en particulier le très bon rosé zéro et l'excellente nouveauté Argilité.
tarlant.com

Champagne Telmont

Cette petite maison dispose de plus de 30 hectares de vignoble. Elle se recentre aujourd'hui autour de cet indéniable atout pour produire des vins sincères et de mieux en mieux construits. Suivez-là de près.
champagne-telmont.com

Thiénot

Tête de pont champenoise de l'entreprenante famille Thiénot, également propriétaire de Dourthe à Bordeaux et de Canard-Duchêne et Joseph Perrier en Champagne, cette marque dispose aujourd'hui d'une personnalité propre grâce à sa gamme très complète. La nouvelle génération, Garance et Stanislas Thiénot, veille au grain, réussissant notamment la montée en gamme avec les cuvées qui portent leurs prénoms mais aussi un superbe monocru d'Avize, la vigne-aux-gamins. Le style en est définitivement calé : les vins sont souplement apéritifs, toujours sans aucune lourdeur ni acidité mordante. Les millésimes et cuvées de prestige sont tous réussis.
thienot.com

Tsarine

Tsarine est la grande cuvée développée par Chanoine Frères, marque appartenant au groupe BCC (également propriétaire de Lanson) ; elle s'est rapidement développée en accompagnant le monde du cinéma, ce qui contribuera au succès de la maison. Chanoine a été fondée à Épernay en 1730, c'est donc l'une des plus anciennes maisons de Champagne. La jeune Tsarine, Elisabeth Petrovna, femme blonde aux grands yeux bleus, reconnue pour son charme et son élégance fit le symbole de la marque à l'instar d'Adriana Karembeu égérie de la maison depuis quelques années, poursuivant ainsi l'hommage rendu à l'incarnation féminine. Les vins élaborés par Isabelle Tellier Chef de cave sont principalement fixés sur l'équilibre des trois cépages champenois, ils sont sur la jeunesse tendre mais aussi sur esthétique fuselée, fruitée et fleurie.
tsarine.com

Champagne Jean-Louis Vergnon

Les cinq hectares de vignes de ce domaine de la Côte des Blancs sont exclusivement plantés en chardonnay et cultivés en lutte raisonnée. Christophe Constant, l'un des rares œnologues de Champagne à se rendre dans les

Charles-Henry et Emmanuel Fourny (Veuve Fourny).

vignes, n'est pas étranger à la réputation du domaine. La gamme est habilement construite : une entrée de gamme plutôt sur la gourmandise tandis qu'éloquence s'ouvre sur des notes plus minérales. Que l'amateur ne s'y trompe pas, ces deux cuvées sont de véritables pépites à prix raisonnable. Confidence, la cuvée phare du domaine, exige du temps pour se révéler et fait incontestablement partie des grandes bouteilles de Champagne.
champagne-jl-vergnon.com

Veuve Clicquot-Ponsardin
★★★★★
La maison rayonne sur toute la Champagne avec ses 300 hectares sont conduits désormais sans herbicides, certifiés HVE ET VDC. Cette richesse de terroirs est au centre de toutes les attentions. Didier Mariotti, le chef de cave, entend bien continuer à aller plus loin dans une viticulture progressive et au plus près des sols, du végétal et de l'environnement. L'investissement dans le nouveau site de production appelé « comète » sur la commune de Saint Léonard à proximité de Reims qui couvrira près de 47 hectares de surface constitue un nouveau virage qualitatif. Du brut Carte Jaune en passant par les splendides vintages, la précision est indéniable, Grande Dame 2008 et 2012 renouent avec l'excellence de cette cuvée historique, grandiose de pureté et de restitution, exemplaire pour la Champagne d'aujourd'hui et de demain.
veuve-clicquot.com

Veuve Fourny
★★★★☆
Charles-Henry et Emmanuel Fourny ont transformé cette petite maison familiale, installée à Vertus depuis 1856, en une adresse sûre et excitante pour les amateurs de champagnes précis, vineux et authentiques. Le vignoble compte une rareté, un clos : celui du faubourg Notre-Dame, utilisé pour les millésimes uniquement. Si les chardonnays dominent largement, les pinots noirs ne sont pas absents, vinifiés pour partie en fût de chêne. Sans perdre la race minérale qui est la marque de la maison, les champagnes gagnent en finesse d'expression et en élégance de définition. La maison est très justement devenue aujourd'hui une référence en termes de vins précis et authentiques. Les blancs de blancs rayonnent et les rosés sont d'un savoureux exquis.
champagne-veuve-fourny.com

Champagne Vignon Père et Fils
★★★☆☆
Essentiellement situés sur les terroirs grand cru de Verzenay et de Verzy, les sept hectares de vignes sont gérés par Stéphane Vignon, qui les conduit vers une certification en viticulture durable. Les engrais sont bio, les traitements sont à base de cuivre et de soufre et les vinifications parcellaires sont réalisées pour une moitié en fûts, sur lies. Ici on préfère les levures du raisin et, chaque fois que possible, le collage et la filtration sont évités. Les vins portent la puissance du cru. Un domaine sérieux.
champagne-vignon.com

Champagne Vilmart & Cie
★★★☆☆
Au cœur de la montagne de Reims, autour de Rilly-la-Montagne (premier cru), la maison Vilmart cultive sur 11 hectares 60 % de chardonnay et 40 % de pinot noir. Une répartition atypique dans un village où les trois cépages sont présents avec un léger avantage pour les pinots. Laurent Champs, cinquième génération, est à la tête du domaine depuis 1995. Il pratique avec une grande maîtrise les élevages en foudres et en fût de chêne. Une sensibilité au bois qui n'est pas sans lien avec son père René Champs, qui était compagnon du devoir dans le bois. À la vigne, le domaine est certifié en viticulture durable et respecte les principes de la charte Ampelos (charte de qualité excluant l'usage d'engrais chimiques, d'herbicides et d'insecticides). Quant aux champagnes, le travail de Laurent Champs sur les textures est remarquable. Les mousses sont caressantes, avec une pointe de gourmandise toujours rattrapée en finale par la fraîcheur du terroir. On court le découvrir.
champagnevilmart.fr

Vranken
★★☆☆☆
Fondée en 1976 par Paul-François Vranken, la maison de Champagne Vranken est devenue l'une des marques importantes du groupe géré par le tourbillonnant homme d'affaires. Pommery, Heidsieck & Co Monopole ou encore Charles Lafitte complètent son portefeuille champenois, en plus des vignobles qu'il possède en France, au Portugal et en Angleterre. En 2004, Paul-François Vranken et son épouse ont racheté et rénové la villa Demoiselle à Reims, l'un des fleurons de l'Art Nouveau. Les champagnes sont souples et faciles, dans un registre net, clairement destiné à l'apéritif
vrankenpommery.com

Champagne Waris Hubert
★★★☆☆
La quatrième génération de la famille Waris-Hubert, installée à Avize dans la côte des Blancs, dispose de terroirs en premiers et grands crus parmi les plus réputés du secteur. L'exploitation est le résultat de la réunion de deux vignobles, celui de Stéphanie et celui d'Olivier. Il compte aujourd'hui 11 hectares. La gamme, dont les cuvées portent des noms inspirés et poétiques, proposent des sélections de terroirs. On trouve ici de grands champagnes racés et fins. Notre préférence va aux blancs de blancs grands crus, tous très distingués.
champagne-waris-hubert.fr

MATHIEU GARÇON

Cor

se

UN VIEIL ADAGE EXPLIQUE QUE LES MEILLEURS VINS SONT FAITS DANS LES PLUS BEAUX ENDROITS DU MONDE. À CE JEU-LÀ, LE VIGNOBLE CORSE A UN TEMPS D'AVANCE. DE PLUS EN PLUS RECHERCHÉS DES GRANDS AMATEURS, DIFFICILES À TROUVER SUR LE MARCHÉ INTÉRIEUR, RARES ET ORIGINAUX, LES VINS CORSES CONTINUENT LEUR MARCHE EN AVANT, VERS LA RECONNAISSANCE ET LES SOMMETS

GILLES SEROIN L'AUTRE MAÎTRE DU SCIACCARELLU

C'EST LE GRAND CÉPAGE ROUGE IDENTITAIRE DE CORSE. L'ÂME DU MAQUIS S'EXPRIME DANS SES ARÔMES, QUEL QUE SOIT LE MODE DE VINIFICATION CHOISI. PLUS OU MOINS EXTRAITS, CONCENTRÉS OU INFUSÉS, LES VINS ONT ENTREPRIS D'ENVAHIR LE MONDE. LES CUVÉES DE GILLES SEROIN AU DOMAINE SANT ARMETTU SONT LA POINTE DE CETTE FLÈCHE CONQUÉRANTE

PAR **NICOLAS DE ROUYN**

IL Y A UNE RENAISSANCE très palpable des vins corses et cette émergence toute neuve doit beaucoup aux cépages autochtones de l'île, parmi lesquels le sciaccarellu. Gilles Seroin l'a compris il y a longtemps et ses vignes sont aujourd'hui en pleine production avec des cuvées d'esprit aussi différent que marqué. Nous avons rencontré ce grand garçon, fin et longiligne, dans son domaine de Sant Armettu, un amphithéâtre qui regarde la Méditerranée dans les collines qui surplombent Propriano. Voici ce qu'il nous a dit.

LE DÉBUT DE L'HISTOIRE ET LA SUITE QUI S'AVANCE

« C'est mon grand-père qui a créé le domaine en 1964. Mon père a continué. Au début, il était coopérateur. Dans les années 1990, le travail avec la coopérative n'était plus vraiment valorisant. Moi, j'étais caviste à Aix-en-Provence. On m'a élevé en me disant qu'il valait mieux vendre le vin que le faire. Le domaine compte quarante hectares de vignes en production. Quand j'ai repris en 1995, il y en avait douze. La transmission du domaine avec mon père s'est vraiment bien passée. La législation européenne à cette époque ne permettait plus d'avoir des aides à la création. Il n'y avait que des aides à la modernisation. Il fallait justifier de trois années de récolte pour les obtenir. On a démarré avec seulement un hangar agricole dans lequel on faisait tout. Aujourd'hui, il y a un bel outil de production. Nous continuons ce travail de restructuration des vignes. Je plante un peu chaque année. L'objectif est de ne pas manquer de vins et de vendre tout. Je commence à me rapprocher des limites du domaine. En ce moment, nous cherchons des terres un peu plus en altitude. J'ai un fils et une fille qui vont venir travailler avec moi. Guillaume finit ses études d'œnologie et me rejoint. Et Jeanne, qui travaille en Suisse, viendra bientôt. Les enfants arrivent, c'est bien. Je vais pouvoir me poser un peu. »

HISTOIRE DE SOLS, DE CÉPAGES, DE SANGLIERS

« Le cépage de prédilection du domaine, celui qui marche le mieux sur le granite, ici en Corse, c'est le sciaccarellu. Les vieux grenaches que nous avons donnent aussi de très belles choses. Plantés sur du sable, ils ont beaucoup de pureté. Cette année, on a mieux géré la pression des sangliers dans nos parcelles. En perte, c'est difficile à estimer. Les cochons se concentrent sur la parcelle la plus mûre et l'attaquent. Si on ne fait pas attention, en trois ou quatre jours, on peut perdre un hectare de vignes. Il faut avoir des clôtures et les inspecter sans cesse, c'est le seul moyen. »

LE PLAISIR ET LA PAIX

« On a aussi cinq hectares d'oliviers. Ce n'est pas rentable, je le fais parce que l'olivier est un arbre très apaisant. J'ai cinq hectares de vergers jeunes et deux hectares de vergers centenaires. En Corse, on aime faire des huiles très douces. C'est ce qu'on préfère et ce qu'on mange. »

BIG BUSINESS ?

« Le domaine a une belle image que nous continuons de construire. Nous avons 22 références pour 200 000 bouteilles. Les vins se vendent bien. Nous allons bientôt accélérer franchement, notamment sur le grand export. Depuis peu, nous commençons à travailler aux États-Unis. Cette présence est très récente pour nous. En 2017, on a créé des nouvelles cuvées qui ont fait le buzz. Je me suis vraiment concentré sur la production. La seule chose qu'on peut envier aux grandes appellations, ce sont les prix pratiqués. Nous n'avons pas encore la notoriété correspondant à la qualité de nos vins. »

LA QUESTION OBLIGATOIRE

« Depuis des années, le bio est la norme sur le domaine, la Corse est une région propice, mais je n'avais pas de certification. Quand j'ai commencé le grand export, il en fallait une. C'est le niveau minimum requis et je l'ai eue. La prochaine étape, c'est la biodynamie. On travaille depuis longtemps avec ces pratiques dans la cave, pas encore dans les vignes. » ▮

MATHIEU GARÇON

Si Gilles Seroin regarde devant lui, c'est que l'avenir s'annonce bien. Ses enfants sont là pour continuer l'œuvre.

LA CORSE LES GARDIENS DE L'ÎLE DE BEAUTÉ

LE VIGNOBLE INSULAIRE PEUT COMPTER SUR CES DOMAINES POUR CONTINUER SA ROUTE VERS LE PLUS HAUT NIVEAU

Domaine Comte Abbatucci

●●●●○

Dans ce haut-lieu historique du vignoble d'Ajaccio, dont la collection unique de vieux cépages blancs locaux a fait prendre conscience de l'obligation morale et culturelle de diversifier l'encépagement de toute la Corse, Jean-Charles Abbatucci pratique avec une générosité contagieuse une viticulture irréprochable. Les vins récents ont la souplesse, le naturel et le glissant qu'on attend d'eux, et ont nettement progressé en régularité grâce à la complicité qui unit le propriétaire et un remarquable œnologue-conseil, Emmanuel Gagnepain. La cuvée faustine brille par sa finesse pure et les grandes cuvées collection, ministre, général et diplomate offrent la complexité raffinée de leur encépagement pionnier.

domaine-abbatucci.com

Domaine d'Alzipratu

●●●●○

Ce domaine phare de Calvi de 40 hectares, intelligemment dirigé par Pierre Acquaviva, n'a cessé de progresser depuis dix ans et dépasser le niveau de production de vins charmants et fruités pour devenir de nobles expressions du granite de Balagne, et des modèles de vinification et d'élevage pour toute la Corse. Le microclimat assez frais de la montagne, tempéré par les embruns de la mer proche, donne des vins nerveux, subtils, plus incisifs que la moyenne.

domaine-alzipratu.com

Domaine Antoine Arena

●●●○○

De tous les vignerons corses, Antoine Arena est sans doute celui qui a eu la plus grande volonté de faire connaître ses vins au-delà de l'île. Il a repris le domaine familial en 1975, avec l'aide de sa femme Marie, et l'a hissé parmi les meilleurs de Corse, travaillant dans une approche naturelle, sans produits de synthèse et avec l'apport de fumier naturel, aujourd'hui certifié en agriculture biologique. Jusqu'en 2013, il y avait un seul domaine que vinifiaient Antoine et Marie avec l'aide de leurs deux garçons Antoine-Marie et Jean-Baptiste. Depuis 2014, certaines parcelles du domaine ont été transmises aux fils ; Antoine-Marie s'est donc installé sur 6 hectares (domaine Antoine-Marie Arena), de même que son frère Jean-Baptiste qui, lui aussi, vinifie sous ses propres étiquettes au domaine éponyme (six hectares également). Une référence.

antoine.arena@wanadoo.fr

Domaine Antoine-Marie Arena

●●●○○

Antoine-Marie, fils d'Antoine Arena, a repris en 2014 quelques parcelles et produit en bio, sur 6 hectares, ses propres vins avec la même énergie et le même talent que son père, allant vers encore plus de précision et de rigueur, aussi bien dans le choix idéal de la date de vendanges que par le contrôle minutieux des vinifications. En toute logique, il est devenu très vite l'un des grands de la viticulture corse. Il a hérité du terroir suprême de Carco et des Hauts de Carco, des calcaires très durs, avec même l'ambition de l'agrandir prochainement, qui tend à la perfection la fin de bouche des blancs, et aime les rouges souples mais pleins. Attention néanmoins à ne pas privilégier le fruit immédiat sur la profondeur de l'expression des lieux magiques où pousse la vigne.

antoinemarie.arena@gmail.com

Clos Canarelli

●●●●○

Yves Canarelli a repris le vignoble paternel de Tarrabucetta en 1993, l'a arraché pour repartir de zéro et produire son premier millésime en 1997. Il cultive aujourd'hui, en biodynamie, plus de trente hectares dans les secteurs de Figari et de Bonifacio, puisant parmi les quelque 40 cépages corses les plus adaptés à son goût et son terroir. Un nouveau chai a été réalisé, qui permet la vinification au large et dans différents contenants : amphores, œufs béton, barriques, foudres. Le dernier millésime du grand enclos calcaire de Bonifacio, Tarra di Sognu, confirme qu'un premier grand cru est né. Pour le moment, il reste sans rival en Corse, avec une tension minérale qu'on ne retrouve pas sur Figari où les vins sont plus tendres et plus aromatiques. Le vigneron d'élite de la Corse.

closcanarelli2a@orange.fr

Clos Canereccia

●●○○○

Christian Estève reste fidèle à une ligne de conduite qui lui fait essayer toute sorte de contenant pour l'élevage avec une préférence de moins en moins secrète pour les amphores en terre. Il y a encore de la disparité entre toutes ses cuvées mais on apprécie chez lui la netteté des vinifications et le suivi des mises. Évidemment les vins plus aboutis sont hors appellation d'origine tant notre conservatisme fait de tort à notre patrimoine.

closcanereccia.com

Clos Capitoro

●●○○○

Cette propriété historique qui a beaucoup fait pour Ajaccio produisait les meilleurs rouges de l'île à la fin des années 1970. Elle a eu depuis de nombreux hauts et bas, mais Éloïse, la fille de Jacques Bianchetti, semble avoir bien repris les choses en main. Les vins de manière générale retrouvent style et expression de terroir. Très encourageant et à suivre.

clos-capitoro.com

Casa Angeli

●●○○○

Depuis 2003, Daniel Angeli et son fils Antoine gèrent un hectare de vignoble exclusivement planté de muscat. Ce petit domaine dont les vignes sont vraiment situées en bordure du Cap s'est spécialisé dans le muscat VDN, qu'il réussit avec une sûreté et une constance de style qui forcent le respect.

casaangeli.fr

Domaine du Comte Peraldi

●●○○○

Le vignoble touche la ville qui hélas l'entoure de façon de plus en plus dramatique à la façon de la banlieue bordelaise à Pessac. Mais la nature reprend ses droits dès les premiers rangs de vignes et le granite produit les expressions fines qu'on associe à Ajaccio sous la direction attentive de la nouvelle génération des Poix. Les rouges en particulier ont une expression proche de celles de grands pinots noirs mais attention à ne pas trop les boiser.

domaineperaldi.com

Domaine Culombu

●●●○○

Des travaux de titan vont donner à ce grand domaine un nouveau cuvier à la pointe du progrès et lui permettre d'aller encore plus loin dans les vinifications parcellaires et de rivaliser à armes égales avec

Yves Canarelli (Clos Canarelli).

son ami Pierre Acquaviva (Alzipratu). Le fils d'Étienne Suzzoni est venu rejoindre son père avec un parfait savoir agronomique et œnologique. Ne manquez pas les nouvelles cuvées de la série storia-di, dédiées aux cépages anciens retrouvés.
closculombu.fr

Richard et Marjorie Spurr L'Enclos des Anges

Nous ne pouvons que réitérer notre affection et notre admiration devant la gamme des vins produits par un Britannique devenu plus corse dans l'âme que tous les Corses. Richard Spurr produit sur 15 hectares des vins audacieux, allant au bout de la logique d'expression du terroir mais complètement sous contrôle pour y parvenir et même quelques essais de vins plus classiques, tout aussi réussis et qui élargissent la séduction de la production.
richard@enclosdesanges.fr

Domaine Giacometti

En limite d'appellation, à l'entrée du désert des Agriates, le terroir change de nature par rapport au cœur de Patrimonio, avec des sols granitiques et un microclimat encore plus sec. Un domaine pilote y avait été planté par Michel Martini dans les années 1960, et la famille Giacometti, passionnément respectueuse de la nature et de l'environnement, continue brillamment son œuvre. Les derniers millésimes ont beaucoup progressé en précision et expriment magnifiquement le terroir. Le prix des vins reste angélique.
domainegiacfometti.com

Domaine Giudicelli

Voici encore un domaine de « femme corse » ! Muriel Giudicelli exploite avec autorité une propriété située au cœur du vignoble historique de Patrimonio, avec un pied dans l'aire d'appellation du Muscat du Cap Corse (son mari l'aide à la vigne depuis 2005). Il compte 12,5 hectares entièrement conduits en agriculture biologique et, de plus en plus, biodynamique. Muriel a beaucoup travaillé l'affinage de vinification et d'élevage de ses rouges, qui ont énormément gagné en harmonie, avec une finesse de tannin unique à Patrimonio. Mais les blancs et les muscats ne sont pas en reste, issus de vendanges mûres et savoureuses.
muriel.giudicelli@wanadoo.fr

Clos Landry

Nous retrouvons avec plaisir dans le guide ce domaine emblématique de Calvi, qui trouve avec une nouvelle génération une seconde jeunesse et surtout des vins plus affinés et complexes, qui tiendront parfaitement leur rang parmi les meilleurs de Balagne. Tous nos encouragements au tandem déjà talentueux de Marc Paolini et son œnologue Christophe Wagner.
vinsclostlandry@gmail.com

Yves Leccia

Yves Leccia a quitté en 2005 le vignoble familial, repris par sa sœur Annette, en conservant une partie des vignes de son père sur le secteur plus schisteux d'E Croce et une autre partie de vignoble en fermage. Le vignoble compte désormais 15 hectares entièrement sur Patrimonio, dont les magnifiques parcelles de E Croce et Partinelone, des coteaux exposés sud-ouest bénéficiant de l'influence maritime. Yves Leccia maintient année après année une haute qualité d'ensemble pour toute sa production. La précision et la rigueur des vinifications permettent un vieillissement remarquable de ces vins qu'on boit toujours trop jeunes. Les premiers essais de vin de type plus fruité, en IGP Île de Beauté, sont parfaitement concluants.
yves-leccia.com

Domaine Orenga de Gaffory

La famille Orenga descend des Mattei de Bastia, qui ont dominé l'industrie des vins et spiritueux sur tout le pourtour méditerranéen. Elle possède un important vignoble au cœur du sublime site vinicole de Patrimonio et ses vins sont des classiques de l'île, largement distribués dans tous les restaurants et hôtels. Les conseils avisés d'Emmanuel Gagnepain les ont considérablement fait progresser en finesse immédiate d'expression. Les blancs et les muscats passerillés sont des sommets incontestés du genre en Corse et les rouges se rapprochent des meilleurs.
orengadegaffory.com

Domaine Pieretti

Voici un des plus beaux domaines corses, situé à proximité de la mer, à une trentaine de kilomètres au nord de Bastia, sur les flancs est du Cap Corse. Lina Pieretti-Venturi le dirige avec détermination depuis 1989 (sur une petite douzaine d'hectares) et obtient désormais les vins dont elle a toujours rêvé, jouant sur la finesse plus que sur la puissance, dans le respect de l'originalité d'un microclimat marin qui affine tous les raisins, qu'ils soient blancs ou rouges. Ses cuvées marine n'ont guère de concurrence en matière de finesse pure, ce qui explique que la propriété soit dévalisée dès la fin du printemps.
vinpieretti.com

Clos Poggiale

Jean-François Renucci en Costa Serena a repris les anciens vignobles de la famille Skalli, Terra Veccia et Clos Poggiale. Clos Poggiale, un peu à l'écart de l'étang de Diana, possède le meilleur microclimat, protégé de l'humidité, et permet une culture biologique qui rend justice à la qualité du terroir. Les conseils avisés de Stéphane Derenoncourt commencent à porter leurs fruits. De sérieux progrès.
clospoggiale.fr

MATHIEU GARÇON

Sant-Armettu

★★★★☆

Un ermite guérisseur ayant choisi pour exercer son don ce site exceptionnel, à l'extrême nord de l'appellation, a inspiré le nom du domaine. Gilles Seroin y produit les vins les plus réguliers de Sartène, bénéficiant de vieilles vignes et d'un sens inné de l'équilibre en vinification. Il a quitté la coopérative en 1996 pour réaliser des cuvées de terroir, l'agrandissant sur 40 hectares, et favorisant de vieilles variétés de cépages. Son domaine est le plus septentrional de l'appellation, près de Propriano dans la vallée du Baracci, entouré d'oliviers et ouvert sur le golfe du Valinco. Les derniers millésimes, en grands progrès, confirment le talent du vinificateur avec un parcours sans faute dans les trois couleurs et des vins d'une complexité qui égale les meilleurs. La gamme produite s'élargit de plus en plus avec des vins de curiosité que nous vous invitons à découvrir malgré des volumes minuscules de production.

santarmettu.com

Gérard Courrèges (Domaine Vaccelli).

MATHIEU GARÇON

Domaine Saparale

★★★☆☆

Philippe Farinelli a joué le jeu de la dégustation comparative cette année et bien lui en a pris car ses vins se dégustaient merveilleusement bien dans les trois couleurs. Dans une des caves les plus soignées et les plus réussies dans son architecture, un élevage maîtrisé donne au vin un style classique et indémodable, porteur du terroir et surtout parfaitement adapté à la gastronomie méditerranéenne.

saparale.com

Terra Vecchia

★☆☆☆☆

Ce vaste domaine qui jouxte l'étang de Diana est devenu la plus importante propriété indépendante de l'île et exporte en grande quantité une production généralement compétente sur le plan technique et d'une bonne homogénéité qualitative. Si la gamme manque un peu d'homégénéité, il faut reconnaître le caractère très charmeur et de certaines cuvées, faciles à boire sur le fruit, légères et digestes. Une bonne adresse pour dénicher des vins de plaisir.

clospoggiale.fr

Domaine de Torraccia

★★★☆☆

Après Christian, le père, figure emblématique de la viticulture corse, qui posa les bases du nouvel élan qualitatif amorcé dans les années 1970, il y a aujourd'hui le fils, Marc, installé depuis 2008 sur les 43 hectares de vignoble d'arènes granitiques (et 25 hectares d'oliviers) conduits en agriculture biologique. Marc Imbert a trouvé ses marques dans cette superbe propriété de bord de mer du secteur de Porto-Vecchio. Trois couleurs de granite (rose, gris et bleu), permettent d'exceller dans les trois couleurs de vin, en jouant sur la finesse, la tension et la minéralité, particulièrement dans les cuvées oriu, qui retrouvent la plénitude de leur caractère et leur potentiel de vieillissement.

domaine-de-torraccia.com

UVIB

★☆☆☆☆

Cette grande coopérative produit des vins de table honorables mais sans grande personnalité, mais il faut reconnaître que ses meilleures sélections, qui portent le nom de réserve-du-président, offrent une qualité bien supérieure et suivie, qui fait honneur à l'appellation. Des vins équilibrés, sains et d'un très bon rapport qualité prix.

cavedaleria.fr

Domaine Vaccelli

★★★☆☆

Gérard Courrèges nous prépare des lendemains glorieux au domaine avec des vins dont il prolongera l'élevage et la commercialisation, un peu comme au clos Venturi. Les petites récoltes 2017 ne permettent pas de satisfaire ses nombreux admirateurs. Avec ses étiquettes reconnaissables parmi toutes et une gamme bien découpé, le domaine s'impose de plus en plus comme l'une des références majeures du vignoble corse. Les vins, de plus en plus prisés, sont difficiles à trouver sur le marché. On recommande absolument.

vaccelli@aol.com

Clos Venturi

★★★★☆

Plus que jamais Manu Venturi incarne la viticulture corse dans ce qu'elle a de plus visionnaire et ambitieux. Il a converti les vignes à la biodynamie avec cette année l'arrivée des moutons pour introduire de la vie animale et maîtriser l'enherbement. Il dispose désormais de nombreuses parcelles où revivent les cépages anciens sauvés par son ami Abbatucci, ce qui lui permet d'élargir sa gamme avec de nombreuses nouvelles cuvées. Il pratique enfin une courageuse politique de vieillissement en bouteille pour mettre des vins arrivés à bonne maturité sur le marché.

domainevico.com

Vignerons Corsicans

★☆☆☆☆

Une bonne cave coopérative bien équipée sur le plan technique. Les vins réussis sont frais, désaltérants et de notable rapport qualité prix.

corsicanwines.com

Jur

a

LE TEMPS EST BEL ET BIEN RÉVOLU OÙ LE VIGNOBLE DE JURA NE FAISAIT PARLER DE LUI QUE POUR SES VINS JAUNES ET SES VINS DE PAILLE. ICI AUSSI, LE VENT DU CHANGEMENT A SOUFFLÉ FORT, REBATTANT LES CARTES D'UNE PRODUCTION QUI NE CESSE DEPUIS DE MONTER EN PUISSANCE. IL RESTE TANT À DÉCOUVRIR

JURA, LE CARNET DE NOTES

Cette sélection réduite n'est qu'un avant-goût de ce que la viticulture jurassienne est capable de faire. Si les blancs méritent qu'on s'y intéresse de près, les rouges, même s'ils doivent encore progresser, commencent à rattraper leur retard. Et les vins jaunes ? Ceux cités dans ces pages doivent avoir une place de choix dans votre cave. *DÉGUSTATION* ***LOUIS-VICTOR CHARVET***

Château d'Arlay, Vin jaune, côtes-du-jura 2013, blanc
95
Un vin jaune classique, tout en amplitude aromatique, dominateur de corps et sur la puissance. Il plait beaucoup par son caractère général finement iodé et salin. Finale pure sur le registre florale.
42 euros

Château d'Arlay, Chardonnay - En Treize Vent, côtes-du-jura 2019, blanc
92
En finesse et en retenue, dans un style propre à la propriété depuis quelques millésimes, il gagnera à être gardé encore un ou deux ans en cave pour que l'ensemble gagne en harmonie. De jolies notes beurrées en finale.
17 euros

Château d'Arlay, Pinot Noir, côtes-du-jura 2015, rouge
89
Ensemble élégant, souple et précis, les petits fruits rouges bien mûrs sont mis en mouvement par une tension juste et digeste. Un rien de raideur dans ses tannins invite à l'attendre encore un peu. Carafage recommandé.
15 euros

Domaine Badoz, Vin Jaune, côtes-du-jura 2014, blanc
91
Il impressionne par la force et la puissance de son bouquet encore juvénile, sur l'amande et la noix fraîche. L'ensemble est bien étiré par une bouche tout en verticalité et en allonge. Superbe pour s'initier (comme il se doit) au vin jaune.
32 euros

Domaine Badoz, Dédicace à Pierre, côtes-du-jura 2019, rouge
89
Ensemble marqué par des notes d'épices (curry, safran) le jour de notre dégustation. Matière souple et large en bouche, manquant peut-être un peu de franchise dans son expression. Jolie qualité de tannins.
15,90 euros

Marcel Cabelier, 39 A contre-sens, côtes-du-jura 2020, blanc
90
Vin remarquable d'amplitude en bouche, avec ce gras caractèristique qui vient lui donner beaucoup de force et d'originalité. Très bien fait, avec de jolies notes safrannées.
Prix NC

Domaine Dugois, Grevillère, arbois 2018, rouge
89
Carafage obligatoire pour que la réduction importante sur cette cuvée disparaisse. Cette cuvée 100 % trousseau exprime, après un peu d'aération, la finesse de son terroir argilo-calcaire. On apprécie sa fraîcheur et sa buvabilité.
12,90 euros

Domaine Geneletti, Vin de Paille, l'étoile 2015, blanc
91
Le seul vin de paille présenté le jour de notre dégustation (on le regrette !). De la finesse, de l'harmonie et un sucre naturellement bien intégré à l'ensemble, qui vient apporter une gourmandise aérienne à un fruit de qualité. Il ne lui manque qu'un peu d'éclat final.
26 euros

Domaine Geneletti, arbois 2019, rouge
90
Caractère tendre et fruité et tendre, sans beaucoup de nuances et de complexité mais dans un style immédiatement compris. En bouche, on retrouve ce fruit et ces notes de grenadine fraîche. Un vrai vin de plaisir.
13,50 euros

Domaine Labet, En Chalasse, côtes-du-jura 2018, blanc
92
L'un des deux blancs présentés par ce domaine au style identifiable parmi tous. Dans un registre oxydatif, on apprécie l'élégance et l'intensité aromatique de son fruit longiligne. En bouche, l'ensemble a besoin de temps pour se patiner et gagner un peu plus de gras en bouche.
Prix NC

Domaine Labet, Trousseau, côtes-du-jura 2020, rouge
90
Voilà un vin tout en paradoxe qui enchante par sa floralité, mêlant la finesse de la rose et de la pivoine à celle du pot-pourri et de la fleur fanée.
Prix NC

Frédéric Lornet, Nature signé Roger, arbois 2018, blanc
92
Quelle belle surprise que cette cuvée de naturé, parfaitement lisible dans son style. Le vinificateur a pris soin d'emprisonner des arômes primaires frais, tout en donnant à la bouche un charnu bienvenu. Superbe.
22 euros

Domaine de Montbourgeau, Poulsard, côtes-du-jura 2019, rouge
94
Magnifique par la finesse de son bouquet entre grand fruit à juste maturité, fleurs fanées, épices douces subtiles. Superbe trame et déroulé en bouche, souplesse des tannins, gourmandise naturelle et élégance évidente. On tient-là l'un des poulsards les plus racés du secteur.
15 euros

Domaine de Montbourgeau, Savagnin les Budes, l'étoile 2019, blanc
95
Définition idéale de ce que le savagnin sec peut donner quand il est conduit dans une optique de traduire son terroir, ici les marnes grises. Grande précision, caractère ciselé, finale lumineuse. On adore.
18 euros

Domaine de Montbourgeau, En Banode, l'étoile 2018, blanc
93
Superbe blanc, éclatant, lisible, pur dans ses arômes floraux. On apprécie particulièrement sa grande énergie en bouche et la précision de sa finale. L'ensemble impressionne, comme le domaine.
15,50 euros

Domaine de Montbourgeau, Montangis, l'étoile 2017, blanc
90
Le blanc le plus opulent et le plus riche présenté par le domaine, dans un registre assez éloigné du reste de la gamme et qui traduit un fruit rond et opulent, massif en bouche et un peu moins digeste. Sur ce type de profil, le style du domaine se fait plus discret dans le verre.
14 euros

Domaine du Pélican, Grand Curoulet savagnin ouillé, arbois 2019, Blanc
93
Très fin, sans la moindre trace d'oxydation, c'est un vin ouillé. Puissant en goût, arrondi dans sa bouche, de grande longueur, voilà un vin réussi.
Prix NC

Domaine du Pélican, savagnin ouillé, arbois 2019, Blanc
92
Savagnin ouillé, protégé de l'oxydatif, sur des notes de poire et de pèche bien mûre. Le jus est tendu, droit, légèrement épicé, intense et fin.
Prix NC

Domaine Pignier, Savagnin, côtes-du-jura 2016, blanc
92
Voilà un 100 % savagnin vin très typé par son cépage, franc et lisible, sans artifice ni lourdeur de fruit avec ce joli déroulé en bouche, finement onctueux.
34 euros

Domaine Pignier, Chardonnay de la Reculée, côtes-du-jura 2019, blanc
89
Tout est présent pour faire de ce chardonnay un grand blanc de la région mais il faudra être patient. L'ensemble est aujourd'hui encore marqué par un boisé présent et par le côté chaleureux du fruit. Quelques amers en finale se superposent à une fraîcheur discrète pour l'instant. Attendons-le.
21 euros

Domaine Pignier, Trousseau, côtes-du-jura 2019, rouge
89
Grande pureté dans le fruité rouge de ce trousseau, on souligne sa gourmandise en bouche et son tannin caressant. Dans un style classique, mûr et confortable, idéal pour le non-initié.
24 euros

Domaine de la Pinte, Fonteneille, arbois-Pupillin 2018, blanc
90
Tout ce qui fait le charme du chardonnay jurassien, riche, suave et gourmand, avec ce qu'il faut de structure et de matière pour vieillir convenablement. Beau potentiel.
20 euros

Domaine de la Pinte, L'Ami Karl, arbois 2020, rouge
88
Un poulsard avec peu de couleur, dans un registre fruité et expressif, sa bouche énergique, traçante et tout en tension en font un vin de soif parfaitement accompli.
19 euros

Florent Rouves (domaine Rijckaert).

Rijckaert, Grand Élevage, arbois 2018, blanc
94
Grand respect du fruit et des équilibres naturels, le tout parfaitement soutenu par un élevage abouti qui donne à l'ensemble un caractère racé indéniable. Grand vin.
26,95 euros

Rijckaert, En Paradis, arbois 2019, blanc
92
Plus de fraîcheur que sur les deux autres cuvées présentées, avec cette pointe d'amer et des notes agréables de citron mûr. Harmonie, puissance, équilibre, on sent la grande maîtrise du vinificateur.
19,50 euros

Rijckaert, Chardonnay, arbois 2020, blanc
91
Chardonnay classique, plaisant par son joli fruit et son caractère juteux, relief et profil texturé en bouche. Son fruit bien mûr lui offre beaucoup de perspectives gastronomiques.
15,70 euros

Domaine de Savagny, Vin jaune, château-chalon 2014, blanc
95
Cette référence étonne toujours par sa grande pureté, sa précision et son équilibre, portée par un énergie calcaire de grande classse. Immense rapport qualité-prix pour la catégorie.
35 euros

Domaine André et Mireille Tissot, Vin Jaune - Les Bruyères, arbois 2014, blanc
97
Quasi-perfection dans la catégorie des vins jaunes, grande noblesse d'arômes et de corps, tout l'ensemble traduit une sorte de plénitude complexe et d'harmonie souveraine. Surtout, les notes oxydatives ne semblent jamais prendre le dessus sur le registre floral. Grande finale vibrante et interminable.
72 euros

Domaine André et Mireille Tissot, Chardonnay - Sursis, côtes-du-jura 2018, blanc
95
Magnifiquement équilibré entre richesse de matière, puissance et tension, voilà un vin complet et harmonieux. Un modèle du genre, tout en élégance et en puissance civilisée.
36 euros

Domaine André et Mireille Tissot, Poulsard Amphore, arbois 2019, rouge
92
Après un passage en carafe, son fruit et son tannin libèrent toute leur classe et une fraîcheur impressionnante, permise par la maitrise stylistique du domaine en ce qui concerne l'élevage en amphore. Parfait pour comprendre ce que signifie la sapidité dans les vins.
31 euros

NOTRE VIRÉE DANS LE JURA

IL FAUT FAIRE PREUVE D'UN CERTAIN HÉROÏSME POUR CULTIVER LES PENTES JURASIENNES. DÉTERMINÉS ET PASSIONNÉS, CES DOMAINES N'EN MANQUENT PAS

Château d'Arlay

●●●○○

Propriétaire du plus ancien château viticole de France, ancien couvent classé monument historique, Alain de Laguiche et son chef d'exploitation, Philippe Soulard, œuvrent depuis le millésime 2012 pour rafraîchir le style des vins et mettre en place l'agriculture bio sur les 22 hectares. De plus en plus homogène, la gamme propose quelques très beaux vins, élégants et racés, en rouge comme en blanc.

arlay.com

Caveau de Bacchus

●●●○○

C'est aujourd'hui Vincent, le fils de Lucien Aviet qui a repris le domaine. Le jeune vigneron cultive six hectares depuis 1999 (autant de blancs que de rouges), répartis sur 18 lieux-dits en toutes petites parcelles. Il réalise en virtuose des vins étonnants de finesse, de justesse et de saveur.

caveaubacchus39@gmail.com

Benoît Badoz

●○○○○

Formé en Bourgogne puis dans le monde, Benoît Badoz a repris les dix hectares du dolaine familial dont 65 % plantés en blanc, désormais cultivés en culture biologique (certification pour le millésime 2019). Le vignoble a la particularité de n'occuper qu'un terroir, celui des Roussots et des Grands Roussots, aux sous-sols variés d'argiles, de calcaires et de marnes.

domaine-badoz.fr

Domaine Philippe Chatillon

●○○○○

Philippe Chatillon s'est installé à Poligny en 2013 pour créer son domaine. Une petite surface de 3,5 hectares, un travail en bio et en biodynamie, sans soufre, avec des tests d'élevages en amphore, pour un résultat probant sur une large gamme déclinée en côtes-du-jura, arbois et vin-de-france. La qualité est au rendez-vous.

vins-philippechatillon.com

Domaine Daniel Dugois

●○○○○

Philippe Dugois, le fils de Daniel, assure la conduite des 10 hectares de vignes plantées sur Arbois exclusivement, dont un tiers de trousseau. Les rouges, sérieusement vinifiés et à bon prix, ont souvent besoin de temps pour s'exprimer, quand les blancs sont subtils et de bonne garde.

vins-danieldugois.com

Domaine Ganevat

●●●●○

Jean-François Ganevat est une figure du Jura. Ses neuf hectares et ses 25 cépages donnent lieu à des sélections parcellaires converties en autant de vins parmi lesquels les blancs sont des chefs-d'œuvre de précision et de grâce. Les vignes de plus de 50 ans représentent un tiers des surfaces et les sélections massales sont ici la règle. Depuis 2005, Ganevat travaille selon les principes de la biodynamie et sans lésiner sur les moyens humains. Il a créé avec sa soeur Anne un négoce en achat de raisins (25 000 bouteilles produites en biodynamie).

anne.ganevat@orange.fr

Domaine Geneletti Père et Fils

●○○○○

David Geneletti joue dans deux catégories : le terroir de l'Étoile (10 hectares) et de Château-Chalon ensuite (1,80 hectare). La gamme, du jaune au crémant, constitue un ensemble sérieux et cohérent que nous recommandons.

domaine-geneletti.com

Domaine Labet

●●●○○

La fratrie formée de Julien, Romain et Charline conduit aujourd'hui un ensemble de 14 hectares dans la combe de Rotalier. Sous l'impulsion de Julien, totalement partisan de la cause bio, le domaine s'est converti et toutes les cuvées sont certifiées depuis le millésime 2016. Style délicat,

Les jeunes vignes du domaine Tissot.

précis, cristallin, parfois sans soufre pour certaines cuvées, les vins font partie des grandes cuvées du Jura. Incontournable.
domaine.labet@wanadoo.fr

Domaine Frédéric Lornet

L'ancienne abbaye du secteur de Montigny-les-Arsures abrite les caves de Frédéric Lornet, vigneron méticuleux qui met un point d'honneur à ne pas confondre oxydation et terroir. Le vignoble de 18 hectares compte plus de deux hectares de trousseau, spécialité de la maison. Les cuvées sont réussies, tant en rouge qu'en blanc. Valeur sûre.
frederic.lornet@orange.fr

Domaine Macle

Le plus célèbre des domaines du Jura, en particulier pour son merveilleux vin jaune produit sur les marnes bleues de Château-Chalon. Laurent Macle, son épouse Béatrice et sa sœur Christelle, poursuivent l'œuvre du père Jean avec dévotion, cultivant la rareté et laissant le temps au temps. D'une régularité exemplaire, les vins affichent des potentiels de garde infinis et des prix tout à fait accessibles au regard de la qualité.
maclel@wanadoo.fr

Domaine des Miroirs

Kenjiro Kagami, installé depuis 2011 à Grusse, avec son épouse Mayumi, ancien ingénieur d'Hitachi a commencé son périple français dès 2001, passant par Chambolle-Musigny, Cornas et l'Alsace. Le couple a acheté 3,2 hectares dans le Sud Revermont, qu'ils convertissent en bio, et louent aussi quelques ares de chardonnay ce qui porte le domaine à 4,20 hectares. Bien aidés par leurs voisins (dont Jean-François Ganevat), ce couple charmant connaît un succès mérité. Vinifiés sans soufre, les vins portent une certaine fragilité qui les rend gracieux. Production confidentielle, humilité et sens de l'accueil complètent le charme du tableau.

Paysage classique du Jura, entre coteaux, bois et vignes.

Domaine de Montbourgeau

Le chardonnay représente près de 70 % de ce vignoble (10 hectares au total sur l'appellation étoile, dont deux hectares de savagnin). Nicole Deriaux est depuis plus de 25 ans aux commandes, épaulée par ses fils César et Baptiste. Vins délicats, expressions salines, prises de voile subtiles, le domaine est au sommet de l'appellation.
montbourgeau.com

Domaine du Pélican

Guillaume d'Angerville, propriétaire à Volnay, a acquis le domaine de Chavanes (cinq hectares) en 2012 et l'a renommé le Pélican, symbole d'Arbois. S'ajoutent ensuite 4,5 hectares repris à Jacques Puffeney ainsi que cinq autres hectares de blancs situés à l'entrée d'Arbois. Les gamme, axée sur les cépages jurassiens (ouillés), intègere aussi chardonnay et pinot noir, dans une lecture classique de leurs appellations. Conduit en biodynamie, le domaine continue sa marche en avant.
fd@domainedupelican.fr

Domaine Pignier

Vignerons à Montaigu, Jean-Étienne, Antoine et Marie-Florence Pignier conduisent cinq hectares de vigne situés dans deux vallées reculées : le val de Vallière et le val de Sorne. Ambassadeurs de la cause biodynamique (Déméter depuis 2003), ils signent des vins avec une précision d'orfèvre qui garantit la pureté et la netteté du fruit. Une adresse sûre.
domaine-pignier.com

Domaine de la Pinte

Ce domaine de 34 hectares, installé sur les terroirs de marnes bleues d'Arbois et de Pupillin est dirigé par Pierre Martin. Le vignoble est en biodynamie (après dix ans de certification en agriculture biologique). Samuel Berger en assure la gestion, épaulé par Emmanuelle Goydavin en charge des vinifications, de l'élevage et de l'export. Le domaine propose toute la gamme des vins du Jura.
lapinte.fr

Domaine Rijckaert - Jura

Florent Rouve est désormais propriétaire des six hectares de ce domaine jurassien ; il gère aussi quatre hectares dans le Mâconnais. Natif du Jura, diplômé d'œnologie à Dijon, il a vinifié son premier millésime « seul » en 2013 mais travaillait déjà avec Jean Rijckaert dès 2011, dans une relation de transmission familiale. Soucieux de pérenniser le style forgé par le maître flamand, Florent Rouve perpétue ainsi les 15 à 18 mois d'élevage en barriques de 228 litres et le travail à la bourguignonne. Le domaine produit exclusivement des blancs ouillés, élevés sur lies pour traduire le potentiel minéral de ces terres argileuses. Ces chardonnays au caractère bourguignon indéniable sont à conserver quelques années. Une bonne adresse pour les amateurs du genre qui sur le dernier millésime montre une montée en puissance et homogénéité de la gamme assez impressionnante. En progrès constants.
rijckaert.fr

Domaine André et Mireille Tissot - Stéphane Tissot

Stéphane Tissot est la locomotive du Jura. Aux commandes du domaine familial depuis 1993, avec son épouse Bénédicte, il révèle toute la richesse des terroirs du Jura à travers de grands vins en sélections parcellaires. Variété de la gamme, pureté des vins, travail d'orfèvre, avec sa cinquantaine d'hectares en biodynamie, le domaine est l'un des plus passionnants de la région.
stephane-tissot.com

LA PLUS VASTE RÉGION VITICOLE DU PAYS GRATIFIE L'AMATEUR DE VINS D'EXCEPTION, BOUDÉS PAR LES BUVEURS D'ÉTIQUETTES, À QUELQUES-UNS PRÈS. D'APPELLATIONS EN IGP, EN PASSANT PAR LES VINS DE FRANCE, LA COURSE EST LANCÉE DEPUIS PLUS DE QUINZE ANS ET PARTOUT, DES PLUS CÉLÈBRES AUX MOINS ÉMERGENTS, ON FAIT BIEN. C'EST LE LANGUEDOC.

Lang

uedoc

TERRASSES-DU-LARZAC, LE SOMMET DU SUD

QUELQUES ANNÉES AURONT SUFFI À CETTE APPELLATION POUR S'IMPOSER TOUT EN HAUT DU LANGUEDOC. NOTRE EXPERT EN A FAIT LE TOUR COMPLET, VOICI CE QU'IL EN PENSE

PAR ***ALAIN CHAMEYRAT***

Les terrasses du Larzac, entre vignes et montagnes.

NOS DÉGUSTATIONS DES VINS du Languedoc depuis 15 ans nous avaient permis d'identifier un cru particulièrement qualitatif dans le vignoble des Terrasses du Larzac. Dans notre Grand Guide des vins de France 2011, nous avions ainsi élu comme appellation de l'année ce qui n'était alors qu'une dénomination géographique de l'appellation languedoc. En 2014, l'Inao consacrait l'AOC terrasses-du-larzac comme aire spécifique sans rattachement à une autre, doublant de vitesse d'autres dénominations dont les dossiers semblaient pourtant plus avancés, tels Pic-Saint-Loup et La Clape qui n'obtiendront leur appellation que plus tard. À l'origine de cette réussite, il y a le président du syndicat viticole des terrasses de l'époque, Vincent Goumard, du domaine Mas Cal Demoura, qui a su fédérer l'énergie commune. Et, bien sûr, un terroir qualitatif qui donne des vins uniques dont la fraîcheur, liée à l'altitude des vignes, est le fil rouge. Cette zone est relativement loin de la mer et la présence du Causse du Larzac rafraîchit les nuits estivales, ce qui est propice à la parfaite maturation du raisin. Aujourd'hui se pose la question de la reconnaissance d'entités qualitatives plus petites, les appellations communales et puis ces crus que nombre de vignerons tentent d'identifier et isolent par des cuvées spécifiques.

UNE HISTOIRE DOUBLEMENT MILLÉNAIRE

La présence de la vigne sur les terrasses du Larzac remonte à l'époque romaine, où le vignoble s'étendait le long de la voie entre le Massif central et la côte méditerranéenne. Ce terroir connut un premier essor au Moyen-Âge, avec la création par saint Benoît, en 782, de l'abbaye d'Aniane, "mère" des abbayes bénédictines européennes. La révolution industrielle du XIXe siècle favorisa l'implantation des vignes sur les plaines près de la mer, où les rendements peuvent être importants, et les vignerons délaissèrent les coteaux plus escarpés dont les vins avaient bonne réputation, mais coûtaient cher à produire. Ce n'est qu'à partir de 1980 qu'un sursaut qualitatif réveillera ces terrasses, à l'initiative de vignerons visionnaires comme Olivier Jullien (Mas Jullien). Bien que limitée en surface, l'appellation terrasses-du-larzac compte aujourd'hui la plus forte concentration de talents du Languedoc.

UN PATCHWORK DE SOLS, UN CLIMAT PARTICULIER

Le vignoble s'étend sur la zone de fracture géologique entre le grand plateau du Larzac et la mer Méditerranée. Il est vaste, couvre trente-deux communes et dessine un grand V de quarante-cinq kilomètres de long sur vingt de large. Outre les éboulis calcaires omniprésents, les sols sont très variés : sable, argile, cailloux, ruffes rouges mais également marnes, galets. La typologie des sols peut être considérablement différente d'une parcelle à une autre. Sans renier l'importance de la composante géologique de chaque micro-secteur où sont implantées les vignes, ce n'est pas le sol qui signe la prééminence de ces terrasses, mais la climatologie plus fraîche et l'envie collective des hommes. Les amplitudes thermiques jour-nuit sont parmi les plus marquées du Languedoc viticole et participent à l'évidence à la complexité des raisins, d'autant que la pluviométrie et la fraîcheur augmentent vite avec l'altitude.

UNE TERRE D'ACCUEIL

Ce territoire s'est souvent appuyé sur les gens de l'extérieur pour avancer et grandir. Nombre de très bons vignerons actuels ne viennent pas de la région et exerçaient des métiers sans rapport avec la vigne. Ils arrivent avec des idées neuves. La démarche bio est bien engagée et 70 % des propriétés sont déjà converties. L'esprit collectif est fort et l'aire de production est loin d'être saturée. L'appellation ne compte que 650 hectares déclarés, moins de 15 % des surfaces plantées. Il y a donc de la place pour de nouveaux talents même non millionnaires. L'hectare de terres plantées en vigne n'est pas très cher. Quelques dizaines de milliers d'euros tout au plus par hectare quand la Bourgogne voit la même surface, en grand cru, s'échanger pour quelques dizaines de millions d'euros. Prévenons néanmoins les candidats au grand saut qu'il leur faudra prévoir une cuverie, le matériel agricole, les vendangeurs, les matières sèches et au minimum trois années de trésorerie pour faire bouillir la marmite familiale avant de vendre la première bouteille.

PORTRAIT-ROBOT

Beaucoup de producteurs profitant intelligemment de l'AOC languedoc pour y caser leur petite cuvée sur le fruit, le grand vin d'un domaine est celui qui porte l'appellation terrasses-du-larzac. Quand il est bien réalisé, c'est un vin à la robe brillante, son bouquet est souvent dominé par des arômes de garrigue (laurier, thym, romarin), d'épices, de fruits noirs et rouges bien mûrs. Derrière ce nez qui se doit d'être séducteur et racé, l'attaque doit être fraîche et la finale complexe, généreuse, sans que l'alcool ne domine. Le vin doit finir long, épicé, juteux et noble. Ses tannins sont fins, sans accroche. Le premier verre ne saturera pas le palais pour appeler un second. La garde est d'au moins cinq ans, dix ans et souvent plus pour les meilleurs.

DES PAYSAGES À COUPER LE SOUFFLE

En venant du nord, la première halte dès la fin du plateau du Larzac est la zone de l'Escalette, à plus de 600 mètres d'altitude. Puis le secteur de Saint-Jean-de-Fos, pour des paysages incroyables. Vers Octon, le paysage devient lunaire autour du lac du Salagou, marqué par la ruffe, une roche rouge combinant des sédiments argileux et des oxydes de fer qui lui donnent sa couleur. Alors qu'à quelques dizaines de kilomètres, le littoral est bondé en été, l'autochtone est rare dans les superbes villages vignerons. Hors saison, ne ratez pas Saint-Guilhem-le-Désert, sur le chemin de Saint-Jacques-de-Compostelle. Cité médiévale lovée au pied du causse et reliée par le pont du Diable, elle surplombe les gorges de l'Hérault. Oubliez-la en été, la fréquentation équivaut à celle d'un grand magasin à la veille d'un confinement.

LES CÉPAGES DE L'APPELLATION, LE DÉCRET DÉCRYPTÉ

Seuls les rouges sont autorisés dans cette appellation. Ils doivent être réalisés par des exploitations qui respectent les encépagements suivants, définis par un décret pour le moins complexe. Les cépages principaux sont le grenache noir, le mourvèdre, la syrah et le carignan noir. Ces cépages principaux doivent représenter au moins 75 % de l'encépagement sans qu'aucun ne dépasse ces 75 % à lui seul. Le mourvèdre et la syrah, seuls ou ensemble, doivent représenter 20 % minimum de l'encépagement. Les cépages accessoires sont le cinsault, la counoise, le lledoner pelut, le morrastel et le terret noir. Le cinsault ne peut dépasser 25 % du total et les autres, cumulés, ne peuvent dépasser 10 %.

Ce minimum de 20 % de syrah a de moins en moins de sens avec le réchauffement climatique. Si ce cépage peut être remplacé par le mourvèdre, ce dernier ne se plaît pas partout. Le maximum de 25 % de cinsault est trop faible. Il en est de même pour les 10 % de cépages accessoires, notamment pour la counoise ou le morrastel. ▮

TERRASSES DU LARZAC, LE CARNET DE NOTES

Le meilleur moyen de comprendre une appellation passe par la dégustation. Dans cet exercice, ces domaines se sont distingués. *DÉGUSTATION* ***ALAIN CHAMEYRAT***

Mas Brunet, Élégance 2018
93
Beaucoup de saveurs dans ce rouge facile à boire, fin dans son expression du tannin et de grande allonge. Un coup de cœur.
20,90 euros

Mas Cal Demoura, Terre de Jonquières 2019
96
L'ancienne cuvée l'infidèle devenue terre-de-jonquières nous épate de sa race intense et de son expression aromatique. Totalement civilisée dans son tannin. Grand style.
22 euros

Mas Cal Demoura, Les Combariolles 2019
97
Les cailloutis calcaires sont perceptibles dans l'expression de bouche de ce grand vin racé, dense et et enrobé. L'élevage s'intègre remarquablement à ce grand cru dont on n'est pas prêt de voir l'apogée. Bien des producteurs de vins étiquetés « élevé en fûts de chêne » seraient inspirés de venir voir ici ce qu'est un élevage noble.
31 euros

Château Capion, Le chemin des garennes 2017
89
Structuré et équilibré, sur les fruits noirs, le cuir, la bouche est agréable et bien dessinée.
15,50 euros

Castelbarry, Les raisins d'y croire 2019
89
Equilibré, dans un style puissant, ce vin a du fond. Il évoluera bien.
16 euros

Mas des Chimères, Caminarem 2019
90
Joli jus légèrement serré dans sa finale. Un peu de temps le détendra pour profiter de ce joli vin sapide.
15 euros

Mas des Chimères, Nuit Grave 2019
90
Le goût de ce vin est profond avec des sensations d'encre et de velours. Il faudra l'attendre pour profiter de toute la complexité de ces saveurs.
13,60 euros

Le Clos des Combals, L'Héritée 2018
90
Nez de fruits bien noirs, le velouté de tannins charme, la bouche est gracieuse, bien fruitée et sèveuse.
18 euros

Mas Combarèla, Ode aux Ignorants 2019
93
L'ode-aux-ignorants fait référence aux propriétaires du domaine qui ont débuté sur le millésime 2016. Ignorants, ils ne le sont plus. Cuvée aux tannins très fins, aussi goûteuse que délicate.
21 euros

Mas Combarèla, Lueur d'espar 2018
95
La dominante de mourvèdre dont un nom ancien est l'espar donne une race particulière à cette cuvée. Les tannins sont fins et la bouche a un supplément de complexité, de persistance et d'allonge par rapport aux cuvées de cépages, par ailleurs excellentes.
33 euros

Mas Conscience, Mahatma 2016
90
De grande largeur, complexe et subtil, oriental dans son approche, un bouquet d'épices, de feuilles sèches. Il est à boire désormais.
23,90 euros

Clos Constantin, Arjies 2019
91
Sa jutosité fraîche provient du cinsault. Ce dernier vient ici en appoint de la syrah et du grenache. La bouche s'exprime sur un fruité délicat et gourmand. Une petite réduction amènera à le carafer un peu avant le service.
20 euros

Clos Constantin, Euziera 2019
91
Finale fraîche dans cette cuvée plus structurée que les polissons avec un supplément de saveurs autour de la réglisse, des fruits noirs et des poivres doux.
14 euros

Mas Fabregous, Sentier Botanique 2017
89
De la vinosité dans ce 2017 plein, aux tannins arrondis. Il finit sur l'encre, juteux et dynamique.
15 euros

Domaine Gavin Crisfield, La Traversée 2018
90
Plein en bouche, avec la fraîcheur attendue de ce terroir d'altitude, marqué par une fine acidité.
26 euros

Domaines Gérard Bertrand, Château La Sauvageonne 2019
96
Grand vin tout en onctuosité. Il enchante par la suavité de son tannin de grande classe. Profond et racé en bouche.
25 euros

Château de Jonquières, La Baronnie 2018
89
Agréablement fruitée, des tannins délicats, de l'allonge, nous retrouvons ce que nous apprécions dans cette cuvée au début des années 2010.
18 euros

Mas Jullien, Lous Rougeos 2019
94
Au-dessus du village de Saint-Privat à 400 mètres d'altitude, au pied du Larzac, cette parcelle avec une forte proportion de carignan donne un rouge fin et frais qui distille un charme évident. Il a besoin de temps pour finir sa construction.
35 euros

Mas Jullien, La Brune 2018
97
La finesse des tannins est superlative, le toucher de bouche unique. Le cinsault et le grenache dominent ici et s'achèvent en caresse. Au sommet de la galaxie du Mas Jullien cette année pour les pressés qui ne souhaitent pas attendre des années.
35 euros

Mas Jullien, Autour de Jonquières 2018
96
Avec 40 % de mourvèdre et 40 % de carignan, c'est la cuvée historique du domaine. On en apprécie le tannin ultra fin, le mourvèdre montrant ici patte de velours. On ne perçoit sa structure qu'en extrême fin de bouche. Le vin dégusté jeune aura besoin d'un petit carafage pour s'affranchir d'une petite réduction. Ensuite, place au bonheur.
35 euros

Mas Jullien, Carlan 2019
95
La puissance du millésime 2019 n'a pas vraiment de prise sur cette cuvée au tannin enrobé, aérien, d'une étonnante fraîcheur et toute en tension. Issu d'une magnifique parcelle en haut des terrasses du Larzac à dominante de grenache et de carignan, cette cuvée développe une incroyable longueur. Une référence.
35 euros

Domaine La Mélodie de l'âme, Effluves d'automne 2018
90
La matière est de bon volume, serrée pour l'instant par un tannin en fin de bouche. Cette cuvée a du potentiel, nous la suivrons.
14 euros

Mas Lasta, terrasses-du-larzac 2019
93
Sur des grès, vers 400 mètres d'altitude, avec beaucoup de vieux grenaches, cette cuvée dense et de grande envergure joue des muscles avec une explosion retenue de saveurs et de senteurs. Un petit tour en cave pour patiner sa fougue et elle fera un grand moment de dégustation.
20 euros

Mas Laval, La Grande Cuvée 2018
93
Fin, gracile, l'élégance de ces tannins impressionne. C'est un terrasses de grande classe, avec mille subtilités et d'un naturel confondant.
24 euros

Domaine de Montcalmès, terrasses-du-larzac 2018
95
Le millésime lui a apporté une structure inhabituelle, beaucoup de profondeur de goût. Il est récolté sur des calcaires qui lui donnent une vigueur racée et une minéralité aboutie.
28 euros

Domaine du Pas de l'Escalette, Le Grand Pas 2019
91
Ample dans son fruit, intense, séveux avec un tannin fin et la densité de matière du millésime. Une paire d'années assagira sa force juvénile et gommera une petite réduction.
27 euros

Les domaines Paul Mas, Château des Crès Ricard, Stécia 2019
92
La syrah dominante s'exprime sur des notes poivrées, de fumé et de lardé, la bouche gourmande fait saliver.
12,50 euros

Les domaines Paul Mas, Château des Crès Ricards, Œnothera 2019
94
Bouche subtile que la syrah marque de ses arômes de fumé, d'épices et de poivre.
17,50 euros

Mas des Quernes, La Villa Romaine 2018
90
Tannin fin et onctueux, bouche mûre et sans excès, ronde soyeuse, les tannins sont bien enrobés.
25 euros

La Réserve d'O, La Réserve d'O 2019
90
Cuvée forte en senteurs de garrigue, de thym, de romarin. La bouche est puissante avec des tannins perceptibles. On le gardera un peu pour l'assouplir.
21 euros

La Réserve d'O, Hissez O 2019
90
2019 voit une grande concentration dans cet assemblage à dominante de syrah, de grenache et de cinsault élevés en demi-muids. Réalisé avec de petits rendements, dans un style mûr et sans excès, il est large en bouche presque opulent.
27 euros

La Réserve d'O, La Côte d'Arboras 2019
91
Cuvée ambitieuse, assez puissante, les tannins sont présents mais arrondis. L'élevage en amphores nous le livre sans fard, dans toute sa tonicité juvénile. Finale longue et dense.
35 euros

Le Clos Rouge, Alerte Rouge 2019
90
Ensemble frais et gourmand, aux tannins fins, net dans sa définition, on se régale.
15 euros

Le Clos du Serres, Sainte-Pauline 2019
90
La cuvée repose sur la syrah, le cinsault et le carignan. Elle évolue en 2019 vers plus de tendresse sans perdre de son intensité.
13,80 euros

Le Clos du Serres, Les Maros, 2019
91
Les-maros ont trouvé un équilibre entre densité et buvabilité depuis plusieurs millésimes et 2019 continue dans cette voie. Bouche corsée, fruitée et gourmande.
17 euros

Le Clos du Serres, Humeur Vagabonde 2017
92
La cuvée de prestige du domaine avec les jus les plus concentrés est destinée à la garde. La bouche est nette et racée.
26 euros

Domaine Terre de feu, Fin fond 2018
93
Cette cuvée de ce domaine récent impressionne par la rondeur de ses tannins, le fruité très noir est onctueux, la bouche expressive et délicate à la fois. Longue finale de réglisse de mûre, d'épices douces. L'assemblage dominé par un très beau carignan est complété par un mourvèdre fin et structurant. Le tout est détendu par un cinsault gourmand et sensuel.
25 euros

La Tête dans les Étoiles, Au-delà des Rêves 2019
92
40 % de syrah et de mourvèdre relevés d'une pointe de grenache donnent un vin dense mais pas saturant. Le tannin est fin, subtil et la bouche est délicieusement longue, racee. Il affiche un excellent rapport qualité-prix.
11,60 euros

Les Vignes Oubliées, terrasses-du-larzac 2019
94
De la densité dans ce rouge fort en goûts, puissant et fort bien élevé. La sensation minérale est présente en finale, les tannins vont se fondre, laissons-leur au moins deux ans.
20 euros

LANGUEDOC CE QUI CHANGE, CE QUI DOIT CHANGER

QUE DE CHEMIN PARCOURU PAR LA RÉGION DEPUIS CINQUANTE ANS. AUJOURD'HUI INCONTOURNABLE ET RAYONNANTE, IL LUI RESTE ENCORE UN PEU DE TRAVAIL POUR REJOINDRE LES MEILLEURS. TOUT LE MONDE Y TRAVAILLE, TANT MIEUX

PAR ***ALAIN CHAMEYRAT***

LA HIÉRARCHIE DES TERROIRS se met ici en place progressivement. Le socle, l'appellation régionale languedoc, est installée de Nîmes à Perpignan et peut servir de repli dans toutes les autres appellations pour y positionner des vins d'entrée de gamme. En fort développement, les rosés y représentent 60 % des volumes. À base de grenache, de cinsault ou parfois de syrah, ils sont un peu plus foncés que ceux de Provence, avec un supplément de caractère. Quelques rosés qualitatifs émergent sur des terroirs précis, ceux de Cabrières par exemple, dont nous vantons les mérites depuis des années. Acteur important de ce vignoble, Gérard Bertrand porte cette tendance et a notamment lancé le rosé le plus cher de France. Certaines dénominations géographiques de l'AOC languedoc sont devenues des appellations à part entière : terrasses-du-larzac, pic-saint-loup, la-clape. D'autres suivront cette voie, comme Grès de Montpellier, Cabrières, Montpeyroux, voire Saint-Drézery. Elles rejoindront les AOC historiques, fitou, minervois ou encore corbières, qui cherche à faire reconnaître ses différents terroirs (Lagrasse, Durban, Fontfroide, Quéribus, Termenès, etc.). Après l'avènement de ces nouvelles appellations communales, l'étape suivante consistera à identifier les parcellaires qui s'y distinguent. De nombreux vignerons ont déjà entamé cette démarche. Mais elle ne prendra sens que lorsque la demande de reconnaissance d'une strate plus qualitative – des premiers crus, voire des grands crus si on suit la logique bourguignonne – sera devenue collective. S'il reste du chemin administratif à parcourir, certains terroirs en ont le potentiel. Le bio gagne du terrain. Le tiers des producteurs de vins d'appellation s'y est converti, et même jusqu'à 70 % en AOC terrasses-du-larzac, presque autant en AOC pic-saint-Loup. Quelques acteurs importants de la coopération ayant du retard, les volumes ne sont pas encore à ces niveaux.

LES DÉFIS À RELEVER

La maîtrise des élevages nous semblait un défi mineur il y a quinze ans, mais il reste hélas d'actualité. Lors de nos dégustations, des centaines de cuvées marquées par le bois nous désolent régulièrement. Cinq ou dix ans plus tard, ces cuvées ont rarement intégré leurs élevages. Et nombre de vins tarifés comme des hauts de gamme sont encore aujourd'hui matraqués par le bois au point qu'on leur préfère souvent la petite cuvée moins bien dotée dans l'absolu, mais qui n'a connu que l'inox. Les vignerons avisés élèvent leurs meilleurs vins en grands contenants aux origines de bois bien choisies après avoir abandonné les barriques de 225 litres, le rapport bois-vin étant bien inférieur dans un demi-muid de 500 à 600 litres. Ensuite, le principal défi à relever ici est le réchauffement climatique. Il concerne évidemment tout le vignoble, mais ses conséquences sont particulièrement compliquées pour les vignes du sud de la France. Les vendanges, que l'on réalisait vers le 20 septembre au début des années 2000, y ont été avancées de quasiment un mois. Pour s'adapter, les pistes sont nombreuses, mais sont encore pour beaucoup au stade de l'expérimentation. Le retour aux cépages historiques constitue une voie. Abandonnés pour différentes raisons, les cépages que l'on trouvait autrefois en Languedoc supportent les fortes chaleurs et le manque d'eau. On a replanté avec grand succès du ribeyrenc au domaine Mas Granier, à Sommières. On peut citer aussi la counoise, le grenache gris, le carignan gris, voire l'aubun. Leur usage devrait prochainement intégrer le cahier des charges de l'appellation languedoc. Des essais avec des cépages venus de Grèce ou d'Italie sont également en cours (assertico, nero d'Avola, montepulciano, morrastel à jus blanc). Le travail des sols est une autre piste et l'apport de matières organiques pour retenir l'eau, tel qu'on le pratiquait à l'époque de la polyculture, devrait leur éviter de se déstructurer. L'importation de porte-greffes utilisés en Italie ou en Grèce est également à l'étude. Pour faire face au manque d'eau, l'irrigation revient sur la table. Peu ou pas autorisée en Languedoc, elle ne résoudra le problème que dans les vignobles qui disposent de ressources en eau suffisantes, et ils sont rares. Pour conclure, notons que des expérimentations sont en cours avec les cépages résistants développés depuis des décennies par l'Inra. Le but n'est pas de lutter contre le réchauffement climatique, mais contre l'oïdium et le mildiou. Si ces deux maladies étaient évitées, cela faciliterait un tournant massif vers le bio. Ce serait une bonne nouvelle.

LE LANGUEDOC EN CHIFFRES

1ère région française de production
2 millions d'hectolitres au total (IGP et AOC)
1,5 million d'hectolitres en AOC
350 000 hectolitres en AOC languedoc
22 000 hectares en bio (soit 36 % du bio en France)
1 200 vignerons récoltants
150 caves coopératives
150 négociants

PRESSE

LANGUEDOC, LE CARNET DE NOTES

Des rouges et des blancs dans toutes les appellations du Languedoc, cette sélection pointue met sur le chemin de ces producteurs de talents. *DÉGUSTATION* ***ALAIN CHAMEYRAT***

Domaine d'Aigues Belles, Le Grand Classique, languedoc rouge 2019
94
Sur une base de grenache et de syrah, ce rouge a du fond. On apprécie sa très belle allonge satinée et fine autour de beaux fruits à l'eau de vie.
15 euros

Domaine d'Aigues Belles, Premier Rolle, IGP pays-d'oc blanc 2020
95
Fin, complexe, sapide et salin, long ce rolle, un cépage que l'on appelle également vermentino est de grand volume.
16,90 euros

Mas d'Albo, Mythique, saint-chinian rouge 2018
92
Le vin le plus constitué de la gamme ne montre pas de tannin abrupt, bien au contraire. On lui laissera le temps d'intégrer son élevage pour profiter de son indéniable charme.
24 euros

Antech, M30 Le Mauzac, blanquette-de-limoux (sec)
91
Confondant de fraîcheur avec des notes de pomme verte, de citron vert. Finale tendre et étonnamment crayeuse pour cette cuvée d'argilo-calcaire. L'ensemble est tonique et très rafraîchissant, parfaitement apéritif.
15 euros

Château d'Antugnac, Terres Amoureuses, limoux blanc 2018
92
Nez puissant, complexe, élégant, d'ananas, d'acacia, de verveine, de miel; des arômes que l'on retrouve dans une bouche franche, très fraîche. La poursuite de bouche est délicate, à l'écart des amers lourds que l'on rencontre souvent dans le millésime en Languedoc. Belle réussite.
11,50 euros

Domaine d'Aupilhac, Les Cocalières, languedoc blanc 2020
95
L'adaptation des roussanne, marsanne, grenache blanc, vermentino et clairette à un terroir de résidus volcaniques et de calcaire a parfaitement fonctionné en 2020. La bouche est d'une ampleur impressionnante sans être démonstrative. Le fruité très fin, mirabelle, pêches jaunes et blanches joue avec le miel et les épices douces. Complexe et frais, c'est l'un des meilleurs blancs du Languedoc en 2020.
19,60 euros

Château d'Aussières, Aussieres, corbières rouge 2018
91
Le vinificateur a su extraire l'intensité de la matière, la race sans faire ressortir les tannins. Ils sont parfaitement enrobés par un élevage judicieux qui apporte du fumé et des notes empyreumatiques dont beaucoup pourraient s'inspirer.
39 euros

Clos Bagatelle, La Terre de Mon Père, saint-chinian rouge 2018
94
Récoltés sur les schistes, les grenaches ont ici plus de 50 ans, les syrahs plus de 40 comme les mourvèdres qui proviennent d'un sol argilo-calcaire. Puissant et subtil à la fois, profond en goûts portés par les épices, la canelle, les poivres, le girofle. C'est une cuvée racée au toucher, veloutée. En finale, le mourvèdre impose sa race.
26 euros

Domaine Bertrand-Bergé, Jean Sirven, fitou rouge 2017
94
Magnifique nez, vanille, fruit fondu, très belles notes minérales et fumées, bouche opulente, bien structurée, avec une belle trame tannique, du fruit et une grande énergie. C'est le fitou de référence de longue date et il le reste en 2017.
38 euros

Borie La Vitarèle, Les Crès, saint-chinian rouge 2017
92
Sur des argilo-calcaires drainants car constitués en graviers, il est souple et fruité, dans un registre accessible et gourmand, intensément goûteux, délicat.
21,60 euros

Boulevard Napoléon, Pur cinsault de schistes, IGP de l'hérault rouge 2018
91
Cinsault réussi, équilibré entre sa facilité à être bu et sa profondeur délicate. On admire son toucher de bouche et son tannin caressant.
16,90 euros

Mas Bruguière, La Grenadière, pic saint-loup rouge 2019
92
Le premier nez affiche déjà le style de ce vin. Dense sans être saturant, épicé et complexe, savoureux sur ses arômes de tapenades et de fruits noirs bien mûrs sans être confiturés. Nous aimons son équilibre entre intensité et délicatesse. Bref, on se régale.
27 euros

Calmel & Joseph, La Madone, corbières rouge 2018
92
Large spectre aromatique méditerranéen, bouche séveuse, bien juteuse, longue finale épicée, c'est un corbières d'ambition très en dehors des sentiers battus de l'appellation.
40 euros

Domaine de Cambis, Carnet de Voyage, saint-chinian berlou rouge 2017
92
Superbe nez complexe, tannins très fins avec des notes de rose ancienne, de fruits noirs, d'épices douces, de jus lardé. Complexe, c'est une incitation au voyage comme son nom nous y invite.
25 euros

Château Capitoul, Oros, languedoc-la clape blanc 2019
92
Nez floral de verveine, de menthe, bouche délicate et agréablement fruitée, menthée. Assemblage qui montre l'intérêt d'une base bourboulenc (40%) sur la zone de La Clape. Il a ici été complété de roussanne, de grenache et de marsanne. Cette grande réussite est tarifée à prix d'ami.
9,90 euros

Château de Caraguilhes, Solus, corbières rouge 2019
92
Cuvée racée, en puissance, haute en saveurs, tannins très fin, arrondis et enveloppants. C'est une référence pour cette appellation originale où le carignan est roi.
21 euros

Castelmaure, n°3 de Castelmaure, corbières rouge 2019
92
Dégusté en échantillon, la n°3 apparaît racée, dynamique, d'une folle énergie, sur la réglisse, les poivres, le cacao de belle origine. Il faudra confirmer ceci après la mise mais nous sommes confiants.
22,40 euros

Château de Cazeneuve, Les Calcaires, pic saint-loup rouge 2019
92
Une bien jolie matière ouatée aux tannins arrondis et élégants. En finale, la minéralité calcaire est très perceptible derrière un fruité gourmand, tapenade et réglisse. Très pic-saint-loup, on se régale.
16 euros

Domaine Chabbert-Fauzan, minervois-la-livinière rouge 2018
91
Rouge de grande densité, puissant sur des arômes de fruits noirs bien mûrs, d'épices douces, de cuir. C'est un vin pour des viandes puissantes en goût que les tannins enroberont.
18 euros

L'influence maritime joue un rôle majeur dans la fraîcheur des vins du Languedoc.

Le Chai d'Émilien, E majuscule, languedoc rouge 2017
93
Avec 80% de syrah complété de grenache, il développe encore plus de finesse que la cuvée espiègle. L'élégance du tannin est superlative, grand style.
24 euros

Château Champ-des-Sœurs, Bel Amant, fitou rouge 2018
92
Nez puissant, très fruits noirs mûrs, résineux et fleurs violettes, bouche franche aux tannins arrondis. Le mourvèdre qui intervient ici en complément donne une structure un peu plus ferme que la cuvée de fitou. Il lui donnera une longévité supplémentaire.
13 euros

Mas Champart, Causse du Bousquet, saint-chinian rouge 2017
92
On y retrouve l'eucalyptus, la réglisse, les épices douces puis un tannin délicat qui sous-tend une matière étonnante de profondeur, de vinosité. Un rouge de grande saveur, fin, sans esbroufe, infiniment délicat et présent en bouche dont le nez a besoin de s'affiner.
15,60 euros

Domaine des Creisses, Les Brunes, IGP pays-d'oc rouge 2018
92
La dominante de cabernet sauvignon apporte de la structure sans aucune dureté, le complément de syrah apporte les épices et le fruité. L'ensemble est harmonieux, racé, frais et d'une grande élégance.
33 euros

Mas de Daumas-Gassac, Cité d'Aniane, IGP de saint-guilhem-le-désert rouge 2017
92
Nez superbe de raffinement, fruit mûr, violette et garrigue, bouche parfaitement tramée, avec un grain de tannin charmeur, de la persistance et une excellente fraîcheur. Très équilibré, frais et plaisant à boire.
47 euros

Château de l'Engarran, languedoc-grés de Montpellier rouge 2018
90
Il exprime avec talent la minéralité des roches de son appellation, le tannin est bien enrobé.
15 euros

Château des Estanilles, Clos du Fou, faugères rouge 2017
90
Belle concentration pour cette cuvée bien élevée dont on apprécie l'intensité du fruit. Sa finale fait saliver.
25 euros

Domaines Gérard Bertrand, Château La Sauvageonne, languedoc blanc2019
96
Magnifique de longueur, d'énergie et de profondeur. Son opulence est parfaitement équilibrée par une tension superbe.
25 euros

Domaines Gérard Bertrand, L'Hospitalitas, la clape 2019
97
Aromatique intense et complexe, sa grande profondeur et son amplitude en bouche lui donnent beaucoup de potentiel. Vin magnifique et doté d'une énergie considérable.
47 euros

Domaines Gérard Bertrand, La Forge, corbières-boutenac 2019
96
Toujours aussi séveux et élancé, on retrouve le caractère minéral prononcé qui fait le charme de cette cuvée. Superbe.
47 euros

Domaine du Grand Crès, Majeure, corbières rouge 2017
92
Cuvée atypique et racée. Les tannins accrochent légèrement, il faudra patienter pour capter l'eucalyptus, la menthe fraîche, la garrigue et violette, les arômes se multiplient à l'infini, bouche tout aussi aromatique, texture savoureuse, serrée et fraîche, avec une grande tenue. Toujours réussie, cette cuvée nous épate chaque année !
18 euros

Mas Granier - Mas Montel, Morrastel, vin-de-france rouge 2018
94
Étonnamment, ce cépage est complet et n'appelle pas l'assemblage. Il montre une palette aromatique large et nuancée, un corps complet, intense plus que puissant sans degré alcoolique important. Sa fraîcheur est délicieuse, ce qui n'est pas une évidence autour de l'arc méditerranéen. A visiter absolument.
42 euros

Château Jouclary, Guilhaume de Jouclary, cabardès rouge 2019
93
C'est une référence en cabardès avec de la sève, des arômes de pierre chaude, de mûre et une longue finale délicate, tendue et sapide. Ensemble très digeste. Bravo.
14 euros

Domaine de la Cendrillon, La Coume, corbières rouge 2018
90
Prototype du corbières bien réalisé, généreux de bouche, bien fruité, de bon volume avec des tannins graciles bien enrobés.
40 euros

Domaine La Chouette du Chai, Rien ne m'effraie, pic saint-loup, rouge 2018
93
A dominante de syrah dont on perçoit la note épicée, fumée et lardée, complétée de grenache et de mourvèdre pour apporter rondeur et structure, c'est une belle réussite dans un style onctueux et savoureux. On se régale de sa finesse.
15 euros

Domaine La Croix de Saint-Jean, Lo Paire, minervois rouge 2018
92
Nez très fruité, avec des notes de garrigue, goudron, mine de crayon. Bouche fraîche et dense dans le même registre aromatique, elle est voluptueuse avec des tannins discrets qui structurent l'ensemble. On se régale.
18 euros

Château La Dournie, Élise, saint-chinian rouge 2017
91
Nez très original, truffé, lardé. La finale sur la fraise et sur les herbes de la garrigue méditerranéenne en fait un saint-chinian très reconnaissable, un concentré de gourmandise que l'on attendra un peu, il est plus en muscles qu'en chair.
18,20 euros

Château La Font des Ormes, Basalte, languedoc rouge 2017
91
Joli jus puissant à base de fruits noirs bien mûrs à la profondeur impressionnante.
29 euros

Domaine La Linquière, Aramons centenaires, vin-de-france rouge 2020
90
L'aramon tant décrié et arraché massivement nous étonne au tournant de son siècle d'existence. Intense, concentré, fort en goûts, il prend une allure de cabernet et nous réjouit de sa fraîcheur. Ce voyage dans les temps anciens avant la première guerre mondiale n'est tarifé que 7,50 euros. Avis aux amateurs.
7,50 euros

Domaine La Maurerie, Osvaldo, saint-chinian rouge 2017
91
Superbe nez profond, sur les épices douces, le fumé. C'est un vin généreux, bien fruité, complet au tannin puissant et enveloppé à la fois.
21 euros

Clos La Rivière, Les Schistes de Paul, saint-chinian rouge 2019
90
L'un des meilleurs rapports qualité-prix du Languedoc réalisé sur la partie schisteurse de Causses et Veyran. Délicat, souple, bien fruité, hyper gourmand.
6 euros

Château La Voulte-Gasparets, Romain Pauc, corbières-boutenac rouge 2019
92
Malgré un millésime généreux, Romain Pauc n'a pas cherché la surextraction. Le vigneron a trouvé un parfait équilibre entre densité et buvabiité avec un grain de tannin superlatif. Hautement recommandable.
20,10 euros

Château Lancyre, Grande Cuvée, languedoc rouge 2018
92
Une harmonie particulière se dégage des 2018 du domaine. La grande cuvée est racée, délicate tout en étant fort bien construite. Elle incarne un équilibre en Pic.
19,50 euros

Château de Lascaux, Garrigue, languedoc blanc 2020
90
Nous avons aimé cette cuvée d'une splendide fraîcheur, proche de l'eau de roche sur les fruits blancs, le chèvrefeuille, la bergamote.
9 euros

Domaine J. Laurens, Les Graimenous, crémant-de-limoux (brut) blanc
90
Nez épanoui et précis, fruits du verger et fleurs suaves, arômes que l'on retrouve dans une bouche charnue avec une bulle vigoureuse, tendue, complexe. On se régale .
11,60 euros

Domaine Marie de Lauzerda, Mille et une pierres, saint-chinian rouge 2018
91
Un réel sens de l'équilibre dans ce rouge bien construit, fin et plein à la fois. Avec un supplément de chair par rapport à la cuvée Marie de Lauzerda.
15 euros

Château Le Bouïs, L'envie, corbières rouge 2018
89
Rouge riche en arômes et senteurs, mûre, réglisse forte, cuir noble. Bien typé corbières tout en étant élégant, le tannin est fin et la finale enlevée. Le rapport qualité-prix est remarquable.
6,80 euros

Domaine Le Conte des Floris, Villafranchien, languedoc-pézenas rouge 2019
91
A dominante de grenache noir, peu coloré, frais au nez et en bouche, la finale d'inspiration bourguignonne est délicate, aromatique, sans tannins accrocheurs.
20 euros

L'Ermitage du Pic-Saint-Loup, Sainte-Agnès, pic saint-loup rouge 2019
92
Le tannin est plus fin que tour de pierres, la bouche est fraîche comme tout bon pic-saint-loup. Sa finale longue, suave, délicieusement épicée, le positionne parmi les très bons représentants de l'appellation.
22 euros

Domaine Les Aurelles, Aurel, languedoc blanc 2015
95
Un festival de saveurs dans ce blanc en rondeur avec des nuances de brioche, de pain grillé, de noisette. Difficile de le comparer à d'autres productions languedociennes, il emprunte beaucoup de nuances aux blancs du rhône nord et de la Languedoc.
87 euros

Domaine Les Grandes Costes, La Ruche, languedoc rouge 2019
93
Cuvée issue de la gravette de Corconne en prise avec le calcaire. délicate, fraîche, minérale, très originale et savoureuse grâce à un tannin gracile. C'est le millésime le plus abouti de cette cuvée que nous ayons dégusté depuis son origine.
20 euros

Domaine Les Païssels, Les jalouses, saint-chinian rouge 2018
93
Cette vieille vigne de carignans centenaires est complantée de quelques pieds de grenache, de mourvèdre et de cinsault. Ces complantations étaient appelées des jalouses par les anciens car elles tentaient d'égaler leurs aînées. Du style, c'est puissant mais fin, complexe, en devenir. Racé.
28 euros

Vignobles Lorgeril, Château de Ciffre, Terroirs d'Altitude, faugères rouge 2019
90
Étonnant dans ce millésime chaud, il a profité des terroirs d'altitude pour s›exprimer sur la fraîcheur quand beaucoup de 2019 sont confiturés. Au-delà de cette fraîcheur, on le voit épicé, fumé et lardé avec une buvabilité bienvenue.
11,60 euros

Clos Marie, L'Olivette, pic saint-loup rouge 2019
95
L'Olivette dégustée après mise confirme ce que nous avions vu dans le brut de cuve de l'an passé. Elle montre une bouche dense mais gracile, racée, sur des arômes de fruits bien noirs, de réglisse, de tapenade. Intense en bouche, fraîche, cette simple entrée de gamme du domaine se pose en référence pour l'appellation.
20 euros

Clos Marie, Glorieuses, pic saint-loup rouge 2017
96
Avec un tannin à la fois impressionnant et aérien, les glorieuses sont racées, complexes et confirment leur statut de référence de l'appellation. Si le nez n'était pas complètement en place et aurait mérité un soupçon de protection supplémentaire, la fin de bouche est juteuse, dense, c'est un vin de garde.
60 euros

Domaines Paul Mas, Silénus, Le Grand Vin, grès-de-montpellier rouge 2019
94
Même harmonie fruitée et souple que la cuvée classique du domaine, la grande profondeur en plus.
50 euros

Domaine du Météore, Parangon, saint-chinian Roquebrun rouge 2018
91
Issu d'une vigne sur l'appellation saint-chinian-roquebrun sur la commune de Saint-Nazaire. Gourmand, rond et fin, de belle longueur et de grande délicatesse.
30 euros

Domaine Mirabel, Les Éclats, pic saint-loup rouge 2019
94
Un tannin très fin, aérien, une bouche raffinée, entre les fruits frais et mûrs. La délicatesse de cette cuvée nous étonne chaque année.
18 euros

Domaine de Montcalmès, Le Geai, languedoc rouge 2018
94
Tannin très fin, il joue l'élégance en 2018 plus que la densité. La finale longue est racée.
22 euros

Prieuré des Mourgues, Grande Réserve, saint-chinian rouge 2017
91
Vin aérien dans son tannin, accessible, sans extraction intempestive, subtil. On aime sa finale iodée et fumée.
16 euros

Château de Nouvelles, Augusta, fitou rouge 2018
91
Un nez raffiné, des notes florales et épicées de mûre, de cassis, de fumée. Bouche ronde, tendre, aromatique et fraîche.
9,50 euros

Château Ollieux-Romanis, Atal Sia, corbières-boutenac rouge 2018
91
C'est un joli jus comme souvent avec Atal Sia. La note de cassis domine pour l'instant au-dessus des fruits noirs bien mûrs, la bouche fraîche démarre tendue puis finit enrobée.
23 euros

Domaine de L'Ostal, Grand Vin, minervois-la-livinière rouge 2017
93
Superbe nez racé affichant un fruité intense, un boisé élégant mais discret. La bouche est charnue, savoureuse, avec des tannins bien enveloppés et une finale de grande fraîcheur d'une remarquable d'élégance dans son registre sudiste.
22 euros

Domaine Peyre Rose, Clos des cistes, vin-de-france rouge 2011
97
Nez enthousiasmant de cèdre, de cuir noble, de tabac brun, bouche à l'avenant d'une rondeur superlative, torréfiée, avec des notes de sous-bois, de fruits légèrement secs mais sans accroche. Finale longue, délicieuse, unique.
Prix NC

Domaine Peyre Rose, Marlène n°3, vin-de-france rouge 2011
96
Nez fantastique de complexité, tendu comme Syrah Léone quand le Clos des Cistes montrait plus de rondeur. La bouche est fumée, torréfiée, avec une profusion d'épices, de cuir noble, de senteurs de la garrigue, de tapenade. Laissez-lui une paire d'années pour patiner encore son tannin.
Prix NC

Domaine Christophe Peyrus, pic saint-loup rouge 2018
95
Quel jus superlatif ! Si la finesse de tannins impressionne, c'est la race de cette cuvée qui nous a séduits. Un vin de grande classe, modèle pour tout le pic saint-loup, à mettre en cave quelques années.
22 euros

Domaine de la Rochelierre, A Deux, fitou rouge 2019
93
Voici la cuvée haut de gamme du domaine, harmonieuse, complexe, celle aux tannins les plus fins. La bouche est savoureuse avec des arômes persistants et reste fraîche.
40 euros

Cave de Roquebrun, Seigneur d'Aupenac, saint-chinian roquebrun rouge 2006
90
La jeunesse de ce 2006 dégusté en 2021 étonnait. Ce qui montre la capacité des macérations carboniques bien menées à fort bien évoluer dans le temps.
48 euros (le magnum)

Domaine de Roque-Sestière, Vieilles Vignes, corbières blanc 2019
90
Nez pur et frais, fleurs blanches, fruits jaunes, bouche à l'avenant charmeuse. La finale jongle élégamment entre vivacité et amertume discrète. Belle réussite.
8,50 euros

Château Rouquette-sur-Mer, L'Esprit Terroir, languedoc-la clape rouge 2019
92
Toujours aussi gourmande et bien typée cette cuvée exprime avec talent l'esprit de La Clape. Riche en arômes de garrigue, avec une pointe saline et fumée, on se régale de ces petits fruits rouges et noirs délicieux, de cette précision.
9,10 euros

Château Sainte-Eulalie, Grand Vin, minervois-la-livinière rouge 2018
93
Nez puissant et fin à la fois, fruité, floral mentholé. La bouche est profonde, fraîche, avec une trame harmonieuse et une grande persistance. Remarquable.
22 euros

Château Saint-Martin de la Garrigue, Bronzinelle, languedoc blanc 2019
91
Plus élégante que la cuvée tradition, Bronzinelle plaira par sa fraîcheur, sa délicatesse. Un vin volubile porté par des fruits jaunes discrets, les fleurs blanches, une pointe saline, des agrumes en nombre, tendu par le menthol.
10,90 euros

Domaine Vaïsse, L'Aphyllante, IGP de l'hérault rouge 2018
93
Structure onctueuse, tannins fins et très goûteux, bouche complexe grâce à un encépagement uniquement composé de mourvèdre.
26 euros

Château de Vaugelas, cuvée V, corbières rouge 2019
90
Fruits mûrs, violette, réglisse, garrigue sont intenses ici dans une bouche ample et riche. C'est de longue date une cuvée très réussie à prix d'ami, nous laisserons simplement à ce 2019 un peu de temps pour fondre un élevage visible qui devrait s'intégrer.
7,90 euros

Domaine Vila Voltaire, La Faute, saint-chinian rouge 2018
93
Le tannin est bien maîtrisé, la bouche est dense, racée, d'une grande délicatesse après un nez truffé.
19 euros

PRIX-PLAISIR 2021, DES AFFAIRES EN OR

Rendez-vous annuel incontournable, sélectif et redoutable, nous avons créé le concours Prix-Plaisir pour dénicher des pépites dans chaque région. Sélectionnées à l'aveugle par un jury de consommateur, approuvées par nos experts, voici les médailles d'or de l'édition 2021. Deux critères, le prix (moins de 18 euros) et le plaisir.

Abbotts & Delaunay, À tire d'Aile, languedoc blanc 2020
Les arômes sont à la fois intenses et délicats. C'est un vin marqué par une belle fraîcheur et une bonne longueur, une valeur sûre qui conviendra au plus grand nombre.
12,20 euros
Où le trouver ? lesvinsdecarole.com

Alma Cersius, Gardian (cabernet-sauvignon et merlot), coteaux-de-béziers rouge 2020
Belle robe rubis foncée, de petits fruits rouges gourmands. C'est un joli vin de plaisir à faire decouvrir et à partager pour des grillades au cœur de l'été.
5,95 euros
Où le trouver ? alma-cersius.plugwine.com

Calmel & Joseph, AmStramGram - Chapi-Chapo, pays d'oc rouge 2020
Une belle fraîcheur et une structure élégante pour ce joli rouge du sud. Les qualités du cépage sont bien mises en valeur.
11 euros
Où le trouver ? franprix.fr

Calmel & Joseph, Villa Blanche - Syrah, pays d'oc rouge 2020
Voilà tout ce qu'on aime dans la syrah dans cette version aboutie, dense et profonde en bouche. Grand rapport prix plaisir.
10 euros
Où le trouver ? boutique-calmel-joseph.com

Castel Freres, L'Odalet Rose, languedoc rosé 2020
Belle robe rose pâle, joli nez fruité que l'on retrouve en bouche, c'est extrêmement gourmand. Beaucoup de personnalité et de savoir faire, on en redemande.
4,50 euros
Où le trouver ? carrefour.fr

Cave de Fontès, Prieuré Saint Hippolyte, languedoc blanc 2020
Le nez gras et frais, légèrement boisé. En bouche, l'attaque est fraîche et équilibrée suivie de légères notes d'accacia en fin de bouche. On note une belle persistance.
4,70 euros
Où le trouver ? lesvigneronsdefontes.com

Château la Bastide, Tradition, corbières rouge 2018
Des épices, du cuir, une jolie bouche harmonieuse et une finale qui l'est tout autant. À ouvrir à table avec une viande rouge.
9 euros
Où le trouver ? chateaulabastide.com

Château Ollieux Romanis, Aristide, corbières-boutenac rouge 2019
Superbe vin épicé avec des notes de garrigue. Un beau caractère un peu sauvage, de la force et de la plénitude. Une personnalité entière et sympathique.
6,50 euros

Domaine Bertrand-Bergé, Origines, fitou rouge 2019
Un vin souple et rond, savoureux, long et fruité, c'est superbe.
10 euros
Où le trouver ? bertrand-berge.com

Domaine d'Aigues Belles, Cuvée du Poirier des Rougettes, coteaux-du-languedoc rosé 2020
Rosé tout en rondeur. Excellent volume en bouche, c'est ample et gourmand par ses notes d'abricot frais et de fraise. Un séducteur.
10 euros
Où le trouver ? Le petit bleu (Paris 18)

Domaine de La Cendrillon, Joyeux Drilles, corbières rouge 2019
Nez agréable sur les fruits, le cuir et les épices. La bouche est bien faite avec de l'harmonie et une belle longueur.
9 euros
Où le trouver ? boutique.lacendrillon.fr

Domaine de Villeneuve, Vieilles Vignes, pic saint-loup rouge 2019
Joli vin finement épicé, charpenté et gourmand. Un caractère de garrigue, franc et sincère. Superbe.
9,90 euros
Où le trouver ? lesgrappes.com

Domaine les Grandes Costes, La Sarabande, pic saint-loup rouge 2018
Beau vin boisé et ambitieux avec une belle charpente onctueuse et structurée et une longueur racée. C'est l'équilibre entre corps et fraîcheur. La finale est harmonieusement veloutée et persistante.
16,95 euros
Où le trouver ? grandes-costes.com

Domaine Magellan, La Maison Lafon - Cuvée Réservée, languedoc rouge 2016
Un vin bien fait, tout en équilibre. On note une belle fraîcheur sans exubérance. Rien à redire.
18 euros
Où le trouver ? boutique.famillebrunolafon.com

Domaine Saint-Martin d'Agel, Auprès de ma vigne, faugères rouge 2020
Joli assemblage de syrah et de grenache, bien construit dans son ensemble et plaisant. La structure est agréable et bien définie.
6,80 euros

Domaines Paul Mas, Côté Mas, languedoc-pezenas rouge 2019
Superbe vin bien fait. C'est complexe et aromatique et doté d'une belle longueur.
11 euros
Où le trouver ? cote-mas.fr

Domaines Paul Mas, Enigma, pays d'oc blanc 2020
Belle attaque franche et fraîche avec des arômes citronnés et briochés. De la persistance en bouche et un équilibre entre le gras et la fraîcheur.
4,95 euros
Où le trouver ? cote-mas.fr

Domaines Paul Mas, L'Artisan Des Cépages (chardonnay), pays d'oc blanc 2020
Le côté minéral et boisé du nez est avenant. La bouche est grasse et bien équilibrée grâce à une fin de bouche légèrement amer.
4,95 euros
Où le trouver ? cote-mas.fr

Domaines Paul Mas, Les Hauts De Ceyras, terrasses-du-larzac rouge 2019
Bel equilibre entre les épices de la syrah et le fruité du carignan. Vin plaisant et gourmand à recommander sans hésiter.
7,50 euros
Où le trouver ? cote-mas.fr

Domaines Paul Mas, Les Soubergues, pays d'oc rouge 2020
Beau nez boisé avec des fruits noirs assez intenses. Dans un style médocain, ce vin a une classe certaine grâce à sa fraîcheur et ses beaux arômes de cassis sur un boisé encore présent. À carafer dans sa jeunesse.
4,50 euros
Où le trouver ? cote-mas.fr

Domaines Paul Mas, Paul Mas Sauvignon Blanc, pays d'oc blanc 2020
Un vin de caractère avec une note menthée et de citron vert. Il finit frais, dynamique et salin.
5,75 euros
Où le trouver ? cote-mas.fr

Gérard Bertrand, Domaine Des Garennes, minervois-la-livinière rouge 2019
Un vin généreux et flatteur. Les arômes de cassis donnent une matière croquante en attaque et une maturité presque confiturée en finale.
9,90 euros

Gérard Bertrand, Hérésie, corbières rouge 2018
Couleur sombre, nez et bouche cerise, cuir et épices, les tannins sont fondus et on note une belle harmonie d'ensemble. On le réserve à table avec une viande.
7,90 euros
Où le trouver ? gerard-bertrand.com

La Chouette du Chai, Rien Ne M'Effraie, pic saint-loup rouge 2018
Superbe syrah onctueuse et harmonieuse, avec de la mûre et des épices, de bons tannins enrobés et une longueur poivrée. Délicieux !
15 euros
Où le trouver ? Au domaine

Les Jamelles, Syrah, pays d'oc rouge 2020
Un nez frais de fruits des bois croquants. Un vin dynamique, juteux et poivré. L'allié parfait de la charcuterie apéritive.
6,70 euros
Où le trouver ? boutique.les-jamelles.com

Les Jamelles, Vermentino, pays d'oc blanc 2020
De beaux amers pour une bouche saline qui apprécie les poissons et les toasts au chèvre. Un vin bien fait.
7,35 euros
Où le trouver ? boutique.les-jamelles.com

Les Vignobles Foncalieu, Petit Paradis, saint-chinian blanc 2020
Superbe nez épicé sur l'anis. La bouche est nette, fraîche et équilibrée. Une jolie finale qui appelle à un autre verre.
8,90 euros
Où le trouver ? chateaulabastide.com

Maison Castel, Grande Reserve (pinot noir), pays d'oc rouge 2019
Nez de fruits rouges confits avec de belles notes de garrigue. On retrouve les arômes du pinot noir, la cerise kirshéé, les notes de sous bois et un côté fumé. Vin gouleyant avec du caractère parfait à l'apéritif et pour les barbecues d'été.
4 euros

Mas de Daumas Gassac, Combe Calcaire, pays d'hérault rouge 2019
De la vinosité et de la droiture pour ce vin à la dimension aristocratique. Pas dans la séduction aromatique immédiate mais dans une profondeur veloutée et élégante.
11 euros
Où le trouver ? boutique.daumas-gassac.com

Puech-Haut, Argali, vin-de-france rouge 2018
Du velouté et de la rondeur mais aussi de la fraîcheur et de l'équilibre, c'est savoureux et long avec de belles notes de cerise noire et d'épices.
14,50 euros
Où le trouver ? Au domaine

Roche Mazet, Chardonnay (effervescent brut), vin-de-france blanc
Des notes grillées en premier nez qui s'ouvrent sur la noisette fraîche. Une belle intensité en début de bouche qui reste en finale. L'effervescence est agréablement fine.
5,50 euros
Où le trouver ? auchan.fr

Roche Mazet, Syrah Rose (effervescent brut), vin-de-France rosé
Un vin effervescent aux arômes et aux saveurs surprenantes. Un ensemble audacieux et réussi.
5,50 euros
Où le trouver ? twil.fr

Sieur D'Arques, Blason Rouge, crémant-de-limoux blanc
Superbe palette aromatique, on trouve une combinaison de fleurs et fruits avec une touche briochée. C'est plein en bouche et délicieux en finale. Une valeur sûre pour tout le monde.
12,30 euros
Où le trouver ? sieurdarques.com

UCCOAR, Serres Mazard, Le Bois Des Becasses (Black Reserve), corbières rouge 2019
Un vin au nez charmeur sur les fruits et le cuir, bien fait et plein dans son milieu de bouche. Il mérite qu'on s'y intéresse de près.
9,15 euros

Vignoble Delonca, Leçon n°5 (sauvignon), pays d'oc blanc 2020
Un réel charme tactile, la bouche est veloutée avec une pointe de thiol et d'écorce de pamplemousse qui participe à son originalité. Il finit frais, gourmand et raconte une histoire. Excellent rapport qualité prix.
5,50 euros
Où le trouver ? vignoble-delonca.com

Vignobles Lorgeril, Château De Ciffre, Terroirs D'Altitude, faugères rouge 2019
Très bon vin droit et frais avec un vrai caractère minéral et épicé. La finale est persistante et acidulée. Une valeur sûre.
13,20 euros
Où le trouver ? lorgeril.wine

Vignobles Lorgeril, Domaine De La Borie Blanche, Terroirs D'Altitude, minervois la livinière rouge 2019
Superbe syrah aux allures de corbeille de fruits rouges écrasés, beaucoup de gourmand se, et un fruit éclatant et désaltérant.
11,60 euros
Où le trouver ? lorgeril.wine

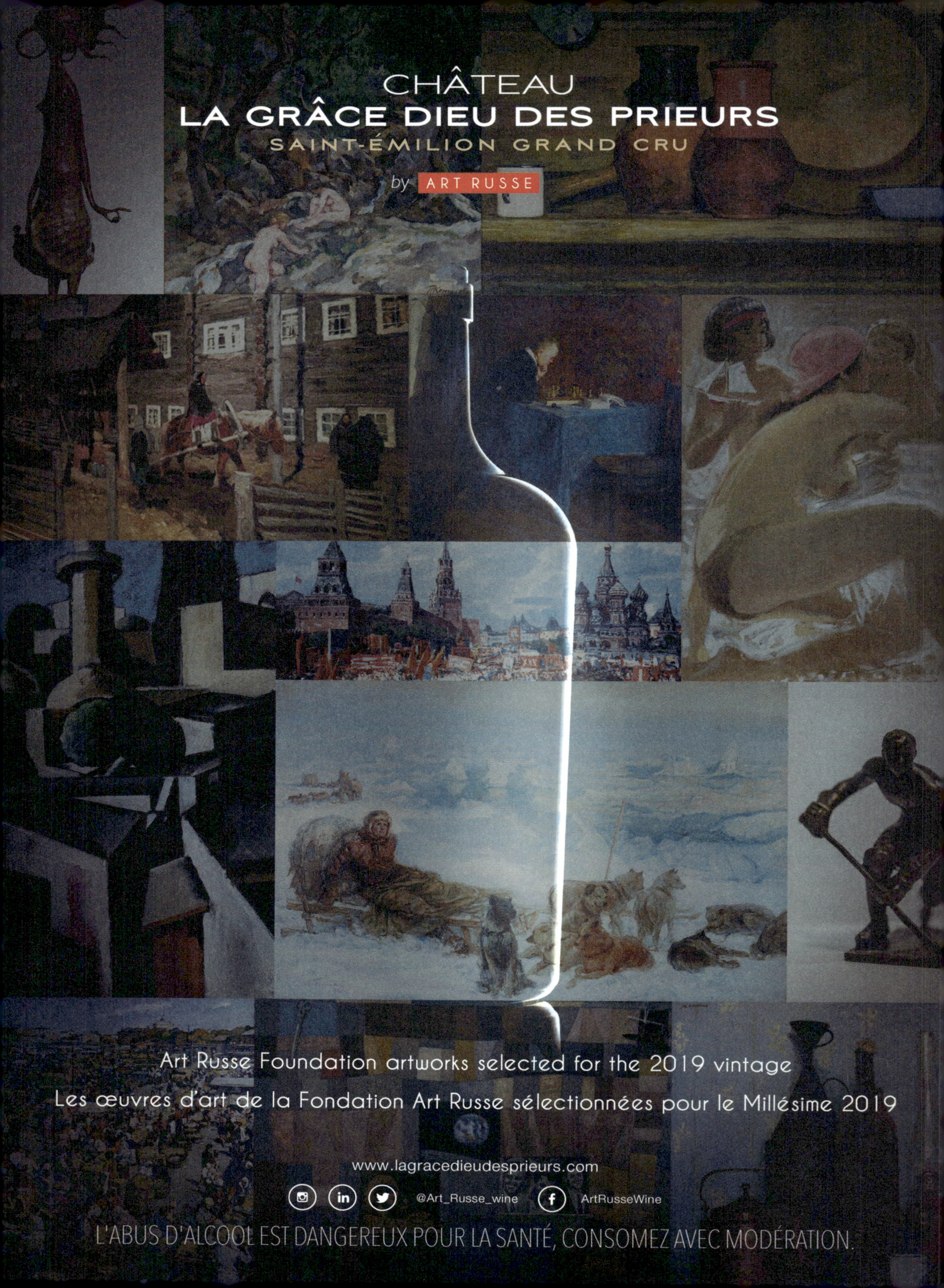
CHÂTEAU
LA GRÂCE DIEU DES PRIEURS
SAINT-ÉMILION GRAND CRU
by ART RUSSE
Art Russe Foundation artworks selected for the 2019 vintage
Les œuvres d'art de la Fondation Art Russe sélectionnées pour le Millésime 2019
www.lagracedieudesprieurs.com
@Art_Russe_wine
ArtRusseWine
L'ABUS D'ALCOOL EST DANGEREUX POUR LA SANTÉ, CONSOMEZ AVEC MODÉRATION.

LANGUEDOC SUR LES CHEMINS DES TERRES D'OC

TOUS CES DOMAINES ONT QUELQUE CHOSE EN PLUS. UNE IDENTITÉ, UNE AMBITION ET SURTOUT DU STYLE

Abbotts et Delaunay

Laurent Delaunay a installé ses chais de vinification à Marseillette, petit village viticole non loin de Carcassonne, et l'œnologue Vincent Charleux en a la charge. Ces deux passionnés des terroirs du Languedoc mettent en commun leurs talents afin de sélectionner au mieux le parcellaire, les vinifications, les assemblages et l'élevage. Fin 2015, ils ont racheté le domaine La Métairie d'Alon, à Limoux, dans le but de produire sur le beau terroir d'altitude de Magrie des pinots noirs et chardonnays d'exception. Ce sont 25 hectares conduits en bio et biodynamie, répartis en 25 parcelles qui permettent de faire des sélections parcellaires et des cuvées cousues-main. Toujours en progrès, tout va dans le bon sens.

abbottsetdelaunay.com

Domaine d'Aigues Belles

Gilles Palatan dirige ce domaine d'une vingtaine d'hectares, installé dans le Gard. Gilles communique sa sincérité à une gamme élevée soigneusement avec un usage judicieux de la barrique. La réussite en igp d'oc est exceptionnelle, elle surpassait comme chaque année tout ce que nous avons goûté sous cette dénomination. Le blanc est un pur chardonnay quand l'autre blanc est emporté par la roussanne, le sauvignon et une pointe de chardonnay. Un nouveau-venu est dédié au rolle depuis 2016. En rouge, le grand classique est un assemblage de cépages languedociens à base de mourvèdre quand l'insolent ne connaît que ce cépage. Lombarde marie le grenache et le merlot, Nicole associe brillamment le cabernet sauvignon à la syrah. Ne pas oublier le rosé, lui aussi l'un des meilleurs du Languedoc. Une première cuvée de Pic saint-loup est revendiquée en appellation alors que la plupart des terroirs du domaine peuvent y prétendre.

aigues-belles.com

Domaine d'Aupilhac

Sylvain Fadat a démarré son exploitation en 1988, à partir d'un petit vignoble familial sur le lieu-dit Aupilhac, exposé au sud-ouest. Ses 13 hectares sont aujourd'hui complétés par les Cocalières, un amphithéâtre nord-ouest planté en pleine garrigue à 350 mètres d'altitude. Si les entrées de gamme gagneraient parfois à plus de protection, au sommet, la-boda explose de race. Jamais égrappée, elle assemble des syrahs du nord aux mourvèdres d'Aupilhac. Les cocalières 2019 en rouge font presque jeu égal avec le grand cru du domaine. En blanc, Sylvain a réalisé le plus grand cocalières de l'histoire du domaine sur le millésime 2020.

aupilhac.com

Château d'Aussières

Le hameau d'Aussières, proche de l'abbaye de Fontfroide au sud de Narbonne, témoigne d'une tradition viticole depuis le premier millénaire puis avait sombré dans l'oubli au cours du XXe siècle. Le vignoble est immense, avec 167 hectares situés sur les contreforts de Fontfroide. Les sols sont très peu profonds et caillouteux sur les hauts coteaux, plus sableux et profonds dans les plaines. Les vignes sont plantées de syrah, mourvèdre, grenache, carignan et cinsault pour les Corbières, et pour les IGP Pays d'Oc de chardonnay, merlot, cabernet-sauvignon, cabernet franc et petit verdot. On réalise ici du corbières et de l'igp pays-d'oc dans les parties les plus basses. Dans cette zone climatique plus fraîche des Corbières, les vins produits sont d'une élégance toute bordelaise avec une maîtrise de l'élevage dont beaucoup pourraient s'inspirer.

lafite.com

Clos Bagatelle

Christine Deleuze et son frère Luc Simon mènent consciencieusement ce domaine de 60 hectares, installé sur des sols argilo-calcaires et de schistes, avec des vignes pour certaines centenaires. Nous nous régalons autant des entrées de gamme au fruité très pur que des cuvées aux expressions plus complexes et élevées avec ambition. Ce domaine mérite une troisième étoile, il figure dans l'élite de Saint-Chinian avec probablement les vins aux arômes les plus expressifs de l'appellation, des entrées de gamme jusqu'aux hauts de gamme. Une nouvelle cuvée de rouge pour moitié mourvèdre et grenache noir sera produite sur certains millésimes. Elle constitue en 2017 le must du domaine mais n'a pas encore de nom. A suivre.

closbagatelle.com

Domaine de Baronarques

Philippine de Rothschild (château Mouton-Rothschild) avait acheté en 1998 ce domaine à Limoux en y apportant la maîtrise de la viticulture et de la vinification bordelaise. En évolution permanente grâce à une bonne maîtrise du terroir, les 43 hectares de sols argilo-calcaires livrent des vins aboutis, de belle constitution. L'assemblage varie au gré des millésimes, avec une partie de cépages atlantiques, merlot, cabernet franc, cabernet-sauvignon et ce cépages méditerranéens, syrah, malbec, grenache. Les chardonnays, surgreffés il y a quelques années, permettent l'élaboration de l'un des meilleurs blancs de l'appellation.

domaine-de-baronarques.com

Domaine de la Baume

★★★☆☆

Ce vaste domaine (qui mettait déjà sa production en bouteille au début du XXe siècle) est situé entre Béziers et Pézenas. Propriété du groupe alsacien Grands Chais de France, La Baume est devenue en quelques années l'une des meilleures références qui soit en matière de vins de cépages, tous réalisés sans aucune caricature variétale et construits avec un remarquable sens de l'équilibre. En grand progrès cette année.

domaine-labaume.com

Mas Belles Eaux

★★☆☆☆

Cette vaste propriété est située au nord de Pézenas. Entourée de sources qui sont à l'origine du nom, elle s'étend sur près de 100 hectares répartis autour d'une folie du XIXe siècle. Après un passage d'une quinzaine d'années dans le giron d'Axa Millésimes, le cru a été repris par le groupe Grands Chais de France. La gamme se partage entre vins d'appellation pézenas et vins de cépages.

domaine-labaume.com

Domaines Gérard Bertrand

★★★★☆

Fils de vigneron et ancien rugbyman international, Gérard Bertrand a fait de son nom l'une des marques les plus dynamiques du vignoble français, réunissant aujourd'hui 15 domaines. S'il revendique faire des vins du Sud un « art de vivre », Gérard Bertrand est d'abord un vigneron méticuleux et exigeant, toujours en recherche d'excellence et soucieux du détail. Cette quête trouve son aboutissement avec le Clos d'Ora, magnifique cru sur les hauteurs de la Livinière et dernièrement avec un rosé du terroir de Cabrières, le clos-du-temple, revendiquant la palme du rosé le plus cher du monde. Par ailleurs, il mène depuis 2002 une large conversion de son vignoble en culture biologique et biodynamique, ce qui en fait l'un des plus imposants de France en matière de viticulture vertueuse. Tous les vins des domaines sont remarquables, tant dans les cuvées classiques que dans celles de prestige (la-forge, hospitalitas, aigle-royal.) L'une des nouvelles évolutions de ce producteur ultra dynamique est l'accent mis sur de superbes vins rosés, comme le savoureux côtes-de-rose ou l'ambitieux et délicieux domaine-la-sauvageonne-la-villa.

chateau-hospitalet.com

Domaine Bertrand-Bergé

★★★☆☆

La rigueur et le travail de Jérôme Bertrand, sur les beaux terroirs de Paziols, ont fait du domaine Bertrand-Bergé le modèle à suivre pour toute l'appellation. Les entrées de gamme en rouge sont tarifées à un prix raisonnable, tout en étant très au-delà des standards qualitatifs de Fitou. L'onctueuse cuvée Jean Sirven porte le nom de l'aïeul, qui œuvrait déjà pour une viticulture de qualité au début du siècle dernier. Cette cuvée s'impose aujourd'hui, par sa race et sa densité, dans le gotha des plus grandes cuvées du Sud. Une adresse indispensable capable de fitous élégants et de fitous de référence.

bertrand-berge.com

Mas Cal Demoura

★★★★☆

Vincent Goumard, venu du conseil financier, a repris avec son épouse Isabelle cette propriété de Jonquières, en Terrasses du Larzac, qui appartenait au père d'Olivier Jullien. Beaucoup de rigueur et un soin méticuleux de la vigne à la bouteille, l'intelligence et la précision de la démarche, une idée très claire de ce qu'est le grand vin ont amené les rouges au sommet de la planète Languedoc. Terre de Jonquières joue un registre à peine mineur par rapport à Combariolles, plus aérienne encore, portée par le grand assemblage languedocien (syrah, carignan, mourvèdre, grenache). Le pendant languedocien du grand château bordelais Léoville-Las-Cases serait ici. La précision et la finesse des tannins est le point commun de ces cuvées. Les blancs continuent de progresser avec les cuvées l'étincelle et parole-de-pierres confondante de fraîcheur.

caldemoura.com

Gérard Bertrand.

Calmel & Joseph

★★☆☆☆

La maison est idéale pour qui veut connaître les languedocs bien réalisés, fidèles à leur terroir. Jérôme Joseph et Laurent Calmel sont des négociants sans chai. Ils élèvent les cuvées qu'ils sélectionnent chez les vignerons auxquels ils les achètent. Leur art consiste à développer les saveurs des vins dans le respect des terroirs d'origine. La gamme est large, beaucoup de vins sont bien réussis et ne dépareillent pas, dans une dégustation comparative, avec la production des bons vignerons des appellations où ils opèrent. Au-dessus d'une gamme gourmande plusieurs cuvée haut de gamme nous ont épatés, notamment en corbières Le Roc, la Madone ou encore en saint-chinian la cuvée des Sept Puits.

calmel-joseph.com

Mas de Carrat

★☆☆☆☆

Sur les sols de galets roulés et les terroirs argilo-calcaires de Saint-Drézéry, Sandrine Mialanes, vigneronne passionnée, signe des vins fins et délicats. Avec 28 hectares de vignes à sa disposition, conduits selon les pratiques de la viticulture biologique, elle commence à se faire un nom. Un domaine à suivre.

mas-de-carrat.fr

DAVID FRITZ GOEPPINGER

Mas Champart

Isabelle et Mathieu Champart avaient créé leur domaine de toutes pièces en 1976 et en ont fait une signature car année après année, tout y est toujours excellent. Sans épate, le dégustateur novice peut même passer à côté des vins mais les finales interminables sont là pour lui rappeler qu'il vient de goûter un grand rouge. L'apparente simplicité de ces vins de l'ombre n'a d'égale que la longueur et la complexité des finales. Plus on les goûte et plus on les aime. Le domaine vient d'être racheté par la famille Mulliez. Espérons que la suite sera aussi glorieuse.

mas-champart.com

Chante-Cocotte

Créé en 2007 par l'illustrateur Régis Franc, le domaine Chante-Cocotte aura attendu trois ans avant de sortir son premier rouge et quatre ans pour le blanc, une cuvée de macabeu avec une touche de grenaches blanc et gris. Les vins misent tout sur la fraîcheur aromatique, la gourmandise et l'équilibre. La qualité est au rendez-vous et les vins, de plus en plus prisés par les sommeliers, affichent cette année un niveau remarquable, confirmant les progrès et le potentiel de la propriété. Le domaine est en pleine forme. Il faut s'y intéresser de près.

chantecocotte.com

Mas Combarèla

Olivier Faucon ne cesse de nous étonner depuis son premier millésime en 2016. Des rouges magnifiques, d'une rare intensité sans qu'aucun tannin ne dépasse avec des finales salines. C'est la finesse du grain qui impressionne ici et la perception aérienne des matières. Nous vous le répétons depuis leur premier millésime, il faut découvrir vite ce domaine de 11 hectares car s'approcher des grands en si peu de temps ne passera pas inaperçu. Et le rosé est délicieux, tout aussi délicat que les rouges.

mas-combarela.com

Mas de Daumas-Gassac

Aimé Guibert - disparu en 2016 - avait su identifier, à Aniane, des terroirs qualitatifs aptes à porter un cabernet-sauvignon non autorisé par les appellations locales. En blanc, il a également choisi de vinifier un assemblage de chardonnay, viognier et petit manseng qui lui interdisait également l'accès à l'appellation. Son domaine produit donc un rouge (assemblage à 80 % de cabernet-sauvignon non cloné accompagné d'une vingtaine d'autres cépages, rares pour la plupart) et un blanc (multi-cépages également) en IGP de l'Hérault, qu'il a su imposer à un niveau de prix inconnu dans cette catégorie. Le blanc reçoit un élevage en cuve inox alors que le rouge est partiellement élevé en barrique. Les vins, tant en blanc qu'en rouge, sont d'une pureté, d'une précision et d'une complexité inégalables, et vieillissent remarquablement bien. La gamme est complétée par des igp agréables, conçues pour être bues rapidement. Une valeur sûre de la région.

daumas-gassac.com

Château du Grand Caumont

Le site est splendide et riche culturellement puisqu'à l'époque romaine, le domaine était une grande villa romaine baptisée la Villa Manzanetto. La famille Rigal l'acheta dans les années 1900. Laurence après une première vie dans la publicité a rejoint la propriété en 2003 et la gère avec Patrick Blanchard. Château du Grand Caumont est l'un des plus vastes domaines des Corbières, avec 100 hectares de vignes sur 140 hectares de terres et de garrigue. Toute la gamme montre des rapports qualité prix très raisonnables, on se régalera de ces corbières bien vinifiés et au fort accent de terroir.

grandcaumont.com

Mas Granier - Mas Montel

Jean-Philippe Granier conseille techniquement l'ensemble des vignerons des appellations du Languedoc. Le domaine familial, situé sur le secteur de Sommières, propose des vins parfaitement propres, impeccablement vinifiés, des igp jusqu'aux coteaux-du-languedoc : c'est à la qualité des entrées de gamme que l'on reconnaît un bon domaine. En rouge, clémence est intense en saveurs et très fraîche, jéricho sonne fort et affiche un tannin parfaitement maîtrisé et camp-de-l'oste est un modèle pour le secteur. Il y a ici une recherche évidente du goût et des saveurs que doit exprimer tout vin de la région. A noter cette année la remise en scène d'un cépage languedocien quasiment disparu, le morrastel qui semble pourtant évident dans la région. Une adresse très sûre qui mérite une étoile supplémentaire, d'autant qu'en complément des rouges, les blancs sont tout aussi réguliers. En rosé, le-vin-d'une-nuit à la couleur foncée sera une révélation pour ceux qui se lassent des blancs tachés et moins foncé mais tout aussi goûteux, Parenthèse est exceptionnel.

masgranier.fr

Hecht & Bannier

Grégory Hecht et François Bannier sélectionnent minutieusement leurs raisins sur tout le pourtour méditerranéen, du Roussillon à la Provence, ils vinifient et élèvent avec soin des cuvées ambitieuses. Chaque année, ils visitent plusieurs centaines de domaines pour ne sélectionner que les plus beaux raisins et les meilleurs jus, le plus souvent issus des vignobles en coteaux. Plusieurs cuvées jouent la frivolité, la facilité d'accès telle nouvelle vague mais elles bénéficient des mêmes attentions. Une marque à privilégier pour sa régularité et son homogénéité.

hechtbannier.com

Les Jamelles

Après un séjour en Californie, les œnologues Catherine et Laurent Delaunay, originaires de Bourgogne, se sont installés dans la région en 1991 pour y créer une activité de négoce ambitieuse, privilégiant les vins de cépage. La gamme est supervisée par Catherine Delaunay, véritable chef d'orchestre qui sélectionne drastiquement les meilleurs raisins, jus et terroirs et réalise les meilleurs assemblages puis élevages. Depuis le millésime 2017, plusieurs cuvées parcellaires ont été créées de façon à ce que l'adéquation entre terroir et cépage soit parfaite : le résultat est remarquable et le rapport prix plaisir convaincant.

les-jamelles.com

Vignobles Jeanjean

Depuis 1870 et cinq générations qui se sont succédé, la famille Jeanjean participe à l'histoire viticole du Languedoc. Leur ambition est de faire découvrir les terroirs sur lesquels sont implantés leurs sept domaines, représentatifs de la diversité des crus et appellations du Languedoc avec un vignoble essentiellement en bio. Les propriétés sur lesquelles la maison Jeanjean s'appuie sont entre autres le Causse d'Arboras, le Mas de Lunès ou le Devois des Agneaux. Également des vins réalisés en partenariat avec des caves locales, comme celles de Castelmaure en Corbières ou de Pinet. La progression de la qualité d'ensemble se voit à chaque nouveau millésime, la petite révolution culturelle apportée par cette maison à ses propriétés pour qu'elles égalent les meilleurs vignerons de chaque secteur porte ses fruits.

jeanjean.com

Mas Jullien

Installé à Jonquières à l'ouest de Montpellier, Olivier Jullien, référence incontestée et incontestable, est parvenu avec intuition et intelligence à hisser au plus haut le niveau qualitatif des vins de la région et a entraîné derrière lui toute une génération de jeunes vignerons. Il s'est installé en 1985 et son domaine compte aujourd'hui 18 hectares de terres aux sols très variés (argilo-calcaires, silices, grès), cultivés sans certification désormais (le domaine l'a été par le passé) dans une démarche d'agriculture biologique non revendiquée pour échapper aux dogmes. Autour-de-Jonquières correspond au terroir originel du mas Jullien

sur des parcelles essentiellement d'éboulis calcaires. Carlan est issue de schistes de 200 à 400 mètres d'altitude, lous-rougeos provient de terroirs d'altitude qui étaient presque abandonnés, au pied de la zone d'effondrement du plateau du Larzac. Une nouvelle cuvée la-brune, réalisée près de Jonquières complète la gamme avec une tendresse unique. Tous les rouges sont au meilleur niveau du Languedoc et évoquent pleinement sa typicité, avec des notes de sauge, de garrigue et de thym, d'une fraîcheur constante. Nous avons été subjugués cette année par le toucher de bouche de la-brune 2018.
masjullien@free.fr

Domaine de la Cendrillon

Robert Joyeux a mené conjointement sa carrière d'industriel et les travaux de rénovation profonde de la propriété lui permettant de réaliser le corbières dont il rêvait, élégant et exprimant la complexité et la variété de ses terroirs. Depuis 2011, lui et son épouse Geneviève se consacrent à plein temps à leur domaine et leur fils Hubert vient de les y rejoindre pour promouvoir ce beau cru aux quatre coins du monde. Le domaine est certifié bio depuis 2013, le raisin est soigné à la perfection, les extractions douces, l'absence de toute trituration du raisin et le travail par gravité permettent d'obtenir des vins généreux mais raffinés et sincères. La cuvée Inédite affiche de la profondeur et de la tenue, la cuvée numéro-1, exubérante et pleine de caractère mérite son nom. Nous avons été également séduits par la nouvelle cuvée La Coume, tonique et fraîche. Blancs et rosés sont délicieux.
lacendrillon.fr

Domaine La Croix de Saint-Jean

La Croix de Saint-Jean a été créée en 2004 par Michel Fabre, vinificateur de Villa Baulieu et vigneron en minervois avec l'apport de vignes de Fabrice Leseigneur, photographe de presse. Le domaine produit trois cuvées sur les terroirs de Minervois, lo-mainatge, lo-paire et une cuvée au nom du domaine. Ce sont de grandes expressions racées et profondes de ce beau terroir, qui entrent dans le gotha du meilleur de cette appellation. Les vins sont racés et d'une superbe régularité, avec des arômes subtils, une texture solide sans manquer de raffinement, de fraîcheur et surtout d'un bon équilibre. La cuvée lo-paire ne déçoit jamais tant par ses expressions aromatiques que par sa fraîcheur.
lacroixdesaintjean.fr

Château de Lascaux

Le château de Lascaux est dirigé depuis 1990 par Jean-Benoît Cavalier, ingénieur agronome qui préside également aux destinées de la vaste appellation Languedoc. Le domaine, installé sur Vacquières, exploite des parcelles dont certaines sont classées en Pic-Saint-Loup. Ce domaine de 45 hectares, plutôt orienté vers la syrah, est en agriculture biologique. Le domaine ne cesse d'innover et n'hésite pas à se remettre en question, gage de progrès. Il vinifie par terroirs en isolant les parcelles installées sur les différents types de sols, dont la gravette de Corconne aux accents si identitaires. Le nouveau chai a apporté de la précision. On se régalera notamment du blanc Garrigue, un modèle de fraîcheur.
chateau-lascaux.com

Château de Lastours

Implanté sur le secteur méditerranéen des Corbières, le domaine a été racheté par la famille Allard, qui gère également le château Laroque à Saint-Émilion. D'importants travaux ont été réalisés sur la propriété pour redonner à Lastours tout son prestige, tant dans les équipements techniques que dans la replantation massive du vignoble. Pour aller encore plus loin, un tout nouveau chai a été mis en service. Depuis 2012 c'est le talentueux Stéphane Derenoncourt, consultant prisé, qui suit la propriété. Le site de Lastours abrite également un circuit automobile où viennent s'entraîner les meilleures écuries, ainsi qu'un complexe d'œnotourisme, avec une restauration et une hôtellerie de qualité. Les vins sont puissants en saveurs et nous vous incitons à leur rendre visite sur place.
chateaudelastours.com

Mas Laval

Sans bruit mais avec une évidente réussite, les Laval réalisent des vins étonnants. Une hygiène irréprochable, un chai climatisé, ce qui n'est pas si fréquent en Languedoc, et des barriques magnifiques, rarement neuves mais d'un an, en provenance d'emblématiques domaines de Bourgogne, permettent une gamme qui ne comporte que deux vins : les-pampres, en igp de l'hérault, un deuxième vin tarifé comme tel, est très accessible, bien vinifié, gourmand et équilibré, et la grande cuvée, un terrasses-du-larzac. L'un et l'autre sont très proches des sommets dans leurs classifications respectives. La finesse des tannins est la marque de fabrique de ce domaine étonnant, cultivé comme un jardin.
maslaval.com

Domaine Le Conte des Floris

Catherine et Daniel Le Conte des Floris se sont implantés sur le terroir de Pézenas. Les blancs, remarquables de profondeur, démontrent l'intérêt du carignan blanc et rappellent combien son arrachage massif en Languedoc fut une erreur. Les vignerons les plus avisés de la région commencent à en replanter, signe des temps. Lune-blanche est l'un des vins les plus originaux du Languedoc grâce à cet encépagement. Associée à la roussanne, cela devient lune-rousse et à la marsanne, pleine-lune. La gamme de rouges se décline autour des terroirs qui les voient naître : carbonifère, basaltique et villafranchien. Le grenache du Villafranchien et la syrah sur schistes du Carbonifère cultivent l'élégance et une facilité à être bus sans le moindre ennui, bien au contraire.
domainelecontedesfloris.com

Domaine Les Aurelles

Basile Saint-Germain est un perfectionniste qui va aussi loin que possible, de la vigne au chai, pour réaliser des vins dans la zone de Pézenas qui satisfont à ses exigences de fin dégustateur. Proche de Pézenas, à une trentaine de kilomètres de la Méditerranée, son domaine des Aurelles, d'une petite dizaine d'hectares, jouit d'un terroir de rêve, unique en son genre, mêlant basaltes et graves, et d'un paysage à couper le souffle qui se déploie jusqu'aux Cévennes. La tenue dans le temps des vins était l'une de ses exigences les plus importantes et il y souscrit depuis les débuts de son aventure, en 1995. Solen, la première cuvée, dépasse la plupart des vins du Languedoc, Aurel est le grand vin. Les deux cuvées sont commercialisées après un temps conséquent de maturation en bouteille et ne connaissent aucun bois. Aurel blanc est unique, distribué après plusieurs années de cave : voilà un très grand vin de gastronomie, l'une des bouteilles les plus en pointe dans la démarche qualitative languedocienne. Les millésimes à partir de 2019 ne connaîtront plus de passage sous bois pour garder la pureté native du raisin.
les-aurelles.com

Domaine Les Grandes Costes

Après une première carrière dans la presse viticole, Jean-Christophe Granier est revenu dans son village de Vacquières, une commune qui fait partie de la zone du pic saint-loup en Languedoc. C'est un domaine hautement fréquentable qui fait preuve de régularité. Toutes les cuvées ont gagné en buvabilité dès l'entrée de gamme, musardises. La ruche qui étonnait par des notes d'iode atypiques à ses débuts connaît avec 2019 son meilleur millésime.
grandes-costes.com

Les Vignes Oubliées

Une poignée des meilleurs vignerons du Languedoc, hélas trop peu, redécouvrent les vertus du cinsault, un vieux cépage dont on a fait des citernes de rosés, au demeurant parfois bons. Vinifié en rouge, c'est assurément le vin de soif par excellence et sa buvabilité hors pair peut se conjuguer,

Miren et Nicolas de Lorgeril.

quand il est bien traité, à une profondeur étonnante. Jean-Baptiste Granier en fait l'une des versions les plus excitantes, cultivant en virtuose une petite dizaine d'hectares depuis ses débuts en 2007, propulsé par un certain Olivier Jullien. Finale délicieuse, florale, sur les fruits rouges, la réglisse : la similitude de sensations tactiles avec les grands pinots noirs de Bourgogne est évidente. Il a tout d'un grand, sauf le prix. La grande cuvée, en terrasses-du-larzac, n'est tombée dans aucun des pièges classiques, surmaturité ou surextraction, elle est en route vers les modèles du genre. Le blanc s'affine à chaque nouveau millésime.

lesvignesoubliees.com

Vignobles Lorgeril

En vingt ans, Nicolas et Miren de Lorgeril ont remis sur pied le vignoble historique ainsi que le château, dessiné initialement par Le Vau et dont le parc fut aménagé et conçu par Le Nôtre. Le domaine s'étend désormais sur 350 hectares. Il produit des vins sur neuf appellations dont Minervois, Corbières, Saint-Chinian, Faugères et Côtes-du-Roussillon, avec le même souci qualitatif qu'en Cabardès et une constance inébranlable. Ici les vins sont classiques, réguliers, dotés d'une grande richesse aromatique, d'une excellente fraîcheur notamment sur les terroirs d'altitude et d'un équilibre jamais pris en défaut. Une adresse de référence et des tarifs encore doux.

lorgeril.wine

Clos Marie

Ce domaine phare du pic Saint-Loup est mené de main de maître depuis 1995 par Christophe Peyrus. Figure de l'appellation, le vigneron cultive 22 hectares. Salués pour leur intensité, leur finesse, leur chair et leur distinction, les vins du domaine ne font pourtant pas l'unanimité car certains amateurs sont gênés par les acidités liées à des choix de faible protection des vins. Sans approuver cette caractéristique clivante, nous défendons Clos Marie pour sa finesse de tannins unique ainsi que la délicatesse de ses goûts. Nous avons dégusté des 2018 magnifiques sans être tous parfaits et un Olivette 2019 grandiose. l'entrée de gamme, qui laisse présager du reste de la gamme que nous dégusterons l'an prochain sur ce millésime. Manon 2019 est un blanc très original, réussi avec une sensation délicieuse d'eau de roche en finale.

clos.marie@orange.fr

Mas La Chevalière

En 1995, Michel Laroche, grande figure de la viticulture chablisienne, a adjoint à son domaine éponyme ce vignoble d'altitude. Les 40 hectares de vignes sont scindés en deux îlots bien spécifiques : Peyroli, situé à 400 mètres, avec un terroir argilo-calcaire parfait pour le chardonnay, et Roqua Blanca, très méditerranéen, profitant de l'influence fraîche de la mer, dédié aux cépages rouges. Comme le domaine Michel Laroche de Chablis, cet ensemble appartient au groupe AdVini dont il est aujourd'hui l'un des fleurons. S'y est greffée une activité de négoce de qualité sur la partie vinification et élevage. Dans les chais performants sont vinifiés des raisins issus de sélections parcellaires effectuées chez des partenaires vignerons, pour produire une collection de vins de cépages très bien faits, purs et typés, vraiment agréables à boire. Le mas-chevalière est plus élaboré, plus complexe, tant en rouge qu'en blanc. Une valeur sûre.

larochewines.com

Domaine Mirabel

Le domaine Mirabel est situé à la limite nord-est de l'aire d'appellation du Pic Saint-Loup, sur un terroir d'argilo-calcaires. Les frères Feuillade mènent leurs 14 hectares avec passion, ils les cultivent avec le plus grand soin, comme un jardin. Le rendement moyen est faible, de l'ordre de 20 hectolitres par hectare. Sans bruit ni tapage, on ne théorise pas au domaine sur la bio : on la pratique, on aime le travail bien fait, la sincérité, et ça se voit, pour le plus grand plaisir des amateurs ! Les rouges 2019 sont aussi délicieux que leurs prédécesseurs en associant harmonieusement intensité et buvabilité. Le blanc Loriot est au sommet des vins de pays d'Oc depuis des années et le rosé est épatant. Ce domaine d'une régularité exemplaire ne cesse de nous étonner et fait partie de notre tiercé de tête des meilleurs pic-saint-loup.

domainemirabel@neuf.fr

Domaine de Montcalmès

Moncalmès veut dire mont calcaire en occitan. Créé en 1999 à partir des vignes familiales qui étaient apportées en coopérative, le domaine couvre aujourd'hui 25 hectares en bio sur Puechabon et ses calcaires lacustres, sur Aniane et ses galets roulés, sur Saint-Saturnin et ses éboulis calcaires et sur les argilo-calcaires de Saint-Jean-de-Fos. Fort d'une expérience à la Grange des Pères, chez Olivier Jullien et Alain Graillot, Frédéric Pourtalié vinifie ses grenaches, syrahs et carignans

terroir par terroir avant l'assemblage. La gamme de rouges est resserrée quand beaucoup s'ingénient à multiplier les cuvées : un grenache d'une gourmandise qui fait penser au château-rayas, legeai tout en élégance et la cuvée en terrasses-du-larzac, un vin au sommet de l'élite du Languedoc dont le style s'est infléchi. Récolté initialement sur les Brousses, il l'est aujourd'hui sur des calcaires qui structurent plus le vin. Également un blanc en quantités confidentielles. Retrouvez sur notre application une verticale de près de 20 ans de la superbe cuvée de terrasses-du-larzac.
domainedemontcalmes.fr

Domaine de L'Ostal

Lorsque Jean-Michel Cazes (château Lynch-Bages, château Les Ormes de Pez, domaine des Sénéchaux) investit le Minervois, ce ne fut ni par hasard, ni sans ambition. Le vignoble de 60 hectares a été replanté pour moitié et restructuré lors de son rachat en 2002. Le secteur chaud où sont implantées les vignes marque les vins, ce sont des minervois denses et sérieusement construits. Jean-Michel Cazes a passé la main à son fils Jean-Charles, qui a fait évoluer les vins vers un style bien à lui, vrai mix entre le classicisme et l'élégance bordelaise, et l'exubérance aromatique due aux cépages et au climat méditerranéens. Une très belle adresse, sérieuse et régulière, dont on ne se lasse pas.
lostalcazes.com

Les Domaines Paul Mas

Fils de vigneron très tôt saisi par l'entrepreneuriat, Jean-Claude Mas a réalisé une première carrière en France et aux États-Unis avant de retrouver la filière viti-vinicole. En deux décennies, ce pur languedocien a bâti un patrimoine de plus de 800 hectares de vignes et a créé des marques dont la plus fameuse demeure le savoureux Arrogant Frog. Centré aujourd'hui sur ses domaines (Crès Ricard en terrasse-du-larzac, Silène en grès-de-montpellier, Martinolles à Limoux, Lauriga en Roussillon ou encore les voisins Château Paul Mas et Astelia dans le berceau familial du secteur de Montagnac) l'activité de l'hyperactif Jean-Claude Mas ne cesse d'évoluer. L'homme sait donner aux syrah languedociennes une personnalité savoureuse, juteuse et fruitée. En blanc, le style est gourmand, porté par des chardonnays et viogniers gorgés de soleil. Hormis quelques cuvées de prestige issues des meilleures parcelles des domaines, la plupart des vins sont proposés à des tarifs angéliques, une autre caractéristique de ce que Jean-Claude Mas appelle « luxe rural ».
paulmas.com

Château Pech-Redon

Christophe Bousquet est très en phase avec la nature sur son terroir faiblement arrosé par les pluies mais qui nous semble le plus qualitatif de la Clape. Sur les hauteurs de Gruissan tout près de Narbonne, à un kilomètre de la Méditerranée, avec ses 30 hectares pâturés par les brebis en hiver et menés en bio certifiée, Pech-Redon réalise de longue date les meilleurs vins du secteur de la Clape, les plus frais et complexes. La visite des blancs, notamment la-centaurée, s'impose. L'épervier rosé est superbe. En rouge, la-centaurée fait la course à part dans un style absolu, un vin de réflexion aux tannins très fins, moins gourmand que lescades ou l'épervier. Christophe fait de plus en plus la part belle au mourvèdre qui se plait particulièrement ici car il voit la mer. Les rouges 2018 dégustés avant les mises étaient exceptionnels, il faudra veiller à préserver ces vertus jusqu'à la fin de l'élevage.
chateaupechredon.wordpress.com

Jean-Claude Mas (Domaines Paul Mas).

Domaine Peyre Rose

Cette exploitation, perdue au bout d'un chemin introuvable, est conduite en agriculture biologique par Marlène Soria. Marlène produit trois cuvées de rouge à dominante de syrah, le clos-des-cistes, syrah-léone, puis depuis le millésime 2003 marlène-n°3 sur un nouveau terroir. Les-cistes proviennent de la partie la plus haute du domaine, installée sur des sols caillouteux très durs. Cette cuvée porte plus d'acidité que syrah-léone, installée sur des roches plus friables et facilement traversées par l'eau : c'est souvent la cuvée la plus sensuelle. Marlène-n°3 n'est ni un troisième ni un second vin. Troisième plantation du domaine, c'est certainement la mieux plantée des parcelles avec une proportion plus importante de grenache, elle est celle qui gagne le plus au vieillissement. En blanc, oro est à base de rolle, de roussanne et de viognier, complétés par plusieurs autres cépages languedociens. S'il fallait donner un synonyme à Peyre Rose ce serait sûrement mille et une nuits tant les finales sont envoûtantes.
peyrerose@orange.fr

Domaine Christophe Peyrus

Christophe Peyrus, du réputé clos Marie, soutenu par trois amis, a repris un domaine sur le terroir de Cazevieille en Pic Saint-Loup, dans des zones calcaires à plus de 300 mètres d'altitude, au plus

PRESSE

haut de l'appellation. Le domaine compte 8,5 hectares en production, à dominante de syrah complétée de grenache. Le domaine produit deux cuvées de rouge, dont spoutnik, et une cuvée de blanc. La faible protection de ces vins délicats imposera de les transporter et de les stocker avec soin comme ceux de clos Marie. La cuvée de pic saint-loup 2018 nous impressionne depuis l'an passé.
04 67 91 20 12

Cave de Roquebrun

Cette cave sérieuse de Saint-Chinian-Roquebrun produit l'essentiel des vins de l'appellation avec 720 hectares d'apports dont 450 de syrah. On est ici au nord de l'appellation Saint-Chinian et on y produit des vins typés par leur cépage majoritaire et par la macération carbonique qui signe le style de la cave. Elle est dirigée par un charismatique directeur, Alain Rogier depuis des décennies et fait partie des rares coopératives languedociennes remarquées pour leur réussite. Nous apprécions la cohérence de la gamme, ces vins puissants expriment ce goût inimitable de fumé et de lardé à la finale réglissée. Un seigneur d'Aupenac 2006 dégusté cette année n'avait pratiquement pas évolué depuis sa prime jeunesse, ce qui montre la capacité des macérations carboniques bien menées à défier le temps.
cave-roquebrun.fr

Château Rouquette-sur-Mer

Avec un vignoble bien tenu, Jacques Boscary montre que le secteur de la Clape peut produire de grands vins, très appréciés et identifiables en dégustation. Voici une adresse où il n'est pas indispensable de monter haut en gamme pour se régaler, ce qui fait du château une valeur sûre. L'élégance et la gourmandise sont les caractéristiques des vins de la propriété. Amarante et esprit-terroir sont des entrées de gamme délicieuses. Au sommet, les cuvées henry-lapierre, château-de-la-tour et absolu revisitent la-clape avec des tannins particulièrement fins et méritent d'être attendues. Après le 2018 nous décernons une nouvelle palme à esprit-terroir 2019 qui en fera un must recherché par les grands amateurs avisés qui seront tout autant comblés par arpège en blanc.
chateaurouquette.com

Prieuré Sainte-Marie d'Albas

À l'ombre de la montagne de l'Alaric, surplombant la vallée de l'Aude, les 32 hectares de vignes en terrasses de ce domaine, lui permettent de signer des vins expressifs, fruités et faciles à boire. L'attention portée aux pratiques culturales donnent ici des résultats plus qu'encourageants.
saintemariedalbas.com

Château Sainte-Eulalie

Mené par un couple d'œnologues, le domaine est constitué de 35 hectares d'un seul tenant, sur les hauteurs de la Livinière, à environ 250 mètres d'altitude. Cette situation permet une gamme de rouges au fruité de très belle qualité. Les sols sont très caillouteux et l'intégralité de la production est en appellation minervois et minervois-la-livinière. Dès l'entrée de gamme, véritable vin plaisir comme l'indique son nom, à la grande-cuvée, le fil conducteur reste l'équilibre, le charme, la fraîcheur et la qualité du grain de tannin. Le domaine justifie largement son classement dans notre hiérarchie.
chateausainteeulalie.com

Prieuré de Saint-Jean de Bébian

Le prieuré a été fondé jadis par un légionnaire romain. Devançant le renouveau qualitatif régional, Bébian s'est hissé tôt au sommet de la hiérarchie languedocienne. Installé à Pézenas, petite ville pittoresque de l'Hérault, il a pendant longtemps incarné la rare expression d'un classicisme languedocien à la fois généreux et raffiné, et surtout capable de vieillir harmonieusement. Après le rachat du vignoble de 32 hectares par un homme d'affaires russe, l'oenologue Karen Turner a été remplacée par un amateur de grands vins, Benoît Pontenier, assisté par Antoine Pouponneau qui sélectionne les levures indigènes du domaine. Une verticale de tous les millésimes en rouge depuis 2001 a montré leur qualité indéniable. Les élevages parfois démonstratifs de ces dernières années ont tendance à s'estomper, pour le plus grand bonheur de vins à la magnifique matière, construits pour la garde.
bebian.com

Domaine Saint-Sylvestre

Sophie et Vincent Guizard ont séparé leur destinée de celle du domaine Moncalmès. Ils ont créé cette propriété de huit hectares, implantée près d'Aniane, dont une partie du vignoble provient d'une défriche qui reste insérée au milieu des bois. La conduite du vignoble et des vinifications est menée avec un bon sens évident et la grande connaissance du terroir et des cépages que Vincent a acquise. Des vins d'une finesse à prendre en exemple en Languedoc, tant pour le blanc, superbe depuis le début du domaine que pour le rouge. Le domaine fait partie des meilleurs producteurs des Terrasses du Larzac.
domaine-saint-sylvestre.com

Château de Sérame

Cette ancienne bâtisse du XIIe siècle, installée à Lézignan près du canal du Midi, dans la zone des Corbières, est entourée d'un magnifique vignoble de 580 hectares, dont 175 hectares de vignes. Philippe de la Bouisse et Anne Besse, les héritiers, sont à la tête du domaine. Le site est absolument fabuleux et chargé d'histoire, puisque les Romains y avaient construit des habitations et s'y étaient installés.
chateaudeserame.net

Caves du Sieur d'Arques

La coopérative du Sieur d'Arques est l'acteur économique majeur de Limoux car elle met en marché 16 millions de bouteilles. Pionnière dans la sélection parcellaire, elle s'est engagée depuis vingt ans dans une démarche qualitative et poursuit la réalisation de cuvées très bien calibrées. La gamme des blancs toques-et-clochers, à base de chardonnay, issue des quatre terroirs limouxins, est élevée en barriques, à la bourguignonne, avec bâtonnages, ce qui donne des vins généreux, charmeurs et parfaitement équilibrés. Une jolie gamme de bulles de qualité complète parfaitement l'ensemble des vins de la cave. Sa régularité qualitative en fait un véritable fer de lance pour l'appellation.
boutique-sieurdarques.com

Domaine de Tholomies

Cette propriété de la Livinière appartient au groupe Grands Chais de France. Très bien situé au pied du Causses, le cru ne manque pas d'atout et est cultivé en agriculture bio.
domaine-labaume.com

Château de Vaugelas

Depuis 2000, cette propriété de 150 hectares appartient à la famille Bonfils, très implantée dans les vignobles du Sud et également en Montagne-Saint-Émilion. La propriété est en bordure de l'Orbieu, sur la commune de Camplong d'Aude, entre le mont Alaric et la montagne Noire. Le vignoble a l'originalité de n'être implanté que sur une seule et même parcelle. Les sols argilo-calcaires de la propriété sont composés de marnes bleues en profondeur et de galets roulés ou gravettes en surface. Les vins sont incontestablement bien vinifiés, généralement très flatteurs, exubérants, bien représentatifs de leur terroir, toujours bien équilibrés et agréables à boire. Les cuvées V et 140 en sont les représentants les plus aboutis.
bonfilswines.com

LOIN D'AVOIR DIT SON DERNIER MOT DANS LA COURSE AUX GRANDS VINS, LE VIGNOBLE DE PROVENCE S'AFFIRME COMME UN HAUT-LIEU DE NOTRE VITICULTURE. CONNUE DE LA PLANÈTE POUR SA CÔTE D'AZUR, ELLE EST AUSSI UNE PLACE FORTE DE LA CULTURE BIOLOGIQUE ET UN LABORATOIRE D'EXPÉRIMENTATION À CIEL OUVERT POUR COMPRENDRE ET ANTICIPER LES CHANGEMENTS CLIMATIQUES À VENIR

Prov

ence

BANDOL, LE CARNET DE NOTES

L'appellation reine pour les rouges de Provence est à un moment charnière de son histoire. Le défi est de taille puisqu'il s'agit de se réinventer sans se renier. Voici une courte sélection de ce qui se fait de mieux.
DÉGUSTATION ***LOUIS-VICTOR CHARVET***

Domaine Barthès 2019
90
Arômes intenses de fruits noirs à juste maturité, matière profonde et suave en bouche, il séduit par sa trame élancée qui s'achève sur une finale mentholée du plus bel effet. Belle découverte.
Prix NC

Domaine de La Bastide Blanche 2019
92
Vin large et charnu, ample en bouche, son fruit mûr lui donne beaucoup de rondeur. Il plaira à l'amateur de bandols classiques. À laisser en cave cinq à dix ans.
19,50 euros

Domaines Bunan 2016
91
Il surprend par la pureté de son fruit et par la grande qualité de son tannin, extrait sans rien de forcé. Le fruit croquant donne beaucoup d'allure à cet ensemble irréprochable.
Prix NC

Domaine de Cabaudran 2018
93
Caractère traçant en bouche, bien équilibré entre les notes confiturées et une acidité sous-jacente parfaitement intégrée à l'ensemble. L'élevage respecte le caractère fruité de ce bandol expressif.
17 euros

Les Vignerons de La Cadierenne, bandol 2018
90
Assez naturel dans son expression, on aime son tannin caressant et sa salinité finale. Pas le plus large en bouche, mais dans un registre digeste qui lui va bien.
9,50 euros

Domaine Dupuy de Lôme 2019
92
Belle maîtrise des équilibres, on a pris soin d'emprisonner des arômes primaires frais, ce qui réhausse l'ensemble en lui donnant une gourmandise bienvenue. Les tannins vont gagner en suavité avec le temps.
18 euros

Château de Font Vive 2018
91
Registre plus floral et épicé, moins dominé par les notes de fruits noirs, il séduit par sa souplesse de corps et par son acidité rafraîchissante. Un bandol moderne, facile à boire.
Prix NC

Domaine de Frégate 2018
94
Tout est en place pour évoluer superbement. Précision des arômes, jutosité en bouche, tannins structurants sans austérité, avec cette finale fraîche qui traduit une viticulture de qualité.
15 euros

Château Jean-Pierre Gaussen, Longue Garde 2015
91
Un bandol structuré, classique, entre puissance des notes de fruits noirs mûrs et longueur en bouche. Dense, charnu, il mettra du temps avant de s'épanouir.
26 euros

Domaine du Gros'Noré 2017
94
Magnifique coup de nez sur le réglisse, soutenu par des notes discrètes d'encens. Beaucoup d'équilibre et de finesse en bouche, c'est un vin maîtrisé, sans jamais rien de démonstratif.
20 euros

Château Guilhem Tournier, Luisa Jeanne 2016
91
Encore d'un bloc, ce bandol complet et racé évoluera bien une fois ses tannins un peu plus déliés. Attendons-le cinq à dix ans, il en a le potentiel.
Prix NC

Domaine de La Bégude, La Brulade 2017
97
Spectaculaire et complet, ce lieu-dit spécifique est un vin de terroir accompli, magnifiquement dense et énergique, avec cette signature aromatique si particulière qui lui donne beaucoup de race. Dans dix ans, cette bouteille sera grandiose.
65 euros

Domaine de La Font des Pères 2018
93
Une définition du bandol élégant, équilibré, lumineux dans son fruit, fin et digeste en bouche, en gardant cette gourmandise que permet la rondeur de son tannin. Bravo.
20 euros

Domaine La Roche Redonne, Les Bartavelles 2019
92
Plutôt dans un registre classique, il charme par son fruit rond et par son assise tannique encore un peu marqué. Bon potentiel de garde.
Prix NC

Domaine La Suffrène, Tradition 2014
93
Un séducteur-né, charmeur par son aromatique souriante et ouverte sur les petits fruits rouges et noirs. On aime sa fraîcheur et sa lisibilité immédiate.
20 euros

Domaine de La Tour du Bon, Saint-Ferréol 2018
90
Même si la réduction du mourvèdre donne quelques notes animales à l'aromatique florale, on souligne la délicatesse en bouche de ce vin au tannin glissant, tout en équilibre et en fraîcheur.
39 euros

Domaine Lou Capelan, L'Originel 2019
91
Il surprend par son manque de couleur pour un bandol mais ne peinera pas à convaincre. Avec sa salinité naturelle, son acidité centrée et sa profondeur de fruits, voilà un vin qu'il faut découvrir.
18 euros

Domaine Marie Bérénice 2019
92
Dégusté avant mise, comme quelques autres 2019. Matière charnue et dense, intensité des notes épicées, on sent tous les efforts consentis pour garder du fruit et une matière accessible. Une synthèse entre deux époques bandolaises.
20 euros

Château de Pibarnon 2017
95
Peut-être plus en souplesse et en légèreté que d'ordinaire mais avec ce qui fait le charme habituel de ce vin : sa finesse exemplaire dans le tannin, permis par un élevage abouti. Grand potentiel.
35 euros

Château Pradeaux, Le Lys 2017
92
Nez expressif, sur la complexité des notes de garrigues, de pin, d'épices et de réglisse. Le style est puissant et étoffé en bouche mais ne manque pas de charme. On le laisse vieillir patiemment.
17 euros

Domaine Tempier 2018
93
Le jour de notre dégustation, sa matière large et très mûre ne s'est pas encore mise en place. Il faudra attendre que le tannin se fonde et que les notes tertiaires prennent le dessus pour qu'il gagne en clarté aromatique. Grand potentiel.
30 euros

Domaine de Terrebrune 2017
96
Pur et minéral, avec cet éclat et cette énergie dans le fruit propre aux vins du domaine. L'élevage superbe renforce avec justesse sa profondeur et sa sève. Un style à part dans l'appellation.
32 euros

Domaine des Trois Filles 2018
91
De l'élégance, du gras, du corps, encore un peu ferme dans son tannin. Cette promesse commencera à révéler son potentiel aromatique d'ici cinq ans.
17,90 euros

PRIX-PLAISIR 2021, DES AFFAIRES EN OR

Rendez-vous annuel incontournable, sélectif et redoutable, nous avons créé le concours Prix-Plaisir pour dénicher des pépites dans chaque région. Sélectionnées à l'aveugle par un jury de consommateur, approuvées par nos experts, voici les médailles d'or de l'édition 2021. Deux critères, le prix (moins de 18 euros) et le plaisir.

Bastide de Blacailloux, Eclosion-Joio, côtes-de-provence rosé 2020

Beau rosé aromatique, fin, rond et sans lourdeur avec une belle longueur. C'est une valeur sûre.

9,70 euros

Où le trouver ? wineactivities.net

Château du Rouët, Belle Poule, côtes-de-provence blanc 2020

Nez frais, expressif et minéral sur des notes d'abricot et de pamplemousse. Bouche gourmande avec de beaux arômes de fleurs blanches et d'abricot confit.

12 euros

Où le trouver ? Au domaine

Château la Valetanne, Vieilles Vignes, côtes-de-provence rosé 2020

Nez délicat de fleurs et des agrumes. La bouche est fine et équilibrée. Beau vin.

12 euros

Où le trouver ? chateau-la-valetanne.com

Château Paradis, Château Paradis, coteaux d'aix-en-provence rouge 2017

Vin marqué par de beaux arômes d'épices et de fruit noir. C'est vif et complexe. Le vin parfait pour accompagné des grillades de cochon ou de veau.

12,50 euros

Où le trouver ? chateauparadis.com

Domaine Attilon, Ambition Blanc, bouches-du-rhône blanc 2020

Nez gourmand de sucre cuit, pamplemousse, abricot et une touche fumée. La bouche est tout en relief avec une fraîcheur et une onctuosité qui s'équilibre. Belles saveurs d'abricot rôtis et pamplemousse. La longue finale est agréable et salivante.

10 euros

Où le trouver ? Au domaine

Domaine de Jale, Les Fenouils, côtes-de-provence rosé 2020

Le nez complexe de ce rosé oscille entre les fruits rouges et jaunes, les agrumes et de petits fruits exotiques. Une grande bouffée d'air frais. Le rosé parfait pour l'été.

9,80 euros

Où le trouver ? domaine-jale.monboutigo.fr

Domaine de Lauzières, Equinoxe, les-baux-de-provence rouge 2015

Une expression de fruits rouges croquants et frais. On aime son impression de naturel et de simplicité. De la finesse et de l'équilibre, c'est superbe pour le prix.

15 euros

Où le trouver ? domainedelauzieres.com

Domaine le Loup Bleu, Croix du Sud, côtes-de-provence Sainte-Victoire rouge 2019

Belle complexité. Beaucoup de fruits et des arômes de garrigues qui précèdent une finale enjoleuse. Superbe pour des brochettes de bœuf au barbecue.

15 euros

Où le trouver ? Au domaine

Léoube, Le Petit Rosé by Léoube, côtes-de-provence rosé NM

Un nez franc et une bouche marquée par le volume et l'équilibre. C'est légèrement salivant et de belle longueur. À ce prix là, on n'hésite pas.

4,90 euros

Où le trouver ? leoube.com

Maison Gabriel Meffre, Un été en... Méditerranée, IGP méditerranée rosé 2020

Jolie robe d'une couleur prononcée. Le fruité du nez donne envie et se retrouve en bouche. Une belle structure, de l'équilibre et un bonne longueur complète ce vin qui peut se boire tel quel ou avec des mets fins.

9 euros

Où le trouver ? achat-vin.gabriel-meffre.fr

Vignobles de Saint-Tropez, Bravade, côtes-de-provence rosé 2020

Superbe ensemble qui exprime avec la même intensité des notes citronnées et des notes de fruits jaunes comme l'abricot. De la longueur et de l'intensité, on recommande.

12 euros

Où le trouver ? torpez.com

PRESSE

LES VALEURS DE LA PROVENCE

CE N'EST PAS QU'UN DÉCOR DE CARTE POSTALE. LOIN DES SENTIERS BATTUS PAR LES TOURISTES, LE PAYS DU ROSÉ A AUSSI DE SÉRIEUX ARGUMENTS DANS LES AUTRES COULEURS. CEUX-LÀ L'ONT COMPRIS

Domaine de l'Abbaye de Lérins

★★★☆☆

Saint-Honorat, île paisible baignée de lumière et classée Natura 2000, est un lieu où le fruit de barbarie se joint à la prière, où le vin est en perpétuelle renaissance. Il est habité depuis 1869 par les frères cisterciens, cet ordre religieux qui porte depuis des siècles le développement de la viticulture en France, et où l'excellence du travail de la terre s'y perpétue. Sur 8 hectares de vignes bordées par la mer, protégées par une bande de végétation haute, les cépages s'épanouissent dans un climat marin.

excellencedelerins.com

Domaine du Bagnol

★☆☆☆☆

Rachetés en 1997 par la famille Genovesi et certifiés bio depuis 2014, les 17 hectares se situent en plein cœur du village de Cassis, avec vue sur la mer et le majestueux cap Canaille. Tout en restanques orientées sud-ouest, les parcelles bénéficient d'un terroir argilo-calcaire et de l'influence marine. Aujourd'hui, ce sont Sébastien et sa femme Lisa qui gèrent ce petit bijou viticole et vinifient, toujours sous l'œil de l'énergique Jean-Louis Genovesi, des cuvées goûteuses et généreuses.

domainedubagnol.fr

Château Barbeyrolles

★★★☆☆

Régine Sumeire a acquis le château Barbeyrolles en 1977. Cette propriété de 12 hectares, située au pied de Gassin, proche de Saint-Tropez, est un lieu d'une beauté qui a inspiré de nombreux artistes. Sur ce terroir de schistes elle produit des vins tendus et fins, dans les trois couleurs. Dotée d'une curiosité sans faille, elle n'hésite jamais à se remettre en question.

barbeyrolles.com

Domaine de la Bastide Blanche

★★★☆☆

Le domaine est mené de front par Michel Bronzo, soutenu par Stéphane Bourret, directeur technique et fin dégustateur. En quelques années, le domaine s'est rapproché au plus près des leaders historiques de l'appellation. La régularité et l'intensité de ses vins est le résultat d'efforts, de la vigne jusqu'au chai, combinés à la juste compréhension du terroir. La Bastide Blanche est installée sur des sols d'argile rouge où est réalisée la cuvée fontanéou, et d'argile caillouteuse pour la cuvée estagnol. Les vins ont un caractère posé, terrien, très ancré.

bastide-blanche.fr

Domaine des Bergeries de Haute Provence

★★☆☆☆

Dirigé par Jean-Luc Monteil, dégustateur averti, cette propriété est nichée entre les parcs naturels du Lubéron et du Verdon. La production dans les trois couleurs, issue d'une viticulture biologique et peu sulfitée, est très recommandable. Blancs et rosés, en IGP alpes de haute-provence nous ont enchantés.

domainedesbergeries.fr

Domaine de la Bégude

★★★★☆

Le terroir est composé de sols marneux et argileux, sur socle calcaire. Guillaume Tari et son épouse gèrent avec cœur et esprit ce lieu chargé d'histoire. Préservant le plus possible la nature, ils produisent des vins à la hauteur de leur philosophie, selon laquelle « la qualité est une somme de détails dont chacun réclame rigueur ». Puisque le cépage roi, le mourvèdre, a le don non seulement d'exprimer le caractère de son terroir, mais aussi celui de son vinificateur, les vins montrent un trait clairement bordelais, sophistiqué et bien élevé, sans pour autant trahir ce terroir splendide et sauvage, surplombant la Grande Bleue.

domainedelabegude.fr

Château Henri Bonnaud

★★☆☆☆

Le terroir d'éboulis calcaires de ce domaine de 29 hectares est typique de l'appellation Palette. L'amphithéâtre naturel formé par les collines environnantes protège la vigne du mistral et crée un microclimat favorable. Le volubile Stéphane Spitzglous, enfant du pays, s'applique à la vigne comme au chai, et on prend beaucoup de plaisir à découvrir cette propriété sur la route entre la Sainte-Victoire et Aix.

chateau-henri-bonnaud.fr

Château des Bormettes

★★☆☆☆

Situé à peine à 900 mètres de la mer, ce domaine familial de près de 80 hectares vendait toute sa production en vrac jusqu'à l'arrivée en 2012 de Yannick Burles, en tant que directeur technique. La majeure partie de la production est mise en bouteille au domaine, de belles cuvées naissent et d'année en année les vins progressent admirablement. La vigne est restructurée avec soin, ce qui présage un bel avenir à cette étoile montante de l'appellation La Londe qui participe désormais à la dynamique des vins de cette commune au potentiel indéniable. L'équipe en place fait briller les vins.

chateaudesbormettes.com

Château Cavalier

★★☆☆☆

Propriété de la famille Castel, le château Cavalier compte 136 hectares qui enserrent le chai. Les bois limitrophes y jouent un rôle de régulation thermique et pluviométrique. La réussite des rosés ne résulte pas seulement de la technologie, mais elle nécessite avant tout des terroirs appropriés. C'est la raison pour laquelle les lieux de replantation ont été redéfinis, avec le cabernet-sauvignon sur les argilo-graveleux, le cinsault sur des sols plus secs argilo-graveleux et la syrah et le grenache sur des argiles.

chateau-cavalier.com

Château Carpe Diem

★★☆☆☆

En agriculture biologique, ce domaine situé à mi-chemin entre les gorges du Verdon et la mer Méditerranée, est composé d'une trentaine d'hectares en appellation côtes-de-provence et coteaux-varois. Depuis le beau village de Cotignac, il signe des vins élégants, lisibles et digestes qui ne manquent jamais de fond. C'est une belle adresse à découvrir au cœur de la Provence verte.

chateaucarpediem.com

PRESSE

Clos Cibonne

Haut lieu du tibouren, cépage autochtone magnifique mais difficile à cultiver, ce terroir confère à leurs vins une expression totalement unique dans le paysage viticole provençal. La cuvée olivier, en appellation Côtes de Provence, est une des plus belles expressions de rouge que l'on a rencontrée. À elle seule, elle confirme à quel point le potentiel du terroir de Provence pour produire de grands rouges est aujourd'hui sous-exploité. On aimerait plus de merveilles vermeilles comme celle-là.

clos-cibonne.com

Domaine de la Courtade

La Courtade, un des trois domaines de la magnifique île de Porquerolles, a été rachetée en 2014 par Édouard Carmignac, gérant du fond de gestion éponyme et grand collectionneur d'art. Espérons que très prochainement le vin bénéficiera de la même attention que Monsieur Carmignac porte à son art. Le terroir le mérite.

lacourtade.com

Château Crémade

Situé aux portes d'Aix-en-Provence sur les contreforts de l'imposante montagne Sainte-Victoire, ce château est l'un des quatre domaines de la minuscule appellation Palette. Sur les 9,8 hectares de vignoble, 6 sont en rouge et 3,8 en blanc. Sophie et Philippe s'investissent corps et âme, et même si leur réputation de parisiens ne les a pas aidés lors de leur installation, à force de travail et de talent, ils ont gagné la confiance de leurs voisins. Aujourd'hui, ils font partie intégrante du paysage de palette et portent haut sa réputation. S'ils travaillent en bio depuis le départ, ils ont fini par demander la certification. La particularité de ce domaine est la mise en vente de vieux millésimes, patiemment vieillis dans les caves de la propriété.

chateaucremade.com

Mas de la Dame

Au cœur d'un paysage magnifique situé sur le versant sud des Alpilles, ce domaine familial de 300 hectares, dont 52 hectares de vignes et 28 hectares d'oliviers, possède des sols drainants parfaits pour la viticulture. Aujourd'hui dirigé par deux sœurs, Caroline Missoffe et Anne Poniatowski, dont la première est l'actuelle et la très dynamique présidente de l'appellation, les vins du domaine s'imposent comme une des plus belles expressions des baux-de-provence. Gourmands, ils allient corps et légèreté avec beaucoup d'elégance, parfaitement à l'image des deux sœurs.

masdeladame.com

Château d'Estoublon

Ce magnifique château racheté en 1999 par la famille Schneider est aujourd'hui dirigé par Valérie et Rémy Reboul. La diversité des sols argileux et calcaires permet aux vins d'avoir une structure de belle complexité. En plus de leur activité viticole, le domaine dispose d'une grande oliveraie et, chose rare, de son propre moulin à huile leur permettant, de produire d'excellentes huiles d'olive.

estoublon.com

Domaine de Frégate

Ce domaine familial de 33 hectares, situé à Saint-Cyr-sur-Mer, a été fondé en 1892 sur les terres familiales du Marquis Bernard de Pissy. Initialement en polyculture,

le domaine compte aujourd'hui exclusivement de la vigne. Antonin, cinquième génération, s'implique avec passion dans la conduite de cette très jolie propriété qui entoure un des plus beaux parcours de golf du monde, celui de Dolce Frégate. Les vins progressent depuis plusieurs millésimes et font désormais parti des valeurs sûres de l'appellation.
domainedefregate.com

Château Gasqui

★★★☆☆

François Miglio est un homme engagé. Régisseur du domaine depuis 1990, il a oeuvré à la réhabilitation de ce lieux magique, situé au cœur de la Provence verte à plus de 300 mètres d'altitude dans une zone naturelle privilégiée classée Natura 2000. La vigne, travaillée avec le coeur et en biodynamie, s'insère ainsi respectueusement dans cette aire de diversité unique. L'intelligence de cette cohabitation, dont d'autres vignerons actifs dans cette même zone pourront bien s'inspirer, permet de produire des vins de caractère, entiers, juteux et harmonieux, qui vieillissent admirablement bien. Une adresse incontournable de la Provence.
chateau-gasqui.fr

Château Gassier

★★☆☆☆

Acquis en 1982 par la famille Gassier, cette propriété compte aujourd'hui 40 hectares. En 2004, le rapprochement avec Advini (important acteur du vin) permet de sceller une collaboration efficace. En partenariat avec le baron Georges Gassier, Olivier Souvelain en assure la direction. Ne produisant que du rosé, dont l'emblématique 946, la propriété travaille également en partenariat avec les autres domaines d'Advini qui se situent sur le même secteur. Parallèlement, l'activité œnotouristique se développe, avec notamment un parcours exemplaire permettant la découverte de la biodiversité dans la vigne.
chateau-gassier.fr

Domaine Gavoty

★★★★☆

Aujourd'hui, ce sont Roselyne Gavoty et son mari Hervé qui mènent la vigne à la baguette. La cinquantaine d'hectares de vignes est entourée de 150 hectares de bois. Bordée de collines, de chênes et de pins, avec ses sols caillouteux, c'est un véritable écrin sauvage. Le climat, plus frais que sur la côte, permet d'élaborer des vins rouges d'une grande finesse, des blancs tout comme des rosés de grande garde. Actuellement en conversion bio, Roselyne continue sa recherche pour une expression toujours plus juste et plus proche de son terroir. L'accueil à la propriété est toujours aussi délicieux et les vins s'imposent, d'année en année, comme une des expressions les plus abouties de la Provence.
gavoty.com

Domaine du Gros'Noré

★★★★☆

Après avoir fait ses classes à Romassan et à Pibarnon, Alain Pascal (fils d'Honoré, surnommé le gros Noré pour son imposante stature) exploite dorénavant 17 hectares sur la Cadière-d'Azur. Il a longtemps recherché à construire des rouges puissants. Peu de domaines ont su évoluer aussi bien et aussi vite, nous saluons cette intelligence servie par un étonnant sens du produit. La progression du domaine continue et se construit sur le long terme. Les vins évoluent naturellement bien et prennent de la profondeur au vieillissement. Un incontournable de Bandol.
gros-nore.com

Domaine Hauvette

★★★★★

C'est indéniablement l'un des domaines les plus entiers et sincères de la Provence. Dominique Hauvette dompte la vigne comme elle dompte ses 40 chevaux : avec patience et sensibilité. Depuis 2003, le vignoble de 17 hectares est cultivé selon les principes de la biodynamie, avec de petits rendements et au plus proche de son terroir. Ici pas d'artifices, mais une réflexion loin des considérations commerciales. La vinification se fait avec douceur, souvent en œuf béton et toujours en levures indigènes, pour faire parler le raisin plutôt que la main de l'homme. LDes vins superbes, vivants et vibrants quelle que soit la cuvée choisie.
domainehauvette@orange.fr

Domaine La Font des Pères

★★★☆☆

Planté en 1980 et racheté en 2010 par Caroline et Philippe Chauvin, cette propriété de 15 hectares, dont huit en bandol, se situe à flanc de colline et s'organise tout en restanques. Orienté nord, dévalant une pente assez raide, le vignoble est en train de renaître de ses cendres. Avec la construction d'un très beau chai, parfaitement intégré dans le paysage, et l'ouverture d'une ferme auberge qui offre un bel éventail de produits issus de leur propre production, le domaine prend très à cœur la notion d'accueil et de terroir.
lafontdesperes.com

Château Léoube

★★☆☆☆

Sur les rivages schisteux de la Grande Bleue, depuis 1998 le château est la très vaste propriété (560 hectares d'un seul tenant, dont 70 de vignes et 22 d'oliviers) du britannique Sir Anthony Bamford. Un ambitieux programme de remise en état des parcelles et de plantation a été lancé, et depuis 2000 la vinification est confiée à Romain Ott. Ce site enchanteur avec vue sur la mer bénéficie pleinement d'un microclimat ensoleillé, modéré par les brises marines. Certifiée bio depuis 2011, la vigne est travaillée en fonction des rigueurs du climat contrasté du sud. Si l'ensemble des parcelles est vendangé à la main, au chai tout un programme a été mis en place pour préserver au maximum le raisin.
leoube.com

Château Les Valentines

★☆☆☆☆

Située à la Londe-les-Maures, entre Toulon et Saint-Tropez, la vigne du château, entourée de pinède, s'étend sur 45 hectares, dont 40 de vignes. Repris en 1997 par Gilles Pons, le domaine a été entièrement converti en viticulture biologique en 2008. La vigne, organisée en terrasses plus ou moins grandes, s'oriente plein sud et profite de l'effet venturi créé par la mer, c'est à dire d'un vent léger et frais qui souffle à certaines heures de la journée, même en plein été. Deux terroirs différents permettent de jouer la complémentarité, aussi bien à la vigne qu'au chai : les parcelles du bas s'enracinent dans un sol d'argiles rouges, celles du haut dans un sol composé de schistes et micaschistes.
lesvalentines.com

Domaine Longue Tubi

★☆☆☆☆

Une propriété encore jeune sur l'échiquier provençal, puisque le premier millésime ici est 2013. Catarina et François Buisine sont aux commandes et la longue expérience de François en tant qu'ingénieur agronome est un atout indéniable. Certifié bio depuis 2015, le domaine a du potentiel et continuera certainement à progresser dans les millésimes à venir.
longuetubi.fr

Château Maïme

★★☆☆☆

Le domaine, créé en 1998 par la famille Sibran Garcia, s'étend aujourd'hui sur 40 hectares au cœur même de l'appellation Côtes de Provence. Installé au pied du massif des Maures, en bordure sud de la célèbre voie Aurélienne, il est riche en vestiges archéologiques et religieux. Son nom « Maïme », qui signifie « Maxime » en Provençal, a été inspiré par la Chapelle attenante dédiée à Saint-Maxime.
chateau-maime.com

Château Malherbe

★★☆☆☆

Depuis 2007, Sébastien Ferrari gère avec exigence ce domaine viticole idéalement situé entre la mer et le massif des Maures. Les vignes sont cultivées avec soin et avec le millésime 2013, Malherbe est passée à l'agriculture biologique. Les vins sont produits à partir de deux terroirs distincts : la pointe-du-diable, en front de mer et constitué de limons anciens chargés de quartz, et malherbe, au pied du cap Bénat, une des pointes argilo-schisteuses situées la plus au sud du massif des Maures. Le style des diffé-

Jean-Etienne et François Matton (château Minuty).

rentes cuvées met l'accent sur la buvabilité et toutes feront merveille à table.
chateau-malherbe.com

Domaine Marie Bérénice

Damien Roux commence à imposer sa patte dans l'appellation. Sur ses 12 hectares de vignes, dont une partie en restanques, il vinifie dans son chai de poupée des cuvées qui s'affirment d'année en année. Si l'homme très discret n'aime pas trop se mettre en avant, ses vins le font désormais pour lui.
domainemarieberenice.fr

Château Minuty

Les vicissitudes de l'histoire avaient presque anéanti cette vigne qui couvrait la presqu'île de Saint-Tropez il y a plus d'un siècle. Heureusement la famille Matton racheta le foncier en 1936, puis reconstitua le vignoble. Remarquablement bien exposés sur les coteaux des villages de Gassin et de Ramatuelle, dominant le golfe de Saint-Tropez, les 160 hectares produisent des vins qui s'exportent dans le monde entier.
minuty.com

Château de Miraval

Le domaine de Brad Pitt est un des moteurs du boom des rosés aux USA. Ils ont su s'entourer de la gestion avisée des Perrin (propriétaires de Beaucastel) pour gérer leur domaine de près de 700 hectares, dont 60 de vigne. Le vallon protégé offre des expositions différentes à la vigne, plantée en parcelles et restanques à une altitude moyenne de 400 mètres. Pouvant appartenir à la fois aux côtes-de-provence et aux coteaux-varois-en-provence, les vins sont bien vinifiés et surfent sur la vague pure et cristalline. La cuvée Studio by Miraval s'impose de plus en plus comme une référence.
miraval-provence.com

Domaines Ott

Grande famille du vin provençal, les Ott se lancent dans la viticulture en acquérant le château de Selle en 1912, le clos Mireille en 1930 et le domaine Romassan en 1956. Reprise par le groupe Roederer en 2004, l'activité viticole se poursuit sous la houlette de Christian et Jean-François, les cousins Ott, preuve que la famille reste très impliquée et est d'ailleurs toujours actionnaire. Les plus belles cuvées sont toutes rosées et restent, avec une régularité admirable, parmi les plus réussies de la Provence.
domaines-ott.com

Clos de l'Ours

Le vignoble de 13 hectares, certifié bio depuis 2000, se situe sur un terroir argilo-calcaire bien drainé, bordé par un cirque de pins et de chênes. La situation géographique proche de Cotignac confère à ce terroir une climatologie plus fraîche, aux amplitudes thermiques plus importantes que sur la côte. Essentiellement composé de vignes âgées de 40 à 70 ans, ce qui devient une rareté dans ce secteur largement dominé par la production de rosé, le vignoble réunit les cépages classiques de la Provence.
closdelours.com

Domaine du Petit-Août

Yann de Agostini s'est installé en 2009 dans ce coin de haute montagne, d'où il est originaire. L'acquisition de terres restant compliquée sur ce secteur montagnard, les 6,5 hectares de vignes se retrouvent répartis sur pas moins de 4 communes. Travaillant en bio depuis 2013, certifié depuis 2017, il met toute son attention sur un travail de qualité et sur l'écoute de la vigne, afin de pouvoir rentrer des raisins beaux et sains. Dans son petit chai, improvisé dans une bâtisse traditionnelle, il vinifie avec simplicité et sincérité. Ce vigneron attachant et très pointu fait comme ses vins, il impose sans s'imposer.
domaine@petit-aout.fr

Commanderie de Peyrassol

Fondé en 1204 par les Templiers, Peyrassol est un lieu magique. Acquis en 1789 par la famille Rigord, les vins se font un nom et comptent régulièrement parmi les meilleurs de Provence. Obligée de vendre en 2001, Philippe Austruy acquiert ces 1000 hectares de forêts et 100 de vignes. Il rénove les bâtisses avec passion et implication, transformant notamment le jardin en musée à ciel ouvert. La vigne s'y épanouit dans un amphithéâtre naturel, organisé en restanques. Les vins trouvent progressivement leur rythme, et l'arrivée de Stéphane Derenoncourt comme consultant, ajoutée à la modernisation du chai, a permis de franchir un nouveau cap.
peyrassol.com

Château de Pibarnon

Installé à 300 mètres d'altitude dans un vaste amphithéâtre orienté vers la mer, ce domaine mythique de 60 hectares, avec une certification bio attendue pour le millésime 2019, est aujourd'hui géré avec talent par Éric de Saint-Victor. C'est de cette vue extraordinaire qu'Henri et Catherine de Saint-Victor sont tombés amoureux, il y a près de 30 ans. Le terroir, un des plus beaux de Bandol, est composé d'une forte proportion de calcaire issu du Trias, combiné aux marnes bleues telles qu'on les trouve au château d'Yquem. Les vins sont dotés d'une précision et d'une grande finesse, moins opulents et plus sur la réserve, miroirs parfaits de leur terroir. Malgré leur grande

buvabilité et facilité d'approche dans leur jeunesse, ce sont pourtant de grands vins de garde qui ajouteront à leur palette un nuancier complexe au fil du temps.
pibarnon.com

Château Pradeaux

Ce domaine, une des figures de proue de l'appellation, appartient depuis 1752 à la famille Portalis. Elle a compté un ministre sous Napoléon Ier et leur membre le plus illustre, Jean-Étienne-Marie Portalis, fut avocat et un des rédacteurs du Code Civil. La propriété de 18 hectares produit majoritairement du rouge et le mourvèdre y est prédominant. La nouvelle génération modernise le domaine petit à petit et fait évoluer le style des vins par petites touches. Les rouges démarrent dans la vie sous des phases souvent austères, mais nombre de vieux millésimes prennent des allures étonnantes de très grands bordeaux, bien qu'ils ne partagent ni leurs cépages, ni leur climatologie, ni leur terroir. Ils comptent parmi les grands classiques incontournables de Bandol.
chateau-pradeaux.com

Château Revelette

De millésime en millésime, Revelette s'affirme comme un grand cru de Provence. Caché dans une vallée sur la face nord de la montagne Sainte-Victoire, Peter Fischer conduit le domaine depuis le milieu des années 1980 avec un mode cultural qui se veut le plus naturel possible. Entourées de forêts, les parcelles se situent dans un écrin sauvage et se transforment au printemps en une vaste prairie de fleurs. Cette passion pour le vivant se retrouve jusque dans le verre, avec des vins fins et justes. Depuis peu la jeune génération se prépare, et sa fille Clara est en voie de relever le défi.
revelette.fr

Domaine Richeaume

Situé au pied de la montagne Sainte-Victoire, le domaine appartient à la famille Hoesch depuis 1972. Hans Hoesch, historien de formation mais ayant grandi sur une ferme, ne cherchait initialement pas à faire du vin, mais ensorcelé par ce lieu de toute beauté, il a fini par succomber à l'appel de la vigne. Dès le départ il la cultive en bio afin de préserver l'écosystème de ce coin enchanteur. Aujourd'hui, le fils Sylvain gère avec talent les 65 hectares qui s'organisent d'un seul tenant autour de la maison, et élabore des vins qui impressionnent tant par leur potentiel de garde que par leur pureté d'expression.
domaine-richeaume.com

Château Romanin

Caché au pied de la face nord des Alpilles, dans un cadre magique et spectaculaire, digne d'un film de James Bond, ce domaine de 58 hectares appartient aujourd'hui à la famille Charmolüe, ex-propriétaire du Château Montrose, Cru Classé de Saint-Estèphe. Cultivé au plus proche de la nature, le vignoble trouve son rythme en biodynamie, la progression des vins est clairement perceptible et leur pureté indéniable. Depuis 2018, un tout nouveau chai complète le spectaculaire chai historique, permettant de poursuivre la progression des vins.
chateauromanin.com

Château Roubine

Le château Roubine, cru classé de Provence depuis 1955, est un des plus anciens vignobles de France. Déjà exploité au XIVe siècle par les Templiers, ce domaine de Lorgues de 120 hectares est implanté en cirque autour du château sur un terroir argilo-calcaire. Actuellement en conversion vers la viticulture biologique, il est dirigé avec charme et beaucoup de talent par Valérie Rousselle. Elle vient d'acquérir une deuxième propriété en Provence, le château Sainte-Béatrice, à Lorgues. À suivre de près. Les vins produits sont de tout premier ordre et reflètent le potentiel exceptionnel de ce terroir.
chateauroubine.com

Château Sainte-Roseline

Aurélie Bertin a bien remis en valeur le domaine et le vignoble, de même que le Château des Demoiselles dont elle est également propriétaire avec sa famille. Situé aux Arcs-sur-Argens, le vignoble de Sainte-Roseline se compose de 300 hectares dont 110 de vignes. La propriété compte également sur ses terres une chapelle magnifique, renfermant les reliques de la sainte ; décorée par Chagall, Bazaine, Ubac et Giacometti, elle est devenue le premier lieu touristique du Var. Des circuits de visite et de dégustations sont organisés tout au long de l'année, en différentes langues, permettant de découvrir les lieux et les vins. Ces derniers, toutes couleurs confondues, se placent parmi les meilleurs de la Provence et sont d'une admirable constance de qualité.
sainte-roseline.com

Aurélie Bertin (château Sainte-Roseline).

Château Saint-Jean Lez Durance

Au cœur de la Haute-Provence, le long de la Durance, la vigne du château s'étend sur 41 hectares. Les parcelles se situent aussi bien en coteaux que sur des terrasses, créant une mosaïque de sols allant d'argilo-calcaire, de safre, aux graves et limons. Ce domaine riche en histoire produit une toute aussi riche palette de cuvées au superbe rapport qualité prix.
chateau-saint-jean.fr

Château Saint-Maur

Déjà propriétaire de la Quinta do Pessegueiro dans le Douro, Roger Zannier souhaite faire du château Saint-Maur l'une des meilleures références provençales. Situé à 10 kilomètres de Saint-Tropez, protégé du mistral par le massif des Maures, le vignoble jouit d'une exposition est-ouest. Bénéficiant d'une influence maritime qui tempère les fortes chaleurs estivales, il s'étend sur 60 hectares dont 45 sont actuellement exploités. Sur un sol argilo-calcaire, la vigne épouse la courbe des collines, s'élevant graduellement jusqu'en lisière de forêt.
chateausaintmaur.com

Clos Saint-Vincent

Joseph Sergi, alias Gio, a racheté en 1993 cette propriété nichée sur les pentes vertigineuses de Bellet. En biodynamie depuis 2007, il cultive sa vigne sur des terrasses étroites, dont l'exposition et le microclimat créent un environnement particulièrement favorable. Il n'hésite jamais à sortir des sentiers battus pour mettre en valeur les cépages autochtones, livrant des vins précis et audacieux. Le braquet signe l'un des rosés les plus authentiques de l'Hexagone, et la folle noire avec son caractère très latin nous évoque les doux paysages toscans.
clos-st-vincent.fr

Château Salettes

Le château Salettes (littéralement « lieu où l'on stockait le sel ») est resté dans la même famille depuis 1604. Aujourd'hui, Jean-Pierre Boyer et son fils Nicolas ont repris le flambeau. La viticulture ne s'y est développée véritablement qu'à partir de 1985, année de construction de la cave. Depuis, les vins ne cessent d'évoluer et démontrent aujourd'hui une belle régularité. En plus d'une gamme classique, le petit dernier - une cuvée expérimentale appelée ooh-salettes – s'adresse aux aficionados de vin nature, car sans soufre ajouté. Côté vigne, on compte 50 hectares, dont 36 en production, avec une certification bio acquise en 2018.

salettes.com

Château du Seuil

Situé à proximité d'Aix-en-Provence, les premières origines du château du Seuil remontent au XIIIe siècle. Au début des années 1970, la famille Carreau Gaschereau s'y installe et y crée un vignoble s'étendant sur 55 hectares. En 2014, le château est racheté par Agnès et Robert Daussun et leurs enfants, avec l'objectif de développer son potentiel remarquable, ainsi que celui de son terroir.

chateauduseuil.fr

Château Simone

C'est le plus célèbre château de l'appellation Palette, pour lequel la famille Rougier veille au style depuis près de deux siècles. Les 25 hectares de vignes sont situés à environ 200 mètres d'altitude, sur un versant nord les protégeant de la force du soleil et du mistral. Mais le véritable trésor du domaine est sans doute ses nombreuses très vieilles vignes, bichonnées par une viticulture respectueuse, dont la certification officielle en bio est en cours depuis 2018. Les cuvées révèlent toutes, au bout de quelques années de garde, une complexité et une profondeur admirables, y compris les rosés. Mieux vaut donc garder les bouteilles en cave quelque temps, n'en déplaise aux impatients.

chateau-simone.fr

Domaine Tempier

À Tempier, le mourvèdre est roi. Cépage réputé pour donner sa plus belle expression la tête au soleil et les pieds dans l'eau, il y trouve un terroir idéal et l'intelligence d'écoute d'une grande famille vigneronne. Tempier est dirigé depuis 1834 par la même famille, Tempier puis Peyraud, aujourd'hui assistée par Daniel Ravier qui conduit la propriété avec brio et la même exigence qu'aux origines. Avec 38 hectares de vignes repartis sur trois communes, le domaine produit exclusivement des vins en appellation Bandol, dont une grande majorité de rouges. Le terroir, abrité du mistral par le promontoire du Castellet et parfaitement ensoleillé, crée des conditions idéales pour faire éclore des cuvées devenues légendaires.

domainetempier.com

Domaine de Terrebrune

Reynald Delille et Jean d'Arthuis mène avec sensibilité ce terroir très spécifique d'Ollioules, qui exprime des bandols tout en délicatesse, vieillissant merveilleusement bien, aussi bien en rouge qu'en rosé. Ce domaine discret de 30 hectares, niché dans un coin bucolique de l'appellation, mérite toute notre attention. Les vins sont à l'image de leurs propriétaires, attachants et timides. Carafez-les, rouges comme rosés, c'est là qu'ils livreront tout leur potentiel.

terrebrune.fr

Domaine Tour Campanets

Nichés au creux de soixante hectares de bois, les 30 hectares de vignes s'étendent autour de la bastide et de son chai. Né « clos du Blanc », le domaine devient « domaine Tour Campanets » en 1966. En 2012, une nouvelle aventure commence puisque le domaine est repris par la famille Baude qui le convertit d'office en agriculture biologique, certifié depuis maintenant 2015. Aujourd'hui, c'est Emmanuelle qui tient les rênes. Cette femme passionnée de vin et de vigne, a quitté son métier de notaire pour réaliser son rêve.

domaine-tour-campanets.com

Château La Tour de l'Évêque

Ici, c'est le royaume de Régine Sumeire, une femme au caractère bien trempé, qui se bat à juste titre pour la reconnaissance des grands rouges de Provence. Avec énergie, elle administre ce domaine très qualitatif de 89 hectares d'un seul tenant, situé sur le terroir de Pierrefeu. Également propriétaire du château Barbeyrolles, proche de Saint-Tropez, elle aime la diversité des expressions qu'elle obtient de ses deux terroirs de schiste, à la fois similaires et très différents. Avec des vins enrobés et tout en restant tendus, elle joue l'équilibriste sans vaciller. Et c'est exquis.

toureveque.com

Domaine de Trévallon

Eloi et Floriane Dürrbach ont planté le vignoble dès 1973, et depuis font de Trévallon l'un des fleurons du vignoble français. Situés sur le versant nord des Alpilles, les 17 hectares de vignes entourés d'une nature sauvage et préservée sont conduits en culture biologique depuis l'origine. Le microclimat frais, la taille douce et le sol à dominante calcaire sont à l'origine du style si particulier des vins. Le rouge devenu mythique tout comme le blanc, dispose d'un réel potentiel de garde et l'œuvre du temps lui confère une finesse d'expression supplémentaire. Superbe !

domainedetrevallon.com

Château Vannières

Le château est l'un des grands domaines de la Provence. Éric Boisseaux, pilier de l'appellation Bandol, assure la transmission et travaille désormais avec son fils Charles-Eric. Les bandols rouges classiques ont une indéniable capacité à vieillir, en prenant assez rapidement des nuances de tabac et de cuir, qui se laissent tranquillement patiner par le temps : ils comptent parmi les plus belles expressions des rouges de l'appellation.

vannieres.com

Château Vignelaure

Vignelaure incarne l'histoire du coup de foudre d'un Bordelais pour un terroir atypique et provençal. Star au début des années 1970, le domaine a ensuite connu des succès divers jusqu'à sa reprise, en 2007, par Mette et Bengt Sundstrom. Ils ont eu l'intelligence de confier la direction technique à Philippe Bru, homme sensible de terroir, qui depuis a fait progresser les vins qui sont en route pour renouer avec la gloire d'antan.

vignelaure.com

Les Maîtres Vignerons de la Presqu'île de Saint-Tropez

Cette cave a été fondée en 1964 par huit vignerons de la presqu'île de Saint-Tropez, avec pour objectif de former un site commun de commercialisation pour mieux valoriser la production. Depuis, la cave a bien grandi, puis s'est regroupée avec d'autres coopératives et châteaux du secteur. Aujourd'hui, elle propose une large gamme de vins, avec des cuvées bien pensées, soognées dans leur habillage. Nous apprécions le travail réalisé ces derniers millésimes.

vignerons-saint-tropez.com

Villa Minna Vineyard

Entre Aix et Salon-de-Provence, ce domaine de 15 hectares est situé dans un vallon étroit bordé de verdure. Le vignoble profite d'une double exposition nord-sud, et le terroir se caractérise par de la roche calcaire contenant de nombreux fossiles marins. Un travail de longue haleine selon les principes de la viticulture biologique a permis au sol de recouvrer une dynamique, permettant aujourd'hui la production de vins dont la constance de qualité traverse toutes les couleurs.

villaminna.fr

MATHIEU GARÇON

LE LANGUEDOC TOUT PROCHE ET L'ANCIEN DÉCOUPAGE ADMINISTRATIF DES RÉGIONS N'ONT PAS CONTRIBUÉ À L'ÉMERGENCE DE CE VIGNOBLE UNIQUE EN SON GENRE, À MI-PARCOURS DE SON HISTOIRE, ENTRE TRADITION ET MODERNITÉ. LE ROUSSILLON EST EN PLEINE RENAISSANCE, ON NE PEUT PLUS L'IGNORER

Rouss

illon

COLLIOURE LE BALCON DES ESPÉRANCES

POSÉ SUR SON PROMONTOIRE SPECTACULAIRE QUI REGARDE LA MÉDITERRANÉE, CE VIGNOBLE A CE QU'IL FAUT POUR S'IMPOSER DANS LE PAYSAGE DES GRANDS VINS. DÉCRYPTAGE D'UN AMOUREUX DE L'ENDROIT

PAR **THIERRY DESSEAUVE**

MÊME EN CHERCHANT BIEN, il n'est pas facile de trouver une appellation disposant d'autant d'atouts pour s'imposer dans l'esprit des amateurs comme une évidente référence. Le site géographique, d'abord, est unique et spectaculairement identifié : en arrivant du nord, on traverse la plaine littorale et ses immenses plages, bordée à l'ouest par le massif pyrénéen, pour voir surgir le relief accidenté de petits monts et de collines plongeant dans la mer, cette Côte Vermeille qui semble marquer une frontière naturelle avec l'Espagne voisine. Nos différents ancêtres, rois de Majorque ou plus tard Vauban, ne s'y sont d'ailleurs pas trompé puisqu'ils ont hérissé la région des tours de guet et autres forts. Les pentes sont sévères, exposées souvent plein est, mais pas uniquement. Le sol est constitué presque exclusivement de plaques de schiste, qui composent à la fois sa structure et lui donnent une allure unique. L'homme a depuis des siècles dompté ce relief exigeant en installant la vigne dans des terrasses formées par des petits murets de pierre sèche, étagés sans le moindre ciment. La tramontane, qui souffle quasiment en permanence dans cette étroite bande coincée entre mer et Pyrénées, s'engouffre sur la façade côtière autant que dans la vallée en devers. La vigne est plantée en gobelet, au ras du sol, seule manière pour elle de tenir. Le grenache noir, très majoritaire, aime ces sols pauvres inondés de soleil. Il est complété par ses frères grenaches, blanc et gris, par la syrah et le mourvèdre aussi. Enfin, il y a la magie du nom.

LA CARTE POSTALE

Même si l'appellation couvre quatre communes, Cerbère, Banyuls, Port-Vendres et Collioure, elle s'identifie à cette dernière. Port de carte postale, avec son petit phare mille fois peint et bien plus encore photographié, Collioure est une perle qu'on n'oublie pas et où l'on revient toujours après l'avoir découvert une première fois.

Pourtant, tous ces atouts n'ont pas suffi à faire de l'IGP collioure, comme on dit dans le sabir administratif des professionnels du vin, un *best-seller*. La cause, non de cet échec, mais plutôt de ce retard, est évidente. Collioure partage ce statut d'indication géographique protégée avec un autre cru, celui-ci voué aux seuls vins doux naturels (VDN) : Banyuls. Même terroir, même délimitation, même vignes, juste une question de choix. Pendant des lustres, les VDN furent ultra dominants. L'appellation collioure ne date que de 1971, d'abord en rouge, les rosés (1991) puis les blancs (2003) s'immisçant ensuite. Arrivés sur la pointe des pieds, les vins secs de Collioure sont restés longtemps des compléments de gamme dans un univers de vins doux perdant pourtant chaque année des parts de marché et de statut. Le grand acteur du secteur, l'emblématique Docteur Parcé, maire de Banyuls, fondateur du groupement de coopératives Cellier des Templiers et vigneron dans son domaine du Mas Blanc, produisit jusqu'à sa disparition des banyuls mythiques et, en contrepoint, un collioure rouge (Junquets) apprécié mais secondaire. Les trois caves coopératives qui rassemblent encore aujourd'hui une part majoritaire de la production – Templiers, L'Etoile et le cellier des Dominicains – sont avant tout des spécialistes du banyuls, magnifique en ce qui concerne les deux premiers cités, et tâtonnent encore en matière de collioure. Au total, avec environ un million de bouteilles, les volumes sont encore modestes et comparables à ceux des vins doux naturels, alors que les caves privées ont très majoritairement choisi de produire ce type de vin. Enfin, hormis quelques spécialistes comme le vétéran Jean-François Deu dans son domaine du Traginer, la viticulture bio reste très limitée. Le problème ici, ce ne sont évidemment pas les risques liés à l'humidité (mildiou, pourriture, etc.), mais plutôt l'utilisation des herbicides sur ces terres très arides et fréquemment en stress hydrique. *« Si on garde les herbes, la vigne meurt »*, dit Rodolphe Peronne, du domaine Clos Saint-Sébastien.

LE POTENTIEL EST LÀ

L'appellation collioure ressemble donc encore aujourd'hui à ces surdoués dont on attend toujours le véritable envol. Le potentiel est là, les résultats aussi, quand on veut s'en donner la peine. Les bons collioure possèdent, dans les trois couleurs, une énergie et une tension qui les distinguent immédiatement et qui intriguent aussi l'amateur exigeant. On aimerait en savoir un peu plus sur les nuances d'exposition et d'altitude qui apportent aux meilleurs vins de l'appellation une personnalité unique, mais le travail d'identification de crus ou de parcelles est encore peu partagé par les vignerons eux-mêmes. Si les rouges peuvent apparaître très convaincants par leur équilibre et leur dynamisme, ce sont les blancs qui excitent actuellement le plus la curiosité. Sur ces sols exigeants, grenaches blancs et gris tirent avec ampleur et droiture leur épingle du jeu. Faut-il encore maîtriser le pressurage du grenache gris, cépage tannique qui, dans les chais mal équipés, donne des vins à l'amertume marquée. On l'aura compris, les marges de manœuvre sont encore très larges, à la mesure de la capacité des producteurs à croire en leurs atouts et à les mettre en valeur. ▮

COLLIOURE, LE CARNET DE NOTES

Des rouges, des blancs, Collioure est à l'aise sur les deux terrains. La sélection qui suit réunit ce qu'il se fait de mieux dans l'appellation pour que l'amateur puisse trouver son chemin. *DÉGUSTATION* ***THIERRY DESSEAUVE***

Domaine de l'Albrede, rouge 2019
89
Collioure profond et expressif, longueur onctueuse, vin charnu et savoureux.
30 euros

Domaine Augustin, Adeodat, blanc 2020
93
Longueur minérale, intensité, bel équilibre vivace, longueur veloutée, joli blanc de gastronomie.
32 euros

Domaine Augustin, Adeodat, rouge 2019
92
Notes de cerise noire expressives, belle saveur, intensité délicate, profondeur savoureuse.
15 euros

Domaine de Bila-Haut, Chrysopée, rouge 2018
94
Fin, élancé, long et enveloppant, voilà un beau vin intense et savoureux, assurément une belle définition des rouges de Collioure.
50 euros

Domaine Cardoner, Les Tines, blanc 2020
92
Vin savoureux, long, frais et intense, une tension svelte développant une belle minéralité, de la longueur et un grand équilibre. Bravo.
19 euros

Coume del Mas, Abysses, rouge 2019
91
Cette belle syrah onctueuse et profonde charme par ses notes de réglisse et de fruits noirs bien mûrs. On apprécie en bouche la belle saveur riche et l'allonge profonde, aux tannins mûrs.
62 euros

Le Mas du Figuier, La Galère, rouge 2018
91
Le vin porte le nom de sa parcelle, non de l'expérience proposée au dégustateur ! Il se révèle svelte et onctueux, avec un tannin racé, de la profondeur et une grande richesse de saveur.
27 euros

Domaine La Tour Vieille, Les Canadels, blanc 2020
90
Le vin est frais, gourmand, associant le fruit blanc et les notes minérales, avec un joli équilibre sur la fraîcheur, une allonge assez précise et nette.
17 euros

Domaine La Tour Vieille, Puig Ambeille, rouge 2019
88
Notes de fraise, vin gras, gourmand et rond, tendre mais persistant, de bon équilibre.
24 euros

Domaine Madeloc, Penya, blanc 2020
92
Longueur minérale, belle intensité, équilibre sans mollesse, superbe suite aromatique en bouche se partageant entre les notes de pêche de vigne et une minéralité tendue.
30 euros

Domaine du Mas Blanc, Les Junquets, rouge 2019
89
Cette cuvée autrefois fameuse retrouve son caractère droit, solide, frais, pur, avec une vraie longueur.
18 euros

Le Clos de Paulilles, Cap Bear, blanc 2019
94
Très joli blanc racé et profond, avec une droiture et une fraîcheur intenses et pures, une palette saline et agrumes brillante et une longueur précise. Dans les grandes cuvées de l'appellation.
54 euros

Le Clos de Paulilles, Cap Bear, rouge 2019
90
Un rien moins de personnalité que le blanc, mais un vin très bien construit, structuré et long.
29 euros

Domaine Pietri Géraud, L'écume, blanc 2019
89
Le vin est gras, riche, généreux, de belle longueur. Une belle réussite.
15 euros

Domaine de la Rectorie, Barlande, blanc 2019
92
Sélection parcellaire face nord. Doré, intense, sérieux, long, persistant, de la sève, généreux en alcool, un vin complexe que l'on peut attendre en cave.
26 euros

Domaine de la Rectorie, Col de Perdigué, rouge 2019
93
Beau vin profond, le schiste est là, il y a de l'intensité et de la profondeur, une longueur sculptée. Un modèle sculptural pour le secteur.
26 euros

Domaine Saint Thomas, Furbury, rouge 2018
92
Robe grenat, fruits à noyau, gras et structuré, long, de la sève, finale s'épanouissant sur les épices et la quetsche, il ne manque pas de caractère.
19,50 euros

Clos Saint-Sébastien, Inspiration minérale, blanc 2018
94
Produit sur l'un des coteaux les plus hauts de l'appellation, voilà un blanc de grande finesse, à la palette aromatique saline et citronnée, au corps long et pur, témoignant d'un style précis, avec du travail et de l'intensité. Dégusté dans un restaurant de Collioure, le second blanc, Empreintes, est plus simple mais également réussi.
29 euros

Clos Saint-Sébastien, Le Clos, rouge 2018
93
Avec ses notes de cass s et d'épices, ce rouge brille par son allonge pure et sa grande saveur. C'est un vin à la richesse veloutée et à l'équilibre remarquable.
29 euros

Domaine Terrimbo, rouge 2018
91
Belle cuvée intense et profonde issue du terroir de Cosprons. L'ensemble est puissant, riche, onctueux, épicé et long.
19,50 euros

Domaine du Traginer, blanc 2019
90
Un blanc de type ouillé, avec des notes de noix fraîche présentes, mais aussi de la longueur, une grande minéralité en bouche et une véritable harmonie dans son registre.
15 euros

Domaine Vial Magnères, Armenn, blanc 2018
94
Finesse, longueur, velouté et nerf, allonge pure et minérale relevée par des zestes d'agrumes confits, grand blanc superbe avec de la tension, de la complexité aromatique et de la persistance.
32 euros

Domaine Vial Magnères, Les Espérades, rouge 2019
94
Brillant bouquet épicé et poivré, longueur svelte et profonde, intensité délicate grande classe sans aucune lourdeur mais avec des tannins fins.
17 euros

PRIX-PLAISIR 2021, DES AFFAIRES EN OR

Rendez-vous annuel incontournable, sélectif et redoutable, nous avons créé le concours Prix-Plaisir pour dénicher des pépites dans chaque région. Sélectionnées à l'aveugle par un jury de consommateur, approuvées par nos experts, voici les médailles d'or de l'édition 2021. Deux critères, le prix (moins de 18 euros) et le plaisir.

Château de Péna - SCV L'Agly, Ninet de Péna, côtes catalanes rouge 2020
Nez ouvert sur le fruit rouge et noir, les épices douces. La bouche est fruitée, souple avec une belle matière et une longue finale. C'est gourmand et salivant.
6,30 euros
Où le trouver ? Au domaine

Domaine Cazes, Sans sulfites, côtes-du-roussillon rouge 2020
Jolie syrah soyeuse et délicate, aromatique et sans excès. Vraiment bien pour le prix. On apprécie le savoir-faire. Bravo.
9 euros
Où le trouver ? cazes-rivesaltes.com

GICB, Cave de l'Abbé Rous - Rimage Mise Précoce Cornet & Cie, banyuls rouge 2019
Parfums de cerise et de forêt noire. C'est gourmand et agréable grâce à une belle aromatique et une jolie texture.
17,50 euros
Où le trouver ? abberous.com

Hervé Bizeul & Associés, Domaine De La Chique , côtes-du-roussillon rouge 2020
Robe dense. Le nez est ouvert sur le fruit noir et les épices. La bouche est ample, les tannins intégrés. Un joli fruit minéral avec une belle fraîcheur et une finale longue. Bon rapport qualité prix.
6,50 euros
Où le trouver ? carrefour.fr

Maison Lafage, Cadireta, côtes catalanes blanc 2020
Expression franche du cépage, avec un fruit charnu et de l'intensité aromatique. On aime sa rondeur et son gras en bouche. Excellent pour ce prix.
9,60 euros
Où le trouver ? domaine-lafage.com

Mas Baux, Mataro Boy, côtes catalanes rouge 2020
Nez sur le fruit noir, les épices et les notes de réglisse. Une belle matière charnue, des tannins intégrés, un fruit bien mûr et une légère sucrosité. C'est frais et complexe. Un vin qui gagnera à être conservé deux ou trois ans en cave.
14 euros
Où le trouver ? mas-baux.com

Olivier Pithon, Laïs Blanc, côtes catalanes blanc 2019
Salin et tendu, c'est un vin qui a beaucoup de classe, capable de sublimer une cuisine de poissons fins. Grande fraîcheur.
18 euros
Où le trouver ? olivierpithon.com

LE ROUSSILLON A SES BONNES ÉTOILES

ILS VEILLENT SUR CE VIGNOBLE, AMÉNAGENT SON TERRITOIRE, PERPÉTUENT UNE TRADITION ET REGARDENT VERS L'AVENIR. CES DOMAINES ONT DE QUOI ÊTRE FIERS

Cellier des Templiers

La cave de l'Abbé Rous est la marque pour la restauration du Groupement Coopératif Roussillonnais, le GICB (qui comprend également la marque Terres des Templiers). Les quelques 600 viticulteurs adhérents cultivent près de 900 hectares de vigne. Les parcelles se répartissent sur l'aire d'appellation de Banyuls et de Collioure, sur un terroir de schistes, et sont majoritairement peuplées de vieilles vignes dont l'âge moyen est de 50 ans, avec un rendement moyen de 20 à 25 hl/ha. La gamme des vins abbé-rous se compose d'une vingtaine de références, dont deux vins hauts de gamme, hélios et circée.

abberous.com

Mas Amiel

À Maury, le mas Amiel compte 150 hectares de vignes en production, disséminées sur 132 parcelles, dominées par le château cathare de Quéribus. Olivier Decelle (également propriétaire du château Jean Faure à Saint-Émilion) a fait œuvre de mécène en le remettant peu à peu dans un parfait état de production, secondé en cela depuis 2007 par Nicolas Raffy, amoureux de ces terres. Avec la conversion vers la biodynamie, l'expression des vins va certainement encore évoluer dans les années à venir. Si les vins doux naturels n'ont pas été délaissés, loin s'en faut, l'accent a été porté sur la production de vins secs très modernes, avec une largeur de gamme qui couvre tous les styles. Un incontournable.

masamiel.fr

Domaine Augustin

Nouveau domaine créé par Marc Parcé et ses fils, cette structure a très vite trouvé ses marques, dans un style à vrai dire comparable à celui qu'on appréciait avec la Rectorie. Collioure blanc et rouge sont d'impeccables valeurs sûres.

domaineaugustin.com

Domaine de Bila-Haut - Chapoutier

Michel Chapoutier, personnalité incontournable et prolifique du monde viticole de la vallée du Rhône, a beaucoup investi dans sa propriété de Latour de France (avec plus de 100 hectares de vignes, débordant sur d'autres villages comme Lesquerde, puis quelques parcelles sur la côte vermeille). Égal à lui-même en matière de perfectionnisme, il propose des vins abordables, offrant un bon rapport qualité prix.

chapoutier.com

Mas Blanc

Ce domaine illustre de Banyuls était celui du docteur Parcé, dont les grandes cuvées sont encore dans les mémoires de tous les amateurs. Il retrouve aujourd'hui une ambition et nous en sommes ravis !

masblanc.popinns.com

Domaine Boudau

Située autour de Rivesaltes, le vignoble est divisé en deux parties : le Clos, sur les premiers contreforts des Corbières exposés aux vents secs, et la Pinède, sur le plateau de Baixas, sur des sols argilo-calcaires de gros galets roulés de rivière. Un tout nouveau chai vient d'être inauguré, voisin de celui du clos des Fées, et le domaine a entamé sa conversion en biologique.

domaineboudau.fr

Domaine de la Casa Blanca

Sur huit hectares de vignes escarpées, Laurent Escapa, Hervé Levano et Valérie Reig proposent désormais certains des vins les plus accomplis de Banyuls et Collioure, démontrant que l'expression ultime du terroir passe aussi par une grande discipline de travail. Leurs cave, taillée dans la roche dans le haut du village de Banyuls, permet des élevages exemplaires. Côté vigne, tout est mis en œuvre pour préserver et perpétuer l'héritage viticole, avec un travail au plus proche de la nature mais sans certification bio.

domainedelacasablanca.fr

Vignerons Catalans en Roussillon

Ce regroupement représente une superficie de plus de 10 000 hectares et met en bouteille autant de vins de marques que des noms de domaine. Il y a donc le choix ! Certaines des cuvées représentent un des meilleurs rapports qualité prix de la région.

vigneronscatalans.com

Domaine Cazes

Ce domaine historique de Rivesaltes, créé en 1895 par Michel Cazes, est entré en 2013 dans le giron du groupe AdVini, tout comme les clos de Paulilles. La famille Cazes reste très impliquée et tout est mis en œuvre pour mettre en valeur le terroir et le patrimoine. L'ensemble du domaine, regroupant aujourd'hui 220 hectares, est certifié bio et biodynamie, créant ainsi un véritable modèle pour la région en démontrant que cela est bien possible même pour des propriétés de cette taille. La gamme complète des cuvées offre des vins secs superbes, tout comme un impressionnant éventail de vins doux naturels, un style de vin dont le sucre résiduel joue l'harmonie parfaite de ce grand terroir.

cazes-rivesaltes.com

Domaine du Clos des Fées

Hervé Bizeul, vigneron et plume rebelle, n'a plus grand chose à prouver car son domaine fait partie de l'élite du Roussillon. Cela ne l'empêche pas de se remettre continuellement en question, de défricher de nouvelles pistes, d'innover, de sortir des sentiers battus et de créer de nouvelles cuvées. Ici, chaque cuvée affiche une personnalité bien à elle, parfois intransigeante, à l'image de son vinificateur. Sur pas moins de sept terroirs différents naît une interprétation sérieuse et diversifiée du Roussillon. Un modèle dans son genre.

closdesfees.com

Clot de l'Oum

Plus de 10 millésimes qu'Éric et Leä Moné expriment avec courage et sensibilité, en agriculture biologique sincère et passionnée, toute la singularité des terroirs d'altitude de Belesta, où domine le granite qu'ils affectionnent tant. Et si le blanc tient la dragée haute aux ténors du Roussillon depuis déjà longtemps, les rouges affichent également une progression significative.

clotdeloum.com

Olivier Decelle (Mas Amiel).

MATHIEU GARÇON

Clos Saint Sebastien

Après avoir multiplié les expériences dans les vignobles d'ici et d'ailleurs, Romuald Perone s'est installé à Banyuls et a produit des vins secs qui progressent régulièrement. Les blancs très purs, issus de grenaches gris pressés avec tact, sont à la fois immédiatement savoureux et de belle complexité, les rouges ne manquent pas non plus de personnalité. Le domaine dispose d'une boutique éponyme au centre de Banyuls.

clos-saint-sebastien.com

Consolation

Cette structure est née en 2007 de la complicité entre Philippe Gard, vigneron emblématique du collioure, et Andy Cook, son ancien importateur britannique reconverti œnologue sous les cieux néo-zélandais. Ils isolent sur les terroirs de la Coume del Mas et du mas Cristine, deux adresses incontournables de la région, des vignes d'exception pour en extraire des cuvées haute couture. Forcément, le résultat est à la hauteur.

consolation.fr

Les Vignobles de Constance et du Terrassous

Cette coopérative, fondée en 1932, réunit 70 vignerons cultivant environ 800 hectares sur le terroir des Aspres. 90 % de leurs parcelles sont classées en AOP, avec un rendement moyen de 40 hl/ha, preuve que les vignerons s'orientent vers une production de qualité. Disposant d'une vaste gamme de vins, tous n'ont pas pu être dégustés mais ceux présentés nous ont séduits, avec mention spéciale pour le rivesaltes ambré 6 ans d'âge, un pur délice.

terrassous.com

Les Vignerons des Côtes d'Agly

La cave coopérative d'Agly regroupe 250 vignerons et 1150 hectares de vignes. La diversité de leurs vins est liée à la mosaïque de terroirs répartis sur les 5 villages que représentent les Côtes d'Agly : le schiste, des sols argilo-calcaire, des terres de marne, des arènes de granite et des sols de colluvion. Toutefois, les vins dégustés valent tous le détour et présentent un excellent rapport qualité-prix.

agly.fr

Coume del Mas

Philippe Gard, éminent agronome spécialiste des terroirs, a une connaissance intime de celui de Collioure. À la Coume del Mas, il produit des vins de caractère, fins et élégants. Il y vinifie aussi le petit domaine Terrimbo, travaillé en bio, et son talent s'exerce encore au mas Cristine et surtout à Consolation (voir par ailleurs). D'une manière générale, ce sont des vins de garde à l'expression racée, en blanc, en rouge et en vins doux naturels, érigeant un modèle absolu pour le secteur.

coumedelmas.com

Vignobles Dom Brial - Cave de Baixas

Cave coopérative imposante par ses dimensions (2100 hectares, 34 salariés) mais modèle par ses installations techniques, tout comme par sa politique (elle valorise les terroirs et le suivi cultural). Également très engagée dans la vie locale, la cave soutient des activités diverses, culturelles et sportives, et élabore même une cuvée spéciale pour aider les pupilles des sapeurs-pompiers.

dom-brial.com

Domaine Gardiés

Jean Gardiès livre régulièrement une fine interprétation de son terroir de Vingrau, cultivant un vignoble de 35 hectares au parcellaire très éclaté qui se reflète dans la philosophie des cuvées. Depuis huit ans, l'accent est mis sur une vinification au plus près du fruit, avec moins d'extraction et plus de subtilité. Que ce soit en vins secs ou vins doux naturels, on trouvera ici aisément son bonheur, à condition de délier un peu sa bourse.

domaine-gardies.fr

Domaine Gauby

Gérard Gauby, secondé par son fils Lionel, a hissé sa production au firmament des vins du Roussillon, au point d'en faire un mythe. Sur la commune de Calce, qui possède à notre sens certains des meilleurs terroirs du Roussillon, ils élaborent des vins d'une grande pureté et délicatesse, concentrés, mais sans lourdeur. Ils se sont détournés du carcan des appellations (depuis 2014), complantent des cépages tardifs comme le tourbat (blanc) à plus faible densité et portent une attention particulière à la gestion de l'eau, ou plutôt à son absence, tout en réintégrant des plantations d'arbres et des haies autour de leur vignoble.

domainegauby.fr

Domaine Lafage

Ce très grand domaine dispose de vignobles dans trois secteurs, l'Agly, les Aspres et la côte maritime de Perpignan. Jean-Marc Lafage et son épouse Éliane, tous deux œnologues, ont eu l'excellente idée de restructurer l'espace de vente et de réception, permettant un accueil exemplaire. Le domaine produit régulièrement des rapports prix-plaisir d'autant plus significatifs que les volumes sont loin d'être anecdotiques. Le niveau des vinifications est impressionnant et les vins recherchent plus de tendresse de texture qu'autrefois, mais pêchent parfois par leur teneur en alcool. Les vins mutés sont également excellents.

domaine-lafage.com

Château Lauriga

Dans le giron de Paul Mas, ce domaine de 60 hectares joue aussi bien la carte des cépages locaux que celle des cépages plus internationaux. Les vins, techniquement très bien faits, affichent un profil international. Le niveau des vins, encore inégal pour l'ensemble de la gamme et selon les millésimes, est en train de monter. Il faut continuer dans cette voie.

lauriga.com

Cave L'Étoile

Cette petite cave coopérative fait partie de la vie de Banyuls depuis 1921. Elle préserve les saveurs traditionnelles des vins doux naturels. Sous la houlette de Bruno Cazes, elle a amorcé une mutation vers la modernité, dans les étiquettes mais aussi dans la recherche d'un fruité plus immédiatement défini, tout en gardant un stock unique de vieux vins doux naturels parfois géniaux.

banyuls-etoile.com

Mas Llossanes

Dominique et Solenn Génot ont repris en 2016 ce vignoble d'environ 10 hectares, situé face au Canigou sur un secteur encore très sauvage, entre 600 et 700 mètres d'altitude. Ils travaillent leurs vignes avec attention et labourent notamment au cheval. En plus des cépages classiques de la région, une rareté s'épanouit ici : le cépage chasan. Produit en toute petite quantité, c'est

une perle rare donnant un blanc lumineux qui surprend par sa fraîcheur et sa tension remarquable. Autre originalité, sur le domaine on trouve le plus grand dolmen néolithique de la région.
masllossanes.fr

Clos Louis
★★☆☆☆
Le clos Louis est le projet confidentiel de Bruno Cazes. Sur 1,5 hectare et un terroir de schiste noir, il produit une seule cuvée de haute volée, 6 000 bouteilles par an. Cette pépite est un des secrets les mieux gardés du Roussillon.
clos-louis.com

Domaine Mas Janeil
★★☆☆☆
Le bordelais François Lurton a pris pied dans le Roussillon, et ce avec aisance. Offrant la part belle à la nature, seuls 34 hectares sur 100 sont plantés en vigne. Les blancs, savamment travaillés, sont très convaincants dans une région où cette couleur est fortement déficitaire par rapport à la demande. Les rouges, finement vinifiés, bénéficient de rendements dérisoires. À l'écoute des tendances, certaines cuvées sont vinifiées sans sulfites ajoutés.
domainesfrancoislurton.com

Domaine Modat
★★☆☆☆
Philippe Modat a compensé l'ingratitude de son métier de greffier au Tribunal de Commerce en redonnant vie à ses terres sauvages de gneiss à Caramany, avec l'aide de son infatigable régisseur Laurent Abet. Aujourd'hui, ses fils Quentin et Louis ont pris la relève, avec moult projets en tête. Viticulture irréprochable, vinifications respectueuses, construction de gamme, tout se met en place pour faire grandir et évoluer le domaine. Des vins prometteurs, des idées plein la cave, et un bienvenu vent de jeunesse qui souffle sur une appellation qui en a plus que besoin.
domaine-modat.fr

Domaine Mudigliza
★★☆☆☆
Dimitri Glipa, d'origine bordelaise, s'est installé en 2006 au cœur des Fenouillèdes, entre les gorges de Galamus et le château cathare de Quéribus. Ses vins produits à 350 mètres d'altitude sont denses et généreux, une puissance que le vigneron commence à bien maîtriser.
masmudigliza.fr

Château de l'Ou
★★☆☆☆
« L'Ou » en catalan, « l'œuf » en français, est le nom du lieu-dit de la propriété. Le mas de L'Ou, qui semble avoir été exploité par les Templiers, était un lieu de passage très fréquenté par les muletiers de la région. Lorsque Séverine et Philippe Bourrier acquièrent la propriété en 1998, ils ont souhaité faire revivre cette symbolique de l'œuf. Situé à peine à 10 kilomètres de Perpignan, ils produisent sur leurs 50 hectares de vigne une large gamme de cuvées vinifiées dans un chai aux couleurs arc-en-ciel.
chateau-de-lou.com

Domaine Paetzold
★★☆☆☆
Ce domaine familial de 15 hectares a été fondé en 2005 par Michael Paetzold, plus connu pour son expertise en filtration. C'est justement en prestation de service chez un vigneron voisin qu'il tombe amoureux de cette vigne, sur laquelle il produit aujourd'hui, avec l'aide de Vincent Chassignol, un blanc et quatre rouges. Chercheur dans l'âme, ne vous attendez pas aux élevages classiques en fût de chêne : il a développé son propre contenant afin d'être au plus proche de sa vision.
domainepaetzold.com

Les Clos de Paulilles
★★★☆☆
Comme son nom l'indique, les Clos de Paulilles est un domaine (appartenant au groupe AdVini) dont les vignes surplombent la très belle et sereine baie de Paulliles, entre Port-Vendres et Banyuls. Le site compte d'ailleurs une boutique et un restaurant. La production, déclinée en rouge, blanc et rosé, est à la fois techniquement très bien maîtrisée, homogène dans toutes la qualités (qui commence avec l'accessible gamme les Hauts de Paulilles) et très savoureuse.
lesclosdepaulilles.com

Château de Péna
★☆☆☆☆
Contrairement à ce que laisse penser le nom du domaine, le château est en fait une petite coopérative, fondée en 1942. 55 coopérateurs cultivent environ 400 hectares de vigne, pour une production d'environ 13 000 hectolitres par an. Les cuvées présentées aux dégustations valent toutes le détour et comptent parmi les meilleurs rapports qualité prix sur la région.
chateaudepena.com

Domaine Olivier Pithon
★★★☆☆
Avec d'entrée de jeu 3 étoiles, le domaine Olivier Pithon faisait il y a quelques années une entrée fracassante dans notre guide. Depuis, les vins continuent de nous convaincre d'année en année. Les vignes, travaillées en biodynamie, fournissent une matière idéale pour vinifier des cuvées aériennes, régies par l'élégance et la concentration. La nouvelle cave, construite en 2015 sur les hauteurs de Calce, lui procure les moyens d'affiner davantage sa vision de ce grand terroir du Roussillon.
olivierpithon.com

Domaine Pouderoux
★★☆☆☆
Situé sur le terroir de Maury, avec sa géologie particulière faite de schistes noirs et de marnes schisteuses sur argiles rouges, ce domaine familial, qui s'est progressivement converti à l'agriculture biologique, produit des vins savoureux et puissants. Robert Pouderoux, sixième génération, fait partie de ceux qui ont réussi avec bravoure la transition de vin doux au vin sec d'une partie de leur production, témoignant d'une grande sensibilité et connaissance de son terroir. Un incontournable de Maury.
domainepouderoux.fr

Domaine de la Rectorie
★★★☆☆
C'est un domaine historique de Banyuls, appartenant à une grande et prolifique famille de vignerons, la famille Parcé. Les 35 hectares en propre, répartis sur plus de 50 parcelles, sont menés avec bravoure et les vins témoignent d'une véritable compréhension et écoute du terroir. Aussi, pour certaines parcelles en complément, ils continuent à cultiver le système ancien et très particulier du métayage à Banyuls, à savoir qu'ils sont propriétaires des ceps mais pas du sol. Aujourd'hui, de la fratrie c'est Thierry qui mène le domaine avec bravoure. Les vins, tous excellents, laissent l'amateur souvent devant un dilemme cornélien, à savoir celui de devoir faire un choix. Depuis peu, un joli négoce est né, portant la patte de vinification des frères Parcé et trouvant une juste voie d'équilibre et de fraîcheur, notamment pour les cuvées élevées en cuve.
rectorie.com

Domaine Rière Cadène
★☆☆☆☆
La famille Rière conçoit la viticulture comme un artisanat de la terre et le retranscrit dans une démarche entière et respectueuse de la nature. Actuellement en conversion bio, la certification devrait être acquise au plus tard en 2020.
rierecadene.com

Domaine Le Roc des Anges
★★★★☆
La sensibilité, la technicité et la ténacité de Marjorie et Stéphane Gallet sont récompensées par un succès amplement mérité. Ils ont créé un domaine phare du Roussillon, doté depuis 2014 d'une cave qui leur permet d'aller encore plus loin dans l'expression du terroir, tout comme la biodynamie dont ils sont imprégnés. Avec des vignes aujourd'hui essentiellement situées sur Montner, terroir somptueux pour les blancs précis et minéraux qu'ils affectionnent, ils continuent de planter et de restructurer les sols pour conquérir de nouvelles expressions sur les rouges. Revers de la médaille : ils réalisent de plus en plus de cuvées parcellaires, aussi passionnantes que trop rares. La gamme est très complète, notam-

ment en IGP côtes catalanes (blancs ou rouges).
marjorie-stephane-gallet.com

Serre Romani

Non seulement content de s'occuper de la vigne, Laurent exerce aussi en tant qu'arboriculteur et cultive des abricotiers. Depuis 2016, le domaine est installé dans un tout nouveau bâtiment, situé au cœur de leur vignoble. Si une partie de la récolte est toujours apportée à la coopérative, Laurent garde les meilleurs raisins pour produire des cuvées qui convainquent avec une expression juste et sincère.
serre-romani.fr

Le Soula

À la fin des années 1990, Mark Walford et Roy Richards, négociants en vin en Angleterre, demandèrent à Gérard Gauby s'il ne connaissait pas des vignes à vendre. En 2001, l'aventure prend forme avec la découverte d'un terroir abandonné du Fenouillèdes. Depuis peu, la dynamique Wendy Paillé gère le domaine, et depuis 2018 la vinification est entièrement affaire de femmes. Sur les 22 hectares de vignes d'altitude, répartis sur plusieurs secteurs dans un climat influencé plus par la montagne que la mer, ils produisent des cuvées atypiques d'un grand équilibre, parmi lesquelles il sera alors difficile de choisir...
le-soula.com

Les Vignerons de Tautavel Vingrau

Coup de jeune sur cette cave coopérative qui compte environ 850 hectares et, forte de ses partenariats avec des négociants dynamiques, adopte un ton marketing dynamique et moderne. On trouve d'excellentes cuvées de plaisir au rapport qualité prix imbattable, récemment médaillé lors des différentes éditions du consours Prix Plaisir Bettane+Desseauve.
tauvavelvingrau.com

Les Terres de Fagayra

Stéphane et Marjorie Gallet, les propriétaires surdoués du Roc des Anges, explorent ici avec passion le monde des vins doux naturels. Le résultat est plus convaincant et compte parmi les plus belles expressions du terroir de Maury.
terresdefagayra.com

Thunevin-Calvet

L'association entre Jean-Luc Thunevin, du château Valandraud à Saint-Émilion, et Jean-Roger Calvet, viticulteur de Maury, date de 2001. La propriété compte actuellement 50 hectares de vignes, réparties sur différents terroirs, entièrement vendangés à la main. Un nouveau chai, situé à l'entrée du village de Maury et achevé en 2008, leurs donne tous les outils nécessaires pour vinifier des cuvées au plus près de leurs terroir.
thunevin-calvet.fr

Domaine Vial Magnères

Ce spécialiste réputé des vins de Banyuls (toujours magnifique cuvée Al Tragou) est resté familial après la disparition de son créateur emblématique, Bernard Sapéras. Les collioure possède une race et une complexité remarquable qui en font les plus beaux vins de gastronomie du secteur.
vialmagneres.fr

Rhô

ON NE PEUT DÉCRIRE EN QUELQUES PHRASES LA BEAUTÉ SAISISSANTE DES PAYSAGES QUE L'ON APERÇOIT DEPUIS LE FLEUVE. ET BIEN ENTENDU, ON NE PEUT PAS RENDRE COMPTE DE LA DIVERSITÉ DES VINS QUI SONT PRODUITS DANS CETTE RÉGION VITICOLE. SIMPLIFIONS À L'EXTRÊME : RHÔNE NORD, RHÔNE SUD, LE CONSTAT EST LE MÊME, C'EST UNE TERRE DE GRANDS VINS

ne

PHILIPPE GUIGAL PREMIER DE CORDÉE

IL INCARNE CETTE MAISON FAMILIALE DU RHÔNE-NORD QUE TOUS LES AMATEURS DU MONDE CONNAISSENT ET CÉLÈBRENT. VINIFICATEUR HORS PAIR, HUMBLE ET PRÉCIS, NOTRE GÉNIE DU VIN SE CONFIE SUR SON MÉTIER, SES VINS, SES PROJETS

PROPOS RECUEILLIS PAR ***LOUIS-VICTOR CHARVET***

Philippe Guigal, vous n'avez pas toujours été directeur.
J'ai intégré la maison en 1997 en tant que jeune œnologue. Rapidement, les choses se sont précisées et j'ai pris la direction générale que je partage aujourd'hui avec mon père Marcel, toujours très actif. C'est un quatuor qui travaille en famille, avec mon épouse Ève, ma mère et mon père. J'ai passé beaucoup de temps avec Marcel, à me promener dans les vignes et dans les caves. J'ai beaucoup de bons souvenirs avec lui. Il y a encore de la transmission entre nous, j'écoute toujours ce qu'il a me dire. Cette dimension familiale est irremplaçable pour moi.

S'inscrire dans cette lignée, c'est une chance ?
Cela ne peut être qu'une chance. Pour notre famille, il y a des valeurs importantes comme la continuité et le style de nos vins. Le style Guigal existait avant moi, grâce au travail de mon père et de mon grand-père Étienne avant lui. Nos décisions ont toujours un fondement technique. C'est notre métier. Les Guigal sont avant tout des techniciens, dans les vignes et en cave. Pour prendre ces décisions techniques en famille, il faut de la conciliation et admettre de confronter nos points de vue.

C'est quoi le style Guigal ?
Les fondamentaux sont restés les mêmes. Mon grand-père a fondé la maison après la Seconde Guerre, le 1er janvier 1946. Dans ce contexte, les gens n'avaient pas beaucoup d'argent pour manger et encore moins pour acheter des grands vins. Malgré tout, il a fait ce choix insolite : se concentrer sur la qualité. C'est un mot un peu galvaudé aujourd'hui. Mais à l'époque, les modèles économiques qui fonctionnaient dans le vin reposaient sur le volume. Il fallait faire beaucoup de bouteilles pour réussir. Mon grand-père a refusé ce modèle et s'est voué à la production de grands vins.

On croise souvent les Guigal avec une casquette sur la tête.
À vrai dire, nous en portons au moins deux avec lesquelles nous sommes à l'aise. Celle de producteur et celle de de négociant, parfaitement compatibles entre elles. Quand on regarde le monde du vin, on s'aperçoit qu'il est très cyclique. Prenons l'exemple de la Rhône. Comme en vallée du Rhône, il y a là-bas une viticulture forte où nombre de propriétaires sont de bons exemples de la qualité de ce vignoble et de son rayonnement. Pourtant, là-bas, il y a une cinquantaine d'années, les grands noms étaient les négociants. On parlait peu des propriétés. Les choses ont changé. Aujourd'hui, beaucoup de gens associent la propriété au meilleur de la qualité. Certes. La volonté de la maison Guigal est d'élever notre négoce à un niveau qualitatif équivalent à celui de nos vins de propriété. Il suffit de voir le mal qu'on se donne à sélectionner, à élever et à assembler. Pour nous, c'est comme si nous faisions pour chacune de nos étiquettes le plus grand vin possible. Nous essayons de tendre vers l'excellence pour l'ensemble de la gamme. Même si le volume est important, on adopte une vision haut de gamme. Bref, sous nos deux casquettes, les têtes sont les mêmes. Nous avons la même exigence pour tous nos vins.

La maison est connue en France et dans le monde pour son côtes-du-rhône. Il est souvent cité en exemple. Pourquoi ?
La famille est rhodanienne, la maison a des activités dans le nord et le sud du vignoble. Notre côtes-du-rhône est produit exclusivement dans la partie septentrionale, dans un profil plutôt méridional mais avec une part importante de syrah, ce qui le rend assez unique. Dans des millésimes où la qualité n'est pas partout au rendez-vous, nous n'hésitons pas à « replier » des côtes-du-rhône villages, voire des crus, dans notre côtes-du-rhône. Ce n'est pas un argument commercial. Techniquement, cette exigence nous permet de maintenir un niveau de qualité conforme à nos attentes, quel que soit le millésime. Même si les approvisionnements peuvent un peu différer selon les années, il y un fil conducteur en ce qui concerne l'encépagement puisque nous sommes très attachés à cette syrah. Dans les millésimes solaires, le mourvèdre joue un rôle intéressant dans l'assemblage. À cause de cet assemblage particulier, la maison ne le met jamais en marché au bout de six ou huit mois. C'est l'autre clef de lecture de ce vin. Nous l'élevons patiemment, presque pendant trois ans. C'est beaucoup, mais c'est indispensable pour amener les grands vins de mourvèdre et de syrah à maturité.

L'élaboration de ce côtes-du-rhône est aussi assez unique en son genre.
Oui, nous avons depuis toujours une méthode de sélection archaïque, mais très efficace. Tous les lots sont dégustés à l'aveugle. Quotidiennement, des courtiers partenaires nous livrent entre trente et cinquante échantillons provenant des propriétés avec lesquelles nous travaillons. Ils sont dégustés par appellation, par millésime, mais sans connaissance de leur origine, du volume disponible et des caractéristiques physico-chimiques du vin, notamment le degré d'alcool. Nous ne connaissons pas non plus leur prix de vente afin de ne pas être influencé par des considérations budgétaires. De manière générale, à l'issue de cette dégustation, nous sélectionnons à 90 % les mêmes origines de lots de vins, souvent issus des mêmes parcelles. C'est la garantie d'un style pour nos consommateurs.

Philippe Guigal et son père Marcel, devant les pentes de Côte-Rôtie.

MATHIEU GARÇON

Ce vin est produit en quantité conséquente quand la maison fait aussi des cuvées parcellaires. Une vraie gymnastique stylistique ?
Notre côtes-du-rhône représente en effet entre 4,5 et 5 millions de bouteilles. A contrario, l'unique hectare de La Mouline ne donne que 5 000 bouteilles. On peut penser qu'il y a un grand écart. Pour autant, est-ce plus difficile de faire les milliers de bouteilles de La Mouline et de son terroir d'exception ou de sélectionner, élever et assembler des millions de bouteilles de côtes-du-rhône en assurant un niveau de qualité supérieur ? Quand on a la chance d'avoir notre patrimoine de vignes, très bien. Nous sommes dans d'excellentes dispositions au départ, mais il faut être à la hauteur. Produire notre côtes-du-rhône est un travail absolument passionnant, colossal et très chronophage par les heures de dégustation qu'on lui consacre. Sans arrêt, nous sommes dans les propriétés pour parler avec les gens et comprendre leur manière de voir les choses.

Vous nous parlez de vos trois célèbres parcellaires en Côte-Rôtie, le fameux trio la-la-la ?
La maison a la chance de pouvoir produire des vins sur trois terroirs mythiques de l'appellation côte-rôtie, La Mouline, La Turque et La Landonne, acquis sur trois générations. La Mouline est une parcelle qui faisait rêver mon grand-père quand il était encore adolescent, au moment il est arrivé sans un sou en poche à Ampuis. Il s'était juré qu'il l'achèterait un jour. Ce qu'il a fait en 1966. Au milieu des années 1980, mon père a acquis la parcelle La Turque, encouragé par l'expertise de mon grand-père qui l'avait connue plantée au début du siècle dernier. Et en 1975, la semaine de ma naissance, mon père a décidé de planter des vignes à La Landonne. Trois générations de Guigal, trois crus de Côte-Rôtie. Mes enfants sont nés il y a dix ans. Vous vous doutez bien que j'ai évidemment pensé à la suite. Nous avons la chance de faire partie de ces rares domaines de l'appellation qui ont encore des réserves foncières importantes. Il y a quelques années, nous avons déterminé et imaginé un terroir d'exception, plutôt de type côte brune, à proximité de La Turque. Nous avons décidé refaire des terrasses et des murs et d'engager un travail colossal qui aura duré cinq ans pour planter cette vigne. Aujourd'hui, le fruit de ce travail, c'est une cuve d'exception et, plus important, l'expression d'un grand terroir. Nous sommes des gens patients, on saura prendre le temps et montrer ce vin quand il sera abouti. Rien ne presse.

Pour quelle raison la maison s'est-elle installée à Châteauneuf-du-Pape ?
Comme toujours chez nous, c'était une décision familiale. Mon grand-père Étienne était passionné par Châteauneuf et ses vins. Dans les années 1930, lorsqu'il dirigeait la maison Vidal-Fleury, le négoce faisait cent pièces de châteauneuf-du-pape par semaine. Mon père et moi-même avons continué avec la maison Guigal. C'est une appellation pour laquelle nous éprouvons un respect immense. Propriétés, négociants, de grands noms et des acteurs de premier ordre y travaillent. Nous avons acquis le château de Nalys en juillet 2017. Il y a un travail énorme à faire sur le plan de la viticulture. Nous avons pu mettre en place les pratiques culturales que nous souhaitions. Elles ne sont pas révolutionnaires pour l'appellation, mais je crois qu'elles vont dans le bon sens. Il reste des étapes importantes, notamment la construction d'une nouvelle cave. Nous avons besoin d'un outil de vinification précis pour arriver à la qualité que nous souhaitons pour Nalys.

Les consommateurs attendent de la filière qu'elle s'engage sur les questions posées par le réchauffement climatique. Sur ce sujet, où en est la maison ?
C'est un défi de taille. Ne pas s'y intéresser serait suicidaire. Pour autant, je crois qu'on ne doit pas l'envisager comme quelque chose qui nous tombe sur la tête. Il faut faire preuve de résilience et voir les opportunités qui se présentent. Aujourd'hui, on parle beaucoup des pratiques culturales. Notre maison s'intéresse à l'écologie, au sens large du terme, et au développement durable. Il y a beaucoup à dire sur ces sujets et je regrette parfois que beaucoup de monde, y compris des responsables politiques, trouvent des réponses dans la décroissance. Le futur pourra s'envisager plus sereinement si nous adoptons des attitudes écologiques et respectueuses de l'environnement. C est ce que nous essayons de faire, à des niveaux différents. Par exemple, dans nos caves, tous les matières sèches sont recyclées. Sur le plan de la viticulture aussi, nous avançons. Dans une interview récente, Gérard Bertrand déclarait que la moitié du vignoble français serait en agriculture bio dans dix ans. Il a raison. Je pense même que cette proportion sera majoritaire. C'est inévitable. Des années 1960 jusqu'aux années 1980, il y a eu des excès importants. Les années 2000 ont été marquées par une forte prise de conscience. Nous évoluons. Le vignoble du château de Nalys est en deuxième année de conversion bio. Ce qui est sûr, c'est que l'effet d'annonce et le "biomarketing" ne m'intéressent pas. La volonté de la maison Guigal peut être résumée ainsi : produire des raisins de qualité et adopter une viticulture durable et respectueuse de l'environnement. Aujourd'hui, il y a des interrogations autour du cuivre utilisé en bio. Est-ce qu'on pourra l'utiliser dans dix ans comme on l'utilise maintenant ? Je suis persuadé que non. La priorité est d'inventer des alternatives. Pour être durable, ce travail doit être mené par étapes.

RHÔNE L'ART DE LA TRANSMISSION

QUATRE DOMAINES SITUÉS DANS LE NORD DE LA VALLÉE. QUATRE HISTOIRES, DES HAUTS ET DES BAS. QUATRE FAMILLES. LES ENFANTS SONT LÀ, ILS SUIVENT LEURS PARENTS. OU BIEN L'INVERSE ?

PAR **GUILLAUME PUZO**

Léa et Christophe Bonnefond

GUILLAUME PUZO

FAMILLE BONNEFOND

Léa et Christophe

D'emblée, Léa avoue son objectif personnel : *« Sur le domaine, j'aimerais bien avancer un peu plus sur le bio ».* Christophe donne plus de détails. *« Depuis une dizaine d'années, nous avons 70 % du domaine travaillé en agriculture biologique, mais il reste une partie qui ne l'est pas, surtout les coteaux compliqués, en terrasses, là où l'on a des problèmes de concurrence entre l'herbe et la vigne. Léa veut arriver à convertir les 30 % restants. Nous n'avons pas d'échéance précise en tête. Il ne s'agit pas de passer le cap et de revenir en arrière parce qu'on se rend compte que c'est compliqué. Certains y arrivent, il n'y a pas de raison qu'on échoue ! »* La jeune femme a d'autres objectifs : *« J'ai ramené le cheval au domaine. Pour l'instant, nous travaillons avec un prestataire, mais j'aime le cheval (Léa fait de la compétition équestre, ndlr). C'est en ce sens que j'ai fait un stage chez les Gonon, à Mauves, car ils travaillent au cheval eux aussi. Après, je sais que toutes nos vignes ne sont pas adaptées ».* Christophe semble approuver la démarche : *« Moi, je n'avais jamais fait de cheval et ça m'a convaincu. Ça fait du bon boulot. Mais il faut des parcelles adaptées. Les coins un peu compliqués, on les tient au rotofil ».*

Ces évolutions vont également descendre en cave. *« Jusqu'à maintenant, je mettais peu de rafle. En fait, j'éraflais à 80-90 % »,* explique Christophe. *« Depuis que Léa est revenue sur le domaine, l'objectif c'est de mettre un peu plus de rafle. Là, on est à 50 %. »* Et parfois plus, détaille Léa, qui a approfondi l'expérience : *« En 2019, j'ai vinifié une cuvée Dans les vignes de mon père à partir des plus vieilles vignes sur les Rochains. J'ai vinifié en vendange entière, avec 7 % de viognier, et l'élevage a duré 18 à 20 mois dans des fûts de condrieu ».* Quant à transposer ce style sur le reste de la gamme, nous sentons là peut-être pour la première fois un léger désaccord entre le père et la fille, le premier ne voulant pas brusquer les habitudes de sa clientèle. Ce qu'il reconnaît franchement : *« Ça fait partie des réflexions à venir. Il y a pas mal de choses à discuter. On ira sans doute progressivement, en s'adaptant au millésime. Mais oui, sans basculer encore à 100 %, c'est une tendance ».* Un dernier rêve, Léa, avant de se quitter ? *« J'aimerais bien un jour vinifier des syrahs sur granites, à Saint-Joseph. »*

FAMILLE GAILLARD

Jeanne, Pierre-Antoine et Pierre

De son ton bonhomme, Pierre commence par raconter son histoire, bon résumé de l'histoire récente des coteaux du nord de la vallée du Rhône : *« J'ai planté ma première vigne en 1981. À l'époque, j'étais chef de culture chez Vidal-Fleury, puis chez Guigal à partir de 1986. Tout a beaucoup changé depuis les années 1970. Quand j'ai commencé, c'était une région à l'abandon. On se demandait si les appellations auraient une suite. Aujourd'hui, on se bagarre pour le moindre mètre carré de terrain. Je suis arrivé au moment de la renaissance du vignoble de Côte-Rôtie. Le désherbage chimique et l'avènement des mini-pelles ont permis la reconquête des coteaux. Partout, nous avons essayé de revenir au travail du sol, on a redécouvert le treuil, remis en place l'enherbement, avec des limites car nous sommes dans l'une des régions les plus sèches de France. Nos coteaux ne tiennent pas l'eau. Aujourd'hui, je continue à chercher des solutions pour arrêter le désherbage chimique, ce qui est fait sur 80 % du vignoble environ. D'ici deux à trois ans, je pense qu'on s'en débarrassera complètement ».* Une tendance que confirme sans hésitation Pierre-Antoine, expérience à l'appui : *« Aujourd'hui, j'ai fait une journée de pioche ! La suppression des désherbants est un vrai sujet ici, surtout lorsqu'on rencontre des problèmes de main-d'œuvre et que personne ne veut faire des travaux physiques et pénibles. Dès mon arrivée au domaine, j'ai voulu arrêter les désherbants. Mon père m'avait prévenu, j'ai dû remonter de la terre à cause de l'érosion dans les fortes pentes. On cherche des cultures intercalaires dans les vignes qui ne soient pas concurrentes en termes d'eau, on a essayé des trèfles. C'est un sujet sur lequel on est en perpétuelle réflexion ».* Les évolutions du climat jouent un rôle déterminant, comme le rappelle Pierre : *« En 40 ans, les cycles végétatifs se sont raccourcis. Dans les années 1980, il fallait faire des raisins à 10° minimum pour avoir le droit à l'appellation. Certaines années, on devait regarder le mustimètre, même si on avait le droit de chaptaliser à 2°. Maintenant, on ramasse certains côte-rôtie à plus de 14°. Il faut faire des assemblages avec des parcelles un peu moins mûres pour être sûrs de finir les fermentations ».*

Quant aux autres projets familiaux, Jeanne précise : *« Depuis 2002, nous sommes présents dans le Roussillon, à Banyuls et Collioure. C'est ma sœur Élise qui gère cette partie, en s'occupant aussi de Cottebrune, notre domaine à Faugères. On vient de reprendre des terrains dans le sud du Beaujolais, dans les Pierres Dorées. Depuis nos études en Bourgogne, on voulait cultiver un peu de pinot et de chardonnay sur des argilo-calcaires. Dans la Drôme, en zone IGP, je veux planter de vieux cépages de la région, comme la mondeuse, blanche et rouge, ou le persan. Mon père, lui, voudrait replanter de la cugnette, le nom local pour la jacquère de Savoie ».*

Jeanne, Pierre et Pierre-Antoine Gaillard.

Corentin et Christophe Pichon.

Hugo, Pierre-jean et Pauline Villa.

FAMILLE PICHON

Corentin et Christophe

Le domaine connaît un certain nombre de changements ces temps derniers, comme les détaille Christophe : « *Depuis le millésime 2015, on est allés sur les coteaux de Seyssuel. Avec 1,7 hectare, deux tiers rouge, un tiers blanc, on propose deux cuvées. Mosaïque, 100 % syrah, et Diapason, 100 % viognier. On achète aussi de la vendange à Cornas, à Chaban, au-dessus de la chapelle Saint-Pierre et on produit également un côtes-du-rhône en achat de vendange, avec un peu de grenache dans l'assemblage. Toutes ces idées-là, c'est Corentin. C'est la jeunesse ! Nous les anciens, on suit derrière. Les idées, c'est lui, nous on approuve* ». En fait, Christophe sait aussi proposer ses innovations : « *Je voulais essayer le sans-soufre, on a travaillé cinq années sur le projet. En 2020, on a créé Pur 100, le premier condrieu entièrement vinifié sans soufre. J'ai attendu d'avoir des garanties quant à la garde. On en produit quand même trente hectolitres. Les raisins viennent du lieu-dit Mève, un terroir avec un peu plus d'acidité qui favorise la tenue. Au tout départ, je souhaitais seulement diminuer le SO2 dans notre condrieu. Ça a tellement bien marché qu'on a été jusqu'au bout. Et puis, il y a une demande* ».

Pour le père comme pour le fils, le chantier majeur à venir, c'est le travail du sol. Aujourd'hui, une partie du domaine est toujours désherbée chimiquement, dans les terrasses. « *On se prépare à abandonner le 100 % chimique. Mais il faudrait augmenter le prix à la bouteille de 16 à 18 euros, donc on y va doucement* », reconnaît, fataliste, Christophe. Sur ce sujet, son fils Corentin a des idées : « *Il y a cinq ans, on a planté une parcelle en condrieu, aujourd'hui enherbée avec du trèfle. On ne désherbe pas. On laisse l'herbe pousser et on la fauche pour faire un paillage. L'herbe dessous pousse moins et ça préserve l'humidité et la vie microbienne dans les sols. Cette parcelle n'a jamais vu une goutte de désherbant. Un autre essai consiste à ne pas cisailler la vigne. Elle est conduite sur échalas assez haut, 2,40 mètres, on ne la tresse pas, on la fait pousser en tonnelle. Le tressage demande un passage de plus, ça augmente le coût de production* ». Christophe s'empresse de détailler les autres projets du domaine : « *On a une piste à Saint-Péray, en propriété, pour planter de la vigne. Et aussi à Crozes-Hermitage, en rouge. La cave n'est pas suffisamment dimensionnée, on en construit une nouvelle dans le bas de Chavanay* ».

FAMILLE VILLA

Pauline, Hugo et Pierre-Jean

Même si les enfants vont et viennent au domaine – Hugo veut partir vinifier au Canada en 2021, Pauline est caviste à Vienne (La Cave du Temple, adresse de référence dans la région) – Pierre-Jean Villa n'est pas inquiet. « *J'ai 56 ans. On se laisse encore trois ou quatre ans pour être tous les trois à temps plein sur l'exploitation. D'ici là, ils peuvent bouger.* » Ce qui ne les empêche pas de concevoir déjà des projets en commun. « *L'agroforesterie, c'est un essai* », détaille Hugo. « *On a eu l'idée de la mettre en place sur une parcelle de onze mille mètres carrés récemment acquise qu'il fallait défricher, restructurer et planter, sur le plateau des IGP, en limite de Saint-Joseph.* » Son père explique : « *On a sélectionné avec Lilian Bérillon des syrahs compatibles avec des porte-greffes résistants pour supporter la sécheresse engendrée par la plantation des arbres et des haies bocagères qui vont pomper l'eau disponible. Dans la parcelle, on a planté une rangée d'arbres tous les quinze rangs dans le but de déployer une ombre portée sur les vignes et d'éviter les fortes pressions de mildiou ou d'oïdium et ainsi réduire les traitements* ». Vingt-cinq essences d'arbres ont déjà été plantées, compatibles avec les conditions propres au massif du Pilat. Hugo, qui a mûri ce projet lors de ses études, précise qu'à terme il y aura « *des moutons dans la parcelle, l'hiver, pour l'entretenir et apporter l'empreinte animale* ». C'est là que les haies interviennent, à la fois pour clôturer l'endroit, habiller les grillages métalliques, mais aussi jouer un rôle de coupe-vent et de régulateur thermique. Sans parler de l'apport en biodiversité. Le retour des haies et des arbres apporte une grande diversité de fleurs appréciés des abeilles, des insectes et des oiseaux. Des ruches et des nichoirs ont été installés. Un écosystème global. Pour quel résultat ? Pierre-Jean est optimiste : « *Des essais sur une vigne pendant 15 ans ont montré une diminution de température de 3,5°C au sol, une forte réduction des traitements et une faible mortalité des plants* ». C'est là que Pauline prend le relais. « *L'agroforesterie joue aussi un rôle dans le développement de notre œnotourisme. Nous allons structurer une offre en matière de réception incluant des visites, des dégustations et, à terme, des repas dans les vignes ou dans notre caveau, que nous allons réaménager.* » L'idée est que chacun participe à tous les niveaux. En matière de vinification et de style, même entente entre le frère et la sœur. « *Le velours, c'est le mot qui revient pour décrire les vins* », dit Pauline. « *J'aimerais essayer l'œuf béton* », avance Hugo. « *Avec Pauline, on se complète, mais il faut que ça reste familial. On ne sortira pas du modèle de vins de domaine, de propriétaires.* »

CÔTE-RÔTIE LE RHÔNE À LA VERTICALE

QUI N'A JAMAIS VU LES PENTES DE CÔTE-RÔTIE NE SAIT PAS L'EXTRÊME DIFFICULTÉ D'Y CULTIVER DE LA VIGNE. C'EST LE CAS DEPUIS DEUX MILLÉNAIRES. UN ENTÊTEMENT DE CIVILISATION QUI RÉJOUIT LA PLANÈTE. HOMMAGE À CES FORCENÉS DE LA VIGNE

PAR **GUILLAUME PUZO**

À UNE TRENTAINE DE KILOMÈTRES au sud de Lyon, sur la rive droite du Rhône, les coteaux du vignoble de Côte-Rôtie produisent depuis près de 2 000 ans un vin rouge épicé et intensément parfumé. Il est aujourd'hui exclusivement issu de la syrah, additionnée ponctuellement d'un peu de viognier (officiellement dans la limite de 20 %, ce qui n'arrive jamais).

L'AOC côte-rôtie compte 280 hectares en production, situés entre 140 et 320 mètres d'altitude, avec des pentes pouvant atteindre 60 %. Au cœur de l'appellation, Ampuis est majestueusement dominé par le château des anciens seigneurs des lieux en bordure du Rhône, propriété de la famille Guigal. Tupins-et-Semons se situe un peu plus au sud, Saint-Cyr-sur-le-Rhône, un peu plus au nord. Au total, 75 lieux-dits s'étalent sur des sols de schistes (secteurs nord), de gneiss (partie centrale et sud) et de granite (extrémité sud), avec également quelques dépôts éoliens (lœss, plutôt sur les hauts de coteaux).

TOUT EST AFFAIRE DE STYLE

Au cœur d'Ampuis coule un petit ruisseau, le Reynard, qui délimite deux lieux-dits qui ont fait la légende du cru : Côte Blonde au sud, Côte Brune au nord. Selon la légende, cette couleur de côte serait en fait une couleur de cheveux. Un seigneur aurait autrefois légué une parcelle à chacune de ses deux filles, l'une brune et l'autre blonde.

Pure fiction ou récit authentique ? Nul ne sait vraiment, mais le côte-rôtie reste encore souvent défini en style côte-blonde, réputé délicat, parfumé et suave, et style côte-brune, plus musclé, épicé et profond. Un style que l'on retrouve par exemple dans la cuvée Brune et Blonde de Guigal ou encore dans la fameuse cuvée Côte-Brune de Jean-Paul Jamet, l'un des modèles absolus, hélas produit en quantités infimes (seulement 2 500 bouteilles par millésime).

Pour autant, quel est le style authentique d'un côte-rôtie ? Deux approches départagent les producteurs, la sélection parcellaire ou l'assemblage de différents terroirs. Les vignerons font parfois les deux. Évidemment, c'est l'étendue du parcellaire à disposition qui permet de proposer ou non tous les styles de l'appellation.

La maison Guigal, qui met en marché près du tiers des volumes de l'AOC, propose deux cuvées d'assemblage (Brune et Blonde et Château d'Ampuis) et trois sélections parcellaires (La Mouline, La Turque et La Landonne). Jean-Paul Jamet, en plus de sa sélection poussée en Côte Brune, propose un côte-rôtie d'assemblage. Stéphane Ogier est sans doute le vigneron qui a porté le plus loin le concept de parcellaire en proposant, outre sa cuvée d'assemblage (Mon Village), une caisse de ses meilleures parcelles vinifiées séparément.

UN ÉTAT DES LIEUX

Sur les terroirs de granites un peu particuliers où se situent ses vignes, Christine Vernay donne une interprétation sudiste du côte-rôtie avec Blonde du Seigneur et Maison Rouge. À l'inverse, le style des vins de Jean-Michel Gerin reflète les schistes de Saint-Michel, notamment sa cuvée Les Grandes Places. Comme tous les beaux vignobles, celui de Côte-Rôtie donne des vins qui ont le goût de l'endroit où ils sont nés. Rien de plus logique au fond.

Ne tournons pas autour du pot. Pour faire le tour des différents vignobles du nord de la vallée du Rhône depuis de nombreuses années, nous avons longtemps constaté que celui de Côte-Rôtie ne faisait pas partie des bons élèves pour ce qui concerne une viticulture raisonnable en matière d'emploi de désherbants de synthèse. Le travail est rude sur ces coteaux, et sous le soleil de plomb qui a donné son nom à l'appellation, et il y est plus difficile qu'ailleurs de trouver des équipes motivées pour aller traiter la vigne autant de fois que l'exigera une météo par nature capricieuse et imprévisible.

Mais ces difficultés existent aussi à Saint-Joseph, Cornas ou sur la colline de l'Hermitage, où nous observons depuis longtemps déjà des pratiques plus vertueuses, conformes aux exigences du moment en matière de respect de l'environnement. Longtemps, la faible valorisation des vins de l'appellation a été mise en cause pour justifier de telles pratiques.

Aujourd'hui, grâce au travail de l'ensemble des acteurs, il est difficile de trouver une bouteille de côte-rôtie d'honnête qualité à moins de 40 euros, quand elle ne dépasse pas souvent les 60 euros. La valeur des vins est là et leurs prix sont acceptés par les consommateurs. Quelle heureuse surprise cette année en nous promenant dans les parcelles ! On voit désormais des brins d'herbe dans des rangs de vignes longtemps durs comme des sols lunaires. Il reste encore quelques secteurs de triste aspect, mais globalement la part de chimie semble enfin en recul.

Certes, une hirondelle ne fait pas le printemps et quelques brins d'herbe ne font pas une viticulture bio. Saluons néanmoins cette évolution. En marge de ce constat visuellement saisissant, nos différents entretiens vont tous dans le même sens. Désormais, les vignerons du secteur ne peuvent plus attendre que les désherbants chimiques soient interdits. Ils doivent se préparer à l'inéluctable et anticiper. Certains sont déjà certifiés bio comme le domaine Vernay (lire notre entretien), d'autres se donnent quelques années pour entamer officiellement un processus de conversion. Chacun à son rythme. L'écologiquement durable ne doit pas se faire au détriment de l'économiquement durable.

BERNARD FAVRE

La viticulture est héroïque sur les fameuses terrasses de Côte-Rôtie.

CÔTE-RÔTIE, LE CARNET DE NOTES

Ils sont presque tous là, en ordre de bataille. Bien sûr, compte-tenu de la viticulture pratiquée, les vins affichent un certain prix. Mais on trouvera aussi dans ces pages quelques références plus sages. Tant mieux.
DÉGUSTATION ***GUILLAUME PUZO***

Domaine Patrick et Christophe Bonnefond, Dans les Vignes de mon Père 2019
95
Un fruité plus rouge que Rozier, un jus suave et caressant en bouche, un tannin adroitement extrait pour une finale bien équilibrée sur le poivre noir. Un vin très plaisant.
75 euros

Domaine Patrick et Christophe Bonnefond, Côte Rozier 2019
93
Un fruité noir profond et des notes de chocolat au lait. La bouche offre concentration, équilibre et fraîcheur, avec ce tannin rond et polissé qu'affectionne le domaine, une cuvée civilisée, sans rudesse de texture.
48 euros

Domaine de Bonserine, La Garde 2017
93
De beaux tannins suaves et un jus délié en bouche, un supplément de finesse et d'élegance par rapport à la-viallière. C'est le terroir de Côte Blonde qui parle, avec une perception du boisé plus marquée.
69 euros

Domaine Bott, côte-rôtie 2019
94
Beaucoup de charme et d'élégance naturelle dans ce côte-rôtie éclatant de fruit. La grande finesse de tannin renforce la finale fraîche et lumineuse d'une syrah qui a tout pour bien vieillir. Quelle classe.
60 euros

Maison Chapoutier, Neve 2018
95
Joli fruit rouge au nez comme en bouche. Toujours ce petit grain de tannin serré propre aux micaschistes de ce terroir extrêmement pentu, finale fumée lardée qui plaira aux puristes, il brille par sa finesse magnifiquement corsetée dans une structure adroitement construite.
161 euros

Maison Chapoutier, Quatuor 2018
92
Une agréable expression fruitée, des tannins droits en bouche. Encore un peu jeune, il doit se fondre sous verre. Un style sérieux pour l'appellation.
65,80 euros

Domaine Aurélien Chatagnier, côte-rôtie 2019
92
Dense et corseté par des tannins à l'expression saline, il est encore d'un bloc mais évoluera favorablement.
50 euros

Domaine du Corps de loup, Paradis 2018
90
Dans un registre plus salin que corps-de-loup, avec plus de profondeur et de persistance.
59 euros

Domaine Yves Cuilleron, Lieu-dit Bonnivières 2019
92
Un tannin mieux gainé que madinière, un jus caressant en bouche, aux notes réglissées agréables. Vin de belle finesse.
56,20 euros

Dauvergne Ranvier, Côte Rôtie Grand Vin 2019
90
Cette maison du sud de la vallée du Rhône brille toujours par ses prix mesurés. Ici le consommateur en a pour son argent avec ce vin séduisant aux tannins fondants, aux notes de fruits mûrs, qui évoluera harmonieusement.
35 euros

Domaine Benjamin et David Duclaux, Maison Rouge 2018
92
Plus de sève et de densité tannique que germine, un grain poivré savoureux en bouche, agréable même si on peut encore gagner en équilibre sur la fraîcheur. Final sur une petite note de chaleur.
66 euros

Romain Duvernay, côte-rôtie 2019
90
Goûté en échantillon avant mise. Un bon fruit noir mûr, des tannins ronds dans un ensemble déjà fondu et déjà accessible.
36,50 euros

Domaine Faury, Reviniscence 2019
90
Un côte-rôtie sur la souplesse, agréable même si la longueur reste moyenne, on aime son bon fruit.
38,50 euros

Ferraton Père & Fils, Lieu-dit Montmain 2019
92
Un fruité noir agrémenté d'épices douces, une bouche ronde grâce à un toucher de tannin délicat, un côte-rôtie suave et élégant.
53 euros

Domaine Pierre Gaillard, Rose Pourpre 2019
96
Concentrée et dense, un tannin délicatement extrait qui peut encore se fondre, une finale qui caresse comme le velours. Dans ce millésime, la cuvée tutoie à nouveau ses brillantes réussites d'autrefois.
90 euros

Domaine Pierre Gaillard, Esprit de Blonde 2019
92
Le millésime lui convient bien, associant un fruité délicat et de suaves parfums de fleurs à une texture en rondeurs. Un vin charmeur et très agréable.
60 euros

E.Guigal, Château d'Ampuis 2017
96
Au nez on reconnaît le style de la maison entre mille, avec cette palette de fruits mûrs sans excès et ses douces notes épicées et vanillées. En bouche, le tannin est parfaitement gainé, crémeux. Le long élevage apporte une note plus torréfiée en finale qui renforce la gourmandise du cru. C'est un style qui se maintient avec constance.
79 euros

Domaine Corinne et Jean-Paul Jamet, Côte Brune 2018
98
Le grain de tannin est parfaitement reconnaissable. Côte Brune en diable, serré et corsé à souhait, le jus velouté se délie progressivement, avec une intense persistance en fin de bouche. Il faut s'armer de patience.
Prix NC

Domaine Corinne et Jean-Paul Jamet, côte-rôtie 2018
94
Une bouche ronde aux tannins plus immédiatement accessibles que par le passé, le fruité reste à dominante noire, un vin de belle puissance, suave et harmonieux avec une note corsée en finale.
Prix NC

Domaine Jocelyne et Yves Lafoy, Côte Blonde 2017
91
Jolie côte-blonde, parfumée et élégante, à la chair veloutée et caressante, agréable et d'un bel équilibre de bouche.
Prix NC

Maison Les Alexandrins (Famille Perrin), côte-rôtie 2019
91
Beau sourcing de cette jeune maison rhodanienne au savoir-faire déjà accompli. Bien équilibrée, sans excès d'extraction tannique, au fruité délicat, vin frais et élégant.
48 euros

Maison Gabriel Meffre, Laurus 2018
91
Une bouche tout en rondeurs, un jus aux tannins enrobés par l'élevage mais sans marquage excessif d'arômes vanillés, un côte-rôtie séduisant et gourmand.
64 euros

Les coteaux du vignoble peuvent atteindre par endroits les 50 % de pente.

Domaine Niero, Éminence 2019
91
Plus intéressant que vires-de-serine même si le millésime est différent. Surtout, rapport qualité-prix bien supérieur. Ce vin séduit par sa franchise de parfums (fruits rouges), ses tannins bien arrondis, son élégance.
37 euros

Domaine Stéphane Ogier, La Côte-Blonde 2017
96
Magnifique entame veloutée en bouche, une caresse d'un grand raffinement, le tannin épaule à merveille un niveau d'alcool généreux et intégré. Un vin de toucher plus que de parfum, du moins dans son jeune âge.
350 euros

Domaine Pichat, Les Grandes Places 2018
94
Une belle expression saline des terroirs de Saint-Cyr-sur-Rhône. Profondeur, allonge, finesse du tannin, on aime sa densité de bouche et sa persistance avec un agréable retour fruité en fin.
65 euros

Domaine Pichat, Löss 2019
91
Échantillon pris sur cuve et goûté avant mise. Belle définition de bouche, tannins enrobés, très franc dans ses arômes de fruits noirs frais, finale en finesse.
35 euros

Domaine Christophe Pichon Père & Fils, Rozier 2019
97
On est bien dans le nord de l'appellation, avec cette bouche droite et serrée dans sa texture, ses parfums de fruits noirs, ses tannins surfins qui corsettent la bouche avec une salinité poivrée. Belle expression du terroir de la fameuse Côte Rozier. Grand vin.
55 euros

Domaine de Rosiers, Besset 2018
90
Plus de matière que drevon, on apprécie son expression saline en bouche. Les tannins offrent une agréable fraîcheur finale, ce vin goûte déjà bien.
70 euros

Domaine Georges Vernay, Maison Rouge 2018
94
Un tannin plus soyeux que blonde-du-seigneur, un jus délié d'une belle finesse, expression élégante des terroirs du sud de l'appellation, avec un franc retour sur le fruit rouge en finale.
110 euros

Vidal-Fleury, Côte Blonde La Châtillonne 2013
90
Mieux équilibrée que brune-et-blonde, un tannin épicé et légèrement sec donne du relief à la bouche, agréable persistance sur le poivre.
88,70 euros

Domaine Pierre-Jean Villa, Fongeant 2018
94
Nez de fruits rouges et noirs fondus avec une pointe d'épices douces (vanille, coco). La bouche exprime dès l'entame le style du domaine, fait d'infusion plus que d'extraction, un tannin surfin pour un toucher velouté, et cette profondeur et cette intensité propre aux grands terroirs de Côte Rôtie. Dans ce millésime, on appréciera cette cuvée plus rapidement qu'à l'accoutumée.
100 euros

Domaine François Villard, Montlys 2019
95
Bouche bien dessinée autour de tannins fins et élégants, des parfums délicats de fruits des bois, une finale fraîche et d'appréciable longueur. Jolie cuvée.
70 euros

Les Vins de Vienne, Le Plomb 2019
93
Un joli fruité noir, de la densité en bouche qui conclut par une finale épicée sur le poivre noir, agréable persistance dans la fraîcheur. Encore un peu jeune.
45,50 euros

CHRISTOPHE GRILHÉ

CONDRIEU LA FACE CACHÉE DU GRAND BLANC

DANS LE CONCERT FRANÇAIS DES GRANDS VINS BLANCS, ON OUBLIE PARFOIS CONDRIEU. UNE ERREUR À CORRIGER D'URGENCE. EN PLEIN RENOUVEAU STYLISTIQUE, L'APPELLATION CONTINUE D'ÉCRIRE SA LÉGENDE ET CELLE DU VIOGNIER

PAR ***GUILLAUME PUZO***

DÉCRIRE AVEC PRÉCISION les évolutions récentes survenues dans une appellation comme condrieu n'est jamais facile. Pour plusieurs raisons. D'une part, et c'est un élément clef, le poids omniprésent du négoce (avec pour corollaire l'absence de coopérateurs sur l'appellation). La seule maison Guigal commercialise près de 40 % des volumes. Dans ce contexte, pas évident pour de jeunes acteurs de se lancer, soit parce que le prix du foncier est inaccessible, soit parce que les vignes à louer sont peu nombreuses ou que les volumes disponibles en vrac sont limités. À titre de comparaison, l'appellation proche de crozes-hermitage révèle régulièrement de nouveaux talents et de nouveaux exploitants se lancent dans l'entreprise individuelle. L'appellation plante chaque année un peu plus d'hectares et les conditions de production en plaine sont moins pénibles qu'en coteaux, tout comme l'achat de vendange moins onéreux.

Ceci étant dit, on désespère souvent, dans nos dégustations syndicales, de ne pas voir les jeunes talents présenter leurs vins à la critique. Par le passé, nous avions pu goûter et saluer la qualité du travail de vignerons comme Stéphane Montez ou Julien Pilon, cette année nous avons beaucoup entendu parler, en bien, de Xavier Gérard, pour ne citer que quelques noms, mais aucun d'eux n'avait échantillonné lors de l'appel collectif. Une impasse puisque notre travail consiste aussi à faire émerger de nouveaux noms.

Comment va l'appellation ? Cette année encore, le toujours impeccable condrieu 2019 de la maison Guigal (pas La Doriane, le générique) donne une idée assez précise de près de la moitié de l'appellation. Vient une petite série de vigneronnes et de vignerons de talent, Christine Vernay en tête, mais aussi André Perret (qui ne nous a pas présenté ses vins cette année), François Villard, Yves Cuilleron, Pierre-Jean Villa, Christophe Pichon, sans oublier les voisins de Côte Rôtie qui exploitent quelques vignes plus au sud (Stéphane Ogier, Christophe Bonnefond, Jean-Paul Jamet, Duclaux). Les cuvées issues de ces domaines sont toutes séduisantes, chacune dans son style, avec un vrai coup de cœur cette année pour les vins d'Aurélien Chatagnier et de Lionel Faury.

2019, MILLÉSIME DE STYLE

Le viognier est un cépage compliqué. Pas mûr, il manque d'intérêt et d'arômes, souvent cantonnés au seul registre végétal. Trop mûr, il devient mou et écœurant par ses parfums de confiture d'abricot. Sa faible acidité impose au vinificateur un exercice d'équilibriste. Une vinification en barrique peut lui donner style et finesse quand, mal maîtrisée, elle est susceptible d'apporter de la lourdeur et lui ôter encore un peu plus de fraîcheur. Pour ce dossier, nous avons surtout pu déguster le millésime 2019. L'année convient bien aux vins de l'appellation. Dans cette année solaire et de belle maturité, les parfums de fruits blancs décuplent la gourmandise, donnant régulièrement l'impression de croquer dans le fruit. Même si les grandes cuvées vieilliront harmonieusement, le trait marquant du millésime est l'immédiateté des cuvées. Toutes sont déjà prêtes à être dégustées et, surtout, à donner du plaisir. Après tout, c'est l'essentiel.

UNE GELÉE HISTORIQUE

L'actualité du début d'année 2021 est bien évidemment liée à la terrible gelée du mois d'avril. Tout le vignoble français ou presque a été plus moins sévèrement impacté. À Condrieu, on n'avait pas connu de tels dégâts depuis 1938. Les millésimes 1998 ou 2003 avaient certes connu eux aussi des épisodes de gel, mais pas dans les proportions d'une gelée noire. Philippe Guigal, acteur majeur de l'appellation, explique : *« Nous n'avons eu qu'un seul épisode de gel, avec des températures qui sont descendues à - 4 voire - 6°C, à Condrieu comme à Côte Rôtie d'ailleurs. D'habitude, ce sont plutôt les plateaux ou les hauts de coteaux qui souffrent. Là, on a vu des parcelles en plein coteau ravagées par le froid. Si on veut être optimiste, il va manquer 50 % de la récolte. Si on est pessimiste, à peu près 75 %. La vérité sera probablement entre les deux ».* Une version que n'embellit guère Christophe Pichon, président de l'appellation : *« Les pertes vont de 20 % à 80 % selon les producteurs. Il est encore difficile d'estimer la récolte 2021 à venir, mais si on vendange autour de 20 hectolitres par hectare, on pourra être satisfait ».*

CONDRIEU, LE CARNET DE NOTES

Les 30 vins suivants n'ont pas besoin d'en faire plus pour vous convaincre que le condrieu a du style. Entre les mains de ces producteurs, le viognier impressionne. La cave de l'honnête amateur ne saurait s'en passer.
DÉGUSTATION ***GUILLAUME PUZO***

Domaine Boissonnet, condrieu 2019
90
Fruité jaune agréable, bouche ronde sur la même ligne aromatique, agréable et fin dans sa définition de fin de bouche.
30 euros

Domaine Patrick et Christophe Bonnefond, Côte Chatillon 2019
91
Bouche bien équilibrée, avec un fruité qui reste frais et une agréable sensation saline bien pure, un vin de belle finesse, tout en toucher.
35 euros

Domaine Bott, condrieu 2019
92
De la subtilité dans les notes délicates et fraîches d'abricot, évolution du nez vers un registre plus floral après aération. Ce qu'il faut de verticalité et de tension en bouche pour en faire un vin pleinement digeste.
46 euros

Maison Chapoutier, Coteau de Chéry 2018
97
Le prix affiché paraît irréel mais la qualité du vin n'est pas un mirage ! De splendides parfums de fruits secs et de fleurs, une bouche vibrante et dynamique, beaucoup de finesse et d'élégance dans le toucher, avec beaucoup de persistance de saveur.
256 euros

Maison Chapoutier, Invitare 2019
90
Fruité gourmand, la bouche conclut heureusement sur de beaux amers car l'ensemble manque un peu de profondeur. L'air lui fait du bien.
40,05 euros

À Condrieu aussi, la vigne est plantée sur les terrasses qui surplombent le Rhône.

Domaine Aurélien Chatagnier, condrieu 2019
90
Jus de belle pureté, tout en finesse et bien glissant en bouche, sensation désaltérante très agréable, les parfums ne sont pas explosifs et ne saturent pas. On évite la surmaturité de fruit souvent rencontrée dans l'appellation.
34 euros

Domaine Yves Cuilleron, Les Chaillets 2019
92
Fruité jaune frais et franc, bouche ronde, son équilibre en fait un digne représentant de l'appellation.
34,90 euros

Domaine Yves Cuilleron, Lieu-dit Verlieu 2019
94
Matière et minéralité sont au rendez-vous, grande persistance en finale, tirée par de jolis amers d'agrumes (zeste de pamplemousse).
39,90 euros

J.Denuzière, condrieu 2019
88
Une note mentholée qui apporte un supplément de fraîcheur, vin agréable, frais et fin.
29 euros

Domaine Benjamin et David Duclaux, Les Caillets 2019
88
Le fruité est frais et fin, la bouche, certes pure, peut gagner encore en d'épaisseur. Agréable et léger.
38 euros

Romain Duvernay, condrieu 2020
88
Agréable surprise avec ce condrieu bien sourcé, équilibré, au fruité jaune qui reste frais, on l'appréciera jeune.
34,30 euros

Domaine Faury, condrieu 2019
91
Belle pureté de fruit, vin gourmand et élancé, à la finale fraîche sur fond de fruits blancs et jaunes frais, on replonge dans sa gourmandise avec grand plaisir.
30 euros

Domaine Faury, La Berne 2019
93
Plus de densité et de profondeur que l'autre (excellent) condrieu du domaine, mais le même élan et la même pureté de parfum, un grain plus minéral en finale. Du style !
36 euros

Ferraton Père & Fils, Les Mandouls 2019
89
Le fruité reste frais malgré une haute maturité, la texture huileuse est intéressante et la finale élancée.
33 euros

Domaine Pierre Gaillard, L'Octroi 2020
89
Un équilibre satisfaisant et une bouche droite sur fond de fruits blancs, agréable et longueur honnête.
39 euros

E.Guigal, condrieu 2019
91
La cuvée la plus produite de l'appellation n'a pas à rougir de ses volumes, au contraire. Son fruité blanc est gourmand, sa texture en rondeur la rend sécuisante. Facile d'accès, c'est ce qu'on pourrait appeler un vin pédagogique.
34 euros

E.Guigal, La Doriane 2019
96
Toujours cette note boisée grillée propre à la maison qui donne un charme fou aux vins pour les amateurs, là où d'autres décrient ce style pour cette même raison. Toucher caressant, on devine une grosse maturité que l'élevage a bien contenue. Comme toujours, la cuvée évoluera bien dans le temps.
62 euros

Domaine Corinne et Jean-Paul Jamet, Vernillon 2019
90
Millésime après millésime, cette cuvée précise son style. Toucher élégant qui fait ressortir un grain salin en bouche, le fruité est mûr sans excès, la finale est bien équilibrée.
Prix NC

CHRISTOPHE GRILHÉ

Christine Vernay et sa fille Emma Amsellem, portent le domaine Vernay au sommet de l'appellation.

Maison Gabriel Meffre, Laurus 2017
92
Une vinification sous bois qui se remarque mais c'est le style de cette gamme, un toucher crémeux pour une finale grillée savoureuse. Très bien fait, dans son style, il plaira à certains et déplaira à d'autres.
64 euros

Domaine Niero, Chéry 2019
91
De la matière, une bouche de belle finesse, un équilibre sur l'élégance et la pureté, qui confirme les progrès récemment entrevus au domaine.
39 euros

Domaine Niero, Les Ravines 2019
88
Fruité gourmand qui reste frais, bouche ronde, un vin bien équilibré à la dégustation agréable.
30 euros

Domaine Stéphane Ogier, Les Vieilles Vignes de Jacques Vernay 2018
92
Bouche dense au fruité jaune frais, note de miel fin, élégant et agréable, finale en pureté, acidité filante.
75 euros

Domaine Christophe Pichon Père & Fils, Caresse 2019
91
Un fruité jaune puissant et qui reste frais, bouche ronde et gourmande, finale aux saveurs beurrées et au toucher gras, style richement élevé qui a son style et son charme.
55 euros

Domaine Christophe Pichon Père & Fils, Roche Coulante 2019
93
Une bouche d'agréable finesse, élancée et au fruité jaune pur, belle lecture du terroir dans ce vin minéral qui glisse dans la gorge.
39 euros

Domaine Georges Vernay, Les Chaillées de l'Enfer 2019
97
De la densité de matière et une texture qui indique une belle concentration dans le jus, beaucoup de finesse et d'élégance dans ce jus délié et vibrant, qui persiste intensément. Il goûte déjà bien et évoluera favorablement en bouteille.
75 euros

Domaine Georges Vernay, Les Terrasses de l'Empire 2019
93
Francs parfums de fruits blancs frais, bouche élégante et caressante. Pur une « entrée » de gamme on vise déjà haut, conformément aux standards du domaine. La finale salivante offre une agréable persistance citronnée.
52 euros

Vidal-Fleury, condrieu 2017
88
Parfums de fruits jaunes, une légère évolution aromatique mais c'est l'un des vins les plus âgés de notre dégustation, bouche agréable même si la finale offre une perception de l'alcool un peu marquée.
33 euros

Domaine Pierre-Jean Villa, Jardin Suspendu 2019
94
Agréables notes florales qui évitent le piège de l'excès de fruité abricoté dans les arômes, bouche offrant une belle emprise minérale, très réussi mais peut-être sans la magnifique finale de certains millésimes récents.
48 euros

Domaine François Villard, DePoncins 2019
96
Plus en retenue et moins en fruits que grand-vallon, mais plus en tension et en pureté de bouche, un toucher d'une rare élégance pour un condrieu de grand raffinement. Belle persistance.
43 euros

Domaine François Villard, Le Grand Vallon 2019
93
Très beaux parfums de fruits à chair blanche, élégants et gourmands, la bouche pulpeuse est une invitation au plaisir, dans un millésime qui joue dans le même sens.
39 euros

Les Vins de Vienne, Lieu-dit Jeanraude 2019
90
Un meilleur équilibre que le condrieu amphore-d'argent, pour une finale plus en finesse et en fraîcheur.
43 euros

GUILLAUME PUZO

CALON SÉGUR
SAINT-ESTÈPHE
Grand Cru Classé en 1855
CHÂTEAU
Calon Ségur
SAINT-ESTÈPHE
2014
GRAND CRU CLASSÉ EN 1855
L'ABUS D'ALCOOL EST DANGEREUX POUR LA SANTÉ, À CONSOMMER AVEC MODÉRATION.

LE LUBÉRON A SON DESTIN EN MAIN

IL Y A QUARANTE ANS, QUI POUVAIT SITUER CETTE RÉGION SUR LA CARTE DE LA FRANCE VITICOLE ? LA NOTORIÉTÉ TOURISTIQUE DE CES MONTAGNES AU CŒUR DE LA PROVENCE A POPULARISÉ L'ENDROIT. LES VINS ONT FAIT PARLER D'EUX. LE NOUVEAU CHANTIER ? LA RECONNAISSANCE DU CONSOMMATEUR

PAR **FRÉDÉRIC BLANC**

UN PEU DE GÉOGRAPHIE

Avant d'être une appellation, le Luberon est d'abord ce massif montagneux en plein cœur de la Provence dont le Mourre Nègre constitue le sommet (1 125 mètres d'altitude). L'appellation couvre seulement 36 communes, toutes situées dans le Vaucluse, ce qui ne correspond qu'à une petite partie du parc naturel régional du Luberon (77 communes). Ainsi, des communes des monts de Vaucluse comme Gordes, Roussillon ou Rustrel font partie du parc naturel et pas de l'aire d'appellation luberon, mais de celle de l'AOC ventoux. Pour simplifier, l'appellation est délimitée au nord par le Calavon, rivière qui coule le long de la départementale D900 ; au sud, par la Durance ; à l'est, par les communes à proximité de Cavaillon (Robion, Cheval-Blanc) ; à l'ouest enfin par la limite du département (Mirabeau, Beaumont-Sur-Pertuis). Pour passer d'un versant à l'autre de ce relief, il faut soit le contourner, soit le traverser entre Bonnieux et Lourmarin par la D943, dite « route de la combe », incontestablement l'une des plus belles routes de France.

Un village sur son promontoire, le ciel bleu, le grand Lubéron derrière. On comprend pourquoi le secteur attire autant de touristes.

CHRISTOPHE GRILHÉ

Même paysage, entre chien et loup.

DAVID BOUSCARLE

UN TERROIR LONGTEMPS SOUS-ESTIMÉ

Née en 1988, et initialement nommée côtes-du-luberon, l'appellation s'inscrit dans une histoire qui remonte à plus de 2 000 ans, comme de nombreux vignobles rhodaniens. Entre 200 et 500 mètres d'altitude, la vigne trouve sa place aussi bien sur le versant nord (Ménerbes, Bonnieux, Apt, etc.) que sur le versant sud (Puget, Lourmarin, Cucuron, Mirabeau, etc.) en s'intégrant dans une polyculture ancestrale qui mêle cerisiers, oliviers, chênes truffiers ou lavandin. Essentiellement composés de calcaires, de safres, de marnes et de molasse, les sols constituent – avec le climat méditerranéen "raisonné" par l'altitude – un qualitatif écrin pour élaborer des vins certes méridionaux (320 jours d'ensoleillement par an), mais capables de conserver de la fraîcheur et d'éviter le côté massif que l'on peut reprocher à certains vins sudistes. L'été, l'amplitude thermique entre le jour et la nuit est bien plus importante que dans les autres appellations du sud de la vallée du Rhône et de la Provence : entre 15 et 16 °C quand elle n'est que de 10 °C à Châteauneuf-du-Pape. Malgré l'apparence aride de certains terroirs, un vaste réseau hydrologique naturel permet d'éviter le blocage des maturités pendant la véraison.

LE ROSÉ PREND LE DESSUS

Avec ces terroirs et ce rapport entre ensoleillement et altitude, le vignoble est favorable aux blancs vifs et frais et aux rouges fruités. La demande touristique, entre autres, tend à porter l'appellation vers une production conséquente de vins rosés (59 % de la production totale en 2019), en concurrence directe avec ceux produits de l'autre côté de la Durance. Un problème, selon notre point de vue, qui n'aide pas la définition identitaire de l'appellation. Cette dernière autorise la plupart des cépages que l'on trouve dans le Rhône méridional. En blanc, bourboulenc, clairette, grenache blanc, marsanne, roussanne, vermentino, ugni blanc et viognier. Pour les vins rouges, le cahier des charges admet les cépages grenache, mourvèdre, syrah, carignan, cinsault et marselan. Chez certains vignerons, on trouve des parcelles d'autres cépages, par exemple le pinot noir, qui restent autorisés sous réserve d'avoir été plantés avant le décret de 1988. Les vins produits, rouges, rosés ou blancs, sont exclusivement tranquilles. Comme dans d'autres appellations rhodaniennes, le cahier des charges autorise l'ajout de cépages blancs dans les rouges (10 % maximum) et dans les rosés (20 % maximum). Cette variété des cépages, associée à l'influence alpine sur le climat provençal, permet de construire des vins équilibrés qui s'accordent avec la cuisine régionale.

TROIS COULEURS ET BIEN DES ACCORDS

Vifs et élégants, les blancs ont un profil aromatique sur les agrumes, les fruits blancs et les fleurs blanches. Si beaucoup sont très agréables à l'apéritif, d'autres plus travaillés accompagnent à merveille la gastronomie provençale ou encore les délicieux fromages de chèvres locaux. Malheureusement, les blancs représentent toujours moins de 20 % de la production alors que les terroirs et le climat leur sont plutôt favorables. On peut souhaiter qu'un rééquilibrage se fasse en faveur de cette couleur à même de favoriser un lien avec une typicité régionale dans l'esprit du consommateur. Issus en majorité de pressurage, les rosés s'apprécient aussi à l'apéritif. Souvent plus colorés que ceux de Provence, ils offrent des aromatiques de fruits rouges, parfois plus exotiques en fonction de la proportion de cépages blancs dans l'assemblage final. Quelques rares vignerons produisent des rosés de saignée, pourtant parfaits pour des accords avec des cuisines exotiques et épicées. Les rouges issus de grenache, c'est la majorité, sont plus fruités et gourmands que ceux issus de syrah dans lesquels on retrouve le côté poivré et la sève de ce grand cépage du Rhône-nord. Les uns comme les autres restent frais et peuvent être conservés entre cinq et dix ans.

UN VIVIER DE BONNES AFFAIRES

La production se répartit entre propriétés et caves coopératives plus ou moins grandes. L'identité des domaines est très variable, allant de producteurs installés depuis plusieurs générations à de plus récents propriétaires fortunés qui investissent dans des chais ultramodernes et des caveaux de dégustation luxueux. Les vins sont en général vendus à un prix très raisonnable avec des entrées de gamme à moins de dix euros et des cœurs de gamme aux alentours de quinze. Ces tarifs contenus permettent de consommer ces vins sur table à des prix très raisonnables eu égard à leur qualité. Les ventes sont en grande partie réalisées dans la région, ce qui prive l'appellation d'une notoriété nationale qu'elle mérite pourtant, dans les trois couleurs. Le dynamisme des nouveaux arrivants comme celui des producteurs plus installés devraient permettre une diffusion plus large de ces vins provençaux qui méritent qu'on s'y intéresse de près.

LUBERON, LE CARNET DE NOTES

Rouge, blanc, rosé, le Lubéron sait tout faire et il le fait de mieux en mieux. Ces quelques vins témoignent des progrès de la région et des ambitions de certains. On peut être sûr qu'ils ne s'arrêteront pas là. *DÉGUSTATION* ***FRÉDÉRIC BLANC***

Domaine La Cavale, Petite Cavale 2020, rosé
90
Gourmand, soutenu par une belle acidité, il est rond, gras et précis en bouche, résultat d'une vinification appliquée.
12,50 euros

Domaine de la Citadelle, Le Gouverneur Saint-Auban 2019, rouge
90
Nez intense de fruits noirs, bouche suave et fraiche, finale délicatement épicée. Un vin de gastronomie construit pour la garde.
26 euros

Domaine de la Citadelle, Les Artèmes 2019, blanc
90
Soutenu par une belle acidité, nez sur les fruits blancs et l'aubépine, la bouche est ronde et la finale saline invite à se resservir.
13,90 euros

Château de Clapier, Cuvée Soprano 2018, blanc
90
Ses arômes de caramel, de grillé et de biscotte et son côté légèrement oxydatif en font un excellent blanc de gastronomie.
13,5 euros

Bastide du Claux, Barraban 2019, blanc
92
Nez fin et élégant, le gras et la rondeur se développent en bouche. Superbe vin de gastronomie.
Prix NC

Bastide du Claux, Capriers 2018, rouge
92
Nez racé et aromatique de grande élégance, concentré en bouche et néanmoins digeste.
Prix NC

Bastide du Claux, L'Odalisque 2019, blanc
90
Elégant et fin au nez, plutôt charnu et gras en bouche, on l'appréciera pleinement à table.
Prix NC

Dauvergne-Ranvier, Vin Gourmand 2020, blanc
90
Vif et frais, nez de fruits blancs et d'agrumes, finale ronde. Il porte bien son nom.
Prix NC

Domaine de Fontenille, Cuvée Fontenille 2020, blanc
90
Floral au nez, soutenu par une belle acidité et une finale saline. Conviendra autant à l'apéritif qu'au cours d'un repas.
Prix NC

Château Fontvert, Le Collet 2017, rouge
94
Cette sélection parcellaire de syrah de plus de 50 ans élevée pendant 16 mois offre un vin complexe, onctueux, aux tannins délicats.
25 euros

Château Fontvert, Le Mourre Blanc 2019, blanc
90
100 % vermentino. Le nez exotique et les notes de fleurs blanches laissent place à une bouche grasse et ronde et une finale longue. Superbe réussite.
22 euros

Domaine de la Garelle, Cuvée du Solstice 2018, blanc
91
Typé vermentino avec un nez exotique, une bouche vive et une finale délicatement vanillée. En apéritif ou au cours du repas.
10,30 euros

Marrenon Vignobles, Doria 2019, blanc
90
Nez concentré, bouche suave et ronde sur les fruits jaunes bien équilibrée par l'acidité. À l'apéritif ou au cours du repas.
8,35 euros

Marrenon Vignobles, Gardarèm 2017, rouge
92
Cuvée haut de gamme de maison, un vin concentré et élégant, des tannins mûrs, un grand équilibre et une finale épicée. Grande réussite.
32 euros

Marrenon Vignobles, Grand Marrenon 2019, blanc
92
Nez floral et de fruits jaunes, la bouche grasse est équilibrée par une belle acidité rendant le vin gourmand et digeste.
9,95 euros

Domaine de Maslauris, L'Inopiné 2019, rouge
92
La serine donne à ce vin des notes de fruits noirs et de poivre. En bouche, il se révèle rond et suave avec des tannins ultra fins. Il s'accordera à merveille avec les viandes rouges.
17 euros

Domaine de Maslauris, Les Grès 2018, rouge
92
Sublime cuvée issue de mourvèdres récoltés mi-octobre qui déploie des notes de fruits mûrs mais pas confiturées grâce au soutien acide de l'ensemble. Tannins délicats. À ne louper sous aucun prétexte.
32 euros

Château de Mille, Célestine 2019, rouge
90
Assemblage de 70 % de grenache et 30 % de syrah pour cette cuvée soutenue par une belle acidité. Bouche fraîche et excellente qualité de tannins.
20 euros

Domaine Le Novi, Amo Blanco 2018, blanc
90
Fin et précis avec la note agrume typique du vermentino et une finale saline qui nous dicte d'y revenir.
12,80 euros

Domaine Le Novi, Les Soucas 2018, blanc
90
La texture apportée par la clairette équilibre pleinement la rondeur apportée par la roussanne : beaucoup de gras et longue finale.
17 euros

Domaine des Peyre, Le Scoop 2019, blanc
90
Vin droit, rond en bouche et dans sa plénitude. Excellent vin de gastronomie.
16 euros

Domaine Ruffinato, L'Infante 2020, blanc
90
Les veilles vignes de plus de 50 ans démontrent ici leur potentiel. La fermentation en bois apporte le gras et la rondeur à cette cuvée de gastronomie.
Prix NC

Château La Sable, Le petit M 2019, blanc
91
Vin vif et tendu reflétant une belle maturité des raisins, beau volume en bouche et finale longue. Belle réussite.
11 euros

Château Turcan 2020, rosé
90
Un rosé concentré, agréablement fruité, vif et gourmand avec une finale saline.
Prix NC

Château Val Joanis, Tradition 2019, rouge
90
Un vin élégant et concentré avec une bouche soyeuse sur les fruits rouges et les épices et une finale réglissée.
9,20 euros

Château La Verrerie, Grand Deffand 2017, rouge
94
Issu à 97 % de syrah, le nez est opulent mais la bouche reste fraîche et équilibrée sur les fruits mûrs et les épices. C'est le résultat d'un élevage long et soigné.
34 euros

Château La Verrerie, Grand Deffand 2020, rosé
92
Un vrai rosé de gastronomie obtenu par saignée puis élevage long sur lies. Résultat ? Des fruits, de la concentration, des épices. À garder quelques années.
21 euros

Château La Verrerie, Hautes Collines 2017, rouge
92
Nez typé par le grenache, bouche sur la garrigue, tannins ultra fins et finale réglissée. Un délice.
16,50 euros

ANTOINE PÉTRUS, CHÂTEAUNEUF-DU-PAPE DANS LA PEAU

APRÈS UNE BRILLANTE CARRIÈRE PARISIENNE, CE DÉGUSTATEUR AVERTI REDONNE TOUT SON LUSTRE D'ANTAN AU RESTAURANT *LA MÈRE GERMAINE*. ENTRE DEUX SERVICES, IL RACONTE POURQUOI IL AIME L'APPELLATION

PROPOS RECUEILLIS PAR **LOUIS-VICTOR CHARVET**

Antoine, on a l'impression que l'appellation a beaucoup changé cette dernière décennie.
Il y a eu un déclic. Les producteurs se sont rendu compte qu'ils pouvaient faire des vins issus de raisins mûrs, en prônant l'infusion plutôt que l'extraction, ce qui permet d'avoir des matières en bouche suaves et déliées. Ce renversement permet de produire des vins qui vont vers plus de finesse et d'élégance, loin des vins musculeux d'une certaine époque.

Une époque que l'on peut qualifier d'excessive ?
C'est un style qui apparaît à la fin des années 1980, au moment où la plupart des producteurs se mettent à érafler la vendange. En plus de perdre les bienfaits de la rafle, une série de millésimes chauds conduit les degrés d'alcool à augmenter, les vins perdent en nuances. Aujourd'hui, on revient vers un style de vins qui s'appuie sur le raffinement. Les figures de proue de l'appellation qui ont émergé l'ont parfaitement compris, cherchant à faire des vins moins colorés, délicats, construits autour d'un grenache mûr.

On reproche souvent à Robert Parker d'avoir converti l'appellation à ce style massif.
Robert Parker n'a jamais forcé un seul vigneron à utiliser du bois neuf. Ce sont les vignerons de l'époque qui l'ont suivi. Lui avait un goût que je ne critique pas parce que je respecte beaucoup l'homme. Un vigneron doit faire ses propres choix, décider par lui-même. La jeune génération réussit à concilier puissance et finesse. La puissance n'est pas liée à la concentration des raisins ni à une extraction soutenue. Ce qui compte, c'est la maturité du raisin. Quand il est mûr, pas besoin de l'escorter en cave par du bois neuf.

C'est en fait un retour à ce qui se faisait autrefois ?
Il faut déguster les vins des années 1930 à 1960. Les vins d'alors ressemblaient beaucoup aux vins d'aujourd'hui. Les dates de vendanges étaient plus tardives, les élevages s'effectuaient dans des contenants larges, l'utilisation des foudres permettait d'avoir des boisés nuancés et discrets. Bref, les anciens ne se trompaient pas. C'est un retour en arrière vers une forme de classicisme stylistique. C'est une bonne chose.

Ce renouveau est-il du à une meilleure connaissance des terroirs ?
Il faut garder à l'esprit que le châteauneuf-du-pape est un vin d'assemblage. Cette diversité de provenances lui donne sa complexité. Dans tous les cas, l'identification des parcelles est intéressante et il y a quelques essais de cuvées parcellaires, mais il y a toujours eu de grands terroirs identifiés comme ceux du plateau de la Crau. Aujourd'hui, on prend conscience qu'on peut faire des vins de qualité aussi bien sur des sables que sur les terroirs du nord, surtout si la vigne est travaillée. La viticulture châteauneuvoise a beaucoup changé, dans le bon sens.

Cela se traduit comment dans les vignes ?
La question des pratiques culturales est essentielle. Les vignerons ont envie d'expérimenter. Certains regardent du côté des cépages un peu oubliés, comme la counoise, le cinsault, le muscardin, le picardan, etc. Le grenache est aussi mieux compris, mieux maîtrisé. Le changement climatique lui est plutôt bénéfique. On a compris qu'il fallait attendre pour ne pas le vendanger en sous maturité, même si ça demande du sang-froid et de la prudence.

Alors, les standards d'un grand châteauneuf, c'est quoi ?
Sans hésiter, son allonge et sa longueur. Pour moi, parmi les grands vins de France, il est potentiellement le plus persistant en bouche. Sur la couleur des vins, on va vers moins d'intensité colorante. Sur le plan des arômes, le nez du grand châteauneuf doit être immédiatement nuancé, floral, avec des notes d'encens, une diversité de parfums qui va vers la framboise, la fraise écrasée, en prenant des notes complexes en vieillissant.

Et en bouche ?
J'accorde de l'importance à la suavité. Même quand on fait des vins concentrés, avec des tannins mûrs, on peut avoir un ensemble tendre, avec une prédominance de l'umami, cette cinquième saveur qu'on évoque beaucoup en Asie et qu'on délaisse malheureusement en France. Cette combinaison entre amertume, acidité et légère sucrosité permet d'atteindre une forme de plénitude.
Comme la proportion de la syrah diminue dans les assemblages, les vins ont moins besoin de bois neuf et sont appréciables plus jeunes. Est-ce qu'il faut forcément attendre ? C'est comme pour les accords

MATHIEU GARÇON, PRESSE

Les fameux galets de Châteauneuf-du-Pape constituent l'un des terroirs les plus estimés de l'appellation.

mets et vins. La vérité, c'est celle du client. Personnellement, je pense que châteauneuf est la seule appellation en France qui peut aussi bien vieillir dans les deux couleurs qu'elle produit. Après une vingtaine d'années en cave, c'est souvent grandiose.

Pour le consommateur, les blancs sont parfois moins faciles à comprendre.

Je suis convaincu qu'il faut continuer à faire des blancs de chair, consistants et sans lourdeur, élevés intelligemment. Ce sont des vins de gastronomie, séveux comme peuvent l'être les meilleurs hermitages blancs. La clairette doit y jouer un rôle essentiel. Elle apporte de la texture et de l'ampleur tout en conservant une amertume rafraîchissante.

Avec ce nouveau style, l'image doit maintenant évoluer. L'effort est timide ?

C'est d'abord aux vignerons de défendre leur vin. Après, les sommeliers, les cavistes et la presse spécialisée doivent faire attention au vocabulaire employé pour le décrire. Il faut arrêter d'écrire que ce sont des vins massifs et puissants. Cette sémantique n'a pas beaucoup de signification. Il faut expliquer cette rondeur, cette suavité. Concernant le degré d'alcool, souvent incriminé, je ne suis pas sûr qu'un dégustateur, même averti, puisse différencier à l'aveugle un vin entre 14° et 15°. C'est une question d'harmonie.

On voit que la nouvelle génération s'approprie l'héritage de l'appellation tout en le remettant en question.

Il y a du mouvement. Tant mieux. L'avenir de l'appellation appartient à des gens comme Julien Barrot (Domaine de la Barroche), Yannick Féraud (Domaine Eddie Feraud), Florent Lançon (Domaine de la Solitude), Victor Coulon (Domaine de Beaurenard), Caroline et Véronique Maret (Domaine de la Charbonnière), Vincent Estevenin (Domaine de Marcoux). Tous ces gens sont très ouverts dans leur approche et proposent des vins qui vont vers la finesse.

CHÂTEAUNEAU-DU-PAPE, LE CARNET DE NOTES

En rouge, l'appellation semble avoir un millésime 2019 parmi les plus accomplis de ces dernières années. À garder en cave, cinq à dix ans pour certains, plus de dix ans pour d'autres, ils sont la promesse d'une grande émotion à venir. Le plus dur sera de les attendre. *DÉGUSTATION* ***LOUIS-VICTOR CHARVET*** *ET* ***THIERRY DESSEAUVE*** *AVEC* ***ANTOINE PÉTRUS***

ROUGES

Domaine du Banneret 2019
91
Marqué par sa vendange entière et son fruit frais, bien construit, avec beaucoup de classe, c'est un vin agréable et frais, qui repose sur la finesse de son tannin.
Prix NC

Domaine La Barroche, Pure 2019
95
Jamais cette cuvée n'aura aussi bien porté son nom. C'est de la dentelle, où l'intensité aromatique d'un fruit superbement respecté cède la place à une longueur sans rudesse et à un velouté de tannin harmonieux. Quel style !
Prix NC

Domaine La Barroche 2019
93
Délicat et profond, enveloppant, remarquable par sa chair soyeuse, sa persistance fruitée et son équilibre. Il a tout ce qu'on demande à un vin de ce niveau de prix, avec la signature stylistique du vinificateur en plus.
Prix NC

Domaine La Barroche, Fiancée 2019
93
Jeunes syrahs et vieux grenaches donnent un cocktail à la fois dynamique et velouté. Quelques années de cave permettront de marier encore mieux ces deux fortes personnalités.
Prix NC

Domaine Barville 2018
92
Un vin de facture classique, bien fait, agréable et équilibré, bien porté par une palette aromatique sur les épices. Il plaira à l'amateur par son bouche etoffé et pleine.
51 euros

Château de Beaucastel 2018
98
L'un des sommets de notre dégustation, fidèle à son style et à la hauteur de sa réputation, monumental en bouche par sa texture et son corps corsé et épicé, beaucoup de mesure dans sa puissance et sa finesse de parfum toujours aussi spectaculaire.
83 euros

Domaine de Beaurenard 2019
92
Cuvée des treize cépages, issue de vieilles vignes, corps plein avec beaucoup de puissance et de longueur. Il est aujourd'hui marqué par son bois, mais pas de panique, l'ensemble se fondera et gagnera en équilibre.
37 euros

Domaine de Beaurenard, Boisrenard 2019
94
Une cuvée classique facile d'approche, sans rien de démonstratif, qui cherche à séduire par son fruit savoureux. Bouche dense et glissante vers une finale de caractère. Un vin tout en relief.
59 euros

Domaine André Brunel, Les Cailloux 2018
93
Une référence pour l'appellation, à ce niveau de prix et de gamme. Son côté juteux ne manque jamais de profondeur. Un ensemble accessible, capable de polyvalence dans les accords, qui conviendra au plus grand nombre.
35 euros

Domaine Chante Cigale, Vieilles Vignes 2019
90
Belle robe colorée, le nez offre des notes fraîches de laurier, complexifié par quelques touches d'épices qui prennent le dessus en bouche. De bonne longueur, on l'attendra cinq ans.
45 euros

Domaine Chante Cigale, Pi 2019
95
Belle robe d'un carmin pur, senteurs raffinées de cerise noire et de liqueur, grand raffinement de texture, allonge et pureté en finale. Grand vin.
50 euros

M. Chapoutier, Croix de Bois 2017
95
Il donnera un maximum de plaisir, par sa bouche charnue, son fruit juteux et gouleyant, son tannin délié et son équilibre exemplaire.
94 euros

M. Chapoutier, Pie VI 2017
96
Grand parfum capiteux et envoutant, entre fruits noirs à maturité idéale et notes boisées irrésistibles. C'est en bouche qu'il impressionne par sa texture crémeuse et par son velouté de tannins. Ensemble de grande classe.
39,90 euros

Clos des Papes 2019
99
Absolument grandiose. On manque de mots pour décrire l'évidence de son harmonie. Entre sa crémosité presque parfaite, la force son fruit, l'excellence de son velouté de tannin, tout est parfaitement en place. Avec dix ans de garde, il pourrait nous tirer quelques larmes. Quelle émotion. Frisson garanti.
65 euros

Le Clos du Caillou, Les Quartz 2019
93
Cette cuvée illustre à merveille le renouveau stylistique du domaine, vers plus de modernité et d'accessibilité, sans rien renier de richesse et de puissance. Elevage superbe, vin spectaculaire.
55 euros

Le Clos du Caillou, La Réserve 2019
93
Issu d'un terroir sableux, on apprécie sa richesse, son intensité et la profondeur donné par le terroir à un ensemble fruité de superbe qualité. Il va gagner encore en nuances et deviendra superbe, d'ici cinq à dix ans.
98 euros

Clos Saint Jean, Deux Ex-Machina 2019
94
Parmi les trois vins présentés par le domaine, c'est celui qui présente le plus de naturel et d'élégance, porté par un fruit infusé et souple, un peu plus racé et lié à son terroir. L'ensemble vieillira avec beaucoup de classe.
Prix NC

Clos Saint Jean, La Combe des Fous 2019
92
Voilà un vin qui ne manque pas de personnalité, original dans ses arômes et dans sa construction. Le tannin est toujours d'aussi bonne facture.
Prix NC

Newrhône Millésimes - Romain Duvernay, Grenache - Syrah - Mourvèdre 2019
90
Un peu fermé le jour de notre dégustation, plus en structure et encore un peu massif, il impressionne par sa sève et l'amplitude de sa matière. Taillé pour la longue garde. On l'oubliera au moins dix ans en cave.
Prix NC

Domaine Féraud et Fils 2018
95
Pas le plus simple à comprendre et à apprécier en vin jeune, il aura besoin de temps dans le verre pour donner la pleine mesure de son style. Frais et pur, avec cette élégance naturelle remarquable. Un vin d'esthète, haute-couture.
48 euros

Domaine Féraud et Fils 2019
96
Magnifique d'énergie, de corps, de texture, de finesse de tannin, superbe parfum encore plus fin qu'en 2018, aujourd'hui refermé. L'avenir lui appartient.
Prix NC

Château des Fines Roches, Cuvée des Fines roches 2019
94
Superbe de délicatesse et de raffinement, voilà une cuvée qui affirme sa grande personnalité, entre fraîcheur éclatante et pureté incomparable dans le tannin. Il nous impressionne.
Prix NC

Château de la Font du Loup, Puy Rolland 2019
90
Robe claire, nez sur le fruit à noyau, attaque souple et chaleureuse, matière sans lourdeur. Les tannins sont délicats, suaves et enveloppants. De la persistance aromatique en finale et de la profondeur.
40 euros

Château Fortia, Cuvée du Baron 2017
91
Harmonieux et sans épate, tout à fait dans le style du domaine qui cherche à faire des vins lisibles. Les notes de fleurs sèches et d'épices douces apportent un caractère original et raffiné. Une belle surprise.
32,90 euros

Château Fortia, Réserve 2017
93
Un peu moins d'élégance immédiate dans ce parcellaire par rapport à piedlong. Son caractère franc et un peu monolithique, dominé par les notes épicées et animales (cuir) invitent à l'attendre. Ce vin de grand style sera splendide.
46 euros

Château de la Gardine, Tradition 2018
93
Dans un registre floral et tendre, encore un peu marqué en bouche par son élevage, sa matière racée prendra du temps pour se mettre en place et libérer son charme aromatique. Grand potentiel de garde.
36 euros

Château de la Gardine, L'Immortelle 2018
94
Sommet absolu dans la cave, dans un style où la puissance et l'intensité des fruits noirs mûrs dominent l'ensemble. Matière immense, il n'a jamais aussi bien porté son nom.
110 euros

E. Guigal, châteauneuf-du-pape 2017
94
Nez d'élevage « guigalien » qui permet à un tannin parfaitement mûr et caressant d'évoluer en bouche avec une élégance toujours naturelle. L'ensemble dégage une impression de plénitude. Valeur sûre.
28 euros

Château Jas de Bressy 2019
89
Onctueux, riche et ample, encore marqué par son bois neuf et dans un style classique, sur la puissance.
30 euros

Domaine de La Janasse, Vieilles Vignes 2019
94
Vin de bistronomie riche en bouche, sur les épices et le poivre fin, confortable et généreux. Rapport qualité prix intéressant.
76 euros

Château La Nerthe 2019
95
Grand coup de nez sur les épices et le fruit noirs mûrs, juteux et suave en bouche, tannins extraits de manière presque parfaite. Tout est grand dans ce vin. Décidément, la propriété a atteint des sommets dans ce millésime qui va si bien au style recherché.
Prix NC

Château La Nerthe, Cuvée des Cadettes 2019
96
Le cru impressionne sur sa cuvée phare par la gestion de l'élevage, proche de la perfection sur ce millésime, voilà un vin où le fruit pulpeux livre un combat de grande classe avec un boisé d'une noblesse inédite.
Prix NC

Lavau 2019
89
Plutôt fin et bien constitué, oscillant entre une pointe de raideur dans le fruit et un joli équilibre en bouche, grasse et caressante. Un joli vin de safres.
23 euros

Domaine de Marcoux 2019
96
Quelle impression d'élégance et de complexité immédiate, il est exactement dans ce style vers lequel l'appellation doit tendre pour ses cuvées « classiques », entre fraîcheur et harmonie. Une référence.
44 euros

Domaine de Marcoux, Vieilles Vignes 2019
98
Dans un style un peu en marge parmi les vins de l'appellation, qui met en avant la souplesse des tannins et une sorte de jutosité extrême. Des nuances aromatiques, de l'élégance, de la fraîcheur, les vieilles vignes de Marcoux s'expriment ici avec style. Grande impression.
105 euros

Domaine Mas Saint-Louis, Les Arpents des Contrebandiers 2018
95
Nez éclatant, jouant aussi bien le registre des petits fruits rouges frais que celui des fruits noirs plus juteux. Lisible, pur et frais, sans élevage marqué. Digeste, il aura du succès à table.
39 euros

Château Maucoil, Tradition 2019
91
Ensemble de bonne facture, on sent tout le soin apporté au fruit et la vigilance pour conserver, au moment de l'extraction, un maximum d'énergie. Aucune mollesse, c'est bon.
27,50 euros

Clos du Mont-Olivet 2019
94
Du corps, de la texture, de la fraîcheur, du velouté dans le tannin, de la longueur et ce rebond final étincelant. Copie magistrale. À ce prix, on achète tout ce qu'on peut.
29 euros

Clos du Mont-Olivet, La Cuvée du Papet 2019
97
Certainement pas le plus expressif, en aucun cas le plus démonstratif, mais superbe par sa force brute, par son élan et par sa mesure en toute chose, nez ou bouche. Ce seigneur en impose.
50 euros

Château Mont-Redon, Le Plateau de Mont-Redon 2017
96
Palette aromatique florale immédiatement perceptible, presque déjà sur les notes de pot-pourri si recherchées, grande distinction et caractère racé du tannin. Magnifique.
125,90 euros

Château Mont-Redon 2019
92
Facture plutôt classique, l'ensemble est construit avec beaucoup d'intelligence, extraction dosée, élevage parcimonieux. Le caractère séveux prend le dessus, c'est superbe.
40,20 euros

Domaine de la Mordorée, Dame Voyageuse 2019
95
Tout en rondeur, en équilibre et en maîtrise, voilà un vin qui donne des jalons pour toute l'appellation. Synthèse idéale entre une construction racée capable de bien évoluer et un charme immédiat qui le rend déjà accessible.
34 euros

Domaine de la Mordorée, La Reine des Bois 2019
94
On aime son déroulé serré en bouche, entre intensité fruitée et puissance civilisée. Beaucoup de charme et une élégance un peu à part. On recommande les yeux fermés.
48,50 euros

Château de Nalys 2017
96
Tout en verticalité, parfaitement étiré par une trame fraîche et une énergie perceptible. Les notes de fruits à noyau au nez laissent place en bouche à des touches poivrées superbes. Beaucoup de sève. C'est remarquable.
54 euros

Domaine l'Or de Line, Cuvée Paule Courtil 2019
93
Coloré et profond, on se régale de son aromatique entre notes de sauge et fleurs séchées. Allonge onctueuse en bouche, de l'équilibre sans lourdeur, de la persistance et de l'intensité. Vraiment intéressant.
47 euros

Domaine l'Or de Line, Adoption 2019
91
Robe profonde, vin puissant, intense, entre poivre et épices avec un boisé un peu insistant, charpenté et intense. À attendre absolument au moins cinq ans.
Prix NC

Clos de l'Oratoire des Papes 2019
90
Que de progrès accomplis par la propriété ces derniers millésimes. Plus de fond, plus de maîtrise de l'extraction et de respect de la maturité du raisin, il enchante par sa finesse de tannin et ce côté plaisant. Le vin idéal pour une cuisine bistronomique.
40 euros

Pignan 2019
98
La haute concentration influe peu sur pignan. L'infusion prime et seul le caractère olfactif suffirait à se délecter. Entre finesse du toucher et suavité délicate, au palais il charme d'emblée par puissance sous-jacente, typique de 2019. Il se montre en filigrane.
Prix NC

Château Rayas 2019
100
Un rayas en fond et en forme comme on le rencontre uniquement sur les grands millésimes. Senteur fine de kirsch, grande nuance de style au nez, identité affirmée. La sensation tactile déploie une forme de plénitude de premier ordre, le tannin est enveloppé dans une chair pleine, au toucher exquis. La patience récompensera le passionné du Château car la diversité des parfums naitra dans le temps.
Prix NC

Clos Saint Patrice 2018
92
Caractère épicé dominé par de jolies notes de fleurs séchées, un vin agréable avec une jolie trame fraîche et un fruité bien préservé.
Prix NC

Clos Saint-Antonin, Tradition 2019
92
Corps gras et fruit noirs mûrs, on retrouve plus de fraîcheur en fin de bouche. Un classique de l'appellation, avec une matière respectée et un tannin fin. L'ensemble pourrait encore gagner en nuances.
33 euros

Domaine de la Solitude, Vin de la Solitude 2019
98
C'est l'archétype idéal du châteauneuf, réunissant sous la même bannière une complexité spectaculaire et une matière énorme, parfaitement extraite. L'ensemble est immédiatement harmonieux. C'est grand.
Prix NC

Domaine de la Solitude, Tradition 2019
93
À peu près dans la même trame que le syrah-grenache avec un peu plus d›enrobé et de sucrosité qui lui donne un côté charmeur.
28 euros

Domaine de la Solitude, Barberini 2018
94
Peut-être la cuvée la plus classique du domaine. Elle répond à des codes esthétiques plus consensuels, un peu éloignés des standards actuels, plus à même de répondre aux envies d'une clientèle internationale. Large, massif, chaleureux. À attendre cinq ou dix pour que l'ensemble se rééquilibre.
45 euros

Domaine de la Solitude, Cornelia Constanza 2018
96
Dans un esprit « crème de grenache », on remarque la grande maturité de fruit, la largeur et l'amplitude en bouche. Grand et complet, manquant peut-être d'une colonne vertébrale un peu plus saillante.
82 euros

Domaine de La Sousto 2017
89
Aromatique aujourd'hui corsetée par la réduction du mourvèdre. Notes animales de cuir et de fruits très noirs. L'amateur de gibiers trouvera ici son vin d'accord.
33 euros

Tardieu-Laurent, Cuvée Spéciale 2019
97
Plus d'expression et de parfum que sur la cuvée vieilles-vignes, avec ce tannin glissant qui a profité d'un élevage soutenu mais de qualité. Un classique.
49 euros

Tardieu-Laurent, Vieilles Vignes 2019
97
Nouvelle preuve des prodiges dont la maison est capable en matière d'élevage, dès lors qu'elle a de grands raisins entre les mains. De la précision, de la longueur et ce rebond final qui donne à l'ensemble beaucoup de dynamisme. Un style riche abouti.
49 euros

Domaine Tourbillon, Vieilles Vignes 2018
90
Robe peu soutenue, agréable par son nez floral et matière suave et très ronde. Il plaira au plus grand nombre. Le cru peut encore gagner en équilibre, notamment dans la finale.
32 euros

Domaine Pierre Usseglio, Cuvée de mon aïeul 2019
93
Le châteauneuf classique dans ce qu'il a de meilleur, entre crémosité de bouche et onctuosité, l'ensemble est traversé par beaucoup de sève et porté par une charpente solide qui l'aidera à traverser les dix prochaines années.
63 euros

Château de Vaudieu, L'Amiral G 2019
91
Expression classique de châteauneuf, avec son intensité de fruits noirs mûrs et sa bouche crémeuse à souhait. L'ensemble est de bonne facture et plaira à l'amateur des vins larges et puissants.
85 euros

Domaine de la Vieille Julienne, Les Hauts-Lieux 2017
95
Savoureux, sur les fruits à noyaux, un vin bien équilibré qui constitue aussi un excellent rapport qualité-prix.
75 euros

Domaine de la Vieille Julienne, Réservé 2017
94
Grande onctuosité de matière, maturité de fruit importante, le tour de force était de réussir à conserver un peu de fraîcheur et de raffinement immédiat dans cet ensemble massif. C'est chose faite.
200 euros

Domaine du Vieux Télégraphe, Piedlong 2019
96
Merveilleux de finesse et de fruité aérien, tout l'ensemble préente en plus ce caractère incroyablement digeste qui le place un peu à part dans notre dégustation. C'est superbe. Une bouteille ne suffit pas, il faut acheter des magnums.
50 euros

Domaine du Vieux Télégraphe, Télégramme 2019
96
Ce classique de l'appellation plaira par ses arômes de fruits rouges et noirs mûrs et par la profondeur de son corps. Ensemble satisfaisant, agréable et équilibré.
70 euros

Domaine du Vieux Télégraphe 2019
98
La grande émotion de notre dégustation. Finesse de texture à couper de souffle, matière magnifique, fruit parfaitement mûr, avec cette impression folle d'évidence. L'évidence du grand vin, la tendresse en plus. Un modèle pour tous. Le cru est au sommet de son art.
85 euros

BLANCS

Domaine La Barroche, Pure 2020
96
Une 100 % clairette, dans un style qui rappelle les plus grands vins de Meursault, avec son large fruit, son caractère tendre et enrobant, le tout animé par une énergie considérable. Magnifique. Un vin à déguster au moins une fois dans sa vie.
Prix NC

Domaine Barville 2019
92
Nez expressif qui livre assez facilement sa complexité entre notes d'abricots et agrumes confits, de jolies notes toastées le font évoluer vers un registre assez classique. Belle réussite.
Prix NC

Château de Beaucastel 2019
98
Il a cette classe du grand vin blanc où tout le travail du vinificateur s'est éclipsé sous l'impression de naturel. Magnifique de texture, de longueur et d'éclat final, il mettra du temps pour donner tout son potentiel. Un indispensable de la cave.
80 euros

Domaine de Beaurenard 2020
92
Pas le plus démonstratif, construit autour d'un joli fruit, on apprécie ses notes d'amande fraîche et sa largeur mesurée en bouche. C'est un vin qui ne manque pas de charme immédiat. Bon potentiel.
40 euros

Clos des Papes 2020
96
Aromatique concentrée sur la pêche et les fruits blancs, beaucoup de rondeur en bouche et de puissance, il a besoin de temps dans le verre pour se livrer complètement. On regrette le petit manque de tension finale.
55 euros

Château de la Gardine 2020
93
Tout en rondeur, ce qui lui va bien puisqu'on sent en bouche le côté dense et structuré de ce blanc fait pour la garde. Assez classique dans son style, c'est un vin savoureux.
18 euros

E. Guigal 2019
94
Voilà un vin pensé sur la gourmandise du fruit et qui donnera, grâce à sa bonne aptitude de garde, une définition de l'appellation en blanc dans ce millésime. Bouche confortable et finale sapide.
29 euros

Domaine de La Janasse, châteauneuf-du-pape 2020
97
À ce niveau de prix, c›est l›un des vins les mieux construits du millésime. Il en impose son corps majestueux et tonique comme par sa capacité à tenir la distance même avec quelques degrés supplémentaires dans le verre. Grande réussite.
45 euros

Domaine de La Janasse, Prestige 2020
95
Superbe expression naturelle, rien de maquillé, voilà un blanc épuré et cristallin qui impressionne aussi bien par sa finesse que par sa finale saline de grande classe.
66 euros

Château La Nerthe, Clos de Beauvenir 2020
98
Réalisation magistrale du domaine avec ce vin proche de la perfection, harmonieux, séveux, porté par des notes de miel d'acacia splendides et une complexité florale qui lui donne beaucoup de personnalité. Une référence.
85 euros

Château La Nerthe 2020
94
Un blanc stylé, parfaitement équilibré entre la force de son fruit et une colonne vertébrale parfaitement centrée. Beaucoup d'élégance. Il évoluera parfaitement.
42 euros

Clos du Mont-Olivet 2020
97
Jamais démonstratif, le blanc de Mont-Olivet éblouit par sa force interne et son magnétisme. Rien n'a été forcé, on a gardé beaucoup de jutosité et de tendresse dans le fruit. Le vin le plus sincère de notre dégustation.
29 euros

Château de Nalys 2019
98
Peut-être le meilleur nalys de l'histoire, avec cette définition, cette précision et cette harmonie sans équivalent. L'élevage est sans commune mesure. Une définition du grand châteauneuf blanc, capable de traverser plusieurs décennies. Spectaculaire.
54 euros

Château de Nalys, Saintes Pierres de Nalys 2019
94
Facile d'approche, plus en suavité et en rondeur qu'en tension et en énergie, c'est une introduction idéale aux grands blancs de l'appellation.
29 euros

Château Rayas 2019
99
Toujours l'excellence du duo habituel clairette-grenache. Première structure en acidité comme en amer, un fait rare. Le grenache amène l'enveloppe et ce volume propre au Rayas. Sa salinité se dévoilera dans la mesure, comme souvent Pour le moment, le terroir prend le pas et fige l'ensemble.
Prix NC

Domaine de la Solitude 2020
97
La ligne stylistique des vins rouges du domaine se retrouve dans ce blanc délicat, texturé et charnu. Il s'étire en bouche avec une classe folle. Grand style.
Prix NC

Tardieu-Laurent, Vieilles Vignes 2020
97
Dans un style riche et opulent, on remarque la grande qualité de l'élevage qui lui a donné de la force sans rien lui retirer de son élégance naturelle. Assez monumental.
35 euros

Château de Vaudieu, Clos du Belvédère 2020
93
Voilà un blanc séducteur, élevé intelligemment, sans recherche excessive de gras en bouche. On sent l'intelligence et la précision de la vinification.
50 euros

PRIX-PLAISIR 2021, DES AFFAIRES EN OR

Rendez-vous annuel incontournable, sélectif et redoutable, nous avons créé le concours Prix-Plaisir pour dénicher des pépites dans chaque région. Sélectionnées à l'aveugle par un jury de consommateur, approuvées par nos experts, voici les médailles d'or de l'édition 2021. Deux critères, le prix (moins de 18 euros) et le plaisir.

Amédée, Le Pont de La Coquille Rouge, luberon rouge 2018
Joli nez de fruits rouges et une bouche ample avec une belle matière. Un excellent rapport qualité-prix.
3,90 euros
Où le trouver ? carrefour.fr

Castel Freres Saint Priest, Les Jarlotiers Bio, comtés-rhodaniens rouge 2019
Le nez est gourmand de fruits rouges. C'est long avec une belle matière qui tapisse la bouche.
9,50 euros
Où le trouver ? nantes.atlantique-boissons.fr

Cave de Tain, Les Perdrigolles, saint-péray blanc 2019
Une marsanne assez typique avec une jolie aromatique et une belle fraîcheur amère en bouche. Excellent rapport qualité-prix.
8,60 euros
Où le trouver ? cavedetain.com

Cave de Tain, Premiere Note, IGP collines-rhodaniennes blanc 2020
Beau vin aux saveurs fruitées. En bouche, c'est équilibré, fin et sapide avec une belle longueur. Superbe.
6,35 euros
Où le trouver ? cavedetain.com

Cave de Tain, Selection Granit, crozes-hermitage rouge 2020
Agréable nez de fruits rouges. La bouche est fruitée et élogieuse. Un joli vin que l'on ouvrira entre copains.
9,95 euros
Où le trouver ? cavedetain.com

Cave La Vinsobraise, Emeraude, vinsobres rouge 2018
Beau vin, frais, ample et fruité avec une sensation juteuse en bouche. On en reprend, surtout à ce prix-là.
8,35 euros
Où le trouver ? cavecooperative-vinsobres.com

Château de Gourdon, Terrasse au soleil, côtes-du-rhône blanc 2019
Beaucoup d'ambition pour ce vin au style fruité mur et aux notes grillées délicates. Un vin de connaisseurs que l'on recommande sans hésiter.
17,50 euros
Où le trouver ? vente-directe-vigneron-independant.com

Château de Montfrin, À la Rêverie, côtes-du-rhône blanc 2019
Nez sur le fruit qu'on retrouve en bouche, accompagné d'une belle fraîcheur et d'une grande finesse. Un vin riche et opulent mais qui ne manque pas d'équilibre.
9,70 euros
Où le trouver ? chateaudemontfrin.com

Château de Montfrin, Montfrin La Tour, IGP coteaux-du-Pont-du-Gard blanc 2020
Floral au nez, la bouche est simple mais tendue. Beaucoup de fraîcheur pour ce vin facile à boire, super pour le prix.
5,90 euros
Où le trouver ? chateaudemontfrin.com

Château Signac, Combe d'Enfer, côtes-du-rhône villages Vhusclan rouge 2018
Nez expressif et complexe de fruits, d'épices et de vanille. Une bouche fraîche, des tannins fins, des notes de fruits, une belle longueur sur l'amande et une finale minérale.
9,50 euros
Où le trouver ? Au domaine

Domaine de la Ganse, L'Imprevu(e), IGP vaucluse rouge 2018
Une valeur sûre, caractéristique du cépage. Le nez est vanillé, la bouche est ample et gourmande, c'est long en bouche.
6 euros
Où le trouver ? lesgrappes.com

Domaine de Montine, Émotion, grignan-les-adhémar rouge 2018
Une valeur sûre pour ce vin frais aux tannins soyeux. C'est équilibré, juteux, fin et structuré, on le recommande les yeux fermés.
10 euros
Où le trouver ? vinatis.com

Domaine des Rosier, Bergère Des Viogniers, grignan-les-adhémar blanc 2019
Nez beurré expressif, fin et complexe. La bouche fraîche, bien intégrée, pleine de complexité et de longueur, sur les épices, le caramel et la vanille.
9,80 euros
Où le trouver ? Au domaine

Domaine du Joncier, Regard, lirac rouge 2016
Beaucoup de fraîcheur et de gourmandise. Un vin sur le fil avec une belle longueur et une salinité de bon aloi.
16 euros
Où le trouver ? twil.fr

Domaine du Tix, Dona Maria, ventoux rouge 2017
De beaux arômes de poivre et de cannelle. C'est un vin puissant et complexe avec une belle longueur. À recommander sans hésitation.
17,90 euros
Où le trouver ? drinksco.fr

Domaine Fontaine du Clos, Aura, IGP vaucluse blanc 2019
Belle robe jaune doré et un nez dominé par le fruit blanc et un joli côté boisé qui donne envie. La bouche est gourmande et fraîche avec une belle intensité, pomme confite, coing. Bien fait et original.
10 euros
Où le trouver ? fontaineduclos.com

Domaine Fontaine du Clos, Aura, IGP vaucluse rouge 2019
Il charmera à coup sûr par sa grande rondeur en bouche et par son caractère générale fruité, aux notes de cassis. Un vin bien fait et finement parfumé.
10 euros
Où le trouver ? fontaineduclos.com

Domaine l'Abbe Dine, Domaine l'Abbe Dine, côtes-du-rhône blanc 2020
Superbe nez floral. C'est frais et juteux avec une longue finale marquée par le fruit. On recommande sans hésiter.
9 euros
Où le trouver ? vinodiscount.fr

Domaine Pierre Usseglio Et Fils, Usseglio, lirac rouge 2019
Superbe vin équilibré et avec de la mâche. Les tannins sont bien intégrés et on note une belle longueur. C'est très bien fait.
15 euros
Où le trouver ? Au domaine

Domaines Paul Jaboulet Aîné, Les Sauvagères, saint-péray blanc 2019
Profond, savoureux et de belle tenue, c'est un vin équilibré avec de beaux arômes de sève et de noyau de pêche de vigne.
16,45 euros
Où le trouver ? lebetitballon.com

Maison Ravoire, côtes-du-rhône villages Sablet rouge 2019
On retient les petites touches de violette au nez pour ce rouge de grenache franchement élégant. C'est superbe pour ce prix très sage.
7 euros
Où le trouver ? ravoire-fils.com

Ferraton Père & Fils, La Tournée, vin-de-france rosé 2020
Robe saumonée soutenue, notes d'herbes fraîches et beaucoup de fraîcheur autour des petits fruits rouges avec des notes épicées et salines, c'est salivant.
5,90 euros
Où le trouver ? Au domaine

Les Vignerons de Tavel et Lirac, CORA - Ame du Terroir, tavel rosé 2020
Jolie robe framboise. Un vin gourmand qui mêle les notes de fruits rouges aux épices douces avec beaucoup de fraîcheur.
7 euros
Où le trouver ? Cora

Maison E.Guigal, côtes-du-rhône blanc 2019
Joli nez agréable et fruité. La bouche est fraîche, simple et agréable. Superbe pour ce prix.
7,50 euros
Où le trouver ? Intermarché

Maison Ogier, Heritages, côtes-du-rhône rouge 2019
Belle expression avec ces notes plaisantes d'olives noires et de garrigues. L'ensemble est parfaitement équilibré et recommandable.
5,90 euros
Où le trouver ? Au domaine

Maison Ogier, Notre-Dame-de-Cousignac, côtes-du-rhône blanc 2020
Superbe vin, tendu, fruité et léger. La finale est tonique et appelle un autre verre.
9,50 euros
Où le trouver ? Au domaine

Maison Sinnae, Enfant Terrible, côtes-du-rhône blanc 2020
Joli nez parfumé. La bouche est vive et un peu minérale avec une tension agréable. C'est très bien fait.
5,30 euros
Où le trouver ? sinnae.fr

Perrin Et Fils, La Vieille Ferme, vin-de-france blanc (pétillant)
Vin effervescent plaisant au joli nez de fruits jaunes. La bouche est plaisante, à la fois charnue et avec une belle acidité. Bonne longueur, bon vin pour le prix.
9,50 euros
Où le trouver ? perrindirect.com

Rhonéa, Petit grain, IGP méditerranée blanc 2020
Vin représentatif du cépage mais tout en finesse, il garde un bel équilibre entre aromatique et fraîcheur.
4,40 euros
Où le trouver ? boutique-rhonea.fr

LE RHÔNE EN DESCENDANT LE FLEUVE

AU NORD COMME AU SUD DE LA VALLÉE, TOUS CES DOMAINES SONT L'ÉLITE DE LA VITICULTURE RHODANIENNE. DANS DES STYLES TRÈS DIFFÉRENTS, IL Y EN A POUR TOUT LE MONDE, LE NIVEAU EST ÉLEVÉ

RHÔNE NORD

Maison & Domaine Les Alexandrins

Cette double structure de création récente s'articule autour d'un vignoble en propre et d'une activité de négoce, grâce à la complicité de Nicolas Jaboulet, Guillaume Sorrel et Alexandre Caso, sous l'œil bienveillant de la famille Perrin (de Châteauneuf). Le credo est ici fort simple : le plaisir, à un prix qui doit être accessible, ce qui donne des vins gourmands et bien ouverts jeunes.

lesalexandrins.com

Domaine de Bonserine

Ce petit domaine ne produit que 4 cuvées, trois en Côte Rôtie et une en Condrieu, à partir de ses 12 hectares en propriété dont 11 sur la Côte Rôtie, répartis sur un grand nombre de parcelles. La famille Guigal en a fait l'acquisition en 2006 mais a laissé en place une équipe autonome, si bien que le style des vins est très différent de la grande sœur d'Ampuis.

bonserine@wanadoo.fr

Domaine Bott

Julie et Graeme Bott ont été formés à bonne école, chez Stéphane Ogier, puis se sont lancés dans leur propre aventure en 2015, rachetant 5 hectares de parcelles en friche et les plantant en échalas. En 2019, le couple est lauréat du concours « Vignerons et Terroirs d'Avenir », organisé par Advini, un prix qui devrait leur permettre de poursuivre sur leur lancée, déjà prometteuse, d'investir et de se développer (un hectare sera planté l'an prochain). Les vins sont richement sculptés, généreux et pulpeux, soigneusement élevés. La suite est pleine de promesses. Il faut désormais compter sur eux.

bott@domainebott.fr

M. Chapoutier

Ancré dans ses convictions parcellaires, Michel Chapoutier propose une interprétation des terroirs de la vallée du Rhône qui s'élargit d'année en année. La biodynamie, autre axe majeur pour les vignes du domaine, donne ici des raisins qui vibrent à l'unisson de leur terroir. Les rendements sont souvent faibles et les prix élevés,. Peu de domaines couvrent une telle diversité d'expressions dans un si grand nombre de terroirs majeurs : Hermitage, Côte Rôtie, Saint-Joseph, ou même Châteauneuf-du-Pape.

chapoutier.com

Domaine Jean-Louis Chave

Ce domaine incarne aux yeux du monde entier la splendeur des vins de l'Hermitage, grâce à l'implication et au dévouement de toute une famille, les Chave. La viticulture est des plus bio, avec une labellisation en cours, le travail des sols est harassant sur ces coteaux très pentus mais le résultat est au rendez-vous : des blancs magiques par leur tenue en bouche et leur persistance malgré une quasi-absence d'acidité, et des rouges conjuguant la finesse et la puissance. Sur l'autre rive du Rhône, en Saint-Joseph, Jean-Louis propose désormais une intéressante sélection sur plusieurs terroirs, après avoir entre autres remodelé et replanté pendant près de 20 ans un coteau entier surplombant Mauves et son clos Florentin.

domaine@domainejlchave.fr

Cave de Clairmont

Petite cave coopérative, exemplaire dans sa discipline de travail à la vigne et au cuvier, réunissant les vignes de 13 associés et spécialisée dans le crozes. Les rouges sont souvent mieux réussis que les blancs.

clairmont.fr

Domaine Colombo

Laure Colombo, jeune et brillante œnologue, a rejoint les activités familiales sur Cornas mais a souhaité créer en marge son propre domaine, sur les hauteurs de Saint-Péray, pour trouver ses marques ; elle nous propose dès cette année un saint-péray et un cornas issus de son domaine de Lorient. Rejoindre ne veut pas dire reprendre, Jean-Luc est toujours là et c'est donc en famille que la gamme se construit, entre le vignoble de la côte Bleue et celui du Rhône, et bien sûr les activités de sourcing, tantôt sous l'étiquette Colombo & Fille, tantôt Jean-Luc Colombo. Les cornas restent ici les grands vins.

vinscolombo.fr

Domaine Combier

Ici, on a toujours cultivé la vigne en parallèle des arbres fruitiers (abricot en tête). Laurent, désormais épaulé par ses deux fils Julien et David, exploite la majeure partie de son vignoble sur les galets roulets de la plaine des Châssis, mais aussi quelques parcelles sur granite, au nord de l'appellation. La viticulture bio depuis toujours et le travail respectueux en cave, dorénavant dans un confort accru grâce à l'extension récente du site, en font des crozes de référence.

domaine-combier.com

Domaine Pierre et Jérôme Coursodon

Jérôme Coursodon est à la tête d'un des domaines réputés de Mauves. Les saint-joseph de ce secteur de l'appellation (Mauves-Tournon) sont différents de ceux plus au nord, autour de Sarras, même si tous sont produits sur des sols granitiques. Les rouges du domaine sont souvent plus aboutis que les blancs, dans un registre souple qui les rend aimables dès leur prime jeunesse grâce à un polissage soigné des tannins en cave.

domaine-coursodon.com

Domaine Yves Cuilleron

Yves Cuilleron est le plus important vigneron producteur de tout le Rhône Nord, avec aujourd'hui 65 hectares en exploitation et une vingtaine de références, essentiellement sur Saint-Joseph, Condrieu et Côte Rôtie, seul le crozes est en achat de raisins. Levures indigènes et élevages sous bois (9 mois pour les blancs, 18 mois pour les rouges) définissent un style certes boisé mais où chaque terroir finit par s'exprimer. L'une des adresses de référence en vallée du Rhône.

cuilleron.com

Laure Colombo (domaine Colombo).

Delas

Cette belle maison propriété des champagnes Deutz est gérée efficacement par le duo formé par Jacques Grange et Claire Darnaud. Active dans le sud comme dans le nord du Rhône, elle en propose régulièrement de gourmandes interprétations mais ses plus brillantes réussites restent incontestablement les grands hermitages de la maison. L'Hermitage, où la maison a restructuré à grands frais son vignoble dans le quartier des Grandes Vignes. Tain-l'Hermitage, où la nouvelle cuverie est magnifique.

delas.com

Domaine Benjamin et David Duclaux

Domaine situé dans la partie sud de la Côte Rôtie, notamment le secteur de Maison Rouge. Les deux frères Benjamin et David Duclaux sont depuis longtemps aux commandes du domaine familial et ont apporté une précision supplémentaire aux vins, notamment les rouges. Adresse très recommandable.

coterotie-duclaux.com

Ferraton Père & Fils

Ferraton appartient à Michel Chapoutier mais celui-ci a souhaité conserver une équipe autonome aux manettes, sous la direction de Damien Brisset. La gamme montre le savoir-faire dans les vins de la vallée du Rhône, avec comme pour Chapoutier une approche en parcellaire qui étend chaque année le nombre des cuvées. Aujourd'hui la maison reste une référence plus pour ses vins rouges que ses blancs.

ferraton.fr

Domaine Pierre Gaillard

Pierre Gaillard travaille désormais avec ses enfants sur une large gamme de terroirs du nord de la vallée du Rhône. Des raisins bien mûrs permettent souvent d'apprécier ses vins assez jeunes, mais ce sont de fidèles représentants de leurs appellations. La régularité du domaine est connue depuis longtemps.

domainespierregaillard.com

Domaine Pierre Gonon

Jean et Pierre Gonon ont succédé à leur père depuis plus de 20 millésimes déjà, et grâce à eux la vision que les consommateurs ont du cru Saint-Joseph a bien changé. Situés dans la partie méridionale de l'appellation, ils pratiquent une viticulture labellisée bio des plus soignées, travaillant leurs sols dans des conditions souvent héroïques quand on connaît la raideur des coteaux et l'âge avancé des vignes. Depuis quelques années déjà, leurs crus ont progressé en finesse et en pureté minérale, sans rien perdre de leur gourmandise.

gonon.pierre@wanadoo.fr

Domaine Alain Graillot

L'un des tout premiers domaines à avoir fait découvrir les vins de crozes-hermitage au-delà de la Drôme, grâce à Alain Graillot, reconverti vigneron dans les années 1980. Aujourd'hui, c'est son fils Maxime qui est en charge du domaine, rien n'a changé si ce n'est depuis quelque temps des mises en bouteille retardées pour une meilleure stabilisation en bouteille. Le domaine est sur allocations mais pour répondre à la demande, Maxime a créé deux autres entités, le domaine des Lises et Équis (un négoce).

contact@domainegraillot.com

Domaine Bernard Gripa

Depuis quelques millésimes, Fabrice Gripa a franchi un cap dans l'expression de ses différentes cuvées en Saint-Joseph et Saint-Peray. Dans ce secteur sud du nord de la vallée du Rhône les raisins mûrissent bien mais tout le travail consiste justement à préserver leur fraîcheur et leur équilibre sans alourdir la richesse naturelle des vins en cave. Des vins qui régalent à table jeunes mais qui évoluent bien.

gripa@wanadoo.fr

E. Guigal

Guigal, c'est d'un côté un brillant négoce en achat de vins, à l'origine d'un des plus étonnants côtes-du-rhône du marché, toujours exceptionnel quand on connaît son volume de production (plus de 3 millions de bouteilles !), et commercialisé à point, et d'un autre côté des vins issus du domaine, dont les fameuses mouline, landonne et turque en côte-rôtie, sans oublier la-dorianne en condrieu, mais aussi les saint-joseph, les hermitages, etc. Bref, une référence absolue.

guigal.com

Domaine Philippe et Vincent Jaboulet

Philippe et Vincent Jaboulet ont créé leur domaine après la vente de la maison familiale (Paul Jaboulet Aîné) à la famille Frey. Sur les terroirs de Crozes-Hermitage et de l'Hermitage, qu'ils connaissent parfaitement, ils proposent une gamme de vins de belle expression et souvent d'évolution lente. Ne manquez pas l'hermitage blanc, le seul à être issu uniquement de la roussanne.

jaboulet-philippe-vincent.fr

Domaines Paul Jaboulet Aîné

Caroline Frey dirige avec application cette institution de la vallée du Rhône, si bien que tous les changements entrepris depuis le rachat à la famille Jaboulet n'ont jamais autant porté leurs fruits, tant dans le vignoble qu'en cuverie, ce qui au final se retrouve dans des vins rouges épurés, raffinés, frais dans leurs parfums de fruits, un peu moins marqués par le fût peut-être qu'il y a encore quelques années, et des blancs frais et sophistiqués, sans aucun note miellée comme on en trouvait autrefois. Au sommet de la gamme, la mythique cuvée d'hermitage la-chapelle, un savant dosage entre méal et bessards, deux des plus fameux coteaux de la colline.

jaboulet.com

Domaine Corinne et Jean-Paul Jamet

Depuis le retrait de son frère Jean-Luc, Jean-Paul Jamet dirige avec son épouse Corinne et leur fils Loïc ce qui est pour nombre d'amateurs l'un des plus beaux domaines de la Côte Brune de la Côte Rôtie. C'est d'ailleurs le nom de la cuvée emblématique du domaine, d'une finesse et d'une élégance sans équivalent millésime après millésime. La gamme s'élargit un peu, dans les deux couleurs, avec notamment une nouvelle cuvée de Condrieu.

domaine-jamet.com

Domaine Jasmin

Ce petit domaine exploite 11 parcelles sur 8 lieux-dits en Côte Rôtie, à partir desquelles Patrick Jasmin n'élabore qu'une seule cuvée, un authentique vin d'assemblage. Il faut quand même lui donner quelques années de vieillissement car il est mis en bouteille dans une optique réductive pour mieux le préserver.

jasmin.pa@wanadoo.fr

Domaine Les Bruyères - David Reynaud

David Reynaud a sorti le domaine familial de la coopérative en 2003 et l'a depuis converti à la biodyna-

mie, avec certification depuis le millésime 2008. Depuis quelques années, ses cuvées nous ont semblé franchir un palier en termes de pureté de fruit, de caresse de tannin et d'élégance, les boisés sont mieux intégrés et respectent la fraîcheur des vins. Voici la preuve qu'une démarche bio, quand elle soigne aussi les vinifications, est irremplaçable pour exprimer le plus original du terroir.
domainelesbruyeres.fr

Domaine Levet

Agnès Levet est la quatrième génération de ce domaine d'Ampuis, héritier de Marius Chambeyron, qui exploite un petit vignoble de 4,80 hectares émiettés en une dizaines de parcelles, toutes en Côte Rôtie, dont des secteurs fameux cadastrés tels Côte Blonde, Côte Brune, Côte Rozier, La Landonne, Fongeant... Ici on ne vend pas du parcellaire, seulement trois cuvées sont produites chaque année, pour un rapport qualité-prix difficilement battable en côte-rôtie. La cuvée améthyste est la mieux représentative du domaine, c'est la plus produite, la cuvée Péroline est une exception, d'abord par sa jolie bouteille sérigraphiée au dessin qui change chaque année, ensuite parce que c'est l'une des rares expressions du méconnu terroir de Chavaroche, coincé entre la Côte Blonde et la Côte Brune. Un domaine qui mérite d'autant plus d'être découvert.
coterotielevet.fr

Domaine du Monteillet

Stéphane Montez a réussi en quelques millésimes à s'imposer comme un vigneron de référence dans le secteur nord du nord de la vallée, dans les appellations Saint-Joseph, Condrieu et Côte Rôtie. Des raisins récoltés bien mûrs, parfois un peu trop, donnent des vins avec beaucoup de puissance et d'intensité en bouche.
montez.fr

Domaine Michel et Stéphane Ogier

L'ambition qu'affiche Stéphane Ogier se mesure à la qualité atteinte par ses vins mais aussi par sa nouvelle cuverie, en sortie sud d'Ampuis, un magnifique outil de travail pour vinifier en parcellaire tous ses terroirs de Côte Rôtie et de Seyssuel, et aussi le plus beau point de vue sur toute la Côte Rôtie. La vinification en fût est appuyée mais maîtrisée par des élevages longs, voilà une source fiable d'excellentes syrahs du nord du Rhône, les grands sommeliers et marchands de vin du monde entier l'ont déjà compris.
stephaneogier.fr

Domaine Vincent Paris

Vincent Paris s'affirme désormais comme une valeur sûre de l'appellation Cornas, grâce à ses cuvées toujours très régulières, avec au sommet de la gamme une 60° et la-geynale, puissantes expressions de la salinité de la roche du sous-sol. Voilà une adresse incontournable pour les amoureux de cornas.
vin-paris.fr

Domaine Pichon

Christophe Pichon a rejoint la tête du peloton de la haute qualité dans les crus du nord du Rhône Nord, dans les appellations Saint-Joseph, Condrieu et Côte Rôtie. En côte-rôtie, sa sélection parcellaire rozier, au cœur de la côte du même nom, est remarquable, et la-comtesse-en-côte-blonde est absolument magistrale par son toucher de bouche suave et la délicatesse de ses parfums.
domaine-pichon.fr

Domaine Marc Sorrel

À leur meilleur, les hermitages du domaine sont l'expression la plus racée et la plus mordante des vins du coteau, mais pas forcément les plus immédiatement harmonieux. La vendange entière pour une partie de la récolte explique la chose pour les rouges et en blanc la petite parcelle de Rocoules est certainement le lieu-dit qui donne à la marsanne sa plus grande dimension. Les crozes maison sont plus recommandables en blanc qu'en rouge car les terres de kaolin de Larnage conviennent mieux au raisin blanc.
marcsorrel.fr

Cave de Tain

La cave de Tain est le plus important producteur de vins de syrah de toute la vallée du Rhône et par là-même du monde. Par ses apporteurs, elle dispose d'un parcellaire important et bien situé, uniquement en Hermitage, Crozes-Hermitage, Saint-Joseph, Cornas et Saint-Péray, elle ne s'est jamais aventurée à Condrieu ou Côte Rôtie. Grâce à une équipe technique compétente et expérimentée, notamment Daniel Brissot au vignoble et Xavier Frouin en cave, elle sait la marche à suivre pour atteindre l'excellence. Les vins ont gagné en densité, en fraîcheur, en éclat, tant en rouge qu'en blanc. Ces progrès constants et profonds méritent d'être soulignés.
cavedetain.com

Domaine Georges Vernay

Christine et son mari Paul Amsellem maintenant épaulés par leur fille Emma, maintiennent ce domaine parmi l'élite mondiale, en blanc comme en rouge. Les condrieux égalent ici les plus grands blancs secs de l'Hermitage par leur pureté et leur tenue en bouche malgré une faible acidité. C'est peut-être sur les rouges, notamment les côte-rôtie que les progrès sont les plus visibles depuis une bonne dizaine d'années. Tous les vins du domaine sont remarquables aujourd'hui, tant pour leur toucher raffiné que leur salinité qui décuple leur saveur. Le secret ? Il n'y a pas de secret, rien que du travail et beaucoup d'attentions.
georges-vernay.fr

Vidal-Fleury

Cette maison historique d'Ampuis, fondée en 1781, a vu le départ de la carrière d'Étienne Guigal. Aujourd'hui, elle appartient, juste retour des choses, à ses descendants mais est gérée de façon autonome par Guy Sarton du Jonchay. Enfin, la maison élabore chaque année un délicieux muscat-de-beaumes-de-venise, gourmand et parfumé quel que soient les millésimes.
vidal-fleury.com

Vignerons Ardéchois

Aujourd'hui, la structure compte 1500 viticulteurs dans toutes les communes viticoles de l'Ardèche méridionale, avec un site de vinification dans chacun des 12 terroirs de la région. Le vignoble s'étend sur 6500 hectares, dont 487 en sélections parcellaires, ce qui représente 85 % de la production viticole du Sud-Ardèche. Une restructuration complète du vignoble a été menée, avec l'introduction de cépages nobles et ancestraux (chatus). À noter notre préférence nette pour la nouvelle gamme !
vignerons-ardechois.com

Domaine Pierre-Jean Villa

Pierre-Jean Villa s'est imposé en quelques années comme l'un des vignerons les plus doués de sa génération, créant son domaine à la force du poignet et surtout de la pioche. Sur ses coteaux escarpés voire inaccessibles, il obtient des raisins d'une parfaite maturité qu'il vinifie ensuite avec un boisé approprié, jamais excessif, respectant à la fois le fruité du raisin et la fraîcheur apportée par la minéralité des sols. Le domaine qui n'en finit pas de monter.
pierre-jean-villa.com

Domaine Alain Voge

Aujourd'hui mené par Lionel Fraisse, le domaine est surtout connu pour ses cornas et ses saint-péray de référence. 13 hectares en bio certifié, une gamme intelligemment construite dans son processus de vinification et de tarification. Au sommet, le cornas les-vieilles-fontaines. Goûtez aussi le délicieux effervescent de saint-péray, les bulles-d'alain.
alain-voge.com

RHÔNE SUD

Pierre Amadieu

C'est le plus vaste et probablement l'un des plus anciens domaines de Gigondas, mené par Pierre Amadieu, l'actuel propriétaire, l'un des hommes les plus investis du village. Le domaine dispose de parcelles à couper le souffle sur la Machotte, le Pas de l'Aigle et Romane entre autres. À 400 mètres d'altitude, les grenaches sont cueillis à pleine maturité pour être longuement cuvés et affinés en foudres, dont certains dépassent le demi-siècle. Les autres appellations proposées sont soignées avec la même attention. Un vrai coup de cœur pour les rosés , les rouges confirment leurs aptitudes au vieillissement tandis que les blancs sont d'une admirable fraîcheur.

pierre-amadieu.com

Domaine de l'Amauve

Dans le Haut-Vaucluse, adossé aux dentelles de Séguret, le domaine de l'Amauve est un représentant émérite de l'appellation, dirigé par le passionnant Christian Voeux. Il exprime avec sensibilité les vieilles vignes des 11,5 hectares de sols sableux et caillouteux que compte le domaine. Depuis 2017, il s'est engagé dans la conversion vers la viticulture biologique. Des vins précis et assurés et une cuvée réserve, élevée pendant plus de 18 mois, qui fait référence sur l'appellation, démontrant au passage toute la magnificence de ce terroir morcelé.

domainedelamauve.fr

Les Halos de Jupiter

Philippe Cambie est certainement l'œnologue le plus doué de toute la vallée du Rhône méridionale. En plus de conseiller bon nombre de domaines à Châteauneuf-du-Pape, il s'est associé avec Michel Gassier, propriétaire du château des Nages en costières-de-nîmes et vinifie une gamme précise de crus sélectionnés chez les meilleurs vignerons, issus de vieilles vignes sur de petits rendements. L'ensemble de la gamme est hautement recommandable, avec une réussite tout à fait spectaculaire en vacqueyras, gigondas et les côtes-du-rhône. Les châteauneuf-du-pape possèdent ce crémeux caractéristique de la maison qui habille une structure imposante et jamais démonstrative. Un modèle.

halosdejupiter.com

Pierre Amadieu.

Château d'Aquéria

Le domaine a la particularité d'être le seul à s'étendre d'un seul tenant sur les appellations tavel et lirac, sur 65 hectares. Ses galets roulés en surface et son sous-sol sablo-argileux produisent des vins assez frais, les vignes souffrant moins de la chaleur que dans d'autres zones. Le tavel contient huit des neuf cépages autorisés dans l'appellation, c'est une des fiertés de la famille Bez, qui gère avec discrétion et sagesse ce magnifique domaine, qui, avec ses prix sages est un modèle pour la région. Les vins font preuve d'un formidable potentiel de garde et se complexifient admirablement comme le prouvent régulièrement des dégustations verticales.

aqueria.com

Arnoux et Fils

C'est un domaine familial depuis plusieurs siècles, avec un vignoble qui s'étend sur 500 hectares répartis sur sept appellations de la région. Actuellement Marc et Jean-François proposent une gamme de vins bien faits et précis, avec une étonnante constance de qualité sur une proposition aussi large.

arnoux-vins.com

Domaine du Banneret

La propriété est toute petite, seulement trois hectares. Tous les cépages de l'appellation sont plantés et assemblés, rouges et blancs confondus, en pourcentage suffisant pour exprimer l'assemblage avec une rare originalité. La vendange n'est pas égrappée, le vin élevé suffisamment longtemps en barriques. Jean-Claude Vidal, architecte de métier, a fait ses premiers millésimes en 1989 et 1990 chez Henri Bonneau, et transmet peu à peu à sa fille et à son gendre (domaine du Tourbillon) son expérience. Le style est tout en élégance et la rusticité des vins jeunes se perd progressivement avec l'âge et donne un charme certain à la dégustation.

domaine-banneret.fr

Domaine de la Barroche

Dans sa nouvelle cuverie où le béton est roi, Julien Barrot continue de perfectionner ses vinifications et ses assemblages, déjà remarquables et parfois exceptionnels. De très vieilles vignes, cultivées sur les lieux-dits Palestor et Grand-Pierre, dans l'immédiat voisinage de Rayas, donnent en particulier dans la cuvée pure, un vin d'une race et d'une finesse remarquables, comptant parmi les références de l'appellation. Enfin, un joli blanc 100 % clairette complète la gamme, qui démontre que Julien Barrot excelle aussi bien en blanc qu'en rouge. Nous remontons la notation du domaine.

domainelabarroche.com

Château Beaubois

Château Beaubois a pris sa place parmi les meilleurs producteurs de l'appellation. Fanny Boyer cherche tous les ans à avancer et se remettre en question. Les 50 hectares de vignoble qui entourent le château sont composés du terroir typique des Costières, des galets roulés sur des sols argilo-calcaires, avec une belle influence maritime due à la proximité de la Méditerranée. Le domaine produit également des IGP d'OC délicieux. Les tarifs, quant à eux restent très sages au regard de la qualité.

chateau-beaubois.com

Château de Beaucastel

Depuis 1909, Beaucastel est la propriété de la famille Perrin, aujourd'hui sous la direction de Jean-Pierre et François, les fils de Jacques Perrin, accompagnés de Cécile, Marc, Pierre, Thomas, Charles, Mathieu et César, la cinquième génération. Autrement dit : une affaire de famille ! Situé sur un terroir de 100 hectares de galets roulés, dont 30 hectares en Côtes du Rhône (Coudoulet de Beaucastel), le château Beaucastel produit quatre vins. En blanc, une cuvée classique où la roussanne est dominante, et la célèbre cuvée roussanne-vieilles-vignes. En rouge, le mourvèdre joue un grand rôle puisqu'il représente près d'un tiers des plantations, autant que le grenache. Cette proportion inhabituelle permet d'atteindre la finesse et la fraîcheur caractéristique de Beaucastel.

beaucastel.com

La famille Brotte.

Domaine de Beaurenard

Beaurenard est l'une des valeurs sûres de l'appellation. 32 hectares de vignes en Châteauneuf et 25 en Côtes du Rhône et Rasteau constituent un patrimoine solide, cultivé en biodynamie par les frères Coulon qui ont été rejoints depuis peu par le très sympathique et brillant Victor Coulon, dernière génération de la dynastie. Le style maison est d'une grande maîtrise et promet de belles surprises à qui sait attendre.

beaurenard.fr

Domaine des Bernardins

La propriété doit son nom aux moines bernardins qui jadis la possédaient. La famille Castaud l'exploite depuis cinq générations, les vignes (23 hectares, dont la majorité de cépages blancs) sont plantées en coteaux sur le versant sud des dentelles de Montmirail, dans un paysage somptueux. Il est regrettable que la propriété soit l'un des derniers défenseurs du muscat alors que c'est ici un produit de très haute qualité.

domaine-des-bernardins.com

Domaine Bosquet des Papes

L'imposante stature du très jovial Nicolas Boiron ne se retrouve pas dans son vin tout en finesse et souplesse de texture, donnée par de vieux grenaches répartis sur une trentaine d'hectares disséminés sur l'ensemble de l'appellation. Les cuvées chante-le-merle, issues des plus vieilles vignes en 100 % grenache, et à-la-gloire-de-mon-père sont les deux fleurons du domaine, suivi de la-folie élevée en fût et qui demande un peu plus de temps. Cela étant dit, l'amateur aurait tort de passer à côté de l'excellente entrée de gamme modestement appelée tradition.

bosquetdespapes.com

Domaine des Bosquets

À la manière d'un sportif de haut niveau qu'il a été, Julien Bréchet appréhende chaque millésime en mouvement, de la remise en question des process aux ajustements des élevages, ses vins gagnent en précision et en qualité. Considérant ses cuvées d'assemblage au même rang que ses parcellaires, tous les vins du domaine sont d'une homogénéité incroyable. L'ensemble des cuvées en rouge présente la profondeur de la vieille vigne, la concentration des très faibles rendements, la fraîcheur liée à l'altitude et aux expositions nordistes et enfin l'exquise texture inhérente aux terroirs de sable fin. Un sacré prétendant à l'élite de l'appellation.

domainedesbosquets.com

Brotte

Cette grande et traditionnelle maison de Châteauneuf-du-Pape produit une large gamme de vins dont le classique est la fiole-du-pape, curieuse bouteille contenant un assemblage de millésimes. La maison possède aussi un domaine de 15 hectares, Barville, dans le secteur de la Gardine. En progrès cette année, bravo.

brotte.com

Domaine de la Charbonnière

Le domaine acheté par Eugène Maret en 1912 est aujourd'hui géré par Michel Maret et ses deux filles, Caroline, au commerce, et Véronique, à la cuverie. Depuis 2012, Véronique Maret réalise grâce à une judicieuse sélection de terroirs différentes cuvées pulpeuses et équilibrées. Sur les 19 hectares en Châteauneuf, hautes-brusquières et le blanc proviennent du lieu-dit situé sur le plateau de Mont-Redon, et les vieilles-vignes (à 100 % grenache) des pentes de la Crau. L'assemblage mourre-des-perdrix donne peut-être le vin le plus original et le plus accompli. D'une régularité sans faille.

domainedelacharbonniere.com

Domaine Charvin

Laurent Charvin est un vigneron passionnant et passionné. Installé dans les années 1990, il prend rapidement le chemin d'une viticulture biologique et s'impose ce qu'il y a de plus simple, autrement dit ce qu'il y a de plus naturel. Il faut donc des raisins et des rafles bien mûres chaque année. Situé au nord de l'appellation, sur les terroirs de Maucoil et Cabrières, il produit en blanc et en rouge deux superbes cuvées au soyeux remarquable, parfumées et de grande complexité. Plébiscité à juste titre par les amateurs, il s'affirme comme l'une des références majeures, ambassadeur d'un style raffiné.

domaine.charvin@free.fr

Le Chêne Bleu

Xavier et Nicole Rolet ont acquis le domaine de la Verrière en 1996, un prieuré du IXe siècle ceint d'un magnifique vignoble de trente hectares. Nichée à 630 mètres d'altitude au-dessus du village de Crestet, dans les dentelles de Montmirail, cette ancienne ferme qui existe depuis le temps des Romains a été minutieusement restaurée par leurs soins. Avec l'aide précieuse et quotidienne de la sœur de Xavier, Bénédicte Galluci et son mari Jean-Louis, ils y produisent des vins de terroir d'une qualité vraiment unique, à partir de vignes cultivées selon les règles respectueuses fixées par Claude et Lydia Bourguignon, conseillers du domaine. Les cuvées, étiquetées chêne-bleu, s'affranchissent de l'appellation pour plus de liberté d'assemblage et la recherche de l'excellence.

chenebleu.com

Domaine de la Citadelle

Ancien producteur de cinéma (Emmanuelle, Les Bronzés, Le Père Noël est une ordure…), Yves Rousset-Rouard a vendu son catalogue de films en 1989 et s'est retiré dans sa ferme de Ménerbes en plein cœur du Vaucluse. Avec son fils Alexis, il cultive 39 hectares en conversion à l'agriculture biologique, répartis en 60 parcelles sur le versant nord du massif du Luberon. Ils y produisent des vins d'une grande finesse, éclatants et extrêmement purs, comptant parmi les meilleurs de l'appellation.

domaine-citadelle.com

Clos des Papes

Le clos des Papes, qui s'appuie malgré son nom sur 23 autres parcelles situées dans pratiquement tous les terroirs (mais avec tout de même sept hectares sur la Crau), est l'une des grandes références de Châteauneuf : on ne trouve pratiquement pas un millésime faible, ici, depuis vingt ans. Les Avril, aujourd'hui représentés par le jovial Vincent, n'ont pas succombé à la mode des cuvées spéciales, aussi leur vin, assemblage de toutes les parcelles et de tous les cépages, brille par sa plénitude. Le blanc n'est pas négligeable, ni en quantité (un dixième des surfaces plantées) ni en qualité, lui aussi tout en équilibre et en fraîcheur, résultat d'un assemblage de six cépages à pro-

portions égales, et remarquable au vieillissement.
clos-des-papes.com

Clos du Caillou

Sylvie Vacheron, rejointe depuis peu par sa fille Marilou, s'appuie sur un vignoble situé au nord-est de l'appellation dont une partie produit d'excellents côtes-du-rhône, tout proches des terres de Châteauneuf-du-Pape. Ces dernières atteignent un très haut niveau d'expression, avec des matières habilement élevées et longues. Les châteauneuf-du-pape ont rejoint le cercle très restreint des plus beaux vins de l'appellation et sont déclinés selon la nature de leur terroir.
closducaillou.com

Clos Saint-Jean

Ce vaste domaine dirigé par Vincent Maurel, conseillé par le brillant Philippe Cambie, possède une gamme à la fois originale et complète de châteauneufs. Dans un style très puissant et précis, au toucher remarquable, l'ensemble de la gamme est fiable et parmi les signatures recommandables de Châteauneuf.
closstjean.fr

Clos Saint-Patrice

Cette minuscule parcelle de 1,8 hectare, propriété des Grandes Serres, qui a failli disparaître, renaît de ses cendres depuis 2009 grâce aux efforts d'une équipe dynamique qui a, dès son premier millésime, réussi à produire des vins élégants, à l'expression florale, ils raviront les amateurs de châteauneufs en dentelle.
saintpatrice.com

Domaine Coudoulis

Racheté en 1996 par Bernard Callet, il fait appel en 2006 à Patrick Hilaire pour entamer une nouvelle étape. À la recherche d'excellence, ils décident en 2012 de renouveler et moderniser cuverie et chai. Les investissements paient. Les vins sont au top et continuent à progresser ces derniers millésimes, proposant une gamme de côtes-du-rhône et de liracs recommandables.
domainecoudoulis.fr

Dauvergne-Ranvier

François Dauvergne et Jean-François Ranvier font partie d'une nouvelle génération de jeunes négociants de la vallée du Rhône. Très impliqués dans la production de leurs vins, ils travaillent avec leurs amis vignerons tout au long de l'année et conservent les expressions des terroirs. Le style est structuré sans excès, d'une parfaite définition aromatique. Le duo ne cesse d'évoluer, et la gamme s'étend de l'Hermitage au nord jusqu'au Luberon dans le sud, en passant par Côte-Rôtie, Châteauneuf-du-Pape et Costières-de-Nîmes, avec même maintenant des partenariats jusqu'en Roussillon ! Et depuis peu, l'aventure s'est élargie au Bordelais.
dauvergne-ranvier.com

Château des Tours

Propriété d'Emmanuel Reynaud, tout comme le fameux Rayas de Châteauneuf-du-Pape, le château des Tours présente des côtes-du-rhône et des vacqueyras d'un autre temps, plongés dans un raffinement et une sève oubliés. À Sarrians, la propriété compte une quarantaine d'hectares de vignes flirtant avec les garrigues et de vieux oliviers. Le savoir-faire et le style Reynaud impriment chacun des flacons qui sortent de la propriété après une maturation en foudre puis en bouteille. Les vins sont des modèles de délicatesse, aux notes orientales, aux contours soyeux et raffinés.
chateaudestours.fr

Romain Duvernay

Cette maison rhodanienne est menée par Jean-Marc Pottiez, qui dirigea autrefois une grande marque de Champagne, accompagné de l'œnologue Romain Duvernay. La gamme est assez complète avec des vins provenant essentiellement du sud de la vallée. Le style est fruité, gourmand et expressif, et l'ensemble offre une belle homogénéité. Plusieurs cuvées sont issues de la viticulture bio et les derniers millésimes marquent une belle progression de l'ensemble.
newrhone.eu

Domaine des Escaravailles

Ce domaine familial d'une soixantaine d'hectares est situé sur les communes de Rasteau, Cairanne et Roaix. Il joue plutôt la carte de la finesse, sur des appellations généralement connues pour la puissance de leurs vins. Depuis 1999, Gilles Ferran le dirige avec la collaboration de l'œnologue Philippe Cambie et bénéficie d'une cave de vinification adaptée à la réalisation de vins à la mesure de la variété des terroirs. Il faut souligner la vraie recherche d'élégance et de finesse de texture présentes au cœur des vins depuis déjà plusieurs millésimes.
domaine-escaravailles.com

Domaine Eddie Féraud

Voici un petit domaine artisanal appartenant à un cousin de la célèbre Laurence Féraud de Pegaü, repris en main par le jeune Yannick Féraud qui a parfaitement profité de son stage chez Yves Canarelli en Corse. Pas encore de niellucciu, mais de superbes grenaches sur safre qui donnent naissance à deux cuvées dont la très réussie raisins-bleus. Coup de cœur pour ce domaine intimiste, au style sans concession mais à la race incontestable.
domaineferaudetfils.fr/

Château de Fonsalette

Le château de Fonsalette, autre propriété mythique de la famille Reynaud, acquise en 1945 par Louis Reynaud, s'étend sur la commune de Lagarde-Paréol, en Massif d'Uchaux. Fonsalette est un côtes-du-rhône d'exception, dans un encépagement proche du Rayas et avec une aptitude au vieillissement tout aussi unique. Comme ses confrères du château-des-tours ou château-rayas, les vins jouent la carte de la distinction. Tous millésimes confondus, la cuvée syrah est d'une beauté édifiante et sans conteste la plus réussie du grand Sud.
chateaurayas.fr

Château de la Font du Loup

Cette excellente propriété, située presque intégralement sur le lieu-dit du même nom, en limite du secteur Pignan sur Courthézon, produit des vins de grand caractère qui reflètent bien les équilibres appréciés de Philippe Cambie, conseiller de la famille Mélia. On y trouve ces derniers millésimes des vins particulièrement réussis.
lafontduloup.com

Château de la Gardine

Grand classique de l'appellation, la Gardine est un vaste domaine d'un seul tenant, se terminant au bord du Rhône, face à Roquemaure, et reposant en grande partie sur une base calcaire à l'ouest de l'appellation. Dans sa bouteille à la forme originale, la cuvée classique du domaine est d'une régularité sans faille, tandis que les cuvées spéciales et générations constituent, en blanc comme en rouge, des vins puissants qui demandent quelques années de garde pour s'affiner. Les Brunel ont créé une cuvée vinifiée sans soufre, peur-bleue, techniquement irréprochable.
gardine.com

Domaine Giraud

Peu de vignes sont aussi noblement cultivées que celles de François Giraud et de sa sœur Marie. Ce sont aussi des vinificateurs sincères, attachés à l'expression naturelle des raisins provençaux, parfaitement conseillés par Philippe Cambie. Le domaine comprend une vingtaine d'hectares de très vieilles vignes, avec des parcelles importantes sur les lieux-dits Gallimardes et Pignan et une notable proportion de syrah (35 %). La cuvée château démontre une grande régularité sur les derniers millésimes, tandis que les-gallimardes, dans un style très pur, demande un peu de patience.
domainegiraud.fr

Domaine Gourt de Mautens

En échangeant avec Jérôme Bressy, érudit et passionnant, on

se plait à écouter son savoir riche des tours de main d'antan, de ces pratiques ancestrales qui ont fait naître les grands vins du Vaucluse. À l'écoute de son terroir et de la diversité ampélographique de sa vigne, il est un artisan rare dans le paysage viticole. Notre homme fait figure d'exception au travers de ses igp vaucluse, véritables buvards du terroir de Rasteau, calques des vieilles variétés traitées avec respect et attention.
gourtdemautens.com

Domaine du Grand Tinel

Le domaine du Grand Tinel est né en 1972 et c'est aujourd'hui Christophe, Béatrice et Isabelle Jeune qui exploitent les 74 hectares de l'exploitation dont 56 en Châteauneuf-du-Pape. Les raisins sont ici complètement éraflés puis foulés et après une cuvaison de 3 et 4 semaines, le vin est élevé en foudres de chêne pendant une à deux années.
domainegrandtinel.com

Domaine des Grandes Serres

Cette maison basée à Châteauneuf-du-Pape a été brillamment reprise par Samuel Montgermont et la famille Picard. S'appuyant sur un vignoble en propre (dont 12 hectares en Châteauneuf) et sur des partenariats avec une trentaine de vignerons, elle réalise des vins très consistants, charnus et expressifs, tous très représentatifs de leurs appellations respectives.

Domaine de la Janasse

Sur les plus beaux terroirs de Courthézon, le domaine de la Janasse, fierté de la famille Sabon, s'impose depuis plus de 40 ans comme l'une des références de l'appellation. Christophe Sabon réalise des côtes-du-rhône de très haut niveau, avec une profondeur rare. Les châteauneuf-du-pape s'expriment autour de différentes cuvées : chaupin, issue d'un terroir froid à l'approche très bourguignonne ou la cuvée vieilles-vignes, plus solaire et racée. Enfin, les blancs, dans l'ombre des rouges, sont tout aussi recommandables. L'ensemble de la gamme est irréprochable et les grandes cuvées comptent parmi les références de l'appellation.
lajanasse.com

L'Or de Line

Issu de la division du domaine Saint-Benoît, Or de Line est un ensemble de vignes réparties sur différents terroirs, comme Palestor ou Bois-Dauphin, avec un encépagement très varié, comprenant même un nombre de pieds non négligeable de picardans blancs. Gérard Jacumin, ingénieur de formation et brillant agronome, le cultive en bio, et vinifie avec l'aide de sa fille Laureline des châteauneufs aux proportions joliment dessinées.
chateauneufbio.com

Domaine La Cavale

La propriété a été acquise dans les années 1970 par Paul Dubrule mais le co-créateur du groupe Accor a mis du temps à s'y impliquer personnellement. C'est aujourd'hui le cas et, avec nouveau chai imaginé par Jean-Michel Wilmotte, il cherche à exprimer le meilleur de ses bons terroirs du sud du Luberon. Mais c'est surtout l'appel à un consultant original et impliqué, le brillant Alain Graillot (domaine Alain Graillot, en Crozes-Hermitage) qui a fait progresser spectaculairement les vins. Sous son impulsion, les vins montrent qu'ils ont clairement franchi une étape en affirmant une véritable personnalité charnue, nerveuse, profonde.
domaine-lacavale.com

Domaine La Célestière

En viticulture biologique depuis 2013, le vignoble s'étend sur un total de 26 hectares, préservés des engrais chimiques et autres désherbants. Côté vins, Arnaud Ferrier développe une gamme irréprochable, agréable à boire sur les côtes-du-rhône et le châteauneuf tradition, plus ambitieuse sur la cuvée confidentielle ou la-croze. Il attache également une importance fondamentale au rapport qualité-prix, en proposant cette gamme à des tarifs très doux.
lacelestiere.fr

Valentine Tardieu-Vitali (château La Verrerie).

Château La Nerthe

La grande propriété historique de Châteauneuf-du-Pape couvre une imposante surface de 92 hectares certifiés en bio depuis 1998, dont il faut isoler un petit tiers situé au cœur de la meilleure partie de la Crau. La famille Richard lui a rendu son lustre de premier cru mais cherchait à en affiner le style. Cela étant dit, à la vigne, les choix de maturité ont été repensés afin d'apporter plus de profondeur. La Nerthe possède probablement le plus grand potentiel de tout Châteauneuf, en blanc comme en rouge.
chateaulanerthe.fr

Domaine La Réméjeanne

Le domaine La Réméjeanne jouit d'une vue imprenable sur le mont Ventoux, niché dans un paysage mi-provençal, mi-cévenol. Géré aujourd'hui par Rémy Klein, d'origine alsacienne, et son fils Olivier revenu au domaine en 2010, l'aventure viticole de cette famille a commencé en 1960, quand ses parents achètent un domaine de 5 hectares sur la Réméjeanne. Ils agrandissent l'exploitation qui compte 35 hectares de vignes, 2 hectares d'oliviers et 0,50 hectare de figuiers. Très exposé au mistral, les conditions sont idéales pour produire du raisin de qualité. Ce domaine est un des secrets les mieux gardés de la rive droite du Rhône.
remejeanne.com

Château La Verrerie

Acquise il y a plus d'une vingtaine d'années par la famille Descours, cette magnifique propriété du Luberon produit des vins étonnants de finesse et de pureté. Les 58 hectares, en bordure de Durance, sont plantés principalement en grenache et syrah, exposés plein sud sur des sols argilo-calcaires. Le climat, très chaud en été et marqué dès la fin août par des nuits fraîches, contribue à la maturation du raisin en respectant le fruit. Les vinifications sont conduites par gravité, les vins vieillissent en foudre et se révèlent, depuis plusieurs années, parmi les meilleurs du Luberon. Le Luberon est bien représenté au travers de cuvées très parfumées, à la restitution précise, accessibles rapidement. Grand-deffand rouge prouve l'excellent potentiel de la syrah dans le Luberon.
chateau-la-verrerie.com

Maison Lavau

Cette importante maison de négoce, longtemps désireuse de rester anonyme, vinifie adroitement pour ses nombreux acheteurs et clients. Sous l'influence de la nouvelle génération, elle ne se cache plus, achète des vignes et signe des vins de facture classique, fort recommandables.
lavau.fr

Domaine André Brunel - Les Cailloux

Les vins d'André Brunel associent toujours générosité, finesse de tannins et fraîcheur. Le blanc, très raffiné, possède une part assez importante de clairette. En rouge, le grenache domine avec une part de mourvèdre. Enfin, la cuvée la-centenaire est composée de très vieilles vignes de grenache plantées sur le plateau de Mont-Redon.

domaine-les-cailloux.fr

Domaine Les Goubert

La nouvelle génération, incarnée par la fille Florence, s'inscrit dans la suite logique du domaine, qui s'étend sur plus de 40 parcelles et près de 25 hectares en terrasses et coteaux. L'ensemble présenté cette année montrait une cohérence de style excellente, toutes les cuvées offrant une lecture claire et raffinée du secteur. Dans une approche infusée, peu extraite, les vins sont des modèles du Sud, exempts de chaleur excessive et d'effet boisé inutile. On apprécie particulièrement cette vision exigeante et délicate. À saisir, d'autant que les prix restent extrêmement sages.

lesgoubert.fr

Domaine Maby

Dans ce domaine historique de Tavel, la famille Maby produit des vins d'une qualité uniforme, toujours honnêtes, agréables et charnus. Dirigé par le dynamique Richard Maby, le domaine ne cesse d'avancer, les vins gagnant en précision chaque année. Les vignobles se situent sur les communes de Tavel, le plateau de Lirac et dans les Côtes du Rhône limitrophes. Des prix raisonnables et la qualité régulière des vins font de ce domaine une valeur sûre sur le marché actuel et ce, dans les trois couleurs.

domainemaby.fr

Domaine de Marcoux

Les sœurs Armenier font partie des références châteauneuvoises. Grandes dames de la vigne, elles travaillent sous l'égide de la biodynamie et prodiguent un soin rare et attentif aux vignes. Leur gamme se décline en quatre cuvées : un côtes-du-rhône tout en fraîcheur, un blanc puissant et deux cuvées rouges de grande concentration, non sans raffinement. La cuvée vieilles-vignes, en particulier, est remarquable de puissance et d'équilibre. Domaine très recommandable.

domainedemarcoux.com

Marrenon Vignobles

Marrenon est l'une des coopératives les plus pointues de France. Elle fédère 9 caves, pas moins de 7 600 hectares de vignes et met sous verre plus de 85 % de la production annuelle du Luberon depuis 40 ans. Une prouesse qualitative, comme en témoigne une gamme très diverse et complète. Des vins au fruité délicieux, sans pour autant oublier leur terroir d'origine.

marrenon.com

Mas Saint-Louis

Dans ce quartier du Clos, au sud de l'appellation, ce domaine de 30 hectares constitué à la fin des années 1900 par la famille Geniest a trouvé son style, avec un raffinement de texture qui ravira les amateurs habitués aux vins de demi-corps. Les grenaches prennent en effet des allures de pinots ou de cinsaults et développent des arômes de rose, de violette et de griotte, la délicatesse merveilleuse de leur texture étant à mettre au compte du caractère sablo-graveleux des sols de son secteur. Une adresse précieuse.

geniest-chateauneuf.fr

Gabriel Meffre

Boisset ne s'est pas trompé en rachetant en 2009 cette entité. La fidèle œnologue maison, Véronique Torcolacci, et le brillant Sylvain Jean haussent d'année en année le niveau de la gamme en se focalisant sur d'excellents achats de raisins sur l'ensemble du vignoble rhodanien, nord comme sud. Une impressionnante constance de qualité signe l'ensemble des cuvées.

gabriel-meffre.fr

Montirius

L'accueil se fait aux notes harmonieuses des cloches à vent. Très vite, Christine donne le ton : « Chaque humain a son rôle à jouer pour apporter un peu de soin là où on est, dans cette nature qui n'attend qu'une chose, c'est qu'on prenne soin d'elle et qu'on la regarde ». Elle la maman, visionnaire imprégnée de convictions, son époux Éric découvreur de terroirs et leurs deux jeunes filles Manon et Justine harmonisent l'écurie familiale qui entend mener le domaine dans le respect du vivant, des rythmes et de leurs terres. Avant-gardistes, ils ont fait le choix de la biodynamie depuis plus de 25 ans et les magnifiques blancs dégustés sur plusieurs millésimes confirment la pertinence de cette orientation, les vins sont frais et remplis d'énergie. Les rouges de Gigondas et Vacqueyras ne sont pas en reste, tout en pureté et finesse.

montirius.com

Clos du Mont-Olivet

Crée par Séraphin Sabon en 1932, le domaine passe ensuite dans les mains de Joseph, le fils aîné de Séraphin. Aujourd'hui c'est Céline, David et Thierry Sabon, les petits-enfants de Joseph, qui le gèrent. Le vignoble de 21 hectares bénéficie d'une viticulture d'excellence et d'une belle variété de sols et de sous-sols qui donnent finesse et tendresse aux vins. En cave, la pratique de l'assemblage apporte une complexité supérieure à la plupart des autres châteauneufs. Le vin blanc a beaucoup progressé ces dernières années et fait admirer son naturel et sa pureté. Un travail à contre-courant des châteauneufs démonstratifs et chaleureux, malheureusement encore nombreux, et des cuvées parcellaires qui le plus souvent n'ont d'unique que leur nom. Sans conteste un domaine de référence pour l'amateur et pour toute l'appellation.

clos-montolivet.com

Château Mont-Redon

Mont-Redon est une très vaste propriété d'une centaine d'hectares de vignes en Châteauneuf (sur un total de 150 hectares plantés), occupant une bonne partie du plateau de galets roulés qui porte le nom du domaine mais aussi une partie plantée face au domaine. À côté de la cuvée longtemps unique de châteauneuf rouge, une sélection parcellaire superbe, Le Plateau, a vu le jour. Sans jamais apparaître comme l'un des vins les plus spectaculaires de l'appellation, le cru vieillit fort bien et impose sa tranquille plénitude. La famille produit également des blancs de qualité, de nombreux côtes-du-rhône et possède aussi une propriété à Lirac.

chateaumontredon.com

Domaine de Montvac

Cécile Dusserre mène avec brio un vignoble à la rigoureuse conduite de vignes. Depuis quelques millésimes déjà, elle montrait une grande maturité et une finesse d'analyse au niveau de ses vinifications et élevages. Même si tout se fait à la vigne, c'est réellement en cave que Cécile a su faire des choix décisifs : plus d'infusion et moins d'extraction, des boisés judicieux comme des élevages adaptés donnent des vins de grand caractère faisant enfin ressortir la race tant attendue du vacqueyras ! Voilà une de ses meilleures représentantes.

domainedemontvac.fr

Domaine de la Mordorée

Le domaine offre des vins pleins d'expression, sur les plus beaux crus du Vaucluse et du Gard. Ici règne la philosophie vigneronne, où tout est mis en œuvre dans un profond respect des terroirs, avec la volonté de produire des vins dignes de leur potentiel. Fabrice, le frère de Christophe, aidé de sa nièce, compte continuer dans le même esprit. On navigue au gré de vins blancs salins et charnus et de rouges pulpeux et profonds, avec un équilibre juste. Une valeur sûre.

domaine-mordoree.com

Moulin de la Gardette

Dans les « must have » de Gigondas, le moulin de la Gardette et ses dix hectares sont une propriété attachante, menée au cordeau par Jean-Baptiste Meunier. Entre les terroirs de Saint-Jean et le coteau de la Gardette, les vieilles vignes de grenache captent la finesse des marnes calcaires. Pas d'esbroufe en cave, une parfaite maîtrise du bois est opérée par le maître des lieux. Depuis quelques millésimes déjà, les cuvées du domaine affichent un naturel remarquable, d'une texture soyeuse et d'un tannin intégré.

moulindelagardette.com

Château Mourgues du Grès

Véritable pionnier du renouveau qualitatif de l'appellation, ce domaine dispose de terroirs variés dont il joue pour faire des assemblages équilibrés entre finesse et structure. D'un très haut niveau qualitatif, les vins ne cessent de progresser. En été, François et Anne Collard proposent des circuits pédestres et VTT autour de la propriété avec découverte de leur terroir, de la flore et la faune de la région. Ça mérite le détour.

mourguesdugres.com

Château de Nages

Le château de Nages, qui fait partie des vignobles Michel Gassier, s'étend sur 70 hectares, sur la commune de Caissargues, au sud de Nîmes. Le terroir est composé de grès et des fameux cailloux de la vallée du Rhône appelés galets roulés. Depuis le millésime 2006, Philippe Cambie intervient comme consultant, le style s'est alors affirmé en régularité et en exactitude. Les vins sont précis, généreux et très élégants. La régularité de qualité dans les cuvées est impressionnante.

chateaudenages.com

Château de Nalys

Devenu la propriété de la maison Guigal depuis 2017, le domaine a déjà repris des couleurs, sous l'impulsion de Philippe Guigal et son épouse, responsables des 2016 à partir des assemblages seulement. La gamme se compose désormais de deux cuvées, saintes-pierres-de-nalys et château-de-nalys dans un style suave et structuré, qui fait écho aux terres qui entourent le domaine. Les progrès sont déjà époustouflants.

nalys.com

Maison Ogier

François Miquel dirige cette maison classique. La dernière nouveauté est la création d'un site de vinification et d'accueil œnotouristique de premier ordre pour la propriété phare de la maison à Châteauneuf-du-Pape, dans l'ancien prieuré du XVIIe siècle, près de l'étang salé. Ce cru, dont les derniers millésimes offrent une régularité digne d'éloges, devrait encore progresser.

ogier.fr

Chateau Pesquié

Cette adresse familiale depuis trois générations produit sur quelque 70 hectares une large gamme de vins structurés, dans un style moderne et ambitieux, qui les placent parmi les incontournables du Ventoux. Aujourd'hui géré par Frédéric et Alexandre Chaudière, le vignoble compte neuf cépages déclinés sur des coteaux de graves argilo-calcaires, à 300 mètres d'altitude. Les vins sont vinifiés avec tact.

chateaupesquie.com

Château Rayas

Situé sur un terroir de sables très compacts mêlés de grès et de marnes qu'on appelle safres, aéré et rafraîchi par de petites plantations de pins, le vignoble du château Rayas est une légende du vignoble français. Ce sont dix hectares hors du temps et des règles qui lui donnent raison à chaque millésime. Ses principes, qui vont à contre-courant des vins modernes sur le plan de l'élevage, sont apparus en revanche très en avance en termes de viticulture et de vinification : petits rendements, attente de la maturité parfaite pour récolter, vinification naturelle et sans recherche d'extraction aucune. Les rouges sont dominés par le grenache tandis que le blanc est à parts égales entre grenache et clairette. Emmanuel Reynaud est un vigneron aussi secret que charismatique. Ses vins inventent un style unique et raffiné, qu'il faut avoir dégusté une fois dans sa vie pour saisir pleinement la notion de grand vin.

chateaurayas.fr

Rhonéa

Réunion de deux grandes coopératives du Vaucluse, Beaumes de Venise et Vacqueyras, Rhonéa démontre que la coopération viticole rhodanienne a un bel avenir devant elle. Les gammes, qui couvrent les deux terroirs d'origine mais aussi Gigondas, gagnent en précision et en modernité de définition, en particulier les très bons rapports prix-plaisir réunis sous la signature terroir-daronton. Un travail intéressant sur des parcelles sélectionnées a été entamé également avec le concours de la grande œnologue bordelaise Dany Rolland.

rhonea.fr

Domaine Richaud

À eux seuls, certains vignerons évoquent toute une appellation, le charismatique Marcel Richaud est de ceux-là. Il a sans conteste contribué à donner ses lettres de noblesse au dernier né des crus des Côtes du Rhône sud. La jeune génération qui a rejoint l'enceinte familiale depuis quelques années est bien décidée à pérenniser le savoir-faire de la maison, néanmoins, comme pour marquer un tournant, Claire et Thomas ont fait l'acquisition de 20 hectares supplémentaires dont la moitié jouxte la célèbre parcelle des Ebrescades, laissant augurer de jolies surprises à venir. Tout dernièrement, Edith la benjamine a cédé à l'appel des sirènes et surtout des vignes, après un brillant parcours parisien dans le domaine du luxe, elle a fini par poser ses valises dans le charmant petit village de Cairanne, apportant un atout supplémentaire de taille pour la belle tribu Richaud.

Domaine de la Roquète

Le domaine appartient à la famille Brunier (Vieux Télégraphe) mais il dispose de ses propres installations dans le village de Châteauneuf, et son vignoble est indépendant. De fait, il se situe dans la zone de la Roquette (sables et sous-sol argilo-calcaire), sur le plateau de Pied-Long (galets) et les sables de Pignan.

vieux-telegraphe.fr

Château de Saint-Cosme

Louis Barruol est l'un des hommes clefs du village de Gigondas. D'abord, grâce à son énergie débordante qui, mise au service de l'appellation, aide à dépasser les clivages ancestraux pour mieux préparer demain. Mais aussi, dans un contexte plus personnel, avec le très recherché château de Saint-Cosme, dont la chapelle atteste sa place dans le temps. Entre ses terroirs de sables, d'argile rouge et de calcaires, il construit une gamme de vins au sommet du raffinement, élevée avec toucher.

saintcosme.com

Domaine Saint-Préfert

Situé au sud du secteur, dans le quartier des Serres, ce domaine historique a été repris avec brio en 2002 par l'emblématique Isabel Ferrando et a construit sa réputation sur des blancs d'exception hautement recommandables. Les vins rouges désormais à l'égal des blancs sont des modèles de finesse et d'harmonie, et les quatre cuvées affichent des caractères singulièrement différents.

st-prefert.com

Château de Sannes

Cette propriété historique du Luberon a été reprise récemment par l'ancien « patron des patrons » Pierre Gattaz. La production se concentre sur deux rosés, dont on recommandera surtout la cuvée aciana. Le domaine continue de travailler dans le bon sens et de se construire avec intelligence.

chateaudesannes.fr

Benjamin Gras (domaine Santa Duc).

MATHIEU GARÇON.

Domaine Santa Duc

●●●○○

Les gènes de l'excellence sont indéniablement ancrés dans l'ADN de la famille Gras, Yves, représentant la cinquième génération de vignerons, vient de passer le témoin à son fils Benjamin qui interprète des vins profonds et élégants, où la pureté du fruit dépeint une véritable obsession. Un style léché, sur lequel les vins abandonnent un peu de générosité et de concentration en faveur d'une délicatesse très pure.

santaduc.fr

Domaine des Sénéchaux

●●○○○

Ce domaine très ancien et très bien situé, avec des sols de galets, d'argiles et de safre, a été repris en 2006 par la famille Cazes, propriétaire entre autres du grand cru de Pauillac, château Lynch-Bages. Une seule cuvée est produite en blanc comme en rouge et les derniers millésimes sont incontestablement soignés, dans un style classique qui peu à peu affirme sa personnalité.

famillejmcazes.com

Domaine de la Solitude

●●●●○

40 hectares d'un seul tenant, sur la route de Châteauneuf à Bédarrides, une tradition familiale qui remonte aux Barberini, famille toscane du Moyen-Âge dont fut issu un des papes d'Avignon, des terroirs magnifiques dont une bonne partie sur la Crau : voilà qui explique l'assurance de style et la distinction aromatique des vins de ce domaine culte, notamment sur les derniers millésimes. Florent Lançon, brillant représentant de la nouvelle génération des propriétaires, viticulteur naturellement doué, a précisé la définition des vins, peut-être aidé d'un nouveau chai fraîchement construit. Enfin, les grandes cuvées du domaine sont parmi les plus hautes expressions du cœur de terroir de Châteauneuf, avec en point d'orgue le vin-de-la-solitude qui reprend à la lettre une vieille recette du XVIIe siècle.

domaine-solitude.com

Domaine de la Soumade

●●●○○

André Roméro est la figure de l'appellation Rasteau. Aidé désormais de son fils Frédéric et des conseils de Stéphane Derenoncourt, il produit des vins colorés et complexes, avec des corps denses. La gamme explore toutes les facettes des terroirs de Rasteau, y compris dans les secteurs hors appellation. Les vins doux naturels sont des gourmandises à l'état pur. Les Roméro sont connus pour leurs vins aux caractères profonds et de grande matière tannique, disposant d'un beau potentiel de vieillissement. Une adresse sûre.

domainelasoumade.fr

Tardieu-Laurent

●●●●●

Michel Tardieu et Dominique Laurent ont créé cette association d'excellence au début des années 1990, devenant ainsi l'un des meilleurs micro-négociants de la vallée du Rhône. Aujourd'hui, Bastien et Michel Tardieu sillonnent le vignoble pour trouver les meilleurs approvisionnements, généralement des raisins issus de très vieilles vignes, souvent situées dans le cœur historique de chaque appellation. Une vraie mutation s'est opérée sur les derniers millésimes : futaille de grande contenance, vinification en vendange entière pour certaines cuvées et surtout un élevage plus mesuré ont permis de hisser encore d'un cran le niveau déjà excellent. Une valeur sûre de la région.

tardieu-laurent.fr

Château de Vaudieu

●●●○○

Le château de Vaudieu, édifié en 1767 par l'amiral Gérin, lieutenant de l'amirauté de Marseille, est l'un des trois châteaux du XVIIIe siècle de Châteauneuf-du-Pape. Le « Val de Dieu » qui a donné « Vaudieu », exploite aujourd'hui 70 hectares, reconstitués sous l'impulsion de Gabriel et Juliette Meffre, grands négociants de Gigondas. En 1987, leur fille Sylvette Bréchet prend la suite, rejointe en 1990 par son fils Laurent qui entreprend des travaux de rénovation du chai afin de faciliter les vinifications parcellaires. Les derniers millésimes sont très réussis, dans un style précis et puissant, en blanc comme en rouge. À suivre !

famillebrechet.fr

Domaine de la Vieille Julienne

●●●●○

Ce domaine d'un seul tenant est situé au nord de l'appellation. Cultivé en bio depuis 1990, il est mené en biodynamie depuis maintenant dix ans. 100 % éraflée, la vendange produit une gamme impeccable, remarquable d'exécution, qui se décline sur quatre cuvées. Une cuvée classique au très bon potentiel de vieillissement, deux cuvées parcellaires hautement recommandables, haut-lieux sur une base de 20 % mourvèdre et les-trois-sources plus sur la délicatesse. Enfin, la cuvée réservé à 95 % grenache, de très grande classe. Le style est d'une impressionnante pureté aromatique, les équilibres sont en dentelles, non sans structure, et la fraîcheur à l'image des crus du nord. Un domaine confidentiel que les amateurs de vins fins connaissent bien.

vieillejulienne.com

Le Vieux Donjon

●●●○○

À partir de 1979, Marie-José et Lucien Michel ont géré ce domaine avant de passer la main en 2008 à leur fille Claire Michel-Fabre, rejointe par son frère François en 2012. Si les caves sont installées dans le village de Châteauneuf-du-Pape, ce petit domaine de 17 hectares est situé plutôt dans le nord de l'appellation. Dans un registre suave, floral et très élégant, le Vieux Donjon s'affirme comme l'un des fers de lance du style raffiné et élégant que l'on attend d'une appellation prestigieuse comme Châteauneuf-du-Pape.

levieuxdonjon.fr

Domaine du Vieux Télégraphe

●●●●●

Cette splendide propriété de Bédarrides, propriété de la famille Brunier, est l'un des crus majeurs de l'appellation. Elle dispose d'un vaste vignoble d'un seul tenant, entièrement situé sur le plateau de la Crau et produit des vins d'une qualité remarquable. Le rouge est l'un des plus complets de l'appellation, dans un style savamment mis au point par les Brunier, qui ne privilégie pas la puissance malgré la générosité en alcool, mais au contraire l'équilibre et le raffinement. Du clos-la-roquette, en passant par télégramme et piedlong, jusqu'au grand vin, tout est d'une grande précision aromatique et d'un équilibre magistral. Ici l'on préfère la finesse à la puissance.

vieux-telegraphe.fr

Savo

oie

NON, CE N'EST PAS QU'UN VIGNOBLE DESTINÉ À FAIRE DES VINS POUR LA RACLETTE. OUI, ON PEUT EN BOIRE AILLEURS QUE DANS SA STATION DE SKI. PETIT À PETIT, LA SAVOIE TROUVE SA PLACE DANS LE LIVRE DE CAVE DES AMATEURS TOUT EN ÉTANT RECHERCHÉE DES DÉGUSTATEURS BRANCHÉS. ICI, C'EST LA JEUNESSE QUI DONNE LE RYTHME

SAVOIE, LA JEUNESSE N'A PAS LE VERTIGE

LA SAVOIE EST LE NOUVEL *ELDORADO* DES PETITS JEUNES BIEN DANS LA NATURE, BIEN DANS LEUR ÉPOQUE. NOTRE REPORTER VOUS EN PARLE

PAR ***GILLES DURAND-DAGUIN***

ON A BEAUCOUP PARLÉ DU BEAUJOLAIS et du Jura ces dernières années. La Savoie pointe le bout de son nez. Toute petite avec ses 2 100 hectares, pas toujours facile à comprendre avec ses nombreuses AOC et ses cépages locaux, elle attire une jeune génération de vignerons bio et dynamiques. Quelques aînés leur ont ouvert la voie dans les années 1980 et 1990. Michel Grisard, Louis Magnien ou Jacques Maillet ont été les pionniers du bio et vivaient bien en vendant au négoce. Dans les années 2000, d'autres se sont fait un nom : Raphaël Saint-Germain, Gilles Berlioz, les frères Giachino. Ils ont ouvert la voie, parfois sous les quolibets de leurs voisins qui considéraient le bio comme "le mauvais œil". Une troisième génération déboule en nombre depuis quelques années. Soit des vignerons déjà installés qui se convertissent sur le tard, souvent aiguillonnés par leurs enfants, soit des jeunes qui viennent là car on peut s'y établir pour pas cher et qu'il y règne une ambiance d'entraide bienveillante. Si une association de vignerons bios, Les Pétavins, avait posé des jalons, c'est autour de l'événement "Jour Fruit" à Chignin, initié par Mathieu Goury et les frères Dupraz, que la jeune génération se fédère. Covid oblige, ils n'ont pu organiser leur deuxième édition qu'en juillet 2021. L'occasion d'aller respirer le bon air alpin, sous la pluie, pour faire connaissance avec cette jeune garde qui dévale tout schuss la pente des vins dans le coup.

LA COMBE DE SAVOIE

Château de Mérande (Arbin)

Pierre Genoux est la sixième génération. Séraphin Genoux, son arrière-grand-père, avait acheté le château. Il a été vendu dans les années 1970, mais Daniel et Olivier, père et oncle de Pierre, l'ont racheté en 2000. Ils exploitent douze hectares, deux tiers sur Arbin et un tiers sur Montmélian. Le domaine est en bio et en biodynamie. La cuvée Le Grand Blanc 2019 (chignin-bergeron) est 100 % roussanne, issue de sols argilo-calcaires et pierreux. Un peu de réduction au nez. Bouche à la fois dense et très vive. Lorgner également leurs parcellaires rouges, N45 et le rare La Noire.

Le Grand Blanc 2019, 18 euros

Domaine Ludovic Archer (Arbin)

Un des petits nouveaux du coin. Ingénieur des Arts et Métiers, Ludovic Archer a changé de vie après dix ans chez Petzl à concevoir du matériel de montagne, ce qui lui a permis de rencontrer des vignerons qui lui ont donné envie. Apprentissage chez Jean-François Quénard. Deux hectares et des étiquettes graphiques qui changent tous les ans. Issue de vieilles vignes de 70 ans et plus installées sur des sols de morène et d'éboulis, Giant Step 2019 (vin de Savoie) est une jacquère de Chignin. Un peu riche, jolis arômes de poire et d'abricot. Bouche grasse, avec l'acidité et la minéralité qui reviennent en finale.

Giant Step 2019, 16 euros

Domaine de Chevillard (Saint-Pierre d'Albigny)

Matthieu Goury a débuté avec des vignes en location. Il exploite douze hectares sur huit communes. Diplômé de l'ISARA à Lyon, ce n'est pas le plus causant, mais ce n'est pas le moins doué. Il travaille dans un esprit nature (bio certifié depuis 2019), mais reste classique dans ses étiquettes. Le cépage altesse de sa cuvée Roussette de Savoie 2018 a connu deux ans d'élevage, un en foudre et un en bouteille. Ce sera trois à partir de 2019. Rendements limités d'une trentaine d'hectolitre par hectares quand l'AOC permet le double. Vin doré, aromatique, qui garde beaucoup de vivacité en fin de bouche.

Roussette de Savoie 2018, 21 euros

Domaine L'Aitonnement (Aiton)

Moulin à paroles avec un look de skateur, bien formé à Changins, en Suisse, Maxime Dancoine s'est installé au bout de la combe de Savoie, aux portes de la Maurienne. Il est encore consultant en œnologie et fournit des prestations. Il a repris 1,6 hectare pour constituer son domaine. Certifié bio, pratiques biodynamiques et étiquettes pop dans l'esprit du personnage. La cuvée Dark Side 2019 (IGP vin des Allobroges) est une mondeuse confidentielle. Nez intense et vif. Bouche dense. Le tannin est très fin. Soixante ares replantés accroîtront le volume en 2023.

Dark Side 2019, 35 euros

LA CLUSE DE CHAMBÉRY

Domaine Jean-François Quénard (Chignin)

Après l'obtention de son DNO en 1987 à Dijon, Jean-François Quénard a travaillé à Bordeaux et avec Jules Chauvet avant de revenir s'installer en Savoie. Le domaine familial est passé de cinq à dix-sept hec-

GILLES DURAND-DAGUIN

Ludovic Archer.

Mathieu Apffel.

Maxime Dancoine (domaine l'Aitonnement).

Corentin Houillon.

tares. La conversion en bio a été entamée en 2018. Jean-François et Catherine travaillent avec leur dernière fille, Anne-Sophie. Vin issu du cépage altesse, leur cuvée Roussette de Savoie 2018 a passé un an en foudres de 600 litres. Nez complexe et bouche grasse. Bonne tension qui l'étire en longueur.
Roussette de Savoie 2018, 16 euros

Domaine Claude Quénard (Chignin)
Guy et André sont frères et exploitent vingt hectares, en bio depuis 2000, certifiés Demeter en 2016. La biodynamie a donné plus de vivacité à leurs vins qui ont toujours faits leurs malos. Ils travaillent avec Vincent, fils d'André, formé à Beaune, qui fait également de la bière avec la brasserie Quardin. Cuvée sans soufre ajouté, Sansoufrir 2020 est déclinée en blanc et en rouge. Ce dernier mélange gamay et mondeuse. C'est un vin très expressif, direct, avec un joli fruit désaltérant.
Sansoufrir 2020, 13 euros

Domaine Pascal et Annick Quénard (Chignin)
Lancée en 1982, cette exploitation de six hectares a tout de suite été passée en bio, mais la certification n'est arrivée qu'en 2010. Celle en biodynamie date de 2021. Tout est fait à la main et au cheval. Le travail en cave est le même pour tous les vins, c'est le terroir qui fait la différence. Beaucoup d'énergie dans les vins. La cuvée "Vieilles vignes 1903" 2019 (chignin) est issue d'altesse plantée sur des sols très calcaires. Jolie aromatique pour une bouche traçante et saline. Ceux qui veulent plus de gras chercheront le chignon-bergeron Sous Les Amandiers, une roussane plein sud qui garde du nerf.
"Vieilles vignes 1903" 2019, 14 euros

Domaine Paul Gadenne (Chignin)
Situé au hameau de Montlevin, Paul Gadenne a démarré en 2019 et exploite désormais 3,5 hectares. Il est originaire de Dunkerque, c'est le boulot de son père qui l'a amené là, et Vincent Quénard l'a convaincu qu'on pouvait devenir vigneron sans être du sérail. BTS viti-oeno à Beaune et déjà de la maîtrise, à 24 ans seulement. Sa cuvée Mondeuse 2020 (vin de Savoie) est très avenante, au nez comme en bouche, avec un tannin fin et une belle longueur.
Mondeuse 2020, 22 euros

Mathieu et Camille Apffel (Saint-Badolph)
Tous les deux ont 37 ans. Mathieu est originaire de Dole dans le Jura. Avec son diplômé d'œnologue obtenu à Dijon, il représente le meilleur des deux mondes : un solide bagage technique et une volonté de travailler sans artifices. Il a roulé sa bosse avant d'arriver en Savoie. Il a repris le domaine de Denis Fortin en 2018, cinq hectares dont trois d'un bloc autour de la cave, certifiés bio en 2021. La cuvée Avant la Tempête 2018 (vin de France) est issue du cépage jacquère et de sols marneux et argilo-limoneux. Le nez est fruité et mûr, la bouche est très vive. Aromatique séduisante. Tout est recommandable, mais la grêle a dévasté le domaine en 2019.
Avant la Tempête 2018, 17 euros

Domaine Dupraz (Apremont)
Sixième génération à mener ce domaine familial, certifié bio depuis 2020, les frères Jérémie et Maxime Dupraz exploitent dix-neuf hectares. Ils ne sont situés ni sur les éboulis du mont Granier, ni sur la montagne, mais sur des sols assez profonds et argileux. La cuvée Montracul 2018 (apremont) est née sur la parcelle du même nom, un lieu pas très pentu, mais très venteux, qui fait voler robes et jupes. Ces vignes centenaires en terrasses donnent un vin très vif et élancé.
Montracul 2018, 12 euros

L'AVANT-PAYS DE SAVOIE

Domaine Curtet (Chautagne)
Florian et Marie Curtet ont repris les vignes de Jacques Mayet. Ils exploitent 5,5 hectares plantés en altesse et jacquère, mais replantent cinq autres cépages. Gros travail d'agroforesterie sur 2,3 hectares, avec des haies tous les 40 mètres et des arbres tous les 10 mètres. Les fruitiers leur permettront de diversifier leur production. Beaucoup d'acidité dans leurs vins. Assemblage de gamay, de mondeuse et d'un peu de pinot noir, la cuvée Frisson des Cimes 2019 (vin de Savoie) ne déroge pas à la règle. Vif, très direct, à seulement 11 degrés d'alcool pour garder la tête légère.
Frisson des Cimes 2019, 20 euros

Corentin Houillon
La nouvelle star. Sans doute à cause de son patronyme, liée à une famille bien connue du Jura. Tatouages, tête à moitié rasée, Corentin a beaucoup baroudé en France et à l'étranger : Jura, Rhône, Californie, Australie et Nouvelle Zélande. Il a repris une partie des vignes d'Alain Bosson, un bloc d'un seul tenant juste derrière sa cuverie. Mélange d'altesse et de jacquère, sa cuvée Veronnet 2020 est un vin blanc très aromatique, avec un côté tilleul et une jolie fraîcheur en bouche. On attend les six cuvées par cépage, toujours en élevage lors de notre visite.
Veronnet 2020, 20 euros

GILLES DURAND-DAGUIN

L'ancienne et la nouvelle génération du domaine Jean-François Quénard.

Les frères Jérémie et Maxime Dupraz.

SAVOIE, LE CARNET DE NOTES

La Savoie est une terre de liberté, on peut expérimenter des choses, en tenter certaines. Formidable. Si le niveau général est très hétérogène, ces quelques flacons ont su nous séduire. De plus en plus recherché des amateurs, le vignoble a beaucoup d'atouts pour séduire. À lui de les montrer. *DÉGUSTATION* **LOUIS-VICTOR CHARVET**

Domaine des Ardoisières, Argile, IGP vin-des-Allobroges 2020, blanc
93
Assemblage de jacquère, chardonnay et mondeuse blanche. On retrouve dans ce millésime tout ce qui fait le charme de cette cuvée cristalline et rafraîchissante. Surtout, l'acidité est intégrée au cœur du vin, sans nervosité excessive ni mordant. Les marnes schisteuses dont il est issu lui donne une salinité finale superbe.
20 euros

Domaine des Ardoisières, Améthyste, IGP vin-des-Allobroges 2018, rouge
94
Parmi les rouges présentés, ce n'est pas forcément le vin le plus démonstratif de la dégustation, mais sans aucun doute le plus fin et le plus élégant. Le caractère fougueux et renfermé du persan profite d'une mondeuse mûre et accessible. L'un des sommets de la catégorie du rouge léger. À carafer pour plus de plaisir.
60 euros

Domaine des Ardoisières, Argile, IGP vin-des-Allobroges 2019, rouge
90
Parfaitement dans un esprit de plaisir commun aux cuvées du domaine, gouleyant avec un degré d'alcool très faible. Super fruité, super digeste.
25 euros

Domaine Bouvet, Guillaume Charles, vin-de-savoie 2018, rouge
91
Avec son fruit parfaitement mûr, l'ensemble profite d'un élevage de qualité qui laisse en bouche la rondeur d'un tannins bien polis. C'est un vin qui gagnera à être gardée deux à cinq ans.
25 euros

Domaine Bouvet, Monterminod, roussette-de-savoie 2019, blanc
89
Joli vin avec beaucoup de fraîcheur et une acidité qui manque encore un peu d'intégration à l'ensemble, notamment en milieu de bouche, voilà une roussette classique, avec ce qu'il faut d'énergie finale.
14 euros

La Combe des Grand'Vignes, Et ma goutte de, vin-de-savoie 2019, rouge
89
Beaucoup de souplesse et de charme pour ce joli rouge de fruit. Avec ses tannins fins et son caractère digeste et rafraîchissant, voilà une cuvée idéale pour tous les bars à vins qui proposent des planches de charcuterie.
13,30 euros

Domaine du Coteau de Tormery, Coteau des Ducs, vin-de-savoie Chignin-Bergeron 2020, blanc
92
Cette cuvée de bergeron, signée par un tout nouveau domaine, surprend par la pureté cristalline de sa matière et sa finale de classe, lumineuse et énergique, dont le rebond et le grain minéral traduisent la qualité de l'élevage en amphore.
18 euros

Domaine du Coteau de Tormery, Opus Orange, vin-de-savoie Chignin 2020, blanc
89
Un vin orange (l'un des seuls de notre dégustation) épatant de naturel (dans le bon sens du terme), sans caricature et sans épate. Seule une petite pointe de verdeur finale l'empêche d'être tout à fait complet.
16,50 euros

Château de La Mar, Chapelle, vin-de-savoie Marestel 2018, blanc
91
Plus harmonieux et plus racé dans sa texture que la cuvée tourelles, on perçoit plus franchement son élégance minérale et citronnée. De la fraicheur et du style.
Prix NC

Château de La Mar, Tourelles, vin-de-savoie Marestel 2018, blanc
88
Finement citronné, avec un joli gras en entrée de bouche qui harmonise une matière manquant un peu de relief. Bien fait, dans un style riche.
Prix NC

Domaine Louis Magnin, Grand Orgue, vin-de-savoie Chignin-Bergeron 2016, blanc
95
Roussanne parfaitement mûre, mise en mouvement par une trame minérale superbe qui donne à l'ensemble beaucoup de dynamisme. Grand vin, racé, complet, toujours au sommet de l'appellation. Une référence.
30 euros

Domaine Louis Magnin, Tout un Monde, vin-de-savoie Arbin 2014, rouge
90
Définition de la mondeuse gourmande, au fruit éclatant et finement épicée, souple dans son tannin qui ne laisse rien paraître de la rusticité naturelle du cépage. Un vrai vin de plaisir.
30 euros

André & Michel Quénard, vin-de-savoie Chignin 2019, rouge
91
Dans un registre gourmand, c'est l'une des rares cuvées de persan à présenter un fruit aussi mûr et agréable. Lisibilité immédiate de l'ensemble. Laissons le temps aux tannins de se fondre davantage.
19 euros

André & Michel Quénard, Le Grand Rebossan, vin-de-savoie Chignin-Bergeron 2019, blanc
91
Un peu refermé le jour de notre dégustation, il donnera, après un ou deux ans de garde, un joli blanc complet et large en bouche. Sa vinification précise lui promet un avenir radieux.
16 euros

André & Michel Quénard, Terres Brunes, vin-de-savoie Arbin 2018, rouge
90
On prendra bien soin de carafer ce vin quelques heures à l'avance pour que sa réduction importante disparaisse au profit d'une jolie trame aromatique fruitée, sélection et épurée.
12,50 euros

Domaine Jean-François Quénard, Au Pied des Tours, vin-de-savoie Chignin-Bergeron 2020, blanc
90
Voilà une jolie roussanne, aux équilibres maîtrisés, affichant un profil floral distingué. Les amers en bouche, perceptible dans la finale, souligne la minéralité de l'ensemble et son côté salivant.
18 euros

Domaine Saint Germain, Par-delà les versants, IGP vin-des-Allobroges 2018, rouge
89
On a souhaité ici faire un vin extrêmement fruité, d'abord en jouant sur la réduction importante et la tonicité en bouche mais aussi en intégrant du gamaret et du pinot noir dans l'assemblage. Exercice de style intéressant.
22,50 euros

Domaine Philippe & Sylvain Ravier
Médaille d'or
Nez floral avec une finesse végétale et une touche de baies sauvages. La bouche est magnifique, marquée par un fruit savoureux, une belle densité et beaucoup de fraîcheur. Il ira très bien avec des charcuteries.
13,10 euros

SAVOIE CEUX QUI PRENNENT DE LA HAUTEUR

SUR LES PENTES ALPINES, UNE POIGNÉE DE VIGNERONS SE FAIT REMARQUER DEPUIS QUELQUES ANNÉES. D'AUTRES LES REJOINDRONT BIENTÔT

Domaine des Ardoisières

Brice Omont travaille en biodynamie 13 hectares sur deux coteaux. Les paysages préservés et encaissés, à l'entrée de la Tarentaise, valent le coup d'œil et le travail effectué y est dantesque. Ses IGP des Allobroges, sont pleins et mûrs, propulsés par des élevages dosés dont le bois discret s'intègre parfaitement au vieillissement.

domaine-des-ardoisieres.fr

Domaine Dupasquier

David et Véronique ont repris les rênes du domaine familial situé sur les contreforts pentus du mont de la Charvaz, sur la commune de Jongieux. C'est là, à quelque 300 mètres d'altitude, que se perche le cru Marestel. Les 14,5 hectares de vignes (Haute Valeur Environnementale), dont 60 % plantés en blanc (1 hectare en Marestel), sont vinifiés parcelle par parcelle et traditionnellement assemblés en une fois. La production phare du domaine reste ses roussettes, en particulier celles de Marestel, un cru magnifique qui porte le cépage à sa plus haute expression.

domainedupasquier@orange.fr

Domaine La Combe des Grand'Vignes

Les frères Didier et Denis Berthollier ne ménagent pas leur peine à conquérir les coteaux abrupts et caillouteux de Chignin, privilégiant le bergeron et la jacquère. Le vignoble compte 11,5 hectares, dont de vertigineuses parcelles plantées plein sud face au massif de la Chartreuse, sur des pentes atteignant au sommet 55 % de déclivité. Ces versants de roche dure et d'éboulis calcaires sont bien entendu assez chers à exploiter, et surtout pénibles à la tâche. Les chignin-bergeron sont magnifiques de confort et de tension, avec des élevages parfaitement ajustés. Les rouges sont souples et friands, avec une mention spéciale pour la mondeuse les-granges-tissot, de totale plénitude. Depuis 2017, le domaine est en conversion bio. Une adresse devenue incontournable pour la précision et l'éclat des vins.

chignin.com

Trio familial au domaine Quénard.

Domaine Louis Magnin

Le couple Magnin fait partie des figures emblématiques du vignoble savoyard. Ces deux acharnés de la vigne, qui travaillent en bio certifié depuis 2012, ont décidé de réduire le domaine à trois hectares à partir de la récolte 2018. Gamme courte certes, mais en blanc comme en rouge, les vins sont de toute beauté.

domainelouismagnin.fr

Château de la Mar

Sur le terroir de Jongieux, le château de la Mar détache sa silhouette entre les replis des coteaux. C'est une ancienne maison forte du XIIIe siècle, ayant appartenu au comte de Mareste qui laissa son nom au précieux cru de Marestel. En 2009, la propriété a été reprise par Jean-Paul Richard, homme d'affaires et entrepreneur, qui a renoué avec l'exploitation du vignoble ; depuis 2013, il y adjoint une activité d'accueil avec cinq chambres d'hôte. Ce spécialiste de la roussette (sur 6,5 hectares de vignoble, 5 sont en cru Marestel) la décline en plusieurs cuvées parcellaires de gastronomie qui vont crescendo dans l'amplitude de bouche, portées par une maturité riche et un profil généreux.

chateau-de-la-mar.fr

Cave du Prieuré

Pascal Barlet et son neveu Julien gèrent ce domaine de Jongieux, sur la route du pèlerinage de Compostelle. Le vignoble s'étend sur 30 hectares, dont la moitié en rouges - rareté dans la région. Dans un style classique et traditionnel, les vins sont bien faits et d'un rapport qualité-prix intéressant.

cavedduprieure.com

Domaine André et Michel Quenard

Les Quenard père et fils ont les pieds en pente, dans le coteau de Torméry, sur le piémont du massif des Bauges. Ce terroir, le plus au sud de Chignin, impressionne par sa déclivité, qui peut atteindre 60 %, et par ses calcaires grisâtres déboulant de la montagne. Ce domaine familial de 27 hectares, couvrant la majeure partie de Torméry, a largement privilégié la roussanne : le grand-père André fut le premier à réhabiliter le cépage dans les années 1950. GLes vins sont droits, équilibrés et sans esbroufe. Les jacquères sont simples et digestes, vinifiées sans malo pour garder un style franc et vivace, très nerveux.

am-quenard.fr

Domaine Jean-Pierre et Jean-François Quénard

Jean-François Quénard s'occupe des cinq hectares d'origine élargis par fermage pour arriver à 17,5 hectares aujourd'hui, dont dix travaillés en bio depuis six ans. Les blancs purs, effilés et minéraux profitent d'une maturité idéale et de beaucoup de finesse. Les rouges sont complets et généreux, il faut les carafer ou les attendre. Qualité exemplaire et en progrès constants, c'est une valeur sûre.

jfquenard.com

Sud-O

ENCORE TROP LARGEMENT MÉCONNUE, PARFOIS SOUS-ESTIMÉE (À TORT), CETTE GRANDE RÉGION EST POURTANT CAPABLE DU MEILLEUR. PLUS OUVERT QUE PAR LE PASSÉ, LE VIGNOBLE DU SUD-OUEST EST ENTRÉ DE PLAIN-PIED DANS LA MODERNITÉ SANS RIEN RENIER DE SON HISTOIRE. ON FAIT LE TOUR DE CEUX QUI BOUGENT

Ouest

LIONEL OSMIN « CE QU'ON VEUT, C'EST VALORISER LES TERROIRS »

DIX ANS DÉJÀ QUE LIONEL OSMIN ET DAMIENS SARTORI ONT EU LA BONNE IDÉE DE S'ASSOCIER POUR MONTER CE MICRO-NÉGOCE, L'UN DES PREMIERS À AVOIR EU UNE VISION QUALITATIVE DANS LA RÉGION. LE SUD-OUEST PEUT LEUR DIRE MERCI

PROPOS RECUEILLIS PAR **LOUIS-VICTOR CHARVET**

La maison Lionel Osmin & Cie a fêté ses dix ans. Un premier bilan de l'aventure ?

C'est vrai, le projet a commencé en 2010. J'avais 33 ans. C'était une ambition commune, partagée avec Damiens Sartori, le vinificateur de la maison. Je suis Béarnais, j'ai fait mes études d'agronomie à Toulouse. Damiens est natif de Montauban, passé par l'agronomie et l'œnologie à Montpellier. Une fois dans la vie active, j'ai accompagné plusieurs vignerons du Sud-Ouest dans leur développement commercial à l'export. J'avais eu la bonne idée d'apprendre l'anglais, ce qui m'a permis de beaucoup voyager pendant deux ans et de participer à la vie des entreprises viticoles. Les domaines pour lesquels je travaillais avaient tous des visions très qualitatives. Damiens a vinifié pour des domaines réputés en France, notamment dans le Rhône, et à l'étranger. Comme moi, il était convaincu que les cépages autochtones du Sud-Ouest n'avaient pas la notoriété qu'ils méritent. Quand l'envie de créer cette maison s'est confirmée, il n'y avait que lui pour m'accompagner. Ensuite, Benoît Vettorel, le troisième associé de l'entreprise, nous a rejoints pour s'occuper de la partie marketing. À l'échelle du vin en France, nous sommes une start-up au début de son histoire, même dix ans après. Aujourd'hui, on emploie vingt personnes à plein temps et on vinifie une trentaine de cuvées sur 250 hectares répartis dans toute la région.

Vous avez choisi de vous structurer sous la forme d'un négoce.

Le vignoble du Sud-Ouest était le seul, parmi les régions viticoles françaises d'envergure, qui ne disposait pas d'une structure de négoce qualitative. Parmi les entreprises existantes, personne n'avait cette vision de qualité. La place était prise par ceux qui faisaient beaucoup de volume et de vrac. On s'est dit qu'il y avait besoin d'une maison comme la nôtre, capable de dynamiser le patrimoine des cépages autochtones de la région et de créer de la valeur. Notre ambition n'a jamais été de faire du négoce de volume. Dès le début, on a voulu mettre en avant l'identité forte de ces cépages et la personnalité de chaque terroir.

Pourtant cette structure n'a pas toujours bonne presse chez les amateurs.

Pour nous, c'était une question de pragmatisme. On souhaitait opérer sur une dizaine de terroirs différents au moins, ce qui impliquait d'avoir du foncier et des unités de vinification. Financièrement, on ne pouvait pas l'envisager, faute de moyens. L'idée du négoce s'est imposée. On a commencé à rencontrer des producteurs, à détailler notre projet pour telle type de parcelle, sur telle appellation, selon notre vision. Ce qu'on voulait, et ce qu'on veut toujours d'ailleurs, c'est valoriser les terroirs et la matière première. Pour gagner en crédibilité et convaincre nos partenaires de nous laisser faire les vinifications, on devait définir notre vision stylistique. Pour nous, la buvabilité est au cœur de cette vision. Acheter des raisins avec ce statut de négociant nous a permis d'avoir accès à certaines parcelles. Sinon, à l'époque, personne n'aurait accepté de nous les vendre. Là, nous avons pu disposer tout de suite d'une matière première d'un très bon niveau.

Vous parlez du style Osmin.

Il se résume en deux mots : distingué et accessible. Dans le Sud-Ouest, les vins rouges, par exemple, demandent à être attendus et peuvent parfois être un peu austères. On voulait à tout prix changer cette image, sans dénaturer le profil de chaque terroir. On a donc construit deux gammes, une pour les vins de cépage, une pour les vins de terroir. L'idée, c'est de proposer des vins faciles à boire, sur le fruit. Par exemple, dans cette gamme des vins de cépage, on fait un malbec qu'on veut à la fois souple, frais et juteux, sans sucrosité et excès d'alcool, tout en gardant un profil distingué et civilisé et une identité régionale forte.

L'entreprise a désormais des responsabilités à assumer, en plus des ses propres projets de développement.

Dès le départ, on a souhaité accompagner techniquement nos partenaires. Plus on avance dans notre histoire et plus on s'oriente aussi vers un accompagnement à la vigne. Nous avons des liens étroits avec les vignerons. Ils nous connaissent et savent ce que que nous recherchons. C'est plus simple de sécuriser nos approvisionnements, l'historique est là, le sérieux aussi. On commence à avoir du vécu. Notre capacité financière nous permet d'envisager l'avenir sereinement et devrait nous permettre de nous engager aussi sur le développement de notre propre foncier. C'est la prochaine étape.

PRESSE

Lionel Osmin incarne ce Sud-Ouest en plein renouveau.

CAHORS LES VOIX DU MALBEC

LA PATRIE DU CÔT (LE NOM LOCAL DU MALBEC) A SU SE RÉINVENTER UN DESTIN, PORTÉE PAR DES VIGNERONS LIBRES, AU SERVICE DE CES TERROIRS SI PARTICULIERS

PAR **HÉLÈNE DURAND**

On trouve de nombreux pigeonniers comme celui-ci dans le vignoble de Cahors.

C'EST L'UN DES NOMBREUX VIGNOBLES historiques de notre pays. Si la vigne a été introduite dans le Quercy dès le IIe siècle, son essor date du début du XIIe siècle. Le « black wine » a du succès et s'exporte bien, avant que les Bordelais, conscients du tort que pouvait leur porter ce vin, n'instaurent en 1241 un quasi-blocus qui ne tombera que cinq siècles plus tard. Le commerce reprend alors de plus belle grâce au dynamisme de Cahors, place marchande renommée. L'année 1850 marque l'apogée de son vignoble, qui s'étend sur 60 000 hectares, avec une densité de plantation certes moins importante qu'aujourd'hui. En 1876, le phylloxera décime l'ensemble et contribue à déclencher un exode rural qui sera aggravé par la Première Guerre mondiale. Black-out complet pendant plus d'un demi-siècle. Il faudra attendre les années 1950 pour que le vignoble de Cahors refasse discrètement surface, malmené une fois de plus par les terribles gelées de 1956 et 1957. L'appellation d'origine contrôlée est obtenue et validée par l'Inao en 1971. Une couleur unique, le rouge, trois cépages autorisés et 70 % de malbec, minimum.

PASSION MALBEC

Le vignoble de Cahors est le seul au monde à avoir comme cépage principal le malbec. Celui-ci règne en maître, de plus en plus souvent comme cépage unique des vins, même s'il peut être accompagné de merlot ou de tannat. Avec, au fil des temps, des évolutions de style significatives. Le malbec s'exprime différemment selon la manière dont il est travaillé et élevé. Façon ancienne génération, avec de longs élevages en barrique, il donne des vins profonds, denses et de garde. Les vins bodybuildés des années 1990 ne sont plus qu'un lointain souvenir.

CAUSSE ET TERRASSE

Aujourd'hui, le vignoble de Cahors représente pratiquement 4 000 hectares. Il s'étire le long du Lot sur 60 kilomètres, adossé aux premiers contreforts du Massif central, à mi-chemin de la Méditerranée et de l'océan Atlantique, bénéficiant d'arrière-saisons ensoleillées permettant une bonne maturité des raisins. Deux terroirs principaux. Le terroir aride et très calcaire du Causse (avec ses plateaux à 350 mètres d'altitude et ses coteaux). Ces secteurs donnent des vins plutôt frais, avec un grain de tannin particulier, dotés d'une grande minéralité. Et un sous-terroir sidérolithique, composé de poches d'argile ferrugineuse, permet des vins plein de caractère au bouquet unique. Les vins issus du second terroir, les alluvions des trois terrasses de la large vallée s'étageant au-dessus du Lot, sont plus larges et enrobés. La troisième terrasse, la meilleure et la plus proche du Causse, combine les caractéristiques des deux terroirs, donnant des vins à la fois amples et élégants. Dans ces deux familles de terroirs, des différences d'altitude, d'exposition, de relief et de profondeur du sol nuancent largement les vins proposés.

UN VENT DE LIBERTÉ

Les trois quarts des exploitations sont des caves particulières (180 au total). Les 25 % restant sont des coopérateurs affiliés à l'unique cave coopérative de l'appellation, intégrée au groupe Vinovalie. La nouvelle génération innove et expérimente des élevages en amphores, jarres, demi-muids, foudres ou cuves en béton et produit souvent des micro-cuvées. Le profil des vins change, devenant plus ciselé, proche du fruit, frais et élégant. Un changement de générations mène l'appellation à nouveau à la croisée des chemins. Les jeunes vignerons, sans complexe, cherchent à donner un éclat différent au malbec. On s'enthousiasme de voir autant d'émulation, sans délaisser les domaines phares de Cahors qui ont permis à l'appellation de relever la tête il y a quelques décennies, comme le Clos Triguedina, le château Gaudou ou le château Lagrézette. Aucun d'entre eux n'a manqué le virage stylistique il y a une douzaine d'années, surpuissance et sur-extraction abandonnées au profit de l'élégance. À Cahors, la viticulture bio n'est pas anecdotique : 32 % du vignoble est déjà certifié ou en cours de conversion. Dans trois ans, la barre des 50 % sera certainement franchie, le climat aidant tout comme la taille des exploitations (15 hectares en moyenne).

NOTRE DÉGUSTATION

Le millésime 2020 a donné des vins où le fruit prédomine largement, ainsi que la fraîcheur ; 2019 aligne des vins d'une grande élégance ; 2018, avec ses vins puissants, riches et équilibrés, gagnera à être gardé en cave. Quelques 2016, 2015 et 2014 témoignent de la la bonne aptitude au vieillissement des cahors. Nous privilégions les vins équilibrés, raffinés, propre à rendre compte de la diversité des styles dans l'appellation.. ▮

PRESSE

CAHORS, LE CARNET DE NOTES

Il suffit de balayer les notes d'un coup d'œil pour se rendre compte que cette sélection de cahors a fière allure. Surtout, avec des prix aussi sages, il ne faut pas perdre une seconde et s'emparer de tout ce qu'on peut.
DÉGUSTATION ***HÉLÈNE DURAND***

Clos d'Audhuy, cahors 2019
93
Issu du magnifique terroir des troisièmes terrasses, ce cahors mérite le détour. Nez épicé, fruité, minéral, élégant et bien défini, bouche ample avec un grain serré et velouté, de l'allonge et une excellente fraîcheur en finale. Raffiné, profond, énergique.
18,50 euros

Domaine La Bérangeraie, La Gorgée de Mathis Bacchus 2016
92
Nez puissant et de bonne complexité, fruit mûr et épanoui, notes truffées et d'encens, bouche généreuse et franche, avec des tannins serrés, de la fraîcheur, de l'allonge. Une jolie cuvée sincère, tonique, généreuse et naturelle.
19 euros

Domaine Le Bout du Lieu, cahors 2016
91
Joli nez épanoui, fruit mûr, encens, truffe, notes fumées, bouche tout aussi aromatique, avec de la chair, des tannins élégants et une bonne fraîcheur en finale. De la personnalité et un prix doux.
8,50 euros

Domaine La Calmette, Butte Rouge 2018
92
On aime cette jolie cuvée du terroir du Causse, puissante, charmeuse et pleine de potentiel. Nez raffiné et complexe, grand fruit, notes de résineux et de cèdre, bouche ample, avec du fond, des arômes persistants et une finale de caractère.
39 euros

Domaine de Capelanel, La Rangée du Curé 2019
90
Jolie expression du terroir sidérolithique. Le nez montre beaucoup d'intensité, grand fruit, réglisse, menthe fraîche, la bouche exprime la même palette aromatique, dans une texture charnue et dotée d'une grande fraîcheur. Tonique. Une belle affaire.
12,30 euros

Domaine de Cause, Notre Dame des Champs 2015
93
Une cuvée de caractère, riche, équilibrée, avec beaucoup de présence plus que d'élégance.
20 euros

Château du Cèdre, GC 2018
96
Une cuvée de prestige 100 % malbec issu du très beau terroir des troisièmes terrasses, élevée en barriques de 500 litres. Nez puissant, complexe, élégant, largement fruité, fleuri, minéral, bouche dense, avec une superbe texture, de la profondeur, des arômes persistants et de la fraîcheur. Potentiel et équilibre.
75 euros

Clos d'un jour, Un Jour 2018
91
On aime le nez fondu entre fruit mûr et épices douces, la bouche est souple, fondante, avec une chair satinée, d'intenses arômes fruités et beaucoup de vivacité en finale. Elégant, facile à boire et équilibré.
18 euros

Château Combel La Serre, Au Cerisier 2019
90
Nez profond, précis, fruit intense et frais, nuances florales et mentholées, bouche agréable, fraîche, franche, élégante et énergique. Belle typicité du plateau du Causse.
17,90 euros

Domaine Cosse Maisonneuve, La Fage 2018
93
Magnifique cahors généreux et charmeur. Nez mûr et complexe, puissamment fruité, épicé, fumé, bouche superbe, profonde, longue, avec un grain serré, du gras, de la nervosité et une délicieuse petite touche d'amertume.
18 euros

Domaine Cosse Maisonneuve, Le Cid 2018
92
Belle cuvée, puissante, pleine de caractère et de potentiel. Nez largement fruité et épicé, bouche généreuse, avec une chair fondante, des tannins francs, une bonne suite et de l'énergie.
28 euros

Crocus, L'Atelier 2018
90
Nez fumé et de fruits noirs mûrs, bouche plutôt charnue, souple, avec des tannins gras, des arômes agréables et une finale assez nerveuse. Pas le plus complexe mais bien fait.
19 euros

Château Eugénie, Haute Collection 2018
92
Nez épanoui et plein de personnalité, joli fruit, notes florales, minérales, bouche dense, profonde, avec une chair généreuse, beaucoup de fruit et une exquise fraîcheur en finale. Bien constitué. Du potentiel.
24 euros

Château de Gaudou, Sang de ma terre 2020
91
Une robe noire profonde, un nez puissant, franchement fruité, bien mûr, notes d'épices et de résineux, bouche facile, franche, aux arômes agréables et au bel équilibre. Charmeur.
20 euros

Château Grand Chêne, X4 2019
90
On apprécie le nez intense, complexe et d'une belle élégance, au fruit marqué, aux jolies notes florales et épicées, bouche franche, charnue, avec des arômes persistants, des tannins francs et de caractère. Un joli cahors de coteau.
16 euros

Château Haut Monplaisir, Pur Plaisir 2016
90
Agréable nez épanoui, franchement fruité et minéral, bouche dense, franche, complète, avec des tannins serrés, des arômes persistants et une bonne fraîcheur en finale. Bien fait et avec du potentiel.
14,50 euros

Château Haute Borie, Prestige 2019
90
Nez intense, avec un joli fruit et un boisé discret, bouche facile, fondante, aromatique et fraîche en finale. Facile à boire, bien réalisé, bon rapport qualité-prix.
11 euros

Château de Haute Serre, Grand Vin 2018
91
L'élégance et la fraîcheur du terroir du Causse se retrouve dans cette belle cuvée. Fruit expressif et marqué, grande minéralité, notes poivrées, au nez et en bouche, belle chair, rondeur, persistance et surtout grande vivacité qui soutient l'ensemble.
24 euros

Château La Caminade, Tradition 2019
91
Robe noire, nez de fruits noirs mûrs, notes de cuir et de cacao, bouche ample, ronde, avec de l'allonge et une finale fraîche. Agréable, de la consistance et de l'équilibre dans l'élégance. Rapport qualité prix imbattable.
8,50 euros

Château La Reyne, Le Prestige 2019
93
On adore ce cahors qui mixe avec succès puissance et raffinement. Le fruit est soutenu et mûr, le boisé fumé discret, la bouche profonde, avec une chair satinée, de l'énergie, du fruit et de la longueur. Du potentiel. À ce prix-là, on n'hésite pas longtemps.
12 euros

Château Lagrézette, Cuvée Marguerite Massaut 2018
97
Nez d'une grande complexité mixant fruit, minéralité, touches mentholées et truffées, bouche montrant un grain dense, beaucoup de minéralité, des tannins soyeux qui s'étirent sur une finale fraîche. Beaucoup de caractère et d'énergie. Une cuvée de haute volée.
38 euros

Château Lagrézette, cahors 2018
95
Magnifique nez pur, fruité, aux nuances truffées, bouche bien structurée, avec des tannins serrés d'une grande élégance, de l'allonge et une intense fraîcheur. Tout y est. Superbe !
28 euros

Château Lamartine, Cuvée Particulière 2018
91
Une cuvée classique au prix raisonnable. Joli nez au fruit raffiné et aux nuances épicées, bouche puissante, franche, complète, avec des tannins vigoureux, de la fraîcheur et de l'équilibre.
13,50 euros

Château Le Brezeguet, cahors 2019
90
Joli nez mûr et fondu, prédominance des fruits noirs, touches de noisette et de silex, bouche ronde, mûre, avec des notes vanillées dues à son élevage en barrique, et de la vivacité en finale. Facile et équilibré.
8 euros

Château Leret Monpezat, Grand Vin 2016
90
Nez très mûr, fruits à grande maturité et résineux, bouche flatteuse, généreuse, avec des tannins serrés, du fruit et une longue finale. De la présence, du potentiel. De la personnalité plus que de l'élégance.
19 euros

Château Les Croisille, Calcaire 2019
93
Nez charmeur, grande pureté de fruit, délicieuses notes florales, bouche à l'identique, charnue et ronde, avec des arômes superbes et beaucoup de vivacité en finale. Cristallin et gourmand.
16 euros

Château Les Croisille, Divin 2019
94
On adore le nez intense et complexe de fruits noirs mûrs (prune, réglisse, framboise fraîche), bouche voluptueuse, avec une belle attaque, beaucoup de fruit, de tonus et de suite. Belle réalisation, aucun excès.
25 euros

Domaine de Maison Neuve, cahors 2016
91
La vigueur et la fraîcheur que confère le terroir du Causse au malbec. Le nez est épanoui, richement fruité, épicé avec de délicieuses notes de truffe et de silex, la bouche est charnue, franche, avec du tonus, du corps, de l'allonge et un bon équilibre. Prix difficilement battable.
6,5 euros

Le fameux Pont Valentré de Cahors, aussi connu sous le nom de Pont du Diable. Ses six arches blanches enjambent le Lot.

Château de Mercues, cahors 2018
94
Un malbec qui exprime toute sa puissance sur le beau terroir des troisièmes terrasses de la Vallée. Nez complexe, grand fruit expressif, notes florales, truffe, bouche généreuse, charmeuse, avec du fond, des tannins veloutés mais présents, une longue finale fraîche. Belle cuvée tonique et réussie.
40 euros

Métairie Grande du Théron, Prestige 2018
93
On adore la personnalité affirmée et l'élégance de cette cuvée. Le malbec du terroir calcaire du Causse procure un nez intense, complexe, au beau fruit et à la grande minéralité, une bouche franche, précise, aromatique, avec un joli grain et une longue finale fraîche.
11 euros

Château Nozières, Signature Malbec 2018
93
Une vraie bonne affaire que cette cuvée issue de malbecs plantés sur les belles troisièmes terrasses de la vallée. Nez puissamment fruité, notes de bruyère, graphite, bouche ample, consistante, avec des tannins gras et surtout une longue finale fraîche et franche. Voluptueux et équilibré, du potentiel.
10,70 euros

Château Pech de Jammes, Pure Malbec 2015
91
Agréable nez élégant et fondu, fruit mûr, notes de fleurs suaves et surtout d'épices douces, bouche flatteuse, avec une belle chair, du gras, des arômes intenses et des tannins bien présents et sans aucune aspérité.
42 euros

Domaine Pejusclat, L'Arbre aux secrets 2018
92
On aime l'originalité du nez, offrant des arômes de fruits rouges intenses, fougère et foin, truffe blanche, la bouche voluptueuse, généreuse, avec un grain serré, du fruit, des tannins francs et de la vivacité en finale. Vin présent, vigoureux et plein de personnalité, à prix doux.
7,50 euros

Vignobles Pelvillain, Desiderius 2018
93
Belle cuvée dense et équilibrée, de malbec issu des deux terroirs (causse et terrasses). Nez puissamment fruité, notes de réglisse, violette, poivre, bouche profonde, trame serrée, beaucoup d'arômes et de fraîcheur en finale.
35 euros

PRESSE

Fabien Jouves (Mas del Périé), La Roque 2020
92
Nez épanoui, petits fruits rouges, pivoine, bouche gourmande, aromatique, avec des tannins frais et une vivacité appuyée en finale. Très digeste et réellement naturel.
19 euros

Fabien Jouves (Mas del Périé), Les Acacias 2019
94
Nez fondu, précis, fruits rouges et noirs mûrs, fleurs sauvages, bouche ample, tonique et ciselée, fruitée et minérale, avec beaucoup de naturel et de fraîcheur. Grande élégance. Une superbe sélection parcellaire.
30 euros

Château Plat Faisant, Cuvée des Générations 2015
92
Nez épanoui, élégant, floral, avec aussi des notes de fruits rouges et de café vert, bouche dans le même style, avec des tannins soyeux, du fruit et surtout la belle fraîcheur du Causse. Tout en raffinement.
14 euros

Maison Rigal, Troisième Terrasse 2016
90
Un vrai malbec typique du terroir des troisièmes terrasses de la vallée. Nez profond et plein de personnalité, fruit à grande maturité, truffe, cacao, bouche volumineuse, avec des tannins serrés, une vivacité appuyée et une pointe d'amertume. Du caractère.
12 euros

Domaine Les Roques de Cana, cahors 2019
91
On adore le nez puissant et plein de personnalité, sur la feuille de cassis, la fougère et le menthol, la bouche charnue, franche, avec un grain plutôt fin et de la fraîcheur pour soutenir les arômes perçus au nez. Bon potentiel de garde pour ce vin issu du terroir du Causse.
10 euros

Vignobles Saint-Didier de Parnac, Latis Les Quaternaires anciens 2018
91
Nez puissant et épanoui, avec un grand fruit et de belles notes de violette et de réglisse, bouche grasse, enveloppante, charnue, avec de jolis arômes et une finale fraiche. Une cuvée intéressante et vigoureuse.
39 euros

Château Souleillou, Prestige 2015
93
Nez élégant et complexe (fruit mûr, cuir, rose ancienne), bouche ample, tendre, raffinée montrant une belle chair, des arômes qui s'étirent beaucoup, une finale nerveuse avec une touche d'amertume agréable et rafraîchissante. Bien fait et raffiné.
11 euros

Clos Terre Kermesse, Bois Carmin 2019
91
Nez épanoui de fruits mûrs, notes vanillées et florales, bouche puissante, franche, avec une chair serrée, des tannins francs et de la vivacité en finale. Beaucoup de caractère.
21 euros

Domaine du Théron, Mise à nu 2018
91
Une cuvée de caractère à prix raisonnable. Nez puissant (notes de cassis, mure, zan à la violette), bouche franche avec une chair serrée, des tannins gras, d'intenses arômes de fruits noirs et une bonne finale vigoureuse.
12 euros

Clos Triguedina, cahors 2018
94
Un modèle du genre, capiteux, vigoureux et plein de potentiel. Nez dense, fruits noirs bien mûrs, fumée, résineux, cuir, bouche voluptueuse, juteuse, avec des tannins mûrs et serrés, une finale aromatique équilibrée par une bonne fraîcheur.
19,95 euros

Clos Troteligotte, K-Or 2019
91
Nez intense, complexe, grand fruit et notes de fleurs suaves, bouche franche, avec une chair dense, beaucoup de fruit et de vigueur en finale. La tonicité du malbec élevé dans le béton après avoir grandi sur le plateau du Causse.
15 euros

Château Vincens, P.U.R.E (sans sulfite) 2020
90
Arômes puissamment fruités, myrtille et cassis frais, bouche rondouillarde, charnue, gourmande, fruitée et bien faite. Un malbec agréable, facile à boire et un excellent rapport qualité-prix.
7 euros

Vinovalie, Impernal 2018
91
Nez intense, fruit profond, notes de violette, rose ancienne, bouche ample, avec un beau grain, du fruit, de la fraîcheur et de la longueur. Bien constitué, tonique, généreux, flatteur. Excellent rapport qualité-prix.
7,50 euros

JURANÇON L'OR BLANC DES PYRÉNÉES

QUEL BONHEUR DE VOIR CETTE APPELLATION REVENIR SUR LE DEVANT DE LA SCÈNE. AUSSI BIEN EN SEC QU'EN LIQUOREUX, CE TERROIR N'A PAS FINI DE LIVRER TOUS SES SECRETS. TANT MIEUX, IL EST ENTRE LES MAINS D'UNE BELLE GÉNÉRATION

PAR ***HÉLÈNE DURAND***

Des vignes de petit manseng au début de l'automne.

SON SEUL NOM évoque le bon Roi Henri IV baptisé d'une gousse d'ail et d'une goutte de Jurançon. L'époque est lointaine, mais les paysages, magnifiques, semblent être restés figés. Au pied de la chaîne des Pyrénées, sur les coteaux ensoleillés, en terrasses là où les pentes sont les plus fortes, la vigne cohabite avec moutons, vaches, palmiers et la polyculture. À quelques exceptions près, les exploitations viticoles sont à taille humaine, avec pour la plupart des surfaces n'excédant pas une dizaine d'hectares. Une chance qui permet aux propriétaires de cultiver leurs vignes comme des jardins, à l'écoute, réactifs, s'ajustant en permanence, véritable atout, notamment pour les vins liquoreux. Si l'authenticité prédomine, elle n'enlève rien à la technicité des vinifications pointues. Pour preuve, nous n'avons relevé aucun défaut dans l'ensemble des vins dégustés. Ici, le blanc est de rigueur, qu'il soit sec ou moelleux. Longtemps, ces derniers ont eu la part belle. Époque oblige, les secs tendent aujourd'hui à prendre le dessus. S'ils ne représentent qu'un tiers de la production globale (vignerons indépendants et cave coopérative), ils atteignent plus de 50 % chez les vignerons indépendants. Les deux cépages autochtones principaux, petit manseng et gros manseng, sont complétés par le courbu et le camaralet. Pour les liquoreux, l'idéal est évidemment de n'utiliser que le petit manseng. Leur récolte, manuelle dans l'appellation, s'effectue par tries sur raisins passerillés (concentrés naturellement sur les ceps grâce au bel été indien du Béarn et au vent du sud). Ces tries peuvent s'étaler sur deux mois. Les vendanges tardives sont récoltées après le 2 novembre. Les deux cépages s'expriment à merveille sur le principal terroir de Jurançon, un conglomérat de galets calcaires (le fameux poudingue) dont la partie affleurante est altérée et se présente sous forme d'argile sableux, siliceux et caillouteux.

UNE VITICULTURE AUTHENTIQUE

Marqueur et atout, l'acidité naturelle des vins de Jurançon les rend réellement digestes. Les jurançons secs, certes de plus en plus opulents et charnus, restent toujours aussi vifs. Les moelleux (appellations jurançon et jurançon Vendanges tardives) ne sont jamais dans la lourdeur grâce à cette acidité qui donne un style général enlevé et rafraîchissant. Ils vieillissent remarquablement bien. Dans cette sélection, nous avons retenu les vins conjuguant complexité, équilibre et fraîcheur. Les vins dégustés ont été présentés par l'association réunissant les 62 vignerons indépendants. La cave coopérative, à l'origine de 50 % de la production, s'est abstenue (trop sûre d'elle ou pas assez ?). Pour les blancs secs, le millésime 2019 et quelques 2020 étaient au programme. Ces beaux millésimes, précoces, notamment pour la partie ouest de l'appellation (représentant 70 % de la production), ont donné des vins ronds, riches, amples, mûrs et dotés d'une belle vivacité en raison de vendanges effectuées plus tôt. Pour les moelleux, les millésimes présentés étaient assez variés, principalement 2019 avec quelques 2018 et 2017.

PRESSE

JURANÇON, LE CARNET DE NOTES

Si le jurançon sec est aujourd'hui à la mode, on n'oublie pas de jeter un œil attentif aux grands liquoreux que l'appellation peut produire. Bref, l'ensemble vaut le détour, surtout à ce prix. *DÉGUSTATION* ***HÉLÈNE DURAND***

JURANÇON SEC

Domaine Bayard, Papilles d'Ucha 2019
92
Nez expressif, intense, net, minéral et puissamment fruité, bouche grasse, riche, fondante, assez marquée par le boisé, avec une belle acidité en finale. Complet et équilibré. Un jurançon sec dans un style riche.
9,45 euros

Domaine Bellegarde, Pierre Blanche 2019
93
Superbe nez intense, précis et pur, un fruit et une minéralité incroyables, des notes de truffe blanche, bouche tout aussi originale pour les arômes, avec du gras, de la tessiture et une bonne vivacité. Beaucoup de personnalité.
13,90 euros

Clos Benguères, Les pierres qui roulent 2019
92
Jolie bouteille rafraîchissante. Nez élégant, intense et précis, joli fruit et grande minéralité, bouche à l'identique, charnue, aromatique, ciselée, fruitée, nerveuse et équilibrée. Beaucoup de naturel.
18 euros

Camin Larredya, La Virada 2019
94
Superbe nez complexe et pur, ananas, fruits jaunes bien mûrs, bergamote, réglisse, bouche ample, avec des arômes puissants et persistants, de l'équilibre et une incroyable énergie.
25 euros

Domaine Castéra, jurançon sec 2019
92
Un nez vraiment agréable, fondu et pur, miellé, fruité, une bouche dense, charnue, montrant une grande persistance aromatique et une délicieuse vivacité en finale. Riche et équilibré. On adhère !
8,90 euros

Domaine Castéra, Tauzy 2019
92
On apprécie cette cuvée qui joue sur le registre de la finesse. Nez délicatement fruité, belle maturité, notes de silex et de menthe, bouche élégante, avec de la chair, de l'allonge et une acidité merveilleuse qui équilibre l'ensemble.
15,10 euros

Domaine Cauhapé, La Canopée 2018
92
Un joli mix entre les arômes du moelleux (miel, noisette, fruits jaunes et ananas mûrs) et la bouche du sec, vineuse, ample, aromatique, légèrement boisée et surtout dotée d'une excellente vivacité et d'une pointe d'amertume.
22,90 euros

Domaine du Cinquau, Ambitions 2019
91
Nez élégant et de bonne complexité, fruit bien présent, touches vanillées et minérales, bouche grasse, fondante, puissante, pas particulièrement nerveuse mais avec juste ce qu'il faut d'acidité équilibrante. Style riche.
18,90 euros

Domaine du Cinquau, Sensations 2020
91
Nez puissant, marqué par des arômes de fruits blancs et d'ananas, notes vanillées et miellées, bouche grasse, enveloppante, aromatique, avec une excellente vivacité en finale. Plein et équilibré.
13,80 euros

Château de Cuqueron, N°1 2019
90
Nez expressif, largement fruité et minéral, notes mentholées, bouche généreuse, structurée, fruitée, boisée, avec une vivacité et une touche d'amertume particulièrement équilibrantes.
16,80 euros

Domaine Guirardel, jurançon sec 2020
92
Très réussi ! Nez épanoui, fruit net, intense, agréables notes mentholées et de verveine, bouche dense, charnue, mûre, avec du fruit et surtout une vivacité marquée apportant un bel équilibre.
10 euros

Domaine Haugarot, Camahor 2019
92
Nez agréable, joliment fruité, agrémenté de notes de mimosa, bouche charnue, aromatique, vive, parfaitement équilibrée, nerveuse et rafraîchissante. Rondeur et vivacité conjuguées. Une valeur sûre.
9 euros

Les Jardins de Babylone, jurançon sec 2016
94
Belle amplitude en attaque, magnifique énergie en bouche, avec beaucoup de percussion, et une persistance aromatique oscillant entre la pierre à fusil, les agrumes et une touche de cardamome. Finale avec beaucoup d'éclat.
Prix NC

Domaine Larroudé, Lou cep océan 2020
91
Une cuvée rafraîchissante et digeste. Nez élégant, fruit raffiné et touches poivrées, bouche dans le même style, assez aérienne, charnue, aromatique, avec une vivacité de bon aloi.
8,50 euros

Domaine de Sarros, La Contrée 2019
92
On apprécie le nez complexe et épanoui, le fruit précis, les notes vanillées mais pas prédominantes, la bouche charnue, fondante, avec une belle tenue, de l'acidité, du peps en finale et un bon équilibre.
11,50 euros

Domaine de Sarros, La Vallée Heureuse 2019
91
Nez exubérant, mixant boisé et grand fruit, notes de miel et de pain d'épices, bouche dans le même style, généreuse, riche, aromatique, mûre et assez vive en finale. Pour les amateurs de blancs puissants.
13,90 euros

Domaine Vignau La Juscle, jurançon sec 2019
92
Nez épanoui, de belle complexité, miel, agrumes, orange confite, fleurs blanches, bouche riche, avec une belle texture, de la présence, des arômes soutenus, de la fraîcheur en finale. Généreux et vif.
Prix NC

Jurançon

Domaine Bayard, Myriades 2019
91
Nez expressif et pur, agrumes confits, fleur d'oranger et nuances minérales, bouche onctueuse, avec du moelleux, des arômes persistants et une bonne vivacité. Tout en élégance. Belle finale.
14,95 euros

Domaine Bellegarde, La Comète 2017
93
Robe jaune d'or soutenue, nez épanoui de fruits confits, notes minérales, bouche riche, onctueuse, avec un beau grain, des arômes qui s'étirent et une grande vivacité équilibrante en finale. Tout ce qu'on aime.
28 euros

Clos Benguères, Le Chêne couché 2018
92
Nez élégant, floral, fruité, bouche de caractère, avec de l'onctuosité et des arômes persistants soutenus par une belle vivacité et une délicieuse pointe d'amertume. Racé.
17,50 euros

Clos Benguères, Plaisir d'Automne 2019
91
Robe jaune d'or soutenue, nez puissant, un fruit intense et exubérant (abricot, miel, agrumes), bouche riche, grasse, avec une belle onctuosité, du fruit et de la nervosité. Un moelleux qui sait rester rafraîchissant.
12 euros

Domaine Cabarrouy, Ambre de Samonios 2016
91
Robe jaune d'or, nez complexe, aux arômes raffinés de miel, pain d'épices, violette, orange et abricot confits, bouche grasse et onctueuse, avec des arômes persistants et de la vivacité en finale. Belle garde en perspective.
15,50 euros

Camin Larredya, Au Capcéu 2019
95
Nez complexe, abricot, orange confite, miel, fumée, bouche onctueuse et racée, avec des notes mentholées, un superbe côté aérien et une amertume remarquable. Enlevé, vif, équilibré et riche en même temps.
28 euros

Camin Larredya, Costa Blanca 2019
95
Un vin d'artiste ! Arômes délicats, agrumes, pamplemousse confit, verveine, bouche très fraîche, subtile, avec une minéralité incroyable, des notes mentholées et truffées, une finale citrus superbe et une touche d'amertume équilibrante. Racé.
62 euros

Domaine Castéra, Caubeigt 2019
95
Un jurançon éblouissant. Nez élégant et complexe, agrumes confits, pain d'épices, notes miellées, fumées, bouche de belle densité, énergique, avec de l'onctuosité, des arômes superbes et surtout cette finale vive qui équilibre tout. Long et superbe.
17,90 euros

Domaine Cauhapé, Noblesse du Temps 2016
93
Nez complexe, truffe, orange et abricot confits, superbe attaque en bouche, moelleuse, dense, avec des arômes de fruits confits et de grillé persistants, soutenus par une acidité opportune. Vin énergique.
28,90 euros

Domaine Cauhapé, Quintessence du Petit Manseng 2014
95
Robe ambrée, arômes puissants et fondus de grillé, encens, agrumes confits, truffe, violette, merveilleuse bouche dense et fondante, avec une allonge et une vivacité incroyables. Fidèle à sa réputation.
100 euros

Domaine du Cinquau, L'Envie 2019
93
Nez expressif (agrumes, ananas, litchis, touches épicées), bouche riche, onctueuse, avec une matière fondante qui tapisse bien le palais, de la suite et de la vivacité. Riche et équilibré. Du style.
15,10 euros

Henri Ramonteu, figure incontournable de Jurançon.

Domaine Haugarot, André Jean 2018
92
Un jurançon particulièrement énergique. Nez puissant (fruits confits, tilleul, fumée, réglisse), bouche de belle onctuosité, avec du gras, de la matière, des arômes qui s'étirent et surtout une grande vivacité en finale.
13,50 euros

Les Jardins de Babylone, jurançon 2016
96
Accents fumés purs qui se mêlent de la plus belle des façons aux notes d'agrumes confits. Cœur de bouche à la fois juteux et pulpeux. La finale gagne en intensité au bout de trois heures d'ouverture et commence de rayonner avec une aromatique de mangue, de poivre de Timut et d'ananas Victoria, bien soulignée par une touche minérale qui permet au vin de gagner en allonge. Superbe potentiel.
Prix NC

Château Jolys, Évolution 2019
90
Robe jaune d'or soutenue, nez complexe et intense, épices, violette, réséda, fruits confits, bouche généreuse, assez onctueuse, avec de la persistance et une finale acide équilibrante.
14,45 euros

Clos Lapeyre, Magendia 2017
92
On aime les arômes d'abricot, fleurs suaves, miel, la bouche de belle tenue, onctueuse, avec des arômes persistants, de jolies notes citronnées et surtout beaucoup de vivacité en finale. Elégant et agréable à boire.
10,50 euros

Domaine de Souch, jurançon 2017
92
On apprécie l'alliance entre liqueur et fraîcheur. Nez de belle complexité, fumé, terrien, aux arômes de truffe, violette, fruits exotiques confits, bouche grasse, énergique, aromatique, avec une belle acidité en finale.
14,10 euros

Clos Thou, Terroir de la Cerisaie 2017 (vendanges tardives)
92
Un modèle du genre ! Robe jaune d'or, nez puissant, fumée, miel, rose, agrumes confits, bouche bien onctueuse, riche, avec de beaux arômes et une bonne acidité en finale qui prolonge l'ensemble. Belle sélection parcellaire.
25 euros

Domaine Vignau La Juscle, jurançon 2019
91
Joli nez de fruits confits, fleurs suaves, miel, bouche dynamique, généreuse sans trop, avec de beaux arômes et une vivacité en finale qui le rend digeste. Belle longueur.
Prix NC

PRIX-PLAISIR 2021, DES AFFAIRES EN OR

Rendez-vous annuel incontournable, sélectif et redoutable, nous avons créé le concours Prix-Plaisir pour dénicher des pépites dans chaque région. Sélectionnées à l'aveugle par un jury de consommateur, approuvées par nos experts, voici les médailles d'or de l'édition 2021. Deux critères, le prix (moins de 18 euros) et le plaisir.

Baron Maxime, French Malbec, vin-de-France rouge 2018

Le nez est ouvert sur le fruit noir, la bouche est ample, fruitée, fraîche et gourmande. Les tannins sont bien enrobés et la finale suave.

9,90 euros

Où le trouver ? beaupre.fr

Château de Gaudou, Caillau Fauve, cahors rouge 2019

Nez sur le fruit noir, le kirsch et les épices douces. Un vin racé aux arômes de fruits mûrs, minéral et aux tannins enrobés. La finale longue et agréable. Il plaira aux amateurs.

12 euros

Où le trouver ? chateaudegaudou.com

Labastide-Orliac, brulhois rouge 2018

Belle pureté du cépage en bouche et bonne concentration. Agréable et typé, on recommande ce vin à l'immense rapport qualité prix.

12 euros

Où le trouver ? labastide-orliac.com

Clos Triguedina, La Part des biches, cahors rouge 2018

Joli nez de cerise noire. En bouche, les tannins tapissent le palais et on note des arômes de fruits noirs compotés. Ce vin appelle la table et les plats de viande en sauce.

6 euros

Où le trouver ? Super U - Arradon

Domaine de Pellehaut, Eté Gascon, côtes de gascogne blanc 2020

Nez ouvert sur les fruits à noyau et les notes exotiques. Un vin riche, charnu avec une belle maturité du fruit et une légère sucrosité. C'est frais et gourmand avec une finale longue et salivante.

6,90 euros

Où le trouver ? Cave de Tolbiac (Paris 13)

Domaine Tariquet, Dernières Grives, côtes-de-gascogne blanc 2018

Belle couleur dorée. Un nez de miel et cire d'abeille et une bouche agrumes et citrons confits. La sucrosité est maîtrisée avec une belle longueur. Excellent liquoreux.

15 euros

Où le trouver ? vinatis.com

Lionel Osmin & Cie, Conservatoire Négrette, comté-tolosan rosé 2020

Excellent rosé du Sud-Ouest, au nez dominé par les notes de pomelo. On est surpris par sa grande longueur et fraîcheur en finale. Il a de l'allure.

6,95 euros

Où le trouver ? Monoprix

Maison Marlère, Les Heures Heureuses, côtes-de-gascogne rosé 2020

Un joli vin floral. En bouche, des fruits rouges agréables dominent avec une pointe de sucrosité bien contrebalancée par la fraîcheur en finale.

6,90 euros

Producteurs Plaimont, Cuvée Io, côtes-de-gascogne blanc 2020

Un vin de colombard qui a tout pour lui, une belle expression de fleurs blanches et quelques touches d'agrumes. C'est ample en bouche, frais et salivant. Excellent.

6,50 euros

Où le trouver ? Cave de Saint-Pierre (Mont-de-Marsan)

Villa Dria, Terre De Feu, côtes-de-gascogne blanc 2019

Le nez est ouvert sur les fruits jaunes, agrumes, fleurs. La bouche ample, légèrement perlante avec une fraîcheur sur les agrumes. La finale est salivante et agréable.

6,40 euros

Où le trouver ? Au domaine

LE SUD-OUEST DANS LA BONNE DIRECTION

IMPOSSIBLE D'ÉVOQUER LE SUD-OUEST SANS PARLER DE CEUX-LÀ. COMME TOUJOURS SUR CETTE TERRE D'ACCUEIL, LE PLUS SIMPLE EST ENCORE D'ALLER À LEUR RENCONTRE. LEUR POTENTIEL EST IMMENSE

Domaine de l'Ancienne Cure

★★★☆☆

Christian Roche a pris possession de l'ancien presbytère du petit village de Colombier et des 50 hectares de vignes du domaine étalés à ses pieds. Les entrées de gamme sont des vins savoureux, faciles, issus d'une viticulture exigeante et parfaitement vinifiée. Les grandes cuvées sont des modèles de précision et de complexité.

domaine-anciennecure.fr

Domaine Arretxea

★★★☆☆

Domaine exemplaire d'Irouléguy, les 8,5 hectares sont travaillés dans le respect de règles éthiques rigoureuses sur des coteaux escarpés. Thérèse et Michel Riouspeyrous, rejoint par leurs fils Iban et Teo, appliquent les principes de l'agriculture biodynamique, sans certification. Les vins prouvent le talent de cette famille.

arretxea@free.fr

Domaine Belmont

★★★☆☆

Sur des calcaires semblables à ceux de Chablis, le chardonnay fait des petits miracles et l'alliance du cabernet franc et de la syrah produit des rouges aussi racés qu'on pouvait s'y attendre sur un terroir de cette qualité. Françoise Belmon, épaulée par Stéphane Derenoncourt et par l'équipe du domaine, continue courageusement son œuvre. Une adresse prisée, à connaître absolument.

domaine-belmont.com

Clos Bengueres

★★★☆☆

Voici une jeune propriété du secteur de Cancaillaü, où l'on retrouve, dans tous les types de vin, les mêmes caractères de droiture, de franchise, de naturel et de sens du juste moment pour vendanger. La gamme propose une cuvée très réussie, chêne-couché, un jurançon racé, complet, raffiné et expressif des terroirs de Cancaillaü, les plus réputés de l'appellation.

thierry.bousquet48@orange.com

Domaine Berthoumieu

★★★☆☆

Acquis en 2016 par la famille Bortolussi, il est géré par les sœurs Claire et Marion tandis que la commercialisation passe par Lionel Osmin. La propriété mène une réflexion autour de la biodiversité dans la vigne (certification HVE3 acquise). La qualité des cuvées est constante et les vins associent plénitude de constitution et finesse.

domaine-berthoumieu.com

Domaine de Beyssac

★★☆☆☆

Sur le terrain familial, en Côtes du Marmandais, Véronique Broutet et son mari Frédéric ont créé le domaine de Beyssac en 2006. Tout est vendangé à la main et le couvert végétal spontané et naturel est encouragé. Les vins issus de ce beau terroir sont denses et suaves. Ils naissent sérieux et vigoureux, puis se fondent et se révèlent après trois ou quatre années de bouteilles.

domainedebeyssac.fr

Domaine Brana

★★☆☆☆

Les installations sont ultra modernes et une attention particulière est donnée au cabernet franc, dénommé ici axeria, élevé longuement en barrique. Les cuvées génériques d'irouléguy sont des modèles pour l'appellation et d'une constance étonnante dans un style classique.

brana.fr

Domaine Castera

★★★☆☆

Le jeune Franck Lihours est un brillant vinificateur. Avec sa vision du vin, il se donne les moyens de réaliser des cuvées ciselées, de grande régularité, aussi bien pour les secs que pour les liquoreux. L'ensemble de la gamme monte d'un cran ces derniers millésimes et le domaine est dans une dynamique de progression. Atout pour l'amateur, les prix sont raisonnables.

domainecastera.fr

Domaine Cauhapé

★★★★☆

C'est le domaine privé le plus important de Jurançon et la marque la plus diffusée dans la grande restauration et les cavistes de luxe. Henri Ramonteu a perfectionné la production réduite de vins liquoreux, au bouquet spectaculaire et à la longueur en bouche fascinante. Tous partagent le style maison : un fruité d'une très grande pureté et une concentration parfaitement équilibrée par la vivacité propre à la région. Au top.

jurancon-cauhape.com

Causse Marines

★★★☆☆

Patrice Lescarret et Virginie Maignien sont un couple de vignerons engagés. Ils livrent une interprétation personnelle du terroir gaillacois grâce à un travail de tous les instants. Les vins possèdent beaucoup de personnalité avec une facilité d'accès qui fait oublier combien certains cépages locaux sont capricieux.

causse-marines.com

Château du Cèdre

★★★★☆

Pascal et Jean-Marc Verhaegue conduisent cette propriété au sommet de Cahors, grâce à une viticulture exigeante et des vinifications précises. Les 27 hectares (dont 25 de rouges) se répartissent en trois îlots sur deux des meilleurs types de sols de l'appellation, notamment la fameuse troisième terrasse. L'un est argilo-calcaire et donne des vins tout en finesse. L'autre est un sol de galets mêlés de sables rougeâtres propice à des vins plus puissants.

chateauducedre.com

Château de Chambert

★★☆☆☆

L'énergique Philippe Lejeune met son talent d'entrepreneur au service de sa magnifique propriété et de l'appellation. Avec 65 hectares, il dirige le plus grand vignoble de Cahors en biodynamie. Un gros travail a été fait ces dernières années sur le style des vins. Le fruité naturel du malbec est plus immédiat et mieux conservé sans perdre de sa structure.

chambert.com

Domaine Chiroulet

★☆☆☆☆

Philippe Fezas chouchoute ses vignes depuis 1995, année où il a franchi le cap et ajouté une casquette de vigneron à celle de consultant pour Seguin-Moreau. Prenant le parti de réaliser des

vins d'expression, distribués auprès des cavistes et sur les belles tables, il s'applique à penser son parcellaire. Ses deux côtes font face aux Pyrénées et sont une variation de sols entre des argiles fines (la côte d'Heux) et des terres plus calcaires (terres blanches).
chiroulet.com

Domaine du Cinquau

Au cœur de Jurançon, cette superbe propriété, entourée d'un vignoble de neuf hectares, continue de progresser et de nous régaler. Le site est remarquable et l'accueil des visiteurs montre la voie pour toute la région, avec un complexe œnotouristique qui mérite le détour.
cinquau.fr

Château Combel la Serre

Les vins de Julien Ilbert sont en constante progression dans un esprit moderniste partagé par de nombreux autres jeunes vignerons du secteur, avec comme facteur déclenchant une conversion bio. Les étiquettes modernes dénotent et signent un fort parti pris que l'on retrouve dans le style des vins, précis et près du fruit. Le style s'affine et l'expression du terroir de plus en plus présente.
combel-la-serre.com

Domaine du Comte de Thun

Nous avons été les premiers à vous parler de ce domaine acheté en 1988 par le comte de Thun, un Allemand passionné de grands vins. Au cœur du Gaillacois, il a fait le pari de produire en igp pour s'affranchir des contraintes liées à l'encépagement et l'assemblage. La maîtrise technique dans l'élevage et la vinification est remarquable. On trouve ici quelques-uns des plus beaux vins rouges du secteur, puissants, massifs, à attendre quelques années.
comtedethun.com

Domaine Cosse Maisonneuve

Mathieu Cosse, brillant œnologue et ancien rugbyman, fou de grands vins et de gastronomie, et Catherine Maisonneuve, viticultrice parmi les plus idéalistes de ce pays, nous donne quelques-uns des vins les plus complets et sincères de Cahors. Certifié bio, le vignoble forge des vins de grande intensité, bien élevés et élégants. Ce style se lit dans toutes les cuvées sans exception et l'on sent une réelle maîtrise du sujet.
cossemaisonneuve@orange.fr

Jean-Marc Verhaegue (château du Cèdre).

Cave de Crouseilles

Les 900 hectares, répartis sur 130 vignerons, entament doucement un virage vers des pratiques plus respectueuses de l'environnement, avec notamment des vignes expérimentales pour tester grandeur nature les dernières trouvailles agronomiques et convaincre les coopérateurs que cela est tout à fait possible. Une cave en pleine évolution, offrant une large gamme de vins qui vaut le détour.
crouseilles.fr

Elian Da Ros

C'est dans le paysage vallonné du Marmandais, à Cocumont, que se trouvent les 21,7 hectares de la propriété d'Elian Da Ros, assisté depuis 2008 par son épouse Sandrine. Dès 2000, il obtient la certification bio, puis en 2002 celle de la biodynamie. À force de travail et de sérieux, ses vins sont maintenant une référence dans le monde viticole.
eliandaros.fr

Domaine de Brin

Damien Bonnet confirme qu'il est l'un des grands vignerons du Gaillacois. Il a converti en bio son exploitation d'un seul tenant, où il cumule vignes et céréales. Après des vendanges manuelles et des élevages longs, les vins sont à la hauteur et chaque cépage mis en valeur par des vinifications judicieuses.
domainedebrin.com

Mas Del Perié

Chef de file des viticulteurs « nature » de son appellation, Fabien Jouve innove et expérimente en permanence. Les vins possèdent un naturel salutaire et des expressions de terroir immédiates. La gamme aussi variée que passionnante se trouve facilement dans beaucoup de bars à vins et de bons bistrots, où les cuvées de fruit aux étiquettes décalées ont du succès.
masdelperie.com

Michel Issaly

Les vins de Michel Issaly, vigneron expérimenté, s'inscrivent parfaitement dans l'esprit du mouvement bio qui anime Gaillac et sa jeune génération. L'évolution vers un style plus nature est perceptible. Son vin-de-l'oubli est l'un des plus spectaculaires du sud-ouest. Adresse hautement recommandable.
michelissaly.com

Clos d'un Jour

Véronique et Stéphane Azémar proposent une étonnante cuvée de rouge élevée comme on le faisait au temps des Romains, dans des jarres en terre cuite. Dans un style unique, les vins affichent un profil aromatique extrêmement singulier, qui divise mais ne laisse pas indifférent. Absolument unique et à suivre.
leclosdunjour.fr

La Bastide Orliac

Cette propriété historique du Brulhois se situe sur de magnifiques coteaux, à l'exposition parfaite, qui dominent la commune de Clermont-Soubiran, avec vue sur la Garonne. Les deux sœurs Orliac prennent soin de leur sol avec un dévouement rare et de bonnes méthodes culturales. La réflexion sur l'encépagement doit permettre au cabernet franc et à l'abouricu de délivrer toute leur finesse, sur un support apporté par le merlot. Une adresse sûre.
labastide-orliac.com

Château La Robertie

Brigitte Soulier est une femme de conviction et ses vins sont à son image : entiers et énergiques. Ses 13 hectares sont en agriculture biologique. Aux commandes depuis 2009, elle chemine dans cette voie naturelle avec la foi des nouveaux convertis et le souci de bien faire. Un domaine modèle, très régulier, et qui continue de progresser.
chateau-larobertie.com

Domaine Labranche-Laffont

Christine Dupuy maintient à un haut niveau de qualité cette propriété (21 hectares). Elle produit, à partir d'une viticulture certifiée bio depuis 2014, des vins charnus et réguliers. Perle rare du domaine, une très vieille vigne centenaire donne un nectar à la texture très veloutée. Les madirans sont expressifs et puissants, sans concession. Le pacherenc doux est lui tout en délicatesse et équilibre. Les prix restent sages.
christine.dupuy@labranchelaffont.fr

Château Lagrézette

Alain-Dominique Perrin a beaucoup travaillé pour faire du magnifique ensemble de Lagrézette un des phares du renouveau de Cahors. On mesure les progrès suite à la rénovation de la cave, les vins ont gagné en élégance, le fruit est mieux souligné par l'élevage. On apprécie particulièrement les cuvées château et clos-marguerite, de plus en plus en forme.
chateau-lagrezette.com

Camin Larredya

Fer de lance de Jurançon, ce domaine conduit en agriculture biologique et en biodynamie est la figure incontournable de l'appellation, incarné par son propriétaire Jean-Marc Grussaute. Ses meilleures terrasses donnent même un vin exceptionnellement riche et subtil, à un prix encore accessible. L'ensemble de la gamme, aussi bien en sec qu'en moelleux, est d'un niveau admirable. La cinquième étoile n'est vraiment plus très loin.
caminlarredya.fr

Château Les Croisille

Germain Croisille exprime le renouveau de Cahors, avec une approche moderne où l'usage du bois neuf a été abandonné. Les vins, certifiés en bio, ont progressé en finesse, accessibilité, en profondeur et en expression de terroir. Aujourd'hui, le niveau atteint est remarquable, dans un style frais et saillant.
lescroisille.com

Château Les Donats

Patrick Somers acquiert ce domaine en 1994, entamant dans la foulée une restructuration complète des 20 hectares de vignoble. Depuis 2011, il travaille de concert avec l'œnologue Olivier Verhelst. Cette année, le bergerac rouge panache nous a conquis.
chateaulesdonats.com

Les Jardins de Babylone

C'est l'une des sept merveilles dans le monde des moelleux. Les Jardins de Babylone sont couvés par Louis-Benjamin Dagueneau, aidé de Guy Pautrat, le maître de chai du domaine. Ils n'ont rien changé au bijou de vignoble créé par Didier Dagueneau, son père, et au perfectionnisme de l'élaboration de son vin. L'un des plus grands dans sa catégorie.
silex@wanadoo.fr

Domaine Lionel Osmin & Cie

Dans une démarche engagée, éthique et responsable, Lionel Osmin a créé ce négoce éponyme haute couture avec l'idée de s'affranchir des appellations pour mieux mettre en avant le cépage et donner une lecture simple et gourmande de vins. Depuis Pau, la société vinifie une gamme variée d'une trentaine de cuvées, et signe aussi quelques armagnacs. Elle s'occupe de la commercialisation du Clos Joliette, un joyau de Jurançon, et des vins du Domaine Berthoumieu. La gamme ciselée par Damiens Sartori, l'homme clef des vinifications, offre de très belles réussites à tous les prix.
osmin.fr

Maison Marlère

Sous l'impulsion de son fondateur, Jérôme Baradat, cette maison s'est fixée comme objectif de donner des pistes aux consommateurs pour qu'ils découvrent la diversité des vins du Sud-Ouest, de manière simple et conviviale, aussi bien en grande distribution (Les accords parfaits) que dans la restauration (Les heures heureuses). Elle propose une gamme intelligemment vinifiée, qui cherche soit à mettre en valeur le cépage, soit le terroir. La suite s'annonce bonne.
marlere.com

Château Montus - Château Bouscassé

Si les terroirs incomparables de Montus et la Tyre permettent la maturation optimale du tannat, encore faut-il savoir, par la vinification et l'élevage, porter ce potentiel au plus haut niveau. Alain Brumont, né à Bouscassé, connaît ce terroir par cœur, mais sa vision et son sens de la perfection l'ont poussé à non seulement remettre en question l'interprétation du terroir par ses pairs, mais aussi à repousser ses propres limites toujours plus loin. Est ainsi née une vision sans concession, perfectionniste, visionnaire, une interprétation et une exigence qui dérangent et ne lui ont pas attiré que des amis. Il porte une attention exemplaire à ses 250 hectares de vignes, lui permettant de créer des cuvées intemporelles, de grande garde. Les vins sont monumentaux, avec une puissance et une énergie évidentes mais complètement domptés et sous contrôle, ce qui est un véritable tour de force. L'ensemble de Montus et de Bouscassé constitue sans doute le sommet actuel de la viticulture du Sud-Ouest.
www.brumont.fr

Château Moulin Caresse

Sylvie et Jean-François Deffarge portent haut les couleurs de Montravel sur ce domaine de 52 hectares situés en coteaux et sur le plateau de Vélines. Il s'efforce de faire du mieux possible et la génération suivante, Quentin et Benjamin, est désormais impliquée dans la vie du domaine. La gamme importante permet de proposer des vins adaptés à toutes les circonstances.
moulincaresse.com

Domaine Nigri

Ce domaine produit un style de jurançon moderne et épuré, porteur de la race des cépages locaux, dont le propriétaire Jean-Louis Lacoste est un ardent défenseur et conservateur. Les vins secs offrent beaucoup de dynamisme. Certaines sélections de liquoreux sont aussi remarquables. Le domaine continue sur sa lancée des dernières années.
domaine.nigri@wanadoo.fr

Domaine Plageoles

Les Plageoles (Robert et Bernard, son fils) ont été à l'origine du renouveau du vignoble gaillacois, en faisant connaître les variétés du mauzac et les cépages locaux oubliés. La troisième génération maintient le cap. Les cépages sont vinifiés et mis en bouteille séparément. Les curiosités sont ici le pétillant mauzac nature, modèle de vin frais et désaltérant, le vin d'autan, issu du passerillage de l'ondenc, et le fameux vin de voile, très gastronomique. La gamme est passionnante.
vins-plageoles.com

Producteurs Plaimont

Plaimont Producteurs est la marque de la coopérative la plus dynamique du Sud-Ouest. Elle continue son travail pour ressusciter les terroirs du secteur de Saint-Mont, terres anciennement vouées aux céréales ou aux vignes d'Armagnac. Les cépages autochtones comme le tardif et l'arrufiac ont été remis en valeur, une vigne très ancienne a été inscrite au patrimoine en tant que monument historique, un conservatoire ampélographique a été créé. L'approche intelligente et qualitative a permis d'imposer largement les produits en France et à l'étranger. Active sur tout le secteur du sud-ouest, la cave regroupe 5 300 hectares de vignes. Le sens collectif des coopérateurs, bien orienté par Olivier Bourdet-Pees, le directeur, permet des sélections étonnantes. La dégustation de cette année confirme le potentiel impressionnant des terroirs de Saint-Mont.
plaimont.com

Château Plaisance

Marc Penavayre a fait évoluer le style des vins du cru vers des produits plus fins, plus élégants, grâce à plus d'application à la

vigne, certifiée bio depuis 2011, et à une réflexion sur les encépagements, en faisant la part belle à la négrette et en plantant quelques blancs. Vins accessibles dès le plus jeune âge, dans un style maîtrisé.
chateau-plaisance.fr

Domaine du Tariquet

Marque mondiale et plus grand vignoble familial de France à ce jour, avec 1 125 hectares de vignes et neuf millions de bouteilles commercialisées chaque année. Armin et Rémi Grassa ont pris la suite de leur père Yves, à l'origine de l'épopée. Les installations ultra modernes et une hygiène de chai méticuleuse garantissent des vins d'une technicité irréprochable. Les-dernières-grives sont une valeur sûre et toute la gamme progresse. Le domaine signe également des armagnacs de qualité.
tariquet.com

Clos Thou

Petit domaine situé sur les terres les plus réputées de l'appellation, Thou brille par la régularité et la typicité de sa production. Les cuvées suprême-de-thou et cerisaie sont sans conteste au sommet de l'appellation. Les vins ont en commun une personnalité affirmée et un style séducteur dont on ne se lasse pas. On félicite cette constance au plus haut niveau ces derniers millésimes.
clos-thou.com

Château Tirecul La Gravière

Bruno Bilancini aurait pu être médecin, il est devenu vigneron à Monbazillac. Œnologue, il lui fallait trouver une passion à la hauteur de ses ambitions et un grand terroir. Le vignoble compte neuf hectares répartis entre sémillon et muscadelle, conduit en agriculture biologique, certifié depuis 2012. Les argiles lourdes de Monbazillac, quadrillées de calcaire sur le plateau, donnent ici les plus beaux spécimens de l'appellation, qui vieillissent à merveille. On entre ici par la porte très étroite des grands liquoreux, à l'instar des plus beaux sauternes. Depuis 2016, il a repris six hectares de vignes plantées en rouge lui permettant d'élargir sa gamme. Le domaine est au sommet.
tirecul-la-graviere.fr

Château Tour des Gendres

Cette propriété est le fief de la famille de Conti. Luc de Conti a acheté le domaine en 1981. Son cousin Francis et son fils Guillaume l'ont rejoint, tandis que sa fille Margaux a choisi un autre domaine (Barouillet) et son fils Gilles la voie de la bière. 50 hectares sont conduits en bio et une petite partie (12 hectares) en biodynamie.
chateautourdesgendres.com

Clos Triguedina

Jean-Luc Baldès continue la saga familiale de cette propriété historique de Cahors. Une grande partie des 65 hectares se situe sur les troisièmes terrasses de Vire, au bord du Lot. Le reste se situe sur le causse et ses terres plus blanches. Si la sélection parcellaire intelligente mise en place rend compte du patrimoine du domaine, la cuvée d'assemblage prince-probus donne une idée juste du cahors moderne, coloré et juteux. Une adresse essentielle pour découvrir l'appellation.
jlbaldes.com

Jean-Luc Baldès (Clos Triguedina).

Clos Troteligotte

Cette propriété de 10 hectares, sur les hauteurs de Cahors, est passée à la biodynamie en 2015. Par ses élevages en jarres de terre cuite, Emmanuel Rybinski produit des vins complexes et purs, des bouches plus délicates qui ne manquent jamais de fond. Les vins élevés en foudre sont plus conventionnels mais partagent la même pureté de fruit et un caractère accessible dès leur jeunesse. Tout est ici d'un haut niveau.
clostroteligotte.com

Château Vari

Le vignoble du château, situé sur la commune de Monbazillac, s'étend sur 20 hectares. C'est en 1994 que Sylvie et Yann Jestin ont posé leurs valises. Convaincus que l'avenir est dans le bio, ils convertissent l'ensemble, avec une certification acquise en 2009. Les résultats sont remarquables : faune et flore ont reconquis les terres et les vins n'en sont que meilleurs, atteignant ces derniers millésimes un niveau à la hauteur d'une troisième étoile.
chateau-vari.com

Vignoble des Verdots

David Fourtout est l'une des grandes figures de Bergerac. Il oeuvre sur son vignoble de 45 hectares, avec une approche contemporaine autour d'élevages longs et de matières musclées qui s'affinent idéalement à la garde. Un travail sans relâche permet au domaine de donner le meilleur de son terroir. Cuves tronconiques sur mesure, chai moderne conçu pour triturer le moins possible le raisin, élevages soignés. Tout est réussi en blanc ou en rouge.
verdots.com

Domaine Vignau La Juscle

Le petit bijou de Vignau-La-Juscle est la perle cachée de Jurançon. Michel Valton, médecin urologue, s'occupe de ce vignoble comme un grand chirurgien et prend tous les risques pour ne produire qu'un seul vin, récolté au sommet du passerillage du raisin. Son coteau est un véritable modèle de viticulture de montagne, et sa petite production d'igp rouge est d'une personnalité rare. Le jurançon sec est une belle réussite. Bravo.
antonin.valton@gmail.com

Maison Georges Vigouroux

Des vins recommandables, qui partagent le même caractère puissant, riche et des élevages soignés. Notre préférence va à la cuvée icône WOW du château de Haute-Serre, qui possède une forme d'élégance et de distinction supplémentaires.
g-vigouroux.fr

Maison Wessman

Robert Wessman et Ksenia Shakhmanova, copropriétaires, ne cherchent nullement la quantité, mais à vinifier des cuvées à renommée mondiale. Pari réussi avec la cuvée n°1, tout juste remarquable. Tant de talent mérite de figurer dans notre carnet de bonnes adresses.
maisonwessman-wines.com

Loi

EN DEUX DÉCENNIES, LE VIGNOBLE ROYAL EST DEVENU UN RÉSERVOIR INTARISSABLE DE BONS VINS. DES VOLCANS D'AUVERGNE JUSQU'AU PAYS NANTAIS, EN PASSANT PAR LE CENTRE, LA TOURAINE ET L'ANJOU, LES DOMAINES DE TALENT NE MANQUENT PAS. QUELLE CHANCE

re

PORTÉ PAR UNE GÉNÉRATION AMBITIEUSE, LE MUSCADET A REPRIS EN MAIN LES RÊNES DE SON DESTIN. IL ÉTAIT TEMPS. BEAUCOUP DE BONNES CHOSES VONT S'Y PASSER

MUSCADET AVIS DE BEAU TEMPS

PAR **LOUIS-VICTOR CHARVET**

NOS LECTEURS LES PLUS ASSIDUS seront peut-être surpris de nous voir commencer ces pages consacrées à la vallée de Loire en parlant du muscadet. On le confesse volontiers, son territoire n'est pas la région la plus couverte par nos équipes de journalistes et de dégustateurs. Il faut dire que pendant de nombreuses années, les vins de qualité en Pays nantais se résumaient à la production de quelques vignerons isolés dont il était impossible de parler sans fermer les yeux sur les tonnes de vins produits, acides et terriblement ennuyeux.

Si cette production navrante existe toujours, un voyage récent dans l'appellation a fini de nous convaincre que les changements que nous pressentions ont bien eu lieu. Depuis une dizaine d'années, nous entendons ici ou là que le muscadet est prêt pour sa renaissance, portée par une poignée de producteurs qui savent enfin quel terroir ils ont sous les pieds. Si cette confirmation (inachevée) aura pris du temps, il faut saluer les pionniers qui ont su fédérer autour d'eux des vignerons amoureux de la région et de leur appellation. L'un d'eux, Jo Landron, triomphant non sans mal de ce travail de Sisyphe, a ouvert la porte pour une génération qui ne demandait qu'à s'engouffrer. Fin connaisseur des territoires et homme d'une gentillesse exemplaire, il n'a pas ménagé sa peine pour faire reconnaître le melon de Bourgogne et les grands terroirs de Loire-Atlantique.

CE QUI CHANGE

C'est dans la voie qu'il a tracée que marche aujourd'hui la génération d'après, celle des héritiers de cette volonté : Pierre-Marie et Marie Luneau, la famille Lieubeau, Aurore Günther-Chéreau, Julien Braud, Éric Chevalier, Fred Niger, Jérôme Bretaudeau et bien d'autres. Elle fait aujourd'hui l'expérience des doutes, des angoisses et de la pression inconsciente exprimée par les amateurs qui leur réclament les grands vins que ce terroir infiniment complexe peut donner. Amphibolite, serpentinite, granit, granit à deux micas, schistes, micaschistes, gneiss, orthogneiss, gabbro, on ne peut lister tous les types de sols qui composent cette géologie si particulière ni rendre compte de l'imbrication géographique entre eux. S'appuyant sur cette diversité, la création de dix dénominations communales est une première étape vers une hiérarchisation des terroirs. Nous espérons qu'elle ira un jour jusqu'à la reconnaissance précise des lieux dits, définissant des premiers crus (Gras-Mouton, L'Aulnaye, L'Astrée, Comte de Saint-Hubert, Perrières, etc.) et au moins un grand cru (Butte de la Roche).

Surtout, la dynamique inspire. Aussi bien la Fédération des vins de Nantes que la jeunesse, toutes deux remarquables par leur volonté de faire bouger les lignes. C'est d'ailleurs sous la bienveillance de l'institution que de jeunes vignerons se sont réunis en un collectif consacré à l'échange. Tous ont en commun de marcher dans les traces de leurs aînés et de proposer une vision identitaire de leurs muscadets, prônant de plus en plus une viticulture bio ou biodynamique courageuse car complexe à mettre en place dans une région aussi océanique.

Sur cette route encore longue, il leur faudra composer avec ce « plafond de verre » posé sur le prix de vente de leurs vins, les empêchant de vivre un peu mieux de leur travail et d'investir un peu plus l'argent gagné.

VOYONS LE POSITIF

C'est une chance incroyable pour qui cherche des blancs absolument magnifiques de raffinement et de diversité stylistique à ce niveau de prix. Bien sûr, la vision de ces producteurs courageux n'est pas partagée par l'ensemble de l'appellation. Par immobilisme le plus souvent, par paresse parfois, trop de domaines sont voués à disparaître dans un futur proche, faute de gens motivés pour les reprendre. Le dynamisme de Nantes toute proche ne suffira certainement pas à attirer des investisseurs dans ce vignoble où le foncier s'échange à un prix dérisoire et le bâtiment coûte très cher. La restauration, encore timide à l'égard des vins, commence à changer de regard, ce dont nous nous réjouissons tant les accords sont nombreux.

Nous invitons nos lecteurs à s'emparer de ces trésors, largement exportés hors de nos frontières, et à aller à la découverte de ces caves où l'accueil est toujours impeccable pour y explorer la diversité d'expression du melon de Bourgogne travaillé par des vignerons de talent. Naturellement digeste et rafraîchissant, peu enclin à monter dans les degrés, le cépage produit déjà des cuvées d'avenir, anticipant la demande des consommateurs pour des vins toujours plus équilibrés. Par solidarité peut-être, par respect de la tradition sûrement, la nouvelle génération continue de travailler dans le cadre de l'appellation, prenant le risque d'être associé à une production médiocre qui inonde les bas de rayon d'une certaine distribution, voire d'une certaine restauration.

Bref, sans cesse dans ce vignoble, la satisfaction laisse place au doute. Un combat interne au cours duquel la détermination des anciens peut encore flancher et l'enthousiasme des plus jeunes s'éteindre. Aux générations qui ont fait que ce vignoble de promesses est devenu un vignoble d'avenir, merci. À sa relève, courage. Maintenant, aux amateurs de grands vins d'éviter que s'évanouisse autant de détermination.

BOURGOGNE
& OREGON
2
TERROIRS,
une même famille.

CHINON RETOUR PARMI L'ÉLITE

CETTE VIEILLE APPELLATION DE LA LOIRE S'EST REFAIT UNE SANTÉ. LA VOICI EN PLEINE FORME, PRÊTE À RECONQUÉRIR LE RANG QUI EST LE SIEN. CELUI D'UN GRAND PARMI LES GRANDS

PAR ***DENIS HERVIER***

ADOSSÉS À LA FALAISE QUI BORDE LA VIENNE, Chinon et son vignoble se situent à 40 kilomètres au sud-ouest de Tours. Riche des souvenirs de François Rabelais et du philosophe du goût Jacques Puisais, cette ville d'Histoire chère aux Plantagenêt abrita la rencontre entre Jeanne d'Arc et Charles VII. Autre rendez-vous, celui de la Loire et de la Vienne à Candes-Saint-Martin, point géographique majeur, générateur de paysages d'une beauté spectaculaire où le ciel se marie à la pierre de tuffeau, blanche et lumineuse. Les récentes fouilles entreprises autour du village de Crouzilles accréditent la thèse selon laquelle les origines du vignoble chinonais remontent à l'Antiquité. Il s'est développé depuis grâce à la présence sur ce territoire de voies de transports naturelles favorables, dont ces deux grands fleuves, axes majeurs pour le commerce des vins.

UNE APPELLATION ÉTENDUE D'EST EN OUEST

D'est en ouest, toute en longueur, l'appellation s'enroule autour de la Vienne sur une trentaine de kilomètres, la largeur ne dépassant pas quatre ou cinq kilomètres. Sur la rive droite, les vignobles plantés sont plus regroupés que sur la rive gauche où les ceps se montrent disparates et sans véritable continuité. Depuis le millésime 2016, les meilleurs terroirs situés autour de la maison natale de Rabelais font partie de l'appellation, prolongeant son secteur occidental sur les communes de Seuilly, Lerné, Couziers, Saint-Germain-sur-Vienne, Thizay, Cinais et Candes-Saint-Martin. Elles présentent les mêmes variétés de terroirs que le reste du Chinonais. C'est-à-dire des graves alluviales en bordure de fleuve, des plateaux calcaires et des coteaux argilo-calcaires. En fait, la zone géologique de Chinon repose sur un socle calcaire d'une centaine de mètres d'épaisseur. Un plateau formé il y a 90 millions d'années et découpé par la vallée de la Vienne, au sud, et celle beaucoup plus large de la Loire au nord-ouest. Ces deux entités fluviales compartimentent le paysage et marquent le relief par des coteaux spécifiques.

LA TERRE PROMISE DU CABERNET FRANC

Célébré par Rabelais sous le nom de breton, le cabernet franc couvre aujourd'hui 2 300 hectares. Il constitue le cépage emblématique du Chinonais pour la production de vins rouges et se retrouve dans tous les crus à fort potentiel de garde. Sur les terroirs de graviers, il exprime des flaveurs toniques de petits fruits rouges, évoluant avec les ans dans un registre de fraise des bois, de poivre de Kampot et d'anis. Lorsqu'il rencontre les meilleurs terroirs argilo-calcaires du territoire, il puise de subtiles notes crayeuses permettant de bien étirer le vin ainsi que de délicats arômes de violette évoluant vers des notes de truffe au fil des ans. Sur le plan cultural, le cabernet franc ne supporte pas le moindre excès, que ce soit la maturité insuffisante, entraînant le goût de poivron vert, ou le stress hydrique. Ses rendements doivent être modérés et son extraction tannique la plus douce possible. Les vins de coteaux et de plateaux dominés par l'argilo-calcaire donnent des vins de garde d'une réelle profondeur qui défient le temps sur plusieurs décennies.

LE CHENIN, CÉPAGE HISTORIQUE

Dès le début du XVIe siècle, le port de Nantes joue un rôle essentiel dans l'exportation des vins ligériens, grâce aux marchands hollandais implantés dans ce coin du royaume. Ce sont eux qui les expédient vers l'Europe du Nord. Sur ce marché, les blancs sont recherchés. On suppose logiquement que le chenin, cépage indigène de la Loire, était majoritaire dans le vignoble. Rabelais, utilisait déjà ce terme sous la Renaissance. Il existe d'ailleurs un lieu-dit historique baptisé « Champ Chenin », à Savigny-en-Véron, qui est devenu une cuvée emblématique du domaine Olga Raffault. Aujourd'hui, ce cépage est cultivé sur 96 hectares. Pour qu'il s'exprime parfaitement, on recherche en priorité les terroirs dont les sols possèdent du calcaire. Celui-ci procure en bouche ces envolées crayeuses finales. On trouvera moins de complexité sur les graviers qui donnent souvent des vins d'une mollesse peu intéressante. Seuls 44 vignerons en produisent sur les 168 que compte l'appellation.

LA FORÊT PROTÈGE

Le triangle formé par la Vienne et la Loire est fermé par 5 140 hectares de forêt. Celle-ci influe profondément sur les microclimats de la région et domine le haut du plateau, au nord-est de l'appellation, jouant un rôle de rempart déterminant contre les vents du nord et les éventuelles gelées sur les coteaux, en terrasse ou en plaine. Véritable chandail pour le vignoble, elle structure les paysages et souligne les vallées. Côté ouest, la forêt de Fontevraud régule la masse d'air et induit une alternance des vents propre à

PRESSE

Un paysage typique de la vallée de la Loire. Une gabare sur le fleuve, une forteresse royale sur sa rive.

influer chaque millésime. Ainsi que le disait si bien Jacques Puisais : « *Certaines années sont marquées par les vents d'est frais et secs, comme en 2002. Parfois, les vents du sud-ouest apportent chaleur et humidité, comme le très arrosé 1993* ». Depuis 2017, on ressent un peu moins l'influence de ces vents. Les fins d'été deviennent de plus en plus chaudes. À l'ouest, le pays de Véron est plus marqué par l'influence océanique que les communes plus orientales comme Panzoult ou l'Ile-Bouchard, sensibles à une forme de continentalité contrastée, impliquant suivant les millésimes des conditions de production différentes. L'amplitude thermique se situe entre 35 °C l'été et 4 °C l'hiver. On enregistre ici plus de 2 100 heures de soleil par an et la pluviométrie est bien inférieure à la moyenne nationale. C'est l'appellation la plus chaude de Touraine.

PLACE AU BIO ET À LA BIODYNAMIE

Il y a eu les précurseurs du bio comme Etienne de Bonnaventure au château de Coulaine, Marc Plouzeau au domaine de La Bonnelière ou encore Pascal Lambert. À Cravant, Fabrice Gasnier, actuel président du syndicat, est depuis 2006 un pionnier de la biodynamie. Depuis une décennie, les conversions se sont multipliées. En 2021, l'appellation chinon compte 38 % de ses surfaces en production converties à l'agriculture bio. Cette démarche croissante traduit la volonté des vignerons de répondre aux défis environnementaux de l'époque. La différence qualitative est manifeste lors des millésimes solaires comme 2018 où les domaines bios tirent leur épingle du jeu en proposant des vins avec une plus grande fraîcheur de constitution. Un tour du vignoble permet de voir clairement le souci du travail des sols. Un peu moins de 75 % des propriétés sont labellisées AB ou en cours de labellisation, Terra Vitis ou HVE. Sur les 140 échantillons dégustés pour ce dossier, 95 % sont issus de crus en agriculture biologique. Un fait unique dans l'histoire de nos dégustations.

CHANGEMENT DE STYLE

À la fin du siècle dernier, un certain nombre de vignerons chinonais cherchaient à imiter les bordeaux, au niveau de la structure tannique et de l'élevage. C'était la grande époque des cuvées « vieilles vignes », taillées pour la garde, avec des vins amples et épicés manquant souvent de nuances. Seuls quelques propriétaires comme Bernard Baudry, avec Les Grézeaux, Charles Joguet avec ses clos de la Dioterie et du Chêne vert, Pierre et Jacques Couly avec leurs clos de l'Echo et de l'Olive mettaient en avant une démarche parcellaire. Cette tendance s'est accélérée ces quinze dernières années. Avec le développement du travail du sol, les vins proposent plus de personnalité et d'élégance, plus de jutosité dans le fruit et plus de fraîcheur florale, tout en conservant un grand potentiel de garde. Le style des crus s'est considérablement affiné, davantage en phase avec « *la gueule de l'endroit* ». Le changement climatique a profité largement à la région, avec des maturités de vendange plus accomplies, chassant au rang des souvenirs le célèbre goût de poivron vert que prenait le cabernet franc deux années sur trois.

UN VIVIER DE BONNES AFFAIRES

Entre 15 et 35 euros, on trouve de très bons rapports qualité-prix dans les grandes cuvées de coteau ou de plateau, les vins pouvant évoluer pendant plusieurs décennies. Sur ces derniers millésimes, des propriétés comme le domaine de La Noblaie, les domaines Grosbois ou Gasnier incarnent parfaitement ce que l'amateur recherche, avec une offre allant de la bouteille de casse-croûte à celle que l'on ouvre pour les belles occasions. Si les cuvées du millésimes 2020 sont à ce jour destinées à être bues sur le fruit de leur jeunesse, le millésime conseillé pour vos achats est aujourd'hui le 2019. Grande réussite, il rend lisible tous les terroirs de l'appellation tandis que le solaire millésime 2018 manque un peu de nuances. Les meilleurs 2017 valent le détour quand 2014 fait parler son grand classicisme.

GRAVIERS, ARGILES, SILEX ET TUF

Charme et plaisir immédiat, les secteurs de graviers

Ces sols de sables et bien entendu de graviers sont désignés sous le nom de varennes. On les regroupe en trois secteurs. Le premier d'entre eux se situe en amont de Chinon, sur la rive droite de la Vienne et s'étend depuis Crouzilles jusqu'à Cravant-les-Côteaux. Un deuxième secteur parallèle au premier longe la Vienne sur sa rive gauche. C'est une étendue de vignes plus étroite qui va de l'Ile-Bouchard jusqu'à Anché, à l'extrême-est de l'appellation, en passant par Sazilly et Tavant. Plus à l'ouest, la troisième zone de varennes se situe dans le pays de Véron, à Savigny-en-Véron, Beaumont-en-Véron et Avoine.

Densité, profil ciselé, les secteurs d'argiles à silex

Les zones principales d'argiles à silex sont localisées en partie sur le haut plateau dominant Chinon et sur celui coiffant Cravant. Côté rive gauche de la Vienne, des parcellaires de Ligré comme la cuvée Chiens-Chiens du domaine de la Noblaie ou certains terroirs de La Roche-Clermault (château de la Bonnelière) sont des références. Ces secteurs disséminés sur l'appellation donnent des vins typés par leur densité et des finales ciselées.

Le tuf et l'argilo-calcaire

Changement de support géologique. Avec le tuf, on bascule vers les argilo-calcaires qui occupent les plateaux et les coteaux dominant les vallées. On en trouve sur la rive droite de la Vienne (Avon-les-Roches, Panzoult, Chinon), sur un secteur de Beaumont-en-Véron et surtout dans le secteur le plus important en superficie et en vignerons, celui de Cravant-les-Coteaux. Côté rive gauche, Anché, Rivière, La Roche-Clermault et Ligré sont également de la partie, sans oublier Huismes en bordure de la Loire.

CHINON, LE CARNET DE NOTES

À Chinon, de nombreux styles se côtoient. La diversité des terroirs donne des expressions multiples au cabernet franc, sans compter une production confidentielle de vins blancs pour complexifier l'affaire. Une diversité unique qui méritait qu'on fasse le point. Notre sélection experte pour y voir clair. *DÉGUSTATION* ***DENIS HERVIER***

Angélique Léon, Clos de Danzay 2019
94
Expression océanique avec de la fraîcheur, un tannin soyeux et une sève profonde et élégante. Belle finale florale. Une des réussites du millésime.
Prix NC

Bernard Baudry, Clos Guillot 2019
96
Ce coteau calcaire apporte densité et fraîcheur. Particulièrement réussi, séveux, soyeux et profond, expression aboutie du cabernet franc sur l'un de ses meilleurs terroirs.
19,50 euros

Bernard Baudry, Croix Boissée 2018
94
Le millésime prend pour le moment l'ascendant sur le terroir. Tout d'un bloc, on sent la densité de l'argile sans la subtilité du calcaire. Attendons quelques mois qu'il gagne en nuances.
26 euros

Château de Coulaine, La Diablesse 2019
92
Un vin irrésistible dont l'origine est en partie sur les Picasses. On aime son tannin énergique et profond, doté d'un rebond final gracile avec une touche florale.
23 euros

Château de Coulaine, Sinope 2018, blanc
91
Dense et énergique, ce chenin situé sur le terroir du Véron est avant tout un vin de texture. Sa ponctuation finale minérale lui donne du relief.
15 euros

Château de la Bonnelière, La Chapelle 2018
91
Ce mono-parcellaire exprime un grand terroir d'argile à silex portant des vignes datant de 1929. Du muscle et une densité étirée dès son milieu de bouche. À ce stade, le vin est déjà tout en nuances.
16 euros

Château de la Bonnelière, Silice 2019, blanc
91
Arômes de poire et d'agrumes, densité et tranchant pur en bouche, ce vin est issu d'un terroir d'argile à silex situé sur les coteaux sud de la rive gauche de la Vienne.
14,50 euros

Château La Trochoire, Elisabeth 2017, blanc
90
Bastien Rocour est l'un des espoirs du secteur de Couziers. Avec ses tonalités de fleurs blanches, ce chinon possède une petite pointe de sucres résiduels qui lui va bien. Finale sur la menthe poivrée.
17 euros

Clos des Capucins, chinon 2017
94
Fin, élégant avec une texture voluptueuse, ce 2017 au tannin insinuant se met progressivement en place. Sa ponctuation florale assure un vrai rebond.
42 euros

Couly-Dutheil, Clos de l'Echo 2017
94
Ce clos argilo-calcaire historique, le plus haut de l'appellation, se situe sur un coteau exposé au sud du centre de Chinon. Ample en bouche, plus en structure qu'en arômes. Sa finale généreuse invite à l'attendre quelques années.
19,55 euros

Domaine Catherine et Pierre Breton, Beaux Monts 2020
91
Fruit plein de vitalité, tannin juteux, voilà une façon naturelle de mettre en avant le terroir argilo-calcaire du pays de Véron.
14 euros

Domaine Charles Joguet, Clos de la Dioterie 2017
97
Le toucher de tannin soyeux et raffiné s'étire dans une suavité juteuse et corsetée. Beaucoup de distinction, cœur de bouche complet et finale au rebond floral et poivré de grand style. Coup de cœur !
44 euros

Domaine Charles Joguet, Clos du Chêne vert 2017
96
Ce vin allie intensité et subtilité. Fraîcheur aromatique d'une rare élégance, touches de violette, zeste de pivoine, la bouche dense et racinaire se termine de façon aérienne.
40 euros

Domaine Charles Joguet, Varennes du Grand Clos 2017
94
Bien mise en valeur, la trame calcaire de ce vin est sa colonne vertébrale. Elle allonge la bouche, justement ponctuée d'une touche de violette en finale.
34 euros

Domaine de l'Arpenty, Réserve Pointevinière 2015
90
Issu d'un coteau argilo-calcaire sur Panzoult, ce 2015 offre de la structure et une belle gourmandise. Glissant et complexe, grande impression de fruit, on se fait déjà plaisir.
10 euros

Domaine de l'R, Les Folies du Noyer Vert 2018
90
On sent le millésime solaire, perceptible dans le toucher de tannin quasi moelleux de ce vin qui se débride et gagne en fraîcheur dans sa finale.
19,90 euros

Domaine de l'R, Les Houttes 2019
90
Planté sur une veine calcaire, ce chenin est un vin de matière aux légères notes oxydatives qui ne dérange en rien la dégustation. On aime sa densité et sa tension, ses accents de fruits blanc et d'aubépine et sa finale ciselée.
22 euros

Domaine de la Commanderie, Elégance 2019, blanc
89
Chenin tout en nuances avec un gras subtil en attaque, parfaitement prolongé par une suite dynamique et une touche saline en finale.
10,90 euros

Domaine de la Noblaie, Blancs Manteaux 2019
95
Tannin subtilement juteux, étiré avec classe et raffinement. Ce modèle de style, issu du terroir de Ligré, évoluera parfaitement dans le temps. Une des cuvées du millésime.
17 euros

Domaine de la Noblaie, Pierre de Tuf 2017
96
Ces vignes plantées en 1947 sur sol argilo-calcaire donnent l'une des expressions les plus abouties de cabernet franc, dans un registre plein et complexe. Sève ferme et profonde, grand velouté de texture.
23 euros

Domaine de Noiré, Amphora 2019, blanc
91
Ce chenin élevé en amphore italienne offre un toucher de bouche soyeux et énergique, tout en tension saline, ponctuée de fleurs blanches et de notes de poire d'Anjou d'une grande fraîcheur.
20 euros

Domaine de Pallus, Croix Boissée 2017
94
Issu d'un coteau argilo calcaire de Cravant. On produit sur ce grand terroir un vin profond et subtil, taillé pour la garde, avec une belle assise finale et une relance d'excellente tenue.
Prix NC

Nicolas Grosbois.

Domaine des Béguineries, Clos Braie 2017
94
En 2017, ce clos argilo-calcaire à flanc de coteau fait parler sa puissance civilisée sans se départir d'une subtilité de texture et de son fruit pulpeux, tonique et poivré. C'est une très belle réussite.
18 euros

Domaine des Béguineries, Réserve d'Elise 2018
93
Un vin de garde, issu de vignes de 60 à 80 ans situées sur des coteaux argilo-limoneux-calcaires. De l'ampleur en attaque, une bouche profonde et élégante dotée d'un soyeux étiré. La finale crayeuse donne de la complexité à l'ensemble.
14 euros

Domaine des Bouquerries, Cuvée Royale 2020
90
Une cuvée Royale particulièrement longue et séveuse, bien dans le style étoffé des chinons produits sur le secteur Cravant.
6,90 euros

Domaine Dozon, Le Clos du Saut au Loup 2019
91
Sélection parcellaire de vignes de plus de 40 ans, sur coteaux argilo-siliceux avec exposition sud, sud-est. Joli toucher de tannin velouté avec une belle allonge séveuse.
10 euros

Domaine Dozon, Le Grand Saut 2018
91
Issue de vignes de plus de 60 ans plantées à mi-pente d'un coteau de Ligré (sous-sol de tuffeau jaune), on apprécie le côté séveux de ce vin, sa grande profondeur et son rebond plein d'énergie.
13,50 euros

Domaine Fabrice Gasnier, Queue de poêlon 2018
94
Il a dominé notre dégustation du millésime 2018. Grande fraîcheur et énergie, superbe envolée finale où se mêlent le minéral et le floral. Le terroir a complètement dompté le millésime. Magnifique.
16 euros

Domaine Fabrice Gasnier, Vieilles Vignes 2019
92
Grande délicatesse de texture, registre soyeux, tannin fin et énergique. La fraîcheur finale et minérale se mêle à des notes de fruits rouges réjouissantes. Ce 2019 mérite de patienter quelques années en cave.
13 euros

Domaine Grosbois, Clos du Noyer 2019
94
Superbe énergie dans le tannin, avec de la complexité et une fraîcheur bienvenue dans le soyeux de la texture, en phase avec le sol argilo sableux qui donne naturellement plus de souplesse que l'argilo calcaire.
29 euros

Domaine Grosbois, Montet 2019
95
Ce terroir situé sur la faille calcaire de Panzoult signe la bouche en étirant une matière juteuse, dense et raffinée. On aime son envolée finale, florale et minérale. Un vin de garde et une réussite.
32 euros

Domaine Jourdan et Pichard, La Croix Boissée 2018
90
Sur ce terroir de tuffeau et de colluvions, ce chenin affiche de la profondeur en même temps que de l'élégance, dans un style très direct.
18 euros

Domaine Lambert, Les Chesnaies 2017
90
Dans le registre du sec tendre, robe dorée prononcée où s'expriment des flaveurs de miel et de safran. L'attaque est moelleuse et la finale tension, un vin idéal pour accompagner un curry.
20 euros

PRESSE

Domaine Lambert, Les Perruches 2017
93
Coup de maître ! Tannin à la fois voluptueux grâce aux argiles et parfaitement étiré par son terroir de silex. On adore son tranchant subtil en final qui permet un rebond de grande classe.
32 euros

Domaine Olga Raffault, Barnabés 2018
91
Tendre et délicat, ce 2018 souple et svelte est dans la ligne de son terroir avec une finale longue et finement fumée. Ensemble maîtrisé et bien équilibré.
10,50 euros

Domaine Olga Raffault, L'or d'Olga 2018, blanc
94
Potentiel aromatique floral et fruité, tout en jouant sur la densité du toucher de bouche lié au bâtonnage de lies. Envolée crayeuse et bel exercice de style. Un hommage vibrant à Olga Raffault.
30 euros

Domaine Serge et Bruno Sourdais, Les Cornuelles 2019
90
Ces vignes de 80 à 100 ans plantées sur un coteau d'argile à silex abrupt exposé plein sud offre une masse tannique impressionnante. Il faut attendre une dizaine d'années avant que ce vin classique dans sa conception donne sa pleine mesure et marche sur les traces du monumental 1989.
12 euros

Christophe Baudry et Jean-Martin Dutour (domaines Baudry-Dutour).

Domaines Baudry-Dutour, Château de Saint-Louans 2019, blanc
92
Beaucoup d'énergie et un changement de style avec moins d'élevage que par le passé. Ce chenin exprime dès à présent de la pureté et du plaisir dans sa finale anisée.
23 euros

Domaines Baudry-Dutour, Domaine de la Perrière, Vieilles Vignes 2018
92
Malgré le millésime solaire, on a su conserver le style de cette cuvée à l'énergie subtile, capable de bien traduire l'expression des graves légèrement argileuses de Cravant. Il est à l'épreuve du temps.
11,50 euros

Jean Maurice Raffault, Clos d'Isore 2018
92
Ce clos de très vieilles vignes, en pente ouest, est posé sur un sol argilo-calcaire bien interprété sur ce millésime. On aime sa densité étirée en finale et cette touche crayeuse enlevée.
11,50 euros

Jean Maurice Raffault, Les Baffés 2019, blanc
91
Ce lieu-dit se situe sur les coteaux argilo-calcaires de Beaumont en Véron. Grande densité en attaque, tension et pointe florale et minérale qui positionne parfaitement le vin en bouche.
11 euros

Philippe Alliet, Coteau de Noiré 2019
97
Quelle sève !
La profondeur des saveurs impressionne par son élégance et sa noblesse. Un magnifique chinon provenant d'une parcelle de deux hectares orientés plein sud sur un coteau calcaire froid très pentu. Coup de cœur !
25 euros

Philippe Alliet, L'Huisserie 2019
93
Sur le plateau d'argiles à silex de Chinon, cette cuvée charme par son fruit pulpeux et gourmand, bien étirée sur sa finale par un tranchant bienveillant. On se régale.
20 euros

Philippe Alliet, Vieilles Vignes 2019
95
Née sur un terroir de sables sur graviers profonds des bas de Cravant, cette cuvée de vignes sexagénaires possède toujours beaucoup d'éclat.
Le tannin fin, stylé et puissant se montre séveux. De loin, le meilleur de l'appellation sur ce type de sol.
16 euros

Pierre et Bertrand Couly, Hommage à Colette et Pierre 2019
94
En hommage à ses grands-parents disparus, Vincent Couly propose cette cuvée structurée. Assemblage de deux terroirs (Haute Olive et Saint-Louans), voilà un vin à la texture juteuse et veloutée, profond et dans l'esprit de fraîcheur propre aux vins de ce couple mythique de l'appellation.
25 euros

Pierre et Bertrand Couly, Le Parc 2018
94
Bertrand Couly a hérité des vignes de Louis Farou, pionnier dans la reconnaissance du terroir de Saint-Louans. Vin à la fois tendu et velouté, avec toujours cette fraîcheur finale imprimée par le terroir ainsi que le savoir-faire et la précision de Bertrand Couly.
12,50 euros

Thierry Landry, Clos Guillot 2017
91
On sent plus de fraîcheur, de nuances et de fruit que sur le millésime 2018. Il plaira par le caractère expressif de sa finale.
13,50 euros

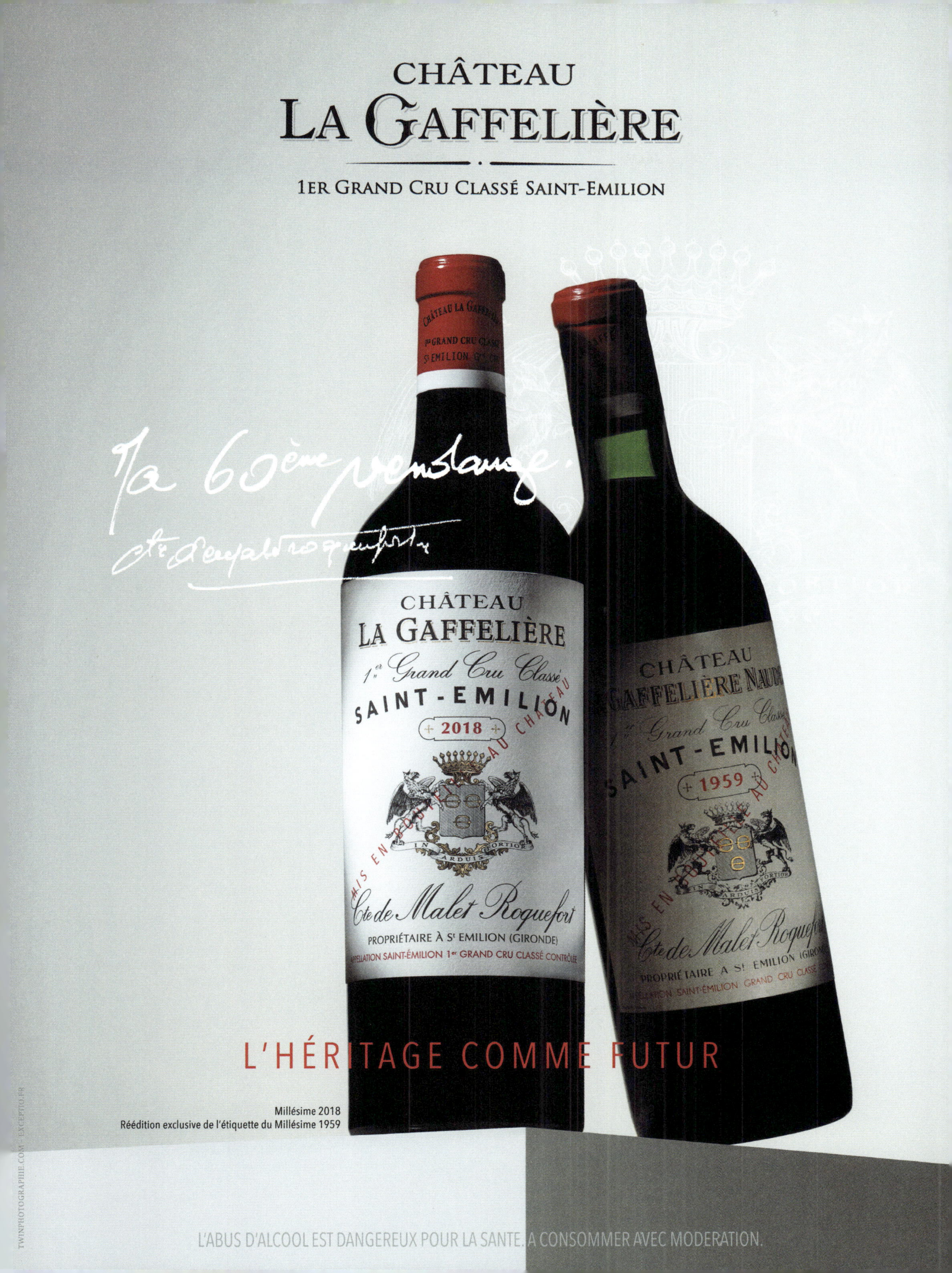
CHÂTEAU
LA GAFFELIÈRE
1ER GRAND CRU CLASSÉ SAINT-EMILION
La 60ème vendange.
CHÂTEAU
LA GAFFELIÈRE
1er Grand Cru Classé
SAINT-EMILION
2018
MIS EN BOUTEILLE AU CHATEAU
IN ARDUIS FORTIOR
Cte de Malet Roquefort
PROPRIÉTAIRE À St EMILION (GIRONDE)
APPELLATION SAINT-ÉMILION 1er GRAND CRU CLASSÉ CONTRÔLÉE
CHÂTEAU
GAFFELIÈRE NAUDES
1er Grand Cru Classé
SAINT-EMILION
1959
L'HÉRITAGE COMME FUTUR
Millésime 2018
Réédition exclusive de l'étiquette du Millésime 1959
L'ABUS D'ALCOOL EST DANGEREUX POUR LA SANTE. A CONSOMMER AVEC MODERATION.

Le piton de Sancerre. Entouré par la vigne, le village culmine à 310 mètres d'altitude.

SANCERRE LE PHARE DU CENTRE

UN VIGNOBLE CONNU DE TOUS LES AMATEURS, UNE GÉOLOGIE COMPLEXE, DES VIGNERONS STARS ET UN STATUT À PART SUR LA SCÈNE INTERNATIONALE DES GRANDS VINS BLANCS. SANCERRE DÉCRYPTÉ DE A À Z, IL ÉTAIT TEMPS

PAR **DENIS HERVIER**

AU XIXe SIÈCLE, alors que le vignoble sancerrois est dominé par les vins rouges, le phylloxera vient tout remettre en question. Cette crise culturale modifie l'encépagement au profit du sauvignon qui représente aujourd'hui 75 % de la superficie plantée sur les 2 900 hectares de l'appellation, répartis sur quatorze communes. Si, depuis le siècle dernier, les vins blancs façonnent complètement l'image du sancerre, le secteur de Chavignol était réputé dès le Moyen-Âge pour ses blancs de grande qualité. Les vins furent servis au pape Alexandre III lors de son séjour à Bourges durant l'été 1163 en présence du roi de France, Louis VII.

LA BLANCHEUR DU VIN DE CHAVIGNOL

Sous la Restauration, lorsque le négociant André Jullien essaie de hiérarchiser tous les vignobles connus, il vante les saveurs des vins blancs de Chavignol et de Saint-Satur : « *Nouveaux, ils ont de la douceur et une pointe agréable que l'on nomme moustille. Vieux, ils conservent assez leur blancheur, sont vineux et d'un bon goût* ». Jusqu'au début du XXe siècle, les blancs de Sancerre étaient à base de chasselas, même si on l'assemblait avec du sauvignon, sauf à Chavignol où les vignerons produisaient des vins de pur sauvignon classés à l'époque parmi les vins de dessert, dont le clos-de-la-comtesse semblait le plus célèbre.

UN PATRIMOINE MONDIAL

Surplombant la rive gauche de la Loire, le vignoble sancerrois est le plus accidenté de la région Centre. Les cirques et amphithéâtres qui y sont multiples offrent partout des veines de terres différentes. Ce paysage de collines culminant entre 250 et 400 mètres d'altitude résulte des transformations géologiques qui ont façonné le relief. Les coteaux portant les vignes sont légions. Par endroits, notamment à Chavignol, la déclivité peut facilement dépasser les 50 %. Les ceps sont généralement plantés à une altitude allant de 180 à 350 mètres, sur le flanc des pentes. Le plus souvent encaissés, les vallons abritent les villages vignerons qui font la réputation de l'appellation. Chavignol, Bué, Verdigny, Amigny, Saint-Satur, Crézancy entourent le célèbre piton de Sancerre. Ce relief constitue un élément déterminant pour les expositions, engendrant le développement de nombreux microclimats, voire d'écosystèmes. On dénombre ainsi plus de 7 500 parcelles et autant de mini terroirs aux sols, sous-sols et expositions variées. Si les collines sancerroises semblent protégées des vents dominants par un vaste plateau qui surplombe le vignoble, les gels à répétition sur les derniers millésimes démontrent leur fragilité. Les amplitudes thermiques très fortes d'avril et mai sont redoutées. « *En 2021, nous avons gelé sur les hauts de coteau alors qu'habituellement ce sont les altitudes plus basses qui concentrent les intempéries* », explique le chœur des vignerons.

LE SOUCI DU DÉVELOPPEMENT DURABLE

Le Sancerrois multiplie les conversions en bio suivant ainsi la majorité des grandes appellations ligériennes. Chaque année, les vignerons y développent des actions dans le sens du développement durable, notamment en plantant depuis quelques années arbres et haies. Partout, les nichoirs à chauve-souris se multiplient. Une charte « riverain » est en cours d'écriture pour garantir la sécurité

de tous en matière de traitement. L'objectif est d'aboutir d'ici quelques années à une charte environnementale adoptée par les vignerons.

TROIS GRANDES FAMILLES DE TERROIRS

Dans la partie centrale de l'appellation, les caillottes et les griottes, deux substrats calcaires, dominent dans la géologie. La plupart des vins de ces terroirs sont recherchés pour leur fraîcheur et leur fruité expressif. Une majorité de cuvées parcellaires mettent en avant des sols de terres blanches riches en fossiles coquilliers d'argiles et de calcaires qui confèrent aux vins densité et potentiel de garde. Plus à l'est, à proximité de la Loire, ce sont les silex qui sont majoritaires. Les vins issus de ces sols développent un parfum de pierre à fusil et de citron vert. Comme en Bourgogne, un chemin ou une départementale sépare souvent deux terroirs radicalement différents. Par exemple, celui situé sur la célèbre faille du Sancerrois se divise en deux expressions : le silex d'un côté, au lieu-dit "Les Romains" ; de l'autre côté, sur le lieu-dit "Grands champs", un profil de vin de caillotes plus crayeux. Ces différentes expressions de caillottes, terres blanches ou silex se retrouvent généralement assemblées dans les cuvées "domaine". Elles sont différenciées pour les cuvées parcellaires, qui restent minoritaires. La plupart d'entre elles reflètent au mieux leur terroir. Chacun des 300 vignerons que compte l'appellation se retrouve à la tête d'une infinie possibilité de combinaisons. Si certains rêvent d'une classification des ces terroirs en premiers et grands crus, le simple nom de Sancerre se révèle être beaucoup plus porteur auprès du consommateur.

LES SÉLECTIONS PARCELLAIRES ET LES STYLES DU SANCERRE

On trouve de moins en moins de cuvées mettant en avant le côté variétal du sauvignon, caractérisé par des flaveurs de genêt, de buis, voire de pipi de chat. Un meilleur travail à la vigne et le souci d'obtenir des raisins plus mûrs ont complètement transformé le profil aromatique des vins. Lors de la dernière décennie, le développement des cuvées parcellaires magnifie leur lieu de naissance, apportant un éventail de goûts supplémentaire d'une grande originalité, mettant en avant des vins de forte personnalité, capables de bien évoluer dans le temps. Un grand sancerre s'articule autour de l'équilibre entre le fruit et la fraîcheur minérale, sans oublier sa capacité à bien évoluer dans le temps. Si les cuvées "domaine" sont proposées entre 9 et 20 euros, les cuvées parcellaires varient entre 20 et 130 euros. Les meilleures rivalisent avec le meilleur de la production en France et conduisent Sancerre vers le haut. Parmi les bons rapports qualité-prix, signalons les domaines Denizot, Matthias et Emile Roblin ou Chotard. La dégustation qui suit a différencié les trois grands types de sols, façonnés par l'érosion à partir d'épisodes géologiques, mis à nu par les deux failles nord-sud de Sancerre et de Thauvenay qui traversent le vignoble de part en part. Les échantillons ont été regroupés au printemps 2021 à Sancerre et dégustés à l'aveugle. Des visites de propriété ont complété ce dispositif.

CAILLOTTES ET GRIOTTES

L'Oxfordien recouvre la partie centrale du Sancerrois, soit environ 45 % du vignoble, essentiellement dans une grande partie des villages de Bué, Crézancy, Sancerre et Verdigny et sur des secteurs plus restreints à Ménétréol, Thauvenay, Vinon et Veaugues. On y trouve des coteaux de caillottes et de griottes très calcaires, véritables petites collines à pente douce, donnant des vins parfumés, floraux et fruités, à boire jeunes en compagnie de crottins de Chavignol ou à attendre en cave pour les cuvées parcellaires. Pour ces dernières, le secteur de Bué a confirmé son potentiel qualitatif.

LES TERRES BLANCHES

Au nord et nord-ouest, sculptées par la Loire sur 40 % de la superficie du vignoble total, les "terres blanches" sont des coteaux abrupts de marnes calcaires issus du Kimméridgien. Sur ces terroirs typiques riches en fossiles marins, les vins expriment densité de matière et minéralité subtile. Discrets dans leur première année, ils s'affirment progressivement et peuvent se conserver au moins dix ans. Cette expression géologique se retrouve à Crézancy (zones de Reigny et Champtin), à Sancerre (secteurs d'Amigny et Chavignol), à Verdigny (Chaudoux et Chaudenay), à Sury-en-Vaux (dans le bourg, Chappes, Maimbré, Maison Sallé, Chambre) ainsi que sur des superficies plus réduites à Montigny, Veaugues, Bué et Sainte-Gemme.

LES ARGILES À SILEX

Si l'on suit la faille de Sancerre du nord au sud, à l'est du vignoble, sur 15 % de la surface, les argiles à silex apportent aux vins une richesse de constitution et un tranchant expressif avec ses notes de pierre à fusil, ainsi qu'une persistance aromatique et une salinité en bouche très pure. Taillés pour la garde, ils font honneur au homard ou à la truffe. Ces terroirs sont généralement sur des buttes comme à Bannay, Sainte-Gemme, Saint-Satur, Sancerre, Vinon, Thauvenay, Sury-en-Vaux et Ménétréol.

SANCERRE, LE CARNET DE NOTES

Réunir le meilleur du sauvignon de Sancerre dans nos pages ? Mission réussie pour notre expert. Voici sa sélection de 70 vins blancs pour faire le tour de l'appellation. Du beau monde et des découvertes. *DÉGUSTATION* ***DENIS HERVIER***

Alban Roblin, Héritage 2019

92

Un sancerre mûr, aux notes d'oranges amères, gourmand et affable, tout en tension contenue avec une réelle profondeur, cette cuvée a du style et de la complexité.

18,30 euros

Domaine Alphonse Mellot, Génération XIX 2010

99

Des vignes centenaires sur calcaires et marnes donnent à ce sauvignon une persistance et une complexité unique entre onctuosité, tranchant et intensité aromatique. Mariage idéal des accents de miel et de fruits jaunes, notes d'agrumes et touche safranée. La tension du cœur de bouche dynamise la finale. Les derniers millésimes sont encore plus précis.

45 euros

Domaine Alphonse Mellot, La Demoiselle 2018

97

Élaboré sur les terroirs de silex les plus hauts de Sancerre (200 m d'altitude), avec des vignes plantées en 1951, voilà un blanc filant, droit et lumineux, tranchant et vif.

30 euros

Domaine Alphonse Mellot, Les Herses 2016

95

Un blanc tranchant, pure comme de l'eau de roche, issu de vignes plantées en 1954. De la vibration et du tempo pour ce vin salin qui évolue parfaitement.

35 euros

Domaine Anthony et David Girard, Florilège des Monts Damnés 2019

94

Issue des très vieilles vignes (sélection massale du domaine) plantées sur les plus belles pentes, cette cuvée déploie une matière vibrante et soyeuse. Droit et puissant, doté d'un fruit succulent et révélateur du terroir, notes épicées et crayeuses. Grande sensation de pureté.

26 euros

Domaine Anthony et David Girard, Les Monts Damnés 2019

92

Véritable explosion de fruits mûrs, gourmands et parfumés, entre pomme Granny, pêche et petites prunes jaunes. Puissant et maritime, ce 2019 offre une matière particulièrement concentrée, pleine d'un fruit mûr et charnu.

17 euros

Domaine Bernard Fleuriet et Fils, Côte de l'Épée 2017

92

30 ares de vignes sur caillottes donnent ce sauvignon bien mûr, large, élégant, tonique et longiligne. Il a tout pour plaire.

16 euros

Domaine Bernard Fleuriet et Fils, Côte de Marloup 2019

92

Fraîcheur et vitalité, notes d'herbes fines, de pomme Granny, d'agrumes et de groseille à maquereau. Juteux et savoureux en bouche, porté par sa trame minérale qui sculpte une matière riche en extraits secs.

16 euros

Domaine Claude Riffault, Les Boucauds 2018

94

À Sury-en-Vaux, installées sur des sols argilo-calcaires de terres blanches qui apportent mâche et puissance, les vignes des Boucauds expriment en bouche minéralité traçante, densité de structure et grande intensité aromatique.

20 euros

Domaine Claude Riffault, Les Chasseignes 2018

94

La fraîcheur relative de ce terroir et son exposition favorisent une maturation idéale et lente du sauvignon, même sur une année chaude et sèche comme 2018. Un blanc crayeux et frais, équilibre par sa chair dense, mûre à point, généreuse et tactile.

21 euros

Domaine Claude Riffault, Monoparcelle 469 2018

97

Cette parcelle de 35 ares (vignes de plus de 50 ans en sélection massale) se situe à Sury en Vaux au lieu-dit Les Sentiers. L'amplitude thermique de l'endroit se révèle essentielle. Ces sols donnent des vins plus lents à s'ouvrir d'où un élevage un peu plus long (18 mois). Sa densité de matière et son intensité aromatique devraient le porter loin. Toucher de bouche caressant et accents minéraux.

29 euros

Domaine Claude Riffault, Monoparcelle 538 2018

98

Sur 50 ares issus du lieu-dit Les Desmalets, Stéphane Riffault pousse loin sa démarche parcellaire. L'élevage long (18 mois) nécessaire pour ce terroir ne renie en rien les fondamentaux de la maison et la fraîcheur de constitution. Ce premier millésime offre une superbe énergie. La finale est spectaculaire, avec de beaux amers et une touche fumée qui assurent le plus parfait des rebonds. Très grande classe.

29 euros

Domaine Daniel Chotard, Les Coutones 2019

95

Les cuvées parcellaires du domaine permettent de comparer deux nuances de terroirs argilo-calcaires de terre blanche. Sur les Coutones, cirque exposé plein sud, on retrouve dans 2019 une attaque en bouche très dense et une trame énergique jusque dans la finale crayeuse et traçante.

24 euros

Domaine Daniel Chotard, Les Cris 2019

94

Le calcaire fin des griottes lui donne beaucoup d'élégance et de tension en bouche, balancée par un gras subtil apporté par l'argile. L'élevage en amphore permet de préserver une dimension pure d'agrumes, nuancée de safran et d'épices.

24 euros

Domaine Daniel Chotard, Racines 2019

96

Issu de terres rouges dans lesquelles l'oxyde de fer s'ajoute aux argilo-calcaires. Après une entrée en matière généreuse, on observe une forme de resserrement qui donne du rebond au tranchant final dominé par de jolis amers.

24 euros

Domaine Daniel Crochet, Chêne Marchand 2018

93

Des terroirs de caillottes sur 55 ares et un élevage en barriques forment ce sauvignon de garde, aux notes d'agrumes, filant et dense à la fois. Il faut absolument carafer ce vin avant de le servir.

20 euros

Domaine Denizot, Cuvée domaine 2019

91

Cette cuvée exprime toute la délicatesse du sauvignon bien mûr, avec ce qu'il faut de tension et de salinité.

14 euros

Domaine Denizot, Les Bouffants 2018

92

Un vin taillé pour la garde possède une assise crayeuse bien étoffée, sur fond d'agrumes et de mangue avec pour colonne vertébrale une tension élégante. Une des révélations de la dégustation.

19,50 euros

Domaine Didier Dagueneau, Le Mont Damné 2018
98
Cette cuvée traduit le style du cru dans une année de belle maturité, mettant en scène densité et tension avec une pureté saline qui pousse à l'élévation sur sa finale. Les vignes gagnant en âge, ce cru se tient de façon admirable et peut concourir pour devenir, suivant les millésimes, le premier de la cave.
Prix NC

Domaine du Nozay, Clos du Nozay 2019
93
Ce 2019 au nez oxydatif déroule sereinement sa gamme aromatique, entre fleurs, herbes fines, fruits jaunes et agrumes. Il avance, imperturbable, imprégné d'une minéralité calcaire et saline salivante.
25 euros

Domaine du Nozay, La Marâtre 2019
92
Charmeur, généreux, tonique et toujours juste, ce 2019 séduit par son bouquet intense d'herbes fines, de pêche et de pamplemousse, sa densité gourmande et généreuse, ainsi que sa longue finale poivrée, tout en nuances.
16 euros

Domaine du Pré Semelé, Les Chasseignes 2019
90
Un 2019 délicat, avec de l'énergie, du relief de bouche et de belles nuances aromatiques. La finale saline l'inscrit dans une fraîcheur bien calibrée.
22,50 euros

Domaine Émile Balland, Croq'caillote 2020
93
L'intitulé du cru se retrouve parfaitement sur ce 2020, croquant à souhait, d'une élégance tonique, parcouru d'un souffle minéral évident. Un modèle du genre.
18,40 euros

Domaine Fouassier, Le Clos de Bannon 2017
94
On apprécie ce cru paré de belles expressions d'argiles et de silex. Un jus dense, mûr et profond, presque confit, avec une touche épicée.
Prix NC

Domaine Fouassier, Les Grands Champs 2017
93
On est ici sur les célèbres calcaires de Buzançais qui permettent de produire ce vin scintillant, énergique et charmeur.
Prix NC

Domaine Fournier Père et Fils, Caillottes 2019
90
Belle intensité aromatique, avec de jolies notes d'agrumes et de mangue, la densité se prolonge par une finale enlevée et saline.
26,40 euros

Domaine Fournier Père et Fils, Les Monts Damnés 2019
91
Fruité mûr et charmeur avec une bouche déjà expressive aux accents de mangue et d'agrumes confits ponctuée d'une finale incisive.
33,55 euros

Domaine Fournier Père et Fils, Silex 2019
91
Cette cuvée provient essentiellement du lieu-dit Moulin Grangier à Sainte-Gemme, abritant une forte concentration de silex. Flaveurs de pierre à fusil au nez comme en bouche. On aime sa tension citronnée en bouche ponctuée par une note de fumé.
26,40 euros

Domaine François Crochet, Exils 2018
93
Située à Thauvenay, cette parcelle de silex est la plus éloignée du domaine. Elle donne un sauvignon filant, sphérique, avec un léger rebond final.
25 euros

Domaine François Crochet, Le Chêne Marchand 2018
95
L'une des expressions les plus équilibrées du terroir du Chêne Marchand, avec des flaveurs de fruits jaunes et une générosité traçante.
28 euros

Domaine François Crochet, Le Grand Chemarin 2018
95
Sur calcaire, ce blanc vibrant aiguise les papilles par son grand fond salin et son superbe tranchant.
24 euros

Domaine Gérard Boulay, Clos de Beaujeu 2019
97
Ce coteau sud-est de 1,5 hectare, avec 70 % de pente, est l'un des plus difficiles à travailler. Le sauvignon exprime sa quintessence, avec de la texture et un fruit mûr et sphérique. Ce vin intensément minéral possède une aura mystérieuse, entre roche et mer, fraîcheur végétale et fruits mûrs, profondeur et énergie. Magique !
27 euros

Domaine Gérard Boulay, Comtesse 2019
96
40 ares d'une partie inférieure des Monts Damnés avec des vignes de 70 ans. C'est l'un des plus beaux terroirs du domaine, offrant un jus large et abouti sur ce millésime. Un blanc de texture.
33 euros

Domaine Gérard Boulay, La Côte 2019
95
Ce terroir de 0,6 hectare plus crayeux que les autres donne un jus tranchant et vivace avec toujours une belle assise bien mûre.
27 euros

Domaine Gérard Boulay, Monts Damnés 2019
94
Cette cuvée saillante est issue d'un coteau plein sud, bien pentu. Typé sauvignon dans l'âme avec ses notes d'agrumes, d'amande et une finale fraîche.
27 euros

Domaine Guillerault-Fargette, Chêne Marchand 2019
95
Des calcaires plein sud donnent ce 2019 bien mûr, avec de la fraîcheur et du dynamisme. Raffiné et sensuel, il démontre tous les progrès réalisés sur les derniers millésimes par la propriété.
20 euros

Domaine Guillerault-Fargette, Les Panseillots 2020
94
Attaque élégante, bouche tramée avec un accent minéral qui lui apporte une juste fraîcheur. Des flaveurs d'agrumes animent cette texture énergique, de beaux amers prolongent la fin de bouche.
13 euros

Domaine Jean-Marc et Mathieu Crochet, Chêne Marchand 2018
94
Élégantes notes de poudre de roche et d'encens, touche subtilement fumée, univers suave liqueur d'agrumes. Fruits délicieusement gourmands entre pêche et mangue rôtie. Un pur délice ! Plus le vin s'aère, plus la matière soyeuse se pare saveurs d'orange, de poivre vert et de rhubarbe. Tension acidulée, superbe persistance en bouche. Une vraie révélation.
13,80 euros

Domaine Jean-Marc et Mathieu Crochet, Grand Chemarin 2018
94
Notes sensuelles et délicates évoquant les fruits blancs éclatants de jeunesse, énergie juteuse parfaitement préservée. Les calcaires donnent à la texture de la délicatesse et du dynamisme.
16,80 euros

Domaine Jean-Max Roger, Genèse 2019
93
Beau 2019 au jus vif et profond, porté par une belle finesse. C'est déjà bien en place.
13 euros

Domaine Jean-Max Roger, Vieilles Vignes 2018
94
Du fond, des notes exotiques, large en bouche, ce sauvignon livre une version charnue de Sancerre, avec du croquant et un joli rebond.
20 euros

Domaine La Clef du Récit, Le Chêne Fourchu 2019
92
Ce 2019 porte de beaux arômes de fruits confits et exotiques, avec une touche épicée, dans une matière dense.
22 euros

Domaine Laporte, Le Grand Rochoy 2019
92
Les plus vieilles vignes de la parcelle Rochoy et son sol de silex offrent ce jus rebondi, élégant, souple et traçant.
24 euros

Domaine Lucien Crochet, Le Chêne Marchand 2018
96
Le grain crayeux imprime cette cuvée, toute en droiture élégante, avec une jolie finale sur les agrumes confits. Grand raffinement de texture et aromatique noble. Un grand classique aristocratique.
Prix NC

Domaine Lucien Crochet, Les Calcaires 2019
93
Parfaite définition d'un vin de caillottes, avec un fruité mûr et vivifiant, soutenu par une arrête calcaire qui étire la densité de la chair du vin. Grande réussite !
Prix NC

Domaine Mathias Planchon, Le Paradis 2019
94
Léger gras en l'attaque et bouche parfaitement ciselée, avec une finale fraîche de belle étoffe. Le fruité croquant ajoute au charme du vin. Le terroir argilo-calcaire apporte une vraie épaisseur. Belle expression de terres blanches signée par notre découverte de l'année.
60 euros

Domaine Mathias Planchon, Les Herses 2019
94
Bouche fringante et équilibrée. La finale saline lui donne une vraie dimension. Son auteur est un jeune vigneron prometteur. Son domaine est notre grande découverte de l'année à Sancerre.
54 euros

Domaine Matthias et Émile Roblin, Ammonites 2019
94
Sélection des plus belles parcelles de terres blanches, Ammonites fait allusion aux nautiles fossilisés que l'on retrouve sur ce terroir. On apprécie sa sensualité, sa densité de structure et dimension iodée.
20 euros

Domaine Matthias et Émile Roblin, L'Enclos de Maimbray 2019
92
Un jus plein, sur une persistance salivante, finissant sur de fins amers pour un ensemble harmonieux.
17 euros

Domaine Nicolas et Pascal Reverdy, Les Anges Lots 2019
93
Attaque dense tout en rondeurs avenantes. Le vin gagne en droiture et la finale ciselée donne une réelle énergie à l'ensemble de cette cuvée de vieilles vignes plantées sur terres blanches.
18 euros

Domaine Paul Prieur et Fils, Monts Damnés 2019
92
Ambiance minérale complexe avec une présence intense de la roche et de notes de pierre frottée. La fraîcheur des agrumes s'accompagne d'une dimension fumée.
23 euros

Domaine Paul Prieur et Fils, Pieuchaud 2019
92
Un sauvignon sur sol de silex qui se révèle frais et juteux, avec une certaine consistance. Un jus saillant et gourmand.
21 euros

Domaine Pierre Martin, Cuvée domaine 2020
93
Belle cuvée domaine, avec une majorité de caillottes et un zeste de terres blanches. Minéralité élégante, matière dense et puissante avec des accents de fruits jaunes d'une grande gourmandise.
15 euros

Domaine Pierre Martin, Les Culs de Beaujeu 2019
91
Ce 2019 prend du volume dans le verre, avec beaucoup de fond et surtout une énergie qui fera merveille sur un brochet de Loire.
19 euros

Domaine Reverdy-Ducroux, Beau Roy 2019
93
Un très beau jus, précis, fondu et plein de gourmandise. Voilà un excellent rapport qualité-prix.
12,50 euros

Domaine Reverdy-Ducroux, Montée de Bouffant 2019
94
Vin sensuel aux doux arômes de poudre de roche, de miel, de fruits rôtis, de poivre de Sichuan et d'une touche acidulée de rhubarbe. On apprécie sa belle énergie.
21,60 euros

Domaine Roger Champault, Le Clos du Roy 2020
89
Nez de fleurs blanches nuancé d'agrumes, sa bonne tension accompagnera parfaitement un crottin de Chavignol.
17,60 euros

Domaine Serge Laloue, Les Poitevinnes 2019
91
Sa matière souple se pare de saveurs de beurre aux agrumes et de zeste d'orange. On apprécie sa dimension fumée qui lui donne beaucoup de personnalité.
15,20 euros

Domaine Serge Laporte, La côte-des-montsdamnés 2018
92
Éclat des fruits blancs, dimension terrienne et racinaire, grande sensualité florale, la bouche offre le confort du millésime, avec une énergie crayeuse sous-jacente.
22 euros

Domaine Sylvain Bailly, Chêne Marchand 2020
91
Un beau fruit, franc et frais et voilà un 2020 croquant, bien réalisé, qui file droit grâce à sa bonne tension.
16 euros

Domaine Vacheron, Chambrates 2019
96
Joli jeu entre la maturité du raisin dynamisé par le terroir calcaire qui allonge parfaitement la finale. Dimension minérale omniprésente, tension pure, vin très précis, taillé pour les langoustines et à carafer.
33,30 euros

Domaine Vacheron, Guigne-Chèvre 2019
97
Les sols calcaires (1 hectare au sud du village de Sancerre et au nord de Vinon) offrent beaucoup de pureté et une expression crayeuse de manière très tonique. Vin de grande gastronomie.
33,30 euros

Domaine Vacheron, Les Marnes 2016
97
Bel équilibre entre fruits jaunes sensuels et agrumes, persistance aromatique finale, ponctuée d'une touche saline complexe.
Prix NC

PRESSE

Domaine Vacheron, Les Romains 2019
96
Ce terroir de silex, berceau du domaine, offre une totale plénitude en bouche, entre gras et tension saline. Élégance racée, longiligne et étoffée, beaucoup de classe. Ce grand cru de Sancerre à son meilleur.
33,30 euros

Domaine Vincent Delaporte, Les Monts Damnés 2019
92
Avec un passage sous bois (contenant de 600 litres), ce blanc de profil large et ambitieux offre un jus plein et charnu, étiré par de fins amers.
24 euros

Famille Bourgeois, Le Cotelin 2017
93
1,23 hectares de marnes calcaires du Kimméridgien, situées à Maimbray, permettent de produire cette cuvée à l'aromatique discrète, traçante en bouche, avec un zeste crayeux relançant la finale. À oublier pour l'instant en cave, ce cru donnera toute sa mesure dans deux ans.
46 euros

Famille Bourgeois, Les Côtes aux Valets 2017
94
Parcelle d'1,06 argilo-calcaire la plus qualitative du domaine, plantée dans le secteur de Bannon, au sud de Sancerre. Ce 2017 est déjà expressif, avec une touche de mangue, d'accents d'agrumes confits. La tension apporte de la vitalité. Déjà très bon et apte à la garde.
46 euros

Famille Bourgeois, Les Ruchons 2017
94
Aucune autre parcelle de l'appellation ne possède autant de pierres de silex en surface. Une vigne plantée en 1970 sur ces terroirs du lieu-dit Fontenay, situés au nord de Sancerre, près du village de Saint-Satur. Vin tranchant avec une finale fumée nuancée d'un zeste de citron.
46 euros

Joseph Mellot, Domaine des Emois 2020
93
C'est devenu l'une des cuvées phares du domaine, avec ses accents oscillants entre les agrumes et l'exotisme. On aime sa longueur étirée et savoureuse.
21 euros

Joseph Mellot, Les Vignes du Rocher 2019
93
Nez de pollen. La bouche offre le tranchant des terroirs de silex avec des accents de fruits jaunes. C'est déjà très bon.
25 euros

LE CHENIN DANS TOUS SES ÉTATS

S'IL Y A BIEN UN CÉPAGE QU'ON ASSOCIE À LA LOIRE, C'EST LE CHENIN. L'AMATEUR DE GRANDS BLANCS SE PRÉCIPITE DÉSORMAIS POUR EN AVOIR DANS SA CAVE. RETOUR SUR SON HISTOIRE ET SUR SA NOUVELLE VIE

PAR ***DENIS HERVIER***

Un vieux pied de chenin, avant la taille de l'hiver.

C'EST DU CÔTÉ D'ANGERS ou de la Touraine que l'on trouverait les premières traces de la culture du chenin au début du Moyen-Âge. Également appelé pineau de la Loire, il n'a pas quitté les bords du fleuve et s'étend aujourd'hui de Savennières jusqu'à la côte roannaise. Figurant parmi les cépages les plus originaux de notre patrimoine hexagonal, il permet de produire des vins allant du sec au liquoreux en passant par les secs tendres, les demi-secs, les moelleux et les effervescents. Son aptitude à bien évoluer dans le temps se révèle extraordinaire si sa fougue naturelle est bien canalisée.

Sur le plan cultural, le réchauffement climatique permet une meilleure maturité, même si les gels de printemps de plus en plus fréquents donnent des sueurs froides aux vignerons. « *Nos vins de chenin ont été piégés par l'or du botrytis qui peut transformer la pourriture en noblesse et qui a élevé nos vins au paradis en même temps qu'il les précipitait en enfer* », explique lucidement Patrick Baudouin, l'un des vignerons de référence du secteur de l'Anjou noir. « *L'erreur a été d'utiliser la chaptalisation pratiquement systématiquement tout au long du XX*[e] *siècle pour obtenir des "vins doux de chenin", quelles que soient les conditions météo pendant les vendanges. C'était transformer l'or en plomb. Les amateurs se sont retrouvés devant des vins qui combinaient souvent une acidité verte avec des sucres pâteux.* » Depuis une dizaine d'années, le chenin sort de ce glaçage pâtissier pour retrouver ses charmes naturels, avec une production de grands liquoreux et un développement de grands chenins secs de terroir et de garde, capables de jouer dans la cour des grands. Il le doit à un approfondissement de la démarche agro-environnementale où les pratiques bio et la biodynamie se révèlent fondamentales. La quasi-totalité des crus retenus dans cette sélection relèvent d'ailleurs de ces deux modes de culture.

L'ANJOU

Le vignoble est posé sur un substrat géologique de roche cristalline, issue du Massif armoricain, et de sols schisteux. Là où ce substrat est altéré et profond, avec un recouvrement sableux ou limoneux, on trouve une production qualitative de liquoreux comme dans la vallée du Layon, mais aussi à Bonnezeaux, Chaume ou dans l'Aubance.

Dans ces zones, la présence des cours d'eau permet à la pourriture noble de se développer. Le chenin enfante des vins moelleux voire liquoreux, au-delà de 120 grammes de sucres résiduels par litre, où la richesse est dynamisée par l'acidité naturelle du cépage, assurant une belle fraîcheur finale. La production de grands blancs secs tend à s'imposer sur ces terroirs historiques du chenin botrytisé. Les progrès culturaux et en vinification ont gommé les amertumes de fin de bouche parfois saillantes. Suivant les millésimes, une fermentation malolactique partielle ou entière est recherchée, mais la grande majorité des vignerons l'exclut. Les changements de style de l'Anjou noir se traduisent dans le verre par une progression qualitative spectaculaire.

On trouvera, entre 10 et 35 euros, des secs, des liquoreux et des effervescents au rapport qualité-prix exceptionnel. Sur près de 150 hectares, l'appellation savennières s'étend sur des coteaux perpendiculaires à la Loire. Le vignoble, protégé des vents, profite d'un ensoleillement mesuré dû à son exposition sud-est. Dans ces sols peu profonds de schistes et de grès traversés par des veines de roches volcaniques, le chenin est marqué par les éléments minéraux. Dans les années solaires, la botrytisation permet de produire des vins moelleux en appellation, même si cette pratique tend à décliner au profit de vins secs, tranchants et profonds.

L'aire d'appellation coteaux-de-l'aubance, exclusivement consacrée aux vins blancs moelleux et liquoreux couvre plus de 200 hectares au sud d'Angers, sur des pentes surplombant les deux rives de l'Aubance. Ses sols schisteux peu profonds accélèrent le réchauffement des baies. Le fort ensoleillement et l'humidité matinale de la rivière permettent au chenin d'atteindre une surmaturité au mois de septembre ou octobre. Leur robe généralement plus ambrée que celle des coteaux-du-layon et des bonnezeaux laisse s'échapper des notes de fruits de la passion, de coing, d'ananas et de safran qui évoluent au fil des ans.

Par son étendue et sa réputation, l'AOC coteaux-du-layon incarne les vins blancs moelleux de l'Anjou. Depuis quelques années, la dénomination géographique communale concerne les communes de Beaulieu-sur-Layon (mention Beaulieu), Faye-d'Anjou (Faye), Rablay-sur-Layon (Rablay), Rochefort-sur-Loire (Rochefort), Saint-Aubin-de-Luigné (Saint-Aubin) et Saint-Lambert-du-Lattay (Saint-Lambert). L'appellation coteaux-du-layon Chaume a été promue premier cru. Elle est voisine du grand cru du secteur, l'AOC quarts-de-chaume. Les terroirs ainsi classés correspondent à des zones où la botrytisation est la plus courante et où le raisin atteint sa plus forte concentration. Avec leurs accents de miel, d'épices et de fruits confits et une bouche souvent plus moelleuse que liquoreuse, les crus du Layon ont gagné ces derniers millésimes en fraîcheur de constitution, grâce à un mode de culture plus vertueux et un changement dans le goût qui ne joue plus la course aux sucres comme dans les années 1980-1990.

Sur la rive droite du Layon, autour de Thouarcé, la minuscule appellation bonnezeaux couvre environ 80 hectares. Le vignoble s'y est développé sur des schistes gréseux qui donnent une couleur brune aux sols peu profonds et aux escarpements abrupts du relief. Son exposition sud et l'humidité des matins estivaux venant du fleuve procurent toutes les conditions pour la formation du botrytis, réputé depuis la fin du Moyen-Âge dans ce secteur qui ne produit que des vins moelleux et liquoreux. Plus que dans les autres appellations, l'ADN du bonnezeaux est liée à une acidité ligérienne qui cisèle l'opulence des vins, évitant la lourdeur en bouche. Jeune, il se distingue par son attaque ample, sa vivacité soutenue et son fruité déclinant la mangue, la mandarine, l'abricot frais et les zestes d'agrumes. Le temps transforme le bouquet vers la cire, le miel, les fruits confits, l'abricot sec, la vanille et les épices, à l'image du mythique Château de Fesles 1947.

LE SAUMUROIS

Sur environ 400 hectares, le chenin du Saumurois est installé en îlots sur des buttes calcaires. Il trouve l'un de ses lieux de prédilection pour exprimer le raffinement des grands blancs secs français. Le substrat sédimentaire de tuffeau, où la craie donne une couleur immaculée aux sols comme aux maisons, a donné son nom à l'Anjou blanc. Le calcaire présent dans les sols de cette zone convient bien au cépage. Les touches sablonneuses et siliceuses apportent aux vins un supplément d'élégance, associant la minéralité et le fruit, les notes citronnées et les fleurs blanches ainsi qu'une sensation saline, sans aucune forme d'amertume excessive donnée par certains secteurs schisteux situés plus à l'ouest.

L'exposition sud-sud-est des coteaux est également bénéfique à la surmaturation du chenin, notamment pour la production de moelleux en appellation coteaux-de-saumur qui allient fraîcheur et persistance aromatique, avec des nuances d'abricot, de fruits exotiques et de rhubarbe, évoluant avec l'âge vers les fruits secs, le miel, les épices douces et les fruits confits. Salins et très apéritifs, les vins effervescents élaborés avec le cépage méritent également une place à part dans la cave de l'amateur.

LA TOURAINE

Si le chenin est le cépage exclusif des appellations montlouis et vouvray, il joue un rôle croissant en Touraine dans certaines cuvées du secteur dénichées par notre enquête. Dans la commune de Mosne, à proximité d'Amboise, le chenin affectionne les terroirs d'argile à silex moins denses que ceux de Vouvray, donnant sur ces sols des vins plus sveltes, mais sans manquer de tranchant.

Ailleurs, dans la vallée du Cher, à Saint-Aignan, pour son premier millésime, le jeune Valentin Desloges élève également une cuvée de chenin prometteuse. Située sur la rive gauche de la Loire, l'appellation montlouis-sur-loire présente un vignoble essentiellement en coteaux et plateaux exposés au sud. Sur ce terroir caractéristique de tuffeau, la vigne est plantée dans des sols composés d'argile, de sable et de silex capables de donner un riche éventail de saveurs. Le fumé, la salinité, les fruits blancs et les fruits jaunes sont courants dans les vins jeunes et évoluent au fil des années vers les fruits confits, le miel, les écorces d'agrumes et le coing.

Au début des années 1990, des chefs de file comme Jacky Blot et François Chidaine ont tracé la voie pour la génération montante de Montlouis, particulièrement dynamique. Considéré avec Montlouis comme le plus ancien vignoble ligérien, Vouvray occupe une position de coteau et de plateau dominant la rive droite du fleuve. Sur un socle calcaire, deux types de sol caractérisent l'appellation. Les « perruches » regroupent argiles et silex et marquent le vin de leur minéralité tranchante avec une touche épicée. Les « aubuis » issus d'argilo-calcaire apportent davantage de soyeux. Les clos sont ici nombreux et souvent très qualitatifs. Les accents crayeux, les fruits confits, le tilleul, les fruits blancs, le miel, la cire et le coing marquent le vin au bout de quelques années.

CHENINS DE TRAVERSE

De la côte roannaise, où la famille Sérol produit depuis 2019 un chenin fumé, jusqu'à la région des Sables-d'Olonne où les fiefs-vendéens du domaine Saint-Nicolas jouent une partition plus maritime, le chenin sec sait aussi faire le grand écart. Il prend encore des airs différents à Jasnières, appellation ultra confidentielle, avec des vins où les sucres restants sont absorbés par une acidité tonifiante. Dans la Sarthe, le vignoble longe la rive droite du Loir et occupe 80 hectares de terroirs d'argiles, de graviers de silex et de substrat calcaire de tuffeau, exposés plein sud. Les arômes dominants sont la pierre à fusil, l'acacia, l'aubépine et les agrumes. Avec le temps, ils évoluent vers le miel, le coing et les fruits confits.

LE CHENIN LIGÉRIEN, ROI DES ACCORDS METS ET VINS

Par ses profils très variés, le cépage accepte toutes les mises en scène à table. Les effervescents ouvriront l'appétit. Les crustacés, les coquillages, les poissons à chair blanche, crus ou marinés, les fromages de chèvre, iront superbement avec les versions "sec" dans leur jeunesse. Les moelleux ou les secs tendres serviront d'escorte aux ris de veau, blanquettes ou viandes blanches. Quant aux liquoreux, ils sublimeront la compagnie des fromages persillés, des plats exotiques ou épicés ainsi que des desserts.

CHENIN, LE CARNET DE NOTES

Tous les chenins de la Loire en quelques pages, ça serait une folie. Il fallait être sélectif pour ne garder que les meilleurs. Quelle chance, il en reste beaucoup. Avis aux amateurs, ces producteurs méritent votre attention.
DÉGUSTATION ***DENIS HERVIER***

Château de Fesles, bonnezeaux 2016
92
Superbe équilibre entre l'acidité et la rondeur en sucre, ce bonnezeaux très pur développe un grand fruit où pêche et fruits confits se mêlent parfaitement. Bonne densité, trame onctueuse, fraîcheur finale avec des notes d'oranges amères.
25 euros

Château de Plaisance, La Grande Pièce, anjou 2019
92
Bouche rayonnante avec des accents de fruits blancs et de fruits jaunes dotée d'une belle salinité finale. Cette cuvée parcellaire est issue de la butte de Chaume. Belle assise finale.
30 euros

Château de Plaisance, Ronceray, anjou 2019
91
Vanessa Cherruau, la nouvelle propriétaire du château de Plaisance présente ses premières cuvées. Ce ronceray est issu d'un parcellaire de vieilles vignes de la bute de Chaume. Délicat, fin, tendu, bel équilibre et allonge réjouissante.
17 euros

Château de Suronde, L'œuvre, anjou 2018
92
Propriétaire des vignes depuis 2016, Kathleen Van den Berghe (également propriétaire du château de Minière à Bourgueil) a opté pour la biodynamie. Elle a confié le suivi technique à Stéphane Derenoncourt. Cette cuvée élevée dans des œufs bétons révèle le grand terroir de schistes de la propriété. Flaveurs d'écorce d'agrumes et tension pure.
23 euros

Château de Suronde, quarts-de-chaume grand cru 2018
94
Fruits jaunes, abricot, touche de safran, le bouquet de ce cru a fière allure. On aime l'équilibre entre le sucre et l'acidité, avec une finale sur les agrumes confits de belle envergure, avec cette fraîcheur propre aux meilleurs domaines bios du secteur.
45 euros

Château Pierre Bise, Anclaie, coteaux-du-layon Beaulieu 2015
92
Encore une belle expression de chenin, tout en exubérance, avec des notes de fruits confits, de litchi et de mangue, appuyés sur une matière dense et opulente.
Prix NC

Château Soucherie, Clos des Perrières, savennières 2020
92
Cette parcelle située dans le village n'a pas fait de fermentation malolactique en cave, ce qui donne un vin droit avec beaucoup d'énergie et de jolis amers en finale. Si l'on veut un profil plus enveloppant, il faut aller vers le 2019.
26 euros

Domaine aux Moines, savennières-roche-aux-moines 2019
96
Superbe de tension et de maturité, avec une pureté en bouche au niveau du fruit, dans un esprit cristallin. Un très grand vin. Les derniers millésimes du cru sont de haut vol.
38 euros

Domaine Belargus, Les Rouères, quarts-de-chaume grand cru 2018
95
Sensuel et complexe, il joue la finesse et la nuance dans une texture de bon ressort, avec du confort et de la fraîcheur. Scintillante avec ses nuances d'abricot et d'agrumes, la finale relance le relief délicieux de l'ensemble.
70 euros

Domaine Belargus, Ultra, quarts-de-chaume grand cru 2018
94
Nez de miel, de marmelade d'oranges et de fruits confits. Attaque ample, beaucoup de nuances dans une bouche caressante et d'une richesse bien contenue par une fine trame acide en finale.
200 euros

Domaine de Bablut, Ordovicien, anjou 2019
89
Bouche confortable, avec des notes de fruits jaunes et une vivacité bienvenue en milieu de bouche.
15 euros

Domaine de Bois Mozé, Terre de Haut, anjou 2019
91
Netteté et présence des accents de fumé et de fruits jaunes; la bouche reste fraîche, tendue et harmonieuse, avec une finale élancée comme il faut.
10,50 euros

Domaine de Bois Mozé, Blanc Secret, crémant-de-loire 2015
92
Vieilli cinq ans de lattes après une fermentation et un élevage en barriques, zéro dosage, un crémant à ranger dans les hautes sphères de la bulle ligérienne. La seconde fermentation s'effectue lors de la prise de mousse avec les sucres naturels du vin, sans ajout de liqueur d'expédition. Notes de fruits blancs raffinés, croquant et persistant.
12,90 euros

Domaine de Juchepie, La Passion, coteaux-du-layon Faye d'Anjou 2017
94
Notes d'agrumes confits, de safran, d'abricot et de fruits secs. Ce chenin opulent et tout en nuances reste frais et étiré par des amers fins. Un grand liquoreux à l'état pur.
38 euros

Domaine de Juchepie, Les Quarts de Juchepie, coteaux-du-layon Faye d'Anjou 2017
93
Riche, porté par un fruit confit pur et des notes de fruits secs et d'épices, ce liquoreux porte une sucrosité extrêmement fondue. Dense, habile, c'est une belle réussite.
26 euros

Domaine de la Bergerie, Zerzille, anjou 2018
92
Du fruit, de la fraîcheur, du tranchant, voici un blanc qui déroule un jus pur et affable, doté d'une finale saline. Un chenin sec issu d'un ancien terroir de liquoreux.
24 euros

Domaine de la Bergerie, Clos Le Grand Beaupréau, savennières 2018
93
Belle dimension pour ce blanc profond et énergique qui libère un jus ample et dynamique.
22 euros

Domaine Delesvaux, Les Clos, coteaux-du-layon 2018
91
Un beau moelleux sur l'amande, le miel, et la frangipane. Encore sur la retenue à ce stade juvénile, il prendra son envol grâce à sa pureté et à son éclat.
14 euros

Domaine Delesvaux, Sélection de grains nobles, coteaux-du-layon Saint-Aubin 2015
93
Matière onctueuse et énergique avec de la richesse en sucre, de l'équilibre et une finale sur l'orange confite, le safran et les épices. La réussite est grande dans ce millésime. Un fruit rôti de grande ampleur tenu par une bonne acidité.
31 euros

Domaine des Petits Quarts, Les Malabés, bonnezeaux 2015
92
Jean-Pascal Godineau travaille sur les meilleurs terroirs de l'appellation bonnezeaux où il possède 15 hectares dont les célèbres Malabés, parcellaire sur schistes et argiles. Fin et délié, avec de belles notes d'agrumes, nuancé et équilibré (issu essentiellement de passerillage), il ira loin.
15 euros

Domaine des Petits Quarts, Vendangé grain par grain, bonnezeaux 2010
93
Le caramel blond domine l'ensemble aromatique. Beaucoup de tenue en bouche, texture tapissante avec ce qu'il faut de fraîcheur. La finale est particulièrement longue.
18 euros

Domaine des Rochelles, Ambre de Roche des Rochelles, coteaux-de-l'aubance 2015
90
Un jus riche et crémeux aux notes acidulées d'abricot, de coing et de peaux d'agrumes. Subtil équilibre subtil entre ses 160 grammes de sucre et ses 10° d'alcool. Il a de l'épaisseur et du nerf.
25 euros

Domaine des Saulaies, La Saulaie, anjou 2019
91
Premier millésime de Rémi Pivert, qui a décidé de quitter la coopérative pour vinifier lui-même ses terroirs et lancer la conversion bio. Les vignes sont plantées en coteaux sur un filon de quartz. Un jus ferme, cristallin, aux notes scintillantes de fruits blancs et d'agrumes. La roche pointe sous cette belle droiture. Un coureur de fond à la finale agile.
5,60 euros

Domaine du Closel, La Jalousie, savennières 2018
94
Les vignes qui donnent la jalousie ont pris de l'âge. Voilà un 2018 parfaitement accompli, avec une onctuosité subtile en attaque, un tranchant pur et des amers nobles en finale.
26,90 euros

Domaine du Closel, Le Clos du Papillon, savennières 2018
95
Une belle transcription des nuances du chenin planté sur schistes. Riche par sa maturité de fruit avec une tension saline exquise, ce 2018 fait rayonner ce domaine en grande progression.
38,90 euros

Domaine du Petit Métris, coteaux-du-layon Chaume premier cru 2018
93
Attaque ample, notes exotiques de mangue et d'ananas. Un chenin opulent et nuancé à la trame onctueuse. La richesse du millésime est contrebalancée par des amers en finale. À attendre une dizaine d'années.
17,80 euros

Domaine du Petit Métris, quarts-de-chaume grand cru 2017
94
Légèreté exquise, notes d'abricot, de pêche blanche et d'agrumes, jus scintillant. Cette cuvée à l'équilibre parfait, de grande fraîcheur, joue le registre de la délicatesse. Frais, riche et gourmand, avec un côté « vin de paille » gourmand, ce liquoreux oscille habilement entre fraîcheur et puissance. Aérien, avec des notes exotiques subtiles, il affiche élan et longueur et vieillira admirablement.
35 euros

Ivan Massonnat, Domaine Belargus.

Domaine FL, La Croix Picot, savennières 2019
93
Sur les hauteurs de Savennières, la parcelle de la Croix-Picot est posé sur un sol de schistes gréseux et de sables éoliens qui donne ce chenin sensuel, aux notes de fruits blancs et fruits jaunes, salin et intense.
17 euros

Domaine FL, savennières-roche-aux-moines 2019
94
Ce chenin sur schistes offre une réelle plénitude. Ample et sensuel en attaque, il présente un jus énergique et allègre, affichant un beau volume en bouche.
47 euros

Domaine Grange Saint-Sauveur, Chenin, vin-de-France 2019
91
Premier millésime de chenin pour Antoine Pouponneau sur son domaine nouvellement créé. Rondeurs épicées en bouche. Son énergie saline réveille le cœur et la finale, lui donnant un profil de chenin du Saumurois.
Prix NC

Domaine Ogereau, Les Bonnes Blanches, anjou 2019
92
Exposée Nord-Est sur la rive gauche du fleuve, cette parcelle confère un charnu en attaque, parfaitement soutenu par une tension qui donne de l'élan final, marqué par des amers élégants.
22 euros

PRESSE

Domaine Ogereau, Vent de Spilite, anjou 2019
91
Emmmanuel Ogereau incarne la nouvelle génération vertueuse par sa culture bio et sa précision en vinification. Ce spilite est issu d'un terroir volcanique de la rive droite du Layon. Profil élancé des notes fumées subtiles avec en finale.
22 euros

Domaine Ogereau, Clos Le Grand Beaupréau, savennières 2019
95
Grand jus droit et minéral, effilé, avec un fruit pur, transperçant et lumineux. Belle allonge fine et racée.
25 euros

Domaine Patrick Baudouin, Cornillard, anjou 2017
94
Avant de se montrer en sec, ce terroir a produit des liquoreux pendant quatre ans. Patrick Baudoin a pris sa juste mesure, avec un vin riche et puissant tout en restant frais et élégant. La trame minérale conduit le vin du début à la fin et la chair est superbement couturée, avec ce qu'il faut d'onctuosité.
32 euros

Domaine Patrick Baudouin, Les Gâts, anjou 2015
95
Patrick Baudoin donne à ses derniers millésimes une plus grande précision, comme sur ce gâts au fruit éclatant. Un élevage juste porte la matière en lui donnant une belle ampleur. Précis et tonique, sensation tactile vibrante.
35 euros

Domaine Patrick Baudouin, Zersilles, quarts-de-chaume grand cru 2015
93
Un liquoreux aux accents de miel, de mirabelle, d'ananas frais mêlés dans une aromatique complexe. En bouche, c'est onctueux, pur et frais, avec une touche de fumé en finale.
45 euros

Domaine Thibaud Boudignon, Clos de Frémine, savennières 2019
96
À côté du clos de la Hutte, sur un terroir plus sablonneux, cette parcelle plantée en 2014 gagne en complexité. Le fruit se montre subtil, autour de la poire d'Anjou, du coing et de la bergamote. Tension et minéralité combinés dans un bel élan du début à la fin de bouche. Un travail d'orfèvre.
55 euros

Domaine Thibaud Boudignon, Clos de la Hutte, savennières 2019
97
Intensité saline exceptionnelle couplée à un fruité croquant et une fraîcheur florale d'une haute distinction. Avec son toucher de bouche minéral, ce vin offre un profil lumineux avec une finale pleine de rebonds. Interprétation magistrale de ce terroir de schistes.
60 euros

Domaine Thibaud Boudignon, La Vigne Cendrée, savennières 2019
95
Plantée sur une petite colline de schistes, de granit et de limon argileux, ce savennières exposé plein sud offre une bouche ample, mature, équilibrée avec une belle aromatique entre le minéral, les fruits jaunes et blancs. Belle acidité et grande longueur.
55 euros

Domäne Vincendeau, ZeitLos (non dosé), crémant-de-loire 2018
92
Sur ce terroir de schistes cultivé en agriculture bio, Liv Vincendeau a procédé à une sélection des cœurs de presse. La première fermentation s'effectue avec les levures du terroir. L'élevage sur lattes dans les caves de tuffeau dure 24 mois. C'est l'une des plus brillantes cuvées dans le monde de l'effervescence ligérienne. Léger crémeux, fruit tonique, touche crayeuse savoureuse. Un plaisir gourmand à la pointe salée.
27 euros

Terra Vita Vinum, Grand Vau, anjou 2019
92
Cette vieille vigne de la parcelle du Grand Vau bénéficie d'un terroir unique par sa mixité géologique, entre schistes gréseux dans le haut de la parcelle et rhyolites volcaniques en bas. Vin mûr et énergique, généreux. Finale traçante du meilleur effet.
18 euros

Terra Vita Vinum, Pavillon, anjou 2019
93
Luc Briand inaugure la reprise du domaine Richou et ses cuvées parcellaires. Sur ce terroir de schistes gréseux, il signe un blanc sec corpulent et large d'épaules en attaque, intense et énergique en bouche. Parfait accord pour un homard.
29 euros

Domaine de Bellivière, Vieilles vignes éparses, jasnières 2018
94
Grande interprétation du chenin, en version sec. L'équilibre est superbe, les amers sont exceptionnels avec une finale d'une extrême pureté.
42 euros

Domaine Saint-Nicolas, Le Haut des Clous, fiefs-vendéens 2019
92
Expression maritime du chenin, avec la générosité du millésime, bien corseté par ce terroir qui donne de la droiture à la finale saline. À réserver avec des crustacés.
26 euros

PRESSE

Domaine Sérol, Nos premiers chenins – Champtoisé, vin-de-France 2019
91
La famille Sérol produit depuis 2019 sa première cuvée de chenin, aussi aboutie que les autres vins de la propriété. Ces jeunes vignes situées sur le terroir granitique de Champtoisé (1,9 hectare) sont cultivées en bio et vinifiées en fût de 500 litres. Accents de bergamote et de fleurs blanches, bouche fraîche et enlevée, pleine de vitalité, le léger fumé final contrebalance la maturité en bouche.
16 euros

Bouvet-Ladubay, Zéro (brut), saumur mousseux 2017
90
Associé ici au chardonnay, le chenin ne subit aucun dosage au moment du dégorgement. Le vin se montre dans toute sa vivacité, avec un corps svelte et élégant porté par un élevage en bois millimétré. Belle finale sur les fruits blancs.
15,10 euros

Château de Villeneuve, Les Cormiers, saumur 2019
96
Ce millésime est certainement le meilleur produit par la propriété. Vin très énergique en attaque, élan d'une énergie phénoménale, la sève terrienne et lumineuse avance crescendo en bouche, jusque dans sa structure revigorante.
21 euros

Château du Hureau, Argile, saumur 2016
92
Teinté d'une pointe d'ananas et de mangue dans son attaque soyeuse, ce saumur tonique séduit par sa pointe saline finale. Les 2018 et 2019 du domaine sont tout aussi prometteurs.
14 euros

Clos de l'Ecotard, Les Quarts Saint-Vincent 2017
90
Une cuvée parcellaire issue d'un terroir argilo-calcaire, avec un vieillissement de neuf mois sur lies fines, se déguste comme un vin. La bulle enveloppante et mature caresse le palais. Ensemble séducteur.
23,40 euros

Domaine Antoine Sanzay, Les Essarts, saumur 2019
93
Situé sur les coteaux de Brézé, le terroir des essarts est composé de sables, de limons, de silex en surface, le tout posé sur un socle de tuffeau. Attaque onctueuse, allonge crayeuse et finale très pure.
36 euros

Domaine Arnaud Lambert, Brézé, saumur 2016
94
Belle envergure en bouche, densité et tension saline finale qui avive le palais. Avec le temps, il gagnera en nuances. Laissons le temps à ce brézé de donner toute sa mesure, sa structure musculeuse et minérale annonce un grand rendez-vous.
44 euros

Domaine Arnaud Lambert, Coulée de Saint-Cyr, saumur 2018
93
Cette cuvée phare offre une pureté cristalline avec ce qu'il faut de structure et de gras. Dans ce millésime, sa fraîcheur saline étire subtilement la richesse du fruit. Il rayonne après un bon passage en carafe.
24 euros

Domaine de la Paleine, Casta Diva, saumur 2016
92
Saumur blanc biodynamique très équilibré, avec un profil opulent bien équilibré par de la tension. On apprécie ses notes de fruits confits et sa touche épicée.
25,50 euros

Domaine de Rocheville, La Favorite (extra-brut), crémant-de-loire 2016
90
Élaboré selon la méthode traditionnelle. Le vin de base est élevé sur lies en barrique jusqu'au tirage. Les bouteilles reposent sur lattes pendant deux ans pour permettre la prise de mousse naturelle. Au dégorgement, l'ajout d'une liqueur maison apporte équilibre. Flaveurs de fleurs blanches, belle attaque en bouche, fraîcheur et persistance, jolie finale saline.
16,90 euros

Domaine des Closiers, Allegory, saumur 2019
91
Expression pure du calcaire. On ne peut que louer la belle énergie intérieure, avec une salinité distinguée et des accents citronnés qui construisent la persistance aromatique. Beaucoup de vibration en fin de bouche.
45 euros

Domaine des Roches Neuves, Clos Roman, saumur 2019
99
Le génie du chenin. Énergie cistercienne, pureté étirée, densité prolongée par une persistance aromatique éloquente où se mêlent fruits blancs, agrumes et accents crayeux qui soulignent l'ensemble tout en poussant les amers dans ce qu'ils ont de meilleur. Grandiose et proche de la perfection.
52 euros

Domaine des Roches Neuves, L'Échelier, saumur 2019
98
Chair caressante en attaque, bouche parfaitement ciselée, avec un fruit pur dont le rebond minéral en finale trahit l'origine du tuffeau. Grande envolée sur de magnifiques amers. D'ici cinq ans, ce sera une merveille.
45 euros

Domaine du Collier, La Charpentrie, saumur 2017
97
Dominé par les extraits secs et une trame minérale pure, sa richesse est ciselée dans la finale. Impression de plénitude. Fantastique relance digne des plus grands blancs secs de l'Hexagone. Sensationnel.
Prix NC

Domaine Guiberteau, Brézé, saumur 2018
97
Fruité pur et éclatant, attaque charnue, minéralité crayeuse et épicée qui donne de l'allant et une grande sapidité, avec toujours cette dynamique du corps et cette intensité de fin bouche, parfait reflet de son origine.
50 euros

Domaine Guiberteau, Clos de Guichaux, saumur 2019
95
À partir de 2019, la barrique remplace le demi-muid dans les élevages, ce qui permet d'affiner le style, avec une attaque et une colonne minérale plus stylée. Joli rebond final qui traduit ce terroir limoneux et son sous-sol calcaire.
36 euros

Domaine de la Taille aux Loups, Clos de Mosny, montlouis-sur-loire 2019
98
Le silex apporte ici un tranchant qui pousse les caudalies loin dans le temps. Beaucoup d'éclat sur ce vin qui rebondit en permanence en bouche. Déjà superbe, il sera exceptionnel dans les prochaines décennies.
22 euros

Domaine de la Taille aux Loups, Clos Michet, montlouis-sur-loire 2019
97
Parcellaire le plus solaire du domaine, ce clos séducteur se révèle dense en matière au premier toucher de bouche. La bouche toute en relief offre à la fois sensualité et retenue.
18 euros

Domaine de la Taille aux Loups, Extra Brut millésimé, montlouis-sur-loire 2008
95
L'une des plus belles bulles de France avec une forme de suavité structurante et une énergie saline finale toute en vibration.
25 euros

Domaine de la Taille aux Loups, Les Hauts de Husseau, montlouis-sur-loire 2019
99
Ce parcellaire froid tire pleinement partie de ce millésime solaire. Le calcaire étire le charnu raffiné de la bouche. Fusion de tous les éléments, finale d'une parfaite pureté. Compter les secondes ne sert à rien, passons aux minutes.
22 euros

Domaine du Clos Naudin, Demi-sec, vouvray 2016
94
Toucher de bouche précis, texture tendre et chair fruitée sur un fond de belle maturité. Les sucres parfaitement intégrés à la matière construisent et prolongent le cœur et la fin de bouche d'une énergie pleine de charme. Une immense promesse pour demain.
27 euros

Domaine du Clos Naudin, Réserve (moelleux), vouvray 2018
98
Quintessence du domaine, le réserve moelleux issu de raisins botrytisés, n'est élaboré que lors des millésimes exceptionnels. Les Foreau ont sacrifié une partie du sec 2018 pour cette cuvée d'exception où les 132 grammes de sucres résiduels sont dynamisés par une tension minérale pure. Tout en volupté, corps majestueux et agile, plein de vivacité. Persistance aromatique sur la mangue, l'abricot, le safran avec une pointe crayeuse. Finale époustouflante. On le retrouvera dans 50 ans.
47 euros

Jean-Philippe Blot (domaine de la Taille aux Loups).

Domaine du Rocher des Violettes, Touche-Mitaine, montlouis-sur-loire 2017
92
Cette cuvée provient de vignes de plus de 50 ans, situées sur terroir d'argiles à silex. Elle produit un montlouis parfaitement vif et citronné dont il se dégage une pureté cristalline.
Prix NC

Domaine François Chidaine, Clos du Breuil, montlouis-sur-loire 2019
96
Issu de vieilles vignes sur argile à silex qui donnent toute leur mesure avec une intensité pure dans son tranchant. Il a ce qu'il faut de sensualité pour s'acoquiner avec une sole escortée d'un jus de crustacé.
Prix NC

Domaine François Chidaine, Clos Habert, montlouis-sur-loire 2019
96
Produit sur un sol d'argiles et de silex grossiers, posé sur le tuffeau. Un 2019 aux accents de poire, de pêche blanche et d'agrumes. Texture dense et tendue, avec une longue finale imprégnée de la minéralité ciselée de la pierre.
Prix NC

Domaine François Chidaine, Les Bournais, montlouis-sur-loire 2019
95
Frais et long, voluptueux au bout de trois heures d'ouverture, ce cru issu d'un sol argilo-calcaire sur tuffeau offre un vin complet et gastronomique.
Prix NC

Domaine Huet, Clos du Bourg - Première Trie (moelleux), vouvray 2020
98
Le calcaire souligne la densité du millésime tout en l'étirant et en sculptant une finale qui défiera le prochain demi-siècle. Sur la réserve, le nez s'ouvre progressivement, laissant échapper des flaveurs de safran, de mangue, de miel d'acacia. La bouche allie le gras à la tension avec une finale sur de beaux amers. Déjà excellent, ce vin traversera les prochaines décennies.
50,80 euros

Domaine Huet, Haut-Lieu - Première Trie (moelleux), vouvray 2020
94
Dans un style onctueux, on apprécie les flaveurs de verveine, d'amande et d'abricot bien portées par la minéralité. Elles s'épanouissent en bouche avec une persistance et une fraîcheur impressionnantes.
40,80 euros

Domaine Huet, Le Mont (moelleux), vouvray 2020
95
Équilibre parfait entre alcool, sucre, acidité. Voilà une définition ultra précise du grand terroir de silex dont il est issu.
30,90 euros

Domaine Isabelle et Domaine Isabelle et Xavier Frissant, Collection Chenin (liquoreux), touraine-amboise 2015
93
Un liquoreux de haut vol avec des équilibres parfaits entre les sucres et l'acidité, des accents d'abricot frais, de poivre de Sichuan et une finale tranchante digne de ce parcellaire d'argile à silex des Perrières.
28 euros

Domaine La Grange Tiphaine, Les Grenouillères, montlouis-sur-loire 2019
93
Le nez délicat met en valeur des notes d'agrumes et de craie. La bouche s'allonge grâce à un fruit légèrement confit nuancé par la salinité de l'ensemble.
24 euros

Domaine Thomas Frissant, Les Perrières, touraine-amboise 2019
92
Belle réussite sur ce millésime qui convient bien au terroir d'argile à silex de ce parcellaire des Perrières. L'onctuosité de l'attaque est portée par une énergie qui galvanise la fin de bouche.
20 euros

Domaine Valentin Desloges, Les Quatre Piliers, touraine 2020
90
Les 40 ares de chenin de ce terroir, situé sur le plateau qui domine le pays de Saint-Aignan, offre une version étirée du cépage avec ce blanc sec marqué par sa finale calcaire. En conversion bio, ce domaine est promis à un bel avenir.
Prix NC

Domaine Vincent Carême, Le Clos, vouvray 2019
93
Intense, tiré en longueur par des amers magnifiques finement racinaires qui font du bien dans ce millésime. Sucrosité parfaitement corsetée et envol final sur la minéralité stylé.
25,50 euros

Domaine Vincent Carême, Le Peu Morier, vouvray 2019
93
Attaque en bouche tendre, raffinée, sur le safran, tendue par une acidité intégrée. Bel équilibre de demi-sec, fait pour la table et représentatif de ce terroir de silex.
22,50 euros

PRIX-PLAISIR 2021, DES AFFAIRES EN OR

Rendez-vous annuel incontournable, sélectif et redoutable, nous avons créé le concours Prix-Plaisir pour dénicher des pépites dans chaque région. Sélectionnées à l'aveugle par un jury de consommateur, approuvées par nos experts, voici les médailles d'or de l'édition 2021. Deux critères, le prix (moins de 18 euros) et le plaisir.

Caves de Pouilly-sur-Loire, Les Moulins à Vent, pouilly-fumé blanc 2020

Le nez est charmeur. Sa texture et sa longueur en feront un excellent vin de gastronomie.

10 euros

Où le trouver ? Au domaine

Caves de Pouilly-sur-Loire, Les Rochettes, pouilly-fumé blanc 2020

Un vin avec de beaux équilibres, une belle maturité et une bonne profondeur. Excellent au regard du prix.

11 euros

Où le trouver ? Au domaine

Caves de Pouilly-sur-Loire, Tonelum Les Vignerottes, pouilly-fumé blanc 2019

L'élevage est légèrement marqué mais on retrouve de la matière, un bon équilibre et une vraie complexité. À recommander sans hésitation.

14 euros

Où le trouver ? Au domaine

Château de Fesles, bonnezeaux blanc 2015

Un grand vin onctueux et profond aux notes citronnées et miel de bergamote. La longueur est magnifique avec une grande présence enveloppante. Splendide.

18 euros

Où le trouver ? fesles.com

Clos des Quarterons, Les Vieilles Vignes du Clos des Quarterons, saint-nicolas-de-bourgueil rouge 2018

Le nez est agréable sur le cassis et les pruneaux. La bouche est fine et complexe, c'est bien fait.

17,65 euros

Où le trouver ? lesgrappes.com

Domaine de la Grange, Les Buissonnets, touraine blanc 2019

Beaucoup d'originalité pour ce vin de sauvignon blanc, assez ambitieux dans sa construction et ses arômes, d'un équilibre irréprochable.

7,50 euros

Où le trouver ? vin-domaine-de-la-grange.com

Domaine de La Taille Aux Loups, Clos Michet, montlouis-sur-loire blanc 2019

Belle robe brillante et un nez mûr et fin avec un zeste de citron confit. Beaucoup d'allonge et une grande onctuosité en bouche. C'est fin.

18 euros

Où le trouver ? lespassionnesduvin.com

Domaine des Coteaux Blancs, Vedere, coteaux du layon blanc 2018

Superbe liquoreux avec son nez pur et sa texture onctueuse, le sucre est remarquablement intégré par une fraîcheur en bouche idéale et bienvenue.

15,50 euros

Où le trouver ? La Cave d'Alex - Nanterre

Domaine des Pierrettes, Equilibrium, touraine rouge 2019

Belle robe sombre pour ce gamay de la Loire. Le nez est mûr, floral et fruité. On retrouve ces arômes gourmands en bouche avec un joli volume et un bel équilibre. Parfait pour se faire plaisir à moins de neuf euros.

7,50 euros

Où le trouver ? domainedespierrettes.fr

Domaine du Carrou, sancerre blanc 2020

Superbe vin bien fait et tout en fraîcheur. Le terroir est bien mis en avant. Excellent.

13 euros

Où le trouver ? placedesvignerons.com

Domaine Michel Vattan, Cuvée M-K, sancerre blanc 2020

Une belle fraîcheur et une belle maturité. La finale saline est excellente.

13,50 euros

Où le trouver ? Au domaine

Domaine Michel Vattan, Cuvée O-P, sancerre blanc 2020

Très bien fait. L'autolyse est excellente avec un beau travail sur les lies. Un bel élevage qui apporte de la matière.

12,50 euros

Où le trouver ? Au domaine

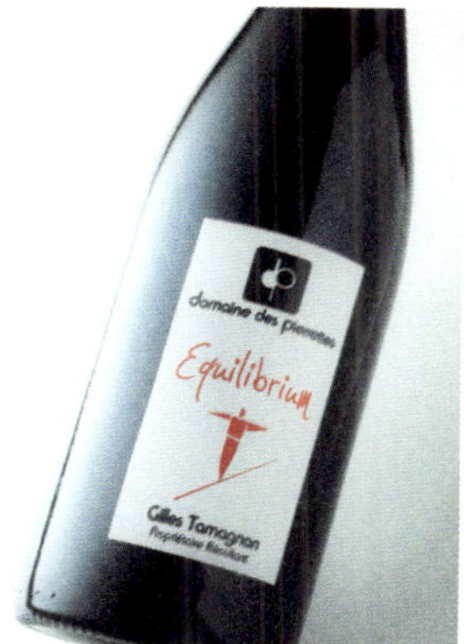

Gratien & Meyer, crémant-de-loire blanc (brut)

À ce prix, que demander de plus ? Des fruits secs et arômes de sous-bois, c'est nerveux et élancé.

5,95 euros

Où le trouver ? gratienmeyer.com

Gratien & Meyer, saumur mousseux blanc (brut)

Superbe effervescent de la Loire, particulièrement long en bouche et complet dans sa construction, on aime cette finale pleine d'énergie. Grand rapport prix plaisir.

5,30 euros

Où le trouver ? gratienmeyer.com

Vignobles Günther-Chéreau, muscadet sèvre-et-maine Gorges blanc 2018

Belle robe dorée. C'est un vin plein de richesse et de maturité. Un muscadet pour la table et les poissons fins, original et séduisant.

15 euros

Où le trouver ? vgc.fr

LA LOIRE LA COUR DES GRANDS

LE LONG DU FLEUVE ROYAL, CES DOMAINES ONT ATTIRÉ NOTRE ATTENTION. IL FAUT LES DÉCOUVRIR D'URGENCE

ANJOU SAUMUR

Domaine Patrick Baudouin

Les blancs de Patrick Baudouin dégustés cette année nous ont encore donné de grandes émotions sur les Anjou secs... Cet ancien libraire est devenu le porte étendard du chenin dans tout l'Anjou. En puriste, il choisit la voie de l'excellence. Avec 14 hectares de vignes (dont 10 hectares de chenin, avec un hectare en Quarts-de-Chaume et 90 ares à Savennières), situés sur les plus spectaculaires terroirs de l'Anjou Noir (schistes, grès et roches volcaniques) et cultivés en bio, il cisèle avec son fidèle adjoint Christophe Durand (arrivé en 2012) de magnifiques blancs et des rouges frais et tendus. Une propriété modèle.

patrick-baudouin.com

Domaine Belargus

Le premier millésime en 2018 de ce nouveau domaine s'annonce déjà bien en place, surtout au niveau des moelleux et des liquoreux. Pour la petite histoire, Ivan Massonnat, homme d'affaires parisien passionné de vin, a racheté le domaine de Jo Pithon. Depuis, le néo-vigneron a acquis 10 hectares du domaine Laffourcade en Quarts-de-Chaume à quelques portées de sa base, le fameux clos des Treilles, joyau du domaine en Coteaux-du-Layon. La dernière acquisition vient apporter une nouvelle parcelle exceptionnelle sur 45 ares de Savennières. À la tête désormais d'un vignoble de 26 hectares sur tous les grands terroirs d'Anjou, Ivan Massonnat a engagé une équipe pour travailler dans le respect des lieux. Pour l'inspirer, l'ancien vigneron star du muscadet Guy Bossard a été engagé et conseillera sur la conversion de l'ensemble en biodynamie. Quant à Jo Pithon, il demeure comme consultant, ravi d'avoir trouvé quelqu'un qui a la même vision que lui et peut investir dans le bon sens.

belargus.com

Domaine de la Bergerie

Yves Guégniard a le sens de la formule et de la parité. Épaulé par sa fille aînée Anne, qui a rejoint le domaine en 2010 après une formation de sommelière, il cultive 35 hectares de vignes, en agriculture biologique. Sa fille cadette Marie les a rejoints. Le domaine s'est agrandi de 3 hectares, dont 1,5 planté en chenin, qui donnera lieu à une nouvelle cuvée. Anne vinifie depuis quelques années déjà, elle a su imprimer sa marque aux vins, qui ont acquis un regain de finesse et d'éclat, avec des blancs secs 2017, 2018 et 2019 de très bonne facture. Son mari David Guitton dirige un restaurant (une étoile Michelin) dans un bâtiment attenant au caveau : voilà donc une adresse gourmande prioritaire.

domainebergerie.fr

Château Pierre Bise

Ce vignoble de 50 hectares dont 80 % de chenin s'exerce à tous les styles de blancs. René vinifie, pendant que son frère aîné Christophe œuvre aux vignes. En cave, le même soin prédomine, avec une variété de cuves, aptes à ciseler des vins nuancés et complexes. Les liquoreux sont la grande force du domaine, de même que la série des savennières (13 hectares), impeccables de justesse.

chateaupierrebise.com

Domaine Thibaud Boudignon

Les fulgurances des Savennières de Thibaud Boudignon donnent une superbe image des grands chenins de Loire. Ce perfectionniste du chenin a hissé sa jeune exploitation (créée en 2009) au sommet de l'Anjou. Avec six hectares dont trois à Savennières, menés selon les principes de l'agriculture biologique, il réalise des blancs vibrant impeccablement ciselés. Élevés en barriques bourguignonnes (de chez Ramonet), en demi-muids Stockinger et en fûts neufs, vendus exclusivement sur les plus belles tables étoilées, ses vins sont courtisés pour leur pureté et leur tension cristalline. Finesse, maîtrise, pureté. C'est l'une des meilleures signatures ligériennes. Ne passez pas à côté.

thibaud.boudignon@laposte.net

Bouvet-Ladubay

Depuis son rachat de Bouvet-Ladubay, la famille Monmousseau redevient propriétaire d'une entreprise qu'elle n'a jamais cessé de diriger. Toujours en quête de nouveautés et de qualité, elle continue de produire avec une technique très pointue des effervescents d'excellence. Les bulles sont très stylées, elles associent le fruit à la minéralité du chenin. Elles constituent l'une des priorités sur la Loire notamment sur les cuvées trésor : pour moins de 15 euros, on peut étonner les amis, en cachant l'étiquette. Le domaine produit également de très bons vins tranquilles à moins de 10 euros.

bouvet-ladubay.fr

Domaine du Closel

Évelyne de Pontbriand semble la gardienne de Savennières et sa progression sur les derniers millésimes est indiscutable. Sur son vignoble de 15 hectares, elle cultive l'art de l'observation et de l'expérimentation avec enthousiasme et ses 2018 ont toute la personnalité voulue. Ancienne professeur de littérature, revenue sur les terres familiales en 2001, elle a vite été convaincue des bienfaits d'une agriculture douce et a adopté la biodynamie en 2014, avec l'aide de Pierre Masson, expert reconnu en la matière. Un projet plus global d'agro-foresterie suit son cours. Ses savennières sont d'un style ample et riche, récoltés toujours bien mûrs, conjuguant ainsi minéralité et gras avec une certaine hardiesse. Une adresse où l'accueil et les vins sont au diapason.

savennieres-closel.com

Domaine des Closiers

À Saumur-Champigny, il faudra suivre ce domaine de près. Avec 15 hectares particulièrement bien situés dans l'appellation, autour de la commune de Parnay, le vignoble est l'attention de tous les soins d'un trio composé de Elie Moirin, Anatole de la Brosse et Loic Yven. L'ensemble de la gamme est issu de vignes conduites en agriculture biologique et propose des rouges de cabernet franc vinifié avec beaucoup de soin pour conserver un maximum de fruit. Surtout la qualité des élevages impressionne avec des boisés toujours fins, capables de porter les vins sans rien enlever à leur tonicité et à leur énergie.

domainedesclosiers.com

Domaine du Collier

Une nouvelle cave et un enthousiasme toujours au service des terroirs participent à l'élan actuel de ce domaine phare du Saumurois qui nous a particulièrement séduits lors de nos dernières dégustations. Les rouges ont gagné en complexité, raffinement et charme avec un rebond savoureux. S'inspirant des préceptes de son père Charly, (ex figure emblématique du Clos Rougeard) Antoine Foucault a créé ce domaine de six hectares avec sa compagne Caroline Boireau en 1999. Cultivé en biodynamie, le vignoble fait également une grande place au chenin, sur les célèbres coteaux de Brézé. Les deux crus de blanc s'affirment par leur tension et leur structure, avec une cuvée domaine svelte et crayeuse et une charpentrie issue de vignes centenaires qui permettent au vin de parfaitement évoluer dans le temps. L'amateur trouvera son bonheur assurément. Adresse modèle.

domaineducollier@wanadoo.fr

Clos des Cordeliers

Ce domaine situé dans le cœur historique de Champigny élabore des cuvées bien calibrées. Les Ratron sont des vignerons sérieux, appliqués à la vigne comme en cuverie. La cuvée tradition est issue de parcelles présentant du tuffeau en sous-sol, qu'on apprécie pour sa souplesse. La cuvée prestige provient des vignes plus anciennes, sur un terroir de calcaires lacustres qui lui confère un potentiel de garde important. Tous les millésimes sont de très bonne tenue.

clos-des-cordeliers.com

Coulée de Serrant

Sorte d'éden viticole replié sur un paysage ouvert sur toutes ses faces, la coulée-de-serrant est un lieu où la vie exulte. Nicolas Joly, en bon apôtre de la biodynamie, en a fait une marque culte, vénérée aux quatre coins du monde. Avec un sens aiguisé de l'observation et de l'expérimentation, il a hissé ce promontoire de schistes rouges à son plus haut niveau, le dotant d'une viticulture modèle. Sûr de son exception, il a même réussi à faire classer ces 7 hectares de vieilles vignes de chenin en une appellation à part entière ! Avec sa fille Virginie, il cultive également 4 hectares en Savennières et 4 hectares à la Roche-aux-Moines. Un vignoble brouté par les moutons, picoré par les poules et travaillé à main d'homme, dans une totale symbiose avec la nature. Un domaine incontournable. Ce terroir donne un vin difficile à goûter jeune, qui ne se comprend vraiment que sur la durée, après dix années ou plus de garde, et que certains érigent au rang de mythe. La coulée est un blanc épuré, aux notes d'herbes fraîches et d'infusion, à l'ossature austère. Peu de soufre à la vinification entraîne parfois des évolutions prématurées et des notes d'oxydation. Le domaine produit également un savennières les-vieux-clos et un savennières roche-aux-moines le-clos-de-la-bergerie.

coulee-de-serrant.com

Domaine Delesvaux

« Nous sommes deux cinglés venus faire du vin ! » Philippe et Catherine Delesvaux ont la parole facile et une joie de vivre qui infuse chacune de leurs cuvées. Installés en Anjou dans les années 1970 pour élever des charolaises, ils débutent la vigne en 1982 avec 3 hectares. Aujourd'hui leurs 10,7 hectares donnent naissance à de très beaux vins : des rouges profonds et élégants, des blancs secs frais et déliés et des liquoreux (non chaptalisés) parmi les plus réussis du secteur, récoltés en trois passages (tries) avec les grains nobles en premier à la mi-octobre, les raisins botrytisés ensuite, les passerillés enfin. Une adresse sûre et des vignerons attachants qui vous conteront les merveilles de la région.

domaine.delesvaux@hotmail.fr

L'équipe du domaine des Closiers.

Clos de l'Écotard

Une adresse confidentielle 100 % chenin qui fait beaucoup parler les amateurs comme les professionnels. Tout débute avec Michel Chevret qui seconda longtemps Thierry Germain (domaine des Roches Neuves), avant de constituer ce domaine de trois hectares situés à Courchamps, sur une belle croupe de calcaires orientée plein sud. Ce terroir donne une bonne tension saline au vin, et le clos-les-pentes est l'un des blancs les plus aboutis de Saumur, doté d'une complexité aromatique d'une grande pureté. Aujourd'hui, le fils de la maison, Thibaud, reprend les rênes en continuant sur la lancée des derniers millésimes.

closdelecotard@laposte.net

Domaine FL

Philip Fournier (docteur en informatique, serial-entrepreneur) et son fils Julien ont embrassé avec passion le métier de vigneron. C'était en 2007. Réunissant le domaine Jo Pithon et le château de Chamboureau, ils ont formé FL et se sont adjoint les conseils de Stéphane Derenoncourt, l'un des grands consultants du Bordelais, jusqu'en 2013. La voie biologique a dès le départ été une évidence, et depuis 2014 la biodynamie est expérimentée. 27 hectares en production magnifiquement situés (sur un total de 38 hectares) - dont quatre hectares sur la Roche aux Moines - qu'ils travaillent avec soin, à la bourguignonne, livrent sur Savennières une série de cuvées parcellaires. Une valeur sûre.

domainefl.com

Domaine Guiberteau

Romain Guiberteau est devenu l'une des grandes signatures du Saumurois et sa nouvelle cuverie permet à partir du millésime 2017 de monter encore en puissance. Il exploite 17 hectares de vignes cultivées en bio, sur des terres argilo-calcaires dans les secteurs de Bizay et de Brézé, sur des sols plus profonds dans la région de Montreuil-Bellay. Depuis 2017 une nouvelle cuvée à

Saumur-Champigny, le petit-clos-de-l'église, complète la gamme. Si les premières cuvées en blanc comme en rouge se boivent sur le fruit de la jeunesse, les meilleures parcelles sont élevées en barrique et en foudre, avec lesquelles ce quadragénaire jongle avec un égal bonheur. Elles demandent ainsi plus de temps à se fondre. Côté cabernet franc, les vins expriment au mieux leur terroir argilo-limoneux avec une texture soyeuse et ferme. En blanc, le clos-de-guichaux est séduisant dès sa jeunesse, le brézé se montre plus opulent et minéral, le clos-des-carmes, élevé plus longtemps, mérite d'attendre au moins cinq ans en cave. Ces grands vins ont gagné en pureté d'expression sur les derniers millésimes et constituent l'élite du Saumurois. De la cuvée domaine aux cuvées parcellaires, le travail est méticuleux. Il faut s'en emparer sans hésiter.
domaineguiberteau.fr

Château du Hureau

Avec des prix encore attractifs, voici l'un des meilleurs rapports qualité-prix de tous les grands vins de Loire. Philippe Vatan est toujours en première ligne de ce domaine exemplaire. La vingtaine d'hectares est travaillée selon un mode d'agriculture bio. On recherche la fraîcheur et le volume en bouche sur les rouges, avec un côté savoureux parfaitement policé. La cuvée tuffe, issue de toutes les parcelles de tuffeau, se montre ronde et immédiate. Les vins provenant des sélections parcellaires offrent de plus grands équilibres. Fours-à-chaux déploie une matière charmeuse. Issu de cabernet franc planté en 1943, les-févettes déploie une grande finesse aromatique en développant d'élégantes notes de pivoine, sa structure longiligne évolue bien. Plus en puissance et en profondeur, lisagathe est un vin de garde structuré, récolté sur des coteaux argileux. On peut acheter en toute confiance. 2019 et 2018 sont à encaver les yeux fermés.
chateauduhureau.com

Domaine de Juchepie

Moustaches effilées, voix de ténor, Eddy Oosterlinck-Bracke assouvit avec son épouse Mileine sa passion pour les grands liquoreux et fait également des progrès sur les secs. Les derniers millésimes possèdent une bonne vibration, le tout cultivé en biodynamie. Riches et complexes, les liquoreux font office de référence sur l'appellation, avec des élevages en barriques assez riches qui donnent aux vins leur étoffe et leur permettent de passer les années. Une belle adresse où s'arrêter pour compléter sa cave.
contact@juchepie.fr

Domaine Arnaud Lambert

Arnaud Lambert a rassemblé sous son nom le domaine familial de Saint-Just et celui du château de Brézé qu'il exploite. Ces vignobles sont cultivés selon une démarche proche de la biodynamie, avec une inflexion de style superbe depuis le millésime 2014, vers encore plus de tension et de finesse. Toute la gamme de ce vigneron talentueux a du souffle et sort régulièrement parmi les meilleurs vins du Saumurois. Les blancs sont d'un remarquable raffinement et extrêmement délicats, ce sont aussi des chenins agréables dès leur jeunesse, ce qui est suffisamment rare pour être souligné. Les rouges sont du même niveau. L'âge respectable des vignes y est pour beaucoup, le talent également. Une adresse de référence, avec de bons rapports qualité-prix. Les 2019 et 2018 s'annoncent très prometteurs.
arnaud-lambert.com

Domaine aux Moines

Des 2019 et 2018 en forte progression nous amènent à hausser la note pour ce domaine modèle de Savennières. Que de chemin parcouru par Tessa Laroche depuis son diplôme d'œnologue (DNO) à Reims, en 2001 et la reprise des 12 hectares entièrement situés sur la Roche aux Moines. À ce jour, elle en est le plus gros propriétaire, sur les 22 hectares que compte l'appellation. Tessa l'a d'abord converti à l'agriculture biologique en 2009 pour le pousser à présent sur la voie de la biodynamie. La voilà bien au fait de ce terroir de Savennières, déclinant sur cette appellation prisée des chenins de grande pureté, secs et liquoreux. Il y a aussi 80 ares de rouges (cabernet franc et cabernet-sauvignon) qui forme une cuvée confidentielle. Une belle adresse, promesse de beaux vins de garde.
domaine-aux-moines.com

Domaine Ogereau

Emmanuel Ogereau bichonne ses terroirs d'Anjou, de Savennières et de Coteaux-du-Layon Saint-Lambert, livrant une partition juste du chenin et du cabernet, cultivant sereinement leurs 23 hectares en agriculture biologique. Cette adresse attachante, hautement représentative du vignoble angevin, connaît une progression remarquable depuis quelques millésimes : c'est bien simple, tout est bon. On est abasourdi par la définition des vins, leur finesse, leur élégance. La gamme combine avec brio la gourmandise, le plaisir immédiat mais également la garde, avec de beaux élevages en barriques de 400 litres qui donnent du relief aux vins. Le coteaux-du-layon offre un magnifique équilibre, les blancs secs se distinguent par leur fruit pur et scintillant, les rouges sont aimables et enjoués. C'est l'adresse à surveiller de très près. Les prix indiqués sont les prix cavistes. 2018 confirme la progression du domaine.
domaineogereau.com

Domaine du Petit Métris

Hervé et Pascal Renou réalisent depuis 1991 plus de 70 % de leur production en liquoreux, leur spécialité (sur 20 hectares). Leurs vignes (28 hectares en production) sont implantées sur des sols à dominante de schistes, en chaume (six hectares) et quarts-de-chaume (un hectare) et forgent des vins de grande pureté, toujours frais et scintillants. Les chaumes et quarts-de-chaume

Arnaud Lambert.

PRESSE, LOUISE OLIGNY

Emmanuel Ogereau.

remportent la palme, avec un bel équilibre entre richesse et fraîcheur. Une adresse sûre.
domaine-petit-metris.com

Domaine des Petits Quarts

Depuis 1987, Jean-Pascal Godineau travaille le parcellaire sur trois des meilleurs terroirs de l'appellation bonnezeaux où il possède 15 hectares (sur un total de 45 hectares de vignes) : le Malabé, sur schistes et argiles, propice au botrytis (mais pas toujours), les Melleresses, un coteau plein sud donnant le plus souvent des vins nerveux issus de passerillage, et Beauregard en sommet de coteau où les vins, issus de botrytis et de passerillage, sont riches et puissants. Le bonnezeaux classique est un assemblage des trois terroirs, élevé en fûts. Les vins sont puissants et opulents, flirtant souvent avec les 200 grammes de sucre résiduel. Mais la finesse et la fraîcheur viennent toujours en contrepoint équilibrer l'ensemble. Une adresse incontournable aux prix imbattables.
domainedespetitsquarts.fr

Domaine des Roches Neuves

Lors de son arrivée en Saumurois dans les années 1990, le Bordelais Thierry Germain s'inspire des canons de sa région d'origine. Au fil des millésimes, il s'imprègne de son milieu ligérien et abandonne progressivement les élevages en barrique trop longs. Au niveau cultural, il cultive en biodynamie ses 22 hectares sur argilo-calcaires recouvrant le tuffeau. L'équilibre de la plante et du sol permet une récolte plus précoce, la maturité est gagnée avant l'escalade des degrés, la minéralité préservée avant son affalement dans les surmaturités et la tension salvatrice se fait grâce à une « acidité mûre », bien loin de celle qui provient d'un végétal perfusé. Les derniers millésimes sont marqués par une plus grande pureté aromatique, avec un fruit infusé et des textures d'un grand raffinement. En rouge, la cuvée domaine est fraîche avec des tannins souples, les terres-chaudes ont un peu plus de profondeur. La cuvée mémoires est d'un soyeux confondant. Les blancs jouent sur le registre de la tension calcaire : le clos-romans élevé en petit foudre est éminemment cristallin et pur, l'insolite est superbe de maturité et de gourmandise. 2014, 2015, 2016, 2017, 2018, 2019 sont décidément grandioses. Les amateurs trouveront leur bonheur avec des cuvées qui figurent sans conteste parmi l'élite de la Loire.
rochesneuves.com

Clos Rougeard

Martin Bouygues en juin 2017 a racheté ce domaine culte de la Loire, mis sur le devant du bouchon par les frères Foucault. Il en a confié la direction à l'expérimenté Hervé Berland qui dirige déjà Montrose. Les trois hectares siliceux et calcaires, mêlés de sables, qui donnent la cuvée poyeux, ont fait la réputation de la maison, avec des vins droits sans rigidité, une belle intensité et beaucoup de profondeur. L'hectare de clos du Bourg, isolé depuis 1988, provient de vignes de près de 80 ans sur un sol beaucoup plus calcaire : élevée dans 100 % de barriques neuves, cette cuvée puissante en même temps qu'élancée développe une belle énergie, ses tannins sont précis et racés. Les autres parcelles d'argilo-calcaires couvrent 4,5 hectares, elles font l'objet d'un assemblage dans le clos-rougeard qui est la cuvée générique, plus avenante et moins complexe que les deux joyaux du domaine.
clos-rougeard.com

Château de la Roulerie

Philippe Germain, frère de Thierry Germain, manie le chenin sur des terroirs de schistes. Il travaille 42 hectares en agriculture biologique. Des pressurages plus fins, un peu moins de maturité à la récolte sur les blancs, moins de soufre aux vinifications ont été les variables d'ajustement qui ont grandement fait progresser le domaine. Une adresse sûre portée par le travail.
laroulerie.com

Domaine Antoine Sanzay

Antoine Sanzay récupère peu à peu la totalité des vignes familiales ce qui lui permet de mettre parfaitement en saveurs 28 hectares, cultivés selon un mode d'agriculture bio. Les millésimes gagnent en raffinement dans la pureté du fruit, grâce à un élevage qui marque moins les vins. Très accessible, la cuvée domaine se boit à la régalade. Les terres-rouges développent des accents à la fois floraux et épicés sur une structure bien concentrée. La cuvée des poyeux, qui existe depuis 2011, est un vin assez intense et élevé sous bois, certainement l'une des plus belles de l'appellation. Droiture et minéralité sont les maîtres mots de cette cuvée qu'il faut savoir attendre. Les notes florales de pivoine et de violette achèveront de vous séduire. Parfois austères dans leur jeunesse, les vins du domaine brillent à la garde par leur finesse et leur fraîcheur, l'assurance de la meilleure expression de ces terroirs au meilleur prix. Laissez-vous tenter !
domaine-sanzay.com

Château Soucherie

Roger-François Béguinot a eu le coup de cœur en 2007 pour cette magnifique propriété angevine. Industriel à succès dans l'agroalimentaire (Materna, spécialiste du lait maternel), il s'est donné les moyens pour réussir dans son projet et s'est allié les meilleurs spécialistes pour y parvenir. Anjou, savennières (1,80 hectare au clos des Perrières), coteaux-du-layon et chaume (4 hectares)

trouvent aujourd'hui une expression fine et sincère. Le domaine dispose de cinq belles chambres d'hôtes et des repas orchestrés par un chef. Une halte de repos bienvenue au cœur de la Loire.
soucherie.fr

Terra Vita Vinum
●●●○○
Luc Briand originaire de Saint-Lambert du Lattay et son épouse ancienne caviste sont maintenant les actionnaires majoritaires de l'ex-domaine Richou devenu Terra Vita Vinum. Ils ont conduit en totalité la récolte 2019 où les premières cuvées parcellaires maintenant en bouteille ouvrent de nouveaux horizons pour ce domaine situé à Mozé-sur-Louet au confluent des trois rivières : le Louet, l'Aubance et la Loire. Face à Savennières, sur une bande de schistes gréseux qui transperce le fleuve de part en part; ce vignoble de 32 hectares, converti en bio sur le millésime 2013 est en pleine mutation; nous suivrons avec attention son évolution.
terravitavinum.fr

Château de Villeneuve
●●●●○
Depuis 2016, ce domaine phare du Saumurois a gagné en précision grâce aux nouvelles installations techniques et au savoir-faire du talentueux Jean-Pierre Chevalier. Devenu l'un des chefs de file du Saumurois, il exploite au mieux cette côte calcaire de Souzay, à partir d'une agriculture de type biologique qui n'exclut pas les arbres truffiers. Le domaine est certifié bio depuis 2013. Le clos-de-la-bienboire est un vin de grande gourmandise. La cuvée vieilles-vignes présente de la densité avec un velouté de texture raffiné. Les blancs ne sont pas en reste. Les vins évoluent parfaitement en bouteille, avec des millésimes anciens dignes de ce nom. Le grand-clos (issu d'une parcelle de cinq hectares devant le château) figure parmi les meilleures cuvées de l'appellation. En blanc, les-cormiers 2019 s'annonce grandiose.
chateaudevilleneuve.com

Deux générations de la famille Lieubeau.

PAYS NANTAIS

Ampelidae
●●●○○
Polytechnicien, Frédéric Brochet possède un sens singulier de la culture, vinifiant par cépage des vins d'une originalité folle. Il a redonné vie à ce secteur de la petite ville de Marigny-Brizay dans le Poitou. Il concilie à la fois culture bio, écologie et technologie et vinifie chaque année 115 hectares dont 75 en propriété. Le sauvignon de l'année se révèle toujours expressif. On monte en gamme avec le fié gris.
ampelidae.com

Domaine Brégeon
●●●○○
Frédéric Lailler continue sa marche en avant sur ce secteur du Muscadet, avec un mode de culture bio sur les 10 hectares que compte le domaine : le patrimoine de vignes se révèle qualitativement impressionnant. Six hectares se situent sur les gabbros de Gorges et un hectare dans le secteur granitique de Clisson sur les meilleurs terroirs de la région, avec une moyenne d'âge des ceps avoisinant les 65 ans. Ici, on limite les rendements qui ne dépassent pas 30 à 45 hl/ha et on continue d'élever sur lies fines les muscadets entre deux et cinq ans. L'amateur tient là une des meilleures sources en grands vins de garde, avec des cuvées qui évolueront dans le registre minéral des grands crus de Chablis au bout d'une quinzaine d'années. Les millésimes des années 1990 sont là pour le prouver. Le domaine a encore franchi un palier qualitatif. Entre 7 et 14 euros, il faut se précipiter pour se constituer un bon fond de cave.
domainebregeon.com

Château du Cléray
●●●○○
Comme tous les grands du Muscadet qui se respectent, on développe sur ce vignoble de 95 hectares des cuvées communales qui jouent avec la complexité et la longévité de ces crus. De ce point de vue, la cuvée Vallet est l'une des plus abouties du secteur. La cuvée haute-culture constitue également une vraie réussite pour les amateurs de muscadets de garde.
sauvion.fr

Domaine Gadais Père et Fils
●●○○○
Dans la région de Saint-Fiacre, Christophe Gadais, parfaitement épaulé depuis quelques millésimes par son fils Pierre-Henri, possède un vignoble d'une cinquantaine d'hectares, principalement sur un sous-sol de gneiss. Cette famille dynamique produit des cuvées expressives de belle tension. La grande-réserve-du-

moulin est délicieusement iodée et les-perrières se révèlent particulièrement harmonieuses par leur élégance et leur concentration. Entre 5 et 12 euros, la gamme est l'une des plus régulières du secteur. Une belle adresse.
gadaispereetfils.fr

Vignobles Günther-Chéreau

Avec sa fille Aurore, diplômée d'œnologie, Véronique Günther-Chéreau, directrice du domaine, se bat pour la reconnaissance des grands terroirs du Muscadet. Le château du Coing de Saint-Fiacre, sur du schiste tendre, et le Grand Fief de la Cormeraie à Monnières, implanté sur une couche argilo-schisteuse, donnent des vins sveltes et dynamiques. Les prix restent modérés et on peut faire provision de vieux millésimes. Nous apprécions cette adresse authentique où l'accueil et le sourire sont au rendez-vous.
vgc.fr

Domaine Haute Févrie

Entre Saint-Fiacre et Monnières, à 18 kilomètres au sud-est de Nantes, Claude et Sébastien Branger vendangent à la main leurs 26 hectares convertis à l'agriculture bilogique. Les cuvées reflètent l'expression la plus fidèle des terroirs, avec de belles perspectives d'évolution dans le temps. Les vins sont élégants et tendus, avec plus de complexité pour les-gras-moutons, monnières-saint-fiacre et château-thébaud. Depuis 2017, les vins montrent une plus grande précision dans la définition des vins, une aubaine à de tels prix.
lahautefevrie.com

Domaine Jérémie Huchet

Jérémie Huchet, vigneron œnologue, a propulsé son domaine de la Chauvinière, d'une soixantaine d'hectares, au panthéon des grands muscadets. Son terroir composé de granite de Château-Thébaud est unique. Il ne représente qu'un îlot de 4 %, au cœur du vignoble : son sol composé de sable, gravier et caillou y demeure peu profond. Les vignes y sont conduites en lutte raisonnée et les vinifications s'effectuent dans un ancien monastère. Des entrées de gamme aux cuvées parcellaires, toute la gamme se révèle sans faille, détaillant des vins équilibrés, tendus, de grande finesse. Les vignes centenaires du clos-des-montys constituent l'un des sommets du Muscadet, pour la richesse de constitution, la tension et le gros potentiel de garde. Le granite de château-thébaud, plus en finesse, possède aussi une réelle complexité.
jeremie-huchet-vigneron.fr

Domaines Landron

Vigneron exemplaire, Jo Landron figure depuis plusieurs décennies parmi les meilleurs et les plus réguliers producteurs de muscadet. Les domaines comprennent 46 hectares, cultivés en bio et répartis entre deux sites, le domaine de la Louvetrie et le château de la Carizière. Ses crus évoluent parfaitement avec le temps. Amphibolite, léger, à boire sur le fruit, se montre primesautier et fait preuve d'un glissant réjouissant : un modèle de style ligérien. Selon les sols, argilo-sableux ou grès, et l'âge des vignes, les millésimes se succèdent avec bonheur, les vins offrant magnifique une énergie et une évidence naturelle qui, avec le temps, leur donne des airs de grand chablis. Avec des prix qui restent très sages, cette adresse est une référence.
domaines-landron.fr

Famille Lieubeau

De millésime en millésime depuis 2014, la jeune génération très talentueuse des Lieubeau se hisse au niveau des grands du Muscadet sur leur domaine de l'Aulnaye, grâce à leur mode cultural, leurs sélections parcellaires et un élevage précis. Ils mettent ainsi en avant 12 hectares de terroirs en agriculture bio, sur les secteurs très qualitatifs de Château Thébaud et Clisson. Les premiers jouent le registre de la minéralité élégante, quant aux seconds, ils montrent un caractère ample et persistant. À noter une cuvée confluent qui peut évoluer parfaitement dans le temps et une cuvée souple plus immédiate, le-lys-et-l'hermine. On tient ainsi une gamme complète de très bonne facture. Comme la fourchette de prix se situe entre 7 euros et 15 euros, il ne faut pas hésiter. Encore en très grande progression cette année.
lieubeau.com

Jo Landron, figure du Pays nantais.

Domaine Luneau-Papin

Les différentes dégustations de l'année placent toujours ce domaine au sommet de la hiérarchie des muscadets pour sa gamme sans faille. Sur ce domaine de 40 hectares, le vin est une vraie affaire de famille : Pierre, sa femme Monique, Pierre-Marie et Marie, la nouvelle génération réalisent des cuvées au style pur et précis, privilégiant la sélection parcellaire, de vieilles vignes et les engrais organiques. Le soin apporté par ce domaine, tant aux vignes qu'aux vinifications, est toujours irréprochable. La cuvée l-d'or, produite sur des terroirs granitiques, offre une dimension iodée et saline et rappelle, en vieillissant, la trame des grands rieslings alsaciens. Sa garde est assurée. La cuvée excelsior, issue des schistes du cru communal Goulaine, élevée sur lies, décline la minéralité dans ce qu'elle a de plus noble. Une remontée dans le temps démontre la constance et la régularité au fil des millésimes. L'un des domaines les plus raffinés du Pays nantais.
domaineluneaupapin.com

Domaine de la Pépière

Les communales 2017 dégustées cette année confirment tous les espoirs entrevus l'an passé et ces cuvées ont dominé notre dégustation de juin 2021. Ce domaine référence du Muscadet de 39 hectares prospèrent essentiellement sur les sols granitiques

des coteaux de la Maine. Rémi Branger s'y est associé à Marc Ollivier dont il adopte le même sens cultural : taille courte, fertilisation, utilisation de la sélection massale pour le renouvellement du vignoble, labour des sols et récolte manuelle sont de mise. Les vins issus de l'agriculture biologique conservent leur grand style salin et précis avec une saine tonicité. Le clos-des-briords, issu de vignes plantées en 1930 sur le secteur de Château-Thébaud, révèle une belle intensité iodée, tout en pureté de saveurs. Pour moins de 10 euros, c'est un rapport qualité-prix exceptionnel et une priorité pour l'amateur.
domainedelapepiere.com

Domaine Saint-Nicolas

Toujours sur tous les fronts, Thierry Michon est bien secondé par ses fils Antoine et Mickaël. Il est le chef de file du vignoble vendéen, le pionnier de la biodynamie qu'il pratique dans la région depuis 1993. Ses 42 hectares d'argiles, de schistes et de quartz se situent sur le terroir atlantique de Brem, dans le pays des Olonnes, entre marais et forêt. L'influence océanique apporte une fraîcheur saline absolument unique aux vins, et les vignes basses bénéficient d'une maturité précoce qui confère aux cuvées leur juste équilibre. Les vins trouvent ainsi une originalité et une dynamique exemplaires, soutenus par de beaux élevages sous bois ou en amphores, à l'abri du nouveau chai. Les blancs, à base de chardonnay, groslot gris et chenin, combinent fraîcheur et gourmandise dans des trames ciselées, quand les rouges, à base de négrette, pinot noir, cabernet et/ou gamay forment une gamme épanouie, de belle personnalité. Ils évoluent très bien jusqu'à vingt ans pour les cuvées jacques, plante-gâte et la-grande-pièce notamment, ce sont de grands vins de gastronomie et les chefs étoilés se les arrachent. De plus ce domaine exemplaire reçoit avec beaucoup de gentillesse.
domainesaintnicolas.com

Vue sur un coteau de Sancerre. Au premier plan, des jeunes vignes.

SANCERRE CENTRE

Domaine de Bouchot

Ce domaine situé à Saint-Andelain a été l'un des pionniers de la viticulture biologique dans l'appellation. Son vignoble de dix hectares, parfaitement tenus et aujourd'hui en biodynamie, sur les terroirs de premier ordre de l'appellation permet à la famille Kerbiquet de donner le meilleur du sauvignon, en signant des vins toujours purs et précis. Une adresse découverte cette année et que nous suivrons désormais de près.
domaine-du-bouchot.com

Domaine Gérard Boulay

La tenue des 12 hectares de vignes reflète le degré d'exigence de Gérard Boulay, vigneron chevronné du Sancerrois qui fait briller l'appellation à travers le monde. Travail régulier des sols, enherbement des parcelles les plus pentues pour limiter l'érosion, bannissement des pesticides et du cuivre, suppression manuelle des contre-bourgeons pour éviter les vendanges en vert et limiter les rendements, tout est mis en œuvre dans un souci d'agriculture modèle. Issus de « terres blanches », ces terroirs de Chavignol font la part belle aux marnes kimméridgiennes, identiques aux sols de Chablis. Ce sont des vins de texture, qui reflètent chacun leur terroir des monts-damnés, de beaujeu, la-côte ou la-comtesse. Le domaine produit essentiellement des blancs, les 2 hectares de rouges étant quasi exclusivement dédiés au rosé vendu à l'export. Une adresse à ne pas manquer !
boulay-vigneron@wanadoo.fr

Famille Bourgeois

Chez les Bourgeois, la fratrie formée d'Arnaud, son frère Lionel et son cousin Jean-Christophe avance à marche forcée sur les chemins de la réussite, épaulée par l'expérimenté Jean-Marie le père protecteur. Des volumes, 72 hectares en propriété étalés sur 130 parcelles mais également de la justesse dans les vinifications portées par des installations au taquet, forment une gamme large célébrant le sauvignon et le pinot avec ferveur. La large gamme pointe de nombreux secteurs dont les monts-damnés, fleuron de la maison et affichant 3,5 hectares de pente à 35 %, travaillés à la pioche. Les expressions de sauvignon sont parmi les plus revendiquées, avec des notes d'agrumes et des matières fines, passées sous bois en barriques ou en foudres de différentes contenances. Les blancs, largement majoritaires, deviennent intéressants sur les cuvées prestige, notamment jadis, la-bourgeoise ou les parcellaires comme le-cotelin.
henribourgeois.com

Domaine du Carrou

Situé à Bué, le Domaine du Carrou compte 11 hectares, avec une proportion de rouges plus élevée que la moyenne sur Sancerre soit un tiers de pinots. Le gîte bien aménagé en complément du domaine permet aux visiteurs de pouvoir apprécier pleinement tous les crus. Point d'orgue du domaine, la-jouline offre sur son sol de caillotes une concentration équilibrée par une belle fraîcheur finale, dans les deux couleurs. Ici, Dominique Roger ne ménage pas sa peine et les vins figurent désormais parmi les belles réussites de l'appellation.
dominique-roger.fr

Domaine Daniel Chotard

Simon Chotard, major de l'école d'œnologie de Toulouse est en constante progression. Il forme depuis 2012 un duo de choc avec son père Daniel. Ils exploitent 17 hectares au fond du hameau de Reigny, à Crézancy-en-Sancerre. Sa particularité est d'être

La famille Bourgeois.

entourée d'un cirque de collines de marnes argilo-calcaires, sur des pentes particulièrement bien ensoleillées. Depuis plus de trois ans, les traitements bio sont l'apanage de Simon qui s'essaie également à la biodynamie. Le domaine n'est pas encore certifié mais cela ne saurait tarder. Si les cuvées « domaine », en blanc comme en rouge, constituent de bonnes affaires, le reste de la gamme s'articule habilement autour de cuvées parcellaires à la complexité croissante. Les prix restent raisonnables, l'accueil aux petits oignons : c'est donc une adresse bénie !
chotard-sancerre.com

Comte Henry

On ne peut que s'attacher à ce duo. Corinne et Henry d'Assay ont créé cette petite structure de négoce spécialisé dans le sauvignon. Fin sélectionneur, Henry use de toute son expérience du cépage et des terroirs pour signer des vins toujours ciselés et tranchants. Du coteau-du-giennois, exceptionnel rapport qualité prix, jusqu'à la cuvée Alpha en poully-fumé, en passant par les bonnes surprises en côtes-de-gascogne, tout est bon depuis 2016. Le dernier millésime présenté est sans appel, les vins vont encore plus loin dans la recherche de la pureté sans rien perdre de leur charme.
comtehenry.fr

Domaine François Crochet

Certifié en agriculture biologique depuis le millésime 2017, ce domaine de 11,5 hectares est aujourd'hui en conversion vers la biodynamie. Les vins jouent la carte de l'élégance et de la finesse entre terroirs calcaires (le-grand-chemarin et le-petit-chemarin) et silex (exils). La cuvée de blanc domaine, assemblage de ces différents terroirs, offre déjà un confort et un croquant idoines. Les-amoureuses, deux parcelles argilo-calcaires, montre une belle profondeur de champ et beaucoup de tension saline. Une belle adresse, gage de régularité et de raffinement où François et Carine Crochet vous accueille selon les codes de l'hospitalité sancerroise.
francoiscrochet@wanadoo.fr

Domaine Lucien Crochet

Chez les Crochet, on a toujours eu le sens des vins élégants. Ce domaine phare de Bué possède une superficie de 35 hectares, avec 26 hectares de sauvignon (dont 5 hectares sur la belle parcelle du Chêne Marchand) et 9 hectares de pinot noir. Diplômé d'œnologie, formé en Bourgogne, Gilles s'essaie chaque année à de nouvelles expérimentations, produisant uniquement les cuvées les plus abouties. Son vignoble, essentiellement situé sur des roches argilo-calcaires, donne des vins réussis, en blanc comme en rouge, dans la parfaite lignée de l'appellation, avec des élevages maîtrisés et mesurés.
lucien-crochet.fr

Domaine Didier Dagueneau

En hommage à son père Didier, disparu en 2008, son fils Louis Benjamin a sorti sur le millésime 2018, une cuvée en série limitée issue des petites veines d'argile à silex du domaine. On est ici dans le même registre que la cuvée Astéroïde dans sa fulgurance en matière de minéralité tranchante. Maître du sauvignon blanc, Didier Dagueneau avait conduit l'appellation sur ses plus hautes voies. Son fils Louis-Benjamin a repris les 12 hectares de vignes, poursuivant d'écrire les plus belles pages de l'appellation et du domaine. Il produit sur 2018, une cuvée memento unique en hommage à son père, d'une grande vibration. Élevages longs sur lies puis sous bois en barriques de 330 et demi-muids de 620 litres, pas de correctifs, ni filtrage ni collage, les vins sortent intacts, épurés, étincelants. Les terroirs font le reste, que ce soit l'argile dure à gros silex sur le haut de la butte de Saint-Andelain (pour la cuvée silex), les argiles plus riches en bas de coteau (buisson-renard) ou les marnes calcaires (astéroïde). Notez que la famille cultive trois hectares à Jurançon depuis 2002, les Jardins de Babylone.
louis.benjamin.dagueneau@gmail.com

Domaine Serge Dagueneau et Filles

Ce domaine de 21 hectares, géré par Valérie Dagueneau, cisele des blancs toujours réussis, réguliers et gastronomiques. La famille possède aussi deux hectares en Côtes de la Charité. La cuvée léontine rend hommage à l'arrière-grand-mère qui fonda le vignoble au tournant du millénaire. Régularité et prix doux sont les atouts de cette maison.
s-dagueneau-filles.fr

Domaine Désormière

On est séduits par le sérieux de Thierry et Éric Désormière, investis aussi bien à la vigne qu'en cuverie. Ils traduisent l'émulation qui existe en côte-roannaise, où ils exploitent 15 hectares. La cuvée de sable perdrizière possède un fruité gourmand et la cuvée de granite, montolivet, un tannin plus dense. Les-têtes désigne une sélection des meilleurs raisins issus de vieilles vignes.
domaine-desormiere.com

Domaine Jonathan Didier Pabiot

Jonathan Pabiot a commencé modestement en 2005 avec trois hectares en bio, le voilà aujourd'hui avec 20 hectares (dont 5 ha de chasselas à Tracy) et une certification en biodynamie. La montée en puissance du domaine a été de pair avec son développement et les vins, extrêmement soignés, concilient tension, assise et texture.

pabiot-jonathan@wanadoo.fr

Domaine de l'Ermitage

Ce domaine en conversion bio renaît sous l'impulsion d'Antoine de la Farge, ancien acheteur chez Nicolas et rompu à la gestion commerciale. Il a remis sur pieds cette marque, valeur refuge de l'appellation, qui jusqu'en 2003 apportait ses raisins à la coopérative. Aujourd'hui les 12 hectares de Menetou sont récoltés à la main et forgent une gamme lisible et réussie qui s'étoffe depuis 2019 du domaine Chavet (30 hectares). Les nouveaux bâtiments techniques plus fonctionnels et le développement des cuvées parcellaires permettent une belle progression du domaine.

domaine-ermitage.com

Domaine Fouassier

Les différentes cuvées parcellaires mises en place constituent l'une des plus belles pédagogies du Sancerre qui existe, d'autant que le style des vins évolue très favorablement. Les cousins Paul et Benoît Fouassier avancent avec conviction et ambition. Les 60 hectares (dont dix de pinot noir) sont conduits en biodynamie depuis 2006 et les cuvées, nombreuses, sont vinifiées selon chaque parcelle, en levures indigènes (80 % de blancs). Les différents terroirs de calcaires et de marnes permettent ainsi une lecture efficace de Sancerre, où le-clos-de-bannon, secteur de silex et d'argiles, le plus solaire, sort du lot. L'ensemble des vins, soigneusement élevés en cuve pour préserver le fruit et l'expression du terroir (à l'exception des rouges et du blanc mélodie) livrent de l'énergie, du ressort et de la gourmandise, avec une belle présence tactile. Une bonne maison en progression, dont les prix restent très sages en regard de la qualité et des efforts entrepris.

fouassier.fr

Hélène et Alphonse Mellot.

Fournier Père et Fils

Acteur dynamique installé sur Sancerre, Pouilly-Fumé et Menetou-Salon, avec quatre domaines (Fournier, Saint Romble, Les Berthiers et Paul Corneau), la famille Fournier mène parfaitement ses 40 hectares de vignoble (avec une partie négoce), ciselant des cuvées efficaces, sans élevage bois, mettant dignement en valeur le cépage sauvignon. La Maison Villebois, en négoce, fait également partie du groupe, avec une production destinée à l'export que vous retrouverez dans la partie digitale de notre guide (Le Grand Tasting). Le style est toujours mûr, avec ce qu'il faut d'énergie derrière.

fournier-pere-fils.com

Domaine Gilbert

Philippe Gilbert vigneron biodynamique fait progresser au fil des millésimes sa façon de vinifier: les amphores de terre cuite depuis 2017 donnent au pinot noir une expression plus fraîche. En 2018, l'utilisation de vendange entière pour tous les rouges de la cave apporte la dimension florale, permettant de gagner en complexité. Des ajustements qui permettent d'ajuster au plus près du raisin et du terroir. Les blancs sont subtils et parfaitement ciselés. Une adresse exemplaire que ce domaine de 30 hectares, devenu l'un des meilleurs ambassadeurs dans le monde, des vins du Berry !

domainephilippegilbert.fr

Langlois-Château

En se portant acquéreur de cette maison centenaire en 1973, Bollinger, l'une des maisons de Champagne les plus réputées, a apporté tout son savoir-faire dans le monde de la bulle : la série de crémants-de-Loire présente une grande qualité, à des tarifs très doux oscillant entre 13 et 22 euros. Les deux extra-bruts millésimés quadrille et réserve sont parmi les meilleurs de la Loire pour leur assise et leur finale enlevée. Les 95 hectares sont conduits en lutte raisonnée et les vins tranquilles produits sont vinifiés dans une optique de garde. On déguste en toute confiance.

langlois-chateau.fr

Domaine Les Poëte

Guillaume Sorbe nous étonne à chaque millésime sur son terroir familial depuis 2007. Son domaine de sept hectares de sables et de graves alluvionnaires, répartis sur 28 parcelles, est travaillé comme un jardin, privilégiant la diversité végétale et animale. Récoltant au meilleur moment pour conserver toute l'expression du fruit, pas trop tard pour conserver la fraîcheur, il cisèle une gamme de quatre blancs et un rouge d'un niveau remarquable.

lespoete.com

Domaine Alphonse Mellot

Habile vinificateur, gérant les élevages sous bois à la perfection - tous les vins sont vinifiés puis élevés dans différents contenants en chêne, de la barrique à la cuve tronconique de 48 hectolitres - Alphonse Mellot livre une lecture passionnante du terroir de Sancerre, autour de cuvées parcellaires qui détaillent chaque recoin de ce territoire. L'âge des vignes, d'une moyenne de 75 ans, accentue la prégnance du terroir et fonde une gamme inspirée dont

la première marche - la cuvée domaine tirée à 150 000 exemplaires - forme déjà une hauteur plus que respectable. Il possède également 18 hectares en IGP des Côtes de la Charité, assurant une superbe variation sur le chardonnay. On salue le travail et l'inspiration de ce passionné infatigable, qui couronne plus de trente années de recherche et d'intransigeance.
mellot.com

Domaine Joseph Mellot

Catherine Corbeau-Mellot hisse sa maison sur la voie de l'excellence, avec rigueur et dynamisme. Présente sur toutes les appellations du Centre-Loire, avec une partie négoce, également en Touraine avec quelques cuvées de vins de pays, cette maison phare de Sancerre explore tous les terroirs, sur une centaine d'hectares. Les vins sont de bonne facture, mettant en valeur le cépage, sans fioritures. Les cuvées élevées sous bois doivent être attendues, les boisés étant marqués sur la jeunesse. Bien présents en restauration et dans le commerce, ces vins offrent une belle porte d'entrée de la région. Le sancerre blanc l'original a dominé de sa classe la dégustation du domaine.
josephmellot.com

Domaine Minchin

À Morogues, Bertrand Minchin s'essaie avec succès en 2018 à la vinification sans soufre et à la vendange entière. Sur 17 hectares, le domaine de ce vigneron jovial est l'une des valeurs sûres de Menetou-Salon et de Valençay. Au fil des millésimes, il peaufine le style de ses rouges qui comptent parmi les meilleurs du secteur. De belle structure, les blancs gagnent en précision, avec des vins francs à la saveur subtilement exotique. Superbes rapports qualité-prix.
domaines-minchin.com

Domaine Henry Pellé

À la tête de 50 hectares (dont 5 de Sancerre), les Pellé sont solidement enracinés sur l'appellation Menetou-Salon et leur travail à la vigne et en cuverie est impressionnant. Depuis 2006, Paul-Henri est aux commandes de cette belle adresse familiale qui ne cesse de se réinventer et de monter en qualité. La mise en avant des cuvées parcellaires, la maîtrise des élevages sous bois avec de plus en plus de grands contenants (foudres et cuves) concourent à l'excellence du domaine qui ajoute une exigence de plus car la certification en agriculture biologique sera effective à partir du millésime 2021.
domainepelle.com

Domaine Claude Riffault

Une plus grande précision en 2018 avec deux nouvelles cuvées monoparcellaires 538 (ex-desmalets) et 469 (vieilles vignes en sélection massale), avec un élevage désormais de 18 mois permettent au domaine de franchir encore un cap dans la hiérarchie des grands vins de Sancerre. Stéphane Riffault tient solidement la barre de cette propriété familiale de 15,3 hectares, certifiée en agriculture biologique depuis 2016 et en conversion vers la biodynamie. Récoltes manuelles, sélections parcellaires, longs pressurages tout en douceur, vinifications et élevages au cordeau en barriques et en foudres : tout ici respire l'excellence, mené adroitement depuis près de vingt ans. Les blancs reflètent les différents types de sols du domaine, entre terres blanches, caillottes, silex et marno-calcaires du Kimméridgien et le rouge, élevé en cuves béton, est vinifié en raisins entiers depuis 2012.
clauderiffault.com

Domaine Alban Roblin

Alban Roblin s'est installé en 2009 sur le vignoble familial de 12 hectares (dont 1,60 ha de rouges), autour du village de Maimbray et forge des vins de belle énergie avec une bonne allonge et un fruit bien dégagé sans effet variétal. C'est une jolie adresse au bon rapport qualité-prix.
alban-roblin-sancerre.fr

Domaine Jean-Max Roger

Le développement des cuvées parcellaires a permis à ce domaine de 27 hectares sur Sancerre et six sur Menetou Salon de prendre une autre dimension. Vous ne verrez pas beaucoup de leurs étiquettes en France, et pour cause, les Roger exportent 80 % de leur production. Ce sont Thibault (œnologue formé à Bordeaux), côté vigne et son frère Etienne côté commercial qui gèrent le domaine développé par leur père Jean-Max à partir de 1971. Depuis, la famille a fait du chemin, soignant ses élevages sous bois, notamment des 400 litres pour les rouges de Sancerre. La gamme compte six blancs et deux rouges, et les menetous, proposés a des prix raisonnables.
jean-max-roger.fr

Domaine Robert Sérol

Stéphane Sérol conduit son domaine sur la voie de l'excellence. Les 34 hectares de vignoble mettent en lumière le cépage gamay qui s'exprime ici totalement sur les sols de granite et de porphyre. Doublé d'une viticulture très attentive et précise, en biodynamie, ce domaine se distingue par des vins très soignés, récoltés manuellement. Les différents crus offrent fraîcheur de constitution et gourmandise, notamment la cuvée les-millerands, qui se distingue toujours par un peu plus de fond et mérite d'attendre en cave plusieurs années. Le blanc du pays d'Urfé, à base de viognier, est aromatique et épicé et complète délicieusement la gamme.
domaine-serol.com

Stéphane Riffault (Domaine Claude Riffault).

Domaine de Terres Blanches

Cette propriété reprise par la famille Saget d'une superficie de 38 hectares dont 15 hectares sur le secteur de Sancerre. Arnaud et Laurent Saget, nouvelle génération aux commandes du groupe, fondent une gamme intéressante de vins ancrés dans leurs appellations. Avec une équipe dynamique, ils portent les couleurs de Sancerre et offre des vins réussis, classiques et abordables.

domainedeterresblanches.com

Château de Tracy

Propriété de la famille d'Assay, le château de Tracy est un emblème de l'appellation. En surplomb de la Loire, les 33 hectares de vignoble sont consacrés au sauvignon blanc dont le domaine s'est fait la spécialité. Les différents types de sols, entre argiles à silex, marnes et calcaires, permettent de réaliser plusieurs cuvées bien imprégnées de ces terroirs, qui constituent de bons classiques de l'appellation.

chateau-de-tracy.com

Domaine Vacheron

Jean-Dominique Vacheron et son cousin Jean-Laurent forment un duo d'une rare efficacité. Depuis plus de vingt ans, les voilà à la tête du domaine familial, créé par le grand-père qui fut à l'origine du remembrement du lieu-dit les-romains, cuvée phare de leurs 48 hectares de vignes conduites en biodynamie et certifiées, et l'un des porte-drapeaux de l'appellation. Aujourd'hui les Vacheron exploitent dix hectares de ce terroir de silex, exposé plein sud mais possèdent également de très beaux parcellaires sur des marnes (le-pavé) ou sur des secteurs à dominante calcaire (paradis, chambrates, guigne-chèvres). Les cuvées forment une litanie impeccable, ciselée et saillante.

vacheron.sa@orange.fr

Xavier et Agnès Amirault.

TOURAINE

Alliance Loire

Ce regroupement de caves coopératives créé en 2002 se dote des moyens techniques et humains pour proposer une gamme large, organisée en segments qualitatifs. Il couvre l'essentiel de la vallée de la Loire grâce aux apports de près de 800 viticulteurs. Les 4 000 hectares vinifiés font d'Alliance Loire l'un des acteurs viticoles majeurs de la région. Dans la gamme, on fréquentera assidûment les cuvées estampillées millésime en sommet de gamme, notamment le saumur-champigny, le saumur blanc ou le haut-poitou, bien réussis. Les muscadets sélectionnés par Philippe Faure-Brac, Meilleur sommelier du monde, sont consensuels dans leur définition iodée et constituent de bons rapports qualité-prix. Une signature ligérienne sincère.

allianceloire.com

Domaine Philippe Alliet

Ce domaine de Cravant (17 hectares) est plus que jamais l'une des références de la Loire. Une famille, les Alliet, s'y dévoue à la cause des grands vins de cabernet franc. Claude, Philippe et leur fils Pierre constituent l'un des trios majeurs du Chinonais. La nouvelle génération s'est affranchie des élevages marqués. Les vins y gagnent en raffinement, se livrant plus facilement, dans leur jeunesse tout en gardant un grand potentiel de garde. La dernière cuvée créée, l'huisserie, expressive dès ses premières années, est issue d'une parcelle de jeunes vignes plantées en coteau, sur un terroir argilo-siliceux. Les vignes prenant de l'âge, le jus de la treille devient de plus en plus complexe. Le coteau-de-noiré, sur un terroir argilo-calcaire exposé plein sud, est une référence des grands cabernets francs, pour son intensité tout en nuances et son potentiel de garde d'une vingtaine d'années. Les 2019 sont à couper le souffle.

philippe.alliet@wanadoo.fr

Domaine Yannick Amirault

Yannick et Benoît Amirault sont des vignerons perfectionnistes convertis naturellement au bio. 19 hectares de cabernet franc dont les deux tiers à Bourgueil, le reste à Saint-Nicolas de Bourgueil, avec à chaque fois un bon patrimoine de vieilles vignes. À Saint-Nicolas, une préférence pour la profondeur des malgagnes, issus d'argilo-calcaires. En 2019, c'est l'une des plus belles cuvées de cabernet franc. La cuvée élevée en jarre de céramique offre plus de fraîcheur que celle reposant en demi-muids. Les sols d'argiles à silex, sur la croûte calcaire de Bourgueil, confèrent au grand-clos une trame tannique intense et fondue, à l'acidité salivante, prenant souvent des accents floraux. En surplomb de la cave d'élevage, la petite-cave se développe sur des sables et argiles sur calcaire, le gras en bouche épouse les tannins crayeux qui étirent parfaitement le vin. Plus souple, parce que provenant de sables, la coudraye séduit pour son croquant et sa disponibilité à table.

yannickamirault.fr

Domaine Agnès et Xavier Amirault

La génération actuelle des Amirault conduit ce domaine d'une trentaine d'hectares en biodynamie. Les rouges jouent l'élégance et la finesse afin de conserver le charme natif de Saint-Nicolas. Nous aimons cette délicatesse. Ici, le tannin n'a rien de terrien contrairement à beaucoup de cabernets francs. Les vins sont très recommandables, toujours dans un style d'ensemble aérien.

domaineamirault.com

Domaine Bernard Baudry

Mathieu Baudry a bien pris toute la mesure de ce domaine exemplaire de Cravant qui cultive également de la truffe noire melanosporum. Son père Bernard reste toujours en soutien à la vigne comme à la cave. Ils ont bâti leur réputation sur des cabernets francs de garde, séveux, denses et longs, dans un domaine qui compte 30 hectares travaillés en bio. Les cuvées prennent le nom des terroirs qui les portent avec des tarifs encore accessibles. Les-granges assemble les raisins de sols de graviers et d'argiles pour produire un vin souple et

frais, les-grézeaux, sur argilo-siliceux, dispose d'une belle finesse et d'une structure permettant au vin de bien traverser le temps. Plus profonde, la-croix-boissée offre un vin au cœur tannique apporté par les argilo-calcaires. Les ceps du clos Guillot produisent un vin charnu, suave et plein, taillé pour la grande garde. Une superbe adresse qui a bien réussi le millésime 2019.
bernardbaudry.com

Domaines Baudry-Dutour

Nos différentes dégustations sur les derniers millésimes montrent la belle évolution du duo Christophe Baudry, issu d'une vieille famille viticole de Cravant et Jean-Martin Dutour, ingénieur agronome et œnologue. Ce négoce qualitatif est assis sur plusieurs propriétés que les duettistes gèrent ou possèdent, soit environ 120 hectares. Le domaine de la Perrière, le château de la Grille, le domaine du Roncée et le château de Saint-Louans possèdent des terroirs de grande qualité. On mettra en cave le château-de-saint-louans ou le château-de-la-grille, parfaitement charpentés, pour se concentrer dans l'immédiat sur le sillage délicat du domaine-du-roncée, d'un bon rapport qualité-prix. La-perrière est un beau vin de gastronomie, à consommer au bout de cinq ans.
baudry-dutour.fr

Domaine des Béguineries

Belle progression pour Jean-Christophe Pelletier, adepte du bio sur son domaine de 13 hectares. Le vignoble se trouve planté essentiellement sur des coteaux à dominante argilo-calcaire, exposés majoritairement plein sud sur le secteur qualitatif de Saint-Louans. On débute la dégustation par éveil-des-sens qui doit sa souplesse au coteau sablonneux qui le porte. Cela devient plus séveux sur la réserve-de-satis provenant d'un clos argilo-calcaire dominant la Vienne. On retrouve ce même terroir sur le clos-braie, une cuvée de flanc de coteau plus soutenue en densité. Les vieilles vignes de 60 à 80 ans traduisent toute la puissance de la pente argilo-limoneuse nuancée de calcaire. Il faut absolument faire le tour de la cave.
domainedesbeguineries.com

Domaine du Bel-Air

Un duo de vignerons père-fils parmi les mieux rodés de l'Hexagone œuvre sur ce domaine de 18 hectares certifié bio. À la vigne, Pierre Gauthier fait parler l'expérience. En cave, le fils Rodolphe joue pleinement son rôle. Raisins entièrement égrappés, triés sur table avant d'être encuvés pour des fermentations traditionnelles et en levures indigènes après une macération préfermentaire à froid. Les vingt-lieux-dits constituent un assemblage d'une vingtaine de parcelles sur sols d'alluvions. On y privilégie le fruité du vin. Issus d'un grand terroir argilo-calcaire de Bourgueil, les-grands-monts sont taillés pour la grande garde. À ce prix, il faut l'acheter sur le champ. Le clos-nouveau, ceint de murs, se développe sur un socle de tuffeau recouvert d'une fine couche d'argile. Un vin complet et avec ce supplément d'âme qui signe tous les grands cabernets francs de Loire.
domainedubelair-bourgueil.fr

Domaine de Bellivière

Éric et Christine Nicolas, rejoints par leur fils Clément, incarnent la référence des vins de la Sarthe en continuant de les positionner à leur plus haut niveau. Leur conduite du vignoble de 15 hectares, partiellement en biodynamie, se révèle irréprochable. Les rouges de pineau d'Aunis ont besoin de quelques années pour s'assagir et jouer une partition poivrée qui se mêle à la pureté du fruit. Le coteaux-du-loir vieilles-vignes-éparses donne un blanc de belle densité, au raffinement aromatique noble qui va vers des senteurs de safran. L'effraie dévoile vite un fruité expressif. Calligramme, issu de vignes de plus de 50 ans, développe une plasticité minérale équilibrée. Lors des grands millésimes, on trie rigoureusement pour sortir la cuvée élixir-de-tuf, référence en moelleux.
belliviere.com

Jacky Blot (domaine de la Butte).

Domaine de la Butte

Franc de cabernet, Jacky Blot est l'un des vignerons français les plus complets, jouant avec un égal talent sur toutes les couleurs. Fort de sa superbe réussite à Montlouis et Vouvray, il soigne 15 hectares de cabernet franc à Bourgueil pour hisser la Butte dans les trois références de l'appellation. Dominant les plaines alluviales, le vignoble s'est développé sur l'un des plus beaux coteaux argilo-calcaires de l'appellation, exposé plein sud. Il sélectionne ses parcelles sur le modèle bourguignon, recherche la profondeur et la sensualité avec des vins aux tannins surfins, évoluant parfaitement avec le temps. Le pied-de-la-butte se montre gourmand, le haut est plus complexe et mi-pente se révèle sensuel et structuré. Perrières, élevé sous bois, affine son élevage de millésime en millésime avec une identité perceptible dans l'intensité de la finale. Entre 17 et 28 euros, il ne faut pas hésiter. Les vins évoluent parfaitement et les 2017 et 2018 sont grandioses.
jackyblot.fr

Clos des Capucins

La bâtisse actuelle du XVIIIe siècle avait été construite sur l'emplacement d'un ancien couvent de capucins. La vue sur la Vienne y

est saisissante. Un spectacle qui ajoute au charme ambiant de ce vignoble de trois hectares, avec surtout la moitié située en terrasses sous le mythique clos de l'Écho riche en argilo-calcaires. Cette parcelle produit la cuvée éminence-grise, l'une des plus ambitieuses de chinon par sa distinction et le soyeux de son tannin. Plus immédiat, perfectly-drinkable est charpenté et gourmand. Le domaine propose également des chambres d'hôtes haut de gamme pour passer un agréable séjour au pays de Rabelais. Fiona Beeston, passée par le journalisme du vin est la bonne fée et la gardienne de ce jardin d'Eden. On tient là une des plus belles histoires de la Loire.
closdescapucins.fr

Domaine Vincent Carême

Les deux principaux terroirs de Vincent Carême (17 hectares cultivés en bio) se situent sur des sols d'argiles à silex pour le peumorier, et sur une dominante de calcaire pour les-aubuis, où les vignes se développent en coteau sur les secteurs de Vernou-sur-Brenne et Nozay. Les derniers millésimes sont parmi les plus accomplis de la propriété et de l'appellation. Toujours intéressante, la qualité des effervescents est à signaler et le brut non dosé est superbe. À Vouvray, Vincent Carême a imposé son style brillant. Purs, précis et lumineux, les vins sont proposés entre 15 et 20 euros et d'un grand rapport prix-plaisir. Il faut passer commande sur le champ. La notoriété grandissante du domaine fait que la demande est déjà très importante.
vincentcareme.fr

François Chidaine.

Domaine François Chidaine

Félicitons François Chidaine pour son savoir-faire sur toutes les cuvées issues de ses 37 hectares de vignoble. Ce vigneron consciencieux est devenu l'un des as du chenin grâce à des efforts culturaux biodynamiques. Les moelleux dégagent une expression de pureté lumineuse avec une trame tout en énergie minérale qui les fera évoluer dans un équilibre onctueux et frais. Parmi les nombreuses cuvées, on notera à Montlouis le clos-habert et ses sols filtrants et ses silex de petite taille qui confère au vin beaucoup de grâce. Plus argileux, le clos-du-breuil offre ampleur et charnu au fruit. Sur l'argilo-calcaire, les bournais sont élégants, avec une trame minérale distinguée. Les tuffeaux traduisent au mieux la tendreté que l'on retrouve au nez comme en bouche. Sur la rive vouvrionne, nous avons un faible pour le clos-baudoin tout en puissance aromatique. Le brut nature à moins de 15 euros est l'un meilleurs effervescents de la Loire.
francois-chidaine.com

Domaine du Clos Naudin

Sur 12 hectares certifiés bio, le clos Naudin fait la part belle au terroir argilo-siliceux des Perruches. Vincent Foreau succède de belle façon à son père Philippe, l'une des figures légendaires de la Loire. Les secs deviennent moins austères dans leur jeunesse et font apercevoir des finales vibrantes sur les zestes d'agrumes. Dans le temps, ils gagnent toujours en raffinement. Une verticale remontant jusque dans les années 1920 n'a rien démenti des capacités de ces vouvrays à traverser les âges. Les moelleux sont fantastiques pour leur densité de texture, toujours soutenue par une juste tension.
leclosnaudin.foreau@orange.fr

Domaine de la Cotelleraie

Convertissant ses 26 hectares de Saint-Nicolas-de-Bourgueil en agriculture biologique, Gérald Vallée a entrepris un travail tout en profondeur sur le respect du raisin. Il retraduit dans ses vins toute l'élégance et la délicatesse que permet le terroir varié de l'appellation. La gamme est étonnante dès les premiers vins, élégants, racés, profonds et savoureux. Leur toucher de bouche est soyeux et raffiné. À noter des prix très raisonnables. Moins de dix euros, pour la-croisée, cuvée la plus souple. Les-perruches est destiné à la semi-garde quand vau-jaumier, au tannin ferme et profond, est un vin de garde disponible pour environ 16 euros. Il y a de quoi trouver son bonheur.
domaine-cotelleraie.fr

Château de Coulaine

La nouvelle génération aux commandes des Bonnaventure, Jean et Tatiana, est en train de faire progresser de la plus belle des façons ce domaine historique planté en vignes dès le XIVe siècle, dont le vignoble de 12 hectares a failli disparaître après la grave crise du phylloxéra. L'âge des vignes aidant et le mode cultural tourné vers le bio contribuent au succès grandissant de cette propriété où l'on trouve d'excellents rapports qualité-prix. Gamme recommandable, adresse sérieuse.
chateaudecoulaine.com

Pierre et Bertrand Couly

2018 est le millésime des nouvelles générations, avec la première vinification de Vincent, le fils de Bertrand et la célébration de la naissance de Sacha avec une cuvée d'honneur. Ici, on accorde une grande importance à la certification haute valeur environnementale, obtenue pour les 20 hectares répartis en 19 parcelles. Les vins ont cette race ligérienne avec du fruit, de la fraîcheur, des accents de violette et ces textures soyeuses parmi les meilleures

Pierre et Bertrand Couly.

de Loire en cabernet franc. Au-delà des cuvées traditionnelles de chinon, toujours gourmandes, qui forment l'entrée de gamme du domaine, s'ajoute une cuvée située sur argilo-calcaire, baptisée V, plus complexe, avec une pureté et une fraîcheur de fruits du meilleur effet. Elle a été complétée depuis 2008 par le clos-de-la-haute-olive, puis par le clos-du-parc taillés pour la garde. Les prix compris entre 8 et 17 euros sont bien adaptés. Les 2019 comme les 2018 restent une priorité.
pb-couly.com

Couly-Dutheil

Après le décès de Jacques Couly, son fils Arnaud, en place depuis déjà quelques millésimes est maintenant seul aux commandes. Le clos-de-l'olive et le clos-de-l'écho, les deux sommets de la cave, sont des vins de garde qui traduisent au mieux leur terroir argilo-calcaire. On joue plus pour le premier sur le registre svelte et profond et pour le second sur la puissance. La cuvée crescendo est réalisée quand le millésime s'y prête. Ne pas négliger le « simple » chinon rené-couly qui est réalisé pour un plaisir plus immédiat.
coulydutheil-chinon.com

Domaine Joël Delaunay

Réputé depuis quelques décennies, ce grand classique des domaines de Touraine propose des cuvées parfaitement abouties. C'est une découverte et il faut le suivre de près. Les vins du domaine constituent de grands rapports qualité-prix.
joeldelaunay.com

Domaine Frissant

La dégustation des 2019 et des millésimes antérieurs prouve que Xavier Frissant est l'un des plus fins vinificateurs de la Loire. Ses pratiques culturales, en conversion bio, sont à la hauteur des espoirs placés dans les différentes parcelles qui composent son domaine de 18 hectares. Ses terroirs argilo-siliceux et limoneux-sableux se répartissent sur les premières côtes du village de Mosnes, en appellation touraine et touraine-amboise. Dans la large gamme comprise entre 8 et 19 euros, nous aimons beaucoup les-roses-du-clos, un vin issu du fié gris complexe et subtile. Autre cuvée produite avec ce cépage, la griffe-d'isa pousse un peu plus la maturité, gagnant en intensité et en volume, avec de jolis amers équilibrants en finale. En rouge, cette cuvée exprime le soyeux et la générosité du côt.
xavierfrissant.com

Domaine Fabrice Gasnier

Fabrice Gasnier, nouveau président du syndicat de Chinon, conduit en biodynamie depuis 2006 ce domaine familial de 31 hectares à Cravant-les-Coteaux, haut-lieu de l'argilo-calcaire. Les-graves ouvrent la gamme en rouge avec une profondeur minérale étonnante. La cuvée ancienne va plus loin dans la puissance et la cuvée vieilles-vignes poursuit cette progression avec un tannin plus racé. La cuvée queue-de-poêlon, élevée en cuves béton réalisées par le producteur lui-même, offre une plénitude rare. Les deux parcelles de vignes de 70 à 75 ans entrent dans le cru signature, taillé pour la grande garde. Entre 7 et 20 euros, la gamme est d'un grand rapport qualité-prix.
domainefabricegasnier.com

Domaine Grosbois

Ces trois derniers millésimes, les vins de Nicolas Grosbois sont parmi les meilleurs de Chinon. Ce talent ligérien exploite avec talent ses neuf hectares en biodynamie. Ceux qui n'aiment pas les vins boisés se régaleront. Les cuvées proviennent des sables jaunes de Panzoult, donnant naturellement plus de souplesse que les argilo-calcaires. La cuvée gabarre tire son nom des bateaux qui voguaient sur la Loire. Elle charme par son tannin expressif et avenant tout en conservant une retenue finale poivrée. Le clos-du-noyer prend des accents graphites qui se mêlent aux fruits noirs, avec une sève intense bien étirée. Prix sages et accessibles, c'est une adresse hautement recommandable.
domainegrosbois.fr

Domaine des Hauts-Baigneux

Tout ce que Nicolas Grosbois touche dans le vin se transforme en or. Il s'est associé en 2012 avec Philippe Mesnier et produisent, sur 12 hectares, un rouge croquant et des pétillants naturels et charmeurs en blanc et en rosé. On prendra soin de découvrir les cuvées de chenin sur les sols d'argiles à silex, blancs aux fruits mûrs et d'une droiture toujours structurante. Tarifs raisonnables. Une adresse à découvrir d'urgence.
hautsbaigneux@gmail.com

Domaine Huet

Depuis 2004, le vignoble appartient à Anthony Hwang, un homme d'affaires américano-philippin. Les 35 hectares de vignes restent cultivés selon les principes de la biodynamie avec le même soin qu'auparavant. Sur ce coteau vouvrillon, à la confluence des climats océaniques et continentaux, les vignes de chenin traduisent la meilleure expression de chaque terroir. Les vins secs en sont la parfaite illustration. On y ressent aussi bien le fruité des argiles du haut-lieu, le ciselé minéral des silex du mont et la rondeur des calcaires du clos-du-bourg. Ces crus possèdent quelques sucres résiduels qui conviennent parfaitement à la cuisine asiatique, les demi-secs sont équilibrés et les liquoreux, quand les millésimes le permettent sont immenses et capables de vieillir plus d'un demi-siècle en prenant une dimension crayeuse unique. Il faut absolument carafer les millésimes jeunes quelques heures avant le service. Une adresse mythique.
domainehuet.com

Domaine Charles Joguet

Anne-Charlotte Genet s'emploie toujours avec succès pour projeter ce vignoble de la rive gauche de la Vienne sur le devant de la scène par un travail soigné à la vigne. Côté vinification, on évite des extractions trop poussées pour jouer véritablement le registre de la juste concentration. L'exposition nord-est, très originale, permet de conserver toute la fraîcheur au légendaire clos-de-la-dioterie. À proximité, les-varennes-du-grand-clos dévoilent leur élégante suavité beaucoup plus rapidement. Sa cuvée spéciale franc de pied joue dans un registre plus gourmand. Plantés sur la commune de Chinon, les deux hectares du clos-du-chêne-vert ne sont pas destinés à une consommation immédiate. Témoignant d'une puissance contenue, cette cuvée évolue parfaitement. Les petites-roches et les charmes sont des cuvées plus immédiates. Les 2017 et 2018 sont en grande forme. L'ensemble est magistral. Une des belles adresses de la Loire.
charlesjoguet.com

Henry et Jean-Sébastien Marionnet.

Domaine Henry et Jean-Sébastien Marionnet

Henry Marionnet, pape du gamay, sauvignon et côt ligériens travaille de concert avec son fils Jean-Sébastien. Les crus les plus simples ont déjà beaucoup à dire et distancent la plupart de leurs congénères. Le domaine fait la part belle aux cépages oubliés de Touraine (romorantin, gamay de Bouze), aux cultures franches de pied (exceptionnelle collection vinifera). Ces vignes de 150 ans sont en pleine forme. Le côt est régulièrement le plus soyeux de toute la Loire, avec un charme envoûtant. Les gamays de Touraine vinifiés sans soufre en 1976, 1990 ou 1996 tiennent encore superbement. Il faut goûter d'urgence la cuvée issue de vinifications en macération peu soufrée (première-vendange). À la propriété, les Marionnet expliquent leurs cuvées avec sympathie et intelligence. Grande réussite pour la cuvée provignage 2018.

henry-marionnet.com

Domaine de la Noblaie

Jérôme Billard est l'un des vignerons les plus doués de sa génération. Trentenaire avisé, il incarne aujourd'hui la troisième génération de Manzagol-Billard installée sur la propriété. Les millésimes récents confirment les progrès et offrent cuvées avec beaucoup de personalité. Issu de l'assemblage des terroirs argilo-calcaires, le-temps-des-cerises, gorgé de fruits, est un vin gourmand et de plaisir immédiat, à la texture veloutée. Les blancs-manteaux, du nom du coteau calcaire, est une sélection parcellaire de vieilles vignes de 60 ans, offrant structure, jutosité dans le tannin et soyeux réveillé par une fraîcheur crayeuse. L'argile du terroir va bien aux chiens-chiens, qui offre une réelle plénitude de constitution. Pierre-de-tuffe est le fruit d'une macération longue dans une cuve ancestrale taillée à même le tuffeau et d'un élevage sous bois. C'est un chinon, charnu et puissant, dans un registre plein et complexe. Rapport qualité-prix évident.

lanoblaie.fr

Domaine de Pallus

Bertrand Sourdais est un biodynamiste qui a repris en 2005 le domaine familial de 18 hectares, dont 12 sur les terroirs calcaires des coteaux de Cravant. Au fil des millésimes ses cuvées s'imposent dans nos dégustations. Les cuvées parcellaires sont parmi les plus excitantes de l'appellation depuis 2015. Elles se révèlent amples, séduisantes, serties de tannins suaves mais dotées d'une profondeur réelle et d'un très bon potentiel. Les cuvées historiques, pallus et les-pensées ont également gagné en distinction.

lespenseesdepallus.info

Domaine Olga Raffault

Entre Loire et Vienne, ce domaine certifié bio de 25 hectares sur des sols argilo-calcaires est redevenu une référence. La nouvelle histoire semble bien conduite par Sylvie, la petite-fille d'Olga Raffault, et son époux Éric de la Vigerie. En entrée de gamme, les-barnabés ont un style accessible au fruité croquant, les-peuilles enchante par son intensité et les-picasses a ce souffle tannique supplémentaire. La-singulière, élevée pour la garde, a besoin de plus de temps pour sourire. Parmi nos promotions de l'année, nous sommes heureux du retour au premier plan de cette propriété mythique de Chinon

olga-raffault.com

Domaine Le Rocher des Violettes

En culture bio, Xavier Weisskopf exploite 9 hectares en montlouis et quatre en appellation touraine. Ses terroirs sont plantés de vieilles vignes issues de sélections massales, ce qui favorise les cuvées de haut vol. Les blancs impressionnent par leur pureté, dans une appellation qui ne manque pas de talents. Un vigneron d'élite, parmi les meilleures adresses du secteur.

lerocherdesviolettes.com

Domaine des Sables verts

Eux aussi sont jeunes et promis à un bel avenir. C'est tout ce que nous souhaitons à Caroline Meurée et Hervé Malinge, qui ont repris ce domaine en 2019. Le vignoble de 16 hectares dont 1 hectare de chenin, bien situé au cœur de l'appellation saumur-champigny, à Varrains, regroupe un peu plus d'une trentaine de parcelles. L'aventure vient de commencer et le domaine proposera bientôt quatre cuvées, dont deux parcellaires (Les Poyeux et Chaintres). La vallée de la Loire fourmille de jeunes vignerons talentueux. Vous pouvez compter sur eux.

sablesverts.com

Domaine de la Taille aux Loups

Le millésime 2019 est sans doute le meilleur de la carrière de Jacky Blot. Le domaine compte 25 hectares de chenin au bord de la Loire et du Cher, dont cinq hectares à Vouvray. Ses blancs sont des étoiles filantes qui se détachent de toute notion terrienne, droits comme des « i » avec des acidités ciselées. À Montlouis-sur-Loire, l'identité finement fumée et la force minérale vont crescendo dans les-hauts-de-husseau (ex-cuvée rémus) et le clos-mosny, vigoureux, tonique, infusé d'une myriade de petits amers scintillants. La cuvée bretonnière présente une intensité aromatique et minérale. Le clos-de-venise séduit par son attaque franche, le milieu de bouche diffuse de belles notes exotiques et ravira tous les amateurs de grands chenins. Il faut tenter sa chance à la propriété, les cuvées sont prises d'assaut.

jackyblot.fr

Achevé d'imprimer en août 2021 par Macrolibros, Espagne.